Sandra Konrad

»Jeder hat seinen eigenen Holocaust«

Sandra Konrad

»Jeder hat seinen eigenen Holocaust«

Die Auswirkungen des Holocaust auf jüdische Frauen dreier Generationen

Eine internationale psychologische Studie

Ausgezeichnet mit dem Joseph Carlebach-Preis (2006)
für herausragende wissenschaftliche Beiträge
zur jüdischen Geschichte, Religion und Kultur

Bibliografische Information der Deutschen Nationalbibliothek
Die Deutsche Nationalbibliothek verzeichnet diese Publikation in der Deutschen Nationalbibliografie; detaillierte bibliografische Daten sind im Internet über <http://dnb.d-nb.de> abrufbar.

Originalausgabe

e-mail: info@psychosozial-verlag.de
www.psychosozial-verlag.de

Gedruckt mit Hilfe der Geschwister Boehringer Ingelheim Stiftung
für Geisteswissenschaften in Ingelheim am Rhein.

Umschlagabbildung:
Ulrike Körbitz: »Totems & Tabus«, 1992

ISBN 978-3-89806-801-7

Ich habe dein Gesicht

Du hast es nie verwunden
und ich
und andere Mutter
tragen an deiner Last

ich drücke sie an mich
wie einen löchrigen Umhang
einen verschlissenen Mantel

ich trage an deinem Argwohn
kann keinen umarmen
Mutter

ich habe den eisigen Blick
mit dem du
mich angeschaut hast

ich trage an deiner Verzweiflung
und schleppe Fremde herum
die sich in mir bekriegen

ich trage an deiner Angst
mit geübter Leichtigkeit
dir zuliebe

ich habe dein Gesicht
und Mutter
dahinter heult die grüne Hexe.

Lily Brett

That a future generation might know – children yet to be born – and in turn tell their children.
Ps. 78:6

Inhaltsverzeichnis

Danksagung

An allererster Stelle möchte ich meinen Interviewpartnerinnen danken, ohne die diese Arbeit nie zustande gekommen wäre. Danke für Ihre Bereitschaft, auf meine Fragen einzugehen, die schmerzhaften Erinnerungen einmal mehr ans Tageslicht zu holen und sich mir, einer nichtjüdischen Deutschen, vertrauensvoll zu öffnen. Ich fühle mich Ihnen sehr verbunden durch die intensiven, emotionalen Gespräche und die anschließende monatelange Analyse Ihrer Lebensberichte. Jede einzelne Begegnung war ein Geschenk für mich und hat mich etwas über die transgenerationale Macht von Gewalt und Entwurzelung, aber auch über Toleranz, familiären Zusammenhalt und Humor gelehrt.

Für das außerordentliche Engagement, mir bei meiner Suche nach geeigneten Interviewpartnerinnen behilflich zu sein, bin ich unzähligen Personen, deren Namen zu nennen leider nicht möglich ist, da die Anonymität meiner Interviewpartnerinnen dadurch gefährdet werden könnte, zu großem Dank verpflichtet. Ihnen allen – vielen Dank! Ihre großartige Unterstützung hat mir den Mut gegeben, das schwierige Unterfangen, die geeigneten Teilnehmerinnen zu finden, nicht aufzugeben. Auch allen jüdischen Institutionen, Organisationen und Gemeinden, die meinen Aufruf im Internet, in Gemeindeblättern, in Magazinen und Zeitungen und anderweitigen Medien und Wegen freundlicherweise veröffentlichten, danke ich für die weite Verbreitung meines Forschungsvorhabens und die dadurch ermöglichte Kontaktaufnahme mit den Probandinnen.

Meiner Doktormutter Prof. Dr. Stefanie Schüler-Springorum, der Direktorin des Hamburger Instituts für die Geschichte der deutschen Juden danke ich von ganzem Herzen für ihre immer offene Sprechzimmertür, ihr spontanes und über den gesamten Arbeitsprozess kontinuierliches Interesse an der interdisziplinären Zusammenarbeit zwischen Psychologie und Geschichte und die engagierte Unterstützung bei der Stipendienbewerbung. Meiner »inoffiziellen« Doktormutter Dr. Dorothee Wienand-Kranz vom Fachbereich Psychologie der Universität Hamburg danke ich herzlich für ihre entspannte und entspannende Begleitung des kreativen Prozesses und für ihre Ermutigung, mich von vermeintlich vorgegebenen Strukturen zu lösen und meinem eigenen Gespür und meinen Fähigkeiten zu vertrauen.

Meinen Gutachtern Prof. Dr. Gerhard Vagt vom Fachbereich Psychologie der Universität Hamburg und PD Dr. Kirsten Heinsohn vom Institut für die Geschichte der deutschen Juden danke ich für ihr gewährendes und wohlwollendes Vertrauen in meinen Arbeitsstil und in das antizipierte Ergebnis der vorliegenden Dissertation.

Meiner sehr geschätzten Disputationsgutachterin Prof. Dr. Hertha Richter-Appelt danke ich für den letzten »Schubs« zur Veröffentlichung im Psychosozial Verlag und ihre dortige Fürsprache.

Cornelia Berens vom Hamburger Institut für Sozialforschung danke ich herzlich für ihre umfangreiche kollegiale Hilfe.

Bei der Stiftung der Hamburger Universität zur Förderung des Wissenschaftlichen und Künstlerischen Nachwuchses, der Hamburger Stiftung zur Förderung von Wissenschaft und Kultur und dem Deutschen Akademischen Austauschdienst möchte ich mich für die finanzielle Unterstützung meiner Promotion bedanken, die mir ermöglichte, diese dreieinhalb Jahre dauernde und durch die vielen Reisen kostenintensive Arbeit durchzuführen.

Meinen KollegInnen Birte Aye, Dipl.- Psych. Niels van Quaquebeke, Dipl.-Psych. Katherine Lopez-Plaza Fech, »dem kleinen Magister« Meike Lorenzen und im besonderen Dipl.-Psych. Sabine Bohn, Dipl.-Psych. Isabel Corvacho del Torro und Dr. phil. Marita Fritz danke ich für Denkanstöße, motivierende Unterstützung, die vielen Stunden der anregenden Diskussionen und Intervisionen, und nicht zuletzt für die kritischen Anmerkungen, die wichtigen Korrekturen und Streichungen, die halfen, meine Arbeit auf das Wesentliche zu reduzieren. Bei Heide und Hubertus Freiesleben, die dieser Arbeit sprachlich »den letzten Schliff« gaben, möchte ich mich herzlich für die akribische Überarbeitung der einzelnen Kapitel bedanken. Für die gewissenhafte und rasche Endkorrektur und die vielen telefonischen »Duden-Gespräche« danke ich Helga Intelmann. Meinen Eltern danke ich für ihre Unterstützung, die mir – jeder auf seine eigene Art – hat zuteil werden lassen, vor allen Dingen dafür, dass mein beruflicher Weg immer frei wählbar war.

Patrick möchte ich an dieser Stelle von ganzem Herzen dafür danken, dass er in jeder Phase dieser Arbeit mit mir mitgefiebert und mich kontinuierlich – in guten und in schlechten Zeiten – begleitet und ermutigt hat. Das schönste Arbeitszimmer der Welt nicht zu vergessen.

Vorwort

Im Verlauf dieser Arbeit haben sich viele Jüdinnen der drei Generationen bei mir gemeldet. Da ich leider nicht alle aufsuchen und interviewen konnte, bat ich die Frauen, ihre Gedanken bezüglich der Auswirkungen des Holocaust auf ihre Familie und auf sie persönlich, schriftlich festzuhalten. Viele kamen dieser Aufforderung nach und legten bewegende Zeugnisse ihres Lebens ab. Um sie in ihrer Gesamtheit zu würdigen, möchte ich zur Einstimmung auf die vorliegende Arbeit einen Auszug aus einem Lebensbericht einer Enkelin einer Holocaustüberlebenden vorstellen, dessen Aussage mir exemplarisch scheint für das Lebensgefühl der dritten Generation.

»I grew up with the knowledge that I have descended from a small but incredibly strong, resilient group of women. The horrific experiences of my grandmother, my great grandmother and their cousins are a near constant reminder of just how much I have. I have a large, loving, healthy family. I have the comfort of a safe community in which I can express my ideas and beliefs while learning those of others. I have a rich heritage dating from very recent ›herstory‹ to ancient times.

I have I have I have. She didn't always have. She lost, she bled, she cried, she fought to have a daughter who had me.

I suppose the bottom line is, I will never be exactly what she expects me to be, but I will always hold the utmost respect and awe for a woman who still slaves over Passover Seder, never convinced that we have all eaten enough and who has not forgotten how to laugh. I don't tell her this often enough.« Jennie C., USA, Tochter von Dvora C., USA, Enkeltochter von Susan F., Tschechin, Auschwitz-Überlebende, USA

1. Einleitung

»Ich habe das wahre Antlitz dieses schrecklichen Jahrhunderts gesehen, ich habe ins Auge des Gorgonenhauptes geblickt und durfte weiterleben. Doch ich wusste, dass ich mich von diesem Anblick niemals mehr befreien würde, ich wusste, dass dieses Antlitz mich für immer gefangenhält« (Kertesz 2003, 220).

Die während des NS-Regimes verübten Verbrechen an Juden und anderen Bevölkerungsgruppen sind als Zivilisationsbruch in die Geschichte eingegangen und die Folgen für die Überlebenden des Holocaust sind mittlerweile anerkannt und unbestritten. [1] Im Laufe der Zeit stellte sich heraus, dass die traumatischen Erfahrungen und Erinnerungen, denen die Überlebenden des Holocaust[2] ausgesetzt waren, sich nicht nur auf

1 Ausgerechnet in Deutschland wurde KZ-Opfern lange Zeit die Anerkennung ihrer traumabedingten Leiden verwehrt. Was für die Opfer einer wiederholten Traumatisierung gleichkam, wenn sie in mitunter demütigenden Untersuchungen ihre Versehrtheit »beweisen« mussten, kann für die Deutschen als bewusster oder unbewusster Versuch, ihre Schuld und die Auswirkungen ihrer Verbrechen, zu leugnen, gedeutet werden. Von deutschen Gutachtern wurde (beeinflusst von der damals herrschenden Lehrmeinung) den Opfern unterstellt, dass traumatische Störungen entweder anlagebedingt oder Ausdruck von Rentenbegehren seien. Nicht das Leid während der KZ-Inhaftierung, sondern eine mindestens 25prozentige folgende psychische oder physische Beeinträchtigung rechtfertigte erst ihren Anspruch auf finanzielle »Wiedergutmachung« (vgl. Brainin et al. 2001; Goschler 2001; Ludewig-Kedmi 2001).

2 Es besteht Uneinigkeit über die adäquate Bezeichnung für die an Juden verübten Verbrechen im Zweiten Weltkrieg. Während in der jüdischen Rezeption der Ausdruck »Shoah« vorherrscht, wird im US-amerikanischen wie auch im deutschen Sprachraum eher der Begriff »Holocaust« verwendet. Auf eine nähere Darstellung der sprachtheoretischen Hintergründe kann hier nicht näher eingegangen werden, für weitere Ausführungen siehe Zuriel 1994. In der vorliegenden Arbeit werden die Begriffe »Shoah«

diese begrenzten und sich mit deren Tode auflösten, sondern darüber hinaus auch Wirkung auf das Lebensgefühl und die Lebenswege ihrer Nachkommen hatten.

Dem Phänomen der generationsübergreifenden Tradierungen und Transmissionen wird in dieser Arbeit am Beispiel von 32 jüdischen Frauen dreier Generationen nachgegangen. Neun weibliche Holocaust-Überlebende, deren zehn Töchter und dreizehn Enkeltöchter wurden in dieser qualitativen psychologischen Studie in Hinblick auf familiäre Übertragungen untersucht.

Im Mittelpunkt dieser wissenschaftlichen Untersuchung steht die Frage nach dem Einfluss der Verfolgungserfahrung der ersten Generation auf die weiblichen Nachkommen und in diesem Zusammenhang die Betrachtung individuell relevanter Lebensthemen, Ängste oder auch Stärken.

Besonderes Augenmerk wird auf die innerfamiliäre Wirkungsweise und eventuelle Weitergabe der im Holocaust erfahrenen Traumatisierungen und die unterschiedlichen Verarbeitungsmechanismen[3] der jeweiligen Generation gelegt. Ausgehend von den wissenschaftlich bereits erwiesenen Auswirkungen des Holocaust auf die sogenannte »zweite Generation«, die Kinder von Holocaust-Überlebenden, werden in diese Untersuchung auch die nunmehr erwachsenen Vertreterinnen der dritten Generation in die transgenerationale Forschung mit einbezogen. In diesem Zusammenhang wird eine Überprüfung der in der Literatur aufgeführten Psychodynamik der ersten und zweiten Generation (wie z.B. Parentifizierungsprozesse, Ablösungsschwierigkeiten und Aggressionsproblematiken) vorgenommen. Weiterhin sollte untersucht werden, ob und wenn ja, in welcher Form die Schwierigkeiten der zweiten Generation auch für die dritte Generation gelten.

Ein weiterer Schwerpunkt dieser Arbeit ist die mehrgenerationale Betrachtung der jüdischen Identität. Wenn das Ziel des psychologischen NS-Krieges »*die Zerstörung der Juden als kollektives Ganzes [war], ein Ziel, das durch die Zerstörung der Identität, Persönlichkeit und Individualität jeder einzelnen Person als Mensch, und als Jude, erreicht werden*

und »Holocaust« synonym verwendet, da keine meiner Probandinnen sich über den Terminus Holocaust ablehnend äußerte bzw. er von allen benutzt wurde.

3 Die in dieser Arbeit verwendeten Begriffe »Verarbeitung« und »Bewältigung« sollen nicht im Sinne einer vollständigen posttraumatischen Genesung, sondern eher im Sinne der Möglichkeit, mit dem Schmerz des traumatischen Erlebnisses zu leben verstanden werden (vgl. Bar-On 1997, 29ff.).

sollte« (Litman 1992, 66), und sechs Millionen Juden in Europa ermordet wurden, welche Auswirkung hatte die Vernichtung dann auf die überlebenden Juden? Wenn man aufgrund der Zugehörigkeit zu einer bestimmten Gruppe ausgegrenzt, aller Rechte beraubt wurde und die »Endlösung« die eigene Vernichtung bedeutete, wie überlebte die Psyche diese Demütigungen, Angriffe und die Lebensbedrohung? Wie wirkt sich die Erfahrung, als »unwertes Leben« betrachtet und behandelt zu werden, auf das Selbstwertgefühl und die Identität der Betroffenen und ihrer Nachkommen aus? Und welche Faktoren waren nach Ende des Krieges und über die Generationen hinweg maßgeblich für die Aufrechterhaltung des Judentums oder die Abwendung davon?

Der Bruch im Selbstbild, die Beschädigungen der fundamentalen Strukturen des Selbst durch die erlittenen Traumata werden in dieser Untersuchung aus weiblicher Sicht betrachtet und erstmalig ihr Einfluss auf die Identitätsbildung der nachfolgenden Generationen von Frauen untersucht.[4]

Der Holocaust zerstörte in vielen Familien die natürliche Generationenabfolge, Eltern und Großeltern wurden ermordet. Töchtern war es versagt, von ihren eigenen Müttern lernen zu können, selbst Mutter zu sein; Enkelkinder wuchsen ohne Großeltern auf, die ihnen Geschichten aus der Vergangenheit und damit einhergehend einen Sinn für Kontinuität vermitteln konnten. Welchen Einfluss hatten und haben diese deprivierten familiären Verhältnisse auf mütterliche Fähigkeiten und Instinkte, auf das Verhältnis zwischen Mutter und Tochter und auf das familiäre Klima im Allgemeinen?

Neben den destruktiven Auswirkungen der Traumata sollten ebenso die individuellen und transgenerationalen Bewältigungsmodi, die innerfamiliäre Ressourcen- und Wertevermittlung und psychische Widerstandsfähigkeit sowie der Umgang mit »Vergebung« betrachtet werden.

Ein übergeordneter Aspekt der Fragestellung liegt dementsprechend auch in der Erkundung der Faktoren, die zu einer individuellen Stabilisierung, zu einem Gefühl der inneren und äußeren Sicherheit und Stärke beigetragen haben. In diesem Zusammenhang schien mir die Wahl des

4 Die Auswahl von ausschließlich weiblichen Probandinnen ergab sich aus der Vermutung, dass die Erforschung gesellschaftlicher und familiärer Tradierungen geschlechtsspezifischen Unterschieden unterworfen sein könnte. Zudem belegen Studien über weibliche Sozialisationseffekte die besondere familiäre Rolle von Frauen, die für die Transmission von Emotionen, Beziehungsmustern und ebenfalls für Traumata als aufnehmende wie auch weitergebende Medien von entscheidender Bedeutung sind (vgl. Chodorow 1978; Delsing 2004; Jordan 1991; Vogel 1994).

Lebensortes und dessen subjektive Bedeutung für die Probandinnen von besonderer Relevanz zu sein und erklärt die internationale Auswahl der Probandinnen. Folgenden Fragen wurde im Hinblick auf die unterschiedliche Lebensortwahl und die damit zusammenhängenden individuellen und gesellschaftlichen Integrationsprozesse nachgegangen: Nach welchen Kriterien wurde die Wahl eines Lebensortes getroffen? Welchen Einfluss hatten die jeweiligen (wieder-)aufnehmenden Gesellschaften nach Ende des Zweiten Weltkrieges auf die Genesung der traumatisierten Holocaust-Überlebenden? Aus welchen Gründen wandern die Kinder und Kindeskinder von Holocaust-Überlebenden aus deren (gewählter) Heimat aus und worauf basiert die Entscheidung für ihre neue Lebensortwahl?

Durch diese Studie wird es möglich, die Lebensläufe, Lebensthemen und Wert-Konstrukte im Zeitverlauf sowie das individuelle Lebensgefühl der weiblichen Vertreterinnen von drei Generationen direkt miteinander zu vergleichen. So werden im Rahmen der Familienanalysen und Portraits einerseits die familiär prägenden, generationsübergreifenden Elemente deutlich, zum anderen werden durch den Vergleich der Aussagen der jeweiligen Generation eventuell generationsabhängige und gesellschaftliche Einflüsse evident.

Die vorliegende Arbeit gliedert sich in einen Grundlagenteil, der aus bisherigen Forschungsergebnissen und Theorie besteht und einen empirischen Teil, innerhalb dessen das Forschungsdesign und die Ergebnisse der Erhebung vorgestellt werden. In Kapitel 2 wird zunächst der aktuelle *Stand der Forschung* in Bezug auf Holocaust-Überlebende und deren Nachfolgegenerationen umfassend dargestellt und diskutiert. In Kapitel 3 wird auf unterschiedliche *theoretische Konzepte von Tradierungsprozessen* im Allgemeinen und Trauma-Transmissionen im Speziellen eingegangen, um den LeserInnen die Ergebnisse der vorgestellten Studien sowie die hier vorliegenden Interpretationen der Einzel- und Familienanalysen nachvollziehbar zu machen. Im empirischen Teil der Studie werden vorab Erklärungen zur *Methode* gegeben, die sich sowohl auf die Erhebungs- und Auswertungsmethode wie auch auf die Auswahl der Probandinnen und den Verlauf der Untersuchung erstrecken. Anschließend folgt die Darstellung dreier ausgewählter Familien in ausführlichen Fall- und Familienanalysen sowie sechs kürzerer Familienportraits, in denen die wichtigsten transgenerationalen Effekte herausgearbeitet wurden. Einzelfallanalysen und familiäre Portraits von weiblichen Holocaust-Überlebenden sowie deren Töchtern und Enkeltöchtern werden vorgestellt, deren Leben durch die Verfolgung unterschiedliche Verläufe genommen hat. Einige Frauen der ersten Generation überlebten den Terror von Konzentrations- und Arbeitslagern, andere überlebten die Zeit der Verfolgung im Versteck oder durch die Flucht z.B. im Rahmen eines Kindertransportes nach England. Bewusst habe ich als Probandinnen der ersten Generation nicht nur Überlebende von Konzentrationslagern gewählt, da die hier dargestellten unterschiedlichsten »Über-lebensgeschichten« (sowie deren Einfluss auf das Leben der Kinder und Kindeskinder) beispielhaft die Heterogenität der damaligen Verfolgungs-Realität widerspiegeln sollen.

2. Stand der Forschung

Im folgenden Kapitel wird ein Überblick über den Stand der (Holocaust-) Forschung bezüglich der individuellen und transgenerationalen Auswirkungen von Traumata gegeben. Um das Phänomen der Übertragung von Traumatisierungen und allgemeinen familiären Werten, Grundstrukturen und Beziehungsmustern zu erklären, werden anschließend[1] unterschiedliche Theorien dargestellt.

Da die Be- und Verarbeitung des Holocaust nicht nur in wissenschaftlichen Untersuchungen und in psychotherapeutischen Settings und Kreisen stattfand und immer noch stattfindet, habe ich auch Zitate aus Belletristik und Lyrik in die Darstellung des Forschungsstandes mit einfließen lassen, die von Überlebenden des Holocaust oder deren Nachkommen geschrieben wurden. Diese Quellen haben mit ihrer teils expliziten, teils metaphorischen Sprache die Auseinandersetzung mit dem Holocaust wie auch den diesbezüglichen Erinnerungsdiskurs bedeutend geprägt und sollen den empirischen und theoretischen Fokus um die Komponente der autobiographischen Diktion erweitern.[2]

---

1 Kapitel 3: Theorie und Terminologie der transgenerationalen Tradierungsprozesse

2 Zu der Bedeutung von Literatur und Lyrik über den Holocaust für das Verständnis für das »Unaussprechbare« siehe Lamping (2003) und Schiff (1995): »*They [the poems] are (...) a fundamental aid to historical understanding. The more or less contemporaneous literature of any period of history is not only an integral part of that period, but it also allows us to understand historical events and experiences better than the bare facts alone can do because they enable us to absorb them inwardly. In involving ourselves in the authentic literature of the Holocaust, we come as close as we can to entering psychologically into those unique events as they were actually felt by those individuals who experienced them*« (Schiff 1995, XIV).

2.1. Das Trauma der Verfolgung

GOTT HAT VERBORGEN SEIN GESICHT

Alle Wege haben geführt zum Tod,
alle Wege.
Alle Winde haben geatmet den Verrat,
alle Winde.
Auf allen Schwellen haben böse Hunde gebellt,
auf allen Schwellen.
Alle Wasser haben uns ausgelacht,
alle Wasser.
Alle Nächte sind fett geworden von unserm Schrecken,
alle Nächte.
Und die Himmel waren nackt und leer,
alle Himmel.
Und Gott hat verborgen sein Gesicht.

Rajzel Zychlinski 1947

Der Nationalsozialismus zerstörte die gesamten sozialen und kulturellen Gefüge, in denen die Juden in Europa gelebt hatten. Bisherige Lebens- und Sinnzusammenhänge wurden radikal zerrissen. Auch nach dem Ende des Krieges und nach der Befreiung gab es für die Überlebenden häufig nicht die Möglichkeit, an ihre vorherigen Lebensumstände und an die vormalige Identität anzuknüpfen. Nicht nur die eigene Psyche und das eigene Leben waren beschädigt, auch die äußeren Lebensstrukturen, die familiären und sozialen Beziehungen, die ethischen und ethnischen Relationen waren vernichtet (vgl. Brainin et al. 1994; Burgauer 1992).

Um die Auswirkungen der lebensbedrohenden, traumatischen Erfahrungen der Judenverfolgung während des Holocaust auf die Überlebenden sowie deren Kinder und Kindeskinder darzustellen, ist es notwendig, zunächst den Begriff »Trauma« zu definieren.

Ausgehend von der aktuellen Trauma-Definition der American Psychiatric Association (APA 1996), die im Diagnostischen und Statistischen Manual Psychischer Störungen (DSM-IV) formuliert ist, bedeutet Trauma folgendes:

»Die Person erlebte, beobachtete oder war mit einem oder mehreren Ereignissen konfrontiert, die tatsächlichen oder drohenden Tod oder

ernsthafte Verletzung oder eine Gefahr der körperlichen Unversehrtheit der eigenen Person oder anderer Personen beinhalteten. Die Reaktion der Person umfasste intensive Furcht, Hilflosigkeit oder Entsetzen« (DSM-IV, APA 1996).

In der Internationalen Klassifikation psychischer Störungen der Weltgesundheitsorganisation, dem ICD–10, wird ein traumatisches Erlebnis beschrieben als:

»ein belastendes Ereignis oder eine Situation außergewöhnlicher Bedrohung oder katastrophenartigen Ausmaßes (kurz oder langanhaltend), die bei fast jedem eine tiefe Verzweiflung hervorrufen würde. (Hierzu gehören eine durch Naturereignisse oder von Menschen verursachte Katastrophe, eine Kampfhandlung, ein schwerer Unfall oder Zeuge des gewaltsamen Todes anderer oder selbst Opfer von Folterung, Terrorismus, Vergewaltigung oder anderen Verbrechen zu sein)« (ICD–10 1993, 169).

Fischer und Riedesser (1999) beschreiben Trauma als ein:

»vitales Diskrepanzerlebnis zwischen bedrohlichen Situationsfaktoren und den individuellen Bewältigungsmöglichkeiten, das mit Gefühlen von Hilflosigkeit und schutzloser Preisgabe einhergeht und so eine dauerhafte Erschütterung von Selbst- und Weltverständnis bewirkt. In der traumatischen Situation sind einige Regeln der normalen Erlebnisverarbeitung gewöhnlich außer Kraft gesetzt« (Fischer & Riedesser 1999, 79).

Diesen Charakterisierungen zufolge waren alle Juden Europas, unabhängig davon, *wie* sie den Holocaust überlebten, von dem Trauma der Verfolgung betroffen. Die (wenigen) Juden, die den Holocaust überlebten, überlebten auf unterschiedliche Art. Dieser Realität sollte durch die Auswahl meiner Probandinnen Genüge getan werden, die sich nicht (wie viele andere Forschungsarbeiten) ausschließlich auf die Überlebenden der Konzentrationslager beschränkt, sondern auch Überlebende des Ghettos, Zwangs-Emigrantinnen, mit falschen Papieren ausgestattete Jüdinnen und im Versteck Überlebende in die Untersuchung mit einbezieht.

Die klinische und theoretische Forschung hat sich jahrzehntelang auf die Psychopathologie der Überlebenden der Konzentrations- und Arbeitslager konzentriert und stützte sich unter anderem auf die medizinischen und psychologischen Untersuchungen, die im Rahmen der Wiedergutmachungsprozesse stattfanden. Psychoanalytische Fallstudien boten einen weiteren Zugang zum Verständnis der psychopathologischen Auswirkungen des Holocaust.

Die ausführliche Darstellung der Forschungsergebnisse spiegelt die Fülle an Studien, deren Fokus auf die Überlebenden der Konzentrationslager gerichtet war, wider. Da viele der in der vorliegenden Arbeit vorgestellten Holocaustüberlebenden zum Zeitpunkt des Krieges Jugendliche waren, werden auch die Forschungsergebnisse über diese spezielle Altersgruppe in Kapitel 2.1.2 aufgeführt.

2.1.1. Überlebende des Holocaust und die Auswirkungen traumatischer Erfahrungen

> *»Wir sind in plombierten Waggons hierhergekommen; wir haben gesehen, wie unsere Frauen und unsere Kinder weggegangen sind ins Nichts; wir sind die Versklavten, sind hundertmal hin- und hermarschiert in stummer Fron, mit erloschenen Seelen noch vor dem anonymen Tod. Wir werden nicht zurückkehren. Von hier darf keiner fort, denn er könnte mit dem ins Fleisch geprägten Mal auch die böse Kunde in die Welt tragen, was in Auschwitz Menschen aus Menschen zu machen gewagt haben« (Levi 2002, 64).*

Die extremen Traumatisierungen, die die Inhaftierten von Arbeits- und Konzentrationslagern erlebten, haben bei vielen Betroffenen schwere Spätfolgen hinterlassen, die unter dem Begriff des »KZ-Syndroms« oder »Überlebenden-Syndroms« zusammengefasst werden. Merkmale des »Überlebenden-Syndroms« sind Symptome wie schwere, oft plötzlich einsetzende Erregungs- und Angstzustände, ständig wiederkehrende Alpträume, anhaltender emotionaler Schock, Gefühle von Unwirklichkeit und Depersonalisation, eine Störung oder der Verlust des Zeitgefühls, psychotische Zustände, Depressionen, Erschöpfbarkeit, Konzentrations- und Gedächtnisstörungen. Eine weitere Beobachtung bei Opfern chronischer Traumatisierung ist das Auftreten häufiger psychosomatischer Reaktionen (vgl. De Loos 1990; Grubrich-Simitis 1979; Herman 1994; Hoppe 1968; Krystal & Niederland 1968; Niederland 1980). Neben den vielfältigen psychischen Auswirkungen treten auch physiologische Veränderungen auf. So kann z.B. die Überforderung des psychophysiologischen Systems in vielen Fällen zu Stress-Symptomen führen, die auch nach Beendigung der traumatischen Situation persistieren (vgl. Hansen 1999; van der Kolk 2000).

Das Störungsbild des »Überlebenden-Syndroms« ähnelt der seit 1980 in den Diagnostikmanualen des ICD–10 und DSM-III eingeführten Diagnose der Posttraumatischen Belastungsstörung. Als wesentliches posttraumatisches Merkmal werden häufig Dissoziationen genannt, die als das Misslingen, extreme Erfahrungen zu integrieren, verstanden werden können (vgl. Dilling et al. 1993; Hansen 1999; Teegen 1997). In einer traumatischen Situation wird das Individuum überschwemmt von intensiven Reizen, die – zum Teil auch langfristig – nicht in das bisherige kognitive Schema[3] eingeordnet werden können. Da keine Verknüpfung mit der normalen Realitätserfahrung stattfinden kann, bleiben Aspekte der traumatischen Erfahrung »unfassbar« und werden unverbunden, als abgekapselte, nicht integrierte Informationen im (Unter-) Bewusstsein gespeichert. Dissoziation äußert sich durch den partiellen oder kompletten Verlust der integrativen Bewusstseinsfähigkeiten, bezogen auf Erinnerungen, Identitätsbewusstsein und unmittelbares Erleben (vgl. Dilling et al. 1993; Fiedler 1997; Hansen 1999; Horowitz 1986; Teegen 1997; Waites 1993).

In der psychologischen Holocaust-Literatur wird häufig auf ein tiefes Schuldgefühl der Überlebenden hingewiesen. Diese »Überlebensschuld« basiere auf dem Gefühl, auf Kosten anderer überlebt zu haben und Familienmitglieder, die ermordet wurden, im Stich gelassen zu haben (vgl. Brainin et al. 1989; Durst 1996; Fischer & Riedesser 1999; Niederland 1980).

Nicht jeder Holocaustüberlebende leidet jedoch an dieser Überlebensschuld, so wie nicht bei jedem Überlebenden die gleichen Symptome des »Überlebenden-Syndroms« vorhanden sind (vgl. Bondy 1997; Hass 1995; Ludewig-Kedmi 2001; Robinson 1994). Auch wurde seit einigen Jahren das Überlebenden-Syndrom, das das Bild eines stark beeinträchtigten Menschen vermittelte, immer häufiger als negative Etikettierung und klinische Verallgemeinerung kritisiert und darauf hingewiesen, dass es den Überlebenden und ihren Nachkommen nicht gerecht werden würde, sie als homogene Gruppe mit homogenen Symptomen aufzufassen (vgl. Epstein 1990; Feuerstein 1980; Harel et al. 1993; Kahana et al. 1988; Kestenberg 1993; Rustin 1980; Solkov 1981).

---

3 Weitere Ausführungen über kognitive Schemata in Kapitel 2.1.3.

Allgemeine Einigkeit besteht hingegen hinsichtlich der tiefgreifenden Einschnitte in die Identität der Überlebenden durch die Traumatisierungen während des Holocaust. So war z. B. Niederland, ein Psychiater, der Überlebende des Holocaust behandelte, häufig mit den Veränderungen der personalen Identität der Opfer des Holocaust konfrontiert und sah hierin ein durchgängiges Merkmal des »Überlebenden-Syndroms« (vgl. Niederland 1961, 1980).

Die Veränderungen waren Folge der Lager-Erfahrungen des unbedingten Ausgeliefertseins, der andauernden Todesangst und des zwangsläufigen Verlustes aller vorherigen Lebensbezüge und Werte, was zu einer »Entleerung des Selbst« führte. Die im Lager lebensnotwendige Reduzierung auf Interessen der Selbsterhaltung und die Abstumpfung der Wahrnehmung gegenüber äußeren Reizen mündeten in eine »robotization«, ein routiniertes Funktionieren des Ichs ohne irgendwelche Affekte. Diese Panzerung des Ichs, die auch als Dissoziation beschrieben werden kann, ist als Anpassungsleistung zu werten, die eine Überflutung mit Panik verhinderte, bzw. als Bewältigungsstrategie in einer Situation, in der Flucht oder Vermeidung nicht möglich war (vgl. Hansen 1999; Grubrich-Simitis 1979; Merloo 1962; Niederland 1961, 1980).

Elie Wiesel hat diesbezüglich seine Erfahrungen im Konzentrationslager in seiner autobiographischen Erzählung festgehalten:

»Man war unfähig, noch an irgend etwas zu denken. Die Sinne waren abgestumpft, alles versank in Nebel. Der Selbsterhaltungs- und Selbstverteidigungstrieb, die Eigenliebe – alles war verschwunden« (Wiesel 1996, 58).

In den Arbeits- und Konzentrationslagern wurden alle psychischen Strukturen des Selbst – das Körperbild, die inneren Bilder anderer Menschen, das Selbstbild und die Wertvorstellungen und Ideale, die Kohärenz und Sinn verleihen – untergraben und systematisch zerstört. Der Vorgang der Entmenschlichung gipfelte in der Eintätowierung von Nummern in die Haut von Menschen, die in diesem Augenblick ihren Namen verlieren sollten.

Der italienische Schriftsteller Primo Levi, selbst Überlebender von Auschwitz, wies auf verschiedene Ebenen der Vernichtung hin:

»Nun denke man sich einen Menschen, dem man, zusammen mit seinen Lieben, auch sein Heim, seine Gewohnheiten, seine Kleidung und

schließlich alles, buchstäblich alles nimmt, was er besitzt: Er wird leer sein, beschränkt auf Leid und Notdurft und verlustig seiner Würde und seines Urteilsvermögens, denn wer alles verloren hat, verliert auch leicht sich selbst. (...) So wird man denn die zweifache Bedeutung des Wortes »Vernichtungslager« verstehen« (Levi 2002, 28f.).

Die vom NS-Regime geplante »Zerstörung der Juden als kollektives Ganzes, ein Ziel, das durch die Zerstörung der Identität, Persönlichkeit und Individualität jeder einzelnen Person als Mensch, und als Jude erreicht werden sollte« (Litman 1992, 66) und der damit Hand in Hand gehende Prozess der Entmenschlichung, hatte tiefe Auswirkungen auf die Opfer, was sich unter anderem in deren Selbsteinschätzung zeigte: »Ich bin jetzt ein anderer Mensch«, klagten die meisten Patienten Niederlands. Die am schlimmsten Betroffenen sagten jedoch schlicht: »Ich bin kein Mensch« (zitiert nach Hermann 1994, 133).

Die im Lager lebensnotwendige Regression, die oben beschriebene »robotization« oder Automatisierung des Ichs angesichts der extremen Bedrohung, des Ausgeliefertseins und der Hilflosigkeit, entwickelte sich bei einigen Gefangenen zu einem Sterbeprozess, bei dem der Tod infolge der Erschöpfung sämtlicher emotionaler und physischer Ressourcen eintrat. Der Lebenswille war geschwunden, eine absolut passive Haltung sich selbst und der Umwelt gegenüber erfolgte. Diese Menschen, »Muselmänner« genannt, galten als lebende Tote (vgl. u.a. Herman 1994; Krystal 1968). Krystal (2000) schildert den Vorgang folgendermaßen:

»Ab einem bestimmten Punkt entwickelte die traumatische Einkapselung sich in einen bösartigen Zustand, der alle psychischen Funktionen blockierte: Kognition, Wahrnehmungsfähigkeit, Gedächtnis, Erinnerung, Scanning, Informationsverarbeitung im allgemeinen, Planung und Problemlösung. Schließlich blieben nur noch gewisse Spuren dieser psychischen Funktionen und eine rudimentäre Fähigkeit zur Selbstbeobachtung erhalten. Hielt der traumatische Prozess weiter an, kam es zur Unterdrückung aller Vitalität und zum psychogenen Tod, bei dem das Herz in der Diastole zum Stillstand kommt« (Krystal 2000, 844).

Auch die überlebenden Opfer des Holocausts blieben gezeichnet:

»Wieder müssen wir, trauernd feststellen, dass die Verletzung unheilbar ist: sie überdauert die Zeiten, und die Erinnerungen, an die man schließlich

doch glauben muss, quälen nicht nur den Peiniger (...), sondern führen sein Werk noch fort, indem sie dem Gepeinigten den Frieden versagen« (Levi 1990, 20f.).

Manchen Überlebenden gelang es nicht, die einstmals im Lager förderlichen Anpassungsleistungen der Realität nach der Befreiung zu modifizieren und so wurden die einstmals rettenden Funktionen später zum Verhängnis. Die beschriebene emotionale Abstumpfung und die Verpanzerung wirkten sich auf die individuelle Empfindsamkeit sowie auf ihre intimen Beziehungen aus:

»Die irreversible Armierung des Ichs, die Schale automatisierter Ichfunktionen, scheint für das viele Überlebensfamilien charakterisierende Klima des Roboterhaften, Mechanischen, Entseelten mitverantwortlich zu sein« (Grubrich-Simitis 1979, 1007).

Die Trauma-Forschung hat gezeigt, dass traumatische Erfahrungen nie wieder ganz gelöscht werden können (vgl. van der Kolk, Burbridge & Suzuki 1998). Aufgrund der dauerhaften Erschütterung des Welt- und Selbstverständnisses ist davon auszugehen, dass das erlebte Trauma auch nach der Befreiung Einfluss auf die Persönlichkeit und die Identitätsentwicklung der Überlebenden des Holocaust hatte.

Wie Krystal und Niederland (1968) beobachtet auch Herman (1994), eine amerikanische Psychiaterin und Trauma-Expertin, dass es nicht möglich sei, nach der Befreiung aus der Gefangenschaft die ehemalige Identität wieder herzustellen: *»Die Identität, die sie* [die Opfer der Gefangenschaft, Anm. d. Verf.] *vor dem Trauma erreicht hatten, ist unwiederbringlich zerstört«* (Herman 1994, 84). Vielmehr müsse eine neue Identität erschaffen werden, die auch *»die Erinnerung an das versklavte Selbst mit einschließt. Zum Körperbild muss das Bild eines Körpers gehören, der kontrolliert und verletzt werden kann.«* Herman spricht in diesem Zusammenhang von einer *»beschädigten Identität«*, die oftmals mit Gefühlen der Scham, der Selbstverachtung und dem Gefühl, versagt zu haben, einhergeht (vgl. Herman 1994, 132).

Die Erfahrung des Verlustes von Sicherheit, Selbstwirksamkeit und Vertrauen in die Umwelt wirkt sich auf das Selbstbild und verständlicherweise auch auf die Beziehungen zu anderen nachhaltig aus:

»Traumatisierte leiden darunter, dass die fundamentalen Strukturen des Selbst beschädigt wurden. Sie verlieren ihr Selbstvertrauen, ihr Ver-

trauen zu anderen und zu Gott. Die Erfahrung von Erniedrigung, Schuld und Ohnmacht greift das Selbstwertgefühl an. Die Fähigkeit zu Intimität wird durch intensive und widersprüchliche Wünsche und Ängste beeinträchtigt« (Herman 1994, 84, vgl. auch Fischer & Riedesser 1998; Hardtmann 2001).

Zahlreiche Autoren bestätigen aus eigener (selbst erlebter) Erfahrung oder aus der therapeutischen Arbeit mit Überlebenden die beeinträchtigte Fähigkeit der Überlebenden, tiefe emotionale Bindungen aufzubauen (vgl. Davidson 1980; Lifton 1980; Litman 1992). Klein (1987) stellt fest:

»Eines der schwersten Probleme eines Überlebenden besteht darin, mit einer tiefen Angst zu leben, der Angst davor, einen anderen Menschen zu lieben. Sie haben ja das beste, wenn nicht alles, verloren, das sie besaßen. Alles, was sie vorher liebten, wurde ihnen genommen. (...) Wie können sie je wieder lieben? Wenn wir lieben, werden wir auch wieder verlieren! Es bedeutet, auch zum Schmerz zurückzukehren. Wie können wir mit diesem Verlust leben? Wie meistern wir diese zermürbende Depression und Traurigkeit?« (Klein 1987).

Herman (1994) spricht von einer »*Dialektik des Traumas*«, die sich besonders in der Regulation von Aggressionen und Intimität ausdrückt. Opfer von Traumata sind häufig in einer ambivalenten Hin- und Herbewegung zwischen den Extremen gefangen: Weil sie ihre massive Wut kaum beherrschen können, schwanken sie von unkontrollierten Ausbrüchen bis hin zu Intoleranz für jegliche Form der Aggression. Bezogen auf Intimität zwingt das Trauma die Opfer, sich aus engen Bindungen zurückzuziehen und sie gleichzeitig verzweifelt zu suchen. Die oben beschriebenen Scham-, Schuld- und Minderwertigkeitsgefühle sowie der Wunsch, jede Erinnerung an das Trauma zu vermeiden, fördern einerseits den Rückzug aus engen Bindungen, gleichzeitig intensiviert der Schrecken des traumatischen Ereignisses das Bedürfnis nach schützender Zuneigung (vgl. Herman 1994, 83).

Von diesen Beobachtungen ausgehend ist nachvollziehbar, dass in vielen Fällen auch das Ende des Krieges und die Befreiung 1945 keine Erlösung von den erlittenen Qualen jahrelanger Demütigung, Verfolgung und Lebensgefahr bieten konnte. »*Der Tod, ›der Meister aus Deutschland‹, schien weiterhin das Leben der Überlebenden zu regieren*« (Brainin et al. 1994, 34). Die traumatischen Erfahrungen und die Erinnerungen wirkten in den Holocaustüberlebenden nach und die äußere Befreiung konnte häufig innerlich nicht erlebt werden.[4] Laut Brainin (1994) seien die Zwangsstrukturen und die starre Kontrolle, die im Lager von »außen« aufgezwungen wurde, verinnerlicht worden und später von den Betroffenen als innere Kontrolle erlebt worden, welche in erster Linie der Beherrschung der unbewussten Aggression diente. Durch das Aufrechterhalten dieser inneren Kontrolle wurde das Empfinden unerträglicher Spannung verlängert, was das Lebensgefühl schwer beeinträchtigte.

Die schwere Aggressionsproblematik wird von vielen Psychoanalytikern und Holocaust-Therapeuten als Kern des Überlebenden-Syndroms angesehen und führe dazu, dass sich das Individuum gegen das eigene Selbst wende, in Form von Depressionen, Somatisierung oder aber Selbsttötungen (vgl. Brainin et al. 1994; Grubrich-Simitis 1979; Venzlaff 1958).

Neben den individuellen Veränderungen mussten sich die Überlebenden nach ihrer Befreiung auch den äußeren Veränderungen stellen:

---

4 Die Situation nach der Befreiung war zudem gezeichnet durch die Realisierung des Verlustes des ehemaligen sozialen Umfeldes: Von den etwa 50.000 bis 70.000 jüdischen Überlebenden der Konzentrationslager fanden die meisten die ersten Monate bis Jahre Unterschlupf in den sogenannten DP (Displaced-Persons)-Lagern, die in ehemaligen Kasernen, Kriegsgefangenen- und Zwangsarbeitslagern, Schulen, Zeltkolonien, Hotels und ähnlichem errichtet wurden. In vielen DP-Lagern waren jüdische Holocaust-Überlebende mit anderen, nichtjüdischen DPs, darunter auch ihren ehemaligen Peinigern wie z.B. KZ-Aufsehern, gemeinsam untergebracht. Erst eine von US-Präsident Truman veranlasste Untersuchung der Situation der jüdischen DPs, die von Harrison (ehemals US-Kommissar für Einwanderung und amerikanischer Vertreter des »Intergovernmental Committee on Refugees«) geleitet wurde, führte dazu, dass die Bedingungen für die Juden verbessert wurden. Hier Ausschnitte aus Harrisons Bericht, den er im August 1945 vorlegte: *»Viele jüdische Displaced Persons leben unter Bewachung hinter Stacheldraht, in Lagern unterschiedlichster Art (...), einige der berüchtigtsten Konzentrationslager eingeschlossen, auf engstem Raum, häufig unter unhygienischen und überhaupt schrecklichen Bedingungen, in völliger Trägheit, ohne eine Möglichkeit, es sei denn heimlich, mit der Außenwelt Kontakt aufzunehmen, wartend, hoffend auf ein Wort der Ermutigung und Hilfe... Viele jüdische Displaced Persons hatten Ende Juli nichts anderes zum Anziehen als ihre Konzentrationslager-Kleidung (...) während andere es verständlicherweise als Schikane betrachteten, dass man sie sogar zwang, deutsche SS-Uniformen zu tragen. (...) Abgesehen davon, dass sie die Gaskammern, Foltern und andere Formen des gewaltsamen Todes nicht mehr fürchten müssen, hat sich wenig verändert«* (Harrison 1945, zitiert nach Königseder & Wetzel 2004, 35ff).

Die heimatlosen Juden, die den »Wartesaal« der DP-Lager nicht in Richtung USA oder Palästina aufgrund der restriktiven Einwanderungsbedingungen verlassen konnten, blieben zwangsläufig in Deutschland, dem Land ihrer ehemaligen Verfolger, wo sie versuchten, eine Existenz aufzubauen.

»Nach dem Krieg kehrten die Häftlinge aus einer Welt des Todes in die »Normalität« zurück, in ein Leben, das nicht mehr von Destruktivität und Massenmord bestimmt war. Sie hatten vorerst die Hoffnung, eine unveränderte Welt vorzufinden, und mussten feststellen, dass sie nicht mehr dieselben waren. Alle Relationen hatten sich verschoben, die Welt war nicht mehr dieselbe. Das Ausmaß der Vernichtung ihrer Welt, ihrer Familien, ihrer Dörfer oder Städte konnten sie erst nach der Befreiung wahrnehmen, was einem neuerlichen Trauma gleichkam« (Brainin et al. 1994, 33).

Viele Holocaustüberlebende bauten sehr schnell Partnerschaften und Familien auf, um der Einsamkeit zu entfliehen und mit der Existenz einer Gegenwart und einer Zukunft ein Gegengewicht zu den Schrecken der Vergangenheit zu schaffen und diese vergessen zu können (vgl. Bergman & Jucovy 1982; Brainin et al. 1994; Kutscher 1995; Litman 1992). Bergman und Jucovy (1982) stellten fest:

»Survivors often have an intense and overwhelming wish to create something new. To replace, to refute, to undo and go on may become the overriding motif in a marriage of survivors« (Bergman & Jucovy 1982, 105).

Die Kinder, die von Holocaustüberlebenden geboren wurden, bedeuteten für diese häufig einen Triumph über die intendierte Vernichtung. Auch die gesellschaftlichen und beruflichen Integrationsleistungen nach der Befreiung trugen zur Stabilisierung der Überlebenden bei. Von einer vollständigen Genesung – wie soll »das Unsagbare« je verarbeitet werden? – ist nicht auszugehen. Viele Überlebende tragen noch heute eine tiefe Angst vor der Wiederkehr der Verfolgung in sich:

»Jede Art von Schmerz, Schwäche, Verlassenheit, Angriff oder Verlust kann die überwältigenden Gefühle und Ängste wieder wecken« (Rehberger 1992, 155).

Neuere Beobachtungen und Studien weisen darauf hin, dass Überlebende des Holocaust sich im Alter häufig vulnerabler für das Auftreten lange Zeit unterdrückter Symptome des Überlebenden-Syndroms zeigen. Die im Alter typischerweise zu bewältigenden Konflikte und Lebensaufgaben und besonders die damit einhergehende Beschäftigung mit dem Tod (dem eigenen und dem der Partner/innen und der

Freunde) werden als Auslöser für die traumatischen Erinnerungen und die posttraumatischen Auswirkungen gesehen (vgl. Danieli 1982; Steinitz 1982).

Es ist wichtig darauf hinzuweisen, dass es vielen Überlebenden des Holocaust – trotz allem – gelungen ist, ihr Leben »fortzuführen«, beruflich erfolgreich zu sein, Familien zu gründen und in fremden Kulturen und Gesellschaften Fuß zu fassen. Die klinische und theoretische Forschung, die sich bis in die 80er Jahre eher auf die Psychopathologie der Überlebenden konzentriert hatte, wurde bereichert durch die Erweiterung des Blickwinkels auf die psychische Widerstandsfähigkeit und die förderlichen Ressourcen, auf die die Opfer des Holocaust während der traumatischen Erfahrungen und danach zurückgreifen konnten (vgl. Krystal & Farms 2000). Die Stärken mögen in Zeiten der Krise, häufig jedoch auch schon vor dem Holocaust entwickelt worden sein und dem Überleben wie auch dem Heilprozess nach dem Holocaust dienlich gewesen sein (vgl. Steinberg 1989).

Neben den möglichen Symptomen bewiesen viele Holocaust-Überlebende eine enorme Integrationsfähigkeit, psychische Ressourcen und beeindruckende innere Stärke (vgl. Anthony & Koupernick 1973; Bergman & Jucovy 1982; Davidson 1981, 1987, 1992; Klein 1971; Last & Klein 1984; Leon, Buthcher, Kleinman, Goldberg & Almagot 1981; Shanan & Shahar 1983; Weinfeld, Sigal & Eaton 1981). So kann ein und dieselbe Person zwar unter bestimmten Symptomen leiden, zugleich aber viele erfolgreiche Bewältigungsstrategien entwickelt haben (vgl. Ludewig-Kedmi 2001).

Klein (2003) plädiert darüber hinaus für eine Umdeutung der vermeintlich pathologischen Reaktionen und versteht Trauer und Überlebensschuld als *»positive Kräfte einer Re-individuierung und Wiederherstellung«*. Auch die häufig übereilt wirkenden Eheschließungen und Familiengründungen der Überlebenden direkt nach der Befreiung konnotiert er positiv als Teil der psychischen Wiederbelebung und psychosozialen Integration. Er weist weiterhin auf die unterschiedlichen, höchst individuellen Anpassungs- und Bewältigungsmechanismen der Überlebenden hin (vgl. Klein 2003, 26).

Von den hier beschriebenen pathologischen Konsequenzen und Bewältigungsleistungen abgesehen sind die Auswirkungen der Traumata nicht immer »messbar« oder im Rahmen klinischer Definitionen zu diagnostizieren. Améry, selbst Überlebender der Lager, verdeutlicht:

»Wer gefoltert wurde, bleibt gefoltert. Unauslöschlich ist die Folter in ihn eingebrannt, auch dann, wenn keine klinisch objektiven Spuren nachzuweisen sind. (...) Dass der Mitmensch als Gegenmensch erfahren wurde, bleibt als gestauter Schrecken im Gefolterten liegen: Darüber blickt keiner hinaus in eine Welt, in der das Prinzip Hoffnung herrscht« (Améry 1980, 64, 73).

Nicht nur die Insassen von Konzentrations- und Arbeitslagern waren (und sind) vom Holocaust gezeichnet, auch diejenigen, die im Ghetto überlebten, sich in Verstecken aufhielten oder aus Europa fliehen konnten, litten unter der Verfolgung, der Angst um das eigene Leben und das der Angehörigen und dem Schmerz über den Verlust der vorherigen Lebensbezüge. Auch bei ihnen ist davon auszugehen, dass sich:

»das Koordinatensystem der Gefühle, Beziehungen und Wertvorstellungen dieser Menschen verändert hatte. Die Möglichkeit von Verfolgung und Massenmord bleibt für immer der Bezugsrahmen« (Brainin et al. 1994, 21).

Das Welt- und Selbstverständnis, die Annahmen über die Welt[5], wurden erschüttert:

»Victimization shatters the assumption of invulnerabilty. (...) The world is no longer safe and benign« (Janoff-Bulman & Frieze 1987, 162; vgl. Bard & Sangrey 1979; Lifton & Olson 1976; Perloff 1983).

Eine Untersuchung Chodoffs (1963) ergab, dass es keine signifikanten Unterschiede in den physischen und psychischen Symptomen der auf unterschiedliche Art Überlebenden gab (vgl. Chodoff 1963). Klein, Zellermayer und Shanan (1963) wiesen andererseits auf Unterschiede bezüglich des Grades der Beeinträchtigung abhängig vom Ausmaß der Unterdrückung, der Isolation und chronischen Angst hin und fanden bei Überlebenden der Ghettos, der Konzentrationslager und bei den im Versteck Überlebenden höhere Störungswerte als z. B. bei Insassen der Arbeitslager und bei Partisanen (vgl. Klein, Zellermayer & Shanan 1963).

Beispielhaft für die existentielle Beeinträchtigung des Lebensgefühls und die nachhaltige Zerstörung der Lebensfreude ist die hohe Suizid-

5 Sogenannte Schema-Konzepte, auf die in Kapitel 2.1.3 genauer eingegangen wird.

rate unter den Überlebenden von Konzentrationslagern wie auch unter den Emigranten: Stefan Zweig, Kurt Tucholsky, Primo Levi, um nur einige bekannte Persönlichkeiten zu nennen.

2.1.2. Traumatisierung in der Adoleszenz

LEERE

Nie mehr wird mich der Abend heimführen
zu Mutters Tür.
Mögen alle Sterne sich im Kreis gruppieren,
wohin ich auch meine Schritte lenke – auf mich wartet die Leere.
Nie wieder trägt der Wind eine heimische Stimme an mein Ohr –
wieg mich, wieg mich, Trauer.

Rajzel Zychlinski

Gelten die beschriebenen destruktiven Auswirkungen von Traumata auf das Weltbild und die Identität erwachsener, »gefestigter Persönlichkeiten«, um wie vieles größer ist dann das Ausmaß der Verunsicherung für Kinder und Jugendliche, deren Individuation ohnehin noch fragil ist und besonders im Jugendalter besonderer »*Kontinuität, Konstanz und Gleichförmigkeit der Umgebung für die Stabilität der psychischen Strukturen und Funktionen*« (Gäßler 1993, 36) bedarf?

Die Mehrzahl der in der vorliegenden Studie interviewten Überlebenden war im Jugendalter, als der Krieg ausbrach und sie aus ihrer gewohnten Umgebung gerissen wurden. Typische Entwicklungsaufgaben des Jugendalters wie z. B. die altersgemäße Ablösung von der eigenen Familie und der Aufbau einer autonomen Identität waren durch die Lebensbedrohung der feindlichen Außenwelt behindert. Die unter anderem für einen Ablösungs- und Individuationsprozess bedeutsame Hinwendung zu außerfamiliären Bezügen war den von der Verfolgung betroffenen Jugendlichen verwehrt: Aufgrund der antijüdischen Gesetze durften sie die Schule nicht mehr besuchen und mussten den Kontakt zu früheren nichtjüdischen Freunden abbrechen, die sich mitunter zu ihren Feinden entwickelten.

Viele Kinder und Jugendliche wurden während des Holocaust von ihren Eltern getrennt (durch unterschiedliche Versteckaufenthalte, zeitversetzte Emigration, Ermordung der Eltern bei Razzien oder sogenannten »Aktionen«; Familien wurden bei den Deportationen, spätestens bei den Selektionen in den Konzentrationslagern auseinandergerissen) und viele sahen ihre Eltern nie wieder. Gäßler (1993), die Extremtraumatisierungen in der Pubertät von Holocaustüberlebenden untersuchte, veranschaulicht:

»Wird diese äußere, durch Gewalt hervorgerufene Trennung innerdynamisch aber mit den adoleszenten – unbewussten – Ablösungswünschen verbunden, d.h. dass Trennung mit Tod gleichbedeutend ist, kann sie innerdynamisch nicht mehr vollzogen werden, und der bloße, wenn auch unbewusste Wunsch bleibt an massive Schuldgefühle gebunden« (Gäßler 1993, 39).

So kann durch die assoziative Verknüpfung von Trennung und Tod eine massive Trennungsproblematik wie auch eine kaum zu bewältigende Aggressionsproblematik hervorgerufen werden, die sich auch in der Beziehung zu den Nachkommen niederschlagen kann, was in Kapitel 2.2.1 über die familiäre Psychodynamik von Holocaust-Überlebenden und ihren Kindern noch genauer erläutert werden wird.

Auch Keilson (1979, 1992) stellt fest, dass die extreme Belastungssituation der Verfolgung bei Kindern und Jugendlichen als *»integraler Bestandteil der Entwicklung«* zu verstehen ist (Keilson 1992, 45). Er unterscheidet in seinen Untersuchungen über niederländische Kinder und Jugendliche, die den Holocaust überlebten, zwischen drei Sequenzen der Traumatisierung, von denen sich die erste traumatische Sequenz auf *»die Belastungssituation mit den präludierenden Momenten der Verfolgung«* und die Implementierung von Recht- und Gesetzlosigkeit, die zweite Sequenz auf die direkte Verfolgung wie den Aufenthalt im Konzentrationslager oder im Versteck und die dritte traumatische Sequenz auf die Nachkriegszeit mit allen Schwierigkeiten der Wiedereingliederung bezog (Keilson 1979, 56). Wie Gäßler weist auch Keilson auf die für Kinder und Jugendliche besonders traumatische Trennungserfahrung von der Mutter bzw. der Familie innerhalb der zweiten traumatischen Sequenz hin (vgl. Keilson 1992, 45). Das Ergebnis seiner Untersuchungen war unter anderem das Auftreten altersabhängiger Auswirkungen[6]

6 »Je früher die Kinder der Verfolgung ausgesetzt waren, desto schwerer wiegend waren die psychischen und psychosomatischen Folgeerscheinungen. Am schwerwiegendsten waren die Folgen bei jenen Kindern, die von ihren Eltern während der Verfolgungszeit getrennt waren. Bei den jüngeren Altersgruppen der verfolgten Kinder herrschten später Kontaktschwierigkeiten, soziale Unsicherheit und Selbstzweifel vor, während bei den älteren chronische depressive Verstimmungen überwogen« (Eggers 1990, 37; vgl. Lempp 1979; Keilson 1979).

der Traumatisierungen, die im Falle der für diese Arbeit relevanten Adoleszentengruppe (14–18 Jahre) in chronisch-reaktiven Depressionen bestand.

»Diese diagnostische Kategorie wurde nicht allein unter dem Aspekt der depressiven Stimmungsqualität als Ausdruck der Trauer um einen erlittenen Verlust begriffen, vielmehr wurde sie aus ihrer Abwehrfunktion gegen die mit Angst beladenen Phantasien, Erinnerungen und mögliche Wiederholungen traumatischer Ereignisse in der Wirklichkeit definiert« (Keilson 1992, 55).

Diese Befunde stimmen mit denen von Baeyer, Häfner und Kisker überein und werden auch von Lempp, der Aktengutachten untersuchte, bestätigt (vgl. Baeyer, Häfner & Kisker 1964; Lempp 1979). In der präpuberalen Altersgruppe (11–14 Jahre) fiel der hohe Anteil an Angstneurosen auf (vgl. Keilson 1979). Allen Altersgruppen gemeinsam seien Loyalitäts- und Identitätskonflikte sowie individuell-psychologische und gruppendynamische Problematiken.

Bezüglich der Vorhersagemöglichkeit der Auswirkungen von Traumata kam Keilson zu dem Ergebnis, dass vor allen Dingen die dritte Sequenz ausschlaggebend für den weiteren Lebensverlauf (und die Verarbeitung der vorangegangenen Erlebnisse) sei:

»Das Ausmaß der Traumatisierung während des Krieges (in der zweiten Sequenz) gestattet keine Vorhersage über die Weise, wie der Betreffende nach dem Krieg und in seinem weiteren Leben funktioniert. Das Ausmaß der Traumatisierung während der dritten Sequenz gestattet diese Vorhersage wohl« (Keilson 1979, 318, vgl. auch Keilson 1992).

2.1.3. Bewältigung in der Nachkriegszeit (der dritten Sequenz)

Keilsons (1979, 1992) Beobachtungen über die Bedeutsamkeit der dritten Sequenz wird durch viele andere Autoren und Forschungsergebnisse bestätigt, die der Gesellschaft und deren Umgang mit Traumatisierten großen Einfluss beimessen und die das Ausmaß der sozialen Unterstützung als mit ausschlaggebend für die Bewältigung von Traumata ansehen (vgl. Elder & Clipp 1988; Harel, Kahana & Kahana 1993; Herman 1994; Holloway & Fullerton 1994; Kahana, Harel & Kahana 1988; Wilson,

Harel & Kahana 1988). Flannery (1990) unterscheidet in diesem Zusammenhang vier überlappende Formen des »social support«: Die emotionale Unterstützung, die auch von Antonovsky (1997) und McFarlane (2000) als existentielle Schutzmaßnahme hervorgehoben wird; die Versorgung mit Informationen darüber, wie ein Problem am besten zu lösen ist; die Fähigkeit, dem anderen zu vermitteln, dass er nicht allein, hilflos und verletzlich ist; sowie materielle Unterstützung, die es dem anderen ermöglicht, die nächsten Schritte zu tun (vgl. Flannery 1990). Soziale Netzwerke, die aus Familie, Freunden und Nachbarn bestehen, dienten darüber hinaus als Puffer gegenüber schädigenden Einflüssen und förderten die persönliche Stabilität (vgl. Flannery 1990; Joseph, Williams & Yule 1993).

In Anbetracht der Tatsache, dass viele Überlebende des Holocaust ihre gesamte Familie verloren hatten und in der restriktiven Umgebung der DP-Lager mit anderen traumatisierten, heimat- und mittellosen Überlebenden konfrontiert waren, stellt sich die Frage nach der Dimension der sozialen Unterstützung. Die Überlebenden des Holocaust fanden häufig kein günstiges gesellschaftliches Umfeld, das sie bei der Verarbeitung ihrer Traumata unterstützte.

Viele der Überlebenden mussten mangels Alternativen bzw. aufgrund der Einreisebeschränkungen Palästinas und der USA im Nachkriegsdeutschland, wo sich die DP-Lager befanden, bleiben. Dort vermieden Täter wie Opfer aus Selbstschutz die Auseinandersetzung mit dem Genozid.

Auch in der US-amerikanischen Emigration[7] und in Israel bestand für lange Zeit eine »Mauer des Schweigens« (vgl. u.a. Lentin 2004; Muth 2004; Novick 2001). In dem neu gegründeten Staat Israel, der sich stark und überlebensfähig präsentieren musste, wurde der Trauer und

7 Novick (2001) beschreibt die US-amerikanische gesellschaftliche Haltung den Holocaust-Überlebenden gegenüber, die die Betroffenen anhielt, in die Zukunft zu blicken, die Vergangenheit hinter sich zu lassen und zu vergessen. Diese amerikanische Vermeidungs-Haltung gegenüber dem Holocaust war laut Novick die Folge *»der revolutionären Veränderungen in der Weltordnung«*. Wurde noch während des Zweiten Weltkrieges das nationalsozialistische Deutschland als *»Apotheose des Bösen und Schlechten im Menschen«* und die UdSSR als unersetzlicher Verbündeter betrachtet, änderte sich dies nach 1945 grundlegend. Die Russen wurden zu unversöhnlichen Feinden und die Deutschen wiederum zu Verbündeten: *»Die Apotheose des Bösen – das Epitom grenzenloser Verderbtheit – war neu zugeordnet worden, und die öffentliche Meinung musste für die neue Weltanschauung mobilisiert werden.«* Aus diesem Grund bedeutete es laut Novick *»geradezu eine Störung des öffentlichen Lebens der Vereinigten Staaten«*, wenn man Ende der 40er Jahre und während der 50er Jahre über den Holocaust sprach (Novick 2001, 117ff.).

dem Schmerz der Überlebenden kein Raum gegeben. Der Holocaust und die daran erinnernden Überlebenden galten als Zeichen der jüdischen Niederlage, die gegen ein kollektives heroisches Selbstbild wirkte, das die zionistische Bewegung verkörpert sehen wollte (vgl. Lentin 2002; Litman 1992; Muth 2004; Segev 1995).

Wo auch immer sich die Überlebenden befanden, die Realität des Existenzaufbaus diktierte ihren Alltag und das Weiterleben: Statt sich um ihre psychischen Verletzungen kümmern zu können, mussten die Holocaustüberlebenden sich meist fern von der Heimat in eine fremde Kultur integrieren, eine neue Sprache lernen und berufliche Tätigkeiten finden, die ihr Überleben sicherten. Der Einwanderer-Status beinhaltete eine weitere und mitunter anhaltende Quelle des Stresses und adaptiver Herausforderungen (vgl. Grinberg & Grinberg 1990; Shuval 1982).

Abgesehen von den alltäglichen Anforderungen gab es damals nur selten die Möglichkeit, psychologische Hilfe in Anspruch zu nehmen, da das Bewusstsein für die Notwendigkeit der psychologischen Versorgung der Verfolgten (noch) nicht vorhanden war.[8]

Neben der gesellschaftlichen Unterstützung müssen in der Nachkriegszeit in Bezug auf die Auswirkung und Bewältigung von Traumata auch individuelle Faktoren betrachtet werden.

Da die Begriffe Coping und Bewältigung[9] nicht einheitlich definiert werden,[10] wird zunächst das Konzept der »Person-Umwelt-Passung«, deren Störung und Wiederherstellung (im Sinne der Bewältigung einer Belastungssituation) erklärt, um eine für diese Arbeit geltende begriffliche Ausgangsbasis zu schaffen:

8 Unmittelbar nach der Befreiung wurden die psychischen Probleme der Überlebenden und deren Behandlung nur selten wahrgenommen. Ein Psychiater, der selbst psychologische Untersuchungen mit den Überlebenden durchführte, stellte 1948 bei der jährlichen Versammlung der American Psychiatric Association (APA) fest: *»It seems incredible today that when the first plans for the rehabilitation of Europe's surviving Jews were outlined the psychiatric problem was overlooked entirely. Everyone engaged in directing the relief work thought solely in terms of material assistance. We accepted the theory that the very fact of survival was evidence of physical and psychological superiority«* (Friedman 1948, zitiert nach Berger 1988).

9 Die in dieser Arbeit diskutierte *post-traumatische* Bewältigung bezieht sich auf die Nachkriegszeit, die sogenannte dritte Sequenz. Einen fundierten Überblick über individuelle Bewältigungsstrategien in der akuten traumatischen Situation der Konzentrationslager gibt Kahana et al. 1988, 62ff.

10 vgl. Brauckmann & Filipp 1984; Frydenberg 1997; Prystav 1981; Rüger et al. 1990

»Belastungssituationen sind solche, in denen die Handlungsfähigkeit einer Person bedroht ist bzw. deren Verlust antizipiert oder als bereits eingetreten erlebt wird. Verlust oder Bedrohung der Handlungsfähigkeit werden als Folge von Eingriffen in das Person-Umwelt-Passungsgefüge verstanden, die eine Restrukturierung des Passungsgefüges erfordern. Ungeachtet der Vielfalt seiner Erscheinungsweisen ist Bewältigungsverhalten immer ausgerichtet auf die Wiederherstellung der Person-Umwelt-Passung und damit gleichbedeutend auf die Aufrechterhaltung der Handlungsfähigkeit und der physischen und psychischen Unversehrtheit der Person. (...) Schließlich umfasst Bewältigung immer einen Prozess von unterschiedlicher zeitlicher Erstreckung, wobei dieses Geschehen um so länger andauert, je tiefgreifender die Person-Umwelt-Passung gestört und je umfassender die Restrukturierung dieses Gefüges sein muss, um das Passungsgefüge wieder herzustellen« (Brauckmann & Filipp 1984, 60).

Bewältigung wird hier als ein individueller Prozess verstanden, der individuellen Bewertungskonzepten unterworfen ist, die entscheiden, wann und wie die Person-Umwelt-Passung wiederhergestellt ist. Die Beschreibung der gestörten Person-Umwelt-Passung, deren Wiederherstellung gleichzusetzen ist mit dem Wiedererlangen der persönlichen Handlungsfähigkeit, impliziert die jedem Menschen eigene subjektive Theorie der Wirklichkeit, die als Voraussetzung für jegliche Handlungsfähigkeit gilt.

Diese Annahmen über die Wirklichkeit, die soziokulturell bedingt geschlechtsspezifisch geformt werden (vgl. Janoff-Bulman & Frieze 1987), sind breitgefasste, abstrakte, kognitive Konzepte mit dazugehörigen starken Emotionen, die sich auf die Sinnhaftigkeit der Welt, die Selbstwertschätzung und den Glauben an die eigene Unverletzbarkeit beziehen.

Die in der Kindheit angelegten und im Laufe des Lebens weiterentwickelten Annahmen über die Welt sieht Janoff-Bulman (1992) als grundlegendes kognitives Schema bzw. als abstrakte Struktur (über-) generalisierten Wissens an (vgl. Janoff-Bulman 1992; McCann et al. 1988).[11] Wenngleich diese individuellen kognitiven Schemata im Nor-

11 Weitere Schema-Konzepte werden bei Parkes »assumptive world« (1971, 1975), Epsteins »theory of reality« (1973, 1979, 1980), Bowlbys »word models« (1969) und Marris »structures of meaning« (1975) beschrieben, die sich allesamt auf die persönlichen Theorien beziehen, die dazu beitragen, die Welt und die eigene Existenz darin zu strukturieren.

malfall äußerst beständig sind, können sie durch ein traumatisches Ereignis erschüttert werden. Laut Hansen (1999) kann ein Trauma folgende Auswirkungen auf existentielle Annahmen haben:

»Es bedeutet eine eminent wichtige Information für das Schema, eine massive Einwirkung auf das konservative, kognitive System. Durch ein Trauma werden die subjektiven Theorien der Wirklichkeit schwer erschüttert oder zerstört« (Hansen 1999, 8).

Die Reaktion auf ein Trauma oder eine extreme Belastung sei abhängig von den individuellen kognitiven Schemata, vom Kontext der individuellen Lebensumstände und der kognitiv-emotionalen Verfassung (vgl. Brauckmann & Filipp 1984; Zeidner & Saklofske 1996).[12]

Als häufig angeführte intrapsychische Bewältigungsstrategie einer Belastungssituation gilt die kognitive Restrukturierung, die im positiven Fall zu einer Erklärung und zu dem Verständnis für die Belastungssituation oder im negativen Fall zu Verleugnung und Verdrängung führt (vgl. Fischer & Riedesser 1999):

»The victim's task is to rebuild and reestablish a conceptual system that can account for and incorporate the victimization. The more severely an assumption is challenged and the more basic and primary the assumption, the more difficult the coping process« (Janoff-Bulmann & Frieze 1987, 163).

In Bezug auf die nationalsozialistische Judenverfolgung und Vernichtung mutet der Ruf nach kognitiver Restrukturierung (der Opfer) makaber

12 An dieser Stelle sei einschränkend noch einmal an die in Kapitel 2.1 aufgeführten Trauma-Definitionen erinnert. In Übereinstimmung damit erläutert Kahana et al. (1988), dass eine traumatische Situation bei den meisten Menschen individuelle Verarbeitungskompetenzen außer Kraft setze: *»There is a common implicit understanding, however, that these circumstances are so disruptive of normal life that they are perceived as extremely stressful by all who experience them. That is to say, individual variation in perception and appraisal in no way diminishes the dominance of the actual environment«* (Kahana et al. 1988, 59ff). Auch für die Erkrankung an einer Posttraumatischen Belastungsstörung wird heute in erster Linie das traumatische Ereignis und nicht die Person als ursächlich gesehen (vgl. DSM-IV, APA 1996; ICD–10 1993; Davison & Neale 1998). Dennoch gibt es individuelle Unterschiede in der Bewältigung traumatischer Ereignisse, die vermutlich auf die genannten individuellen kognitiven Schemata, die Persönlichkeit und die aktuellen Lebensumstände der Betroffenen zurückzuführen sind.

und verrückt an. Was bei Naturkatastrophen möglich ist, indem man die Katastrophe in einen größeren Zusammenhang stellt und sich als einen von vielen Betroffenen wahrnimmt, ist bei man-made-disasters[13] wie der Shoah eine schier unlösbare kognitive und emotional vernichtende Aufgabe, wenn sie in Verständnis und eine Erklärung für die eigene Vernichtung münden soll.

Die von Fischer und Riedesser (1999) als negativ postulierte kognitive Leistung der Verleugnung und Verdrängung, die allgemein in Fachkreisen als maladaptiver Mechanismus gesehen wird, stellt Janoff-Bulman (1992) in einem anderen Licht dar. Im Gegensatz zu der weit verbreiteten Meinung, intrusives Wiedererleben und emotionale Anästhesie seien abnormale Reaktionen auf Traumata, versteht Janoff-Bulman (1992) diese Symptome als Coping-Versuche, die zur Linderung beitragen:

»Automatic denial process, involving cognitions and emotions, are set in motion by an organism that seeks to protect itself. By turning off awareness of the event or its implications, or by shutting down the capacity to feel, survivors maximize the possibility, ultimately, of successfully integrating their experience« (Janoff-Bulman 1992, 97).

Werden extreme Formen von Dissoziation oder Verleugnung allerdings lange Zeit aufrechterhalten, besteht das Risiko, dass sich dieser Prozess maladaptiv auswirkt (vgl. Janoff-Bulman 1992; Waites 1993). Im Falle einer vollständigen Abspaltung des traumatischen Erlebnisses, wird es auf anderer Ebene weiterwirken und Ausdrucksformen finden:

»The traumatic experience is likely to continue to affect the survivor; unexplained panic experiences, reenactments of the trauma, poor social and emotional functioning are possible consequences« (Janoff-Bulman 1992, 103).

Dies erklärt die vielfältigen psychischen und psychosomatischen Symptome des »Überlebenden-Syndroms« oder der Posttraumatischen

13 Man unterscheidet zwischen man-made-disasters (z.B. Kriegshandlungen, Pogrome, Folter), bei denen eine größere Posttraumatische Belastungsstörungs-Prävalenz vorliegt und schwerwiegendere Störungsverläufe auftreten als bei den natural disasters (z.B. Erdbeben, Flutkatastrophen, Feuersbrunst) und den technical disasters and other major adverse events (z.B. Unfälle durch technisches Versagen von Maschinen, Gasexplosionen, Hauseinsturz, Verkehrsunfall, schwere Erkrankung) (vgl. van der Kolk et al. 2000, 479).

Belastungsstörung und auf transgenerationaler Ebene auch die Übertragung von Traumata bzw. deren pathologische Auswirkungen auf Folgegenerationen.

Als weitere Kriterien der erfolgreichen Traumabewältigung werden häufig genannt:

- Das Trauern um Verluste
- Die Möglichkeit, vergangenen und gegenwärtigen Erfahrungen eine Bedeutung zuzuschreiben und eine Verbindung zwischen Vergangenheit und Gegenwart herzustellen
- Das Annehmen der eigenen Vergangenheit und des gegenwärtigen Zustandes
- Die Herstellung oder Wiederherstellung von Selbstkohärenz und Selbstkontinuität
- Die Konzentration auf die Wiedereingliederung in die Gesellschaft nach dem Krieg durch eine Projektion auf die Zukunft (vgl. Lifton 1967, 1979; Mazor et al. 1990; Aarts & op den Velde 2000).

Wie bereits erläutert gab es für die Überlebenden des Holocaust auch nach der Befreiung meist kein schützendes Umfeld, das sie in ihrem Prozess des Trauerns unterstützen konnte. Im Gegenteil, es wurde von ihnen erwartet, dass sie die Vergangenheit verdrängen und sich ungeachtet ihrer schweren psychischen, familiären und sozialen Beschädigungen in die jeweilige Gesellschaft funktionierend integrieren. Die Ausrichtung auf die Zukunft scheint in vielen Fällen jedoch stabilisierend gewirkt und das Gefühl der Selbstwirksamkeit wiederhergestellt zu haben. Die Beobachtung des Verhaltens vieler Überlebenden, die sich rasch eigene Familien aufbauten und zukunftsgerichtet und existenzsichernd handelten, scheint in diesem Zusammenhang aufschlussreich.[14]

Ludewig-Kedmi (2001) beschreibt die Schwierigkeiten dieser Bewäl-

14 Familiäre Bewältigungsstrategien, die Eltern und ihre Kinder gemeinsam entwickeln, werden in dieser Arbeit in den Kapiteln 3.3.1 und 3.3.2 dargestellt. Unter familiäre Bewältigungsstrategien fallen z.B. Delegationsprozesse (Stierlin 1978), in deren Rahmen Kinder bewusst oder unbewusst beauftragt werden, entstandene Defizite im Leben ihrer Eltern auszugleichen (z.B. Deutschland zu verlassen, was einigen Holocaust-Überlebenden nach der Befreiung selbst nicht gelang). In ähnlicher Weise ist auch der »Ausgleich des Schuldenkontos« nach Boszormenyi-Nagy und Spark (1981) als familiäre und transgenerationale Bewältigungsstrategie zu verstehen. Familiäre Bewältigungsstrategien können ebenso wie individuelle Bewältigungsstrategien bewusst oder unbewusst sein sowie auf der Handlungs- oder der emotional-kognitiven Ebene liegen (vgl. Boszormenyi-Nagy & Spark 1981; Ludewig-Kedmi 2001; Stierlin 1978).

tigungsform vieler Überlebenden, die sich ausschließlich auf die Gegenwart und die Zukunft konzentrierten. Sie versuchten, »ohne Vergangenheit« zu leben und ein »neues Leben« zu beginnen. Dies führte zu einem Konflikt zwischen Erinnern und Vergessen-wollen, wobei das Vergessen als Schutz vor den schmerzlichen Erinnerungen diente. Allerdings ist Erinnerung für die Orientierung in der eigenen persönlichen Welt notwendig, »denn ohne Vergangenheit hat man keine Identität« (Ludewig-Kedmi 2001, 83). Eine andere Art der Bewältigung sieht Ludewig-Kedmi in der Auseinandersetzung mit anderen, ebenfalls Betroffenen der Verfolgung, indem Überlebende untereinander heirateten oder den Kontakt zu anderen Überlebenden suchten, von denen sie sich vor dem Hintergrund ihrer ähnlichen Erfahrungen verstanden fühlten.

Während einige Überlebende ihren Glauben an Gott verloren, hielten andere noch stärker an ihrem Glauben fest. Weiterhin werden Zynismus und schwarzer Humor als bekannte Bewältigungsstrategien zitiert (Kestenberg 1991; Klein 1986; Ludewig-Kedmi 1998, 1999; Mazor & Gampel 1990; Rehberger 1992; Segall 1974).

Laut Klein (1986) lässt sich bei den Holocaust-Überlebenden mit ihren individuellen Persönlichkeitsstrukturen, die aufgrund frühkindlicher Erfahrungen, ihrer Lebensgeschichten, der Familienkonstellation bzw. der emotionalen Bindung innerhalb der Familie vor der Shoah entwickelt wurden, insgesamt kein einheitliches Bild der Bewältigungsstrategien feststellen (vgl. Klein 1986, 160).[15]

Zusammenfassend kann festgehalten werden, dass die Holocaust-Überlebenden weder in Bezug auf ihre Psychopathologie noch auf ihre Ressourcen und Bewältigungsstile eine homogene Gruppe bildeten. Wenngleich es auch in Bezug auf die Symptomatik in Folge der Traumatisierungen signifikante Ähnlichkeiten gab, sollte nicht vergessen werden: Jeder Holocaust-Überlebende hatte ein einzigartiges Leben und eine einzigartige Persönlichkeit *vor* der Verfolgung, eine einzigartige Erfahrung *während* des Holocaust: *»Hinter dem Stacheldrahtvorhang sind nicht alle gleich, KZ ist nicht gleich KZ. In Wirklichkeit war auch diese Wirklichkeit für jeden anders«* (Klüger 1994, 83). Und auch *nach* der Befreiung sahen sich die Überlebenden individuell und gesellschaftlich unterschiedlichen Lebensbedingungen ausgesetzt.

15 Siehe diese Arbeit Kapitel 2.1.1.

2.2. Transgenerationale Auswirkungen des Holocaust

ICH KANN DICH NICHT BEHÜTEN

Ich kann dich nicht behüten, mein Kind,
vor schlechten Träumen.
Darf ich den Generationen
Den Weg versperren, die in deinen Traum klagen?
Dein Bettchen – ein hölzernes Schiff
auf schwarzen Wogen von Hass.
Ich berühr deinen Kopf mit den Lippen –
schon wird draußen die Straße stiller.

Rajzel Zychlinski Lodz 1947

Seit den 60er Jahren beschäftigt sich die psychologische Forschung auch mit den transgenerationalen Auswirkungen des Holocaust und ging der Frage nach, in wie weit sich die traumatischen Erfahrungen der Eltern im Leben ihrer Kinder auswirken. Im folgenden Kapitel werden der Umgang der Überlebenden des Holocaust mit ihren Kindern und die sich daraus entwickelnde reziproke Psychodynamik dargestellt. Des Weiteren werden in Kapitel 2.2.2 die unterschiedlichen Untersuchungsergebnisse zur Psychopathologie der zweiten Generation diskutiert.

2.2.1. Psychodynamik zwischen Überlebenden und ihren Kindern und die Psychopathologie der zweiten Generation

Als zweite Generation werden (in dieser Studie)[16] die Kinder der Überlebenden bezeichnet, die nach dem 8. Mai 1945 geboren wurden. Unzählige (Fall)-Studien weisen auf eine Transmission der elterlichen Traumata hin, durch die das Leben der Kinder von Holocaust-Überlebenden massiv beeinträchtigt wurde (vgl. u.a. Bohleber & Drews 2001; Danieli 1981; Davidson 1966,1980; Eckstaedt 1989; Epstein 1982; Faye 2001; Grünberg 1998, 2000; Herzka, Schumacher & Tyrangiel 1989; Jaffe 1966; Kogan 2002; Prince 1988; Segal 1987; Winnik 1968).

16 In einigen Studien und Kasuistiken werden (meiner Meinung nach fälschlicherweise, da irreführend) auch die vor Ende des Zweiten Weltkrieges geborenen Kinder bereits als zweite Generation bezeichnet.

Die Frage, wie diese Transmission stattfinden konnte, ist vielfach gestellt worden und wird in Kapitel 3 theoretisch behandelt. Zunächst werden die grundlegenden Züge der Beziehung zwischen Holocaust-Überlebenden und ihren Kindern dargestellt. Im Anschluss werden in Kapitel 2.2.2 die Ergebnisse der Studien zur Psychopathologie der zweiten Generation zusammengefasst und diskutiert.

Galten die Kinder, die von Holocaust-Überlebenden geboren wurden, einerseits als triumphaler Beweis des Überlebens und der familiären und jüdischen Zukunftssicherung, hatten sie mit dieser Zuschreibung andererseits eine schwere Bürde zu tragen. In vielen Familien hatten die nach dem Krieg geborenen Kinder den Status sogenannter »Gedenkkerzen« und sollten die im Holocaust getöteten Familienmitglieder repräsentieren (und personifizieren), was z.B. durch die Namensgebung symbolisiert wurde:

»Durch die Kinder erweckten sie [die Überlebenden] ihre Familien wieder zum Leben, sie nannten sie nach ihren verlorenen Familienmitgliedern. Die Kinder fungierten im Sinne Leugnung der Vernichtung und als ›Gedenkkerzen‹ für die, die getötet wurden« (Litman 1992, 70, vgl. u.a. Wardi 1992).

Nicht zu bewältigende Aufgaben wurden den Kindern gestellt:

»Die Kinder sollten z.B. die auf so schreckliche Weise verlorenen Angehörigen ersetzen, an ihre Stelle treten, sie sollten eine Wiederholung des Geschehenen durch Wachsamkeit und Kampfbereitschaft verhindern, sie sollten die unerträgliche Erniedrigung der Eltern wieder gutmachen, indem sie durch besondere Eigenschaften und Fähigkeiten ihre Zugehörigkeit zum auserwählten Volk unter Beweis stellten, sie litten an Konflikten, die sich aus der gleichzeitigen Identifikation mit dem mächtigen Verfolger und dem Opfer ergaben« (Ahlheim 1985, 330; vgl. u.a. Gampel 1982; Herzog 1982; Kestenberg 1974,1982; Levine 1982).

Neben der aktuellen (Nachkriegs-)Realität war stets auch die grausame Vergangenheit der Eltern existent und die Kinder *»lebten in zwei Wirklichkeiten, der eigenen und der durch das Trauma geprägten ihrer Eltern«* (Hardtmann 2001, 42). Die Gegenwärtigkeit von Gewalt und Mord prägte das familiäre Klima und auch die Kinder der Überlebenden:

»Ihre Großeltern, Tanten und Onkel starben nicht, sie wurden vergast, verbrannt, erschossen, oder sie verhungerten. Keine Spur blieb von ihnen zurück, keine Grabstätte erinnert an sie, und auch Photographien, die ein Beweis ihres früheren Lebens wären, existieren nicht. Sie wurden ausgelöscht« (Brainin, Ligetti & Teicher 1994, 47).

Dementsprechend wuchs auch die zweite Generation »im Schatten der Shoah« auf, die Traumata der Eltern waren stetig in der Familie präsent, gleichgültig, ob darüber gesprochen wurde oder nicht.

In den (wenigen) Familien, in denen Eltern über ihre erlittenen Traumatisierungen sprachen, schützten sich deren Kinder vor der grausamen Realität ihrer Eltern, indem sie die Informationen z. B. durch Vergessen abwehrten. Laut Rosenthal (1997) entzogen sich Kinder den Verfolgungsgeschichten ihrer Eltern, weil sie sich diese nicht als hilflos und gedemütigt vorstellen wollten (vgl. Rosenthal 1997).

Okner und Flaherty (1988) vermuten, dass »excessive parental communication« bei den Kindern von Holocaust-Überlebenden zwar zu weniger depressiven und ängstlichen Symptomen, jedoch zu mehr Schuldgefühlen führe (vgl. Okner & Flaherty 1988).

Die von den Kindern von Holocaust-Überlebenden generell häufig empfundenen Schuldgefühle entstanden aus Hilflosigkeit und der Unfähigkeit, den Holocaust für die Eltern ungeschehen zu machen. Die Kinder fühlten sich verantwortlich dafür, ihre Eltern vor weiterem Leiden zu beschützen und diese durch persönliche Leistungen zu entschädigen. In vielen dieser Familien fand eine Rollenumkehr zwischen traumatisieren Eltern und deren Kindern statt, die so genannte Parentifizierung (vgl. Danieli 1980; Klein-Parker 1988; Ludewig-Kedmi et al. 2002; Rosenthal 1997).

Ein typisches Merkmal von Holocaust-Überlebenden war die herabgesetzte emotionale Sprachfähigkeit und das innerfamiliäre Schweigen, das schließlich auch die Nachkommen prägte. So hing in vielen Familien über der Vergangenheit der Eltern ein Mantel des Schweigens, einerseits, um den Kindern Belastungen zu ersparen und sie vor der grausamen Realität zu schützen und andererseits um auch die Eltern selbst vor der Erinnerung zu bewahren (vgl. Bar-On 1995a; Branik 1992; Danziger 1994; Hardtmann 2001; Rosenthal 1997).

»Innerhalb der Familien schien die Neigung zu einem partiellen selektiven Schweigen vorzuherrschen, teils wegen der Schwierigkeit, die schrecklichen und überwältigenden Ereignisse zu symbolisieren und kommunizieren,

teils wegen der Angst, dass die Überflutung mit den dazugehörigen Gefühlen erneut traumatisierend wirken könnte« (Branik 1992, 152).

Metzger-Brown (1998) unterscheidet zwischen bewusstem und unbewusstem Schweigen:

»Survivor parents maintain two kinds of Holocaust silences: conscious and unconscious. In the former, the story is not told because parents fear they will be traumatized through remembering and that they will not be understood if they tell about their experiences. In unconscious silence, denial, splitting, dissociation and/or repression keep the terrorizing events and the repeated psychic assaults outside of awareness and without words« (Metzger-Brown 1998, 268).

Die Kinder spürten die Abwehr der Eltern zu sprechen, wollten diese durch ihre Fragen nicht verletzen oder an alten Wunden rühren und so entstand eine »doppelte Mauer des Schweigens«:

»Die Eltern erzählen nichts, und die Kinder fragen nicht nach. Und selbst wenn eine Seite versucht, ein Fenster in der Mauer zu öffnen, blickt sie oft nur auf die Mauer des anderen. Dass es zu spontanen, gleichzeitigen Öffnungen von Eltern und Kindern kommt, wodurch sie ihre Gefühle miteinander teilen und akzeptieren können, ist höchst unwahrscheinlich und selten« (Bar-On 1997, 33).

Das »gutgemeinte« Schweigen hatte unvorhergesehene Auswirkungen. Nicht das gewünschte Vergessen trat ein, noch wurde Frieden mit der Vergangenheit geschlossen, sondern im Gegenteil, *»die verheerendsten psychischen Folgen«* wurden durch das Schweigen verursacht. Danziger (1994) nennt die Folgen des Schweigens *»das schwarze Loch«*:

»Das schwarze Loch ist eine Zone der Leere, des »irgend etwas ist passiert, aber nun ist es vorbei. Es ist eine Zone scheinbarer Ruhe und Normalität, wobei jedoch im Innern ein Gefühl des Irrealen herrscht. Irgend etwas Schreckliches liegt in der Luft, etwas von einer Katastrophe, die bevorsteht oder bereits eingetroffen ist – ein Schrecken, der nicht mit dem Mund benannt und mit den Augen erfasst werden kann, der jedoch allgegenwärtig ist. Seine Form ist die Nicht-Form, seine Farbe ist die Farblosigkeit« (Danziger 1994, 86).

Es wird davon ausgegangen, dass gerade diejenigen Bestandteile der traumatischen Verfolgungsvergangenheit, die *nicht* erzählt werden, zu den wirksamsten Mechanismen beim Fortwirken traumatischer Familienvergangenheiten gehören:

»Je geschlossener und verdeckter der Dialog in der Familie ist, je mehr verheimlicht und retuschiert wird, desto nachhaltiger wirkt sich die Familienvergangenheit auf die Kinder- und Enkelgeneration aus« (Rosenthal 1997, 22; vgl. u.a. Bar-On 1986, 1995a; Bradshaw 1994; Imber-Black 1995; Karpel 1980; Krell 1979).

»Je weniger sie [die zweite oder dritte Generation] über die Verfolgungsvergangenheit ihrer Eltern oder Großeltern wissen, um so stärker sind sie in ihrem Leben, in ihrem psychischen Befinden und vor allem in ihren biographischen Entscheidungen, etwa in ihrer Berufswahl, ihrer Partnerschaft oder Wahl des Landes, in dem sie leben, von dieser Vergangenheit bestimmt. Dies kann eine Wiederholung der Traumata der Eltern oder Großeltern bedeuten, und damit die Gefahr einer nur eingeschränkten Autonomieentwicklung und Aufbau eines eigenen Lebens« (Rosenthal 1999; vgl. Laub et al. 1995; Miller 1995).

Typischerweise füllten die Kinder ihre Wissenslücken über die an den Eltern verübten Verbrechen mit ihren eigenen archaischen Phantasien auf (vgl. Ahlheim 1985; Davidson 1980; Heimannsberg 1992; Kogan 1995; Miller 1995; Steinberg 1989).

Vielfach entwickelten sie selbst Ängste ermordet zu werden, Angst vor der außerfamiliären, nicht-jüdischen Welt und Phantasien über Vernichtung und Verfolgung (vgl. Rosenthal 2001; Rowland-Klein & Dunlop 1997). Diese Ängste konnten zusätzlich durch einen überbesorgten und überbeschützenden Erziehungsstil noch verstärkt werden und zu einem geschlossenen Familiensystem[17] führen. Der Familientherapeut Minuchin (1974) beobachtete bei Holocaust-Familien häufig eine enge Verstrickung[18] der Familienmitglieder (vgl. Minuchin 1974).

---

17 In der familientherapeutischen Praxis bedeutet ein »geschlossenes System« z.B. ein Familiensystem, das sich in hohem Maße von seiner Umwelt abschließt, vor allem, was die Informationsgrenzen betrifft.

18 Die verstrickte Familie wendet sich in einem Übermaß sich selbst zu. Ein eigener Mikrokosmos wird erschaffen, die Nähe der Familienmitglieder nimmt zu. Es verschwinden Distanzen, Grenzen zwischen den einzelnen Mitgliedern sowie zwischen den Generationen werden verwischt (vgl. Schlippe 1995).

Faimberg (1987) beschrieb, wie die Grenzen der Generationen durch die nicht zu verarbeitenden Traumatisierungen aufgeweicht wurden und prägte in diesem Zusammenhang den Begriff des *»telescoping of the generations«* (vgl. Faimberg 1987, 1988).

Starke Trennungsängste sind ein weiteres Merkmal, das die Holocaust-Überlebenden und ihre Kinder aneinander bindet. Eine aktuelle Trennungssituation kann bei Überlebenden die Erinnerung an die erlebte Trennung von Familienangehörigen, die sie im Holocaust verloren haben, reaktivieren. Die Todesängste der Eltern übertragen sich auf ihre Kinder und führen auch bei diesen zu Verlust- und Trennungsängsten (vgl. Barocas & Barocas 1979; Shiryon 1988).

Klinische Studien zeichnen Kinder von Eltern, die schweren Traumatisierungen wie z.B. extremen Haftbedingungen ausgesetzt waren, als *»demütig, gefügig und gehorsam bis zur Selbstverleugnung«*, um ihren Eltern keinen Kummer und keine Enttäuschung zu bereiten (Eggers 1990, 38, vgl. Litman 1992; Rosenthal 1999). Um Konflikte zu vermeiden werden Aggressionen und Ablösungswünsche unterdrückt und verdrängt mit dem Resultat, dass die Kinder in Abhängigkeit zu den Eltern und in altersunangemessener Unselbständigkeit verharren. Der gestörte Umgang mit Aggressionen kann in deren Abspaltung münden, aber auch in unkontrollierten Ausbrüchen zu Tage kommen, in deren Folge sich Schuldgefühle, Angst, Depressionen und mangelnde Selbstachtung entwickeln können (vgl. Litman 1992).

Die zitierte Aggressionsproblematik der zweiten Generation kann auf die Schwierigkeiten ihrer Eltern, mit Aggressionen umzugehen, zurückzuführen sein, die ihre Kinder z.B. durch Modelllernen übernehmen. Eine andere Ursache ist in der (unausgesprochenen oder offenen) Forderung, den Eltern gegenüber keine Aggressionen zu empfinden und zu zeigen, begründet.

Weiterhin übernahmen viele Kinder von Holocaust-Überlebenden die Aufgabe, ihre Eltern zu beschützen und wollten ihnen keine weiteren Sorgen bereiten. Auch das (in der Adoleszenz typische) Infrage-Stellen der Eltern oder Kritik an diesen wurde von den Angehörigen der zweiten Generation häufig vermieden (vgl. u.a. Rosenthal 1999, 49; Klein-Parker 1988).

Es wird darauf hingewiesen, dass besonders die unterdrückten Aggressionen der Mutter gegenüber zu den durchgängigen transgenerationalen Folgen gehören (Bergmann et al. 1995; Klein & Kogan 1986). Das Negieren von Aggressionen kann bei den Kindern der Holocaust-Überlebenden zu depressiven Symptomen führen:

»Children's depressive symptoms have been attributed to anger turned inwards when, at home, no expression of aggression is tolerated« (Rowland-Klein & Dunlop 1997, 359; vgl. Steinberg 1989).

Die Ergebnisse vieler Studien verweisen dementsprechend auf Störungen in der Autonomieentwicklung, Schwierigkeiten in der Ablösung von der Herkunftsfamilie und in der Bildung von Eigenständigkeit und unabhängiger Identität (vgl. Barocas & Barocas 1979; Davidson 1980; Freyberg 1980; Hardtmann 2001; Kestenberg 1974; Krystal 1968; Litman 1992; Steinberg 1989).

Eine Individuation und die Entwicklung zu reifen, autonomen und selbstbewussten Persönlichkeiten werden somit verhindert (vgl. de Graaf 1998; Eggers 1990).

Klein (2003), der die sorgfältige Untersuchung der familiären Beziehungen von Holocaust-Überlebenden zu ihren Kindern forderte, um die Auswirkungen des Holocaust in ihrem ganzen Ausmaß verstehen zu können, schilderte die prägnantesten reziproken Effekte:

»Die Familien der Überlebenden entwickelten fest gefügte und verdichtete Formen des familiären Stils und seiner spezifischen Abläufe rund um die Themen der psycho-biologischen Kontinuität, der Trennungsangst und der Angst vor nicht endender Krankheit und Tod. Der Verkehr zwischen den Generationen war geprägt von intensiver wechselseitiger Abhängigkeit und äußerte sich in Überfürsorglichkeit, in Trennungsproblemen, dem Einfordern sozio-ökonomischen Erfolgs und der Übernahme äußerer Werte und innerlich errichteter Standards« (Klein 2003, 29).

Er wies auf die Relevanz der jeweiligen Umwelt der Holocaust-Überlebenden und ihrer Familien hin, die seiner Meinung nach prägend für die Struktur und Identität der Überlebendenfamilien war und forderte vergleichende Untersuchungen über die Entwicklung der Schicksale der Überlebenden und ihrer Nachkommen in den unterschiedlichen Gesellschaften und Kulturen (vgl. Klein 2003).

2.2.2. Diskussion zur Psychopathologie der zweiten Generation

Empirische Studien wie klinische Fallberichte machen seit einigen Jahrzehnten auf die weitreichenden Effekte des Holocaust auch auf die

Kinder von Holocaust-Überlebenden aufmerksam. Bei Angehörigen der zweiten Generation wurden überdurchschnittlich häufig psychische Probleme festgestellt, die als »traumatische Folgeeffekte« klassifiziert wurden und deren Symptomatik häufig der ihrer Eltern ähnelte (vgl. Kestenberg 1972; Krystal 1968; Niederland 1965). Kestenberg (1974) prägte in diesem Zusammenhang den »Child-of-survivor-complex«, der sich unter anderem durch Ängste, Phobien, Depressionen, Schuldgefühle, wiederkehrende Schreckensbilder und Pessimismus äußerte (vgl. Berger 1988; Hass 1990; Kestenberg 1974; Steinberg 1989). Viele Kinder von Holocaust-Überlebenden berichteten von Holocaust-bezogenen Phantasien, Träumen und Ängsten (vgl. Bergman & Jucovy 1982; Danieli 1981; Faimberg 1988; Grubrich-Simitis 1984; Kestenberg 1972; Link, Victor & Binder 1985; Savran & Fogelman 1979; Steinberg 1989).

Autoren wie Brainin et al. (2001) wiesen eine Pathologisierung der zweiten Generation jedoch als Voreingenommenheit und mangelnden Einbezug von Kontrollgruppen ab. Die bei vielen Kindern von Holocaust-Überlebenden auftauchenden Phänomene wie symbiotische Beziehungen, Ablösungskonflikte, projektive Identifikation (vgl. u.a. Furman 1973; Gampel 1994; Herzog 1982; Kogan 1990,1995) seien ihrer Meinung nach keine Besonderheit der zweiten Generation (nach dem Holocaust), sondern universelle Phänomene. Die einzige Besonderheit, durch die sich Kinder von Holocaust-Überlebenden von anderen unterscheiden, liege in dem Inhalt ihrer Phantasien, die um die von ihren Eltern real erlebte Verfolgung zentriert sind:

»Eine Schwierigkeit für die Kinder der Verfolgten besteht eben darin, dass ihre furchterregenden Phantasieinhalte für die Eltern Wirklichkeit waren. Das bedeutet, dass die Eltern diese Ängste ihrer Kinder nicht beruhigen konnten, weil sie selbst voll Angst waren, und weil die Ängste ihrer Kinder eigene Ängste neuerlich aktualisierten« (Brainin et al. 2001, 162).

Weitere Studien zur Psychopathologie der zweiten Generation stützten Brainins (2001) Kritik und ergaben, dass das Erscheinungsbild der zweiten Generation von Kindern ohne nennenswerte Schwierigkeiten bis zu Kindern mit psychiatrischen Störungen reicht. Das Konzept des »child-of-survivor-complexes« ließ sich nicht verifizieren (vgl. Jucovy 1985; Rustin 1980; Sigal & Weinfeld 1989; Trachtenberg & Davis 1978).

So belegt auch Kellerman (2001b) in einem Überblick über empirische

Untersuchungen, dass die Angehörigen der zweiten Generation keine höheren psychopathologischen Werte als Kontrollgruppen aufweisen (vgl. Kellermann 2001b).

Im Gegensatz zu Untersuchungen, die für pathologische Auffälligkeiten sprachen, gab es auch Studien, die auf positive Gemeinsamkeiten der zweiten Generation hinwiesen. Russel et al. (1985) und Solkoff (1981) fanden bei Kindern von Holocaust-Überlebenden statt psychischer Probleme besondere Ressourcen wie: »*adaptive responses, including creativity, altruism, group affiliation and ethnic identification*« (Sorcher & Cohen 1997, 493; vgl. Russel et al. 1985; Solkoff 1981). Studien von Reick und Eitinger (1983) ergaben, dass Angehörige der zweiten Generation über eine bessere Bildung verfügen und größeren wirtschaftlichen Erfolg haben als Kontrollgruppen (vgl. Reick & Eitinger 1983).

Autoren wie Harel (1993) und Solkoff (1981), die Studien über Überlebende und deren Nachkommen in Bezug auf Validität und Repräsentativität evaluierten, bezweifeln die Generalisierbarkeit der vorliegenden Aussagen und Ergebnisse aufgrund der methodischen und theoretischen Mängel der zugrundeliegenden Fallstudien, die sich meist auf »*treatment-seeking populations*« bzw. »*biased samples of persons seeking psychiatric help and those applying for restitution from Germany*« bezogen (Harel, Kahana & Kahana 1993; Solkoff 1981).

De Graaf (1998) stellt die Ergebnisse der Studien zur zweiten Generation in einen größeren Zusammenhang und zeigt Parallelen zwischen Kindern von Holocaust-Überlebenden und Kindern von durch unterschiedlichste Erlebnisse traumatisierten Eltern auf:

»The problems we have met in families of survivors are now believed to be similar to those found in families in which the parents have been traumatized by other circumstances, such as war, the early death of a parent, child abuse/neglect, parental alcohol addiction or psychiatric disease, and emigration. A number of mental problems and disorders in the offspring appear to be related to the traumatic past of one or both parents« (de Graaf 1998, 233).

Aufgrund der sich widersprechenden Ergebnisse zur Psychopathologie der zweiten Generation fordert Klein (2003) eine Erweiterung des Blickwinkels bezüglich der Übertragungsthemen:

»Die Forschung hat gezeigt, dass wir nicht mehr allein von der Über-

mittlung der Psychopathologie von einer Generation an die nächste sprechen können, vielmehr von der Übermittlung allgemeiner Motive, Mythologien, Fragestellungen und Empfindlichkeiten sprechen müssen, die durch komplexe Identifizierungs- und Introjektionsprozesse entstehen und natürlich dem Lauf der Geschichte unterliegen« (Klein 2003, 29).

2.2.3. Die dritte Generation

Der Forschungsstand über die dritte Generation bzw. die Enkel von Holocaust-Überlebenden beruht einerseits auf vereinzelten psychotherapeutischen bzw. psychoanalytischen Einzelfallanalysen (vgl. Ahlheim 1985), andererseits auf durch biographische Forschung ermittelten Untersuchungsergebnissen über die dritte Generation in Israel (vgl. Bar-On 1997) sowie Vergleichen von Täter- und Opfernachkommen in Israel und Deutschland (vgl. Rosenthal 1997).

Ein grundlegendes und gemeinsames Merkmal der Forschungsergebnisse wird in der intergenerationalen Bedeutung und dem Einfluss des Schweigens bzw. der »nicht-erzählten Geschichten« auf die zweite und dritte Generation gesehen. Häufig entstehen in Überlebenden-Familien Mythen über die Vergangenheit, deren bevorzugte Themen um »Stärke« und »Widerstand« kreisen. Laut Rosenthal gibt es bei den Kindern und Enkeln von Holocaust-Überlebenden oft einen besonderen Bedarf an kämpferischen Anteilen in der Familiengeschichte (vgl. Rosenthal 1997, 25).

Rosenthals Untersuchung ergab zudem, dass sich die Familiendynamik wie auch familien- und lebensgeschichtliche Konstruktionen in allen drei Generationen unterschieden, je nachdem, ob bzw. *wie* die erste Generation den Holocaust überlebt hatte. In Familien, deren Vorfahren das Ghetto, Konzentrations- und Vernichtungslager überlebt hatten, beherrschten Themen wie »Tod« und »Angst vor Vernichtung« den familiären Dialog und beeinflussten auch die (eigenen) biographischen Konstruktionen, während in Familien- und Lebensgeschichten von ZwangsemigrantInnen, die Europa bis 1939 verlassen konnten, eher Themen wie »Emigration« und »Leben in der neuen Gesellschaft« bestimmend sind (vgl. Rosenthal 1997, 16).

Laut Rosenthal werden die Auswirkungen der Vergangenheit auf die Abfolge der Generationen nicht schwächer, sondern in der dritten Generation, die die Folgen der Vergangenheit deutlicher ausagiert, sogar sichtbarer als zuvor (vgl. Rosenthal 1997).

Rosenthal weist ferner auf eine Tradierung der Parentifizierung hin, die auch die dritte Generation in Mitleidenschaft zieht. So bleiben auch Angehörige der dritten Generation häufig symbiotisch an ihre Eltern gebunden und nehmen diesen gegenüber eine beschützende, elterliche Rolle ein. Im Unterschied zu ihren Eltern allerdings rebelliert die dritte Generation eher gegen die Überforderung und die Symbiose (Rosenthal 1997, 50).

Branik (1992) untersuchte das Lebensgefühl von in Deutschland lebenden jüdischen Jugendlichen. Seine Studie offenbarte die Diskrepanz zwischen der relativen Sicherheit der jugendlichen Probanden (verglichen mit ihren Großeltern) und ihrem subjektiven existentiellen Unsicherheitsgefühl als Juden in Deutschland zu leben. Wenngleich die jüdischen Jugendlichen in Deutschland sicher und materiell sorglos leben, tun sie dies in dem Land, in dem ihre Vorfahren verfolgt und ermordet wurden und dessen »Endziel« im Dritten Reich die Vernichtung aller Juden war. Diese Gewissheit führe einerseits zu Schuldgefühlen den Vorfahren gegenüber und nähre andererseits die Angst und die Sensibilität für aktuellen Antisemitismus:

»Bei der Konfrontation mit Antisemitismus brachen empfindliche narzisstische Wunden auf. Das Gefühl, beschädigt, verletzbar und bedroht zu sein, führte zu heftigen Wutaffekten mit Hass- und Racheimpulsen« (Branik 1992, 147).

Um weiterhin in Deutschland leben zu können, müssen die Hassgefühle stark kontrolliert und unterdrückt werden. Das Zusammengehörigkeitsgefühl unter in Deutschland lebenden Juden sei groß aufgrund ihrer empfundenen Andersartigkeit zu der nichtjüdischen deutschen Bevölkerung. Viele Jugendliche fühlten sich in Deutschland nicht zuhause und idealisierten ihre Wunschheimat Israel. Wie schon in der Generation zuvor, erleben auch die Angehörigen der dritten Generation Ablöseschwierigkeiten von ihrer Familie und den familiären Forderungen und Aufträgen, z. B. nur mit jüdischen Partnern Beziehungen einzugehen oder nach jüdischen Werten und Traditionen zu leben. Auch wenn es in dieser Ablösungsphase zu Konflikten führt, herrscht bei den Enkeln Einstimmigkeit darüber, dass sie ihre Kinder jüdisch erziehen werden (vgl. Branik 1992).

In Israel erhält der Holocaust im Leben der Enkel von Holocaust-Überlebenden laut Chaitin (2001) eine »paradoxe Relevanz«: Der Holocaust scheint ihnen wichtig, aber sie wissen nichts oder wenig, was ihren Großeltern geschah, noch wissen sie genau, wie sie den Holocaust in ihr Leben integrieren sollten (vgl. Chaitin 2001).

Im Allgemeinen ist heute ein veränderter Umgang mit der Vergangenheit zu beobachten, der erkennbar ist an der gesteigerten Redebereitschaft der Holocaust-Überlebenden, die ihren Enkeln ihre Geschichte (eher als ihren Kindern) mitteilen (vgl. Bar-On 1997; Hardtmann 2001; Rosenthal 1997).

Die Auseinandersetzung mit der Vergangenheit wird seit einigen Jahren auch gesellschaftlich gefördert. In Israel z.B. werden die Angehörigen der dritten Generation aufgefordert, die Biographien ihrer Großeltern aufzuschreiben und im Schulunterricht vorzustellen. Israelische Schulen organisieren seit Jahren Polen-Reisen mit Schülern, die ehemalige Konzentrationslager und andere Stätten der großelterlichen Vergangenheit besuchen.

Zeitzeugen werden international aufgerufen, schriftlich oder mündlich Zeugnis abzulegen. Der Oral History Bewegung ist ein Großteil der erhobenen Lebensberichte zu verdanken.[19] Auch in Deutschland werden Zeitzeugen in Schulen eingeladen, um den Schülern von den damaligen Zuständen zu erzählen und die Geschichte eindringlicher als manch Geschichtsbuch dies könnte ins Bewusstsein zu rufen.

Die vorliegende Arbeit, die Jüdinnen der dritten Generation aus unterschiedlichen Ländern in die Forschung mit einbezieht, soll weitere Erkenntnisse über die Auswirkungen des Holocaust auf die Enkelkinder von Holocaust-Überlebenden liefern. Im folgenden Kapitel werden nun die unterschiedlichen Konzepte der Tradierungsprozesse dargestellt, um die bisher diskutierten Forschungsergebnisse der Übertragung von Traumata theoretisch zu fundieren.

19 In Israel gibt es in Yad Vashem ein Archiv, im Internet unzählige Seiten (www.holocaustcenter.org; www.bahop.org; www.tellingstories.org; u.a.)

3. Theorie und Terminologie der transgenerationalen Tradierungsprozesse

»Das Leben ist ein endloser Prozess, aus dem das Individuum nicht herausgelöst, das nicht vom Leben seiner Vorfahren (seinen Großeltern und Eltern) und nicht von dem seiner Nachkommen (seiner Kinder) losgelöst gesehen werden kann. Die Verankerung in einer solchen Generationenabfolge bedeutet mehr als nur den symbolischen Eintrag in den Familienstammbaum, sie bedeutet vielmehr, die Präsenz unserer Vorfahren in unserem Körper und unsere eigene Präsenz in unseren Kindern zu spüren. In unsere Identität und in unsere Identifizierungen geht diese Generationenabfolge ein, die sowohl in das Gedächtnis als auch in die Geschichte des Individuums eingeschrieben ist« (Gampel 1994, 301).

Viele Sprichwörter weisen schon seit jeher auf familiäre Tradierungen hin: »Der Apfel fällt nicht weit vom Stamm«, »Wie der Vater, so der Sohn«, »Blut ist dicker als Wasser«, etc. Während in der anglo-amerikanischen Literatur die Begriffe transgenerational, intergenerational, multigenerational und cross-generational synonym verwendet werden[1] (vgl. Danieli 1998; Felsen 1998; Kellerman 2001b; Lowin 1983; Sigal & Weinfeld 1989), differenziert die französische Familientherapeutin Schützenberger (2003) zwischen *transgenerationalen* und *intergenerationalen* Weitergabeprozessen.

Als intergenerationale Weitergaben bezeichnet Schützenberger »gedachte und ausgesprochene« Übermittlungen zwischen Großeltern, Eltern und Kindern, die sich z.B. auf familiäre Gewohnheiten und Fertigkeiten beziehen. So werden bestimmte Fähigkeiten »vererbt« oder

1 Auch in dieser Arbeit werden die Begriffe synonym verwendet.

bestimmte Berufe traditionell über Generationen hinweg ausgeübt: »Er stammt aus einer Arzt-/Künstler-/Juristenfamilie.« Die transgenerationalen Weitergaben hingegen beziehen sich laut Schützenberger auf Geheimnisse bzw. nicht ausgesprochene Sachverhalte. Diese in der Regel unverarbeiteten Übertragungen können in den Nachkommen zu psychischen oder körperlichen Störungen führen und sich weiterhin in Träumen, Ahnungen und Phantasien meist furchtbaren Inhaltes äußern (vgl. Schützenberger 2003, 137f.).

Wenngleich die Auswirkungen verschiedenster Übertragungen bekannt und belegt sind, so gibt es keinen hundertprozentigen Aufschluss darüber, in welcher Form diese Übertragungen stattfinden.

Auch Kellermann (2001b) weist auf die Schwierigkeit hin, transgenerationale Übertragungen zu verstehen und sie als reale Prozesse anzusehen. Er vergleicht das Phänomen der transgenerationalen Übertragung mit den nicht sichtbaren, aber dennoch wissenschaftlich belegten physikalischen Übertragungs-Phänomenen der Wärme-, Licht, Elektrizitäts- und Schallübertragung:

»Thus, in the same way as heat, light, sound and electricity can be invisibly carried from a transmitter to a receiver, it is possible that unconscious experiences can also be transmitted from parents to their children through some complex process of extrasensory communication« (Kellermann 2001b, 260).

Gampel (1994) vergleicht den Einfluss der äußeren Realität auf die Psyche und das Phänomen der Übertragung zwischen Holocaust-Überlebenden und ihren Kindern mit der Wirkung radioaktiver Strahlung (auf den Menschen) und führt den Begriff der *»radioaktiven Identifizierung«* ein (Gampel 1994a, 304).

Bar-On (1992) differenziert drei Wirkfaktoren der intergenerationalen Transmission: Die Wirkung durch die »erzählten« Geschichten, die Wirkung durch das faktische Verhalten und die Wirkung durch die »nicht erzählten« Geschichten, deren Einfluss er für den stärksten hält (vgl. Bar-On 1992).

Im Folgenden werden die zentralen Theorien und Belege für Tradierungsprozesse speziell im Hinblick auf Traumata, wie sie im Rahmen der Psychoanalytischen Therapie wie auch der Familientherapie erforscht wurden, dargestellt. Im Anschluss daran wird unter Berücksichtigung der Mehrgenerationenperspektive auf allgemeine familiäre Wirkweisen und transgenerationale Tradierungsprozesse eingegangen, die sich für das Verständnis der im empirischen Teil dieser Arbeit ausgewerteten Familienanalysen als notwendig erweisen.

Die verschiedenen Konzepte werden abschließend diskutiert.

3.1. Psychoanalytisches Modell der Übertragung von Traumata

»Jenseits des bildhaften, erzählbaren Alptraumes gibt es die nackte Panik, die den Überlebenden am Ort der tiefsten Regression, im Tiefschlaf, überwältigt. Hierüber gibt es kaum Schilderungen, nur den Schrei. Dieser Schrei hat eine transgenerationelle Dimension, da er in den Schlaf der Nachgeborenen einbricht und deren innere Welt wie mit einer Nabelschnur mit dem Vernichtungskosmos verbindet« (Kaminer 2000).

»Psychic trauma is one of the most contagious mental conditions known to psychiatry at this time« (Terr 1989).

Die theoretische und empirische Darstellung der Überlebenden des Holocaust und der transgenerationalen Tradierungsprozesse von Traumata wurde lange Zeit durch psychoanalytische Fallstudien dominiert. Psychoanalytische Theorien gehen davon aus, dass die unbewussten, unbearbeiteten Gefühle und Konflikte von einer Generation an die nächste weitergegeben werden. Auf diese Weise übernimmt und internalisiert das Kind von Holocaust-Überlebenden das unterdrückte und unverarbeitete Gefühlskonglomerat seiner Eltern und somit auch die Notwendigkeit und Verantwortung, damit umzugehen. Die Dimension der Übertragung durch Projektion und Introjektion kann so weit reichen, dass das Kind schließlich den Eindruck hat, selbst Überlebender des Holocaust zu sein und Bilder und Gefühle der Unterdrückung, Verfolgung und der Todesangst erlebt.

»Transgenerational transmission is when an older person unconsciously externalizes his traumatized self onto a developing child's personality. A child then becomes a reservoir for the unwanted, troublesome parts of an older generation. Because the elders have influence on a child, the child absorbs their wishes and expectations and is driven to act on them. It becomes the child's task to mourn, to reverse the humiliation and feelings of helplessness pertaining to the trauma of his forebears« (Volkan 1997, 43).

Auf diese Weise werden Leben und Identitäten der Holocaust-Überlebenden und ihrer Kinder miteinander verwoben, die Traumatisierung tradiert, und es kann auch in der zweiten Generation zum Auftreten von psychopathologischen Symptomen führen.[2]

Schwarz et al. (1994) differenzieren in ihrer Untersuchung über die Weitergabe psychiatrischer Symptomatik von Holocaust-Überlebenden an ihre Kinder zwischen zwei Arten nicht genetischer Weitergabeprozesse, der *direkten, spezifischen* Transmission (»direct specific transmission«) und der *indirekten, generellen* Transmission (»indirect general transmission«).

3.1.1. Direkte spezifische Transmission

Im Rahmen der *direkten spezifischen* Transmission übernehmen die Kinder von Holocaust-Überlebenden die gestörte Art des Denkens und Handelns ihrer Eltern. Ihre mentale Welt ist geprägt von Holocaust-nahen Assoziationen, so als wären sie *selbst* die Überlebenden. Die Erlebnisse der Eltern werden durch projektive Identifikation[3] auf die Kinder verschoben (vgl. Davidson 1992b; de Graaf 1975; Kestenberg 1982b; Op den Velde et al. 1991b). Kellermann erklärt die *direkte spezifische* Transmission folgendermaßen:

»A mental syndrome in the survivor parent leads directly to the same specific syndrome in the child« (Kellermann 2001b, 257).

Diese Form der Trauma-Übertragung entspricht dem Konzept der *Transposition* (vgl. Bürgin 1993; Kestenberg 1982a; Kogan 1995; Wardi 1992):

»Parents who were extremely traumatized, e.g. in concentration camps, by war or by persecution, transmit by the mechanism of transposition their not integrated and not digested traumatic experiences directly to

2 Dieser Vorgang wird auch als sekundäre Traumatisierung bezeichnet (vgl. Tyrangiel & Spiegel 2002, 42).

3 Der Abwehr dienende Interaktionsform zwischen zwei Menschen, in diesem Fall Mutter bzw. Vater und Kind. Eigene Anteile werden dem Kind zugewiesen, welches die ihm zugewiesene Eigenschaft unbewusst annimmt und dadurch die projizierten Vorstellungen seiner Eltern bestätigt.

their children. Such traumatisations cause a long lasting, regressive attitude towards life, with resignation, deny and splitting. These attitudes are unconsciously taken over by the children, who will inevitably identify with their parents« (Bürgin 1993, 15).

Die Kinder der Holocaust-Überlebenden wurden in die Geschichte der Eltern unbewusst einbezogen und lebten in zwei Wirklichkeiten, der eigenen und der durch das Trauma geprägten der Eltern (vgl. Hardtmann 2001; Herzog 1982; Kestenberg 1989).

»The late Shamai Davidson (1992) explained part of the 2nd Generation pathology as being the consequence of a parent projectively identifying his or her child with traumatic imageries and affects that were split off because of their painfulness« (de Graaf 1998, 235).

»Children become the containers of specific object representations projected in them, being put into the position of the parents themselves, functioning as parentified delegates. By the process of introjection they fulfil these unconscious mandates of the parents and develop inevitably a false deformed self as an adaptive structure, remaining loyal both to the parents, to whom they remain obedient and also to themselves, because the real self remains protected by the shield of the false self. They may develop a split, conflictuous intrapsychic organisation, being in the false part of themselves somebody else than in the isolated, protected core part of the real self.« (Bürgin 1993, S. 15f.).

Rowland-Klein und Dunlop (1998) erklären das Phänomen der projektiven Identifizierung als Art der Trauma-Übertragung im Sinne eines wechselwirkenden Prozesses:

»...projection by the parent of Holocaust-related feelings and anxieties into the child; introjection by the child as if she herself had experienced the concentration camps; and return of this input by the child in the form of (...) problems« (Rowland-Klein & Dunlop 1998, 358).

Sozialisationsbeobachtungen wie auch feministische Theorien (Chodorow 1978; Jordan et al. 1991) weisen darauf hin, dass Mädchen, deren Persönlichkeitsentwicklung häufig besonders geprägt ist durch ein steigendes Maß an Empathievermögen und Verbundenheit (in erster Linie im Hinblick auf weibliche Beziehungen, wie z. B. die zwischen Mutter und

Tochter), eher als Jungen von den Mechanismen der projektiven Identifizierung betroffen sein können. Vogel (1994) beschreibt die möglichen Folgen dieser erhöhten Vulnerabilität im Zusammenhang mit Trauma-Tradierungen:

»*This self-in-relation model proposes that personality development for girls and women can be described, not as a process of increasing separation and individuation, but rather as a growing capacity for empathy and connectedness. (...) This may lead to a girl taking on her mother's experiences as her own via the process of projective identification between mother and daughter. What this model suggests is that daughters of trauma survivors may be more vulnerable to the transgenerational transmission of parental or familial trauma. The female children, with their greater emotional openness and the capacity for identification with parental feelings and experiences, may unconsciously become the carrier of traumatic experiences that parents wish to disown or suppress« (Vogel 1994, 36).*

3.1.2. Indirekte generelle Transmission

Die *indirekte generelle* Transmission hingegen beschreibt die Auswirkungen elterlicher Beeinträchtigung (aufgrund der erfahrenen Traumatisierungen) von Holocaust-Überlebenden auf deren Kinder. Die bereits (in Kapitel 2) beschriebenen Auswirkungen von Extremtraumatisierungen machen verständlich, dass auch die elterliche Funktionsfähigkeit (»care-taking abilities«) der Betroffenen eingeschränkt sein wird:

»*Sigal et al. (1989) suggest that chronic deprivation or distortions in the psychological environment may impair the ability to form relations, thus hampering the ability to form healthy parent-child relationships. Such parenting may produce maladaptive behaviour in the second generation« (Rowland-Klein & Dunlop 1998, 359; vgl. Sigal et al.1989).*

Weiss und Weiss (2000) weisen auf den Unterschied von der *indirekten generellen* Transmission zur *direkten spezifischen* Transmission hin:

»*The suffering of the 2nd generation is not necessarily the result of transgenerational transmission of trauma. It is the outcome of the tragedy of the 2nd generation being raised by the survivors, who were swamped with feelings of suffering and bereavement that interfered with their parental abilities. This is a fundamental different dynamics [than the transposition of trauma]« (Weiss & Weiss 2000, 383).*

Vielen Holocaust-Überlebenden war es aufgrund ihrer eigenen psychischen Instabilität und ihres erschütterten narzisstischen Selbstwertgefühls nicht möglich, ihren Kindern ausreichend gute Eltern zu sein. Grubrich-Simitis (1979) verwendet den Begriff des »kumulativen Traumas« (von M. Masud Khan 1969), um die von ihr beobachtete Störung der präverbalen Mutter-Kind-Beziehung zu erklären: Ungeachtet der Erwünschtheit der Kinder war es den schwer traumatisierten Müttern oft nicht möglich, die Bedürfnisse der Säuglinge ausreichend zu erfüllen. Hierbei handelte es sich nicht um grobe Vernachlässigungen, sondern eher um:

»...äußerlich unauffällige Einfühlungsversäumnisse, die erst durch Kumulation über einen längeren Zeitraum traumatisch wirken« (Grubrich-Simitis 1979, 1006).

Den traumatisierten Eltern gelang es oftmals nicht, ihren Kindern genügend Halt und Sicherheit zu vermitteln, im Gegenteil:

»Die Hilflosigkeit der kleinen Kinder macht den Eltern Angst und ruft ihnen ihre frühere Ausgeliefertheit in Erinnerung« (Litman 1992, 73).

Darüber hinaus fand häufig eine Umkehrung der Rollen, die sogenannte Parentifizierung statt, in der die Kinder für ihre Eltern sorgen und eine Wiedergutmachung der erlittenen Qualen erbringen sollten.

»As a result of the many losses of the survivors, and their inability to mourn them, their children were burdened by unconscious expectations to compensate for these extremely painful losses. These expectations put the children in the situation of being unable to fulfil »loyal obligation« to the survivor parents« (Weiss & Weiss 2000, 374; vgl. Boszormenyi-Nagy & Spark 1973; Shafat 1994).

Die Nicht-Erfüllbarkeit dieser unverhältnismäßigen Aufgabe hatte ihre Auswirkungen auch auf die zweite Generation:

»This failure might be perceived by the children as reflecting their own failure rather than the parents unresolved mourning, and has been found to influence self-esteem, capacity for intimacy, and even sexual life in the second generation« (Weiss & Weiss 2000, 374; vgl. Boszormenyi-Nagy & Spark 1973; Shafat 1994).

Die bei vielen Vertretern der zweiten Generation beobachteten Ablösungsschwierigkeiten von den Eltern werden auf eine typische Dynamik in der Beziehung zwischen Holocaust-Überlebenden und ihren Kindern zurückgeführt:

»Jeder Entwicklungsschritt eines Kindes erfordert aktive, aggressive Impulse. Die Aggression des Kindes ruft bei den Eltern Gefühle von Angst hervor. Jeder Entwicklungsschritt des Kindes wird zur Bedrohung und weckt eigene aggressive Regungen bei den Eltern. Die Kinder selbst erleben die ängstliche Überbesorgtheit der Eltern als Aggression und Einengung, die wiederum wütend macht und Ablösungsprozesse erschwert. Die Eltern können häufig nicht auf eigene Erfahrungen in ihrer Ablösung zurückgreifen, da diese abrupt, von außen aufgezwungen und mit Gewalt erfolgte« (Brainin, Ligetti & Teicher 2001, 173).

»Nachkommen von Überlebenden haben in ihren Familien häufig die Rolle der Beschützer eingenommen, haben gelernt, Fürsorge für die Eltern aufzubringen und dabei ihre eigenen Bedürfnisse, vor allem ihre Konflikte und Ablösungswünsche in der Adoleszenz, ihre Aggressionen gegen die Eltern, zu unterdrücken. Die Störungen in der Autonomieentwicklung sind aus klinischen Fallanalysen hinreichend bekannt« (Barocas & Barocas 1979; Davidson 1980; Freyberg 1980).

Die Trennungsängste sind bei einigen Überlebenden-Familien so stark ausgeprägt, dass antizipierte Trennungen auf beiden Seiten, des Verlassenen als auch des Verlassenden, tief empfundene Todesängste hervorrufen können (vgl. Barocas & Barocas 1979; Rosenthal 1997).

Klein (2003) artikuliert charakteristische Motive in Überlebenden-Familien, die im mehrgenerationalen Umgang von Bedeutung sind:

»Die Familien der Überlebenden entwickelten fest gefügte und hoch verdichtete Formen des familiären Stils und seiner spezifischen Abläufe rund um die Themen der psycho-biologischen Kontinuität, der Trennungsangst und der Angst vor nicht endender Krankheit und Tod. Der

Verkehr zwischen den Generationen war geprägt von intensiver wechselseitiger Abhängigkeit und äußerte sich in Überfürsorglichkeit, in Trennungsproblemen, dem Einfordern sozio-ökonomischen Erfolgs und der Übernahme äußerer Werte und innerlich errichteter Standards« (Klein 2003, 29).

Bei dieser *indirekten generellen* Übertragung geht es also eher um sichtbares oder fassbares Verhalten und weniger um die unbewussten innerpsychischen Prozesse, die in der *direkten spezifischen* Übertragung erläutert werden. So erklärt sich auch die Diskrepanz der Ursachenzuschreibung von empirischen Studien, die beweisführend für die *indirekte generelle* Übertragung sind und den Aussagen analytischer Fallstudien, die sich eher auf die *direkten spezifischen* Übertragungsprozesse stützen.

3.2. Familientherapeutische Erklärungsversuche der Übertragung von Traumata am Beispiel von Rupperts Modell von Bindung und Trauma

Grundlegend für jegliche Orientierung in der Familientherapie und des systemischen Paradigmas im Allgemeinen ist, dass Ganzheiten statt lediglich Individuen erfasst werden. Laut Massing und Beushausen (1986) ist die Familie:

»als ein Forum aufzufassen, in dem nicht nur die gegenwärtige Interaktion zwischen Individuum, Familie und Gesellschaft (soziokulturelle Determinanten, ideologische und religiöse Werte und Normen) als Prozess wirksam ist, sondern ebenfalls vergangene lebensgeschichtlich mehr oder weniger verfestigte Interaktionsstrukturen zwischen Individuum, Familie und Gesellschaft (d.h. auch geschichtliche und politische Realität, vergangene Werte und Normen) als zwei Prozessebenen ineinander greifen, sowohl als individuelle Familiengeschichte als auch als Zeitgeschichte« (Massing & Beushausen 1986, 28).

Diesem Theorem sich anschließend entwickelte Ruppert (2005) ein Erklärungsmodell für mehrgenerationale Trauma-Tradierungen. Ruppert erklärt die mehrgenerationale Weitergabe von Traumata, indem er

Bindungstheorien mit Traumatheorien verknüpft. Seiner Meinung nach entstehen psychische Probleme in Beziehungssystemen im Zusammenhang mit ihren komplexen Kommunikations- und Interaktionsdynamiken (vgl. Ruppert 2005).

Ausgehend von Bowlbys (1973, 1995) Bindungskonzept weist Ruppert der Mutter-Kind-Beziehung als Übertragungsmedium den größten Stellenwert zu. Die ersten Bindungserfahrungen macht ein Kind mit seiner Mutter, angefangen mit den pränatalen Erfahrungen im Mutterleib (vgl. Janus 1997). Das Wohlergehen von Mutter und Kind ist naturgemäß eng verbunden, und auch nach der Geburt gilt: Je besser es der Mutter geht, desto besser kann sie ihr Kind versorgen. Umgekehrt wirken sich auch Defizite der Mutter direkt auf ihr Kind aus.

Die Bindungsforschung erkannte, dass eine (traumatisierte) Mutter, die ihrem Kind gegenüber mangelnde Feinfühligkeit[4] zeigt, diesem nicht behilflich ist beim Aufbau seines »Selbst-Bewusstseins«. Wenn die Mutter, statt einen empathischen Spiegel des Kindes darzustellen, eher mit ihren eigenen Bedürfnissen und Befindlichkeiten beschäftigt ist, bekommt das Kind dadurch eine verzerrte Wahrnehmung seiner eigenen Bedürfnisse und seines Selbst. So ergeben sich Schwierigkeiten bei der Entwicklung der Eigenständigkeit des Kindes: Die Individuation ist bedroht, da das Kind in die verletzten oder verwirrten psychischen Strukturen seiner Mutter verstrickt ist (Ruppert 2005, 37). Ruppert beschreibt den Kreislauf der Trauma-Tradierungen folgendermaßen:

»Über den Weg der seelischen Bindungen können Traumaerfahrungen von einer Generation zur nächsten weitergegeben werden. (...) Traumaerfahrungen erzeugen Bindungsstörungen, und Bindungsstörungen erhöhen die Wahrscheinlichkeit, selbst eine Traumaerfahrung zu erleiden oder anderen Menschen Traumatisierungen zuzufügen« (Ruppert 2005, 90, 26).

Schechter (2003) schließt sich Rupperts Annahme an und beschreibt die gestörte Interaktion zwischen Kind und traumatisierter Bezugsperson, innerhalb derer das Trauma durch Handlung und Sprache übermittelt werde:

4 In der Bindungsforschung wird die Fähigkeit von Eltern und insbesondere von Müttern, eine sichere Bindung zum Kind herzustellen als »Feinfühligkeit« bezeichnet (vgl. Ainsworth 1973).

»Die Kinder reagieren auf die Kommunikation der Pflegeperson und werden zu einem aktiven, aber unpassenden Teilnehmer bei dem Versuch der Mutter, angesichts von Destruktivität und physiologischer Dysregulation Sinn und Ruhe zu finden. Die daraus folgende Interaktion führt zu einer Variation des Motivs des ursprünglichen Traumas. Dieses spiegelt sich dann erneut in der Psyche von Mutter und Kind wider und beeinflusst die kindliche Entwicklung der Affektregulation« (Schechter 2003, 224).

In diesem Zusammenhang sei auf die Untersuchung von Sorcher und Cohen (1997) hingewiesen, die der mütterlichen Kommunikation als signifikante Einflussvariable in Bezug auf die Weitergabe der Traumatisierung an ihre Kinder die größte Bedeutung zumaßen (vgl. Sorcher & Cohen 1997).

Eltern, die an Traumafolgen leiden, haben Schwierigkeiten, mit ihren Kindern ausreichend gute Bindungen einzugehen, was wiederum Auswirkungen auf die Bindungsfähigkeit ihres verunsicherten Kindes haben wird (vgl. Brisch 2003; George & Solomon 1989; Hesse & Main 1999; Schuengel et al. 1999). Diese Erklärung der transgenerationalen Tradierung von Traumata entspricht dem bereits beschriebenen psychoanalytischen Konzept der *indirekten generellen Weitergabe.*

Ruppert regt jedoch an, das Individuum nicht nur in Beziehung zu seinem aktuellen Beziehungsnetz zu sehen, sondern darüber hinaus die familiäre Vergangenheit zu betrachten:

»Die menschliche Psyche ist ein Mehrgenerationenphänomen. Die schweren körperlichen und psychischen Probleme, die ein Mensch hat, sind sehr häufig die Folgen von Verstrickungen in seine Bindungsbeziehungen über drei bis vier Generationen« (Ruppert 2005, 27).

Laut Ruppert sind viele psychische Erkrankungen eines Individuums zurückzuführen auf mehrgenerationale Traumaerfahrungen bzw. in deren Folge sich entwickelnde Bindungsstörungen. Eine Heilung der betroffenen Person kann jeweils nur unter Einbezug des Blickwinkels auf das gesamte Familiensystem geschehen.

Im folgenden Kapitel soll unter Berücksichtigung der Mehrgenerationenperspektive ein Einblick in allgemeine (nicht traumabezogene) familiäre Wirkmechanismen gegeben werden.

3.3. Allgemeine familientherapeutische theoretische Modelle im Hinblick auf die Mehrgenerationenperspektive

Die Familientherapie wurde gleichzeitig von einer Reihe von Pionieren unterschiedlicher (therapeutischer) Herkunft initiiert.

Unter Einbezug der Mehrgenerationenperspektive werden in der Familientherapie aktuelle Probleme in Zusammenhang mit der Familiengeschichte gebracht. So zieht z.B. die Göttinger Gruppe (Sperling et al. 1982) bis zu drei Generationen der betroffenen Familie in ihre mehrgenerationale Familientherapie mit ein, davon ausgehend, dass Familien den gleichen Konflikt über Generationen hinweg forttragen können. Die generationenübergreifenden, unbewussten Tradierungsmuster sollen in der Therapie aufgedeckt und aufgehoben werden.

In Bezug auf die mehrgenerationale Betrachtung bietet es sich an, die theoretischen Modelle von den psychoanalytischen Familientherapeuten Stierlin (1978, 1989) und Boszormenyi-Nagy und Spark (1973, 2001) darzustellen, die (neben Whitaker, Bowen, Paul u. a.) prägend für die therapeutische Arbeit mit Familien waren. Anders als bei den an der Systemorganisation orientierten Familientherapieformen, deren Augenmerk vornehmlich auf die Struktur der familiären Beziehungen gerichtet ist, steht bei den psychoanalytisch orientierten Modellen die Art des Konflikts sowie der Inhalt der über Generationen überlieferten Aufträge und Auftragskonflikte im Vordergrund.[5]

Der von Boszormenyi-Nagy (1973, 2001) begründete Ansatz der kontextuellen (Familien)-Therapie versucht ethische, psychoanalytische, existentialphilosophische und systemtheoretische Erkenntnisse zu integrieren. Die zentrale These besagt, dass individuelle wie familiäre Störungen im wesentlichen Ausdruck und Folge eines Ungleichgewichts zwischen gegenseitigem Geben und Nehmen, Anspruch und Erfüllung besonders im Bereich der emotionalen Fürsorge sind. Insofern ist die kontextuelle Therapie um einen Ausgleich der jeweiligen Schuld- und Verdienstkonten bemüht. Neben Gerechtigkeit und der Verpflichtung, zum Ausgleich des familiären »Kontos« beizutragen, spielt das Konzept der Loyalität eine übergeordnete Rolle in Hinblick auf transgenerationale Prozesse.

5 Aus Platzgründen kann in dieser Arbeit nicht weiter auf die unterschiedlichen Therapieformen eingegangen werden. Einen guten Überblick bietet Schlippe (1995).

Boszormenyi-Nagy und Spark (2001) gehen davon aus, dass allen Beziehungen und besonders Familienbeziehungen eine jeweilige »Grundstruktur« zugrunde liegt, die über Generationen hinweg zu sich wiederholenden Beziehungsmustern und regelmäßigen, sich beinahe gesetzmäßig wiederholenden Ereignissen innerhalb der Familie führen. Die jeweilige Grundstruktur einer Familie, die durch ausgesprochene und unausgesprochene bzw. bewusste und unbewusste Gesetze vermittelt wird, wird geprägt durch verschiedene Dimensionen, die in Familien wirksam werden.

Die *Blutsverwandtschaft* bindet Familienmitglieder ein Leben lang aneinander:

»Mein Vater bleibt immer mein Vater, auch wenn er tot und in weiter Ferne begraben ist. Er und ich sind zwei aufeinanderfolgende Glieder in einer genetischen Kette, die Millionen Jahre zurückreicht. Mein Dasein ist ohne das seine nicht denkbar. (...) Selbst als ich mich gegen alles, was er vertrat, aufzulehnen begann, hat mein energisches Nein die gefühlsmäßige Verbindung mit ihm nur bekräftigt. Er hatte mir, seinem Sohn gegenüber Pflichten, und nun stehe ich existentiell in seiner Schuld« (Boszormenyi-Nagy & Spark 2001, 22).

Die *Systemdimension* besagt, dass jedes Individuum durch individuelle persönliche und systemische Gesetze geleitet wird. Das Ineinanderwirken dieser beiden Gesetzeseinheiten ist für die Entwicklung eines Beziehungsmusters ausschlaggebend.

Eine weitere prägende familiäre und transgenerationale Dimension ist durch *Loyalität* gegeben, die über mehrere Generationen einer Familie hinweg wirksam ist. Da der Faktor Loyalität auch bei den im empirischen Teil dieser Arbeit untersuchten jüdischen Familien von großer Bedeutung ist, soll im folgenden Boszormenyi-Nagys Loyalitäts-Konzept beschrieben werden. Anschließend folgt die Definition des für die dieser Arbeit zugrunde liegenden Interview-Auswertungen wichtigen Prozesses der Delegation, der von Stierlin (1978) im Rahmen seines Theoriemodells geprägt wurde.

3.3.1. Loyalität im mehrgenerationalen Familiensystem

> *»Loyalitätsbindungen gleichen unsichtbaren, aber starken Fasern, welche die komplizierten Teilchen des Beziehungs-»Verhaltens« in*

Familien wie auch in der Gesellschaft zusammenhalten« (Boszormenyi-Nagy & Spark 2001, 69).

Basierend auf der folgenden Annahme erstellten Boszormenyi-Nagy und Spark (2001) ihr multipersonales und mehrgenerationales Loyalitäts- und Gerechtigkeitskonten-Konzept:

»Sich-verbunden-Fühlen, Hingabe und Loyalität [sind] die wichtigsten Determinanten der Familienbeziehungen. Sie entstammen dem generationenalten Gerechtigkeitsgefüge der Menschheit, so wie es sich aus der historischen Aufrechnung zwischenmenschlichen Handelns und Verhaltens ergibt. Kurzum, die wichtigste Dimension enger Beziehungssysteme entwickelt sich aus der über viele Generationen hin fortgeschriebenen Bilanz von Verdienst und Verpflichtung« (Boszormenyi-Nagy & Spark 2001, 28).

Für jedes Familienmitglied stelle sich Zeit seines Lebens die Frage nach Verdienst und Schuld sowie nach Loyalitäts-Verpflichtung und Loyalitäts-Anspruch, die in einem familiären »Hauptkontenbuch« festgehalten sind.

Loyalität wird definiert als positive Haltung der Zuverlässigkeit eines einzelnen gegenüber einem sogenannten Loyalitäts-»Objekt« und von Boszormenyi-Nagy und Spark (2001) um die multipersonale Perspektive erweitert. Sie weisen darauf hin, dass ein Mehrpersonen-Loyalitätsgewebe das Vorhandensein strukturierter Gruppenerwartungen voraussetzt, zu deren Erfüllung alle Mitglieder aufgerufen sind. Ein Mensch, der einer Gruppe gegenüber loyal ist, verinnerlicht den Geist ihrer Erwartungen und legt entsprechende Verhaltensweisen an den Tag. (Hierbei seien sowohl die Ge- und Verbote der von außen an ihn herangetragenen Erwartungen, wie auch die verinnerlichten Verpflichtungen maßgeblich.) Diese Definition ähnelt dem Begriff der »positiven Gegenseitigkeit«, der von Stierlin (1979) eingeführt wurde.

»Es bedeutet, ohne Wenn und Aber für den/die anderen als wichtig erachteten Menschen einzustehen. Es bedeutet, sich aufgrund bewiesener Verlässlichkeit diesen anderen zugehörig und von diesen geschützt, geschätzt und geachtet zu wissen« (Stierlin 1979, 81).

Loyalität wird als ethische Form der Bindung verstanden, die erklärbar macht, wie eine Familie über Generationen hinweg ihre Kontinuität und Kohäsion wahrt, Verhaltensmuster, Wertvorstellungen und Aufträge tradiert und eventuell dysfunktional wird. Der Inhalt der Loyalität ist bestimmt durch die Familiengeschichte, die Familienmythen[6] und durch die Art der Gerechtigkeit, die diese Familie praktiziert (vgl. Schützenberger 2003, 68).

Die Erwartungsmuster der familiären Gruppe, die Kinder im Familienverband zunächst durch Erziehung vermittelt bekommen, entwickeln sich beim Erwachsenen schließlich zu einer verinnerlichten Loyalitätsverpflichtung. Der Grad der Loyalität und der Verpflichtung ist abhängig von den zu erwartenden oder tatsächlichen Schuldgefühlen bei Nichterfüllung der Gruppenerwartungen. In Bezug auf den familiären Verband bedeutet dies laut Boszormenyi-Nagy und Spark (2001) folgendes: Naturgemäß wird ein Kind seinen Eltern und seiner Familie gegenüber Zeit seines Lebens in einer existentiellen Dankesschuld stehen und auf »Rückbezahlung« ausgerichtet sein. Je besser das Kind von seinen Eltern versorgt wurde, umso größer ist die Verpflichtung. Je weniger das Kind die empfangenen Wohltaten vergelten kann, desto höher ist die auflaufende Schuld:

»Die Homöostase des Verpflichtungs- oder Loyalitätssystems hängt also von einer regulativen Aufladung mit Schuldgefühlen ab« (Boszormenyi-Nagy & Spark 2001,67).

Das Kind kann seinen Verpflichtungen »vertikal«, d.h. innerhalb der Familie nachkommen, indem es die Erwartungen seiner Eltern verinnerlicht, ihnen entspricht und diese auch an seine eigenen Kinder weitervermittelt. Durch dieses intergenerationale Rückkopplungssystem lässt sich die Schuld des Einzelnen abbauen, wobei jeder schuldbegleichende Akt zur Hebung des Loyalitäts- und Vertrauensniveaus innerhalb der Beziehung beiträgt.

Jede Familie legt die Beiträge des Einzelnen für die Familienkonten fest, die Höhe der Verdienste, die Guthaben, die Verpflichtungen und Verantwortlichkeiten. Wenn ein oder mehrere Mitglieder der Familie nicht bestrebt sind, »gerecht« zu handeln, wird sich dies im »Verdienstkonten-Hauptbuch« der Familie niederschlagen und noch für die folgenden Generationen spürbar sein. Laut Boszormenyi-Nagy (2001) ist

6 Laut Ferreira (1963) dienen solche Mythen in erster Linie dazu, den Status quo bzw. die Homöostase der Familie zu erhalten. Ihm zufolge spielt »der Familienmythos in der Beziehung dieselbe Rolle wie der Abwehrmechanismus im Individuum« (vgl. Simon et al. 2004, 90; Ferreira 1963).

es nicht möglich, der Verpflichtung oder der Schuld zu entkommen, selbst, wenn man den Gläubigern (in diesem Fall der Familie) aus dem Weg geht. Die Flucht vor familiären Verpflichtungen werde Einfluss nehmen auf alle weiteren menschlichen Beziehungen und den Schuldner durch eine existentielle Schuld lähmen.

Boszormenyi-Nagy und Spark (2001) unterscheiden zwischen vertikalen und horizontalen Loyalitätsachsen. Während vertikale Loyalitätsverpflichtungen den vorangegangenen oder den nächsten Generationen gelten, beziehen sich horizontale Loyalitätsverpflichtungen auf den/die Partner/in, auf die Geschwister oder auf Mitglieder der gleichen Generation, die Altersgenossen im allgemeinen (vgl. Boszormenyi-Nagy & Spark 2001, 82).

Die Entwicklungsphase und -aufgabe der Ablösung muss demzufolge geprägt sein durch einen Konflikt der vertikalen mit den horizontalen Loyalitätsverpflichtungen, da das Eingehen neuer Beziehungen im Sinne von Partnerschaften und der Geburt von eigenen Kindern zwangsläufig neue Loyalitätsverpflichtungen mit sich bringt.

Eine gelungene Individuation zeichnet sich dadurch aus, dass alte und neue Loyalitätsverpflichtungen miteinander in Einklang gebracht werden.

»Das Potential in Aussicht stehender neuer Bindungen (z.B. Ehe) muss abgewogen werden gegen alte Verpflichtungen, die uns zu dauerndem symbiotischen Beieinanderbleiben bewegen« (Boszormenyi-Nagy & Spark 2001,78).

Es ist für die (Ehe-) Partner vonnöten, die Loyalität von ihren Herkunftsfamilien aufeinander zu übertragen, um innerhalb der Partnerschaft und gegebenenfalls für ihren Nachwuchs ein tragfähiges Fundament sowie einen Zusammenschluss der unterschiedlichen familiären Loyalitätsgrundsätze zu gewährleisten, nach denen die neu gegründete Familie sich richten kann. Die Loyalität zu den Herkunftsfamilien (sowie zu dem nationalen, kulturellen und religiösen Herkunftsbereich und seinen Werten) muss in diesem Zuge eine Neubewertung erfahren. Dies ist in besonderem Maße der Fall bei bi-religiösen Verbindungen.

Komplexe Anpassungsleistungen werden vom Einzelnen wie auch von den betroffenen Familiensystemen gefordert:

»Von allen wird erwartet, dass sie sich dem gesamten Familiensystem gegenüber loyal verhalten und damit seinen Fortbestand sichern, aber auch bereit sind, neue Beziehungen in das System einzugliedern und die

daraus sich ergebenden Systemveränderungen zu bewältigen« (Boszormenyi-Nagy & Spark 2001, 83).

Gelingt dies nicht, wird sich das vermutlich in der Qualität der Ehe niederschlagen, deren Partner die Loyalität zu ihren Herkunftsfamilien höher bewerten als die zu der neu gegründeten Familie. Die Geburt eigener Kinder bietet in diesem Zusammenhang eine Chance und eine Gefahr zugleich: Bedeutet ein Kind einerseits, der existentiellen Verpflichtung der Gruppe durch die Sicherung des Fortbestandes dieser nachzukommen, ermöglicht es andererseits auch die Verlagerung der Loyalität von der »alten« Herkunftsfamilie auf die neu gegründete Familie und im Besonderen auf das Kind. Ist die Ablösung von der Herkunftsfamilie nicht in gesundem bzw. ausreichendem Maße erfolgt, ist die Loyalität der vertikalen Achse in Bezug auf das Kind zwar gesichert, nicht jedoch eine Vertiefung der horizontalen Ebene hinsichtlich des Partners, was weiterhin zu partnerschaftlichen Konflikten führen wird. In der Beziehung zu dem eigenen Kind können unbeglichene Loyalitätskonten vorheriger oder der eigenen Generation/en zum Ausdruck kommen und das Leben der nachrückenden Generationen beeinflussen und belasten und in einer Art Wiederholung zum Ausdruck kommen.

»In der Familie bleiben Handlungen und ihre Folgen im tiefsten Unterbewussten der generationenübergreifenden Buchführung verzeichnet, und die Eltern erblicken oft im Schicksal ihrer Kinder das eigene Geschick wie in einem Spiegel« (Boszormenyi-Nagy & Spark 2001, 52).

»Wenn die Hauptbücher von fortgeschriebenen Schulden durch Ausbeutung sozusagen überquellen, erleiden die späteren Generationen mehr und mehr Schaden. (...) Das ausgebeutete Kind entwickelt sich häufig [selbst] zu einem symbiotisch besitzergreifenden Elternteil« (Boszormenyi-Nagy & Spark 2001, 55).

Eine weitere Gefahr der generationenübergreifenden Ausbeutung liegt in der Parentifizierung. Unter Parentifizierung oder Parentifikation wird eine Verzerrung einer Beziehung verstanden, in der z.B. das Elternteil zum bedürftigen Kind regrediert und das Kind im Gegenzug Elternfunktionen übernimmt.[7] Bei der Parentifizierung handelt es sich

7 Ebenso kann diese unangemessene Rollenübernahme und -erwartung auch einen Partner betreffen, der die Elternrolle seinem Partner gegenüber einnimmt.

um eine Form der Rollenumkehr, die mit einer Störung der Generationsgrenzen verbunden ist.

Die Wahrung der familiären Hierarchie im Sinne einer Abgrenzung des elterlichen vom kindlichen Subsystem gilt als eine der Voraussetzungen für das Funktionieren einer Familie. Es ist davon auszugehen, dass Eltern, deren eigene kindliche Bedürfnisse in ihrer Herkunftsfamilie nicht befriedigt wurden, diese später an ihre Kinder herantragen. Somit findet neben der Umkehr der Rollen auch eine Umkehrung von Verdiensten und Schulden statt. Boszormenyi-Nagy und Spark (2001) beschreiben die Parentifizierung nicht nur unter pathologischen Gesichtspunkten, sondern verstehen sie als allgemeines menschliches Phänomen, das selbst bei harmonischen, weitgehend auf Gegenseitigkeit beruhenden Beziehungen vorkommen mag. Die Parentifizierung eines Kindes durch seine Eltern sei sogar ein nützlicher Vorgang, da das Kind so lernen könne, sich für sein künftiges Leben mit verantwortlichen Rollen zu identifizieren.

»Die Verinnerlichung des Selbst-Bildes als das eines potentiell gebenden Elternteils ist ein wichtiger Schritt auf dem Wege zu emotionaler Reife« (Boszormenyi-Nagy & Spark 2001, 209ff.).

Problematisch werde diese Verinnerlichung erst, wenn sie das Kind auf die Elternrolle fixiere und in extrem schuldbelasteter Atmosphäre stattfände.

Allerdings ist der Grad der Funktionalität oder Dysfunktionalität parentifizierender Mechanismen innerhalb des familiären Lebenszyklus unterschiedlich zu beurteilen: Während eine andauernde oder für das Elternsystem notwendige Parentifizierung für ein kleines Kind eine Überforderung bedeutet, so ist die Übernahme der Sorge für die pflegebedürftigen greisen Eltern für ein bereits erwachsenes Kind als normale und angemessene gesellschaftliche und individuelle Anforderung zu bewerten.

3.3.2. Delegation

Der deutsche Psychoanalytiker Stierlin (1975, 1979) versuchte in seinem theoretischen Modell[8] wie auch in seiner Arbeit mit Familien,

8 Vgl. u..a. Schlippe 1995; Stierlin 1979; 1975.

eine Verbindung von systemischen und psychoanalytischen Denkansätzen herzustellen.

Wie im vorherigen Kapitel beschrieben, erstreckt sich Loyalität auf die Werte, Ziele, Erwartungen und Ideen der Personen des Familienverbandes bzw. derer, denen man sich verbunden fühlt. Diese Inhalte oder Zielrichtungen der Loyalität werden als Vermächtnisse erlebt und in sogenannte Delegationen umgesetzt.

Unter Delegation wird ein zwischenmenschlicher Prozess verstanden, in dem der Nachkomme von seinen Vorfahren »hinausgesandt« wird, aber gleichzeitig durch das Band der Loyalität an die Familie gebunden bleibt. Der Ausgesandte beweist seine Loyalität indem er seine Aufträge erfüllt, wodurch sich gleichzeitig sein Selbstwertgefühl speist.

Delegationsprozesse sind an sich nicht als pathologisch zu bewerten, da sie dem Heranwachsenden sinnvolle Lebensziele, Inhalte und Richtungen vermitteln können. Delegationen werden allerdings problematisch, wenn sie den Ausgesandten überfordern oder ihn Konflikten aussetzen. Dies ist unter anderem der Fall, wenn unvereinbare Aufträge bestehen, z. B. die Erwartung an den Sohn, er solle einerseits ein durchsetzungsfähiger, erfolgreicher Geschäftsmann sein und gleichzeitig ein (hilfs)bedürftiger kleiner Junge bleiben, um der Mutter einen Lebensinhalt zu bieten. Eine zweite Schwierigkeit sind Loyalitätskonflikte, die entstehen, wenn Aufträge des einen Auftraggebers denen des anderen widersprechen, z.B. die Forderung der Eltern den jeweils anderen Elternteil abzuwerten und zu zerstören. Unvereinbare Wertordnungen der elterlichen Auftraggeber und der umgebenden Gesellschaft sind als dritte Konfliktart zu verstehen (vgl. Simon et al. 2004; Stierlin 1978).

3.4. Diskussion der Theorie

Die hier dargestellten theoretischen Überlegungen über unsichtbare, aber existente Trauma-Übertragungsprozesse können als einander ergänzende Erklärungsmodelle betrachtet werden. Mitunter gibt es schulinterne wie auch schulübergreifende Überschneidungen. So entspricht z.B. die im psychoanalytischen Terminus genannte *indirekte generelle* Traumatisierung (vgl. Schwartz et al. 1994) dem familientherapeutischen Konzept von Bindung und Trauma (vgl. Rupperts 2005).

Da in dieser Arbeit nicht nur den Übertragungen von Traumata, sondern auch allgemeinen familiären Tradierungsprozessen Rechnung getragen werden soll, bieten das Loyalitäts- und Gerechtigkeitskonten-

Konzept (vgl. Boszormenyi-Nagy) sowie das Konzept der Delegation (vgl. Stierlin 1978) eine umfassende theoretische Grundlage für das Verständnis emotionaler Verknüpfungen zwischen Eltern, ihren Kindern und Kindeskindern.

Besonders in der Betrachtung der individuellen und familiären Konflikte der in dieser Arbeit untersuchten Probandinnen bezüglich der Identitätsfindung, des unterschiedlichen Grades der Integration des Judentums in die jeweilige Biographie und Identität wie auch der Schuldgefühle bei Nichterfüllen der familiären Aufträge, kommen diese beiden theoretischen Ansätze zum Tragen. So wird der Exkurs über Loyalität und die daraus entstehenden Delegationen in der vorliegenden empirischen Forschung wieder aufgenommen und innerhalb einzelner Familienportraits wie auch im Abschlussvergleich kritisch diskutiert.

Die Relevanz des in dieser Arbeit auf weibliche Holocaust-Überlebende und deren weibliche Nachkommen gerichteten Fokus erklärt und bestätigt sich unter anderem durch hier aufgeführte Untersuchungen über weibliche Sozialisationseffekte: Als Töchter sind sie sensibler und vulnerabler für Trauma-Tradierungen und in ihrer Rolle als Mutter und damit als erste und wichtige Bezugsperson maßgeblich für die Weitergabe von Traumatisierungen.

Eine Untersuchung von Delsing (2004) überprüfte die von Boszormenyi-Nagy aufgestellte These, dass die Beziehungsmuster einer Familie geprägt seien von den jeweiligen Herkunftsfamilien des Paares. Es stellte sich heraus, dass es signifikante Belege für transgenerationale Übertragungen nur in Bezug auf die mütterliche Herkunftsfamilie, nicht jedoch seitens der väterlichen Herkunftsfamilie gab. Folgende Erklärungen werden für dieses geschlechtsspezifische Übertragungs-Phänomen gegeben, die im Einklang mit den bereits dargestellten Erkenntnissen über den Einfluss von Frauen auf familiäre Beziehungen stehen:

»This more prominent role of the mother in the intergenerational transmission of family characteristics may be partly due to women being more influenced by relationships in their family of origin (Wamboldt & Reiss 1989). It may also be due to the mother generally being the »relationship architect« that directs the »building« of family relationships (Wamboldt & Reiss 1989). In this respect, Steinberg (2001) argues that the mother does most of the »front-line-action« when it comes to the instillment of family norms and values« (Delsing 2004, 98).

Die Zusammenschau und die Synthese der unterschiedlichen Konzepte soll die theoretische Grundlage für die vorliegende Untersuchung bieten.

Diese Arbeit untersucht allerdings weniger die *Art* des Übertragungsprozesses, dessen Erforschung besser im Rahmen intensiver psychotherapeutischer Begleitungen geschehen kann, als den *Inhalt* der transgenerationalen Auswirkungen.

4. Forschungsdesign und Methoden

»Wenn du die Gegenwart als das haben willst, was sie ist, muss die Vergangenheit so weit bearbeitet sein, dass sie die Gegenwart aufhellen kann« (Satir, Quelle unbekannt).

Die dieser Arbeit zugrundeliegenden Methoden stehen in der Tradition qualitativer Forschung, die sich im deutschen und im anglo-amerikanischen Sprachraum seit Beginn des 20. Jahrhunderts entwickelt und vor allem in der Psychologie und den Sozialwissenschaften etabliert hat.

Gemäß der Prämisse qualitativer Forschung orientiert sich die Auswahl der Methode an dem zu untersuchenden Gegenstand, um diesem in seiner Komplexität gerecht zu werden und darüber hinaus die empirische Realisierung der Fragestellung sichern zu können.

»Gegenstand humanwissenschaftlicher Forschung sind immer Menschen, Subjekte. Die von der Forschungsfrage betroffenen Subjekte müssen Ausgangspunkt und Ziel der Untersuchungen sein« (Mayring 1999, 9).

Qualitative Forschung hat den Anspruch, Lebenswelten aus der Sicht der Befragten zu beschreiben und somit zu einem besseren Verständnis sozialer Wirklichkeiten beizutragen, indem sie auf Abläufe, Deutungsmuster und Strukturmerkmale aufmerksam macht. Über die Darstellung der Probandinnen hinaus müssen Interpretationen des Datenmaterials gegeben werden:

»Der Untersuchungsgegenstand der Humanwissenschaften liegt nie völlig offen, er muss immer auch durch Interpretationen erschlossen werden« (Mayring 1999, 11).

In ihrer Zielsetzung ist qualitative Forschung eine entdeckende Wissenschaft. An die Entdeckung des Neuen in den Daten schließt sich häufig die Entwicklung von Theorien aus der Empirie als übergeordnetes Ziel qualitativer Forschung an (vgl. Flick 2004, 24).

Qualitative Forschung erhebt nicht per se den Anspruch auf Verallgemeinerbarkeit, sondern will sie im Einzelfall schrittweise begründet sehen:

»Bei der Verallgemeinerung der Ergebnisse humanwissenschaftlicher Forschung muss explizit, argumentativ abgesichert begründet werden, welche Ergebnisse auf welche Situationen, Bereiche, Zeiten hin generalisiert werden können (Mayring 1999, 23).

Das hier gewählte Forschungsdesign der Einzelfallanalyse erstreckt sich auf die Komplexität des ganzen Falles, die Zusammenhänge der Funktions- und Lebensbereiche in der Ganzheit der Person und den historischen, lebensgeschichtlichen Hintergrund (vgl. Mayring 1999, 28), gemäß dem qualitativen Paradigma,

»...den Objektbereich (Mensch) in seinem konkreten Kontext und seiner Individualität zu verstehen« (Lamnek 1988, 204).

Der Gegenstand einer Fallanalyse kann auch ein komplexeres soziales System sein, wie es in den Generationenportraits dieser Arbeit dargestellt wird, die auf der Grundlage von Interviews mit drei oder mehr Frauen einer Familie entstanden.

4.1. Erhebungsmethoden

Leitmotiv für die Auswahl der Erhebungsmethoden war der Anspruch, eine Vergleichbarkeit der Daten durch die Vorgabe von Themen bei gleichzeitiger Offenheit für die jeweiligen, darauf bezogenen Sichtweisen zu gewährleisten. Ebenso wichtig war mir, Methoden anzuwenden, durch die sich die Probandinnen persönlich angesprochen fühlten und die so zu einer entspannten Atmosphäre beitrugen. Neben den im folgenden dargestellten Erhebungsmethoden war es von großer Bedeutung, während des Interviews und meist schon längere Zeit im voraus ein tragfähiges Vertrauensverhältnis aufzubauen, auf die Befürchtungen der Probandinnen in Bezug auf die Interviewsituation einzugehen und

Transparenz bezüglich meines Forschungsprojektes und der Gesprächssituation im Besonderen zu schaffen.

4.1.1. Lebenslinientechnik oder Lebenskurve

Zur Verdichtung der biographischen Daten wurden zu Beginn des Interviews von den Teilnehmerinnen Diagramme mit Hoch- und Tiefpunkten ihrer Lebenskurve gezeichnet, welche im Interview genauer und im Hinblick auf die problemzentrierte Fragestellung exploriert werden (Ruhe 2003, 26). Der Einsatz dieser biographischen Methode zu Beginn der Untersuchung erlaubt einen bildhaften, nicht-sprachlichen Zugang zu bestimmten, später im Interview aufzugreifenden Inhalten, dient also sowohl einer Einstimmung als auch einer Ergänzung des Interviews.

4.1.2. Problemzentriertes Interview

Die Erhebungsmethode des problemzentrierten Interviews (Witzel 1985) basiert auf einem offenen, halbstrukturierten Interview-Leitfaden, der aus Fragen und Erzählanreizen besteht und biographische Informationen mit Hinblick auf ein bestimmtes Problem thematisiert. Das problemzentrierte Interview setzt sich zusammen aus dem Gesprächseinstieg, allgemeinen und spezifischen Sondierungsfragen, Leitfadenfragen und Ad-hoc-Fragen.

Der Gesprächseinstieg der jeweiligen Erhebung war gekennzeichnet durch die Angabe des Problemfeldes bzw. Themenfeldes des Interviews, was hier durch die Aufforderung zur Zeichnung der Lebenslinie und der anschließenden Bitte, den Lebensverlauf mit seinen Höhe- und Tiefpunkten genauer zu beschreiben, erfolgte. Diese Erzählaufforderung genügte in den meisten Fällen, die Probandinnen in einen Erzählfluss zu versetzen, auf dessen Struktur, Tempo, Dauer und Intensität ich mich mit den Teilnehmerinnen einließ. Auf Wunsch einiger Probandinnen formulierte ich während oder nach ihrer Biographieerzählung Fragen, die ihren Erzählungen eine chronologische oder inhaltliche Struktur verliehen. So trugen die Leitfadenfragen dazu bei, den *»vom Befragten selbst entwickelten Erzählstrang«* zum Tragen kommen zu lassen und gab Hilfestellung bzw. neue Erzählanreize bei *»stockendem Gespräch bzw. unergiebiger Thematik«* (Witzel 1985, 237).

Sondierungsfragen sind allgemein gehaltene Einstiegsfragen in eine Thematik, wobei eruiert werden soll, ob und welche subjektive Bedeutsamkeit das Thema für den einzelnen besitzt. Allgemeine Sondierungsfragen sollen (durch genaues Nachfragen) zusätzliches Material und weitere Details des bisher Dargestellten liefern. Spezifische Sondierungsfragen sollen das Verständnis des Interviewers durch Zurückspiegelung (Zusammenfassungen, Rückmeldungen, Interpretationen des Interviewers) des Gesagten vertiefen. Auch Verständnisfragen und Konfrontationen der Interviewpartnerin mit Widersprüchen und Ungereimtheiten dienen dem Verständnis und der Aufklärung unklarer Aussagen oder Inhalte. Gleichzeitig dienen die Techniken der Zurückspiegelung auch einer Validierung der erhobenen Informationen (s. Kap. 4.4).

Leitfadenfragen sind Themenaspekte, die als wesentlichste Fragen im Interviewleitfaden erstellt werden. Stößt man während des Interviews auf Aspekte, die im Leitfaden nicht verzeichnet sind, kann der Interviewer Ad-hoc-Fragen formulieren, wenn dies für die Thematik oder für die Erhaltung der Gesprächssituation relevant ist (vgl. Mayring 1999, 52).

Die Erhebungsmethode des problemzentrierten Interviews erlaubt, bestehende Annahmen zu überprüfen und deren Kontexte genauer zu explorieren. Durch die teilweise Standardisierung durch den Leitfaden wird die Vergleichbarkeit mehrerer Interviews erleichtert, was bei dem angestrebten zweifachen Vergleich der Aussagen – familienintern und generationenintern- von äußerster Wichtigkeit war.

Der von mir erstellte Interviewleitfaden beinhaltete folgende Themenkomplexe, auf die meist nach der ausführlichen Darstellung der jeweiligen Biographie vertiefend eingegangen wurde:

- Biographie der Probandin mit besonderem Fokus auf Hoch- und Tiefpunkte bzw. prägende Lebensphasen oder Ereignisse (die auch in der gezeichneten Lebenslinie sichtbar waren)
- Auswirkungen des Holocaust auf die Probandin wie auf die gesamte Familie
- Psychische bzw. psychosomatische Erkrankungen
- Ressourcen, Kraftquellen, Bewältigungsstrategien
- Wahl des Lebensortes
- Sicherheitsgefühl
- Selbstbild und jüdische Identität
- Weiblichkeit und Mutterschaft
- Versöhnung – Vergebung
- Wiedergutmachung
- Israel

Den Verlauf des Interviews überließ ich zum großen Teil – bis auf kurze Nachfragen oder um zum Thema zurückzuführen – der jeweiligen Interview-Partnerin.

Besonders bei den Interviews mit den Frauen der ersten Generation war es unbedingt notwendig, ihnen die Kontrolle über das Gespräch – die Geschwindigkeit, die Auswahl der berichteten, mitunter traumatischen Sequenzen, die Tiefe und die Dauer – zu überlassen und mich mit ihnen auf ihren Erinnerungs- und Erzählprozess einzulassen. Die von mir für das Erleben der Holocaust-Überlebenden neben der ohnehin schon schmerzvollen Auseinandersetzung und Verbalisierung der Vergangenheit als zusätzlich schwierig antizipierte Situation, einer nichtjüdischen Deutschen über ihre Verfolgungserfahrungen während des Dritten Reiches zu berichten, versuchte ich zu mildern, indem ich bemüht war, bereits vor dem persönlichen Treffen durch Schriftverkehr oder Telefonanrufe Vertrauen aufzubauen. Vor den (auf Tonband aufgezeichneten) Interviews bot ich den Teilnehmerinnen an, zunächst einmal mich zu »interviewen«, um noch mehr Vertrauen herzustellen und eventuelle Hierarchieempfindungen zwischen Probandin und Untersucherin abzubauen. Die meisten Probandinnen (der ersten Generation) verschoben ihre an mich gerichteten Fragen jedoch auf das Ende des Interviews und wollten recht bald nach meinem Eintreffen mit dem Interview beginnen, auf das sie sich in Gedanken seit ihrer Teilnahmezusage vorbereitet hatten. Das mir entgegengebrachte Vertrauen (und die Offenheit) meiner Gesprächspartnerinnen der ersten Generation spricht für die Reliabilität der häufig getroffenen Äußerung, Misstrauen und Abneigung zwar gegen Deutsche ihres eigenen Alters zu empfinden, da sie in ihnen die ehemaligen Täter verkörpert sehen, nicht jedoch gegen Deutsche der nachfolgenden Generationen.

4.1.3. Das Genogramm

Das Genogramm, eine skizzenhafte Visualisierung der Familiengeschichte über die drei Generationen, wird eingesetzt, um Hinweise auf komplexe, mitunter nicht erwähnte familiäre und generationsübergreifende Aspekte in differenzierter graphischer Darstellung zu erhalten (vgl. McGoldrick & Gerson 1990).

Eine, zwei oder im Idealfall die drei Frauen einer Familie gemeinsam wurden gebeten, ein (mindestens) drei Generationen umfassendes Schaubild ihrer Familie anzufertigen. Für die meisten Familien fertigte ich das Genogramm nach Abschluss der Interviews mithilfe der mir zugänglichen Informationen aus den Interviews jedoch selbst an, da ich den Probandinnen die intensive und erneute Beschäftigung mit der familiären Vergangenheit, die eine zeitliche und emotionale Überforderung bedeutet hätte, nicht zumuten wollte.

Durch das Hinzuziehen der Genogramme war es mir möglich, auch die Schicksale der nicht interviewten Familienmitglieder zumindest bruchstückhaft nachzuvollziehen. Die graphische Darstellung der Familiengeschichte erleichterte die Orientierung bei der Aufarbeitung des biographischen Materials und half, die Einzelbiographien im Zusammenhang mit ihrer gesamten Familie (und wichtigen familiären und gesellschaftlichen Ereignissen) zu interpretieren.

4.2. Aufbereitungsmethode

Vor der Datenauswertung bzw. Interpretation müssen die bei der Datenerhebung entstandenen Informationen dokumentiert und aufbereitet werden. Der Forderung nach kontextueller Anreicherung von Aussagen bzw. Handlungsweisen (vgl. Flick 2000, 186) wurde durch die den Einzelfallanalysen und Familienportraits vorangestellte Beschreibung der Rahmenbedingungen und des Interviewverlaufs Rechnung getragen. Der Prozess der Fixierung der erhobenen Daten besteht neben der Aufzeichnung der Daten und ihrer Aufbereitung (Transkription) laut Flick (2000) auch aus:

»... der Konstruktion einer »neuen« Realität im und durch den erstellten Text. Insgesamt betrachtet ist dieser Prozess ein wesentliches Merkmal der Konstruktion von Wirklichkeit im Forschungsprozeß« (Flick 2000, 186).

Wörtliche Transkription

Die Gespräche wurden mit dem Einverständnis meiner Gesprächsteilnehmerinnen auf Tonband aufgenommen und anschließend wörtlich (vollständig) transkribiert. Die für die Fallanalysen ausgewählten Zitate der Interviews wurden unverändert übernommen. Informationen über die Interviewsituation sind an entsprechender Stelle schriftlich in eckigen Klammern festgehalten, um auf Pausen, Betonungen, Gestik und

Mimik sowie auf emotionale Äußerungen (wie z. B. [weint] oder [lacht]) hinzuweisen. Auf diese Art wird neben den Aussagen der Probandinnen auch der sprachliche und der atmosphärische Kontext der Zitate so authentisch wie möglich übermittelt.

Inhaltlich erklärende Anmerkungen der Autorin sind ebenfalls in eckige Klammern gefasst. Der Auswertung lagen Transkriptionen im Umfang von ca. 1200 Seiten zugrunde.

4.3. Auswertungsmethoden

Thematisches Kodieren und Qualitative Inhaltsanalyse

Das Verfahren des Thematischen Kodierens ist in Anlehnung an Strauss (1991) für vergleichende Studien mit aus der Fragestellung abgeleiteten, vorab festgelegten Gruppen entwickelt worden (Flick 2000, 206). Thematisches Kodieren beinhaltet einen mehrstufigen Prozess: Zunächst werden die Interviews zu Einzelfallanalysen aufbereitet, anschließend werden die drei (oder mehr) Einzelfallanalysen einer Familie einer sogenannten System- oder Familienanalyse unterzogen. In dem letzten (Auswertungs)-Schritt finden ein Vergleich der Familien und ein generationsinterner Vergleich statt auf der Basis der jeweiligen Einzelfallanalysen.

In einem ersten Auswertungsschritt werden die jeweiligen biographischen Daten und Informationen einer Gesprächspartnerin zu einem fortlaufenden Text[1] zusammengefügt, um den individuellen Lebensweg, eingebettet in die historischen und gesellschaftlichen Umstände, nachvollziehen zu können. In einem weiteren Analyseverfahren werden inhaltliche Kategorien, die sich aus dem Interviewtranskript extrahieren lassen, gebildet, ausformuliert und durch Zitate belegt. Hierbei werden Techniken der qualitativen Inhaltsanalyse angewendet, durch die das Material reduziert, zusammengefasst und durch Heranziehen von Kontextmaterial besser verständlich wird (vgl. Flick 2000, 214).

Die Kategorienbildung ergibt sich einerseits durch die Struktur des problemzentrierten Interviews und andererseits durch die Betrachtung

1 Zu finden unter: »Biographischer und historischer Hintergrund« der jeweiligen Fallanalyse.

und Aufnahme der individuellen Themen, Motive und Schwerpunkte der Einzelinterviews. Die auf diese Art entwickelten thematischen Strukturen dienen letztendlich der Vergleichbarkeit der unterschiedlichen Daten innerhalb einer Familie sowie dem Gesamtvergleich der Generationen.

Im Rahmen der Familienanalyse bzw. der für einige Familien gewählten Kurzform der Familienportraits finden psychologische Interpretationen der Autorin statt, die mitunter über den Bedeutungshorizont der von den Probandinnen getroffenen Aussagen hinausgehen.

Aus Platzgründen variiert die Länge der Darstellung der einzelnen Familien. Drei Familien werden exemplarisch in der oben beschriebenen Art vollständig dargestellt. Bei den übrigen sechs Familien wurde auf die ausführliche Darstellung der Einzelinterviews (Biographischer und geschichtlicher Hintergrund; vertiefende Inhaltsanalyse) verzichtet und der Fokus auf die Systemanalyse gerichtet. Diese Familien werden im Rahmen eines Familienportraits gekürzt vorgestellt. Allen Darstellungsformen liegen jedoch dieselben Erhebungs- wie auch Auswertungsschritte zugrunde.

4.4. Gütekriterien qualitativer Forschung

Das Thema der Gütekriterien qualitativer Forschung wird unterschiedlich diskutiert. Es lassen sich drei Grundpositionen zur Bewertung qualitativer Forschung ausmachen, die hier kurz dargestellt werden.

1) Die Übertragung von Kriterien der quantitativen Forschung auf qualitative Forschung

Klassische, zentrale Kriterien wie Objektivität, Validität und Reliabilität aus der experimentell-statistischen, der hypothesenprüfenden Forschung und aus der Psychometrie (Tests, Fragebögen, Skalen, etc.) sollen in der qualitativen Forschung (reformuliert und operationalisiert) angewendet werden (vgl. Flick 2000; Steinke 2004).

2) Die Entwicklung neuer, »methodenangemessener« Gütekriterien

Aufgrund der Zweifel an der Übertragbarkeit quantitativer Kriterien auf qualitative Forschung werden in dieser Position die wissenschaftstheoretischen, methodologischen und methodischen Besonderheiten qualitativer Forschung als Ausgangspunkt für die Formulierung geeigneter Kriterien genommen. Hierzu zählen u.a. die Kommunikative Validierung, die Triangulation und die Validierung der Interviewsituation, die in den Kapiteln 4.4.3 bis 4.4.5 näher ausgeführt werden.

3) Ablehnung von Gütekriterien

Vertreter dieser dritten Position sprechen sich generell gegen die Formulierung von Gütekriterien für qualitative Forschung aus.

In der Überzeugung, dass qualitative Forschung nicht ohne Bewertungskriterien auskommt, allerdings eine Übertragung von quantitativen Kriterien nicht geeignet ist, schließe ich mich den Vertretern der oben vorgestellten zweiten Position an, die eine Entwicklung eigener Gütekriterien fordert. Diese Auffassung begründet sich wie folgt: Da sich quantitative von qualitativen Methoden und deren theoretischem Hintergrund grundlegend unterscheiden, ist auch eine Übertragung der Gütekriterien nicht angemessen. Ohne Gütekriterien allerdings läuft die qualitative Forschung Gefahr, wegen Beliebigkeit und Willkürlichkeit kritisiert und disqualifiziert zu werden. Ergo müssen Maßstäbe eingesetzt werden, die zu Vorgehen und Ziel der qualitativen Analyse passen. Im Folgenden werden Gütekriterien, an denen sich die vorliegende Arbeit orientiert hat, dargestellt und diskutiert. Die Stellungnahme zur Erfüllbarkeit der Gütekriterien für die vorliegende Fragestellung erfolgt anschließend.

4.4.1. Intersubjektive Nachvollziehbarkeit

Eine identische Replikation wie sie für quantitative Studien gefordert wird, kann es in der qualitativen Forschung nicht geben, der Anspruch auf intersubjektive *Überprüfbarkeit* kann dementsprechend nicht erhoben werden. Sehr wohl aber kann qualitative Forschung eine intersubjektive *Nachvollziehbarkeit* gewährleisten, indem:

- die Dokumentation des Forschungsprozesses nachvollziehbar geschildert wird;
- die erhobenen Daten einer qualitativen Untersuchung innerhalb von Gruppen reflektiert und interpretiert werden;
- kodifizierte Verfahren wie z.B. die Inhaltsanalyse nach Mayring

(2002) angewendet werden, so dass der Leser über Informationen verfügt, die die Kontrolle und den Nachvollzug der Untersuchung erleichtern.

Da die Erhebung und Auswertung der vorliegenden Arbeit von einer Einzelperson durchgeführt wurde und keine weiteren personellen Ressourcen zur Verfügung standen, also nicht im Rahmen einer Gruppe geforscht wurde, wird an dieser Stelle nur auf die für die intersubjektive Nachvollziehbarkeit zentrale Technik der Dokumentation des Forschungsprozesses eingegangen.[2]

Zur Dokumentation des Forschungsprozesses gehört die genaue Beschreibung der Erhebungsmethoden und des Erhebungskontextes, der Auswertungsmethoden und der darin eingeflossenen Zitate der Untersuchten sowie aller Informationsquellen. Im Falle dieser Arbeit wurden neben den Interviewaussagen der Gesprächsteilnehmerinnen auch Informationen aus historischen Quellen, die für das Verständnis des jeweiligen Falles von Bedeutung waren, hinzugezogen und als solche gekennzeichnet. Durch diese Transparenz bezüglich der einzelnen Schritte des Forschungsprozesses wird es möglich, die Untersuchung genau zu verfolgen und den Forschungsprozess und die daraus hervorgehenden Ergebnisse zu bewerten. Der jeweils einmaligen Dynamik zwischen Gegenstand, Fragestellung und methodischem Konzept wird somit Rechnung getragen (vgl. Mayring 1999; Steinke 2004; Terhart 1995).

4.4.2. Indikation des Forschungsprozesses

Unter dieses Kriterium fällt die Bewertung, ob das qualitative Vorgehen in dem gesamten Forschungsprozess (einschließlich der Erhebungs- und Auswertungsmethoden, der Forschungsfrage und des ausgewählten Untersuchungsgegenstandes und der zugrunde liegenden Bewertungskriterien) angemessen ist.

Gegenstandsangemessenheit ist Leitgedanke jeglicher Forschung. Qualitative Forschung setzt dabei an konkreten sozialen Problemen an, will für die Betroffenen forschen und dabei ein offenes, gleichberechtigtes Verhältnis zwischen Forscher und ProbandInnen herstellen. Durch

2 Für weiterführende Literatur zu kodifizierten Verfahren verweise ich auf Flick (2004).

diese Interessenannäherung soll im Forschungsprozess eine größtmögliche Nähe zum Gegenstand erreicht werden (vgl. Flick 1987; Mayring 1999).

4.4.3. Empirische Verankerung

Sowohl die Bildung als auch die Überprüfung von Hypothesen bzw. Theorien sollte in der qualitativen Forschung empirisch, d.h. in den Daten begründet sein. Es sollte die Möglichkeit bestehen, Neues zu entdecken und theoretische Vorannahmen des Forschers in Frage zu stellen. Die empirische Verankerung wird durch die Verwendung kodifizierter Verfahren gewährleistet. Nicht nur theoriestützende Textbelege sondern auch Abweichungen von zunächst formulierten Hypothesen oder Theorien sollten im Forschungsprozess dargestellt werden.

Die Validität, d.h. die Frage, ob *»der Forscher sieht, was er (…) zu sehen meint«* (Kirk & Miller 1986, 21) kann durch das Verfahren der Kommunikativen Validierung gesichert werden. Den Untersuchten werden die Auswertungsergebnisse ihrer Untersuchung vorgelegt und von ihnen hinsichtlich ihrer Gültigkeit bewertet (Kvale 1995; Terhart 1981, 1985). Somit ermöglicht die Kommunikative Validierung eine Rückbindung an die Untersuchten, die in ihrer Kompetenz als »Experten« der zu untersuchenden Fragestellung in einen die entwickelten Theorien überprüfenden Dialog mit einbezogen werden. Die Kommunikative Validierung sollte nicht das einzige, ausschließliche Kriterium der Bewertung sein, da der Analyse sonst über die subjektiven Bedeutungsstrukturen der Probandinnen hinaus jedwede Gültigkeit abgesprochen werden würde. Die Interpretation des Materials sollte aber auch über die Mythen, Stereotype und Ideologien der Gesprächspartnerinnen hinaus und eventuell davon abweichendstattfinden (vgl. Mayring 1999). Laut Steinke (2004) ist die Kommunikative Validierung z.B. unangemessen, wenn die generierte Theorie jenseits der Zustimmungsfähigkeit der untersuchten Personen liegt, wie es z.B. bei dem Auswertungsverfahren der Objektiven Hermeneutik, die objektive Bedeutungen jenseits einer subjektiv-intentionalen Ebene rekonstruiert, der Fall ist (Steinke 2004, 329).

4.4.4. Triangulation

Bei der Triangulation handelt es sich um eine Strategie, die für die Beantwortung einer Fragestellung unterschiedliche Lösungswege verfolgt und integriert. Durch den Einsatz komplementärer Methoden, Theorien, Daten oder Forscher in einer Untersuchung sollen Mängel der Untersuchung kompensiert werden.

4.4.5. Validierung der Interviewsituation

Im Rahmen der Validierung der Interviewsituation werden Interviews und ihr Verlauf auf die Qualität des Arbeitsbündnisses zwischen Forscher/in und Proband/in analysiert. Es wird davon ausgegangen, dass die Aufrichtigkeit der untersuchten Person abhängig ist von dem Grad der Offenheit, dem Vertrauen, der Arbeitsbereitschaft und einem möglichst geringen Machtgefälle zwischen Forscher und Informant (vgl. Flick 2004, 320).

4.4.6. Limitation

Die Grenzen des Geltungsbereichs, d.h. der Verallgemeinerbarkeit einer entwickelten Theorie sollen festgestellt und diskutiert werden. Eine hilfreiche Technik zur Limitation stellt z.B. die Fallkontrastierung dar. Bei der Fallkontrastierung werden im Verhältnis zur Theorie maximal und minimal divergierende Fälle ausgesucht und analysiert. Auf diese Weise lassen sich Element, Ursachen, Bedingungen etc. feststellen, die gleichartige Fälle miteinander teilen und die für die Theorieerstellung relevant sind.

4.4.7. Relevanz

Dieses Kriterium soll den pragmatischen Nutzen der Forschung und der sich daraus generierten Theorie untersuchen: Beinhaltet die Theorie Erklärungen für das untersuchte Phänomen und kann die Theorie zur Lösung anstehender Probleme beitragen? Sind die Ergebnisse der Forschung verallgemeinerbar?

4.4.8. Reflektierte Subjektivität

Dieses Kriterium beschäftigt sich mit der Rolle des Forschers als Subjekt (individuelle Forschungsinteressen, theoretische und praktische Erfahrungen mit dem Gegenstandsbereich) und den darauf zurückzuführenden Auswirkungen auf den Forschungsprozess (vgl. Steinke 2004, 331ff.)

In der qualitativen Forschung wird die Reflexivität des Forschers über sein Handeln und seine Wahrnehmungen im untersuchten Feld als ein wesentlicher Teil der Erkenntnis und nicht als eine zu kontrollierende bzw. auszuschaltende Störquelle verstanden (vgl. Flick 2004, 23).

4.5. Diskussion der Gütekriterien und deren Anwendbarkeit auf die vorliegende Studie

Für die Bewertung einer Studie ist die Anwendung von nur einem oder zwei der bereits dargestellten Kriterien nicht ausreichend. Erst unter Berücksichtigung mehrerer Gütekriterien sollte eine abschließende Bewertung des Forschungsprozesses und der Frage, ob das »bestmögliche« Ergebnis erzielt wurde, vorgenommen werden.

Die Entscheidung, ein qualitatives Forschungsdesign für die Untersuchung der Auswirkungen des Holocaust auf Jüdinnen dreier Generationen zu wählen, schien mir die bestmögliche Annäherung an den Gegenstand. Die Ansprache und die Gewinnung der Probandinnen sowie deren Teilnahme an der Untersuchung wäre meines Erachtens ohne meine bzw. eine persönliche Begleitung bei der Auseinandersetzung mit den für die Probandinnen schmerzvollen Themen nicht erfolgreich gewesen. Die vorliegende Untersuchung lebt/e durch den persönlichen Kontakt und die Vertrauensbasis zwischen Untersucherin und Untersuchten, aufgrund derer die Validierung der Interviewsituation als gesichert angesehen werden kann. Auch sollte die Fülle des emotionalen Ausdrucks und Facettenreichtums der einzelnen Persönlichkeiten nicht durch eine standardisierte Informationsaufnahme, wie es z.B. bei dem Einsatz von Testverfahren der Fall gewesen wäre, eingeschränkt werden.

Ich erhielt von allen Probandinnen die Erlaubnis, ihre Interviews und die daraus abgeleiteten Analysen zu veröffentlichen. Ein weiteres Indiz für die Erfüllung des Kriteriums der Validierung der Interviewsituation ist in dem Umstand zu sehen, dass alle Teilnehmerinnen mit der Nennung ihres vollständigen Namens einverstanden gewesen wären. Aufgrund des mitunter sehr intimen Interviewmaterials und um die Probandinnen in ihrer Privatsphäre zu schützen, stand es für mich jedoch außer Frage, alle Namen zu anonymisieren.

Mein Anliegen war, die Befragten zu Wort kommen zu lassen, sie ihre Erinnerungen, Gefühle und Gedanken schildern zu lassen und diesen Antwortprozess nicht auf das Reagieren auf vorgegebene (ankreuzbare) Kategorien zu reduzieren.

Mit der Wahl des Problemzentrierten Interviews als Erhebungsmethode und der qualitativen Inhaltsanalyse als Auswertungsmethode wurden kodifizierte Verfahren gewählt, die das Kriterium der intersubjektiven Nachvollziehbarkeit erfüllen; der Forschungsprozess erhält damit zudem eine empirische Verankerung. Durch die Anwendung von mehreren unterschiedlichen Erhebungsmethoden wie auch durch das Hinzuziehen historischer Quellen und Literatur bei der Auswertung der Daten ist das Kriterium der Triangulierung erfüllt. Um eine intersubjektive Nachvollziehbarkeit zu gewährleisten und die einzelnen Schritte dieses einmaligen Prozesses für ein externes Publikum nachvollziehbar zu machen, wird der Forschungsprozess differenziert dargestellt. Wenn auch die vorliegende Forschung nicht in einer Gruppe angelegt war, fanden in regelmäßigen Abständen Kollegengespräche und Fallsupervisionen im Rahmen eines Doktorandenkolloquiums und verschiedener Arbeitsgruppen statt.[3]

Eine erste Kommunikative Validierung fand bereits während der Erhebungssituation statt, indem die Aussagen der Probandinnen während des Interviews zusammengefasst und zurückgespiegelt wurden und deren Zustimmung erfuhren. Auf eine abschließende Kommunikative Validierung der Falldarstellungen musste aus folgenden Gründen verzichtet werden[4]: Ich befürchtete, dass die Konfrontation mit der eigenen Lebensgeschichte »schwarz auf weiß« für einige Probandinnen der ersten Generation zu belastend oder sogar re-traumatisierend sein könnte, gerade in den Fällen, in denen die bevorzugten »Verarbeitungs-

3 Zu nennen sind die Kolleginnen Dipl.-Psych. Sabine Bohn; Dipl.-Psych. Isabel Corvacho; Dipl.-Psych. Katherine Fech; Dr. phil Marita Fritz; Dipl.-Psych. Niels von Quakebeke. Besonderer Dank gilt an dieser Stelle auch Dr. Dorothee Wienand-Kranz vom Fachbereich Psychologie der Universität Hamburg.

4 Grundsätzlich halte ich die Rückversicherung der Validität der ausgewerteten Daten von Seiten der Interviewten für sinnvoll, da sie die Untersuchten erneut in die Forschung mit einbezieht und hierarchischen Machtstrukturen zwischen ForscherIn und Forschungsgegenstand entgegenwirkt.

mechanismen« auf Verdrängung und Schweigen über die Vergangenheit beruhten. Während der Interviews war es besonders bei diesen Probandinnen äußerst wichtig, ihr Schweigen und ihre Sprachlosigkeit anzunehmen und mit ihnen gemeinsam auszuhalten, und sie gleichzeitig mit aller Vorsichtigkeit dazu zu bewegen, über ihr Leben zu sprechen und sich auf die Gratwanderung zwischen Erinnern und Verdrängen, Erzählen und Schweigen einzulassen.

Um einen Schutz vor der Überflutung durch traumatische Erinnerungen zu gewährleisten, entschied ich mich, den Probandinnen ihre eigene Geschichte nicht isoliert, sondern als Teil ihrer Familiengeschichte und im Kontext der Gesamtgeschichte anzubieten in der Hoffnung, dass die Auseinandersetzung im Hinblick auf die Generationenabfolge und den Vergleich mit anderen Lebensgeschichten so weniger schmerzhaft und bedrohlich ist. Auch die Frauen der zweiten und dritten Generation waren mit meinem Vorschlag, ihnen meine Interpretation ihrer individuellen wie auch ihrer Familiengeschichte erst nach Abschluss der gesamten Arbeit zugänglich zu machen, einverstanden und so bekam jede interviewte Familie ein Exemplar der vollständigen Arbeit.

Repräsentativität

Die Frauen, die sich zu Gesprächen bereit erklärten, sind eine nichtklinische, selbst-selektierte Stichprobe von jüdischen Frauen, die sich auf Zeitungsannoncen, Aushänge in jüdischen Gemeinden und Altersheimen oder auf Internetaufrufe meldeten (siehe Kapitel 5.3) und nicht – wie vielfach in der Holocaust-Forschung üblich – durch einen klinischen Kontext rekrutiert wurden.[5]

Es stellt sich die Frage, ob die Teilnahme an der vorliegenden Untersuchung für die Probandinnen der ersten Generation bzw. »gesamt-

5 Vielfach übernahmen die Frauen der zweiten Generation die zentrale Rolle, ihre Mütter und ihre Töchter zu überzeugen, an dieser Untersuchung teilzunehmen. Die zweite Generation schien besonders daran interessiert, für Gespräche zur Verfügung zu stehen, vermutlich, um die Aufarbeitung der familiären Vergangenheit voranzutreiben. Durch das Hinzuziehen einer außenstehenden Person, die ein Gesprächsangebot sowie eine Niederschrift der familiären Geschichte in Aussicht stellte, konnte einerseits die belastende direkte familiäre Interaktion mit den traumatischen Erinnerungen der ersten Generation vermieden werden und andererseits dennoch ein Zugang und eine indirekte, distanziertere Form der Auseinandersetzung gefunden werden, die dem Schutzbedürfnis aller Beteiligten diente.

familiär« als Hinweis auf eine höhere Bewältigungsleistung angesehen werden kann im Vergleich zu Personen, die eine Teilnahme ablehnten (vgl. Hansen 1999; Janoff-Bulman 1992). Auch wenn dies der Fall sein sollte, kann diese Arbeit dazu beitragen, die Repräsentativität der Holocaust-Forschung, die meist auf klinischen Studien oder therapeutischen Falldarstellungen beruht, zu erhöhen.[6]

Die Anzahl der interviewten Probandinnen ist zu gering, um einen Anspruch auf Allgemeingültigkeit zu erheben. Da sich die Ergebnisse, die im Rahmen des systematischen Vergleichs (Kapitel 7) dargestellt wurden, jedoch in den allgemeinen derzeitigen Forschungsstand plausibel einordnen lassen, ist davon auszugehen, dass sich die Ergebnisse dieser Arbeit auch nach einer Überprüfung durch größer angelegte Forschungsprojekte als gültig erweisen.

6 Vor allen Dingen die Forschung über die erste Generation bzw. über die Extremtraumatisierung durch die nationalsozialistische Massenvernichtung basiert zu großen Teilen auf der Begutachtungspraxis im Rahmen der bundesdeutschen Entschädigungsgesetzgebung.

5. Verlauf der Untersuchung

Die empirische Untersuchung wurde über einen Zeitraum von ca. zwei Jahren (Juni 2003 bis September 2005) durchgeführt. Zu Erhebungszwecken wurden Reisen innerhalb Europas, der Vereinigten Staaten von Amerika und Israels unternommen, um die Interviews an den Wohnorten der Probandinnen durchzuführen.

5.1. Pretest

Vor dem Beginn der hier vorliegenden Erhebung fanden Probe-Interviews mit drei Frauen (Großmutter, Tochter und Enkeltochter) einer nichtjüdischen Familie statt, deren Biographien durch Emigrationsproblematiken gekennzeichnet waren. Die Interviews wurden durchgeführt, um den von mir erstellten Leitfaden zu testen, zu modifizieren und um eine optimale Vorbereitung auf die Interviews mit den Probandinnen der vorliegenden Arbeit zu gewährleisten.

5.2. Beschreibung der Stichprobe

Die dieser Arbeit zugrundeliegende Befragung von ausschließlich weiblichen jüdischen Probandinnen ergab sich aus der Vermutung, dass die Erforschung gesellschaftlicher und familiärer Tradierungen geschlechtsspezifischen Unterschieden unterworfen sein könnte. Studien über weibliche Sozialisationseffekte belegen die besondere familiäre Rolle von Frauen, die für die Transmission von Emotionen, Beziehungsmustern und ebenfalls für Traumata als aufnehmende wie auch als weitergebende Medien von entscheidender Bedeutung sind [1] (vgl. Chodorow 1978; Delsing 2004; Jordan et al. 1991; Vogel 1994). So gilt dieser Studie das spezifisch weibliche Erleben des Holocaust als Ausgangspunkt und der individuelle und transgenerationale familiäre Umgang mit der Verfolgungsvergangenheit wird dementsprechend aus der Sicht der weiblichen Nachkommen der Holocaust-Überlebenden untersucht.

Um eine Vergleichbarkeit der Teilnehmerinnen und der Forschungs-Ergebnisse zu gewährleisten und um eine eventuelle Differenz zwischen innerfamiliären und gesellschaftlichen Tradierungsprozessen ermitteln zu können, wurden die Probandinnen nach bestimmten feststehenden Kriterien ausgewählt:

- die Großmutter lebte während der NS-Zeit in Europa, war also unmittelbar vom Holocaust bedroht;
- die Tochter wurde nach 1945 geboren (klare Abgrenzung von erster und zweiter Generation nach der Zeitrechnung des Holocaust);
- die Enkeltochter ist mindestens 20 Jahre alt.

Insgesamt nahmen 35 jüdische Frauen aus elf Familien an der Untersuchung teil, von denen 32 Interviews von neun Familien in den Einzelfallanalysen und Familienportraits im empirischen Teil in Kapitel 6 dieser Arbeit nachzuvollziehen sind. Ein Interview mit einer deutschen Holocaust-Überlebenden konnte nicht in die Auswertung der Arbeit mit einbezogen werden, da es mir unmöglich war, ihre Tochter und Enkeltöchter in Israel zu erreichen und der Kontakt zwischen Mutter und Tochter beeinträchtigt zu sein schien. Zwei Interviews von der Tochter und Enkeltochter einer in den USA lebenden polnischen Holocaust-Überlebenden konnten ebenfalls nicht in die Auswertung mit eingehen, da ihre Mutter bzw. Großmutter sich außerstande sah, mit einer Deutschen über ihre Vergangenheit zu sprechen.

Im Folgenden wird ein Überblick über einige *soziodemographische Daten* der Teilnehmerinnen gegeben:

Erste Generation

Die neun Probandinnen der ersten Generation wurden zwischen 1915 und 1928 geboren, waren also zu Beginn des Krieges zwischen elf und

1 Vgl. Kapitel 3.1.1. sowie Kapitel 3.4.

23 Jahre alt. Sieben der Probandinnen waren bei Ausbruch des Krieges Kinder oder Jugendliche, zwei waren bereits erwachsen. Vier der Probandinnen sind polnischer, zwei ungarischer, eine italienischer, eine holländischer und eine deutscher Herkunft. Vier der Frauen der ersten Generation überlebten den Holocaust in Arbeits- oder Konzentrationslagern, eine im Versteck in Holland, eine im Warschauer Ghetto und im anschließenden Versteck, eine im Budapester Ghetto. Die Italienerin Rosa überlebte in Italien auf der Flucht und mit falschen Papieren, die deutsche Jüdin Sarah wurde im Rahmen der Kindertransporte 1939 nach England und ein Jahr später in die USA gebracht. Heutiger Wohnsitz ist bei drei der Probandinnen Deutschland, bei jeweils einer Italien, Israel, Ungarn und die Schweiz. Zwei leben heute in den USA.

Alle neun Probandinnen waren verheiratet, sieben sind heute verwitwet, eine geschieden. Bis auf eine Probandin, Rosa, die einen italienischen Katholiken heiratete und während des Krieges zwangskonvertierte, waren alle mit jüdischen (Lands-)Männern verheiratet. Alle der Probandinnen sind Mütter von mindestens zwei und höchstens sechs Kindern.

Zweite Generation

Die zehn Probandinnen der zweiten Generation wurden zwischen 1946 und 1956 geboren. Fünf von ihnen wurden in Deutschland geboren, zwei in den USA, jeweils eine in Israel, in Italien und in Ungarn.

Heute wohnen fünf Probandinnen der zweiten Generation in Deutschland, zwei in Israel, zwei in den USA und eine in der Schweiz. Zwei der Frauen, die in Deutschland geboren wurden, verließen Deutschland im frühen Erwachsenenalter und leben heute in Israel bzw. in der Schweiz. Die zwei Frauen, die in den ursprünglichen Heimatländern ihrer Mütter bzw. Eltern geboren wurden (Ungarn und Italien), verließen die Heimat ihrer Vorfahren und wurden in Deutschland ansässig. Acht der zehn Frauen sind verheiratet, eine von ihnen zum zweiten Mal. Zwei Frauen sind geschieden und lebten zum Zeitpunkt der Erhebung unverheiratet in Partnerschaften. Sechs der Frauen der zweiten Generation waren oder sind mit jüdischen Männern verheiratet, vier (die beiden Amerikanerinnen sowie die Ungarin und die Italienerin, die beide heute in Deutschland leben) heirateten nichtjüdische Männer.

Die Frauen der zweiten Generation setzten zwischen zwei und fünf Kinder in die Welt und erzogen sie gemäß ihrer jeweiligen familiären jüdischen Prägung im jüdischen Glauben, mit jüdischen Traditionen oder mit dem Bewusstsein, jüdische Wurzeln zu haben.

Dritte Generation

Die dreizehn Probandinnen der dritten Generation wurden zwischen 1970 und 1985 geboren. Fünf von ihnen kamen in Deutschland, vier in den USA, zwei in Israel, zwei in der Schweiz zur Welt. Fünf der Frauen leben heute in den USA, drei der Frauen in Deutschland, zwei in der Schweiz, zwei in Israel und eine in Großbritannien.

Vier Probandinnen der dritten Generation sind bereits verheiratet (zwei mit Juden, zwei mit Nichtjuden), eine der Frauen ist geschieden. Die übrigen acht sind ledig, mehrere von ihnen leben unverheiratet in Partnerschaften. Zwei Frauen haben zum heutigen Zeitpunkt ein bzw. zwei Kinder, elf sind bis jetzt kinderlos. Alle sind sich einig, dass sie – unabhängig von der Konfession ihres Partners, die in den meisten Fällen nicht zwangsläufig jüdisch sein muss – ihre (vorhandenen und zukünftigen) Kinder mit den jüdischen Traditionen und im Bewusstsein, jüdisch zu sein, erziehen wollen.

5.3. Gewinnung der geeigneten Gesprächspartnerinnen

Die Probandinnen wurden folgendermaßen gewonnen:

- Vorstellung der Forschungsarbeit im Internet (www.leobaeck. org, www.fritz-bauer-institut.de, www.genshoa. org, www.juforg und vielen anderen geeigneten Organisationen)
- Ansprache von Rabbinern in Europa, den USA und Israel
- Ansprache von jüdischen Organisationen
- Ansprache von jüdischen Altersheimen
- Ansprache von US-amerikanischen Universitäten und dort lehrenden Geschichtsprofessoren
- Private Kontakte

An alle für meine Untersuchung in Frage kommenden Frauen bzw. Familien schickte ich einen vorgefertigten Brief, in dem ich meine Person, mein Forschungsprojekt und die Kriterien der gewünschten Probandinnen kurz vorstellte und sie um ihre Unterstützung bzw. Teilnahme bat. In fast allen Fällen nahmen jüdische Frauen der zweiten Generation den Kontakt zu mir auf, informierten sich über das Forschungsprojekt und überzeugten ihre Mütter und Töchter zur Teilnahme. Mehrmals sprach ich aktiv jüdische Frauen der ersten Generation an (Schriftstellerinnen, Musikerinnen, Überlebende von Konzentrationslagern), deren Familienverhältnisse leider meist nicht den von mir gewünschten Kriterien entsprachen und mit denen somit leider keine Interviews geführt werden konnten. Lediglich eine geeignete Familie ließ sich über dieses trial-and-error-Prinzip finden und zur Teilnahme überzeugen, nachdem ich einen Artikel über eine Holocaust-Überlebende in einer deutschen Tageszeitung gelesen hatte.

5.4. Ort der empirischen Erhebung

Die Interviews wurden im jeweiligen Zuhause meiner Gesprächspartnerinnen durchgeführt. Die Interviews mit den in Europa lebenden Jüdinnen fanden in Italien, der Schweiz, Großbritannien und Deutschland statt. Die Interviews mit den in Nordamerika lebenden Jüdinnen fanden in New York und in Kalifornien statt. Die israelischen Jüdinnen wurden in und nahe Tel Aviv und nahe Jerusalem interviewt. Im Idealfall konnten die Gespräche an mehreren aufeinanderfolgenden Tagen stattfinden, wenn die Frauen nahe beieinander wohnten oder die Möglichkeit bestand, die Frauen während eines Familientreffens an einem ausgewählten Ort zu interviewen.

6. Falldarstellungen und Familienportraits

Die folgenden ausführlichen Falldarstellungen und die kürzer zusammengefassten Familienportraits sind nach Ähnlichkeiten der transgenerationalen Lebensortwahl geordnet.

Zunächst werden die Familien dargestellt, deren erste Generation nach der Befreiung in Deutschland ansässig wurde (6.1. bis 6.4.). Viele ihrer Nachkommen wanderten aus Deutschland aus und leben heute in den USA, in Israel, Großbritannien und der Schweiz.

Als zweite Gruppe werden die Familien dargestellt, deren erste Generation ihre ursprünglichen Heimatländer (Deutschland, Holland, Ungarn) verließ und nach Israel oder in die USA emigrierte. Ihre Töchter und Enkeltöchter leben alle in den von ihnen gewählten Lebensorten (6.5. bis 6.7.).

Als dritte Gruppe werden die zwei Familien dargestellt, deren erste Generation nach Ende des Krieges in ihrer ursprünglichen Heimat blieb, deren Töchter jedoch nach Deutschland auswanderten (6.8. und 6.9.).

6.1. Generationenportrait A.

Erste Generation
Hannah, geb. 1927 in Polen
Überlebte den Holocaust im Wilnaer Ghetto und in zwölf Lagern
Seit 1945 in Deutschland

Zweite Generation
Erstgeborene Judith, geb. 1948 in Deutschland
1969 bis 1975 Israel

1975 bis 1995 in Deutschland
1995 bis 2002 Nordamerika
Seit 2002 zurück in Deutschland

Zweitgeborene Esther, geb. 1956 in Deutschland
Seither wohnhaft in Deutschland

Dritte Generation
Tamara, Tochter von Judith, geb. 1973 in Israel
1975 bis 1992 in Deutschland
Seit 1992 einige Jahre in London, anschließend einige Jahre in Kanada
Seit 2001 in New York, USA

Carlotta, Tochter von Esther, geb. 1984 in Deutschland
Seit 2003 in Großbritannien

6.1.1. Hannah

»Man hat uns nirgends gerne gehabt. Und jetzt hat man uns auch nicht gerne.«

VORBEMERKUNGEN

Nachdem ich mehrere Briefe an jüdische Altersheime in Deutschland verschickt hatte, meldete sich Esther, eine der Sozialarbeiterinnen eines Heimes bei mir, um mir mitzuteilen, dass sich unter den Bewohnern ihres Altersheims niemand befände, der den gewünschten Teilnahmekriterien meiner Untersuchung entsprechen würde. Erst im Verlauf unseres Gespräches wurde Esther bewusst, dass *ihre eigene* Familie passend wäre und sogar jeweils zwei Interviewpartnerinnen der zweiten und dritten Generation zur Verfügung ständen. So bat sie ihre Mutter Hannah, ihre Schwester Judith, ihre Tochter Carlotta und ihre Nichte Tamara, jeweils ein Gespräch mit mir zu führen, da sie meine Untersuchung für äußerst sinnvoll hielt.

RAHMENBEDINGUNGEN

Ich besuchte Hannah im Februar 2004 in ihrer großen Wohnung in München, die sie seit dem Auszug der Kinder und dem Tod ihres

Mannes allein bewohnt. Im schnörkellosen, hellen Esszimmer deckte sie den Tisch und bot mir Kaffee und Kuchen an.

Interviewverlauf

So zweckdienlich ihr Esszimmer eingerichtet ist, so sachlich berichtete Hannah mit rauchiger Stimme auch über ihr Leben. In kurzen knappen Sätzen antwortete sie auf meine Fragen. Lediglich einmal holte sie zu einer ausführlicheren Erzählung aus über ihre Erfahrungen in den Lagern, ansonsten entstanden keine längeren Erzählpassagen von ihr. So fragmentiert wie ihre Aussagen erschien auch das Interview. Ich scheute mich einerseits nachzufragen und ihre schlafenden Erinnerungen zu wecken und befürchtete andererseits, dass die entstehenden Pausen das Ende des Interviews bedeuten und Hannah das Gespräch aufgrund des Gefühls, alles gesagt zu haben, abbrechen und für beendet erklären könnte.

Während des zweistündigen Gespräches aß Hannah fast ununterbrochen Kuchen, den sie in kleine Stücke zerbrach und erinnerte auch mich immer wieder daran, Kaffee und Kuchen zu mir zu nehmen. Mir schien, als ob die orale Befriedigung, die für Hannah mit der Nahrungsaufnahme verbunden war, als Gegengewicht zu ihren schmerzhaften Erinnerungen wirkte.

Biographischer und geschichtlicher Hintergrund

Im Jahre 1927 wurde Hannah im polnischen Bialystok als zweite Tochter eines Bäckermeisters und seiner Frau geboren. 1929 kam Hannahs jüngerer Bruder auf die Welt. In der Familie, die in Wilna lebte, wurde ausschließlich jiddisch gesprochen, polnisch lernten die Kinder in der Schule. Das »*wunderschöne, harmonische Familienleben*« wurde jäh vom Ausbruch des Krieges unterbrochen. »*Wir haben ein geregeltes Familienleben gehabt. Es war alles schön und gut. Bis das Krieg hat ausgebrochen.*«

Nachdem Deutschland am 1. September 1939 Polen angegriffen hatte, und die polnische Armee sich nach wenigen Tagen hatte geschlagen geben müssen, musste Polen im Westen an Deutschland und im Osten an die Sowjetunion Land abtreten. Am 19. September 1939 war die Rote Armee in Wilna, der Hauptstadt Litauens einmarschiert, die seit 1920 unter polnischer Herrschaft gestanden hatte. Einige Wochen später wurde Wilna wieder den Litauern übergeben. Nur wenige Monate darauf, im Juli 1940, wurde Litauen als sowjetische Republik in die Sowjetunion eingegliedert. Die Juden in Wilna zogen sowohl die sowjetische Herrschaft als auch die litauische Regierung der deutschen Besetzung vor. Unter dem sowjetischen Regime wurden erste Einschränkungen für Juden erlassen und von den ca. 60.000 Juden, die damals in Wilna lebten, gelang nur etwa 6.500 Juden zwischen 1939 und 1941 die Flucht ins Ausland. Hannahs Familie blieb in der Stadt Wilna, die am 24. Juni 1941, zwei Tage nach dem Überfall auf die Sowjetunion, von der deutschen Wehrmacht besetzt wurde. Einige Tage später wurden eine Reihe von antijüdischen Verordnungen erlassen, wie z. B. die Kennzeichnungspflicht der Juden, nächtliche Ausgangssperren, der Ausschluss jüdischer Schüler vom Unterricht. Hannah durfte nur sechs Jahre die Schule besuchen: »*Bis 41! Bis Krieg hat ausgebrochen. Ich konnte nicht mal meine Zeugnisse abholen, war schon Krieg.*«

Im selben Jahr wurden in Wilna zwei Ghettos errichtet. Hannah, ihre Mutter und ihre Geschwister wurden wie die anderen Wilnaer Juden gezwungen, ihre Wohnung zu verlassen und ins Ghetto zu ziehen. »*Hat man uns in das Ghetto getrieben.*« Dort musste sich die Familie, die zuvor eine 4-Zimmer-Wohnung bewohnt hatte, eine Wohnung mit fast 30 Menschen teilen. Mitnehmen durften sie nur das Nötigste: »*Was war Umzug – wir haben nichts mitgenommen. Nur die paar... was man mitgenommen hat.*« Hannahs Vater war zuvor bei einer »Aktion« in Ponary[1] , einem Ort in der Nähe von Wilna ermordet worden, wie sie später erfuhr. »*Mein Papa war schon früher weggenommen von uns.*«

Die 14jährige Hannah ging im Ghetto verschiedenen Arbeiten nach, wie auch die übrigen Familienmitglieder. Bei einer der zahlreichen »Aktionen« im Ghetto, die die Deportation und Ermordung der Ghetto-Insassen zum Ziel hatten, wurde Hannahs Schwester umgebracht. »*Die Schwester ist schon umgekommen im Ghetto bei den Liquidationen. Die hab ich gar nicht mehr gesehen.*«

Hannah gelang es, sich während der mitunter tagelang dauernden Aktionen zu verstecken. Sie erinnert sich: »*Da gab es eine Kammer. Da hat man das zugemauert. Und unten hat man gemacht so eine Tür zum*

1 Ponary war ein Ort, ca. 12km von Wilna entfernt, wohin Wilnaer Juden verschleppt und ermordet wurden. Im Juli 1941 trieb das Einsatzkommando 9 mit Unterstützung von litauischen Freiwilligen, die mit den Deutschen kollaborierten, 5000 jüdische Männer aus den Straßen und Häusern zusammen und brachte sie nach Ponary, wo sie ermordet wurden. Zwischen dem 31. August und dem 3. September 1941 wurden in einer »Aktion« weitere 8000 Juden nach Ponary verschleppt und ermordet, darunter viele Mitglieder des Wilnaer Judenrats (vgl. Enzyklopädie des Holocaust 1998, 1599ff).

reinzugehen in das Versteck. Da waren wir dann glaube ich 28 Personen. Und da war ein neugeborenes Kind. Und der hat geschrieen. Hat man ihn erstickt. Ganz einfach. Das – das weiß ich alles.« 1942 wurde Hannah als eine von zehntausenden Juden aus Gebieten unter deutscher Herrschaft in verschiedene Arbeitslager nach Estland deportiert. Juden aus den litauischen Ghettos Wilna und Kowno, aus Bistritz in Siebenbürgen, dem Lager Kaiserwald in Lettland und aus Theresienstadt wurden in 20 estnische Arbeitslager verteilt, wo sie zu kriegswichtigen körperlich anstrengenden Arbeiten gezwungen wurden. Hannah wurde die folgenden drei Jahre von Lager zu Lager verschleppt: »*Da war ich in zwölf Lagern in Estland. [Leise:] Zwölf Lager. Und dann sind wir gefahren nach Stutthof, in KZ Stutthof. Von Stutthof sind wir raus zur Arbeit nach – Danzig. Und dann hat man uns von dort wieder geschleppt. Sind wir gegangen nach – in so ein Dorf, ich weiß nicht mehr, wie das heißt, das Dorf. Und dort sind wir am 12. März 1945 befreit worden. [Pause] Das war von meiner Jugendzeit.«*

Im Konzentrationslager Stutthof[2] sah sie ein letztes Mal ihren Bruder: »*Hab ihn nur über den Drahtzaun gesehen. Und dann hat er – ist gekommen nach Auschwitz.«* Ihr eigener Weg sollte ein anderer sein: »*Und mich hat man geführt von Stutthof nach Praust, nach Danzig zur Arbeit. Aber so hab ich ihn nicht mehr gesehen.«* Hannahs Mutter wurde von ihren Kindern getrennt und ebenfalls in unterschiedliche Konzentrationslager verschleppt, so dass Hannah auf sich allein gestellt war: »*Ohne meine Eltern. War schon niemand mehr da. So alle Kinder haben überlebt ohne die Eltern. Das war ganz normal damals. Haben sie gekämpft. Als Kind. Und fertig.«*

Hannah war 18 Jahre alt, als sie nach der Befreiung 1945 mit einigen anderen Überlebenden nach Wilna fuhr, um nach Verbliebenen zu

2 Stutthof: Konzentrationslager 36km östlich von Danzig. Das Lager bestand von 1939 bis 1945, von den etwa 115.000 Gefangenen kamen 65.000 ums Leben, 22.000 wurden in andere Konzentrationslager verlegt. Stutthof hatte mehrere Nebenlager in Ostpreußen und im nördlichen Polen. Die harten Haftbedingungen und die schwere Arbeit führte zum Tod vieler Gefangener, von ca. 50.000 Juden, die in nach Stutthof gebracht wurden, überlebten nur etwa 3000 die brutale Behandlung. Auch die Gefangenen der Arbeitlager in der Umgebung von Stutthof litten unter den grauenvollen Bedingungen: Von 100 jüdischen Mädchen im Zwangsarbeiterlager Gerdauen überlebten nur 3 den Krieg. Im Januar 1945 wurden die meisten Nebenlager und das Hauptlager selbst »evakuiert« und die Häftlinge wurden zu Fußmärschen in Richtung Westen gezwungen, Zehntausende kamen bei diesen Todesmärschen um. Als Stutthof am 1.Mai 1945 befreit wurde, waren nur noch einige hundert Überlebende im Lager (vgl. Enzyklopädie des Holocaust 1998, 1381ff; Gilbert 1995, 195).

suchen, »*weil man geglaubt hat, vielleicht ist noch jemand am Leben wer geblieben.*« Sie fand: »*Niemand. Nein, niemand. Niemand, niemand. [Pause] (...) Ich bin allein geblieben. Weil niemand ist am Leben mehr.*« Hannahs Mutter, außer ihr die einzige Überlebende der Familie, wanderte nach Israel aus, wo sie einige Jahre später starb.

Hannah lernte in Wilna ihren zukünftigen Mann kennen und die beiden heirateten 1946. Ihr Mann, ebenfalls Überlebender von Konzentrationslagern, war Hannah Zeit seines Lebens eine »*Vertrauensperson*«. Die ähnlichen Erfahrungen schweißten die beiden zusammen: »*Er war auch in den Lagern. Er hat das auch alles mitgemacht. (...) Und da konnten wir bisschen reden darüber. Das macht sehr viel aus.*«

Die beiden verließen Wilna und fuhren über Stettin nach Berlin, wo sie im DP-Lager Schlachtensee wohnten. Hannah und ihr Mann wollten Deutschland so schnell wie möglich verlassen und entweder in die USA oder nach Israel emigrieren. Die Auswanderungspläne scheiterten: Für die USA bekamen sie kein Visum und »*nach Israel konnte ich nicht fahren, weil ich in anderen Umständen mit der Tochter war. Und da konnten wir nicht fahren.*«

1948, kurz nach der Geburt ihrer ersten Tochter Judith, verließ die Familie Berlin, da Hannahs Mann eine Bedrohung durch die Russen fürchtete: »*Hat er gesagt, da bleiben wir nicht, wir fahren nach Bayern.*« In München richtete sich die Familie heimisch ein, die Entscheidung, in Deutschland zu bleiben, war rein pragmatischer Natur, wie Hannah betont: »*Anders ging es nicht. (...) Ich hab keine andere Wahl gehabt. Ich konnte mir doch nicht aussuchen.*« Ihr Mann, der »*sehr tüchtig war*«, hatte mittlerweile in Deutschland eine berufliche Existenz aufgebaut: »*Mein Mann hat schon Geschäft gehabt, Sie wissen, wie das ist. Hat man schon eine Wohnung gehabt, hat man gelebt, so ist das.*«

1956 wurde ihre zweite Tochter Esther in München geboren. Hannah widmete sich der Erziehung ihrer Töchter, erledigte den Haushalt und arbeitete zeitweilig auch im Geschäft ihres Mannes mit.

Direkt nach dem Ende des Krieges und in den nachfolgenden Jahren traten Hannah und ihr Mann als Zeugen in NS-Prozessen auf. Ein Prozess ist ihr in besonderer Erinnerung geblieben, der Prozess gegen den KZ-Sanitäter Erich Scharfetter, der in estnischen Konzentrationslagern Juden gequält und brutal ermordet hatte. Hannah erkannte fast vierzig Jahre später seinen Gang, das Geräusch seiner Schritte hatte sich seit ihrer KZ-Zeit in ihr Gedächtnis eingegraben. Als sie ihm im Gerichtssaal gegenüberstand und mit ansehen musste, wie seine ihn begleitende Tochter ihn liebevoll umarmte, »*da hab ich nur zwei Wörter gesagt [laut]: ›Der Mörder lebt! Und meine Eltern –‹, Und ich bin hingefallen. Das war meine Aussage. Ich konnte nicht.«*

Erich Scharfetter wurde erst im Jahre 1980 zu 18mal lebenslänglicher Freiheitsstrafe wegen der Ermordung von 18 Juden in estnischen Konzentrationslagern verurteilt. »Kirkennige, der Mann mit der Spitzhacke«, hatte *»eine Methode – eine Hacke – was man in die Bäume schlagt, das. Mit dem hat er jedem auf den Kopf geschlagen«* und seinen Opfern anschließend die Kehle durchgeschnitten, was Hannah als 16jährige im estnischen Lager Kurinea miterlebt hatte. *»Ja! Ja, so hat er gemacht.«* Dies war der letzte Prozess, an dem Hannah teilnahm: *»Ich konnte nicht mehr.«* Nur zwei Jahre später starb ihr Mann 58jährig an Krebs.

Hannah, deren Töchter mittlerweile beide in eine andere deutsche Stadt gezogen waren, blieb allein in München. Sie selbst war mehrmals infolge der Lagerhaft schwer krank: *»Ich bin 75% Invalidin. Und das ist von den Lagern.«* Als Hannah 37 Jahre alt war, musste sie sich die Gebärmutter entfernen lassen: *»Ich hab schon alles gehabt.«* Vor einigen Jahren erlitt sie einen Schlaganfall, was die Beeinträchtigung ihres Sprachzentrums zur Folge hatte. Die Auswirkungen sind für Außenstehende zwar nicht bemerkbar, für sie selbst jedoch deutlich spürbar: *»Ich merke es. Ich streng mir manchmal sehr viel an, aber – es geht. Man muss damit leben.«*

Inhaltsanalyse

Heimat und Wahl des Lebensortes

Hannahs Schwierigkeiten mit der Definition ihrer Heimat lassen sich in Anbetracht der Geschichte nachvollziehen: Als Jüdin in Polen geboren, die die polnische Sprache erst in der Schule erlernte, und deren Heimatstadt Wilna unter polnischer, litauischer, sowjetischer und deutscher Herrschaft stand, wurde Hannah als 14jährige nach Estland deportiert, wo sie drei Jahre von Konzentrationslager zu Konzentrationslager verschleppt wurde: *»In den Lagern war man nicht lange, mal zwei Monate, mal zehn Wochen, verstehen Sie, so von einem zu zweiten geschickt. Immer wieder.«* Nach Ende des Krieges kam sie mit ihrem Mann in einem DP-Lager in Deutschland unter. Den Antisemitismus ihrer ehemaligen Landsleute noch deutlich vor Augen, verspürte sie nicht den Wunsch, nach Polen zurückzukehren: *»Weil die Polen sind auch nicht viel Gold. Die Litauen und die Polen sind auch die größten Verbrecher.*

Ja. Die Polen haben gearbeitet zusammen mit den Deutschen. Und die Litauen. (...) Das war alles toll organisiert.«

Ihr Wunsch, nach Amerika oder Israel auszuwandern, ging wie bei vielen anderen auch aufgrund der restriktiven Einwanderungsbestimmungen nicht in Erfüllung und so fügte sie sich in ihr Schicksal, mit ihrem Mann und ihrer Familie in Deutschland eine Existenz aufzubauen. »*Nicht gewollt, sondern wir mussten bleiben. Anders ging es nicht.*« Bis heute schiebt sie die Gedanken nach einem anderen Leben und einer anderen Heimat beiseite: »*Wir sind da geblieben. Ob das richtig oder falsch ist, das muss man sein lassen.*«

Hannahs Heimatlosigkeit offenbart sich in den folgenden Worten: »*Heimat – ich bin nirgends zuhause. Verstehen Sie, was ich meine?*« Eine vage Vorstellung, was Heimat für sie bedeuten könnte, erschließt sich ihr bei der Erinnerung an Israel, wohin sie zu Lebzeiten ihres Mannes in seiner Begleitung einige Male gereist war, um Freunde zu treffen. »*Ich glaub, meine Heimat wär, wenn ich wäre in Israel gewesen. Hätte ich vielleicht.*« Sogleich verbannt sie diesen Gedanken wieder: »*Aber so – ich leb da, fertig.*« Sie hat sich mit ihrem Lebensort in Deutschland abgefunden und möchte dies heute nicht mehr hinterfragen: »*Mir interessiert das nicht jetzt, verstehen Sie? Früher hätte mir vielleicht mehr interessiert, jetzt interessiert es mich nicht. (...) Und da leb ich, fertig. Aus. Da sind meine Kinder geboren und da lebe ich. Das ist das.*«

Israel

Hannah hat eine »*große Beziehung*« zu Israel, es stellt für sie die symbolische Heimat dar, die sie nie hatte: »*Ich hab meinen Platz. Ich hab mein Land. Und das gibt mir ein sicheres Gefühl.*« Sie hat das Gefühl: »*Das ist MEIN Land. (...) Das bedeutet – meine Heimat.*« Sollte ihre Existenz als Jüdin jemals wieder gefährdet sein, wüsste sie: »*Dort werde ich aufgenommen. (...) Ich bin kein Fremder dort. Obwohl ich fremd bin, aber trotzdem bin ich kein Fremder. Ich hab meine Sprache. Ich kann mit jiddisch, ich kann mit polnisch reden.*«

Verhältnis zu Deutschland und Sicherheit

Hannahs Verhältnis zu Deutschland ist rein pragmatischer Natur. Sie musste mit ihrer Familie in Deutschland bleiben, weil dies der Ort war, an dem ihr Mann eine berufliche Existenz aufgebaut hatte und weil es nicht die Möglichkeit gab, in eines ihrer Wunschländer zu emigrieren. Ihre Herkunftsfamilie hatte keine Beziehung zu Deutschland oder der deutschen Kultur und die deutsche Sprache lernte sie erst nach Ende des Krieges. Sie fühlt sich als Jüdin nicht willkommen: »*Man hat uns nirgends gerne gehabt. Und jetzt hat man uns auch nicht gerne.*«

Der Umgang mit Juden in Deutschland und die Schutzmaßnahmen, die für jüdische Einrichtungen und Feste gang und gäbe sind, spiegeln ihrer Meinung nach die Andersartigkeit, die Nicht-Zugehörigkeit und die immer noch stattfindende Ausgrenzung und Bedrohung von Juden in Deutschland wider. »*Schauen Sie mal, die jüdischen Schulen sind bewacht. Wenn Sie eine Veranstaltung haben, steht die Polizei überall. Das ist auch nicht so angenehm. Gehen Sie auf ein jüdisches Konzert, ist bewacht. Ist alles bewacht. (…) Oder Feiertage in der Synagoge. Steht Polizei! Ist abgesperrt die Straße. Warum muss man absperren die Straße? Weil man Jude ist? Bei den Moslems sind die Straßen nicht abgesperrt. So ist das, na, na, man merkt schon.*« Auch der Umgang mit jüdischer Prominenz scheint ihr symptomatisch: »*Die ganze Prominenz hier, sagen wir, die Frau Knobloch, die kriegt Drohbriefe. Die kann nicht alleine gehen, keinen Schritt. Wenn sie kommt auf eine Beerdigung, kommt sie mit Bodyguard. Verstehen Sie? Ich mein, sie ist eine normale Person. Sie ist jüdische Präsidentin, was ist dabei? Und eine DEUTSCHE Jüdin.*«

Hannah selbst fühlt sich als Einzelperson nicht bedroht in Deutschland: »*Niemand belästigt mich, niemand tut mir was.*« Eine gewisse Unsicherheit in Deutschland ergibt sich aus ihren oben genannten Beobachtungen wie auch aus dem Gefühl als Jüdin: »*Man ist doch anders wie der andere. Das ist – wie gefühlsmäßig.*«

Arbeits- und Konzentrationslager

Die Erfahrungen, die Hannah in den Jahren ihrer Lagerhaft machen musste, fasst sie in schlichte Worte, die das Grauen direkt in die Gegenwart transportieren und sie hat doch das Gefühl: »*Das ist, das kann man gar nicht beschreiben, das kann man sich auch nicht vorstellen, was ich meine. Das sind wirklich Sachen, das – wenn man was erzählt, dann – ein normaler Mensch kann sich das überhaupt nicht vorstellen, dass man das überlebt.*«

Sie berichtet von den Zuständen im Konzentrationslager: »*Wir haben doch nicht gebadet und gar nicht! Wir waren doch mit Läuse und Flöhe, mit alle Geziefer, was es noch gab! (…) Keine Toiletten. Keine Waschmöglichkeit. Gar nichts, gar nichts, nichts. (…) Wenn wir gekommen sind von der Arbeit, haben wir ausgezogen die Streifenkleider. Und hat man sich hingesetzt und hat so geknackt [macht mit den Händen eine Geste]. Wir waren voll mit Läusen. Man hat sich doch nicht gewaschen, nicht – gar nicht. Gab doch nicht mal Schlüpfer. Ich weiß gar nicht, wie viel Jahr man den Schlüpfer getragen hat, das weiß ich auch nicht. Fertig. Man hat uns keine Möglichkeit dazu gegeben. Ein jeder war typhuskrank, verstehen Sie?«* Um sich vor dem Spott der Deutschen zu schützen, versuchten die Frauen, ihre kahlgeschorenen Köpfe zu bedecken: »*Ich kann mir erinnern, man hat uns die Haare geschnitten. Und da haben wir solche – Tücher gemacht auf dem Kopf. Und so haben wir das gebunden, dass wir wenigstens, wenn wir raus gingen zur Arbeit, wenn die Deutsche sind gestanden, haben die uns doch ausgelacht.*«

Die Häftlinge lebten in einem Zustand völliger Ausgeliefertheit: »*So haben sie gemacht mit uns! Wir konnten es nicht bestimmen. Sie haben gemacht mit uns, was sie wollten. Haben die Haare abgeschoren, alles. Sträflingssachen getragen. Die haben das gemacht mit uns. Wir haben gar nichts gemacht.*«

Sie waren Hunger und Kälte schutzlos ausgeliefert: »*Und keine richtige Schuhe, sondern Holzschuhe. Und wenn Schnee war, hat das alles gepappt. [Klatscht die Hände ineinander.] Auf die Schuhe. Und in Estland, es war starke Kälte, es war sehr kalt. Wir sind gegangen angezogen in Sträflingskleidung und fertig.*« Sie erinnert sich an die Winter-Märsche von Lager zu Lager: »*Man hat uns geschickt von einem Platz zum zweiten. Da sind gelegen auf den Straßen ausgelegte tote Menschen, was man die hat erschossen. Da stand die Hand raus, da lag ein Fuß raus in die Kälte.*«

Auswirkungen der Zeit in den Arbeits- und Konzentrationslagern auf ihre Persönlichkeit, ihre Weiblichkeit und ihren Glauben

Während der Lagerjahre verlor Hannah ihren Glauben: »*Wenn Sie sehen, man führt Kinder oder alte Leute in Gaskammer. An was sollen Sie noch glauben? Oder man nimmt neugeborene Kinder und man kloppt sie an einen Baum mit dem Kopf. Das haben wir alles gesehen, verstehen Sie? In so einem Moment ist der Glauben weg. (...) Haben wir nur eins gesagt: ›Dass Gott kann so was zuschauen. Und nichts machen!‹ Da glaubt man nicht. Was soll man schon glauben in so einem Moment?*«

Hoffnung und Hoffnungslosigkeit wechselten sich ab: »*Hoffnung ja, manchmal hat man schon gedacht: ›Ach, vielleicht ändert sich das, vielleicht bleiben wir am Leben. Man muss die Hoffnung nicht verlieren.‹*

Und manchmal waren Sie so resigniert, dass man an gar nichts mehr geglaubt hat. Meist ist es Ihnen so beschissen gegangen, dass man an nichts geglaubt hat. Wissen Sie, wenn Sie vier Jahre da sind, schauen Sie mal. Und Sie haben nichts zum Essen. Und nichts zum Trinken. Und sind voll mit Ungeziefer. Und jeder zweite, sehen Sie, wenn Sie liegen auf den Pritschen, DA stirbt einer, DA stirbt einer, DA liegen Sie auf einem Toten. Was können Sie schon Glauben haben? Was können Sie schon glauben im Leben? Da denken Sie schon: Der ist heute gestorben, ich werde morgen sterben. Ganz einfach.«

Ihr Überleben rechnet sie allein dem Schicksal zu: »*Das war Schicksal. Ja ganz einfach. Man hat gearbeitet. Ich hab Typhus gehabt! Ich hab das gehabt, ich hab alles gehabt im Lager.*« Einen kleinen Anteil sieht sie in ihrem Willen, zu überleben: »*Der Wille. (...) Ich hab mich immer gemeldet zur Arbeit, ich soll nicht sitzen, weil da war der Tod gleich, verstehen Sie. Ich hab alles versucht zu machen, um das Stückchen Brot zu kriegen. (...) Da mussten Sie kämpfen. Sonst hätten Sie nicht überlebt. [Pause]*« Auf der anderen Seite weist sie auf die für alle Lagerhäftlinge ähnliche Situation hin: »*Im Lager waren wir alle. Was jeder gehabt hat, hab ich auch gehabt.*« Eine besondere persönliche Stärke oder innere Haltung verneint sie: »*Nein, Stärke nicht. Da war ich noch zu sehr Kind. Keine Stärke. (...) Glück gehabt, fertig.*«

Die Wandlung vom Kind zur Frau, die üblicherweise in der Pubertät geschieht, spielte bei Hannah lange Zeit keine Rolle, zu sehr war sie auch nach dem Krieg damit beschäftigt, wieder »*Mensch zu werden*«: »*Wir haben nicht gewusst, ob wir Frauen oder Alte oder jung, gar nichts.*«

Der Holocaust, ihre Erfahrungen im Ghetto und im Lager haben »*sehr großen Schaden angerichtet*« bei ihr. Es dauerte lange, »*bis man ist bisschen wieder als Mensch geworden, verstehen Sie – da haben Sie schon gelitten. Das ist doch klar.*«

Ein herausragendes Thema, das ein Zeichen ihrer Freiheit, ihrer Individualität und Lebendigkeit war und auch mit dem erwachenden Gefühl für Weiblichkeit verknüpft zu sein schien, war das Wachsen der Haare. »*Ich kann mir erinnern, wenn die ersten Haare bei mir gewachsen, hab ich immer so über den Kopf immer wieder gefahren. [Streicht mit den Händen über ihren Kopf.] Ja. Hab ich immer geschaut, hab ich gedacht – das ist doch ein Wunder!*« Auch bei anderen Überlebenden beobachtete sie dieses Verhalten und die Freude über das Wachsen der Haare: »*Das – ich war nicht alleine, sondern alle, die sind leben geblieben, hat jeder [ruft]: ›Och, da kommt schon noch ein Haar raus.‹ Verstehen Sie? Das war ein Wunder!*«

Ihre Persönlichkeitsentwicklung während ihrer Jugendzeit war maßgeblich beeinflusst von den entsetzlichen Erfahrungen, die sie während des Holocaust machte. Leben war auf Überleben reduziert, es gab keinen Schonraum für Gefühle und Auseinandersetzung und so hat sie bis heute das Lebensmotto verinnerlicht: »*Aber gut, so ist es. Sag ich doch, alles im Leben – muss man nehmen, wie es kommt. Wenn nicht, hätte man sich doch schon während des Krieges umbringen können. Und trotzdem hat man gekämpft ums Überleben.*«

Es war für Hannah nicht leicht, ein Bewusstsein für ihre Weiblichkeit zu entwickeln: »*Nicht so leicht. Am Anfang war es nicht so leicht.*« Ihre Entwicklung zur Frau ging Hand in Hand mit ihrer »Menschwerdung«, ein Prozess, bei dem ihr Mann sehr hilfreich war. Die Möglichkeit, sich mit ihm über die furchtbaren Erfahrungen austauschen zu können und die gemeinsame Überwindung der Einsamkeit trugen zu ihrer Stabilisierung bei: »*Hat sich geändert, ich hab gesehen, ich hab einen Menschen vor mich, verstehen Sie. Er war auch in den Lagern. Er hat das auch alles mitgemacht. Und der hat mir überhaupt sehr viel Halt gegeben. (…) Man hat gesucht nach Vertrauensperson, verstehen Sie. Der war allein, ich war alleine. Und er war so eine Vertrauensperson. Und man hat sich unterhalten. Da ist man doch immer auf das gleiche Thema gekommen, die Lager, die KZ. Immer das gleiche. Und wissen Sie, dafür war das Vertrauen gleich von Anfang an. Das hat sehr, SEHR, SEHR viel ausgemacht.*« Die 18jährige Hannah, die bis auf ihre Mutter ihre gesamte Familie verloren hatte, fand in ihrem Mann eine neue Familie: »*Und ich hab gesehen, ich hab einen Menschen, verstehen Sie, ich kann mich auf ihn verlassen. Und er sorgt für mich und – das war die Beruhigung. Wenn man niemanden hat! An wen sich zu wenden. Und zu haben so eine Person, das macht sehr viel aus. Und das war mein Mann, verstehen Sie.*« Auf die Frage, was ihr geholfen habe, ihr Leben zu meistern, antwortet sie sehr bestimmt: »*Mein Mann. Nur mein Mann. Sonst niemand.*«

Die Tatsache, dass sie als Jüdin den Holocaust überlebte und anschließend Mutter wurde, kommt einem persönlichen Triumph nahe: »*Weil niemand hat gerechnet nach so einem Krieg! Dass wir noch Kinder haben, damit hat niemand mehr gerechnet.*«

Überlebenshilfen

Die Solidarität und Hilfsbereitschaft unter den weiblichen Häftlingen, »*das hat ein bisschen Trost gegeben.*« Die Mädchen und Frauen versuchten, einander Mut zu machen: »*Ach wir kommen schon raus, wir kommen schon raus. Wir werden noch überleben, wir bleiben am Leben.«* Die Mutter einer Freundin aus dem Lager versorgte sie von Zeit zu Zeit mit Nahrung: *»Die ist immer gegangen bei die Bauern und hat geschnorrt und hat gebettelt und hat sie uns was reingebracht.«* Diese Hilfe war eine Ausnahme, denn *»meistens waren die Mädels – in meinem Alter – waren auch alleine. (...) Damals waren wir noch alle Kinder.«* Untereinander unterstützen und versorgten sie sich, so gut es ging: *»Einer dem zweiten hat ein bisschen – mit was er konnte helfen. Auch wenn man war krank. Wenn der eine war gesund und der andere lag im Krankenlager, da haben sie gesucht reinzuschmuggeln ein Stückchen Brot oder etwas.«*

So entwickelten sich in größter Not Freundschaften, die die Zeit überdauerten: *»Und ich hab sehr gute Freundinnen gehabt. Bis heute. (...) Die Freundschaften hatte ich später noch.«* Viele ihrer Freundinnen emigrierten nach Israel oder in die USA und mittlerweile sind viele der Frauen verstorben. *»Und so ist das. Jeder ist woanders.«*

Nach dem Krieg fand sie in ihrem Mann eine *»Vertrauensperson«* und den Halt, den sie brauchte, um sich im Leben wieder zurechtzufinden und eine Zukunft aufbauen zu können (s. o.).

Wiedergutmachung

Für Hannah ist das Wort »Wiedergutmachung« ebenso wie die finanzielle Entschädigung eine Farce: *»Was heißt Wiedergutmachung? Schauen Sie mal, ich bin 75% Invalidin. Und das ist von den Lagern. (...) Oder sie haben uns gezahlt für einen Tag Arbeit fünf Mark. Pro Tag. Verstehen Sie. Man hat Bahngleise gelegt, man hat Autobahnen gebaut. (...) Wir haben gefällt Bäume. Wir haben doch alles gemacht und geschuftet von früh – von sechs Uhr früh hat man uns rausgeschmissen von der Baracke. Bis um sieben, acht Uhr abends. Essen hat man auch nicht bekommen. (...) Man hat ALLES gemacht. Was ist das für Wiedergutmachung? Das ist nur so für die Welt. Aber Wiedergutmachung – kann man gar nicht wiedergutmachen. Die Familie können sie mir nicht zurückgeben. Ich red schon nicht von den Eltern, weil die wären heute schon alt gewesen. Aber von die Geschwister und – die ganze Familie, da kann man doch keine Wiedergutmachung für geben.«*

Vergebung

Während sie der Auseinandersetzung mit dieser Frage im allgemeinen aus dem Weg geht, indem sie Kontakte zu Deutschen ihrer Generation vermeidet, bezieht sie im Fall ihr bekannter Täter, wie Erich Scharfetter, deutlich Stellung: »*So was kann man nicht verzeihen. Aach! Das ist unglaublich zu verzeihen. Da muss schon wirklich ein Mensch muss Stein sein, dass er so was verzeiht. So was kann man nicht verzeihen.*« Im »*privaten Bereich*«, in der Familie und im Freundeskreis hingegen, ist Hannah gerne bereit zu verzeihen: »*Im privaten Bereich ja. Passiert alles im Leben, muss auch verzeihen können. Ob das Schuld ist oder nicht, das ist unwichtig. Man muss nicht nachtragend sein.*«

Umgang mit der Vergangenheit

Hannah und ihr Mann, die viel miteinander über die Vergangenheit sprachen, weihten auch ihre Kinder ein, als diese alt genug waren. »*Die wissen schon Bescheid. Ja, ja. Hab ich nichts versteckt von die. Klar, nicht, wenn die waren ganz klein, aber danach. (…) Wir haben schon gesprochen. Vielleicht nicht so genau, so genau alles, aber wir haben schon gesprochen.*« Nicht nur durch die Gespräche mit ihnen, sondern auch im Unterricht der jüdischen Schulen, die ihre Töchter besuchten und in Büchern und Filmen, die sie ihren Kindern zugänglich machten, wurde der Holocaust thematisiert. Auch Hannahs Enkelkinder »*wissen Bescheid*«, besonders durch Bücher, die Hannah an sie verlieh. Auch vor ihnen möchte Hannah nichts verbergen.

Heutzutage spricht Hannah selten über ihre Vergangenheit, im Gegensatz zu früher, als ihr Mann noch lebte und die Töchter noch im Hause wohnten: »*Früher haben wir sehr viel gesprochen. Jetzt – ich bin da, sie sind dort, verstehen Sie.*« Sie weiß nicht, welchen Stellenwert der Holocaust im Leben ihrer Töchter heute noch einnimmt, da die Gespräche darüber verstummt sind: »*Früher haben wir uns sehr oft darüber unterhalten. Vielleicht verdrängen sie das ein bisschen, das kann auch sein, das weiß ich nicht. Weil jetzt unterhalte ich mich nicht mehr darüber.*« Sie vermutet aber, dass das generelle Interesse am Holocaust bei ihren Kindern und Kindeskindern noch vorhanden ist: »*Aber sagen wir, es kommen so Filme, das schauen sie schon. Jetzt, wo sie selbst Kinder haben, ich glaub schon, dass es sie interessiert.*«

Judentum

Hannah, die im jüdischen Glauben erzogen wurde, legt Wert darauf, ihre Religion frei auszuüben und nicht dafür geächtet zu werden: »*Dass ich als Jüdin akzeptiert werde. Da lege ich Wert darauf.*« Sie möchte auch in Deutschland ihrem Glauben folgen und ihre Traditionen wahren können und dürfen: »*Ich bin deutsche Bürgerin. (...) Ich bin normale Bürgerin, fertig aus. Man muss mir nicht nachschreien ›Du Jüdin!‹ oder so was.*«

Gemäß ihrer eigenen religiösen Prägung, erzog sie auch ihre Töchter: »*Traditionsmäßig. Nicht fromm, aber Tradition. (...) Feiertage sollen Feiertage sein. Und sonst – das Leben ganz normal.*«

Umgang mit Ängsten

Bis heute gibt es für Hannah nur eine Möglichkeit, ihren Ängsten zu begegnen: »*Ich schaue weg. Ich schaue einfach weg. Ganz einfach. Ich verdräng das. Ich schau einfach weg.*« Eine andere Strategie ergibt sich, indem sie angsteinflößende Situationen vermeidet: »*Ich werde abends nicht gehen alleine. Ich meine, niemand wird mir etwas tun, aber das mach ich nicht.*«

6.1.2. Judith, zweite Generation (Erstgeborene)

»*Es [der Holocaust] wird immer ein Thema sein. In meinem Leben.*«

»*Es ist wirklich – ein sehr zwiegespaltenes Leben.*«

Rahmenbedingungen

Ich traf Judith in ihrer Wohnung in einer deutschen Großstadt. Da sie am nächsten Tag in die USA reisen wollte, um ihre Kinder und Freunde zu besuchen, kam ihr der Gesprächstermin ungelegen und sie begrenzte die Gesprächszeit von vorneherein auf maximal zwei Stunden.

Interviewverlauf und Atmosphäre

Judith, Hannahs älteste Tochter, ist erst vor einigen Jahren aus Nordamerika wieder nach Deutschland zurückgekehrt und bewohnt seitdem mit ihrem Mann eine möblierte Wohnung am Rande einer deutschen Großstadt. Sie entschuldigte sich für das Mobiliar der Wohnung und es wurde schon zu Beginn unserer Begegnung deutlich, dass das Leben, das sie zurzeit führt, kein frei gewähltes ist.

Judith berichtete einerseits sehr offen über ihr Leben und dessen

Tiefschläge, hielt aber auf der anderen Seite spürbar Distanz zu mir und gab mir immer wieder zu verstehen, dass ich als Nichtjüdin »auf der anderen Seite« stehe. Dies und mein Eindruck, von ihr getestet zu werden, führten dazu, dass auch ich begann, mich während des Interviews »auf der Hut« zu fühlen. So erhielt ich eine Ahnung von der Dynamik, die – ausgelöst durch Judiths eigene Außenseiter- und Angstgefühle – in der Interaktion zwischen ihr und anderen entstehen kann.

Ihr grundsätzliches und unverhohlenes Misstrauen nichtjüdischen Deutschen gegenüber – »*Ich bin sehr misstrauisch jedem Österreicher oder Deutschen gegenüber, die sich nicht beweisen. Das merkt man in einem Gespräch sehr schnell, was jemand für eine Gesinnung oder Anschauung hat.*« – wird sicher auch in ihrem Gegenüber eine Reaktion hervorrufen, sei es Anspannung und Unsicherheit, den Wunsch, alle Zweifel auszuräumen und sich als »guter Deutscher« zu beweisen, bis hin zu Provokation und Ablehnung. Es ist zu vermuten, dass – neben dem tatsächlich existierenden Antisemitismus – durch Judiths selektive und hypersensible Wahrnehmung ihrer deutschen Umwelt ihre Befürchtungen und Vorurteile im Sinne einer sich selbst erfüllenden Prophezeiung schließlich in gewisser Weise bestätigt werden. So wird ihre innere Spaltung, die sie unter anderem aufgrund ihrer konflikthaften Identität als deutsche Jüdin empfindet, in die Außenwelt, in die Beziehung zu ihrem nichtjüdischen Gegenüber übertragen und kann so ständig reinszeniert werden.

Biographischer Hintergrund

Judith wurde 1948 im DP-Lager Berlin-Schlachtensee geboren. Sie hat wenige Erinnerungen an ihre Kindheit: »*Also erst mal kann ich mich überhaupt nicht an meine Kindheit erinnern.*« Eine prägende Erinnerung stellt für sie lediglich der anhaltend kritische gesundheitliche Zustand ihrer Mutter dar: »*Ich erinner mich an meine Kindheit, dass meine Mutter immer krank war. Immer krank. Und das war für mich immer bezogen auf ihre Vergangenheit im Konzentrationslager.*« Oberstes Gebot für Judith war Rücksichtnahme auf die kranke Mutter und »*dass man immer sehr aufpassen muss, dass die Mama nicht krank ist und dass der Mama nichts passiert.*« Die Geburt ihrer Schwester Esther 1956 war ein positiver Einschnitt in Judiths Kindheit: »*Ich hab mir ein Geschwister sehr gewünscht. Das war ein – ein sehr schöner Moment.*« Die bald darauf folgende Ankunft der Großmutter (väterlicherseits) aus Russland, die für die nächsten Jahre bei der Familie einzog, hat sie in »*schlechter*

Erinnerung«: »War für mich eine fürchterliche Frau. (...) Mochte sie nie.« Judith litt unter der offensichtlichen Ablehnung, die ihre Großmutter ihrer Mutter Hannah entgegenbrachte und dem *»Unfrieden«*, der so Einzug in das Familienleben gehalten hatte: *»Dieses Nicht-Mögen meiner Mutter hat mich sehr betroffen.«*

Mit ihrem Vater verband Judith eine enge Beziehung, sie liebte ihn über alle Maßen, was auf Gegenseitigkeit beruhte: *»Ich weiß, dass ich der absolute Liebling meines Vaters war.«* Sie berichtet, ihr Leben extrem nach den Vorstellungen und Vorgaben ihrer Eltern ausgerichtet zu haben. Als sie ihren jüdischen Freund, mit dem sie vier Jahre liiert war, heiraten wollte und ihre Eltern ihre Ablehnung signalisierten, gab sie die Beziehung auf: *»Ich hab mich da vollkommen unterworfen.«* Im Anschluss an die Trennung verließ sie Deutschland und ging nach Israel, wo sie 1969 ihren ersten Mann kennen lernte. Nach einem halben Jahr fand die Hochzeit – mit Zustimmung ihrer Eltern – in Israel statt, wo beide die nächsten Jahre lebten. 1975 kehrte Judith mit ihrem Mann und ihrer 1973 geborenen Tochter Tamara nach Deutschland zurück, damit diese in der Nähe ihrer Großeltern aufwachsen konnte: *»Vor allem natürlich in der Nähe von meinem Vater.«* Ihr Vater half ihnen, sich in München eine berufliche Existenz aufzubauen und ihr Leben entsprach damals exakt Judiths Vorstellungen: *»Das war natürlich ganz toll, weil wir haben in der Nähe meiner Eltern gewohnt und dann kamen der Opa und die Oma und das war halt alles, wie ich mir immer vorgestellt hab, wie das sein soll.«* Ihre Ehe verlief weniger glücklich: *»Die Ehe, das war so eine sekundäre Geschichte, das war einfach nicht so richtig. Und war auch nicht sehr gut.«* 1976 wurde sie erneut und diesmal ungewollt schwanger und so verharrte sie noch länger in ihrer *»schlechten Ehe«*.

1980 erkrankte Judiths Vater, *»die wichtigste männliche Person«* in ihrem Leben, an Lungenkrebs und starb nur ein Jahr später. Judith erinnert sich in diesem Zusammenhang an den Verlauf ihrer Ehe: *»Und dann ging meine Ehe rapide abwärts.«* Wenige Jahre nach dem Tod ihres Vaters trennte sich Judith endgültig von dem Vater ihrer Kinder und begann die Beziehung zu ihrem jetzigen Mann. 1995 wanderte sie mit ihm nach Kanada aus. Ihre Tochter Tamara lebte und studierte damals schon in London. Judiths Sohn zog, nachdem er in Deutschland die Schule beendet hatte, ebenfalls nach Kanada. Auch Tamara kam für eine Weile nach Kanada, um sich dort wegen einer Angststörung psychotherapeutisch behandeln zu lassen. Nach ca. sechs Jahren zog Judith mit ihrem Mann nach New York, wo sie weitere zwei Jahre lebten und arbeiteten. Sie fühlte sich dort »*sehr, sehr wohl.*« Aus wirtschaftlichen Gründen war das Paar gezwungen, nach Deutschland zurückkehren – ein Schritt, den Judith sich nicht verzeihen kann: »*Ich bin mir selbst sehr, sehr böse, dass ich zurückgekommen bin.*« Judith betreibt heute mit ihrer Schwester Esther gemeinsam ein Geschäft und sie, die im Verlauf der Jahre einen spürbaren finanziellen Abstieg hinnehmen musste, bezeichnet ihr Leben seit dem Tod ihres Vaters als chronisches Tief. Über die Gegenwart und Zukunft sagt sie: »*Es geht ums pure Überleben.*« Da sich für sie in ihrem Alter keine Möglichkeit mehr biete, noch einmal auszuwandern, muss sie sich wohl oder übel mit einer Zukunft in Deutschland abfinden, aber: »*Es ist ein Weg, der mich nicht sehr glücklich macht.*«

Inhaltsanalyse

Auswirkungen des Holocaust auf die Familie und Judiths Persönlichkeit und Leben

Judiths Mutter Hannah war durch die Jahre, die sie in Lagern verbracht hatte, schwer gezeichnet. Und so waren Judiths Kindheit und Jugend durch Rücksichtnahme auf ihre kranke Mutter geprägt. Judith fühlte sich lange Zeit für ihre Mutter und deren gesundheitlichen Zustand verantwortlich und entwickelte starke Schuldgefühle aufgrund der zwiespältigen Gefühle, die sie für ihre Mutter hegte. Sie ist heute noch gefangen zwischen den Positionen, die Defizite ihrer Mutter durch das Nachvollziehen ihrer Lebensgeschichte zu erklären und zu entschuldigen und andererseits mit der eigenen Enttäuschung und der Last, die die Eltern auf sie als Tochter übertragen hatten, umzugehen: »*Ich glaube, dass das – ja, keine Jugend haben und kein – einfach diese Phase nicht gelebt zu haben, weil meine Mutter hat sie nicht gelebt, die hat sehr vegetiert. Die war ja zwischen 13 und 17 – ich nenn das nicht Leben. Ich nenn das – für einen Menschen in diesem Alter – für jeden Menschen, aber ich glaub, sie hat keine Pubertät gehabt. Und ich glaube, dass das einen Menschen einfach formen muss. Wie soll die ein weicher, liebevoller Mensch sein? Wie soll sie jemals sich überlegt haben, wenn ich Kinder in die Welt setze, was ich alles investieren muss? Wie man darüber nachdenken muss, was man mit diesen Kindern macht, woher soll sie es wissen? Ich glaube, dass diese ganzen Menschen – nicht alle, weil ich kenn auch andere Eltern, aber fast alle haben überhaupt keine Ahnung gehabt, was sie da tun. Keine Ahnung.«* Laut Judith besitzt niemand das Recht, den Überlebenden des Holocaust Vorwürfe zu machen: *»Ich glaub, dass man diesem Mensch gar nichts vorwerfen kann! (...) Dass sie gar nicht wussten, was sie tun. Sondern sie wollten sich fortpflanzen, sie wollten Kinder haben, sie wollten diesen Kindern alles geben, was sie nicht gehabt haben.«* Sie ist der Meinung, dass die meisten Holocaust-Überlebenden die an ihnen begangenen Verbrechen *»überhaupt NIE, nie wirklich verarbeitet haben. Ich glaub, die haben einfach einen Deckel draufgetan und das war es.«* Durch diese nicht vollzogene Trauma- und Konfliktverarbeitung fand in Judiths Augen eine Verschiebung der Last auf die zweite Generation statt: *»Ich glaub, dass WIR das ausbaden.«* Judith hat die Folgen der Weitergabe am eigenen Leib folgendermaßen erlebt: *»Indem ich ein mit Schuldgefühlen vollgestopfter Mensch wurde. Indem ich NIE mein Leben gelebt habe, sondern immer versucht habe, das so zu leben, dass es auch meinen Eltern recht ist. Indem ich – [atmet laut aus] mir einen jüdischen Mann gesucht habe, damit sie zufrieden sind. Den ich eigentlich nicht besonders geliebt habe. Indem ich ja, mein Leben sehr angepasst habe an die Bedürfnisse meiner Eltern.«*

Das von den Eltern erlebte Grauen hielt auch in Judiths Leben und Erleben Einzug und eine Abgrenzung fällt ihr bis heute schwer: *»Was mich wahnsinnig belastet, immer belastet, ist das – ich hab das Gefühl, ich hab das alles erlebt.«* Es fühle sich für sie so an, als sei sie selbst im Konzentrationslager gewesen: *»Ich empfinde das sehr nah.«* Ihre eigenen Erfahrungen scheinen sich mitunter mit denen ihrer Eltern zu vermischen, was sich auch sprachlich niederschlägt, wenn sie z.B. ihre Kindheit als Jüdin in München beschreibt: *»Ich bin in einem Ghetto groß geworden.«*

Heute, mit fast 60 Jahren ist Judith in der Lage, sich besser von den Eltern und deren Erlebnissen abzugrenzen und für sich das Recht einer eigenen Existenz zu beanspruchen. Dies zeige sich auch darin, dass sie das Interview mit mir führt. Sie sei an einem Punkt angekommen, an dem sie beginne, *»sich emotional zu distanzieren!«* Diese Abgrenzung von den Eltern zeige sich darin, dass sie heute wagt, vorsichtige Kritik zu üben. Noch immer verspürt sie Schuldgefühle, aber sie ist sich sicher: *»JETZT steig ich aus. (...) Indem ich solche Sachen offen sage. Indem ich darüber spreche. Indem ich das zugebe. JA!«* Noch vor einigen Jahren hätte sie vieles verschwiegen, ihre eigenen widerstreitenden Emotionen nicht offenbart, keine Kritik an ihren Eltern geübt. *»Ich hätte Ihnen vieles nicht gesagt. Sehr, sehr vieles nicht. (...) Wissen Sie, vor zehn Jahren hätte ich über meinen Vater gesprochen, da hätte es keine Rüge, keinen Makel, kein Nichts gegeben. Und heute glaube ich,* *gibt es einige Makel, die ich sehe und einige Rügen. Und meine Mutter hätte ich vielleicht schon gerügt, aber ich hätte- nee, ich hätte nicht so viel über sie sagen können oder so sprechen können, weil im Grunde genommen hätte ich mich FURCHTBAR schuldig gefühlt, dass ich dieser armen Person, die so gelitten hat – und das mein ich jetzt nicht ironisch- dass ich über so einen Menschen überhaupt was sagen kann.«* Heute kann sie bis zu einem gewissen Grad auch ihrem eigenen Kummer über die Schwierigkeiten Raum geben, die aus der schlechten psychischen und physischen Verfassung ihrer Mutter und der konflikthaften Mutter-Tochter-Beziehung herrührten: »*Und heute sag ich mir: Ja, sie ist ne arme Person. Sie hat ein fürchterliches Leben gehabt. Und sie hat schrecklich gelitten und ich kann das alles begreifen. Aber trotzdem war es nicht richtig. Das betrachte ich als mich distanzieren und aussteigen.*«

Heimat, Wahl des Lebensortes und Sicherheitsgefühl in Deutschland

Judiths Verhältnis zu Deutschland ist »*sehr zwiegespalten*«. Sie empfindet Deutschland als ihre ungeliebte Heimat, denn: »*Heimat bedeutet das Land, in dem ich geboren wurde, in dem ich groß geworden bin, dessen Sprache ich spreche.*« Auf der anderen Seite sei für sie Heimat ein Ort, »*wo die Menschen sind, die ich liebe und die sind nicht hier.*« Amerika, ihre Wahlheimat, das Land, in dem ihre Kinder und viele Freunde leben und das sie ungewollt verlassen musste, sieht sie als ihr »*Zuhause*« an, »*aber – ich könnt schlecht sagen, das ist meine ›Heimat‹.*« Judith definiert sich als »*deutsche Jüdin*«, die deutsche Nationalität gehört ebenso wie das Judentum »*mit 100prozentiger Sicherheit*« zu ihrer Identität: »*Womit ich auch ein Problem hab. Aber das kann ich einfach nicht trennen.*« Sie stört sich daran, wenn Juden ihre Nationalität verschweigen: »*Also ich hab ein großes Problem, wenn Leute meiner Generation sehr oft sagen: Ich bin Jude. Das stimmt nicht! Du bist deutscher Jude. (...) Die meisten sagen das gar nicht, die trennen das ganz vehement.*« Sie selbst, die zwar ein »*fürchterliches Problem*« mit der Nähe zu Deutschland und den Deutschen hat und ihr Leben lang auswandern wollte und sehr darunter leidet, nicht im Ausland geblieben zu sein, bekennt sich dennoch stets zu ihrer deutschen Herkunft und ist sich ihrer Nationalität stets schmerzlich bewusst. »*Ich bin mir sehr böse, dass ich nach Deutschland zurückgekommen bin. Nachdem ich weg war. Und ich hab auch meine Kinder dazu erzogen, nicht hier zu bleiben, sondern wegzugehen. Und das ist ein fürchterlicher Konflikt. Weil wir miteinander deutsch sprechen. Weil unsere Kultur deutsch ist. Ich denke deutsch. Ich empfinde deutsch. Und wenn ich im Ausland bin, dann bin ich TYPISCH deutsch.«* So kann sie Deutschland, ihrer Heimat und ihrer Kultur nirgends entfliehen und erlebt ihre Rückkehr als doppeltes Versagen: es in Amerika nicht geschafft zu haben, zu »überleben« und wieder in »die Welt der Feinde«, nach Deutschland, zurückgekehrt zu sein.

Nach wie vor empfindet Judith Deutschland und die Deutschen als feindlich und hält Distanz ein. Es ist für sie unverständlich, wie Überlebende des Holocaust in Deutschland bleiben konnten und sich dann auch noch tagtäglich *»unter das Volk«* mischten. Die Nähe zu den damaligen Tätern erscheint ihr kaum auszuhalten: *»Ich hab zu meiner Mutter gesagt: ›Wieso sitzt du immer in diesem Café? Unter diesen ganzen Nazis?‹ Sagt sie: ›Na und? Die können uns doch nichts mehr tun!‹«* Judith kann die Gelassenheit der Mutter nicht teilen: *»Was ist das für eine Einstellung! Ich such doch deren – ich such doch diese Nähe nicht!«*, weil: *»Mir macht das ANGST!«* Den Vorwurf des Bleibens, den sie Zeit ihres Lebens ihren Eltern gemacht hatte, richtet sie nun auch gegen sich selbst: *»Wie konnten meine Eltern hier bleiben? Nach dem, was hier passiert ist. Wie! Das ist etwas, was ich nicht verstehen kann und jetzt kann ich mich nicht verstehen, wie konnte ich zurückkommen? Ich war schon mal weg.«*

Während sie sich in Nordamerika als Jüdin sicher fühlte, kann sie sich in Deutschland keine Sekunde entspannen: *»Ich konnte dort [in Nordamerika] einfach sein, was ich bin und es hat sich keiner umgedreht und mich komisch angesehen. (...) Das ist etwas, was mich in Deutschland wahnsinnig stört. Diese extreme Intoleranz allen anderen gegenüber.«* Hier lebt sie in ständiger Angst: *»Ich hab damit mein GANZES Leben verbracht: Wird das noch mal passieren?«* Ihr bitteres Fazit: *»Nein, das wird doch nicht noch einmal passieren. Aber nicht, weil ich glaube, dass die Menschen gelernt haben. Das glaub ich überhaupt nicht. Sondern wirklich, wie sie immer sagen: Wir [die Juden] sind nicht so viele. Gegen uns werden sie schon nichts machen. Dieses Mal werden sie sich andere Opfer aussuchen. Furchtbar!«*

Judiths fragiles Sicherheitsgefühl zeigt sich auch in der angsteinflößenden Signalwirkung bestimmter Reize in Deutschland: *»Mir macht das große Angst. Deutsche Uniformen. Mir machen auch 40, 50 deutsche Polizisten auf Pferden Angst. Mir machen Stahlhelme furchtbare Angst.«* Das Gefühl der Bedrohung ist für Judith in Deutschland konstant existent und so gibt sie ihre jüdische Identität meist nicht preis: *»Wenn die wüssten,* *was ich bin, mein lieber Jolly.«* Andererseits empfindet sie so eine ständige Anspannung, dass in ihrer Gegenwart antisemitische Kommentare gemacht werden könnten: *»Hoffentlich machen sie jetzt nicht irgendeinen jüdischen Witz! Bitte nicht, hoffentlich nicht, weil ich weiß dann nicht, wo ich mich hintun soll.«* Eine andere Weise, mit ihrer Angst vor Antisemitismus umzugehen, ist die Flucht in die Offensive: *»Ich sag sofort: Ich bin Jüdin, damit ich sie schon vorwarne, damit sie um Gotteswillen nichts sagen!«* Sie schätzt sich als ängstlicher ein als viele andere und zieht in Betracht, dass sie sich und andere mit dieser Haltung darum bringt, unvoreingenommen zu sein: *»Vielleicht würden die [nichtjüdischen Deutschen] gut damit umgehen, ich weiß es nicht, das ist nur meine Angst, dass sie nicht gut damit umgehen. (...) Vielleicht denk ich völlig verkehrt! Vielleicht ist es ein ganz schlimmes Vorurteil von mir!«*

Wenngleich Judith in Deutschland eine erneute Judenverfolgung mit Ausmaßen wie im Dritten Reich für unrealistisch hält, ist sie sich dennoch in starkem Maße der verbalen Angriffe bewusst: *»Fühl ich mich sicher in Deutschland – jein. Also ich hab nicht Angst, dass man mir was tut. Aber ich hab Angst, dass man mir verbal was tut.«* Zu einigen nichtjüdischen deutschen Bekannten hat sie den Kontakt abgebrochen, nachdem diese sie mit antisemitischen Äußerungen verletzt hatten.

Jüdische Identität und Judentum

Für Judith ist ihre Zugehörigkeit zum Judentum *»einfach Schicksal«*: *»Ich glaub, man wird als Jude geboren oder als Christ. Und das ist es. (...) Wenn man mich ausgetauscht hätte, wär ich halt nichtjüdisch.«* Das Judentum ist für sie eine Religion und keine Nationalität oder Volkszugehörigkeit: *»Das ist eine Religion und das ist – ICH verweigere das Wort Rasse. Ich find das furchtbar.«*

Die jüdische Religion und die dazugehörigen Rituale hatten für sie früher, als ihr Vater noch lebte und traditionsgemäß durch die Feiertage führte,[3] mehr Bedeutung als heute: *»Hat sich sehr verändert. Hatte [früher] sehr viel mehr Wichtigkeit. Bekommt immer weniger Wichtigkeit in meinem Leben. (...) Weil – für mich waren die Feiertage GANZ wichtig, solange mein Vater am Tisch saß.«* Seitdem ihr Vater gestorben ist, wird ihr besonders an den Feiertagen sein Fehlen schmerzlich bewusst: *»Und dann diese Jahre, die er nicht war, war es sehr schwer, das*

3 An jüdischen Feiertagen ist es üblich, dass das männliche Familienoberhaupt die Leitung übernimmt, die Gebete spricht und durch den Abend führt.

zu ertragen, dass er nicht mehr da sitzt und nicht mehr durch den Abend führt.« Diese Aufgabe hat mittlerweile ihr Sohn übernommen. Ihren Kindern brachte sie das Judentum nahe, indem sie sie in jüdische Kindergärten und jüdische Schulen schickte, »*um ihnen ein Grundwissen mitzugeben*«. Sie erzog ihre Kinder »*NICHT religiös, aber traditionell*« und versucht auch heute noch die für sie wichtigen Feiertage gemeinsam mit ihnen zu verbringen. Es war Judith wichtig, ihren Kindern die Möglichkeit zu geben, sich bewusst entscheiden zu können, in welcher Art und Weise sie das Judentum in ihr Leben integrieren möchten: »*Damit sie einfach die Möglichkeit haben, zu sagen: Ich möchte das fortsetzen oder auch nicht. Einfach, damit meine Kinder auch eine Türe offen haben.«*

Sie vermutet, dass der Holocaust einen Einfluss auf ihren Bezug zum Judentum und die Aufrechterhaltung der jüdischen Traditionen hatte: »*Nach allem, was passiert ist, kann ich das doch nicht einfach unter den Tisch fallen lassen.«* Auf der anderen Seite möchte sie ihre Kinder nicht einschränken in ihrer Entscheidungsfreiheit, auch, was die Wahl nichtjüdischer Partner angeht: »*Es geht darum, dass meine Kinder zufrieden oder glücklich sind.«*

Aufgrund der Verfolgungsvergangenheit ihrer – von ihr als sehr unterschiedlich wahrgenommenen – Eltern ist auch ihre jüdische Identität konfliktbesetzt. Judith identifiziert sich sehr mit ihrem Vater, einem »*starken Mann*« und »*stolzen Menschen*«, der im Vergleich zu ihrer Mutter »*ein sehr anderer Mensch*« war: »*Mein Vater ist ja auch weggelaufen. Aus dem Konzentrationslager. War ja versteckt im Wald.«* Judith nimmt also zwei Arten von jüdischen Opfern wahr: die stolzen, kämpferischen und die schwachen, gedemütigten Opfer, von denen sie sich verachtungsvoll distanziert: »*Ich besitze die Unverfrorenheit zu sagen, dass es mich FÜRCHTERLICH betroffen macht, zu sehen, wie diese Menschen sich haben treten lassen, bespucken lassen, behandeln lassen wie der letzte Dreck. (...) Ohne, dass sie sich gewehrt haben. Das ist etwas, was mich fertig macht, was ich überhaupt nicht verstehen kann. Ich sag mir oft, maße dir so was nicht an, du weißt nicht, was du selber getan hättest. Aber das ist etwas, was mich sehr stört. Das ist etwas – wofür ich mich schäme. (...) Dass ich IMMER gesagt hab, warum hat der dem nicht ins Gesicht geschaut und gesagt: So mit mir nicht! Dann hätte man ihn umgebracht. Hab ich gesagt: Ja und? Aber das sagt sich leicht. Leichter, als es sich tut.«*

Sie hat folgendes Fazit aus der Verfolgungsvergangenheit der Juden im allgemeinen und der ihrer Eltern im Besonderen gezogen: »*Dass es für mich sehr wichtig ist – ja, ein stolzer Mensch zu sein. (...) Ein stolzer*

Mensch mit hocherhobenem Haupt zu sein.« Diese Haltung habe sie von ihrem Vater übernommen.

Die Tragödie ihres Lebens, die zu einem weiteren fortwährenden inneren Zwiespalt führt, ist die Tatsache, dass sie selbst von *beiden* »Opfertypen« abstammt: von einer von ihr als schwach wahrgenommenen Mutter und von einem idealisierten Heldenvater, der ihr paradoxerweise folgende Botschaft übermittelte: »*Weißt du, die wirklich Guten – haben es nicht geschafft.«* So schleicht sich auch in der Identifikation mit dem geliebten, starken Vater eine negative Bewertung ihrer Ahnen und ihrer selbst mit ein.

Schuldgefühle

Judith berichtet von starken Schuldgefühlen, die ihr Leben prägen: »*Ich bin immer an ALLEM schuld.«* Die Wurzel des Schuldgefühls scheint in der nicht erfolgten Auswanderung der Eltern aus Deutschland zu liegen, Judith hat diesbezüglich verinnerlicht: »*Ich bin ja auch die Ursache dessen, dass sie nicht auswandern konnten. Weil sie schwanger war und dann haben sie sie nicht mitgenommen. Sie wollten ja von Berlin aus entweder nach Israel oder nach Amerika oder Kanada. Und dann konnte sie nicht mit, weil sie schwanger war.«*

Judith spürte den Hass ihrer Eltern, besonders den ihrer Mutter auf die Deutschen, das Volk, unter dem sie lebten. Sie erfuhr von den Grausamkeiten, denen ihre Eltern während des Holocaust ausgesetzt waren: »*Der Hass äußerte sich, indem man uns immer gesagt hat, was man ihnen angetan hat, was dieses Volk ihnen angetan hat. Und wir saßen da und haben gesagt: Ja, was MACHT ihr dann hier?! Wie könnt ihr hier leben!«*

Diese vorwurfsvolle Haltung der ersten Generation gegenüber, die auch ihr selbst als deutsche Jüdin von der jüdischen Gesellschaft außerhalb Deutschlands entgegengebracht wird, trägt zur Reaktivierung eigener Schuldgefühle bei, da sie sich selbst als die Ursache der verhinderten Emigration ansieht: »*Das begleitet mich auch, wenn ich ins Ausland gehe: Du bist Jüdin? Ja. [Vorwurfsvoll:] Du hast in Deutschland gelebt? Ja. Wie konnten deine Eltern nach Deutschland gehen? Nach dem, was passiert ist?! Ja meine Mutter war schwanger und konnte nicht auswandern. (...) Man musste sich schon rechtfertigen, dass man hier geblieben ist, wenn man so einen Hass in sich hat.«*.

Judiths Schuldgefühle sind nicht nur auf ihre Eltern, sondern auch auf ihre Kinder bezogen. Wie Judith selbst, leiden beide Kinder unter

Angststörungen: »*Daran bin ich auch schuld. (…) Ich bin an allem schuld.*« Judith denkt, dass sie auf das Leben ihrer Kinder und im Falle ihres Versagens auch auf das gesamte Familiengefüge großen Einfluss ausübt: »*Ich glaube schon, dass ich meinen Kindern sehr viel von meinen Ängsten mitgegeben habe. (…) Ich fühle mich schuldig für meinen Konkurs und meinen Bankrott und dass ich das Leben der ganzen Familie ruiniert habe. Meinen Konflikt mit meiner Mutter haben meine Kinder sicherlich auch mitgenommen. Meine Verherrlichung meines Vaters haben meine Kinder auch mitgenommen.*«

Ängste, Depressionen und Bewältigungsstrategien

Judith, die Zeit ihres Lebens immer wieder Phasen hatte, in denen sie unter Depressionen und starken Ängsten litt, spielte in diesen »*ganz krassen Phasen*« manchmal mit dem Gedanken, sich das Leben zu nehmen. Es gab zwei Gründe, die sie davon abhielten: »*Meine Pflicht zu leben für meine Kinder. Und meine Angst vor dem Tod.*«

Die »*Todesangst*« habe sie seit ihrer Kindheit begleitet: »*Ich hatte IMMER Angst, was passiert danach. Ganz, ganz ausgeprägte Angst.*« Judith bewundert ihren Vater, »*einen sehr starken Mann*«, der, als er krank wurde, sich nicht »*wie die meisten Menschen ans Leben klammerte*«, sondern »*stark gestorben*« sei.

Sie versucht in Krisensituationen nicht wie ihre Mutter zu sein und ihre Probleme wie diese »*auszuleben*« und sich »*gehen zu lassen*«. Judith betäubt sich stattdessen seit Jahren mit Beruhigungs- und Schlafmitteln »*und alles Mögliche sonst noch*«. Sie vergleicht: »*Aber meine Mutter lebt ihre Sorgen, ihren Kummer, ihren Ärger, ihren Frust, ihre Wut schon aus. Die nimmt keine Beruhigungstabletten.*« Ihr Fazit: »*Manchmal hab ich das Gefühl, sie ist gesünder als ich.*«

Wiedergutmachung

Das Thema Wiedergutmachung ist in Judiths Augen »*ein sehr peinliches Thema*« und sie wendet sich gegen den Versuch und die Versuchung der Käuflichkeit und gegen Wiedergutmachung im eigentlichen Sinne: »*Gesundheit bezahlen kann man nicht. (…) Tote werden dadurch nicht wieder zum Leben erweckt. (…) Man kann einfach nicht alles mit Geld regeln.*« Wiedergutmachung würde für sie nur auf einer materiellen Ebene funktionieren: »*Dass die Menschen, die damals sehr viel verloren haben, dass sie das wiederbekommen. Ich meine jetzt Besitz.*« Sie kritisiert auch den Umgang einiger Überlebender mit den geleisteten Wiedergutmachungs-Zahlungen: »*Aber es haben auch Menschen Wiedergutmachung gekriegt, die ein Vermögen erwirtschaftet haben. Und die sollten meiner Meinung nach keine bekommen.*« Sie schlägt stattdessen vor: »*Da hätte man einen Fond gründen sollen für Bedürftige. Aber nicht für Menschen, die nicht bedürftig sind.*«

Vergebung

Judiths Haltung zu diesem Thema ist eindeutig: »*Ich vergebe NICHT.*« Sie beschreibt sich selbst: »*Ich bin kein Mensch, der überhaupt was vergeben kann sehr leicht. Ich bin sehr nachtragend.*« Sie trifft in Bezug auf den Holocaust eine Unterscheidung zwischen den Mördern, für die es keine Vergebung geben kann und den Menschen, die »*nicht mutig genug waren, dagegen vorzugehen*«. Auch unterlassene Hilfeleistung ist für sie unverzeihlich: »*Wenn sie jemanden hätten verstecken können und es nicht gemacht haben – das nehme ich denen übel, denn das weiß ich, dass ich das getan hätte.*«

Auch sich selbst gegenüber ist Judith unerbittlich. Sie verharrt in Selbstvorwürfen, dass sie aufgrund ihrer gescheiterten beruflichen Existenz in Nordamerika nach Deutschland zurückkehren musste: »*Dass ich einfach nicht die Persönlichkeit habe, NICHT in dieses Land zurückzukehren. Dafür verachte ich mich selbst ziemlich. (…) Ich bin mir selber sehr, sehr böse. Für die Ausweglosigkeit. Und für dasselbe, ja, charakterlose Verhalten meiner Eltern. Wie meine Eltern.*«

Israel

Als Judith Ende der 60er Jahre von Deutschland nach Israel zog, machte sie dort die befreiende Erfahrung, als Jüdin nicht mehr aufzufallen: »*Es war eine ganz neue Erkenntnis, ich kannte das ja nicht. (…) Es war sehr, sehr schön! Es war für mich damals schon ein ganz tolles Gefühl eben ganz locker mich als Jüdin bewegen zu können.*« Eine tiefe Verwurzelung und ein Heimatgefühl habe sich allerdings nicht entwickelt: »*Aber mein Zuhause war es nicht.*« Für Judith war Israel stets eine Art Rückversicherung ihrer »*jüdischen Sicherheit*«: »*Ich bin damit groß geworden – solange wir ein Land haben, wird uns niemand mehr was tun. Solange es Israel gibt, wird uns nichts passieren.*« Gleichzeitig wurden ihr mit der erklärten Notwendigkeit der Existenz Israels wieder die Verwundbarkeit und die dauerhafte Bedrohung der Juden bewusst. Heute, in Anbetracht des weltweiten Terrors kann auch Israel keine Sicherheit für Judith geben: »*Ich glaube das nicht mehr. Sicherheit gibt es im Moment ja wirklich nicht. (...) Ich finde die Zukunft so finster! (...) Und ich glaube, dass der Terror siegen wird. Es ist schrecklich.*«

6.1.3. Esther, zweite Generation (Zweitgeborene)

> »*Die Generation meiner Eltern hat ja das Leiden, was die NIE bearbeitet haben oder verarbeitet haben, total auf die zweite Generation draufgelegt. Und ich WILL dieses Leid überhaupt nicht. Ich WILL nicht leiden. Ich möchte auch gerne in die Welt mit offenen Augen gucken.*«

Rahmenbedingungen

Im Juni 2004, einige Monate nach dem Gespräch mit Hannah, traf ich ihre Tochter Esther, Judiths jüngere Schwester, in ihrer Wohnung in einer deutschen Großstadt. Bis zu diesem Zeitpunkt hatten wir über Monate hinweg in lockerem schriftlichen und telefonischen Kontakt gestanden, da sie meine Ansprechpartnerin der Familie war und ihre weiblichen Verwandten zur Teilnahme an den Interviews überzeugt hatte. Am Ende des Gespräches lernte ich Esthers Tochter Carlotta kennen, die während ihrer Semesterferien in Deutschland zu Besuch war. Seit zwei Jahren wohnt und studiert sie in London, wo ich sie im September 2005 besuchte, um auch mit ihr ein Interview zu führen.

Interviewverlauf

Esther, eine selbstbewusste, burschikose Frau strahlte eine Herzlichkeit und Offenheit aus, die schon am Telefon spürbar gewesen war. Vor Beginn des ca. dreistündigen Interviews berichtete Esther ein wenig über ihre eigene Arbeit in einem jüdischen Altersheim. Sie führt selber häufig Biographiearbeit mit den Bewohnern des Altersheimes durch, deren Geschichten ihr am Herzen liegen. Esther begegnete meinen Fragen mit vertrauensvoller Offenheit, und ihre Bereitschaft und Fähigkeit, auch auf tiefer gehende Fragen einzugehen, zeugten von den in Selbsterfahrung und Therapie gewonnenen Erkenntnissen und Verarbeitungsleistungen.

Biographischer Hintergrund

Esther wurde 1956, acht Jahre nach ihrer Schwester, in München geboren. Ihre »*schöne, eigentlich sehr fröhliche*« Kindheit sei vorwiegend durch ihren Vater geprägt gewesen. »*Also meine Mutter ist in meiner Kindheit nicht da. An die kann ich mich eigentlich nicht erinnern.*« Ähnlich wie ihre Schwester Judith hat auch Esther nur »*ganz wenig Vorstellungen*« von ihrer Mutter, außer, dass diese »*IMMER krank*« war. Neben ihrem Vater, der »*fröhlich, ausgelassen und lebensfroh*« war, gab es noch zwei weitere wichtige Bezugspersonen für Esther: Ihre Großmutter, die mit der Familie lebte und die ihr Aufmerksamkeit und Geborgenheit vermittelte: »*Die hat alles mit mir gemacht irgendwie*« und ihre acht Jahre ältere Schwester Judith. Wenn Esther nachts Angst hatte, ging sie nicht zu ihrer Mutter, sondern kroch zu ihrer Schwester ins Bett: »*Und ich war immer so ihr kleines Kind auch ein bisschen.*« Im Gegensatz zu ihrer Schwester musste Esther »*VIEL weniger Bedingungen*« ihrer Eltern erfüllen, Judith wirkte in Esthers Augen als »*Puffer*«, der das Leid der elterlichen Vergangenheit sehr viel stärker spürte und übernahm: »*Also meine Schwester hat mehr abgekriegt als ich, mit Sicherheit. Die hat sehr viele Ängste übernommen.*« So sei Esther im Vergleich zu ihrer Schwester deutlich unbeschwerter und »*VIEL freier*« aufgewachsen.

Trotz der Spannungen, die durch die Gegenwart der Großmutter in der Familie herrschten – »*Die hat nur mich und meinen Vater gemocht. Und meine Schwester und meine Mutter gehasst.*« – nahm Esther die Beziehung ihrer Eltern als »*unverständlich gut*« wahr: »*Ich hatte das Gefühl, dass sie ein gutes Verhältnis haben. Obwohl die so unterschiedlich waren.*« Die Rollenverteilung der Eltern war konservativ: »*Da waren die Fronten völlig klar. Also meine Mutter war die Hausfrau. Und mein Vater war der, der eigentlich gemacht hat, was er wollte. (…) Ich bin so aufgewachsen, die jüdische Frau hat den Haushalt zu versorgen.*«

Als Esther zwölf Jahre alt war, erkrankte sie an Diabetes und konnte für ein halbes Jahr die Schule nicht besuchen. Ihre Eltern waren mit der Diagnose und dem Umgang mit der Krankheit ihrer Tochter überfordert. Während sich der Vater zurückzog, »*also mein Vater hat sich da ausgeklinkt. Das war etwas, da wollte er nix mit zu tun haben.*«, versuchte Esthers Mutter Hannah, sich um ihre Tochter zu kümmern, was diese als plötzliche und unerwünschte Einmischung in ihr Leben empfand, zumal: »*Sie hat es nie kapiert, wie man mich versorgt. Für sie war das auch was ganz Schreckliches. Das wurde auch geheim gehalten ne Zeit-*

lang. Das war ganz fürchterlich.« Esther lernte in dieser »*schrecklichen Zeit*«, sich selbst »*komplett selbstständig*« zu versorgen: »*Ich war dann mit 13, 14 eigentlich ein Alleinversorger.«* Als die Medikamente nach einem halben Jahr gut eingestellt waren, konnte Esther die Schule wieder besuchen.

Bereits mit 15 Jahren lernte Esther ihren späteren Mann kennen und die beiden führten über Jahre hinweg eine Wochenendbeziehung, da sie in unterschiedlichen Städten wohnten. Esther hatte sich zu diesem Zeitpunkt mit ihrer Krankheit gut arrangiert und genoss ihre wachsende Selbständigkeit: »*Ich wurde älter und ich war so ein bisschen freier dann. Ich hatte viele Freunde – dieses ganze gesellschaftliche Leben. Da ging es mir dann gut.«* Nach Bestehen des Abiturs heiratete Esther und zog von München in eine andere deutsche Großstadt: »*Ich wollte von zu Hause weg und das war die einzige Möglichkeit, wie ich hätte von zu Hause weggehen können. Also hab ich geheiratet.«* Zwei Jahre später wurde ihr Sohn Eric geboren und Esther fügte sich in den ersten Jahre ihrer Ehe dem Wunsch ihres Mannes und blieb als Hausfrau und Mutter zuhause: »*Musste ich dann als Mutter zu Hause bleiben. Und kochen. Und es gibt eigentlich nichts, was ich so sehr hasse, wie Haushalt und kochen. Aber gut, ich hab es gemacht.«* Als ihre 1984 geborene Tochter Carlotta ein paar Jahre alt war, setzte Esther ihren Willen gegen den ihres Mannes durch und begann zunächst einige Semester Pädagogik und anschließend Medizin zu studieren. 1992 erkrankte Carlotta an Leukämie und Esther gab ihr Medizinstudium und ihren Wunsch, Kinderonkologin zu werden auf: »*Nachdem ich ein Jahr mit meiner Tochter im Krankenhaus war, wollte ich da eigentlich nicht mehr zurück.«* Esthers Mann, von dem sie sich 1990 getrennt hatte, zog wieder bei der Familie ein: »*Ich hatte das Gefühl, ich muss Carlotta eine intakte Familie bieten.*« Obwohl die Beziehung nach wie vor unglücklich war, nahm Esther sich damals vor: »*Jetzt zieh ich es durch, bis die Kinder erwachsen sind.«* Die Kinder jedoch wiesen ihre Eltern ein paar Jahre später darauf hin: »*Hört zu, wegen UNS müsst ihr nicht zusammenleben.«* So trennten sich Esther und ihr Mann 1994 endgültig: »*Und dann bin ich halt mit beiden Kindern geblieben. Und ich muss sagen, das war toll.«* Sie setzte ihr Pädagogik-Studium fort und begann nach ihrem Abschluss in einem jüdischen Altersheim zu arbeiten, eine Beschäftigung, die ihr viel Freude bereitet und in der sie sich sehr engagiert.

Seit einigen Jahren lebt sie mit ihrem neuen Lebenspartner zusammen. Ihre beiden Kinder studieren in London.

Inhaltsanalyse

Mutterbild und Vaterbild, Familiendynamik und elterliche Aufträge

Esther hat in Bezug auf ihre Kindheit wenig Erinnerungen an ihre Mutter: »*Ich hab ganz wenig Vorstellungen von ihr. Ich saß eigentlich nie auf ihrem Schoß.*« Erst mit Beginn ihrer Diabetes-Erkrankung, die mit dem Beginn der Pubertät einsetzte, also einer Zeit der Ablösung und erhöhter Selbstständigkeit, »*da kam plötzlich meine Mutter auf den Plan*«, und wollte Esther versorgen. Esther empfand die Fürsorge der Mutter jedoch als kontrollierend: »*Ab hier eben fing sie so an, so plötzlich sich in mein Leben einschalten zu wollen. Mich zu kontrollieren.*« Esther wehrte sich gegen die plötzliche Bevormundung und folgende Dynamik entwickelte sich: »*Meiner Mutter ist Kontrolle sehr wichtig. Und ich, ich HASSE Kontrolle. Ich finde Kontrolle was ganz Schlimmes. Aber sicherlich auch durch dieses Zusammenspiel.*« Noch heute ist Esther das Gefühl, kontrolliert zu werden, zuwider: »*Ich mag das überhaupt nicht kontrolliert zu werden. Ich kann wirklich Dinge allein entscheiden, also, ich mach auch Fehlentscheidungen, aber ich möchte gerne selbst bestimmen.*« Auch ihr Vater habe sie hinsichtlich ihrer Haltung geprägt: »*Ich hab dieses nicht-kontrolliert-werden-wollen sicherlich von meinem Vater übernommen. Ich hab da so ganz massive Züge von ihm in mir.*«

Esther erinnert sich, dass ihre Mutter in den damaligen Streitsituationen versuchte, die Wogen durch »Bestechung« zu glätten: »*Da wurde unheimlich viel mit Geld gemacht. Was ich eigentlich gar nicht wollte. Also es wurde probiert, mich zum Funktionieren zu bringen durch Geld. (…) So: ›Wenn du lieb bist, kannst du dir heute wieder mal ne Jeans kaufen oder ein Kleid oder so.‹*«

In ihrer Kindheit nahm Esther ihre Mutter vor allen Dingen in ihren »*haushälterischen Funktionen*« wahr: »*Ich hab sie erlebt als Putzfrau, als Hausfrau, als Köchin.*« Die mangelnde Emotionalität der Mutter erklärt Esther sich heute folgendermaßen: »*Ich denke, meine Mutter war die viel kaputtere von beiden Elternteilen. Und ich glaube, dass sie bis heute sicher noch nicht in der Lage ist, überhaupt Emotionen zu zeigen. Oder sie überhaupt zu haben. Das weiß ich aber nicht, das ist jetzt reine Spekulation.*« Esther führt die emotionale Verfassung ihrer Mutter auf deren Erlebnisse im Holocaust zurück: »*Da ist, denk ich, sehr Vieles abgetötet worden. Was auch nicht mehr wiederkommt. [Pause]*«

Sie vergleicht den Lebenslauf ihrer Mutter mit anderen Holocaust-Überlebenden: »*Ich glaub, dass sehr viele von denen nach dem Krieg Familie gegründet haben. Wobei die Emotionen irgendwo auf der Strecke geblieben sind. Sehr viele Ehepaare sind einfach miteinander verheiratet, weil man brauchte noch so einen Ankerpunkt. Haben Kinder gekriegt und Geld geschaffen. (...) Die haben sich nicht wirklich überlegt, ob sie in der Lage sind, Kinder zu kriegen. (...) Ich denke mir, meiner Mutter von Liebe zu erzählen – das ist etwas, was nicht in sie eindringt. Sie kennt wohl das WORT, ja.*«

Wie ihre Schwester Judith erinnert sich Esther in Bezug auf ihre Mutter vor allen Dingen an deren Gebrechlichkeit und die Auswirkungen auf das Familienleben: »*Meine Mutter war immer krank. Die war IMMER krank. (...) Mein Vater hat immer gesagt: ›Ihr müsst auf eure Mutter aufpassen.‹ (...) Meine Schwester und ich, wir hatten immer so das Gefühl, wir dürfen eigentlich gar nicht so viel machen, weil sonst wird sie wieder krank!*« Lange Zeit fügte sich Esther der Prämisse, Rücksicht auf die kranke Mutter zu nehmen. Als sie nach dem Abitur von zu Hause ausziehen wollte, sah sie keinen anderen Weg, als zu heiraten: »*Also ich hätte nicht einfach so ausziehen können. [Pause] Also, das hat meine Mutter keinesfalls akzeptiert. Und mein Vater hat dann gesagt: ›Nee, nee, machen wir deine Mutter krank, wenn du das tust.‹ Also das war dann halt – dann hab ich halt geheiratet.*« Erst Jahre später, »*wie ich erwachsener wurde, so mit 30 circa*«, fing Esther an, eigene Entscheidungen ohne Rücksichtnahme auf ihre Mutter zu treffen: »*Und wie man sieht – ihr geht es relativ gut, sie kommt gut zurecht.*«

Im Rahmen einer Psychotherapie gelang es Esther, ihre Position innerhalb der Familie und insbesondere ihrer Mutter gegenüber und dementsprechend auch ihre eigenen Entscheidungen und Handlungen besser zu verstehen. So wurde ihr bewusst, dass die intendierte Ablösung vom Elternhaus, die durch die Heirat mit ihrem ersten Mann vollzogen werden sollte, misslang, denn: »*Ich hab jemanden geheiratet, der so ist wie meine Mutter. Der hat die gleichen Bestrafungsmechanismen und die gleichen Belohnungsmechanismen wie meine Mutter. (...) Beide hatten auch einen Hang zu Depressionen. (...) Also ich denk halt, die Atmosphäre kannte ich. Kann man schon ganz gut umgehen damit dann. (...) Meine massivste Erkenntnis in dieser Analyse war, dass ich eigentlich meine Mutter geheiratet hab.*«

Esther vermutet, dass sie in ihrer Familie emotional überleben konnte und sich zu einer »*lebenslustigen*« und lebenstüchtigen Frau entwickelte, weil es neben der Mutter auch noch den Vater als Vorbild gab, dem sie physisch wie auch charakterlich ähnelt: »*Ich denk, ich bin eher so wie mein Vater.*« Die beiden verband ein liebevolles Verhältnis: »*Der war zwar wenig da. Aber wenn er da war, das war immer toll.*« Sie bewunderte ihren Vater sehr und beschreibt ihn als aktiven und lebensbejahenden Mann, der trotz seiner Erfahrungen während des Holocaust seinen Lebensmut und seine Lebenslust nie verloren hat: »*Das war ein Abenteurer. Der ist viel gereist, in fremde Länder. (…) Kurz bevor er krank geworden ist, hat er sich einen Rucksack gekauft und ist durch Europa getrampt. Was ja eher untypisch ist für einen Menschen, der Geld hat und einen Mercedes vor der Tür stehen hat. (…) Er hat mit Ende 40 aufgehört zu arbeiten. Hat gesagt, er will das Leben jetzt genießen.*«

Die beiden Töchter, die ihren Vater sehr liebten, nahmen unterschiedliche Rollen ein, »*also bei uns hat sich das ziemlich aufgespalten*«: Während ihre Schwester Judith »*die Schöne*« und »*das Vorzeigekind*« des Vaters war, war Esther »*einfach die Tochter von ihm. (…) Für den war ich halt so die Tochter, der hat mich auch so – ich hätte ja ein Sohn werden sollen. [lacht] Mit meinem Vater musste ich immer Sport und solche Sachen machen. Fußballspielen stundenlang und so.*« Ihre Schwester hingegen war »*die Geliebte und Tochter*« des Vaters und stand somit andererseits »*ganz stark in Konkurrenz*« mit ihrer Mutter. Esther findet heute: »*Meine Schwester hat ne schwere Rolle gehabt. (…) Die hat einfach sehr viel mehr Last auf ihren Schultern auch von meinem Vater gehabt. Der hat VIEL mehr von ihr erwartet.*«

Folgende konträre Aufträge fühlte Esther von ihren Eltern an sich gerichtet: »*Von meinem Vater: ›Mach was aus deinem Leben. Egal wie, aber sei zufrieden und glücklich.‹(…) Und: ›Kämpfe!‹ (…) Und von meiner Mutter hab ich den Auftrag bekommen: ›Du musst immer brav und artig sein. (…) Sei ne gute Mutter, ne gute Hausfrau und eine gute Ehefrau. [Pause] Auch wenn du nicht so glücklich bist.‹*«

Auswirkungen des Holocaust und die Geschwisterkonstellation

Esther ist sich sicher: »*Dass der Holocaust mich beeinflusst hat, ist ganz hundertprozentig. Sonst würde ich mich nicht dauernd mit diesem Thema beschäftigen. (…) Der hat mich sehr, sehr lange Zeit beeinflusst.*« Sei es die Literatur, die sie interessierte: »*Es gab ne Zeit, da hab ich nur Bücher darüber gelesen. Nur. Also alles, was ich in die Hände gekriegt hab. Jede Geschichte, alles, alles, alles.*« oder auch ihre Tätigkeit als

Sozialarbeiterin in einem jüdischen Altersheim: »*Ja, auch jetzt beschäftige ich mich im Prinzip damit durch meine Arbeit.*« Auch die Eheschließung mit ihrem ersten Mann empfindet sie als ein Teilprodukt des Holocausts, denn: »*Ich hätte einen nichtjüdischen Mann damals nicht geheiratet. Diese Toleranz hatte ich damals noch nicht. (…) Ich hatte damals das Gefühl, ich brauche einen Mann, der weiß, was sich »dahinten« abgespielt hat.*«

Esther ist die zweite Tochter ihrer Eltern, die acht Jahre nach ihrer Schwester geboren wurde. Sie bezeichnet ihre ältere Schwester Judith als eine »*super Pufferzone*« zwischen sich und ihren traumatisierten Eltern. Sie selbst hingegen war: »*VIEL freier als meine Schwester. Also ALLES freier, ja. Die war so die Vorbotin.*« Esther vergleicht Familien mit ähnlichen Geschwisterkonstellationen: »*Die Generation meiner Schwester – da gibt es eine Masse an Leuten, die schon Selbstmord gemacht haben. Mittlerweile. In meiner Generation sehr viel weniger. Oder in meiner Generation, wo es noch ältere Geschwisterkinder gab. Das ist nämlich das wichtige, dieses zwischen – zwischengeschaltete.*« Esther kennt durch ihre Arbeit im Altersheim viele Schicksale von Kindern von Holocaustüberlebenden: »*Ich seh so viele kaputte Kinder auch bei uns im Altersheim. Die sind KRANK, also wirklich psychisch KRANKE Menschen, Leute, die mit 48 Jahren schon ins Altersheim kommen, weil es keine jüdischen Institutionen für psychisch Kranke gibt.*«

Sie selbst habe versucht, die furchtbaren Erfahrungen ihrer Eltern, die deutlichen Einfluss auf das Familienleben hatten, als Ressource in ihrem Leben zu verwenden, indem sie sich auf die Helferseite begeben hat. Ihre eigenen Erfahrungen mit Krankheit, schwierigen Familienkonstellationen und dem Holocaust ermöglichen es ihr, mit viel Empathie ihren Klienten gegenüberzutreten: »*Ich versteh die Leute unheimlich gut, wenn die mir was erzählen. Und ohne, dass sie oft viel erzählen. [Pause]. (…) Ich versteh ihr Leid – auch ohne, dass sie deutlich darüber sprechen.*«

Umgang mit der Vergangenheit

Esther weiß nicht viel über das Leben ihres Vaters vor Ende des Krieges, bis auf die Tatsache: »*Er hat seinen Stolz behalten*«. Wenn er berichtete, dann waren es »*immer einschlägige Erzählungen*« mit folgendem Inhalt: »*Ich hab mich nie drücken lassen, ich hab mir nie meinen Stolz nehmen lassen.*« Diese Botschaft wollte er auch seinen Töchtern vermitteln: »*Er hat uns auch immer gepredigt und gepredigt, dass wir das ja auch nicht machen sollen.*«

Esthers Mutter habe früher nie etwas über ihre Erfahrungen erzählt und offenbart erst seit einigen Jahren Details: »*Meine Mutter erzählt komischerweise erst in der letzen Zeit. (...) So flashartig.*« Dennoch: »*Ich kann bis heute nicht sagen, WO meine Mutter war.*« Esther gibt zu bedenken, dass ihre Wissenslücken auch auf ihren Widerwillen zurückzuführen sein könnten, die Erinnerungen der Mutter in sich aufzunehmen: »*Vielleicht wollte ich es auch gar nicht wissen. Ich merke heute, es ist mir nicht angenehm, wenn die drüber redet. Überhaupt nicht.*« Es fällt Esther leichter, fremden Holocaustüberlebenden bei ihren Schicksalsberichten zuzuhören: »*Bei allen anderen Leuten im Altersheim, das ist kein Problem, mir das anzuhören, das aufzuarbeiten, aber bei meiner Mutter – da will ich es einfach nicht hören.*« Esther befürchtet, dass ihre Mutter erwarten könnte, dass Esther deren Gefühle übernimmt: »*Und ich WILL dieses Leid überhaupt nicht.*« Darüber hinaus möchte sie sich auch vor den Gefühlen für ihre Mutter schützen: »*Ich müsste vielleicht Mitleid mit ihr haben und ich will auch kein Mitleid wirklich haben.*« Ihre Mutter mache ihr deshalb oft Vorwürfe: »*Sie sagt mir sehr oft: ›Für andere Leute bist du immer da, für mich nie.‹*«

Ehe und Mutterschaft

Die Entscheidung, Kinder zu bekommen, kollidierte zunächst mit Esthers »*Jugendtraum*«, Entwicklungshilfe zu leisten. »*Ich wollte Medizin studieren, das war so ein ewiger Kindheitstraum von mir und wollte in die Entwicklungshilfe gehen – so Afrika, irgendsowas. Und da passten Kinder überhaupt nicht in das Konzept.*« Ihr Mann allerdings, den sie mit 19 Jahren heiratete, auch um sich von ihrem Elternhaus zu distanzieren, erwartete von Esther, dass sie ihre eigenen beruflichen Pläne zurückstellte und zu Hause blieb, um sich um den Haushalt und die Kinder zu kümmern. Eine Weile passte sie sich seinen Erwartungen an und »*lebte ein bisschen das Leben meiner Mutter*«, (paradoxerweise) auch dieser zum Trotz. Ihre Mutter hatte sie nämlich lange Zeit gewarnt: »*Du bist ne kranke Frau und findest eh keinen Mann mehr.*« So entstand in Esther das Gefühl: »*Ich muss es beweisen. (...) Da gab es so eine Portion Trotz, ja.*«, auch in Bezug auf die ihr abgesprochene Fähigkeit, aufgrund ihrer Krankheit Kinder bekommen zu können. Das junge Ehepaar entschied sich also, Kinder zu bekommen und Esther war bereit, sich »*zu 100%*« ihrer Verantwortung als Mutter zu stellen und ihren Berufswunsch zunächst aufzugeben: »*Es war mir dann auch klar, wie der Eric auf die Welt kam, dass ich nicht in die Entwicklungshilfe gehe. (...) Ich hab halt meine Ziele in andere Ferne gesteckt. Hab gesagt: Also jetzt ist es halt nun mal so, jetzt ziehst du das erst mal durch. Und dann gucken wir mal weiter.*« Seit jeher genießt sie den Umgang mit ihren Kindern: »*Also das fand ich ganz toll. Kinder fand ich toll. (...) Meine Kinder sind mir immer ganz wichtig gewesen.*«. In der Erziehung legte sie Wert darauf, ihre Kinder zu »*glücklichen, offenen, toleranten Menschen*« und zur Selbstständigkeit zu erziehen.

Heimat

Für Esther bedeutet Heimat zunächst ihr Zuhause und dann »*auch irgendwie so ein bisschen Deutschland.*« Die deutschen Sitten sind ihr vertraut: »*Die Sprache, die Rituale, die Mentalität, auch wenn ich sie vielleicht manchmal gar nicht mag. Aber ich weiß, wie ich damit umgehen kann.*« Selbst, wenn sie mit dem Gedanken spielt, sich im Alter einen zweiten Lebensort im südlichen Europa zu suchen, ist ihr die Verbindung zu Deutschland wichtig: »*Ich möchte sicherlich immer ein Bein hier behalten*«, um im Notfall wieder zurückkehren zu können: »*Ich glaub schon, dass ich auch zu diesen Menschen gehöre, wenn sie älter und hinfälliger werden, dass ich dann, wie viele, zurückgehe.*« Außerdem ist ihr wichtig, sich nicht zu weit von ihren Kindern, die zurzeit beide in London leben, zu entfernen: »*Ich möchte erreichbar für meine Kinder sein.*«

Judentum und jüdische Identität in Deutschland

Esthers Familie unterschied sich im täglichen Leben von ihren nichtjüdischen Freunden dadurch, dass sie ein offenes Haus hatten: »*Ich durfte jeden mitbringen im Gegensatz zu vielen anderen meiner Generation.*«

Die jüdischen Feiertage wurden »*ganz, ganz groß zelebriert*«, so lange ihr Vater noch lebte. Die Familie lebte die Traditionen, war jedoch nicht religiös: »*Wir mussten nie in die Synagoge gehen. Wir haben nie einen koscheren Haushalt gehabt. Gar nichts.*«

Jüdisch zu sein bedeutet für Esther: »*Eine Identität. Vielleicht bei gewissen Dingen das gleiche Gefühl mit anderen zu haben. (...) Zugehörigkeit. (...) Eine gewisse Warmherzigkeit sicherlich auch. Ich glaub auch dieses, dass Kinder so wichtig sind.*« Sie differenziert: »*Also Familie ist wichtig, aber halt MEINE Art von Familie. Das will ich mir schon nicht vorschreiben lassen.«* Auch wenn sie nicht religiös lebt, gehört das Judentum mit zu ihrer Identität: *»Das gibt mir meine Identität auch irgendwie. Ich käme jetzt nicht auf die Idee, nichtjüdisch zu sein oder eine andere Religion anzunehmen.«* Esther kritisiert die strenge Rollenverteilung im Judentum und empfand es lange Zeit als Last, als jüdische Frau den Erwartungen der Familie und Gesellschaft gemäß den jüdischen Traditionen entsprechen zu müssen: *»Ich fand es so entsetzlich, dass der Weg da so vorgegeben war. (...) Ich bin ja so aufgewachsen: Die jüdische Frau hat den Haushalt zu versorgen. Die hat dann zu kochen, wenn der Mann das will. (...) Das fand ich ganz entsetzlich. (...) Ich wär viel lieber ein jüdischer Mann gewesen. [Lacht]«*

Ihre Zugehörigkeit zum Judentum drückt sich in ihrem Leben aus, *»indem ich in einem jüdischen Altersheim arbeite, nicht in einem nichtjüdischen. Ja, ich geh auch ab und zu an den Feiertagen in die Synagoge. An den Hohen Feiertagen. Mein Sohn hat Bar Mizwa gehabt, meine Tochter Bat Mizwa.«* Ihre Kinder erzog sie im jüdischen Glauben und führt somit die Familientradition weiter: *»Ich hätte ihnen nichts anderes vorleben können. Ich hab auch nichts anderes erfahren.«*

Esther geht selbstbewusst mit ihrer jüdischen Identität um und hat bisher in Deutschland keine schlechten Erfahrungen mit dieser Offenheit gemacht. Einer häufigen Reaktion ihrer Umwelt, *»Erstaunen. (...) Die wissen oft gar nicht, was die damit anfangen sollen.«*, begegnet sie mit freundlichem *»Aufklärungswillen«*. Sie gefällt sich in der Rolle der Exotin: *»Das mag ich gern. Ich mag nicht so sein, wie die anderen. Aber das geht in jeden Bereich. Ich möchte auch nicht so sein wie die jüdische Gemeinde.«*

Esther äußert Verständnis für die Entscheidung ihrer Eltern, nach Ende des Krieges in Deutschland zu bleiben: *»Es war dann halt bequem. Kann ich auch verstehen, man hatte keine Lust mehr, irgendwo anders wieder von vorne anzufangen. Neues Land, neue Sprache, neue Menschen.«* Erst, als ihre Eltern ihr *»im heiratsfähigen Alter«* unmissverständlich unterbreiteten, dass nur ein jüdischer Mann als Partner für sie in Frage käme, begann sie, die elterliche Wahl des Lebensortes zu hinterfragen, da ihre jüdische Partnerauswahl im Nachkriegsdeutschland drastisch eingeschränkt war: *»Warum seid ihr eigentlich in Deutschland geblieben? Die Auswahlkriterien sind wirklich schlecht in Deutschland.«* Heute gesteht Esther sich ein, dass sie selbst damals nicht in der Lage gewesen wäre, einen nichtjüdischen Mann als Partner zu akzeptieren. Auch ihr jetziger Partner hat jüdische Wurzeln, was es Esther *»erleichterte«*, ihn ihrer Mutter vorzustellen. Die Vermutung liegt nahe, dass

Esther sich bis heute nicht vollständig von dem Auftrag ihrer Eltern, einen jüdischen Mann zu wählen, gelöst hat. Andererseits hat Esther die für sie negative Erfahrung gemacht, dass sich »*die Holocaust-Problematik*« mit einem jüdischen Partner »*potenzieren*« kann: »*Diese Holocaust-Problematik wurde nicht weniger, sondern mehr in der Ehe mit meinem Ex-Mann. (...) Man hat diese kranke Welt, in der man so aufgewachsen ist, dann aufrechterhalten in der Ehe.*«

Israel

Esthers Meinung über Israel hat sich in den letzten Jahren verändert: »*Israel WAR ein tolles Land. Ein unheimlich freies und tolerantes Land. Und da hat das Leben getobt.*« Sie schwärmt über ihre Aufenthalte als Jugendliche in Israel, früher besuchte sie ihre Schwester häufig, die ein paar Jahre dort lebte: »*Ich bin früher so zwei-, dreimal im Jahr gefahren. (...) Das war so ein freies Land für Jugendliche, das war schon ein Genuss. (...) Kinder und Jugendliche spielen da ne ganz große Rolle. (...) Die durften überall hin, die konnten sich frei bewegen, denen ist nichts passiert.*« Es gab Augenblicke in ihrem Leben, in denen sie mit dem Gedanken spielte, nach Israel auszuwandern. Als 18jährige wäre sie gerne nach Israel auf ein Internat gegangen und Jahre später, nach der Trennung von ihrem Mann: »*Da hab ich mich mit dem Gedanken getragen, vielleicht wandere ich nach Israel aus, weil – für die Kinder ist es schön und für mich ist es auch ein nettes Land.*« Sie konkretisiert: »*Aber das waren immer nur so Gedanken.*«

Seit fünf Jahren war Esther nicht mehr in Israel: »*Mittlerweile macht mir Israel Angst.*« Sie kritisiert die Politik Israels: »*Ich finde, ein Herr Sharon müsste da nicht mehr an der Regierung sein, ehrlich gesagt. Ich hab das Gefühl, da wird ein Krieg auf den Schultern von irgendwelchen unschuldigen Menschen ausgetobt. Und das kann ich nicht für gut befinden.*«

Sie hofft, dass »*der Teufelskreis irgendwann mal beendet wird. (...) Dieses ewige Zurückschießen und Hinschießen und Herschießen.*«, denn sie befürchtet: »*So hat das Land keine Überlebenschance.*«

Vergebung

Esther stellt klar: »*Den Holocaust kann man nicht vergeben.*« Sie differenziert den Grad der Involvierung: »*War ich da in einer führenden Position, oder ging es für mich eigentlich auch nur ums Überleben? Hab ich mitgemacht, um meine eigene Familie zu retten? Das würden, glaube ich, viele machen.«* Sie schränkt ein: »*Und auch da konnte man Grenzen ziehen: Wo der Sadismus nicht gemacht worden ist, weil man selber Sadist ist und nicht noch weiter getrieben worden ist.«* Für Esther gibt es eine andere Ebene der Vergebung, die sich nicht auf die Täter-Generation, sondern auf deren Nachkommen bezieht: »*Vergeben heißt für mich, einfach die nächsten Generationen offener angucken und mit denen in Kommunikation treten.«*

Wiedergutmachung

Für Esther hat Wiedergutmachung den Beigeschmack des »*Freikaufens*«, der ihr bitter aufstößt: »*Ich hab immer das Gefühl, Wiedergutmachung, wenn das dann tatsächlich passiert ist, dann sind die Leute, die es gemacht haben, frei. DAS, was gemacht worden ist, kann man nicht – mit den 5000 Euro oder was da jetzt kürzlich geflossen ist – [Pause] ich finde es auch immer so lächerlich, diese Summe – ich wüsste gar nicht, wo man das ansetzen sollte, so eine Summe.«* Sie hat Hochachtung vor den jüdischen Opfern, die auf finanzielle Wiedergutmachung verzichteten: »*Die haben gesagt: ›Nein, ich bin vertrieben worden von den Leuten, ich bin gequält worden. Warum soll ich da jetzt Geld nehmen? Damit die wieder ein reines Gewissen haben.‹ (…) Mir gefällt, dass die so konsequent waren.«* Esther ist sich allerdings sicher, dass auch die Summe der Wiedergutmachung eine Rolle spielt, denn: »*Jeder Mensch ist käuflich. Wenn es um zehn Millionen gegangen wäre, hätte es keinen mehr gegeben, der es nicht genommen hätte. Die hätten sich dann gesagt: ›Gut, damit mach ich eben meiner Familie wenigstens ein angenehmes Leben.‹«*

Sicherheitsgefühl, Ressourcen und Bewältigungsstrategien

Esther hat sich ihr »*Urvertrauen*« bewahren können, in Bezug auf ihre Umwelt und auch in Bezug auf ihr eigenes Leben: »*Ich hab so einen ziemlich festen Glauben, dass es schon alles wird. (…) Ich hab noch nie gedacht, es gibt kein Licht am Ende vom Dunkel.«* Sie bringt dem Leben ein Vertrauen entgegen, das sie weder von ihrer Mutter noch von ihrer Schwester, die viele Ängste der Mutter übernommen hat, kennt: »*Ich bin jemand, der nicht misstrauisch Menschen gegenüber ist.«* Ihre positiven Erfahrungen bestärken sie, diese Haltung beizubehalten:

»*Mir ist auch nie was passiert. NIE.*« Sicherheit gebe ihr auch ihr jetziger Partner: »*Er ist der erste Mensch in meinem Leben – außer meinem Vater – wo ich mich sicher fühle. Wo ich das Gefühl habe, es kann gar nichts passieren.*« Darüber hinaus vermittelt ihr ihr Zuhause ein Gefühl von Sicherheit, aber: »*Zu Hause fühlt man sich halt auch nur, wenn man sich bei sich selber zu Hause erst mal fühlt.*«

Kritischen Lebenslagen begegnet Esther mit Gelassenheit und Geduld. Sie hat die Erfahrung gemacht, dass sie sich auf ihre Stärke und ihre Umsicht verlassen kann. Als sich herausstellte, dass ihre Tochter an Leukämie erkrankt war, behielt sie einen kühlen Kopf und übernahm die Führung: »*Ich hab einfach funktioniert! Unheimlich klar funktioniert.*«

Esthers Lebensbejahung drückt sich auch darin aus, dass sie das Leben mit seinen Höhen und Tiefen akzeptiert. Als ihr Vater starb, konnte Esther ihn besser gehen lassen als ihre übrige Familie: »*Klar! Es wäre schön gewesen, wenn er noch länger gelebt hätte, aber – auf der anderen Seite hatte ich das Gefühl, er hat gut gelebt gehabt und diese Entscheidung, dass er sterben will, hab ich absolut akzeptiert.*«

Esther hat sich das Lebensmotto zueigen gemacht: »*Genieße den Tag, wie er kommt. (...) Also auch mit allen Problemen, die da auf einen zukommen.*«

6.1.4. Tamara, dritte Generation, Tochter von Judith

> »*Ich möchte so gerne eine Heimat haben. Das ist, glaube ich, das Allerwichtigste in meinem Leben.*«

Rahmenbedingungen

Ich besuchte Tamara im August 2004 in ihrer Wohnung in Manhattan, New York, die sie mit ihrem Mann und ihrem Hund gemeinsam bewohnt. Das Gespräch dauerte ca. dreieinhalb Stunden.

Interviewverlauf und Atmosphäre

Tamara, eine selbstbewusste junge Frau begegnete mir und meinen Fragen mit großer Offenheit. Schon gleich zu Beginn des Gespräches wurde ihre Therapieerfahrenheit durch ihre Fähigkeit, sich emotional intensiv auf meine Fragen einzulassen und durch ihre Gewandtheit im Assoziieren deutlich. Bei bestimmten, für sie interessanten Fragen stieg sie immer tiefer und tiefer in einen Erkenntnis- und Selbsterfahrungsprozess ein und wechselte dann wieder mühelos auf die Meta-Ebene, um ihre Antwort zu reflektieren. Durch ihre vertrauensvolle und schonungslose Offenheit entstand im Gespräch schnell Nähe. Tamaras Sprache war sehr deutlich und moduliert, sie formulierte ihre Antworten schnell und benutzte viele Metaphern. Über verschiedene Themen bat sie mich – aus Rücksicht auf ihre Großmutter – nicht zu schreiben.

Biographischer Hintergrund

Tamara wurde 1973 in Israel geboren. Ihr Vater ist Israeli, ihre Mutter Judith Deutsche. 1975 zog die gesamte Familie auf Judiths Wunsch nach Deutschland, wo Tamara in unmittelbarer Nähe ihrer Großeltern (mütterlicherseits) aufwuchs. Tamaras Großvater, zu dem ihre Mutter eine sehr enge Beziehung hatte, spielte auch in ihrem Leben eine große Rolle: »*Er war schon von Anfang an sehr präsent in meinem Leben.*« Als Tamaras Großvater 1981 starb, folgte »*eine sehr lange, eine sehr traumatische Zeit. (...) Weil er auf einmal weg war und mir niemand was gesagt hat, dass er Krebs hatte oder dass er jetzt stirbt. Es gab überhaupt keine Vorbereitung*«. Tamara erfuhr in der akuten Trauer um den Großvater von ihrer Mutter keine Unterstützung, da diese unmittelbar nach dem Tod ihres Vaters in einem »*Sanatorium*« untergebracht worden war.

Tamara litt Zeit ihres Lebens unter starken Trennungsängsten und vermutet, dass diese durch den Tod des Großvaters und die anschließende plötzliche, unerklärte Abwesenheit der Mutter ausgelöst bzw. intensiviert wurden.

Zwei Jahre nach dem Tod des Großvaters ließen sich Tamaras Eltern scheiden und die damals zehnjährige Tamara und ihr drei Jahre jüngerer Bruder blieben bei ihrer Mutter. Tamara hatte zu diesem Zeitpunkt ausgeprägte Trennungsängste, litt unter Alpträumen und nässte zeitweilig noch ein: »*Es war eine ständige Spannung. (...) Ich hab mich immer für alles verantwortlich gefühlt. (...) Und ich hab immer gedacht, es passiert irgendwas ganz Schlimmes.*« Als Tamaras Mutter bald nach der Scheidung einen neuen Partner fand, »*ging es wieder bergauf. (...) Ich litt nicht mehr, die Alpträume und das Ganze hörte auf.*«

Tamara besuchte nach der jüdischen Grundschule ein nichtjüdisches Gymnasium, wo sie sich von ihren jüdischen Freundinnen abwandte und mit ihren nichtjüdischen Klassenkameraden anfreundete. Auch ihre Partner waren häufig nichtjüdisch.

Nach dem Abitur zog Tamara nach London und besuchte dort eine Schauspielschule. Für ein paar Jahre lebte sie mit ihrem damaligen jüdischen Freund zusammen, der ihr aus Deutschland gefolgt war: »*Er war älter und er war jüdisch und er war gut aussehend und ich war total in ihn verliebt. (…) Ich kannte ihn schon mein Leben lang. (…) Er war ein Vater-, nein eher ein Muttersatz für mich. Ich hab mich total beschützt gefühlt.*« Hatte Tamara am Anfang gehofft, die beiden deutschen Juden könnten sich in England ein gemeinsames und neues Leben aufbauen und »*dieser ganzen Sache zusammen entspringen. Entfliehen.*«, so erkannte sie bald, dass sie sich durch die traditionellen jüdischen Lebensvorstellungen ihres Freundes eingeengt fühlte: »*Ich hab mich gefühlt, als will man mich in eine Box pressen und den Deckel zumachen.*« Um sich zu distanzieren, rebellierte sie »*wie eine Wahnsinnige*« gegen ihn: »*Ich hab ihn schlecht behandelt. Und mich furchtbar aufgeführt.*«

Er verließ sie, kurz nachdem Tamaras Mutter ihr mitgeteilt hatte, dass sie Konkurs anmelden musste, sie fortan nicht mehr finanziell unterstützen könne und nach Kanada auswandern werde. Tamara, die bisher das Leben »*einer netten kleinen Prinzessin*« geführt hatte, war »*am Boden!*«: »*Ich hatte noch nie irgendwas selbst gemacht. Dazu wurde ich ÜBERHAUPT nicht erzogen. Was ein großer Fehler war. Ich konnte mich überhaupt nicht auf mich verlassen.*« Sie war gezwungen, aus dem gemeinsamen Apartment auszuziehen und fand bei Freunden im Wohnzimmer Unterschlupf: »*Da hab ich auch wirklich auf dem Boden geschlafen. Und zwar für ein Jahr.*« Sehr schnell »*stürzte*« sich Tamara in eine neue Beziehung und es folgte eine Zeit, in der sie sich so selbstdestruktiv verhielt, dass sie schließlich zusammenbrach: »*Ich hatte einen richtigen Zusammenbruch. Ich konnte überhaupt nichts mehr machen. Ich konnte mich weder ernähren, noch – noch nicht mal alleine aufs Klo gehen. GAR nichts. (…) Ich hatte die totale Depression und Angstzustände. (…) Bei mir war Schluss. Total Schluss.*«

Freunde brachten sie nach Kanada zu ihrer Mutter, wo sie eine Psychotherapie begann und sich im Laufe mehrerer Monate erholte: »*Ich hab mich einfach nur ausgeruht.*« Nachdem sie sich wieder stabilisiert hatte, lernte sie ihren zukünftigen Mann kennen und entschloss sich, in Kanada zu studieren und Psychotherapeutin zu werden: »*Ich hab mein Leben dann total umgekrempelt.*« Im Jahre 2000 heiratete Tamara ihren kanadischen Freund, mit dem sie bald nach der Hochzeit nach New York zog. Dort begann sich ihr Zustand wieder zu verschlechtern, sie litt unter Angstzuständen und Depressionen, die sie auf die erneute Entwurzelung zurückführte. Nachdem sie sich in New York eingelebt hatte, fühlte sie sich wohler und ihre Symptome verschwanden. Tamara unterzieht sich seit einigen Jahren einer Psychoanalyse, hat ihr Studium beendet und arbeitet heute selbst als Psychotherapeutin. Statt in Bayern einen traditionellen jüdischen Haushalt zu führen, hatte ihre »*Rebellion*« folgende Konsequenzen: »*Jetzt lebe ich in New York mit einem französischen Katholiken und arbeite mit armen Kindern in der Bronx.*«

Inhaltsanalyse

Umgang mit der Vergangenheit bzw. Tradierung des Schweigens

In Tamaras Familie wird nicht oft über den Holocaust und die Erlebnisse ihrer Großeltern gesprochen: »*Es gibt nur so abgebrochene Geschichten. Stücke von Geschichten. (...) Also meine Mutter erzählt nicht sehr gerne. Meine Großmutter – nicht. Also es ist schon ein Schweigen.*« Ihr Vater, der mit seinem Schwiegervater, Tamaras Großvater ein »*sehr enges Verhältnis*« hatte, ist der einzige, der Geschichten über die Vergangenheit tradiert, was sie »*mehr als interessant*« findet: »*Ich finde es anziehend. (...) Ich LIEBE das.*« Tamara wagt es nicht, ihre Großmutter direkt auf deren Erlebnisse im Holocaust anzusprechen: »*Aus Rücksicht. Weil ich nicht will, dass ich sie diese Dinge frage und dann ist sie allein damit. Weil was soll sie denn dann mit diesen ganzen Informationen machen? Wenn ich sie jetzt – zum Sprechen bringe und dann bin ich wieder weg? Ich kann ja nicht danach auf sie aufpassen.*« Da es keine zusammenhängenden »*richtigen Narrative*« gibt, bleibt der Holocaust für Tamara unfassbar: »*Der Holocaust ist für mich nur dieses absurde, abstrakte Wort.*« Als Kind entwickelte sie deshalb Phantasien (bezüglich des Holocaust): »*Da gab es irgendwas ganz Schmutziges, das da passiert ist. Wo die Erwachsenen immer drüber reden. Aber, was da wirklich passiert ist, hat mir niemand wirklich erklärt.*«

Es wird deutlich, dass die Strategie der ersten Generation, über schmerzhafte oder bedrohliche Ereignisse zu schweigen, von Tamaras Mutter übernommen wurde. Als Tamaras Großvater schwer erkrankte und bald darauf starb, war Tamara über diesen Prozess nicht in Kenntnis gesetzt worden: »*Er war einfach weg. (...) Das wurde alles stillgeschwiegen.*« Auch die anschließende Abwesenheit ihrer Mutter, die sich, wie sie heute vermutet, in einem »*Sanatorium*« aufhielt, um den Tod ihres Vaters zu verkraften, wurde ihr nicht erklärt: »*Sie war einfach weg.*«

Über einen langen Zeitraum versuchten Tamaras Eltern, ihre Spannungen und die drohende Scheidung vor ihren Kindern zu verheimlichen, woraufhin Tamara (aufgrund der versuchten Irreführung ihrer Wahrnehmung) starke Ängste entwickelte: »*Ich war ein überaufmerksames Kind. Ich hab immer an Türen gehorcht, was meine Eltern sagen. Und ich hab immer gedacht, es passiert irgendwas Schlimmes. (...) Ich hatte immer so eine unterschwellige Panik.*« Auch sie selbst beteiligt sich an der Geheimniskrämerei ihrer Familie, indem sie mich mehrmals bat, aus Rücksicht auf ihre Großmutter über gewisse Aspekte ihrer Biographie nicht zu schreiben. Sie bekennt: »*Das ist ein großer Punkt – dass wir immer alles voreinander verheimlichen in unserer Familie. [Lächelt] Es ist alles ein Geheimnis. [Leise:] Das erzählst du aber nicht der Mama! Erzähl das bloß nicht der Oma! Weil niemand stark genug ist zu überleben, wenn es irgendein Problem gibt.*«

Sie vermutet allerdings, dass das Schweigen in ihrer Familie negative Auswirkungen auf ihre Person hatte: »*Diese Sprache, die nie gesprochen wurde oder dieses ganze Verschwiegene. Vielleicht gibt es auch viel mehr dazu, das ich mittrage, dass die alle nicht besprechen oder sprechen konnten oder – dass ich die Depression meiner Großmutter mit mir rumschleppe oder – ich weiß es nicht!*« Sie hat sich deshalb vorgenommen, ihren eigenen Kindern eine zusammenhängende und befriedigendere Geschichte der Familienvergangenheit zu präsentieren, so dass diese »*etwas freier davon sein werden als ich. (...) Dass sie nicht so wie ich mit ihrer Phantasie Lücken füllen müssen, was zu allen möglichen Sachen führen kann.*«

Symbiotische Beziehung zur Mutter und Auswirkungen des Holocaust

Viele von Tamaras Antworten zu den unterschiedlichsten Themen schließen ihre Mutter mit ein, und geben Hinweise auf das von Tamara selbst angesprochene symbiotische Verhältnis der beiden: »*Ich hab echt Probleme manchmal, in meiner Kindheit mich von meiner Mutter zu unterscheiden – was ist bei ihr und was ist bei mir – bei mir ging es immer so – wenn es ihr gut geht, geht es mir auch gut.*« Tamara beschreibt die Fürsorge, die sie als Kind für ihre Mutter empfunden und durch Aufmerksamkeit und Liebesbeweise ausdrückte: »*Weil ich eine traurige Mutter gesehen habe, die das braucht, dass ich ihr sage, dass sie die Tollste ist. (...) Ich hab ihr immer zu meinem Geburtstag was geschenkt – zu MEINEM Geburtstag.*«

In der Pubertät gab es eine Phase, in der die Idealisierung ihrer Mutter ins Gegenteil umschlug: »*Also es war wirklich extrem – erst war meine Mutter mein Gott und dann – ich hasse meine Mutter. Und wieder – die Grautöne haben immer gefehlt! (...) Es wurde sehr, sehr schwierig. Ich hab meine Mutter wirklich bekämpft.*« Tamara beschreibt die Beziehung zu ihrer Mutter bis heute als »*wahnsinnig intensiv*«: »*Sie nährt mich – und manchmal schluckt sie mich auf. Mit Haut und Haaren.*«

Im Gegensatz zu ihrem Bruder versucht Tamara heute (unterstützt durch ihre Therapie), sich immer mehr von ihrer Mutter zu lösen, was für diese sehr schwer sei: »*Das ist für sie eine schreckliche Bedrohung.*« Tamara möchte sich auch von alten Strukturen, Mustern und Sichtweisen distanzieren: »*Dass ich mir auch so was wie Aggressionen ihr gegenüber zulassen kann. Das ging vorher nicht. Sie war einfach die ideale Mutter und mein Vater war einfach der Böse. Er war ganz schlecht und sie war ganz gut und da gab es auch überhaupt keine – Grautöne. Ganz schön gestört.*«

Sie zieht hier eine Parallele zu der »Spaltung« von Tätern und Opfern im Holocaust: »*Und da seh ich schon Sachen vom Holocaust. Wie z.B., da gab es auch gut und schlecht. Da gab es halt die Guten und die Bösen. Und da gibt es nicht viel Grau, nicht?*«*(...) Ich glaube schon, dass meine Schwarz-und-Weiß-Ansicht der Welt – und gut und schlecht und all diese extremen Dinge nicht nur wegen der Scheidung passiert sind.*«

Tamara geht davon aus, dass viele ihrer Schwierigkeiten eine Auswirkung der Familiendynamik, basierend auf den Erlebnissen des Holocaust, sind.

Sie weist z. B. auf »*extremes Misstrauen*« hin, das sie und ihre Mutter der Welt im Allgemeinen und selbst vertrauten, nahestehenden Personen entgegenbringen. Dies äußert sich bei Tamara z. B. in Holocaust-ähnlichen Phantasien, in denen sie von ihren Freundinnen verraten werden könnte: »*Meine Oma hat mir erzählt: ›Naja, ich hatte auch engste Freundinnen und die waren nichtjüdisch und die haben mich verraten.‹ Also es gab immer so eine Phantasie, ob das bei mir auch so wäre. Wenn jetzt was passieren würde – würden diese ganzen Freundinnen, die meine besten Freundinnen sind – schon seit ich zehn bin oder so – würden die mich anzeigen? Was ich ja nicht glaube. Aber immer dieses: Du kannst niemandem trauen. Nicht mal einer besten Freundin. Das trage ich immer mit mir rum.*«

Die Angst vor Antisemitismus ist innerlich sehr präsent und Tamara ertappt sich dabei, wie sie selbst Freunden misstraut: »*Ich hab immer Angst, dass meine Freunde HEIMLICH so was denken und dann könnten wir nicht mehr befreundet sein. Weil da kann ich nicht mehr vertrauen. Wenn die heimlich solche Gedanken haben, wie kann ich denn dann vertrauen?«*

Abgesehen von dem für Mutter und Tochter schmerzhaften Ablöseprozess, betrachtet Tamara ihre Mutter mit Bewunderung und Dankbarkeit. Sie sei ihr ein Vorbild, da sie Tamara die Möglichkeit vorgelebt habe, sich als jüdische Frau aus den vorgegebenen Rollen und Traditionen zu befreien und ein emanzipierteres Leben zu führen: *»Sie ist sich dessen gar nicht bewusst. Wie sehr sie mir vorgelebt hat, dass ich nicht in diese Box muss.« »Diese Box«* bedeutet für Tamara das traditionelle jüdische Leben, das sie in München geführt hätte: *»Einen jüdischen Mann heiraten, kochen, Kinder kriegen.«*

Deutsche und Jüdin – Identitätskonflikt

Tamara, eine in Israel geborene Jüdin, die in Deutschland aufgewachsen ist, fühlt sich hin- und hergerissen zwischen ihrer Zugehörigkeit zu Deutschland und zum Judentum.

Durch ihre familiäre Sozialisation tendiert sie dazu, in Schwarz-Weiß-Kategorien zu denken und empfindet demnach die beiden Identitätskonzepte Jüdisch und Deutsch als nicht zu vereinbarende Gegensätze, die sie jedoch beide durch ihre Herkunft in sich trägt: *»In mir drinnen gibt es keine wirkliche Einigung. Von meinen Identitäten her. Weil ich wirklich Jüdin bin und wirklich Deutsche. (...) Ich verkörpere natürlich wirklich die Mischung von diesem Guten und Bösen.«* Interessant an dieser Aussage ist, dass sie den deutschen Anteil als »böse« empfindet, obgleich es ja auch deutsche Juden gab – hier zeigt sich erneut die Unvereinbarkeit von deutsch und jüdisch sein in ihrem Erleben.

Sie, die die deutsche Kultur sehr schätzt, eine besondere Affinität zur deutschen Sprache hat und sich *»deutsch fühlt«*, empfindet sogleich Schuldgefühle, sich durch dieses Bekenntnis vom Judentum zu entfernen: *»Weil ich bin ja auch Jüdin und dann hab ich Schuldgefühle, dass ich das Judentum im Stich lasse.«* Nähert sie sich dem Judentum, empfindet sie gleichzeitig einen *»Verlust. Von der anderen, von der deutschen Gruppe. Ein kultureller Verlust, eine Verarmung.«* Diese Hin- und Herbewegung *»von dem einen oder dem anderen wegzurennen«*, gespeist aus Schuldgefühlen und Verlustängsten, führt dazu, dass Tamara sich *»nirgendwo zugehörig«* fühlt: *»Ich schaue in beide Welten und ich schau immer zu, aber ich gehöre nie hin!«*

Tamara scheint ihre jüdische Herkunft als etwas Minderwertiges zu empfinden, das sie ablehnt: »*Ich fühl mich immer eher wie so ein überhitztes Tier. Das geht so weit wie meine Hautfarbe oder meine Haarfarbe, immer so das Jüdische in mir. Das bekämpfe ich immer.*« Sie benennt das Unerwünschte als die Herkunft vom osteuropäischen Judentum, von dem sie sich abzuwenden und abzugrenzen versucht: »*Meine Großmutter ist ja eine Osteuropäerin. Das ist keine intellektuelle Frau. Davor bin ich immer weggerannt. (...) Ich wollte so eine deutsche, kultivierte Person sein.*«

Im Judentum scheinen für Tamara darüber hinaus noch andere Bedrohungen zu lauern. Die Jahre, in denen sie eine Beziehung mit einem jüdischen Mann führte, gaben ihr einerseits ein Zugehörigkeitsgefühl, »*eine Wurzel*«, aber: »*Die andere Hälfte wollte nur weg! Und die Wurzel ausreißen.*« Sie fühlte sich bedroht von der Enge der Traditionen und der Tragweite ihrer Entscheidung, sich zum Judentum zu bekennen und belegt dies mit Metaphern der tödlichen Bedrohung: »*Ich hab mich gefühlt, als will man mich in eine Box pressen und den Deckel zumachen. (...) Ich hatte Angst, zu ersticken.*«

Wenngleich sie ihr Verlassen Deutschlands und die Heirat mit einem nichtjüdischen Mann als ein sich Wegbewegen von beiden Identitäten bewertet, zeigt sich auch in diesem Feld ihr weiteres Ringen um ihre Identität und die Integration und Lebbarkeit der scheinbar unvereinbaren Wesenseinheiten ihres Selbst.

So suchte sie sich auch einen Partner, der ihren äußeren Vorstellungen eines Deutschen entspricht und in ihren Augen keine Assoziationen zum Judentum hervorruft: »*Also der prototypische jüdische Mann interessiert mich nicht. (...) Das kann man körperlich sehen, dass ich mir einen Menschen ausgesucht habe, der meinem Gegenteil entspricht. Groß, schlank, hellhäutig.*« Somit ist es Tamara gelungen, in ihrer Partnerschaft und besonders im Hinblick auf gemeinsame Kinder eine Integration der in ihr sich widerstreitenden Gegensätze zu schaffen, (»*Also ich fände es schon ganz toll, ein blondes Kind zu haben.*«) indem sie einen nichtjüdischen Mann heiratet und auf der anderen Seite dem Judentum treu bleibt, wenn es um die religiöse Erziehung der gemeinsamen Kinder geht: »*Es ist mir wichtig, dass es da was Jüdisches gibt. (...) Ich stelle mir vor, dass, wenn ich einen Jungen hätte, dass der dann eine Beschneidung hat und eine Bar Mizwa. (...) Aber ich bin auch bereit für den Weihnachtsbaum. Oder Pateneltern.*«

Sie wünscht sich einen weniger belasteten Umgang mit dem Judentum, ohne Schuldgefühle und Angst vor Strafe bei Fehlverhalten: »*Ich denke immer an die Strafe. Ich werde bestimmt bald bestraft. Weil ich diese Menschen [die im Holocaust ermordet wurden] im Stich lasse. Dafür sind die alle gestorben, dass so ein Mensch wie ich dann sagt: ›Oh, das will ich nicht.‹ Dafür haben die das alles durchgestanden, dass ich das dann tue? Das haben die nicht verdient, denk ich mir. Das hat natürlich gar nichts damit zu tun! Aber in meinem Gefühl ist es so. (…) Also irgendwie gewinnt dann Hitler.«*

Sie ist guter Hoffnung, dass ihre Kinder, die in Amerika aufwachsen werden, ihren eigenen deutsch-jüdischen Konflikt sowie die starken Verantwortungs- und Schuldgefühle nicht übernehmen werden, denn: *»Die sind keine Deutschen. Die sind amerikanische Juden und sie werden dann nichtjüdische Männer heiraten.«*

Verantwortungsgefühl und Bewältigungsstrategien in Krisen

Tamara sei seit ihrer Geburt als das *»goldene Kalb«* der Familie gefeiert worden. Sie spürt eine enorme Last der Verantwortung für ihre Familienmitglieder: *»Also ich bin irgendwie immer vor Gericht. Und ich verteidige alle. Und es liegt irgendwie alles an mir. Ob sie das jetzt überleben, wie es allen geht. Dieses Sonnenkind. Sonnenschein. Das goldene Kalb. (…) Ja, es muss einfach die Sonne scheinen. Und dafür bin ich ganz privat, ganz persönlich verantwortlich. Dass die Sonne aufgeht. Dass ich mich um alle gleich kümmere. (…) Humor. Dass ich die Situation irgendwie auflockern kann für alle.«*

Sie glaubt, dass sie deshalb die *»krassen Phasen«* von Rückzug und Zusammenbruch hatte, damit sie selbst und die anderen merken, dass sie nicht mehr kann: *»Damit ich mich dann hinlegen kann und schlafen oder ausruhen, weil es ja gar nicht geht. Man kann nicht sein ganzes Leben alles um einen herum reparieren. Das ist ja Wahnsinn! Diese Phasen sind wie ein Balanceakt. Eine Energieausgleichung.«* Sie hat in der Zwischenzeit besser gelernt, mit ihren Energien hauszuhalten: *»Aber in den Phasen davor musste mir erst der Strom ausgehen. Es gab keinen Mittelweg. Es gab Vollgas oder Null.«*

Um sich zu regenerieren braucht Tamara: *»Ruhe. Totale Ruhe. Keine Stimulation. Keine Fragen an mich. Und Liebe von anderen.«* In diesen *»Phasen des Liegens«* regrediert sie und holt so Teile ihrer Kindheit nach: *»Das tut gut dann. Vielleicht ist es das einzige Mal in meinem Leben, dass ich ein Kind bin. Ich war ja nie ein Kind. Ich war von Anfang an irgendwie verantwortlich. Ich glaube, ich war die Rettung, ich hab das alles so ein bisschen repariert für alle. Hab das alles gut gemacht.«*

Heimat, Lebensortwahl und Wurzeln

Tamara, die schon seit jeher ein großes Bedürfnis nach »*Wurzeln*« und einem beständigen, stabilen Zuhause verspürt, hat andererseits den familiären Auftrag übernommen, Deutschland zu verlassen. »*Es gab immer irgendwie eine Bewusstseinsschwelle, ein Bewusstseinslevel, dass ich weggehen werde.*« Nach ihrem Abitur verließ sie Deutschland und lebte seitdem in England, Kanada und seit ein paar Jahren in den USA.

Sie berichtet, schon als Kind unter extremen Trennungsängsten gelitten zu haben, die sich besonders auf ihre Mutter bezogen (»*Ich wollte eigentlich immer bei ihr sein.*«), sich aber auch auf Orte, an die sie sich gewöhnt hatte, ausweiteten. So war es für sie als Kind eine Qual, in den Urlaub zu fahren, weil sie ihr Zuhause nicht verlassen wollte. Hatte sie sich am Urlaubsort akklimatisiert und stand der Abschied an, »*war das wieder ein neues Trauma. (…) Dann hab ich als Kind versucht, das irgendwie in mir drinnen zu bewahren. Die Luft, die Bäume. Ich hab mich immer sehr an Bäumen und Natur festgehalten.*«

Vermutlich, weil ihre Bezugspersonen ihr keine ausreichende Stabilität bieten konnten, verlagerte Tamara ihr Sicherheitsgefühl auf die beständige Natur: »*Ich glaube, dass mein Zuhause extrem unstabil war. (…) Da muss schon eine ganz schöne Angst dahintergewesen sein. Dass ich mich so an einem Baum festhalten musste…*«

Tamaras größter Wunsch ist, ein Zuhause zu besitzen, das ihr beständig bleibt, einen festen Ort, an dem sie Wurzeln schlagen kann: »*Ich wünsche mir ein Haus, das muss mir gehören, das kann nur mir gehören. Das muss mir gehören und das muss für immer sein.*« Dieses Haus sollte auch als Treffpunkt für ihre Herkunftsfamilie und als Zuhause für ihre Kinder dienen. Gegen die Erfüllung ihres Wunsches spricht, dass sie einen Mann geheiratet hat, »*der keine Wurzeln will. Der Wurzeln hasst. Aus seinen eigenen Gründen.*« Auf der anderen Seite schätzt sie es, dass ihr Mann ihr die nötige Freiheit zur Entfaltung gibt: »*Ich hab immer Angst, dass man mich in eine Schiene zwängt. Das passiert mit meinem Mann nie. Das hält uns wahrscheinlich zusammen. Er zwingt mich nie in eine Schiene, er lässt mich total frei. Ich kann mich total entfalten als Person. In jeder Beziehung. (…) Er lässt mich total wachsen. Aber die Wurzeln lässt er mir nicht.*« Zum Zeitpunkt des Interviews steht durch ein Jobangebot des Mannes ein erneuter Umzug an die Westküste der USA im Raum, was Tamara sehr beunruhigt und ihre Sehnsucht nach einem überdauernden Zuhause verstärkt: »*Ich möchte so gerne eine Heimat haben. Das ist, glaube ich, das Allerwichtigste in meinem Leben.*«

Tamaras Gefühle Deutschland gegenüber, wo sie ihre Kindheit und Jugend verbracht hat, sind aufgrund des Holocaust ambivalent: *»Deutschland ist schon irgendwie Heimat. Aber eine Heimat, wo ich nie wirklich zuhause bin. Eine Heimat mit Distanz. Auf die ich mich nicht 100 Prozent einlassen kann.«*

Ihr Wunsch wäre es, sich mit ihrem Mann an einem ihr bekannten Ort niederzulassen, sei es in Kanada, Deutschland, England oder an ihrem momentanen Lebensort New York. Ihre Präferenz ist London, weil: *»London ist für mich die Brücke zwischen der Freiheit und Europa. (...) Es gibt so viele Europäer – es ist ja Europa. Aber es ist nicht dieses Steife, Erstickende. Der Deckel geht dort nicht zu. (...) Für mich ist England dieser Hybrid. Es ist so das Mittelstück zwischen zwei Dingen oder eine Verschmelzung zwischen zwei Dingen. Und darum fühl ich mich dort so wohl!«*

Israel

Tamara, die in Israel geboren ist und ihre ersten Lebensjahre und darüber hinaus viele Ferien dort verbracht hat, hat zwar *»ein warmes Gefühl«*, wenn sie sich auf dem Weg dorthin befindet, aber eigentlich *»keine richtig tiefe Beziehung zu dem Land. (...) Ich hab mit dem Land überhaupt nichts zu tun.«* Sie kritisiert die Politik Israels und war schon seit Jahren nicht mehr in Israel, wünscht sich aber, in der Zukunft wieder eine Reise dorthin zu machen, *»bestimmt mit meinen Kindern. Ich möchte es ihnen schon zeigen.«* Die Existenz des Staates Israel gibt ihr zwar ein Sicherheitsgefühl: *»Wenn irgendwas mal wäre, könnte man da hin.«*, allerdings bestünde für sie, die Deutschland bzw. Europa verlassen hat, diese Notwendigkeit nicht, denn: *»Ich bin jetzt schon in Amerika, da gibt es ja mehr Juden als in Israel. [Lacht] In New York allein.«*

Wiedergutmachung

Finanzielle Entschädigung sei in ihren Augen *»nicht möglich. Das sollte man auch gar nicht versuchen.«* Ihrer Meinung nach sollte Wiedergutmachung auf einer Aussprache beruhen: *»Von Angesicht zu Angesicht.«*

6.1.5. Carlotta, dritte Generation, Tochter von Esther

»Ich fühle mich eher als Jüdin als als Deutsche. Und ich fühle mich zwar zu Hause in Deutschland, aber es ist nie wirklich meine Heimat.«

Rahmenbedingungen

Ich hatte Carlotta bereits während des Interviews mit ihrer Mutter Esther in Deutschland kurz kennengelernt. Im Herbst 2005 besuchte ich sie in ihrer Wohnung in London, die sie sich mit einer jüdischen Freundin aus Deutschland teilt. Das Gespräch dauerte ca. zweieinhalb Stunden.

Interviewverlauf

Carlotta empfing mich freundlich in ihrer Wohnung in London, in die sie erst Tage zuvor umgezogen war. Sie beantwortete meine Fragen offen und ausführlich und doch hatte ich mitunter das Gefühl, als ob sie mir gegenüber nuanciert anders reagiert hätte, wäre ich jüdisch gewesen – vielleicht hätte es in ihren Augen bei einigen Themen weniger Erklärungsbedarf gegeben und Carlotta hätte eher das Gefühl gehabt, ohne Worte verstanden zu werden? Als ich sie gegen Ende des Interviews auf meinen Eindruck ansprach, erklärte sie, dass sie im Gespräch mit mir ihre offene und vorurteilsfreie Haltung nichtjüdischen Deutschen gegenüber noch stärker als sonst betont hätte, da es ihr wichtig sei, sich abzugrenzen von der bei deutschen Juden im allgemeinen vorherrschenden negativen Einstellung gegenüber nichtjüdischen Deutschen: *»Ich hab Angst, dass man ein falsches Bild davon hat, wie ich denke. Deswegen erwähne ich vielleicht auch ganz oft, dass ich nichts gegen Nichtjuden habe, weil mir das so wichtig ist. (…) Aber das hebe ich auch hervor bei meinen jüdischen Freunden, weil ich denen damit einen Anstoß geben möchte. Aber bei denen muss ich keine Angst haben, dass die mir nicht glauben. Das ist vielleicht der Unterschied.«*

Biographischer Hintergrund

Carlotta wurde 1984 in Deutschland geboren, beide Elternteile sind Kinder von polnischen Holocaust-Überlebenden, die nach ihrer Befreiung in Deutschland ansässig wurden.

Wie ihr vier Jahre älterer Bruder besuchte Carlotta erst einen jüdischen Kindergarten und eine jüdische Grundschule und anschließend ein nichtjüdisches Gymnasium. Als Carlotta acht Jahre alt war, erkrankte sie an Leukämie. Carlotta war sich der tödlichen Bedrohung durch ihre Krebserkrankung zum damaligen Zeitpunkt nicht bewusst, sie spürte aber an dem Verhalten ihrer Umwelt, »*dass es was Ernstes ist. (…) Ich hab gesehen, es muss was Schlimmes sein, weil meine Eltern das schwer vor mir verbergen konnten*«. Ihre Eltern, die seit Carlottas drittem Lebensjahr getrennt lebten, nahmen ihre Beziehung während der Krankheit ihrer Tochter wieder auf, um dieser größtmögliche familiäre Stabilität zu bieten. Mit der emotionalen Unterstützung ihrer Eltern überwand Carlotta ihre Krankheit und war zwei Jahre später geheilt.

Als Carlotta zwölf Jahre alt war, trennten sich ihre Eltern wieder. Obwohl Carlotta die Trennung ihrer Eltern gelassen aufnahm, bestand ihre Mutter darauf, dass Carlotta mit einem Psychologen sprach, damit sie die die Trennung bestmöglich verarbeiten konnte. In der Retrospektive ist Carlotta davon überzeugt, dass die Scheidung ihrer Eltern den positiven Nebeneffekt hatte, das Verhältnis zu ihrem Vater zu intensivieren, da beide die gemeinsame Zeit bewusster erlebten: »*Sonst hätte ich zu meinem Vater nie so eine Beziehung.*«

In ihrer Kindheit und Jugend und bis heute noch ist sie sehr eingebunden in ihren jüdischen Freundeskreis, der durch die enge Verbindung zur jüdischen Gemeinde und einer zionistischen Organisation entstand. Erst auf dem Gymnasium lernte sie nichtjüdische Deutsche kennen und befreundete sich auch mit ihnen.

Seit ihrer Kindheit spielt Carlotta Theater und überlegte, ihre Leidenschaft auch zum Beruf zu machen. Als sie nach der Schule auf ihre Bewerbungen bei renommierten Schauspielschulen in Deutschland und Österreich Vorsprechtermine erhielt, wurde ihr plötzlich klar, dass sie nicht bereit war, »*nur für das Schauspiel zu leben*«. Sie befürchtete als Schauspielerin kein Privatleben mehr zu haben, wenig zu verdienen und letztendlich auch ihre Lust am Schauspiel dadurch zu verlieren. Im Rahmen dieser Entscheidungsfindung wurde ihr auch bewusst, wie wichtig ihr die Aussicht auf eine eigene Familie mit Kindern ist: »*Ich möchte die Möglichkeit haben, eine Familie zu gründen, (…) zu heiraten – das ganz normale Leben halt zu führen.*« Also entschied sie sich nach dem Abitur für ihre berufliche »zweite Wahl« und begann Psychologie zu studieren. Ihr Ziel ist, in der Kinderonkologie zu arbeiten und mit ihrem eigenen Erfahrungsschatz den betroffenen Patienten Mut zu machen und zu ihrer Heilung beizutragen.

Für ihr Studium zog sie 2003 nach London, wo sie seither lebt. Für

Carlotta stand fest, nicht in Deutschland zu bleiben: »*Ich wollte nach der Schule raus aus Deutschland.*« Da ihr Bruder und viele ihrer Freunde in London lebten, fiel die Wahl auf eine Universität in London. Nach dem Ende des Studiums kann sie sich vorstellen, eine Weile in Italien zu leben, konkrete Pläne bezüglich ihres Lebensortes hat sie noch nicht gefasst. Nach Deutschland allerdings möchte sie nicht zurückgehen.

Inhaltsanalyse

Jüdische Identität in Deutschland

Carlottas Kindheit und Jugend wie auch ihr heutiges Leben sind sehr durch ihre enge Verbindung zu der jüdischen Gemeinde in ihrer deutschen Heimatstadt und dem daraus entstandenen »*starken [jüdischen] Freundeskreis*« geprägt. Die ersten Lebensjahre, bis zum Eintritt in ein nichtjüdisches Gymnasium, hatte Carlotta ausschließlich mit Juden Kontakt, mit denen sie ähnliche deutsch-jüdische Identitätsformungsprozesse wie auch die familiäre Verfolgungsvergangenheit teilte, die sie von den nichtjüdischen Deutschen unterschieden: »*Es ist ein bisschen eine andere Identität einfach.*«

Carlotta erinnert sich, dass sie und die anderen jüdischen Kinder in ihrer von Nichtjuden abgeschirmten Sozialisation das Gefühl entwickelten: »*Nur jüdische Leute sind gut, weil die anderen haben alle Großeltern, die was Schlimmes gemacht haben im Holocaust. Und so haben wir das alle ein bisschen im Kopf. (...) Man hat sich irgendwie so BESONDERS gefühlt, ganz komisch. Ich hab mir gedacht: Oh mein Gott, die armen Menschen, die nicht jüdisch sind! Also total pervers eigentlich.*«

Heute ist es ihr unangenehm, solche »*eingebildeten*« Gedanken gehabt zu haben und sie findet es wichtig, zwischen den Generationen zu differenzieren: »*Mittlerweile denk ich das nicht mehr. Es gibt bestimmt viele, die Großeltern haben [die Nazis waren], aber die [Enkel] können ja nichts dafür!*«

Unter ihren jüdischen Freunden besteht ein großer Zusammenhalt, der laut Carlottas Vermutung auf der jahrtausendealten Verfolgungsgeschichte basiert und durch den Holocaust reaktiviert wurde. Ein weiterer verbindender Aspekt unter den deutschen Juden sei die tendenziell bis ausdrücklich ablehnende Haltung nichtjüdischen Deutschen gegenüber: »*Weil da ist ein Verständnis – wir wurden alle ähnlich erzogen, was sich auf Nichtjuden bezieht. (...) Also – mit einem Nichtjuden darf man nichts zu tun haben. (...) Die sind alle so feindlich Nichtjuden gegenüber. Und auch alle meine Freunde, die haben Probleme mit Nichtjuden. Es wird immer zu einem Thema gemacht, ob jemand jüdisch ist oder nicht.*«

Carlotta legt großen Wert darauf, sich von dieser Haltung ihres Freundeskreises abzugrenzen und weist darauf hin, dass sie von ihren Eltern anders erzogen wurde und sie und ihre Eltern Nichtjuden gegenüber aufgeschlossener sind als die meisten Juden, die sie kennt. Sie kann sich – im Gegensatz zu all ihren Freunden/innen – sogar vorstellen, einen nichtjüdischen Mann zu heiraten.

Carlotta äußert sich kritisch über die Inkonsequenz vieler Juden, die in Deutschland leben, sich aber nicht integrieren oder arrangieren wollen mit ihrer nichtjüdischen Umwelt.

Über die erste Generation, die nach dem Holocaust in Deutschland geblieben war, möchte sie sich kein Urteil erlauben, »*weil es war am einfachsten für die, hier zu bleiben. (...) Die haben viel zu viel durchgemacht, dass ich mir irgendwie anmaßen könnte, irgendetwas zu sagen.*« Für die zweite Generation allerdings, die Kontakt zu nichtjüdischen Deutschen ablehnt, hat sie kein Verständnis: »*Aber die zweite Generation – meine Eltern – wenn die das so hassen, die hätten doch ausziehen können. Das verstehe ich nicht. Man kann nicht in Deutschland bleiben und nichts mit Deutschen zu tun haben wollen.*« Sie selbst fühle sich zwar wohl in Deutschland, weist aber darauf hin: »*Ich bin eher jüdische Deutsche als deutsche Jüdin. Das Jüdische kommt schon zuerst. Ich identifiziere mich mehr mit dem Judentum als mit Deutschland.*«

Auch für Carlotta ist ihre deutsch-jüdische Identität mit Konflikten besetzt, derer sie besonders gewahr wird, wenn sie sich (aus der Perspektive) von nicht in Deutschland lebenden Juden betrachtet fühlt: »*Die mögen deutsche Juden überhaupt nicht. Weil die das einfach nicht verstehen können, wie wir in Deutschland leben können.*«

Für Carlotta hat ihre jüdische Identität Vorrang vor allen anderen identitätsstiftenden Aspekten. Sie ist nicht religiös, aber mit den jüdischen Traditionen erzogen worden: »*Also für mich ist die Religion [bzw. das Judentum] nicht wirklich die Religion, es ist mehr dieser Zusammenhalt und die Tradition und Sachen weiterzuführen, die man selber beigebracht bekommen hat.*« Sie kann nicht nachvollziehen, wie Juden sich von ihrer jüdischen Identität so weit entfernen können, dass sie sich nicht mehr »*jüdisch fühlen*«. Ihr starker Wunsch, das Judentum in ihrem eigenen und dem Leben ihrer Nachkommen lebendig zu halten, sei durch die Judenvernichtung im Holocaust hervorgerufen worden: »*Weil so viele Juden vernichtet wurden und es [heute] so wenig sind, dass ich nicht noch mal ein Punkt sein möchte, dass es wegen mir weniger Juden gibt.*«

Heimat: Deutschland vs. Israel

Carlotta differenziert zwischen den Begriffen »Heimat« und »Zuhause«: »*Das bedeutet, dass man eigentlich so ein bisschen hin- und hergerissen ist immer. Ich fühle mich zu Hause in Deutschland. Aber es ist nicht wirklich meine Heimat.*« Durch Carlottas fast ausschließlich jüdische Sozialisation in Deutschland etablierte sich eine gewisse Distanz zu Deutschland: »*Dadurch, dass wir in unserem eigenen Kreis aufgewachsen sind und immer das Gefühl hatten, dass wir anders sind als die Deutschen.*« Ein Heimatgefühl verbindet sie eher mit Israel, dem Land der Juden, das Schutz und Aufnahme bietet, auch wenn Carlotta nicht vorhat, jemals dort zu leben: »*Man fühlt sich dort sofort zu Hause – egal, was passiert, man kann immer nach Israel. Es ist einfach das Gefühl, dass es DEIN Land ist. (...) Obwohl du da gar nicht lebst.*«

In ihrer Kindheit und Jugend verbrachte Carlotta jedes Jahr mehrere Wochen in Israel. Während der zweiten Intifada reiste sie nicht mehr nach Israel, erst im Sommer 2005 verbrachte sie wieder einen Urlaub dort: »*Wenn ich dahin komme – ich vergesse alles andere. Es gibt mir das Gefühl, dass ich da willkommen bin.*«

Ängste und Bewältigung

Carlotta antwortet auf die Frage, ob sie irgendwelche Ängste habe: »*Ich bin schon ein ängstlicher Mensch.*« Besonders plage sie die Angst vor dem Tod: »*Ich hab auch extreme Ängste vor dem Tod. Ich kann da gar nicht drüber reden. Weil ich so extrem Ängste habe, denke ich halt immer drüber nach.*«

Es wird deutlich, dass Carlottas Krankheit prägend wirkte und sie versucht, die eigene bewältigte Lebensbedrohung auch für andere sinnbringend zu nutzen: »*Ich möchte auch in die klinische Psychologie und möchte auf einer Kinderonkologie arbeiten.*« Sie ist sich sicher, dass sie, die sie ihre Leukämieerkrankung physisch und psychisch überlebt und bestmöglich verarbeitet hat, anderen betroffenen Kindern gut helfen kann: »*Ich hab so ein bisschen das Gefühl, als wäre es so meine Aufgabe, das zu machen, weil ich denke, dass es für die Kinder – mit einem Psy-*

chologen zu reden, der einem auch sagen kann: Ich weiß genau, wie du dich fühlst – und es wirklich zu meinen, weil es der Person wirklich passiert ist – ich denke, dass man so einem erstens viel mehr zuhört und viel mehr Vertrauen entgegenbringt.«

Die paradoxe Situation, dass sie, die so große Angst vor dem Tod hat, dann tagtäglich mit einer lebensbedrohlichen Krankheit konfrontiert sein wird, erklärt sie sich folgendermaßen: »*Vielleicht passt es damit zusammen, dass ich so Angst davor habe, dass ich was dagegen machen möchte.*« Ihre Überzeugung und eigene Erfahrung, dass die physische Heilung in engem Zusammenhang mit der psychischen Befindlichkeit steht, gibt ihr die Möglichkeit, ihre Ängste zu bannen und andere in ihrem Heilungsprozess zu unterstützen. Den Blick auf den möglichen Tod hat sie bisher vermieden: »*Ich will nur helfen und das andere gibt es nicht. Ich denk, das ist einfach ein Thema, ich kann mich ganz schwer damit auseinandersetzen.*«

Eine weitere Sorge bezieht sich darauf, keine Familie gründen zu können, etwas, was sie sich von ganzem Herzen wünscht: »*Ich hab Angst davor, allein zu bleiben. Dass ich nicht die Liebe finde, nicht eine Familie gründe.*« Der Wunsch, Mutter zu werden, ist bei Carlotta sehr ausgeprägt: »*Ich freue mich extrem darauf, eigene zu haben. Das ist, glaube ich, so mein Lebensziel, eine gute Mutter zu sein.*« Mit ihrem Lebenstraum geht auch die Angst einher, dass ihre Wünsche nicht in Erfüllung gehen: »*Ich hab so eine Angst, dass das, was ich plane in meinem Leben, ich nicht durchsetzen kann. (…) Ich hab auch Angst, dass ich unfruchtbar bin.*«

Sie vermutet, dass der hohe Stellenwert von Familie in ihrem Fall auch durch die Verfolgungsvergangenheit ihrer Großeltern beeinflusst ist: »*Ich glaub, dass Familie so eine große Bedeutung hat durch den Holocaust, auch WEIL meine Großeltern viele ihrer Familienmitglieder verloren haben.*« Durch eine Familiengründung könnte Carlotta dazu beitragen, jüdische Kinder in die Welt zu setzen und das Judentum weiterzuvermitteln.

Umgang mit der Verfolgungsvergangenheit

In Carlottas Familie wurde wenig über die Verfolgungsvergangenheit ihrer Großeltern gesprochen: »*Früher, ich wusste nie genau, was meinen Großeltern passiert ist, weil die wirklich beide nie darüber reden.*« Seit einigen Jahren berichtet ihre Großmutter väterlicherseits manchmal unerwartet über einzelne Sequenzen aus ihrer Lagerzeit:

»Die hat nie wirklich darüber geredet, da kamen immer so Stücke plötzlich, da ist man total geschockt. Aber darüber geredet hat sie nie.«

Obwohl Carlotta davon überzeugt ist, dass es ihren Großeltern *»gut tun würde, darüber zu reden«*, wagt sie nicht, sie auf ihre Erinnerungen anzusprechen: *»Ich würde nie allein davon anfangen zu reden. (...) Ich will mir nicht anmaßen das zu machen, weil ich einfach zu viel Angst davor hab, dass sie das einfach nicht möchten. Deswegen frag ich auch nie.«* Stattdessen fragt sie eher ihre Eltern, *»aber die wissen genauso viel wie ich, weil die mit denen auch nicht geredet haben.«*

In Carlottas Leben hat es immer wieder Phasen gegeben, in denen sie sich mit dem Holocaust auseinandersetzte. Die erste Phase wurde durch den Geschichtsunterricht in der Schule eingeleitet, als Carlotta etwa 18 Jahre alt war: *»Da hab ich das erste Mal viel drüber nachgedacht. (...) Und es war so eine Phase in meinem Leben, wo ich wirklich schlecht drauf war. (...) Und obwohl ich schon so ALT war, und es immer wusste war es immer so ein Thema, was ich wahrscheinlich verdrängt hab.«*

Im Gegensatz zu ihren Großeltern hilft es Carlotta, über ihre Eindrücke zu sprechen und ihre Gefühle zu kommunizieren: *»Ich hab viel darüber nachgedacht. Ich war immer sehr traurig. Ich hab angefangen plötzlich darüber zu reden.«* Die bewusste Auseinandersetzung mit der Vergangenheit ihrer Großeltern veränderte Carlottas Gefühle zu ihnen und sie entwickelte ein großes Bedürfnis, sie zu schonen und ihnen nicht noch mehr Kummer zu bereiten: *»Ich hatte ein schlechtes Gewissen, wenn ich mich erinnert hab, wenn ich meine Oma schlecht behandelt hab. Hab ich auch heute noch. (...) Ich hab dann Schuldgefühle ihnen gegenüber.«*

Auswirkungen des Holocaust

Carlotta ist der Meinung, weniger als viele ihrer Freunde vom Holocaust beeinträchtigt zu sein, dank der Bemühungen ihrer Eltern, ihre eigenen Belastungen nicht an ihre Kinder weiterzugeben: *»Dadurch, dass meine Eltern viel mit mir immer geredet haben und mir nie irgendwie das schlechte Gewissen weitergegeben haben, was ihre Eltern ihnen und mir geben, hab ich viel weniger – im Vergleich zu Freunden von mir – viel weniger damit zu tun.«* Der Beweis ihrer geringeren Belastung liegt für sie darin, dass sie Nichtjuden gegenüber offen eingestellt ist und sogar einen Nichtjuden heiraten würde. Einzig die Verpflichtung, das Judentum lebendig zu halten, sei auf den Holocaust zurückzuführen.

In der Betrachtung ihrer Familie allerdings hat sie die Beobachtung gemacht, dass die älteren Geschwister ihrer Eltern sehr schwer an den Auswirkungen des Holocaust zu tragen haben: »*Ich glaub, dass die ersten Kinder, die wirklich so ganz kurz nach dem Holocaust geboren wurden, viel mehr damit zu tun hatten. Dass auf die alle Ängste und Schuldgefühle noch VIEL mehr übertragen wurden als auf meine Eltern.*«

Auch bei ihrer Mutter Esther nimmt sie Auswirkungen wahr, besonders im Verhältnis zu deren Mutter Hannah: »*Ich glaub, dass meine Mutter auch sehr geschädigt ist davon. Das merk ich, wie sie damit umgeht. Im Alltag – sie arbeitet ja im jüdischen Altersheim – da ist sie super mit den alten Menschen, hat immer Verständnis für alles. Aber wenn es dann um ihre eigene Mutter geht, hat sie überhaupt kein Verständnis.*« Carlotta kritisiert ihre Mutter für deren Umgang mit Carlottas Großmutter Hannah und versucht, Verständnis für diese hervorzurufen. Esther wiederum erklärt in den Diskussionen mit ihrer Tochter die Ursache für das schlechte Verhältnis zwischen erster und zweiter Generation, das ihrer Meinung nach durch die ungefilterte transgenerationale Übertragung des Leids der ersten Generation hervorgerufen wurde. Carlotta schildert: »*Meine Mutter hat dieses gestörte Verhältnis zu ihrer Mutter. (...) Ich bin manchmal richtig sauer, wenn ich höre, wie sie [Esther] darüber redet. (...) Da denke ich mir – wie kann man ihr [Hannah] das antun, nach dem, was sie durchgemacht hat. Dann sagt meine Mutter mir: »Wir haben auch viel durchgemacht. Und es hat Gründe, dass wir sie nicht mögen«, weil meine Tante mag sie auch nicht besonders gern. Es hat Gründe, weil sie hat uns nicht richtig erzogen und sie hat Sachen auf uns übertragen. Dann sag ich immer: Aber was erwartet ihr denn? Wie hätte sie denn gut sein sollen?*«

Aber Carlotta hat auch Verständnis für ihre Mutter, die »*immer diesen Drang hat zu zeigen, wie sehr sie selber auch gelitten hat und deswegen soll man nicht immer nur darauf gucken, wie meine Oma gelitten hat, sondern auch darauf gucken, wie die Kinder gelitten haben.*«

Sie äußert Bewunderung und Dankbarkeit, dass es ihren Eltern gelungen ist, ihre eigenen Belastungen nicht auf die nächste Generation zu übertragen: »*Ich bewundere, dass sie sich davon lösen konnten. (...) Dass meine Mutter eigentlich – abgesehen davon [dem Verhältnis zu Hannah] so ein gesunder Mensch ist. (...) Dass meine Eltern sich davon distanziert haben und meinen Bruder und mich anders erzogen haben.*«

Bewältigung und Kraftquellen

Carlotta richtet ihren Blick in Krisenzeiten auf die positiven Aspekte der Situation und profitiert von dieser Sichtweise auch im Nachhinein. So schildert sie, dass sie z. B. der Scheidung ihrer Eltern sehr viel Gutes abgewinnen konnte, da sie zu ihrem Vater während der Besuche eine intensivere Beziehung aufbauen konnte, als dies im Rahmen des normalen Familienlebens möglich gewesen wäre. Darüber hinaus half ihr die rationale Betrachtung der Realität: »*Die gehören nicht zusammen, die streiten die ganze Zeit, besser getrennt als streiten.*«

Auch ihre Leukämie-Erkrankung konnte sie ihrer festen Überzeugung nach nur deshalb so schnell und vollständig überwinden, weil sie neben der Gefahr vor allen Dingen die sehr wahrscheinliche Chance ihrer Genesung verinnerlicht hatte. Sie fühlte sich von ihren Eltern beschützt und besonders von der umsichtigen und »*coolen*« Art des Umgangs ihrer Mutter mit ihrer Krankheit sehr unterstützt: »*Sie konnte gut damit umgehen.*« Carlotta schätzt diese Fähigkeit ihrer Mutter hoch ein: »*Es gibt bestimmt viele Eltern, die damit selber nicht klarkommen und den Kindern dann auch keine große Hilfe sein können*«.

Carlotta erinnert sich an eine sinngebende Deutung ihrer Krankheit, die ihr Kraft gab: »*Die haben mir immer erzählt, dass Gott den Menschen, die er am meisten liebt, so eine schlimme Krankheit gibt und sie heilen lässt, damit sie das Leben mehr genießen. Und das hab ich geglaubt. Ich dachte, ich bin auserwählt und dann werde ich gesund und dann werde ich das Leben mehr genießen.*« Wenn sie an ihre schwere Erkrankung zurückdenkt, wird deutlich, dass diese keine traumatischen Ausmaße annahm: »*Ich erinnere mich nur an gute Sachen. Im Krankenhaus war es wie eine große Familie. Jeder ist mich besuchen gekommen, hat mir Geschenke gebracht.*«

6.1.6. Mehrgenerationale Familienanalyse

Psychische und physische transgenerationale Auswirkungen der Traumatisierung der ersten Generation und (Über)Lebensressourcen

Die familiäre Konstellation dieser Familie barg die seltene Möglichkeit, jeweils zwei Schwestern der zweiten Generation und deren zwei Töchter,

Cousinen der dritten Generation, zu den Auswirkungen des Holocaust zu interviewen.

Der Vergleich der zwei Töchter der Holocaust-Überlebenden Hannah ergibt prägnante Unterschiede: Beide Schwestern, wie auch deren Töchter sind sich einig, dass Judith, die erstgeborene Tochter von Hannah und ihrem Mann, schwerer an den destruktiven transgenerationalen Auswirkungen des Holocaust zu tragen hat als die Mitte der 50er Jahre geborene Esther.

Als Ursache für Judiths ungleich stärkere Beeinträchtigung, die sich ihrer eigenen Meinung nach durch Symptome wie Ängste, Schuldgefühle und Depressionen äußert, kann zunächst der frühere Zeitpunkt ihrer Geburt angeführt werden. Ihre Mutter Hannah, durch die Jahre, die sie im Ghetto und in Lagern verbracht hatte, schwer traumatisiert, war soeben erst in die Phase des »Wieder-Mensch-Werdens« eingetreten, als sie schwanger wurde und sich den Anforderungen des Mutterdaseins stellen musste.

Als Judith 1948 geboren wurde, lebten Hannah und ihr Mann in einem DP-Camp in Berlin. Wie die meisten jüdischen Holocaust-Überlebenden wollten sie Deutschland so bald wie möglich verlassen. Die Schwangerschaft mit Judith machte ihre Auswanderungspläne jedoch zunichte – so hat es sich jedenfalls in die Familienhistorie und Judiths Gewissen eingeschrieben: *»Ich bin ja auch die Ursache dessen, dass sie nicht auswandern konnten.«*

Diese Ursachenzuschreibung wird vermutlich eine starke Wirkung auf Judith bzw. auf das Ausmaß ihrer Verpflichtungs- wie auch Schuldgefühle ihren Eltern gegenüber gehabt haben. Folglich erfüllte sie im Erwachsenenalter auch den schließlich transgenerational übertragenen Auftrag, Deutschland zu verlassen und zog in genau die Orte, die ihre Eltern einst für ihre eigene Emigration gedanklich ausgewählt hatten: nach Israel, nach Kanada und in die USA.

Judiths Scheitern in der Fremde und die Rückkehr nach Deutschland reaktivierte ihre (Ur-) Schuldgefühle ihren Eltern gegenüber und ließ sie mit dem Gefühl des existentiellen Versagens zurück.

Während die Erstgeborene Judith sich mit dem Leid der Eltern extrem identifiziert, was darin gipfelt, dass sie das Gefühl hat, sie selbst habe den Holocaust überlebt[4], weigert sich die jüngere Esther, die Welt

4 Die hier beobachtete Weitergabe des elterlichen Traumas scheint auf den Prozess der direkten spezifischen Transmission, auch Transposition (s. Kap. 3.1.1.) genannt, zurückzuführen zu sein. Die Tatsache, dass sich vor allen Dingen Judith von den trau-

mit den Augen ihrer Eltern zu sehen. Es gelingt ihr eher als Judith, sich von dem Trauma der Eltern abzugrenzen und sich ein Leben neben der familiären Verfolgungsvergangenheit aufzubauen.

Entlastend und förderlich für Esthers »freiere« Entwicklung sei ihrer Meinung nach vor allen Dingen ihre ältere Schwester Judith gewesen, die sozusagen als *»Puffer«* zwischen Esther und ihren Eltern gewirkt habe. Judith nämlich war Hauptadressat von elterlichen Aufträgen und Ansprüchen, die sie Zeit ihres Lebens zu erfüllen versuchte. Bereits in ihrer Kindheit fand in der Beziehung zu ihrer Mutter eine Rollenumkehr statt und lange Zeit war es Judiths größtes Anliegen, ihre Mutter bzw. ihre Eltern zu schonen, vor weiteren Sorgen zu bewahren und ihr Leben möglichst nach deren Wünschen auszurichten.

Auch Esther war bis ins Erwachsenenalter in Parentifizierungsprozesse verstrickt, die im wesentlichen durch ihren geliebten Vater initiiert und aufrechterhalten wurden, indem dieser seine Töchter durch die Forderung nach Rücksichtnahme auf die kranke Mutter kontrollierte und gewissermaßen manipulierte[5] .

Geprägt von dieser familiären Interaktion, die aus der Unterdrückung eigener Bedürfnisse zugunsten des mütterlichen Wohlbefindens bestand, litten sowohl Judith als auch Esther lange Zeit unter erschwerten Ablösungsbedingungen. Esther gelang es laut eigener Einschätzung erst mit über 30 Jahren (und nach dem Tod ihres Vaters) sich bewusst

---

matischen Erlebnissen ihrer Eltern so beeinträchtigt fühlt, deckt sich mit Wardis (1992) Beobachtungen, dass es in vielen Familien von Holocaust-Überlebenden *ein* Kind gibt, das sich besonders für die Familienvergangenheit interessiert und sich mit der Verfolgungsgeschichte identifiziert, während die Geschwister weniger oder kein Interesse dafür zeigen. Das identifizierte Kind jedoch trägt stellvertretend für die erste Generation die nicht bearbeitete seelische Belastung und versucht sie in seinem Leben zu verarbeiten. Diese von der zweiten Generation stellvertretend für die Eltern ausgeführte Trauerarbeit wurde von Wardi (1992) mit dem Phänomen der »Gedenkkerze« beschrieben (vgl. Wardi 1992, siehe hierzu auch Kap. 7.3.2. dieser Arbeit).

5 Auch die Eltern- oder Beschützerfunktion von Hannahs Mann seiner Frau gegenüber kann als Parentifizierung bezeichnet werden. Die Festlegung der partnerschaftlichen Rollen *Versorger-Versorgte* ist bei Holocaust-Überlebenden laut Ludewig-Kedmi (2002) davon abhängig, welcher Partner nach Empfinden des Paares während der Shoah mehr gelitten hat. Diese »orale Kollusion« (vgl. Willi 1975) kann pathologische Züge und Auswirkungen haben, kann aber auf der anderen Seite auch – besonders im vorliegenden Fall – als Bewältigungsstrategie für die erfahrenen Traumatisierungen gedeutet werden. In der progressiv-regressiven Rollenverteilung konnte Hannahs Mann seine eigenen Schwächegefühle abwehren und Zeit seines Lebens innerhalb der Familie seinen »Helden-Status« aufrechterhalten. Hannah erfuhr in ihrer Position von ihrem Mann einen sicheren Schutzrahmen, der es ihr – in dem ihr möglichen Ausmaß – ermöglichte, wieder ins Leben zurückzukehren.

abzulösen, was sie durch die Scheidung von ihrem Mann (der ihrer Mutter charakterlich sehr ähnelt) gekennzeichnet sieht. Die Erstgeborene Judith fühlt sich erst heute, mit über 50 Jahren, mehr und mehr in der Lage, sich aus der symbiotischen Elternbeziehung zu lösen.

Für beide Töchter von Hannah gilt: Es ist davon auszugehen, dass Hannahs mütterliche care-taking-abilities aufgrund ihrer im Jugendalter erlittenen Traumatisierungen und der daraus resultierenden beschädigten psychischen und physischen Verfassung in hohem Maße eingeschränkt waren. Diese Annahme wird gestützt durch die Aussagen beider Töchter, die ihre Mutter als emotional abwesend und körperlich geschwächt und krank erlebten, so dass eine unbeschwerte Interaktion nicht möglich schien.

Esther hatte ihrer älteren Schwester Judith gegenüber allerdings einen entscheidenden Vorteil, der bis zu einem gewissen Grad kompensatorisch für die nicht ausreichende mütterliche Zuwendung gewirkt haben könnte: Während Judith lediglich ihren Vater als liebevolle Bezugsperson und Elternfigur hatte, standen Esther darüber hinaus auch noch ihre Großmutter und ihre acht Jahre ältere Schwester zur Verfügung.

Die Parentifizierung und die empathische Auseinandersetzung mit der mütterlichen Verfolgungsvergangenheit, die Esther (im Gegensatz zu Judith) ihrer Mutter im Erwachsenenalter schließlich bewusst verweigerte, findet in stellvertretendem – konstruktiven und vermutlich auch kompensatorischen – Sinne in Esthers Berufsleben statt, in dem sie sich um jüdische alte Menschen im Altersheim kümmert, von denen viele auch Überlebende des Holocaust sind. Hier kann sie sich den Leidensgeschichten und Biographien nähern und den Betroffenen stützend zur Seite stehen, ohne sich genötigt zu fühlen, Abscheu gegen ihre deutschen Mitmenschen oder gegen das Leben an sich zu entwickeln. Der Forderung nach Loyalität wird von Esther demnach nicht mehr innerfamiliär, sondern der jüdischen Gesellschaft gegenüber Rechnung getragen.

Für Esther scheint die Distanz zu ihrer meist als krank erlebten Mutter in psychischer Hinsicht überlebenswichtig gewesen zu sein. Sie schilderte, dass vor allen Dingen der Vater ihr ein Vorbild gewesen sei und ihr geholfen habe, psychische Stabilität und Lebensfreude zu entwickeln. So hat sich Esther zunächst unbewusst und später bewusst für das Vermächtnis ihres Vaters entschieden, nicht nur zu überleben, sondern das Leben in vollen Zügen zu genießen. Diese lebensbejahende Haltung hatte auch Hannah an ihrem Mann sehr geschätzt und als Ressource in ihrem eigenen Leben gebraucht und genutzt, um – im Rahmen ihrer Möglichkeiten – ins Leben zurückzufinden.

Judith ähnelt – obwohl sie ihren Vater idealisiert und ein enges Verhältnis mit ihm hatte- eher ihrer Mutter und hat einen Teil deren Leides wie auch deren psychische Fragilität und pessimistische Lebenshaltung übernommen.

Doch auch Esthers Leben zeugt von Einschnitten, die vermutlich auf die familiäre Belastung und Esthers Reaktion darauf zurückzuführen sind. In der vergleichenden Betrachtung der familiären Linien der beiden Schwestern und ihrer Töchter lässt sich eine interessante Beobachtung machen: Während Judith und ihre Tochter Tamara (wie auch Tamaras Bruder) unter dem Einfluss der Traumata der ersten Generation psychische Probleme entwickelt haben, scheint die später geborene Esther das Drama der Mutter eher physisch verarbeitet zu haben. In einem ähnlichen Alter, in dem ihre Mutter Hannah aus ihrer Kindheit und ihrem bisherigen Leben gerissen wurde und fortan im Ghetto und anschließend in vielen unterschiedlichen Lagern um ihr Überleben kämpfen musste, wurde bei Esther eine schwerwiegende körperliche Erkrankung festgestellt, die sie zunächst ebenfalls aus ihrem sozialen Umfeld riss und ihren Übergang von der Kindheit zu einem selbstverantwortlichen Erwachsenenleben beschleunigte. Die Tatsache, dass auch Esthers Tochter Carlotta in ihrer Kindheit lebensbedrohlich erkrankte, lässt an der Zufälligkeit der transgenerationalen Verarbeitungsstile zweifeln[6]. So liegt die Vermutung nahe, dass die Lebensbedrohung und Traumatisierung der ersten Generation von den beiden Töchtern und Enkeltöchtern unterschiedlich – entweder psychisch oder physisch – internalisiert und verarbeitet wurden. Eine weitere transgenerationale Auswirkung des Holocaust drückt sich in dieser Familie in der Schwierigkeit aus, als Juden in Deutschland zu leben.

Wahl des Lebensortes und das Verhältnis zu Deutschland

Das Thema der deutschen Lebensortwahl ist ein wunder Punkt im Familiengefüge. Wie Hannah verspürten auch ihre Kinder und Kindeskinder (bis auf Esther) den Wunsch, den ungeliebten deutschen Lebensort zu verlassen.

Hannahs erstgeborene Tochter Judith erfüllte mit ihrer Auswanderung

6 Schützenberger (2003) spricht in diesem Zusammenhang von einem »Jahrestag-Syndrom«, das die Wiederholungen von Unfällen, Hochzeiten, Schwangerschaften, Fehlgeburten, Todesfällen und Krankheiten im gleichen Alter über mehrere Generationen hinweg, bezeichnet.

aus Deutschland den ursprünglichen Lebensplan der Eltern nach dem Holocaust (und letztlich deren transgenerationale Delegation). Die Notwendigkeit, aus Deutschland auszuwandern, wurde für Judith schließlich zum Leitmotiv und Kernkonflikt ihres eigenen Lebens und so ist es für sie heute unverzeihlich, wieder nach Deutschland zurückgekehrt zu sein.

Interessanterweise war Judiths *erste* Rückkehr nach Deutschland, nachdem sie einige Jahre mit ihrem damaligen Mann in Israel gelebt hatte, von ihr selbst, wie auch familiär akzeptiert und erwünscht. Damals, nach der Geburt ihrer Tochter Tamara, schien die Nähe zu ihren Eltern, im Besonderen zu ihrem Vater, *»dem wichtigsten Mann«* in ihrem Leben, der seine Enkelin aufwachsen sehen sollte, oberste Priorität in ihrer Lebensortwahl zu haben. Mit Judiths Entscheidung, ihren Wohnsitz von Israel nach Deutschland zu verlagern, mutete sie ihren Kindern eine lebensgeschichtliche Konstellation zu, die sie selbst als sehr konfliktbesetzt erlebt hatte: als Jude in Deutschland aufzuwachsen. Eine weitere transgenerationale Wiederholung liegt in dem Umstand, dass auch Judith ihre Kinder ermunterte, Deutschland zu verlassen.

Wie ihre Eltern fühlt sich Judith aus existentiellen Gründen gezwungen, heute in Deutschland zu bleiben und ihre als endgültig empfundene Rückkehr ruft bis heute starke Gefühle des Versagens in ihr hervor. Sie verachtet sich für ihre Schwäche, nach ihrem Scheitern im Ausland wieder in Deutschland Zuflucht gesucht zu haben, zumal sie der deutschen Lebensortwahl schon bei ihren Eltern verständnislos und kritisch gegenübergestanden hatte.

Es stellt sich die Frage, ob es eine Art unbewusste Buße der Schuld, ihre Eltern an der Emigration aus Deutschland gehindert zu haben, darstellt, dass Judith nun wie diese ihr Leben im ungeliebten Deutschland fristen muss.

Vermutlich als Resultat von Judiths Erziehung und der transgenerationalen Auftrags- und deutsch-jüdischen Konfliktübermittlung zog es auch Judiths Kinder, die bis zum Abschluss der Schule in Deutschland gelebt hatten, ins Ausland. Judiths Tochter Tamara kann sich heute nicht mehr vorstellen, wieder in Deutschland zu leben. Mit der Heirat eines nichtjüdischen Kanadiers, mit dem sie nun in den USA lebt, scheint eine Rückkehr nach Deutschland sicher ausgeschlossen zu sein. Das Leben außerhalb Deutschlands ermögliche ihr zudem, sich von einengenden und für sie unbefriedigenden Konventionen zu lösen, die das Leben in Deutschland als jüdische Frau mit sich gebracht hätten: *»Einen jüdischen Mann heiraten, kochen, Kinder kriegen.«*

Judiths Schwester Esther scheint als einzige ihrer Familie kein Problem mit ihrer deutschen Heimat zu haben. Von Bedeutung waren für sie lediglich das Verlassen ihres Elternhauses und der Aufbau eines eigenen Lebens. Im Gegensatz zu den anderen befragten Frauen dieser Familie gibt sie an, dass ihre deutsch-jüdische Identität für sie in keinem Konflikt stehe und diese Sichtweise mag als eine der Erklärungen dienen, warum sie weniger als die anderen Familienmitglieder den Wunsch oder den Auftrag verspürte, Deutschland den Rücken zu kehren. Ganz im Gegenteil, sie lebt ihre jüdische Identität frei und ungezwungen aus, hat sich in Deutschland ein tragfähiges soziales und berufliches Umfeld geschaffen und äußert nichtjüdischen Deutschen gegenüber keine Ressentiments. Ihre unbeschwerte und optimistische Haltung hat sie auch ihren Kindern bezüglich deren deutsch-jüdischen Status zu vermitteln versucht.

Für Esthers Tochter Carlotta, die die ersten Jahre in Deutschland in einem rein jüdischen Umfeld aufwuchs, war und ist ihre deutsch-jüdische Identität und somit auch die deutsche Lebensortbestimmung schwieriger. Sie berichtete, von ihrem jüdischen Freundeskreis, der nichtjüdischen Deutschen kritisch bis ablehnend gegenüberstehe, stark geprägt worden zu sein. Obgleich sie im Vergleich zu ihren jüdischen Freunden – vor allen Dingen durch die Erziehung ihrer *»sehr toleranten«* Eltern – eine aufgeschlossenere Haltung nichtjüdischen Deutschen gegenüber habe, blieb eine gewisse Distanz zu Deutschland immer bestehen. Und so tat sie es nach ihrem Schulabschluss ihren jüdischen Freunden und ihrem älteren Bruder gleich, Deutschland zu verlassen und studiert heute in London. Ihre Mutter Esther bekräftigte sie in diesem Entschluss, da sie glaubte, dass ein Auslandsaufenthalt Carlottas Selbstständigkeit fördern würde. Für ihre Zukunft hat Carlotta sich noch für keinen Lebensort entschieden, nur eines ist ihr klar: Nach Deutschland zurückkehren möchte sie nicht. Ihre anti-deutsche Lebensortentscheidung ist deutlich von der jüdischen Gesellschaft beeinflusst, die sie als deutschlandfeindlich erlebt.

In der vergleichenden familiären Betrachtung wird offenbar, dass Judith wie auch ihre Tochter Tamara stark von den familiären transgenerationalen oder elterlichen Aufträgen geprägt sind und ihre Lebensortwahl dementsprechend ausrichten. Esther und ihre Tochter Carlotta hingegen haben sich eher auf die sie umgebende Gesellschaft eingelassen und deren Wertvorstellungen übernommen, nach denen sie ihre Lebensortwahl bestimmen.

Heimatlosigkeit und die Sehnsucht nach Verwurzelung

Der Prozess der Entwurzelung begann in dieser Familie in der ersten Generation, die während des Zweiten Weltkrieges ihrer Heimat beraubt wurde. Die Sehnsucht nach einem neuen Zuhause, in dem sie als Juden willkommen geheißen werden, wurde in Hannahs Leben, das sie schließlich in Deutschland verbringen musste, nicht erfüllt und vermutlich an die folgenden Generationen übergeben.

Doch in Deutschland war es auch Hannahs Tochter Judith nicht möglich, ein verbindliches Heimatgefühl zu entwickeln, zu groß waren die Ressentiments der Eltern und die transgenerationale Übertragung des Hasses auf das deutsche Tätervolk. Auch die elterliche Delegation, Deutschland zu verlassen und im Ausland ein Leben aufzubauen, wirkte einer echten Integration und Verwurzelung in Deutschland entgegen.

Darüber hinaus wurde auch Judiths Identitätsfindung und somit eine persönliche Verortung durch den Konflikt der beiden in Judiths Augen widerstreitenden Sozialisationseinflüsse – jüdisch und deutsch – erschwert. Bis heute empfindet Judith ihre jüdische Herkunft in Deutschland als eine Gefahrenquelle, die zu einem stetigen Unwohlsein dort führt.

So wuchs auch Judiths Tochter Tamara in einem unstabilen nationalen Zuhause auf, was in ihr zu einer unbändigen Sehnsucht nach dem führte, was diese Familie seit drei Generationen nicht mehr hat – Wurzeln und ein dauerhaftes konkretes Zuhause, das durch nichts und niemanden mehr anfechtbar ist: *»Und das muss mir gehören und das muss für immer sein.«*

Die jüngere Vertreterin der zweiten Generation, Judiths Schwester Esther, scheint von dem Gefühl der existentiellen Entwurzelung kaum betroffen zu sein, da ihre selbstverständliche Integration ihrer deutsch-jüdischen Identitätsanteile ihre nationale Verwurzelung in Deutschland begünstigte.

Esthers Kinder jedoch haben Deutschland den Rücken gekehrt und studieren heute beide im Ausland. Esthers Tochter Carlotta sieht Deutschland zwar als ihr familiäres »Zuhause« an, hat jedoch nie Heimatgefühle für ihr Geburtsland entwickeln können, wie es ihr etwa für Israel möglich war. Hier zeigt sich erneut die bis in die dritte Generation dieser Familie eingeschränkte Möglichkeit, als Jude in Deutschland fundamental und nachhaltig heimisch zu werden. Carlottas Verwurzelung findet eher in der jüdischen als in der deutschen Gesellschaft statt und so folgt sie auch in der Frage der Lebensortwahl der Prämisse der jüdischen Gesellschaft, die ihrer Auffassung nach nichtjüdischen Deutschen feindselig und jüdischen Deutschen verständnislos gegenüberstehe und überlegt, sich außerhalb Deutschlands in Europa eine neue Heimat zu suchen.

Identität und der Konflikt, ein deutscher Jude zu sein

Für Hannah, die in ihrer Jugend aus ihrem »*schönen Familienleben*« gerissen wurde und anschließend von Lager zu Lager verschleppt wurde, stellen sich seit damals keine philosophischen, ethischen oder psychologischen Fragen mehr. Von Bedeutung scheinen lediglich rein existentielle, materielle Aspekte des Lebens. Hannah scheint eine derjenigen Überlebenden zu sein, die die im Lager notwendige affektive Abstumpfung nach der Befreiung nicht mehr vollständig revidieren konnten und somit nur begrenzte emotionale Kapazitäten zur Verfügung hat, wie ihre Töchter beklagen[7].

Für Hannahs erstgeborene Tochter Judith, die in Deutschland aufwuchs, war der Aufbau eines positiven Selbstbildes besonders schwer, da sowohl ihre jüdische wie auch ihre deutsche Identitätsbildung negativen Einflüssen unterlagen: In Bezug auf ihre jüdische Identität war eine positive Identifikation einerseits durch das Vorbild ihrer beschädigten Mutter, andererseits durch die Botschaft des Vaters, der die überlebenden Juden (also auch sich selbst und seine Frau) als die Schlechtesten ihrer Art bezeichnete, behindert. Der Antisemitismus der deutschen Gesellschaft tat ein Übriges, um sie in ihrem Selbstwertgefühl zu verunsichern. Auch ihre deutschen Identitätsaspekte waren durch den Hass der Eltern und ihr eigenes Wissen um die Geschichte Belastungen ausgesetzt.

Judiths Tochter Tamara hat die bei ihrer Mutter beobachtete selbstdestruktive und abwertende Haltung Teilen ihrer Identität gegenüber, übernommen. Sie benennt das bei ihrer Mutter noch diffus vorhandene

7 Die destruktiven Auswirkungen von Traumata auf die Persönlichkeit und die Schwierigkeit für viele Holocaust-Überlebende, die während der Verfolgung hilfreichen Überlebensstrategien nach der Befreiung aufzugeben, wurde bereits in Kap. 2.1.1. beschrieben. Diese durch die Traumata geprägten und später unangemessenen Lebenshaltungen hatten zwangsläufig auch Auswirkungen auf die familiäre Interaktion und so wuchsen viele Kinder von Holocaust-Überlebenden mit elterlichen Überlebensstrategien wie z.B. »Nicht nachdenken«, »Nicht fühlen«, »Stets wachsam sein«, »Sich anpassen und ruhig bleiben« auf (vgl. Tyrangiel & Spiegel 2002, 44ff.).

Gefühl der als konträr und unglückselig empfundenen Verbindung von Judentum und Deutschtum in ihrer eigenen Persönlichkeit als: *»die Mischung von diesem Guten und Bösen.«* Trotzdem wendet sie sich aber tendenziell von ihren »guten« jüdischen Anteilen ab und berichtet von dem Wunsch, das Erbe des osteuropäischen Judentums, das in ihrer Familie als *»unfein«* gilt, abzulegen und eine *»deutsche, kultivierte Person«* zu werden. Wie ihre Mutter Judith scheint Tamara die jüdische Herkunft auch als etwas Minderwertiges zu empfinden, das sie in sich bekämpft. Aus diesem Grund fühle Tamara sich auch nicht zu *»prototypisch jüdischen«* Männern hingezogen, sondern im Gegenteil von *»deutsch aussehenden«* Männern (*»groß, schlank und hellhäutig«*) angezogen. Es ist zu vermuten, dass sich in Tamaras Denken Aspekte der nationalsozialistischen Terminologie und Ideologie eingeschlichen haben, die sich destruktiv auf den Aufbau einer positiven jüdischen Identität auswirken. Hier zeigt sich die Identifikation mit dem Aggressor, die in diesem Fall als Abwehr des Opferstatus zu verstehen ist. Gleichfalls spiegelt sich die transgenerational übertragene starke Angst, als Juden einer erneuten Verfolgung ausgesetzt sein zu können, wider, die durch die Verbindung mit einem nichtjüdischen Deutschen – auch für ihre Nachkommen – geschmälert werden könnte. Darüber hinaus hat Tamara durch ihren Auszug aus Deutschland dafür gesorgt, dass ihre Kinder außerhalb Deutschlands aufwachsen werden und somit nicht wie ihre Mutter oder sie selbst den quälenden deutsch-jüdischen Identitätskonflikten sowie den daraus entstehenden Verantwortungs- oder Schuldgefühlen zum Opfer fallen können.

Im Gegensatz zu Judiths und Tamaras ambivalenten bis ablehnenden inneren Umgang mit dem Judentum, gehen Esther und ihre Tochter Carlotta selbstverständlich bis stolz mit ihrer jüdischen Herkunft um. Während Esther ihre deutsch-jüdische Identität ohne nennenswerte Konflikte zu leben und schätzen weiß, hat sich bei ihrer Tochter Carlotta ein Unterton der Verachtung Deutschen gegenüber eingeschlichen. Diese Antipathie, die typisch für ihre deutsch-jüdische Sozialisation sei, wurde bei Carlotta durch das Einwirken ihrer Eltern gemindert. Heute befindet Carlotta sich in einer Mittlerposition, in der sie vor ihren jüdischen Freunden Fürsprache für nichtjüdische Deutsche hält und gegenüber nichtjüdischen Deutschen ihre eigene, tolerante Einstellung von der eher feindselig gestimmten Haltung ihrer jüdischen Freunde abgrenzt.

Alle Frauen dieser Familie halten an ihrer jüdischen Identität fest, leben die ihnen übermittelten Traditionen und wollen diese auch mit ihren Nachkommen weiterführen. In der dritten Generation scheint der Auszug aus Deutschland ein wichtiges Mittel zu sein, für sich selbst wie auch ihre Kinder wieder eine unbelastete und ausschließlich positive Beziehung zu ihren jüdischen Wurzeln etablieren zu können.

Mutter-Tochter-Beziehungen und elterliche Vermächtnisse

Sowohl Judith als auch Esther haben in der Beziehung zu ihren eigenen Kindern versucht, ihnen die Liebe und Aufmerksamkeit zukommen zu lassen, die ihnen selbst in ihrer Kindheit von ihrer traumatisierten Mutter nicht vermittelt werden konnte. Dennoch kam es zu transgenerationalen Wiederholungen und Ähnlichkeiten, aber auch – im Falle von Esther und ihren Kindern – zu einer Auflösung der destruktiven Beziehungsmuster.

Wie in der Beziehung zwischen Judith und ihrer Mutter Hannah stellt Tamara auch in ihrem symbiotischen Verhältnis zu ihrer Mutter ähnliche Prozesse der Parentifizierung und Idealisierung fest und weist auf die Wiederholung der destruktiven Beziehungsmuster hin: »*Wie sich alles wiederholt! Wie sich alles wiederholt und nicht aufhört.*« Wie Judith fühlt auch ihre Tochter Tamara eine große Verantwortung ihrer Familie, besonders ihrer Mutter gegenüber und neigt zu Schuldgefühlen, wenn sie die familiären Anforderungen nicht erfüllen kann.

Die Wiederholung der Parentifizierung ist unbedingt im Licht der mehrgenerationalen Perspektive zu betrachten, einerseits um eine Erklärung für das Phänomen dieser Übertragung zu finden, andererseits, um den Eindruck der »Schuld« von allen Beteiligten zu nehmen.

Aus diesem Blickwinkel wiederholt sich in der zweiten und dritten Generation tragischerweise das Schicksal von Hannah, der Angehörigen der ersten Generation, die im Alter von 14 Jahren ihrer Kindheit und Jugend beraubt wurde. Sie verlor im Holocaust sowohl elterlichen als auch gesellschaftlichen Schutz, den sie auch nach der Befreiung nie mehr wie vor dem Holocaust erfahren hat[8] . So bestätigt sich in dieser

8 Diese mehrgenerationale Betrachtung ist auch in therapeutischer Hinsicht von großer Bedeutung, um das eigene Schicksal in den Kontext der familiären Vergangenheit einzuordnen. Das Verständnis für die vermeintlich Schuldigen und deren eigene defizitäre Entwicklung ist notwendig, um eine Versöhnung mit dem eigenen Schicksal, wie auch mit den Familienmitgliedern zu ermöglichen: »*Die Kette wird erst unterbrochen, wenn der Freisprechung des Ichs die Freisprechung des anderen vorangeht. Nach dem Gesetz der beziehungsdynamischen Dialektik lässt sich Fortschritt zuweilen gerade dann*

Familie Boszormenyi-Nagys und Sparks (1973; 2001) Konzept der »*Hauptbücher von fortgeschriebenen Schulden*«, die sich zwangsläufig auf das Leben der Nachfahren niederschlagen.[9]

Tamara hofft, dass es ihr in Bezug auf ihre eigenen Kinder gelingen werde, nicht wieder dieselben Fehler zu begehen, unter denen die transgenerationalen Beziehungsgefüge leiden. Aus diesem Grund sei sie aus dem vorbestimmten Leben als jüdische Frau in Deutschland »ausgebrochen« und versuche nun, sich mit Hilfe einer Psychoanalyse ihrer blinden Flecken bewusst zu werden. Bei dieser Entwicklung habe ihre Mutter ihr als Vorbild gedient, die ihr immer wieder vorgelebt hatte, dass es möglich ist, sich aus den vorgegebenen Rollen und Regelwerken zu lösen.

Im Vergleich mit ihrer Tante Esther und ihrer Cousine Carlotta, die sie um ihre »*Leichtigkeit. Freiheit!*« beneidet, empfindet Tamara sich als sehr belastet: »*Ich bin ein SCHWERER Mensch! Ich trage Lasten mit mir, das ist der Wahnsinn!*«

Tamaras Tante Esther versuchte, so früh wie möglich aus ihrer Familie auszubrechen. Mit ihrer Eheschließung konnte sie zwar eine räumliche Trennung von dieser erwirken, wurde sich aber später bewusst, dass sie einen Mann gewählt hatte, der ihrer Mutter sehr ähnlich war und mit dem Esther in ihrer Partnerschaft noch einige Jahre lang das überwunden geglaubte Beziehungsmuster mit ihrer Mutter reinszenierte.

In vertikaler Hinsicht ist es Esther gelungen, das familiäre »Verdienstkonto«[10] auszugleichen, indem sie sich einer Wiederholung der destruktiven Mutter-Kind-Interaktion widersetzte und zu ihren Kindern ein liebevolles und freundschaftliches Verhältnis aufbaute. So hat die Mutter-Kind-Beziehung über die Generationen hinweg eine positive Änderung erfahren. Auch in Bezug auf die schwere Krankheit Esthers Tochter konnte ein konstruktiver Umgang entwickelt werden: Als Carlotta in einem ähnlichen Alter wie Esther damals schwer erkrankte, konnte diese Esthers mütterliche Sorge gut annehmen, wodurch die Mutter-Tochter-Beziehung intensiviert wurde: »*Sie hat sich unheimlich auf mich verlassen. (...) Sie hat eigentlich weniger ihr eigenes Leben*

---

erzielen, wenn er aus der diametral entgegengesetzten Richtung angestrebt wird. (...) Nur durch die Wiederherstellung von Beziehungen lässt sich die Mehrgenerationen-Kette der Ungerechtigkeiten unterbrechen; nicht aber dadurch, dass man das einzelnen Mitgliedern zugefügte Unrecht aufzubauschen oder herabzumindern versucht« (Boszormenyi-Nagy & Spark 2001, 64; 135).

9 siehe Kap. 3.3.1.

10 siehe Boszormenyi-Nagy & Sparks (2001)

dadurch aufgebaut, finde ich.« Dies führte dazu, dass Esther mit der Zeit begann, Carlotta in die Selbständigkeit zu drängen: *»Ich hab sie auch sehr gedrängt, dass sie nach England geht. Weil ich dachte, diese Symbiose ist auch nicht gut.«*

Gemäß ihrem eigenen Drang nach Selbständigkeit förderte sie Carlottas Loslösung aus der Mutter-Tochter-Beziehung und deren Übertritt in ein eigenverantwortliches Erwachsenenleben.

Umgang mit der Vergangenheit

Obgleich Hannah das Gefühl hat, hinreichend mit ihren Kindern und Enkeln über ihr Leben gesprochen zu haben, schildern ihre Nachkommen übereinstimmend, dass über die Vergangenheit geschwiegen wurde. Es stellt sich die Frage, ob Hannah mit ihren Töchtern tatsächlich nie über die Vergangenheit sprach und dennoch das Gefühl hatte, *»alles gesagt«* zu haben oder ob ihre Töchter sich den Schilderungen ihrer Mutter und der damit verbundenen zusätzlichen Belastung entzogen.

Bis heute scheuen sich Hannahs Enkelinnen, ihre Großeltern zu deren Verfolgungsvergangenheit zu befragen, weil sie diese schonen möchten. Im familiären Umgang fällt auf, dass bei der zweiten und dritten Generation ein großes Bedürfnis besteht, die anderen Familienmitglieder, im Besonderen die erste Generation zu schützen. Was bei den Töchtern von Hannah eine ausgesprochene Forderung war: *»Nehmt Rücksicht auf die kranke Mutter«*, wird von den Enkeltöchtern verständnisvoll aus eigener Entscheidung übernommen und weitergeführt.

Da Judith den Schweigemodus ihrer Eltern bezüglich Problemen oder Krisen übernommen hatte, wuchs auch ihre Tochter Tamara in einer Atmosphäre des Stillschweigens auf, die sie sehr verunsicherte. Tamara ist zwar geprägt von der familiären »Geheimniskrämerei«, in deren Sog sie selbst oft gerät, hat sich aber vorgenommen, das Schweigen bei ihren eigenen Kindern zu durchbrechen, damit diese ihre Wissenslücken oder »blinden Flecken« nicht wie sie mit *»brutalen Phantasien«* füllen müssen.

Hannahs jüngere Tochter Esther erklärte, dass ihre Mutter sich heute manchmal über ihre Vergangenheit mitteilen möchte, sie allerdings nicht bereit sei, zuzuhören. Viele Jahre lang hatten Esther und ihre Schwester unter den Folgen der Traumatisierungen ihrer Mutter gelitten und sich dem obersten familiären Gebot, die Mutter zu schonen, untergeordnet und ihre eigenen Bedürfnisse zurückgestellt. Durch die schwere

Last der Rollenumkehr wurde den Töchtern von Hannah so viel eigenes Leid zugefügt, dass Esther sich der ungeheuren Verantwortung entledigen musste, um psychisch überleben zu können. Nachdem es Esther im Erwachsenenleben endlich gelungen war, sich aus dem elterlichen Regel- und Auftragssystem sowie von dem unverarbeiteten Gefühlskonglomerat weitgehend zu lösen, möchte sie auch in der Gegenwart kein Risiko mehr eingehen, wieder in die alten Strukturen zurückgezogen zu werden. Das konkrete Wissen um die mütterliche Verfolgungsvergangenheit könnte ihre Abwehr und ihr Schutzsystem brüchig werden lassen und Esther ist zu diesem Zeitpunkt nicht bereit, sich ihrer Mutter durch ein empathisches Einlassen auf deren Lebensgeschichte wieder anzunähern. Ein weiterer Aspekt der Weigerung liegt vermutlich in einem unbewussten Rachebedürfnis, das sich als passive Aggression in diesem Zusammenhang ausdrücken kann.

6.2. Generationenportrait Familie B.

»Das Gute hat keine Grenzen. Das Schlechte hat keine Grenzen.«

Erste Generation
Martha, geb. 1923 in Polen
Überlebte den Holocaust im Ghetto, Arbeitslager und den Konzentrationslagern Auschwitz und Bergen-Belsen
1945 bis 1981 in Deutschland
Seit 1981 in der Schweiz

Zweite Generation
Mirjam, geb. 1948 in Deutschland
Seit 1968 in der Schweiz

Dritte Generation
Jasmin, geb. 1972 in der Schweiz
Wohnhaft in der Schweiz

Gabriella, geb. 1976 in der Schweiz
Wohnhaft in der Schweiz

Rahmenbedingungen

Eine Mitarbeiterin einer Schweizer Organisation für Holocaustüberlebende stellte den Kontakt zu Martha her, die sich mitsamt ihren weiblichen Nachfahren bereit erklärte, an den Interviews teilzunehmen. Als ich die konkrete Terminabsprache begann, zog Marthas Tochter plötzlich ihre Einwilligung, an einem Gespräch teilzunehmen, zurück und es bedurfte einiger Überzeugungsarbeit, sie umzustimmen.

Interviewverlauf und Atmosphäre

Ich suchte Martha, deren Tochter Mirjam und die beiden Enkeltöchter Jasmin und Gabriella an drei aufeinanderfolgenden Tagen an ihren Wohnorten in einer Schweizer Großstadt auf.

Am ersten Tag traf ich Martha, eine sorgfältig geschminkte und gekleidete 82jährige alte Dame, die mich freundlich in ihrer Wohnung empfing. Sie sprach bedacht und es schien, als hätte sie die Erzählpassagen vorher zurechtgelegt, ab und zu unterbrach sie sich selbst in ihren Ausführungen und fügte eine weitere, für sie wichtige Sequenz ein. Ihre Erzählung begann im Arbeitslager und meine Anregungen, über die Zeit davor zu berichten, blieben so gut wie unbeachtet. Es schien, als sei sie in einen Film eingetaucht, dessen Inhalt sie mir erzählte. Szene reihte sich an Szene und sie berichtete über lange Strecken ohne Unterbrechung. Versuchte ich zu Beginn des Interviews noch, eine zeitliche und inhaltliche Struktur durch meine Fragen zu erhalten, folgte und fügte ich mich bald ihrem Erzählstrom und stieg mit Martha in ihren Prozess des Erinnerns mit ein. Ihre Betroffenheit und ihr Schmerz beim Erzählen einiger Passagen berührten mich sehr. Unsere Begegnung war sehr intensiv und bei den Erzählsequenzen, bei denen sie der Schmerz überfiel und sie zum Weinen brachte, konnte auch ich meine Betroffenheit nicht verbergen.

Das Gespräch mit Marthas Tochter Mirjam fand am darauffolgenden Tag in ihrer Wohnung statt. Mirjam war mir gegenüber zunächst sehr vorsichtig und zurückhaltend, sie wirkte auf mich bedürftig und unnahbar zugleich. Mirjam sprach langsam, nach kurzer Zeit ermüdete sie und hatte Schwierigkeiten, sich zu konzentrieren. Ihr lag daran, von mir Auskunft zu bekommen, wie die in ihrer Familie geltende Prämisse, ausschließlich jüdische Partner wählen zu dürfen, in anderen jüdischen Familien behandelt werde. So präsentierte sie mir gleich zu Beginn unseres Gespräches den familiären Kernkonflikt, der ihr Verhältnis zu ihren Töchtern belastet und den auch ihre beiden Töchter am darauffolgenden Tag eindrücklich herausstellten.

Am dritten Tag besuchte ich Mirjams jüngste Tochter Gabriella. Sie wirkte auf mich ruhig und beschrieb sich selbst als »neutralen«, nicht besonders gefühlsbetonten Menschen. Im Anschluss führte ich ein sehr emotionales Gespräch mit Jasmin, der ältesten Tochter von Mirjam. Jasmin fasste im Verlauf des Interviews immer mehr Vertrauen und öffnete sich meinen Fragen. Sie war überrascht, wie berührt und traurig sie bei bestimmten Themen reagierte. Der Umgang mit ihren jüdischen Traditionen, der Loyalitätskonflikt zwischen dem Judentum und ihrer Familie im Zusammenhang mit ihrer nichtjüdischen Partnerwahl sowie ihre nicht bearbeitete Mutter-Tochter-Beziehung nahmen viel Raum im Gespräch ein.

Generationenportrait

Martha wurde 1923 als Älteste von vier Geschwistern in Oberschlesien, Polen geboren und wuchs in der Stadt Sosnowic auf. Als 1939 der Krieg ausbrach, wurden Juden zu Zwangsarbeit herangezogen, unter ihnen auch Martha. Martha erzählt nichts über die generellen Zustände, die Enteignung und Entlassung und die sich dramatisch verschlechternden Lebensbedingungen der polnischen Juden, sondern konzentriert sich in ihrer Erzählung auf ihren eigenen Lebensweg, dessen zentraler Rettungsfaktor in ihren Augen die Arbeit war, die sie immer hatte und die sie stets so gut wie möglich ausführte: »*Ich war eine sehr gute Arbeiterin. (…) Ich hab mich nie gedrückt.*« 1942 wurde sie in ein Arbeitslager (Neustadt) verschleppt, wo sie als Näherin in einer Weberei arbeitete. Aufgrund ihrer guten Arbeitsleistungen sei sie mehrmals von Deportationen in Vernichtungslager verschont worden: »*Alle wurden abgeholt von einem SS-Mann und mich wollten sie erhalten, weil ich eine gute Arbeiterin bin. [Weint]*« Noch glaubte sie den Versprechungen der Deutschen, dass gute Arbeitsleistungen belohnt werden sollten mit »*Ferien zuhause*« und betont: »*Aber ich war keine gute Arbeiterin für die Deutschen – sondern für MICH! Ich wollte nach Hause.*«

Bei einem späteren Transport im Jahre 1944 wurde Martha doch deportiert und in einem Waggon mit Tuberkulose-kranken Frauen nach Auschwitz gebracht: »*Ich saß mit den kranken Frauen im Waggon und dachte: Wenn ich jetzt nicht angesteckt werde, das wird ein Wunder sein. (…) Wir sind nach Auschwitz angekommen und dort stand: Arbeit macht frei. Da gibt es kein – weg!*«

Da Martha der »*Oberin*« ihres Blockes sympathisch war, wurde sie von körperlich schwerer Arbeit verschont und wie bisher als Näherin eingesetzt: »*Ich hab überlebt, nur, weil ich Glück bei den Menschen hatte.*«

Als nach einer Weile die Möglichkeit bestand, mit einem Transport unbekannten Ziels Auschwitz zu verlassen, nahm Martha dies wahr: »*Das ist gut, endlich rauskommen von Auschwitz. In Auschwitz haben Tag und Nacht die Krematorien gebrannt. Ich stand dort vor Krematorium, ich hab das Feuer gesehen, jeden Tag. [Weint] Und ich hab mich damit abgefunden: Eines Tages brenne ich auch dort.*«

Sie, die sich sagte: »*Schlimmer als hier kann es nicht sein.*«, erkannte ihren Irrtum erst, als sie am Ziel des Transportes in Bergen-Belsen[11] eintraf: »*Das war nicht einmal eine Hütte – keine Baracken – es war Himmel und Erde. Es war schlimmer wie Auschwitz. Viel schlimmer.*« Den neu eingetroffenen Frauen bot sich ein grauenvoller Anblick: »*Da lagen viele Leichen, viele Tote. Weil die Krematorien waren sehr primitiv. Sie konnten nicht diese Menge aufnehmen. (…) Der Typhus ist ausgebrochen.*«

Erneut hatte Martha Glück im Unglück, da sie eine Bekannte ihrer Familie traf, die in Bergen-Belsen als Ärztin arbeitete und die sich Marthas annahm. Die Ärztin besorgte Martha eine Arbeit in einem von den Häftlingen betreuten provisorischen Kinderheim[12]. Martha hatte durch ihre Arbeit eine bessere Versorgung mit Nahrung und wollte auch ihren von Hunger und Krankheit geschwächten Freundinnen helfen, von denen viele an Typhus erkrankt waren: »*Ich wollte die anderen retten! Ich hab gesehen, wie meine Freundinnen sterben jede Nacht weg.*« Bei ihren Besuchen im Krankenlager riskierte Martha, sich selbst mit Typhus anzustecken, blieb aber davon verschont. Am 15. April 1945 schließlich wurde Bergen-Belsen durch die britische Armee befreit und diente danach bis 1951 als Lager für Displaced Persons.

11 Im September und Oktober 1944 kamen Transporte mit Juden aus dem Lager Płaszów und 3000 Jüdinnen aus Auschwitz in Bergen-Belsen an. Sie wurden im sogenannten »Sternenlager« in neuen, für sie errichteten Baracken untergebracht, ohne Wasser, ohne Betten oder andere Einrichtungen. Eine Typhusepidemie hatte das Lager erfasst, der viele Häftlinge zum Opfer fielen. Einige Monate später verschlechterten sich die Haftbedingungen noch weiter, als Zehntausende Gefangene hinzukamen – Überlebende der Todesmärsche aus den Lagern im Osten. Die Lagerverwaltung unternahm nichts, um die hinzugekommenen Gefangenen unterzubringen. Die meisten hatten weder Wasser noch Lebensmittel. In den Lagern herrschte nun vollständiges Chaos, von Januar bis Mitte April 1945 belief sich die Zahl der Todesfälle auf 35.000 (vgl. Enzyklopädie des Holocaust 1998, 190).

12 Für mehr Informationen siehe Rosensaft 2005; Verolm 2005.

Martha entschied sich nach der Befreiung, gemeinsam mit »ihren Kindern«, die sie im Heim betreut hatte, nach Schweden zu ziehen: *»Ich wollte nicht von den Kindern weg. Ich wusste, meine Eltern leben nicht mehr. Meine Geschwister leben nicht mehr.«* Vor der Abreise lernte sie in Bergen-Belsen ihren zukünftigen Mann, einen polnischen Juden, der dort als Dolmetscher arbeitete, kennen. Dieser wollte Martha nach Schweden begleiten. Als sich herausstellte, dass Marthas Vater als einziger ihrer Familie in Dachau überlebt hatte, verwarfen die beiden ihre Auswanderungspläne und holten Marthas Vater aus Dachau nach Bergen-Belsen. Dort war dieser bei der Hochzeit seiner Tochter im August 1945 anwesend und bewohnte anschließend mit dem jungen Ehepaar gemeinsam eine Wohnung.

Marthas Mutter und ihre Geschwister waren im Ghetto und in Konzentrationslagern umgebracht worden.

Nach etwa einem Jahr zogen Martha, ihr Mann und ihr Vater auf Marthas Wunsch nach Bayreuth, da sie dort entfernte Verwandte hatte: *»Das war der GRÖSSTE Fehler meines Lebens. (...) Ausgerechnet Bayreuth – es ist eine sehr antisemitische Stadt.«* Dort wurde 1946 Marthas erstes Kind geboren, ein Sohn, der wenige Tage nach seiner Geburt starb: *»Und ICH – es war ein schrecklicher Winter. Und ich lass meine Gedanken immer bei dem Kind.«*

Im Jahre 1948 wurde Marthas Tochter Mirjam und zwei Jahre darauf ihr Sohn geboren. Da Martha und ihr Mann nach dem Krieg mittellos waren und nirgendwo im Ausland Verwandte hatten, die sie am Anfang unterstützt hätten, blieb ihnen nichts anderes übrig, als in Deutschland zu bleiben: *»Wir hatten keinen anderen Ausweg.«* So entschieden sie sich, in Deutschland eine Existenz aufzubauen und solange zu bleiben, bis die Kinder die Schule beendet hätten. Um ihren Kindern keinen Hass einzuflößen, sprachen Martha und ihr Mann mit ihnen nicht über ihre Vergangenheit im Holocaust: *»Ich wollte die Kinder nicht damit belasten. Vor allem sind sie in eine deutsche Schule gegangen. Dann wird der Hass bei Kindern groß. Das darf man nicht.«*

Obgleich Martha und ihr Mann ihre Kinder schonen wollten und ihnen nichts vom Holocaust erzählten, war ihrer Tochter Mirjam das Grauen der Vergangenheit sehr nah, ohne dass ihre Eltern sich dessen bewusst waren. Mirjam berichtet, dass sie sich bei ihrer Einschulung ihren Mitschüler/innen folgendermaßen vorstellte: *»Ich hab meinen Namen gesagt und hab gesagt: Und außerdem bin ich jüdisch und man hat aus uns, aus unserer Haut Lampenschirme gemacht.«* Mirjam erinnerte sich während des Interviews an ein eindringliches Ritual: Jeden

Morgen brachte sie als Kind ihrem bettlägerigem Großvater mütterlicherseits dessen Gebetbuch. In diesem Buch befanden sich Photos von Konzentrationslagern: »*Da waren die riesigen Leichenberge abgebildet. Und das hab ich praktisch täglich als Kind mitgekriegt. Und das hat sich bei mir irgendwie eingeprägt.*« Darüber hinaus lauschte Mirjam oft heimlich den Gesprächen der Erwachsenen, die nicht für ihre Ohren bestimmt waren und deshalb auf polnisch oder jiddisch geführt wurden. Mirjam, die noch heute über einen passiven polnischen und jiddischen Wortschatz verfügt, verstand die Eltern ohne deren Wissen, und so trat das, was diese unbedingt vermeiden wollten, ein: »*Diese Geschichten, die ich als Kind gehört habe, die haben Hass produziert. Ich konnte zwar niemanden personifizieren mit dem Hass. Das waren nicht meine Freundinnen oder deren Eltern. Aber ich war doch irgendwie – ich war anti-deutsch.*«

Das Wissen um die Vergangenheit stürzte Mirjam zudem in einen Identitätskonflikt: »*Es hat mir auch nicht gepasst, dass in meinem Pass drinstand: Deutsche. Ich hab gedacht, ich gehöre nicht dazu.*« Mirjam stellte ihren Eltern keine Fragen über deren Vergangenheit, denn: »*Ich wollte ihnen nicht wehtun. Außerdem war ich ja auch gar nicht mehr neugierig. Ich hab es ja schon gewusst.*«

Mirjams Kindheit und Jugend sei in Deutschland durch das Gefühl der »*Andersartigkeit*« geprägt gewesen. Als einzige Jüdin in der Klasse fühlte sie sich nicht zugehörig: »*Ich hab mich immer als Außenseiter gefühlt.*« Ihre Erziehung beschreibt sie als »*sehr, sehr behütet. Ich durfte NICHTS machen.*«, begründet auf der »*Haupt-Angst*« ihrer Eltern: »*Ich hätte mich in einen Nichtjuden verlieben können.*« Die Haltung ihrer Eltern unterstützte und verstärkte ihr Empfinden der Andersartigkeit zwischen sich und der nicht jüdischen Außenwelt: »*Mit einem nichtjüdischen Mann geht man nicht aus. Die sind anders. Und wir sind anders.*«

Der Tag ihres Schulabschlusses war Zeit ihres Lebens gleichzeitig »*das Stichdatum, mein Freipass, Deutschland zu verlassen*« und Selbständigkeit von den Eltern zu erlangen: »*Darauf hab ich hingearbeitet. (...) Ich hatte alles, was ich wollte, aber diese Freiheit der Jugend, die hatte ich nicht.*«

Indem sie Deutschland verließ, erfüllte die damals 18jährige Mirjam auch den elterlichen Auftrag, ins Ausland zu gehen. Mirjam stimmte dem Vorschlag ihrer Mutter zu, in die Schweiz zu ziehen, da in Israel zu der Zeit Krieg herrschte und Amerika war zwar »*ein Traum, dass ich so weit wegkomme*«, aber doch ein zu großer Schritt: »*Ich fand die Idee, in die Schweiz zu gehen, nicht schlecht. Die Schweiz schien damals noch sehr sauber – von der Vergangenheit. (...) Aber ich war doch einen Schritt weiter weg von Deutschland.«* Mirjam erlebte in der Schweiz zum ersten Mal das Gefühl der Zugehörigkeit als Jüdin und genoss dort *»ein schönes jüdisches Leben, das ich in Deutschland nie erlebt hatte. Große Gemeinde und Veranstaltungen und viele Leute und Vielschichtigkeit im Judentum. (...) Wie ein kleines Israel.«*

Sie begann in Zürich Psychologie zu studieren. Mit 21 Jahren heiratete sie einen zionistisch erzogenen Schweizer Juden und gab bald darauf ihr Studium auf. 1972 bekam sie ihre erste Tochter, Jasmin, vier Jahre später folgte Gabriella. Etwa ein Jahr später wurde ihr drittes Kind, ein Sohn geboren.

1981, mittlerweile war auch Mirjams Bruder in die Schweiz gezogen und hatte dort geheiratet, gaben Martha und ihr Mann ihren Wohnsitz in Deutschland auf und folgten ihren Kindern in die Schweiz, wo sie sich zur Ruhe setzten. 1983 starb Mirjams Vater einen Tag vor seinem 60. Geburtstag. Als Todesursache konstatierte Martha: *»Das ist alles vom KZ.«*

Mirjam erzog ihre Kinder mit den jüdischen Traditionen, die zwei jüngeren Kinder besuchten eine jüdische Schule. Sie fügte sich dem Bild einer jüdischen Frau, das ihr vermittelt worden war: *»Ich hab während der Ehe nicht gearbeitet. Es hieß immer, eine jüdische Frau gehört in die Küche.«* Als die Ehe 1990 geschieden wurde, erkannte Mirjam: *»Dieses sture Denken – Kinder und Familie, jüdische Familie, das hat mir geschadet. (...) Dass man nur noch für Ehe und Kinder lebt und dass das praktisch eine Lebensversicherung ist – mir wurde klar, dass das gar keine Gültigkeit mehr hat.«*

Die Scheidung und die Zeit danach war für Mirjam sehr schwierig. Sie litt unter der in ihren Augen den Vater der Kinder bevorzugenden Besuchsregelung, besonders an jüdischen Feiertagen, die die Kinder grundsätzlich mit ihm verbrachten, während sie als alleinerziehende Mutter den *»stressigen Alltag«* sowie ihren eigenen finanziellen Unterhalt bestreiten musste: *»Aber es hat mich auch stark gemacht, weil ich gesehen habe, dass ich doch ohne die Hilfe meines Mannes so viel machen kann.«*

Unter der Scheidung litten auch die Kinder, besonders Mirjams älteste Tochter Jasmin, die sich (damals 15jährig) in dieser Zeit sehr für ihre Mutter verantwortlich fühlte und versuchte, dieser über den Trennungsschmerz hinwegzuhelfen. Im Interview wurde sie sich der damaligen Überforderung und ihres eigenen Schmerzes bewusst, den sie seither in sich trägt: *»Ich war extrem da für meine Mutter, ich hab Stunden mit ihr gesprochen. Ihre Launen ausgehalten. (…) Ich konnte da gar nicht jugendlich sein. Ich war so – tack [klatscht in die Hände] plötzlich erwachsen. Und überhaupt – über meine Probleme zu sprechen [beginnt zu weinen].«*

So wiederholte sich bei Jasmin das, worunter bereits ihre Mutter gelitten hatte – *»die Freiheit der Jugend«* nicht erleben zu können. Was Mirjam aufgrund des engen elterlichen Regelkorsetts in Deutschland verwehrt war, geschah bei Jasmin durch die Parentifizierung und die damit einhergehende Rollenumkehr im Jugendalter. Auch Mirjams jüngste Tochter, Gabriella, war in ihrer Jugendzeit ähnlichen Restriktionen wie Mirjam unterworfen, als sie sich in einen Nicht-Juden verliebte und ihre Mutter die Verbindung zu verbieten versuchte, also im Auftrag ihrer eigenen Eltern handelte, den sie sich zueigen gemacht hatte. In diesem Zusammenhang sei daran erinnert, dass die Großmutter Martha bei Ausbruch des Krieges 16 Jahre alt war und ihrerseits in jeglicher Hinsicht ihrer Jugend beraubt wurde.

Jasmin beschreibt diese transgenerationale Wiederholung speziell in Hinblick auf die nicht erfüllten Bedürfnisse der Frauen in ihrer Familie im Jugendalter und die defizitären Mutter-Tochter-Beziehungen, worunter sie selbst besonders gelitten hat. So fühlt sich Jasmin von ihrer Großmutter mehr geliebt als von ihrer Mutter. Bei der Exploration der mütterlichen »Liebesfähigkeit« wurden Jasmin die mehrgenerationalen Verknüpfungen, Abhängigkeiten und Wechselwirkungen bewusst: *»Oma ist die, die auch mehr Liebe zeigen kann. Vielleicht konnte sie das uns gegenüber eher zeigen als zu meiner Mutter. Weil die Beziehung, die die beiden haben, finde ich auch extrem problematisch. Und wahrscheinlich konnte sie bei uns etwas zulassen, wozu sie bei meiner Mutter gar nicht fähig war. Liebe zu zeigen vielleicht. (…) Da gibt es wieder einen Zusammenhang, sie war auch so 16, 17, als der Krieg begonnen hat. Sie hat auch nicht das gekriegt als junge Frau, was sie gebraucht hätte. [Weint]«*

Unter Einbezug der Mehrgenerationenebene veränderte sich die einseitige Schuldzuweisung und ermöglichte Jasmin eine komplexere Sichtweise. Dadurch konnte sie ihre Mutter und ihre Großmutter gleichzeitig auch als Töchter wahrnehmen, die selbst zu wenig Schutz und (gesellschaftliche oder familiäre) Liebe während ihrer Jugendzeit erhalten hatten. Jasmin gelang es während des Interviews, ihre eigene schmerzhafte Erfahrung in Anbetracht der ebenfalls nicht erfüllten Bedürfnisse ihrer weiblichen Vorfahren in einen größeren zeitlichen und emotionalen Kontext zu stellen und betrauerte die individuellen und familiären Verluste und Defizite stellvertretend.

Mirjam, die Vertreterin der zweiten Generation, beschreibt das Verhältnis zu ihrer Mutter folgendermaßen: »*Ich war die Prinzessin. Aber die Mutter war die Königin. Ja, so ist das in einem Königshaus.*« Zeit ihres Lebens ordnete sie sich der »*sehr dominanten*« Mutter unter, war »*sehr brav und lieb*«. Nach dem Tod des Vaters, der der Mutter alle Wünsche erfüllt hatte, fühlt Mirjam verstärkte Erwartungen an sich gerichtet und hatte das Gefühl, ihre Mutter nie zufrieden stellen zu können. Seit einiger Zeit hat Mirjam einen neuen Partner, der in Israel lebt. Sie spielt mit dem Gedanken, ihm dorthin zu folgen, kann sich aber nicht recht entschließen, die Schweiz und ihre Familie zu verlassen. Sie erkennt aber einen Fortschritt in Bezug auf die Ablösung von ihrer Mutter: »*Jetzt versuche ich langsam in meinem Alter auch an mich zu denken. Jetzt versuche ich Sachen zu machen, die vielleicht meiner Mutter auch nicht mehr passen würden. Aber ich wäre jetzt stark genug zu sagen: Jetzt muss ich auf mich schauen.*«

Trotz der Schwierigkeiten, die die Töchter in Bezug auf ihre Mütter beschreiben, bleibt Raum für Respekt, Bewunderung und Liebe. Jasmin erklärt: »*Meine Mutter – obwohl es schwierig ist und auch Verständnis füreinander fehlt – so etwas wie Liebe ist schon da. Letztendlich. Das ist etwas Wichtiges, wie eine Kraftquelle.*«

Mirjam lobt ihre Mutter: »*Sie war immer eine sehr tüchtige Frau. Das hab ich an ihr bewundert und bewundere ich heute noch.*«

Beide Enkeltöchter empfinden Bewunderung für ihre Mutter und ihre Großmutter, aus deren Über-Lebens-Stärke sie Kraft und Zuversicht für ihr eigenes Leben schöpfen können: »*Dass meine Großmutter den Holocaust überlebt hat, dass überhaupt ein Mensch das ertragen kann, das ist schon was Großes. Und ich denke, das braucht eine gewisse Stärke. Das bewundere ich. Ich denke mir, dass wir die vielleicht alle schon haben. Dass es möglich ist, durch vieles durchzugehen und man überlebt trotzdem.*« Jasmin betrachtet ihre Mutter, die ihren Partner, den sie nach der Scheidung hatte, in seiner Krankheit bis zu seinem Tod begleitete und pflegte, als Vorbild: »*Was sie da geschafft hat, so mit dieser Situation umzugehen, da hab ich doch ein Vorbild.*«

Auch Gabriella hat hinsichtlich ihres Frauenbildes den Aspekt der Stärke und Widerstandsfähigkeit besonders verinnerlicht: »*Was weitergegeben wurde, dass man als Frau sich wehren kann, überleben kann, dass man stark sein kann. Meine Oma wirkt eigentlich – wenn ich sie jetzt kennenlernen würde, hätte ich NIE gedacht, dass sie so etwas mit-*

erlebt hat. Und überleben konnte und sich so einsetzen konnte. Und das hab ich auch gesehen, als der Freund meiner Mutter krank wurde und meine Mutter plötzlich von irgendwo Kräfte hergenommen hat. Ich weiß nicht, ob das frauenspezifisch ist oder nicht, aber ich denke, dass man als Frau wirklich viel leisten kann.«

Ein für beide Enkelinnen bedeutsames Thema ist der Umgang mit dem Judentum und besonders die Frage, wie sehr es ihr Leben einerseits erfüllen und bereichern soll und andererseits beschränken darf. Jasmin und Gabriella fühlen eine große Zugehörigkeit und Geborgenheit in den jüdischen Traditionen. Innerfamiliär bedeutet das jüdische Erbe jedoch eine Last, an der die beiden jungen Frauen schwer zu tragen haben. Sowohl Jasmin als auch Gabriella werden bis heute von ihrer Mutter dazu angehalten, sich jüdische Partner zu suchen. Als Gabriella sich das erste Mal mit 16 Jahren in einen Nichtjuden verliebte und mit diesem eine (langjährige) Beziehung einging, führte dies zu massiven Auseinandersetzungen mit ihrer Mutter. Auch Jasmin, die vor einigen Jahren einen nichtjüdischen russischen Asylbewerber (ihre Großeltern väterlicherseits sind russische Juden) heiratete, um mit diesem in der Schweiz die Beziehung fortsetzen zu können[13] , geriet mit ihrer Mutter heftig aneinander. Mirjam, die das Gebot ihrer Eltern, ausschließlich jüdische Partner zu haben, internalisiert und auch auf ihre Töchter übertragen hat, weigerte sich, Jasmins Mann kennenzulernen und verbot, dass diese Ehe der Großmutter mitgeteilt wurde. Mirjam hat es sich zur Aufgabe gemacht, ihre Mutter Martha zu schonen, eine Haltung, die sie auch von ihren Kindern verlangt: »*Sie [Martha] ist nicht belastbar. Aber das ist nicht durch ihr Alter bedingt, sondern durch – ich will sie nicht mehr belasten, nachdem sie schon sehr stark belastet wurde. (…) Also insofern ist meine Mutter kein Freund und Helfer. Im Gegenteil. Ich muss schauen, dass ich sie abhalte, dass ich blockiere. Dass ich nichts durchlasse. Also wie eine Wand aufbauen, dass da nichts durchgeht.*«

Mehr noch als unter den Auseinandersetzungen mit ihrer Mutter leiden Jasmin und Gabriella darunter, einen wichtigen Teil ihres Lebens der Großmutter verschweigen zu müssen: »*Sie [Mirjam] hat immer gesagt, das wird meine Großmutter nicht überleben, wenn sie wüsste, dass wir nichtjüdische Freunde haben. Also haben wir das verheimlicht und ihr nichts erzählt.*«

Seit einigen Jahren hat Jasmin eine ernsthafte Beziehung mit einem

13 Die Ehe wurde mittlerweile geschieden.

nichtjüdischen Schweizer, mit dem sie zusammenwohnt. Da sie schon einmal die Erfahrung gemacht hat, mit einem belastenden Geheimnis zu leben, entschied sie sich, dieses Mal ihren Freund ihrer Großmutter vorzustellen: »*Es hat mich damals so viel gekostet, es zu verschweigen. Ich fand es falsch. Ja, es tut manchmal weh, einem Menschen etwas zu sagen, was ihm nicht passt. Aber andererseits – man muss den Leuten auch was zumuten. (…) Sie [die Großmutter Martha] lebt in der Realität und sie muss sich auch konfrontieren, auch wenn es schwerfällt.*«

Jasmin trat mit der Bekanntgabe ihrer Beziehung zu einem nichtjüdischen Partner aus den Gesetzen der Familienstruktur – zu verheimlichen, um den anderen zu schonen und sich selbst oder einen Teil seines Lebens zu verleugnen – heraus. Die Großmutter Martha reagierte gelassener als erwartet: »*Ich WEISS, es gefällt ihr nicht, sie findet es schade. Aber sie kann viel besser damit umgehen, wie wir alle geglaubt haben. (…) Sie findet es nicht toll, aber sie mag meinen Freund.*« Heute ist Jasmin froh, dass sie den Schritt gewagt hat und ihren Partner nicht mit einem schlechten Gewissen verstecken muss: »*Ich wollte auch, dass sie ihn kennenlernt. Weil es mir wichtig ist. (…) Ich bin ein sehr verbindender Mensch. Ich hab gern, wenn sich meine Leute kennen und mögen.*«

Starke und starre Loyalitätsbindungen bestimmen das (mehrgenerationale) Familiengefüge. Mirjam ist es bis heute kaum gelungen, sich von ihrer Herkunftsfamilie und deren Aufträgen und Gesetzen zu lösen. Dies zeigt sich in dem Unvermögen, ihren Kindern mehr Freiheit zu gewähren, als sie selbst hatte, sowie in der Schwierigkeit, die Schweiz und ihre Mutter zu verlassen und ihrem neuen Partner und ihrer Sehnsucht nach Israel zu folgen. Sie fühlt eine »*extreme Verpflichtung und Verantwortung*« für ihre Mutter.

Die Enkelinnen Jasmin und Gabriella befinden sich in dem Zwiespalt, einerseits den Aufträgen ihrer Familie entsprechen zu wollen, indem sie das Judentum aufrechterhalten und auf der anderen Seite mit frei gewählten Partnern, ungeachtet deren religiösen Abstammung leben zu wollen. Jasmin wie auch Gabriella haben für sich persönlich einen möglichen Weg aus dem Dilemma gefunden, indem sie sich erlauben, nichtjüdische Partner zu haben, es aber für beide feststeht, ihre Kinder im jüdischen Glauben zu erziehen. Jasmin stellt erleichtert fest: »*Es ist ein Privileg für mich als Frau, wenn ich weiß, würden wir jetzt Kinder haben, sind sie nach dem Judentum auch jüdisch.*«

Bis jetzt ist es jedoch nur der ältesten Enkelin Jasmin gelungen, die starken Loyalitätsbindungen zu ihrer Herkunftsfamilie zugunsten ihres Lebenspartners zu lösen. Sie kam damit der von Boszormenyi-Nagy

(1973, 2001) postulierten Entwicklungsaufgabe nach, die das Eingehen einer eheähnlichen Bindung mit sich bringt: die Aufgabe oder Modifikation der vertikalen Loyalität und der Vorrang der horizontalen Loyalität. Die Wertschätzung von Wahrheit und echten Beziehungen wog für sie stärker als die familiäre Loyalität, die ihren Ausdruck bei der Enkelgeneration in Verschwiegenheit und Geheimhaltung fand.

Da Jasmin als erstgeborene Enkelin für die Großmutter eine besondere Bedeutung hat – »*das ehrt mich, aber das verpflichtet mich auch*« – wütete der Konflikt, ihrer Familie treu zu bleiben und gleichzeitig ihren eigenen Weg zu gehen, in ihr besonders stark. Vermutlich diente das Bekenntnis zu ihrem nichtjüdischen Partner auch als Entlastung im Sinne einer Verschiebung des im Inneren stattfindenden Konflikts nach außen.

Die familiäre Prämisse, unter sich, d. h. unter Juden zu bleiben, ist für Jasmin in Bezug auf ihre Großmutter und ihre Mutter, die in Deutschland aufwuchs, verständlich und wurde auch auf die dritte Generation übertragen. Diese jedoch wuchs in der Schweiz innerhalb einer großen jüdischen Gemeinde auf, sowohl Jasmin als auch Gabriella sind neben ihrer Familie sehr durch die außerfamiliale jüdische Erziehung geprägt.

Während die Großmutter Martha und ihre Tochter Mirjam laut Gabriella sich wenig bis gar nicht mit der Vergangenheit auseinandersetzen, nicht über ihre Gefühle sprechen und Nichtjuden gegenüber ängstlich und kritisch sind, hat Gabriella sich seit ihrer Kindheit und Jugend mit gleichaltrigen Schweizer Jüdinnen, die wie sie Mitglieder in einer zionistischen Organisation waren, intensiv mit dem Holocaust beschäftigt und folgende Lehre daraus gezogen: »*Was mich vor allem geprägt hat, ist die Offenheit zu anderen Kulturen. Nicht negativ sein von vorneherein.*« Für Gabriella ist es im Gegensatz zu ihren Eltern und Großeltern kein Widerspruch, jüdisch und gleichzeitig offen für andere Kulturen zu sein. Es bedarf für sie keiner Ausschließlichkeit, um sich in ihrer jüdischen Identität zu stärken oder zu schützen. Die Geheimhaltung ihres Beziehungslebens vor ihrer Großmutter resultiert vor allen Dingen aus dem Wunsch, diese zu schonen und entspricht somit der Weisung ihrer Mutter: »*Meine Mutter hat immer gesagt: Tut sie nicht zu fest belästigen. Sie hat schon genug mitgemacht.*« Innerhalb der Familie geht Gabriella ähnlich wie ihre weiblichen Vorfahren mit Konflikten um: »*Ich bin nicht jemand, der von mir aus Konflikte anspricht.*«

Wie ihre Schwester Gabriella bewegt sich auch Jasmin in dem Spannungsfeld der Aufrechterhaltung der gesellschaftlichen und der familiären Prägung des Judentums: »*Es ist eine innerliche Verantwortung, das Judentum weiterzugeben, damit es nicht ausstirbt. Einerseits bin ich verantwortlich dafür. [Weint] Und andererseits aber auch – weltoffener zu sein und Brücken zu schließen und andere nicht auszugrenzen.*«

Bei beiden Vertreterinnen der dritten Generation wird deutlich, dass der zwei Generationen zuvor gültige Opferstatus keine Identifikationsfläche mehr für sie bietet. Im Gegenteil möchten sie eventuellen »Täteranteilen« in sich selbst und in der Gesellschaft Einhalt gebieten, indem sie sich dafür verantwortlich erklären, Toleranz zu üben, andere Kulturen nicht auszugrenzen und verbindend zu wirken, also all dem entgegenzutreten, was ihre Großeltern zu Opfern machte. Beide Enkelinnen beeindrucken mit ihrer Fähigkeit zu ausgewogener Stellungnahme und darüber hinaus mit ihrem Versuch, die deutsche Gesellschaft im Dritten Reich zu verstehen und den Tätern zu verzeihen. Dies kann als ein Zeichen der Verarbeitungsleistung, die in der dritten Generation möglich ist, gewertet werden. So beschäftigt sich Gabriella, die den beruflichen Werdegang ihrer Mutter vervollständigt hat und Psychologie studiert hat, besonders mit dem Verhalten von Menschen in Gruppen: »*Gruppenphänomene haben mich schon immer fasziniert. Wie Gruppen oder Individuen in Gruppen sich verhalten. Gesellschaftsprobleme oder Phänomene. (…) Das hat mich auch am Zweiten Weltkrieg fasziniert, dass das überhaupt entstehen konnte.* »

Jasmin versucht im Alltag – wie auch in Bezug auf die Täter im Holocaust – die Menschen und deren Verhalten zu verstehen und bewahrt sich so den Glauben an das Gute im Menschen: »*Ich versuche, wenn etwas schiefläuft, die Motivation von diesem Menschen zu verstehen. (…) Ich habe Interesse zu verstehen, wie so etwas überhaupt möglich ist. Ich möchte das begreifen und nach Erklärungen suchen. Mein Verständnis kommt auch daher, dass man doch noch an etwas Gutes im Menschen glauben kann. (…) Irgendeine Ursache hat alles. Es ist nicht einfach SO. Es hat alles irgendeinen Grund.*« Sie hofft: »*Wenn ich selbst in einer solchen Situation [wie die Täter im Holocaust] gewesen wäre oder kommen würde, dass ich da mehr Stärke beweisen könnte in dem Sinne, dass ich sagen würde: Da mach ich nicht mit! Aber ich denke, das braucht wirklich Stärke.*«

Jasmin wünscht sich (für ihre Kinder): »*Dass man andere Menschen versucht zu akzeptieren, egal, woher sie kommen. Versuchen zu sehen, dass es in Menschen etwas Gutes gibt und dass man sich auf das konzentrieren soll und nicht auf das Negative.*«

Gabriella stimmt ihrer Schwester zu, zunächst nach den Ursachen zu fragen, bevor man Menschen verurteilt: »*Ich denke mir, man muss den Leuten immer vergeben können. Man muss zwar immer bewusst sein, was der andere gemacht hat. Aber den Leuten auch eine Chance geben, etwas wieder gut zu machen. (...) Und auch in der Geschichte denke ich, muss man vergeben. Das Leben geht weiter. Auch in Deutschland, ich denke, alles Übel, was kommt, das kommt aus irgendwelchen Gründen. Und man hat immer einen Grund, wieso man irgendetwas Schlechtes macht. Und deshalb denke ich, muss man immer vergeben können, weil – ja, weil die Umstände so sind.*«

Selbst gegenüber den Tätern im Holocaust empfindet sie keinen Hass: »*Ich würde diesen Menschen mehr bemitleiden, wie ihn hassen. Hassen kann ich nicht, weil das wird wahrscheinlich ein 80jähriger sein. Ich denke, der ist mit seinem Leben genug gestraft gewesen mit schlechtem Gewissen, denk ich mal. Und ich denke, der hatte seine Gründe, warum er das gemacht hat. Auch wenn das ganz schrecklich ist. Aber – vergeben würde ich wahrscheinlich nicht, indem ich sage: Ach, das ist schon okay, was du gemacht hast. Das nicht. Ich würde ihn eher meiden.*«

Gabriellas Toleranz und Verständnis sind nicht grenzenlos. Mit Unbehagen nimmt sie den immer noch aktuellen Antisemitismus in Polen und die wieder aufflackernde Ausländerfeindlichkeit in Deutschland und auch in der Schweiz wahr. Sie differenziert ihre eigene Haltung und die anderer in Abhängigkeit von der Zeit, in der Antisemitismus oder Xenophobie gezeigt wird: »*Bei einem gleichaltrigen Neonazi hätte ich weniger Verständnis. Weil es jetzt ist. Und weil der nicht aus dem gelernt hat, was passiert ist. Und weil wir heute in einer Zeit leben, in der man eigentlich weiß, dass man durch Intoleranz nicht weiterkommt.*«

Beeindruckenderweise ist das Bestreben der ersten Generation, ihren Nachkommen keinen Hass zu vermitteln, in der dritten Generation wahr geworden. Dies ist – neben den Charakteren der Enkelinnen und dem familiären Einsatz – vermutlich auf den zeitlichen Abstand, sowie auf die räumliche und emotionale Distanz zu Deutschland zurückzuführen. Auch die Schweizer Gesellschaft und die dortige jüdische und zionistische Erziehung und Gemeinde sowie das in der Schweiz unbeeinträchtigte Sicherheitsgefühl der beiden jungen Jüdinnen werden ihren Anteil an dieser Entwicklung gehabt haben.

6.3. Generationenportrait Familie C.

»Die Wurzeln sind nicht mehr da.«

Erste Generation
Leah, geb. 1927 in Warschau, Polen
Überlebte den Holocaust im Ghetto und den Konzentrationslagern Majdanek, Auschwitz, Ravensbrück
Seit 1945 in Deutschland

Zweite Generation
Raphaella, geb. 1956 in Düsseldorf, Deutschland
Seit 1987 in Tel Aviv, Israel

Dritte Generation
Sheiramoth, geb. 1985 in Tel Aviv, Israel
Wohnort Tel Aviv, Israel

Rahmenbedingungen

Ich lernte Leah, Raphaella und Sheiramoth über Bekannte kennen, die mit ihrer Familie befreundet sind. Die in Israel lebende Raphaella übernahm es, mein Anliegen ihrer Tochter und ihrer Mutter vorzustellen und diese um die Teilnahme an einem Interview zu bitten. Nach einem Telefonat, in dem Leah mir gegenüber ihre Befürchtungen zum Ausdruck brachte, nur wenig über ihr Leben erzählen zu können, traf ich sie im Januar 2005 in ihrer Wohnung in Hamburg. Das Gespräch dauerte ca. drei Stunden. Nach dem Interview gingen wir noch eine Weile spazieren, damit Leah von den aufwühlenden Erinnerungen, die sie die Stunden zuvor mit mir geteilt hatte, Abstand nehmen konnte. Im Frühjahr 2005 fanden die Gespräche mit Sheiramoth und Raphaella in ihrer Wohnung in Tel Aviv, Israel, statt.

Interviewverlauf

Leah, eine humorvolle 78 Jahre alte Dame empfing mich freundlich in ihrer Wohnung in Hamburg. Sie wollte keine Lebenslinie zeichnen und begann stattdessen sogleich mit der Erzählung über ihr Leben. Eine halbe Stunde berichtete sie ununterbrochen, einem inneren Rhythmus und einer eigenen Struktur folgend, tief in ihre Erzählung versunken und ohne mich anzublicken. Der Inhalt beschränkte sich auf ihre Leidenszeit im Warschauer Ghetto und die zwei Jahre, die sie in Lagern verbracht hatte.

Nach dieser Erzählsequenz machte sie eine kurze Pause: *»Meine Knie sind mir jetzt weich!«*, rauchte eine Zigarette und bat mich, nun meine Fragen zu stellen. Sie teilte mir mit, dass sie die Nacht vor unserem Interview kaum geschlafen habe, weil die Erinnerungen und Bilder in Anbetracht des bevorstehenden Gespräches über ihr Leben so eindringlich und aufwühlend geworden waren, aus diesem Grund spreche sie fast nie über ihre Erfahrungen. Direkt nach dem Krieg hätte sie psychologische Unterstützung gerne in Anspruch genommen und über ihre Leidenszeit gesprochen: *»Ich war von 39 bis 45 – bei dem Ghetto war es auch furchtbar. Ich bekam keinen Psychologen! Keiner hat mir was – hatte den MUT zu reden. Keiner! (...) Damals wäre ich GELAUFEN zum Psychologen. Damals. Jetzt nicht mehr.«*

Drei Monate nach dem Gespräch mit Leah war ich mit ihrer Enkelin Sheiramoth in ihrem Elternhaus in Tel Aviv verabredet. Sie kam eine halbe Stunde zu spät, wirkte schlecht gelaunt und hatte bereits Besuch von einem Freund, der in ihrem Zimmer auf sie wartete, so dass ich den Eindruck erhielt, ihre Mutter sei die treibende und letztendlich entscheidende Kraft für ihre Teilnahme an dem Gespräch gewesen. Wir unterhielten uns zwei Stunden und es wurde deutlich, dass Sheiramoth, trotz ihrer deutschen Muttersprache und ihrer deutschen Wurzeln mütterlicherseits »mit Leib und Seele« Israelin ist.

Raphaella, die Angehörige der zweiten Generation, traf ich einen Tag nach dem Gespräch mit Sheiramoth in ihrer Wohnung. In den Monaten zuvor hatten wir mehrmals telefoniert und sie hatte mir bereits von den bewegenden Eindrücken einer kürzlich unternommenen Polenreise, wo sie sich auf die Spuren ihrer Eltern und Großeltern gemacht hatte, berichtet. Diese *»Reise zu den Wurzeln«* hatte ihre innere Haltung zu den traumatischen Erfahrungen ihrer Eltern während des Holocaust verändert und so war Raphaella froh, dass sie das Interview mit mir erst nach ihrer Polenreise führte: *»Denn das ist ja wirklich vorher und nachher«*. Unser ausführliches und intensives Gespräch dauerte ca. fünf Stunden.

Generationenportrait

Leah wurde 1927 in Warschau geboren. Ihre Eltern waren fromme polnische Juden und gehörten dem Mittelstand an. Leahs Vater war Kaufmann, Leahs Mutter kümmerte sich mit Hilfe eines Hausmädchens um den Haushalt und die zwei Kinder.

Leah war zwölf Jahre alt als der Krieg ausbrach. Die Zeit nach Kriegsbeginn und die Jahre im Ghetto skizziert sie mit wenigen Worten: »*Es war sehr schlimm.*« Während ihr Vater und ihr sieben Jahre älterer Bruder Anfang der 40er Jahre schon nach Treblinka[14] deportiert worden waren, hielten Leah und ihre Mutter sich im Warschauer Ghetto bis zu dessen Auflösung Anfang Mai 1943 versteckt. Sie wurden gemeinsam mit Leahs Tante und deren Tochter nach Majdanek[15] deportiert, wo Leah und ihre Cousine von ihren Müttern getrennt wurden. Dort mussten die beiden jungen Mädchen schwere körperliche Arbeit verrichten. Ihre Mütter wurden vermutlich sofort nach ihrer Ankunft umgebracht.

Nach etwa vier Monaten wurde Leah mit ihrer Cousine nach Auschwitz gebracht. Die damals 16jährige Leah litt unter eitrigen Geschwüren, die ihren Körper übersät hatten und nur durch Glück und Fürsprache ihrer Lagerältesten gelang es ihr, den Selektionen zur »Vergasung« zu entgehen.

Als ihre ein paar Jahre ältere Cousine, »*sie war die Aufpasserin für mich*«, nach einer Selektion in Auschwitz ermordet wurde, verlor Leah ihre letzte Verwandte: »*Eines Tages kam sie nicht mehr. [Leise:] Wurde sie auch vergast.*«

Am 18. Januar 1945 wurde Leah nur einige Tage vor der Befreiung Auschwitzs »evakuiert« und musste an dem Todesmarsch[16] nach Ravensbrück[17] teilnehmen. Als sie in Ravensbrück eintraf, war sie erleichtert, dass es dort keine Gaskammern gab: »*Das war was Tolles!*

14 Vernichtungslager im nordöstlichen Teil des Generalgouvernements, in dem insgesamt ca. 870.000 Menschen ermordet wurden, darunter auch Leahs Vater und ihr Bruder.

15 Konzentrationslager in Lublin. Die ca. 250.000 Menschen, die dort den Tod fanden, starben an Hunger, Erschöpfung und Krankheiten und Folter oder wurden in den Gaskammern ermordet oder auf andere Weise hingerichtet (vgl. Enzyklopädie des Holocaust 1998, 918).

16 Insbesondere in der Endphase des Kriegs fanden sogenannte Todesmärsche, d.h. erzwungene Märsche großer bewachter Gefangenenkolonnen über lange Strecken unter sehr schlechten Bedingungen statt. Die kranken und unterernährten Gefangenen wurden während der Märsche brutal misshandelt, viele wurden von ihren Wachen ermordet. Am 18. Januar 1945 begann die »Evakuierung« aus Auschwitz und seinen Nebenlagern, ca. 66.000 Gefangene wurden zu Fuß nach Wodislaw (dt. Loslau) und anschließend mit Güterzügen in verschiedene Konzentrationslager transportiert. Auf diesem Marsch starben mindestens 15.000 Menschen (Enzyklopädie des Holocaust 1998).

17 Konzentrationslager in der Nähe von Ravensbrück, ca. 90 Kilometer nördlich von Berlin.

Verhungern – okay. Aber Gaskammer, das hat ca. 20 Minuten gedauert, bis man tot war.« Von Ravensbrück aus ging ein weiterer Transport nach Malchow. Dort schloss sich Leah einer Gruppe weiblicher Lagerinsassen an, die vor den Russen in Richtung der amerikanischen Truppen flohen. Am 5. Mai 1945 wurden Leah und ihre Leidensgenossinnen von den Amerikanern befreit. Während des Interviews beschrieb sie die furchtbaren Umstände der Märsche – den Hunger, den Durst, die lebensmüde Erschöpfung – detailliert und fasste zusammen: »*Es war SEHR, sehr schlimm.«*

Noch heute quält sie die Erinnerung an ihre Erlebnisse im Konzentrationslager: »*Wir sahen nicht mehr aus wie Menschen, wir sahen furchtbar aus. (...) Wir waren trotzdem Menschen! Aber man hat uns NICHT wie Menschen behandelt. (...) Aber das Schlimmste – ich hab Schlimmes mitgemacht, aber was jetzt nach all den Jahren bei mir im Kopf ist, das Allerschlimmste: Dass meine Eltern und mein Bruder, dass die 20 Minuten einen furchtbaren Kampf hatten, um zu sterben. Das ist das allerschlimmste für mich. Bis heute. Und so lange ich leben werde.«*

Nach der Befreiung wurde Leah zunächst in einem DP-Lager[18] versorgt, in dem neben den jüdischen Holocaust-Überlebenden auch viele antisemitische Polen Unterschlupf gefunden hatten, denen Leah ihre jüdische Identität wohlweislich verschwieg. Als sie erfuhr, dass in Bergen-Belsen ein DP-Lager eingerichtet worden war, in dem viele jüdische DPs lebten, fuhr sie mit einer Freundin dorthin. In Bergen-Belsen lernte sie Ende 1945 ihren späteren Mann, einen polnischen Juden, der ebenfalls mehrere Lager überlebt hatte, kennen. Die beiden heirateten 1946 und zogen nach einem kurzen Aufenthalt in einem weiteren DP-Lager nach Düsseldorf, wo sie ein Geschäft eröffneten.

Leah erinnert sich nicht, im Nachkriegsdeutschland Antisemitismus gespürt zu haben. Dennoch besteht für sie bis heute eine gewisse Unsicherheit, wie sie als Jüdin von der nichtjüdischen deutschen Gesellschaft wahrgenommen wird. Sie offenbarte ihre jüdische Identität stets mit Stolz und hofft, dass ihre Zugehörigkeit zum Judentum kein Bewertungskriterium für ihr jeweiliges deutsches Gegenüber darstellt: »*Ich möchte nicht, dass man das als negativ ansieht.«*

Nach dem Krieg baute sie zu jüdischen und nichtjüdischen Deutschen gleichermaßen Freundschaften auf. Wenngleich sie von jeher Verständnis dafür hatte, dass die Deutschen – aus Angst um ihr eigenes Leben und das ihrer Familie – den Juden während des Dritten Reiches

18 Zur Situation in den DP-Lagern siehe Kap. 2.1.1.

nicht halfen, erzürnte sie die Ablehnung der Verantwortung für den Nationalsozialismus der vielen Deutschen, »*die da standen mit der ausgestreckten Hand: Heil! Wo sind die ganzen Menschen?*« Sie empört sich noch heute über die Deutschen, die sagten, sie hätten von nichts gewusst: »*Da hab ich mich furchtbar aufgeregt. Weil in jeder Stadt waren Juden. Es war die Pogromnacht. Die Synagogen wurden verbrannt. Es stand auf den jüdischen Geschäften: ›Kauft nicht bei Juden‹. Kinder durften nicht in die Schule gehen. Und dann wurden die Juden weggebracht. Und die mussten alles da lassen. Was habt ihr gedacht: Die fahren nach Bad Nauheim oder Bad Kissingen?*«

1953, Leah hatte wie viele andere weibliche Holocaustüberlebende befürchtet, durch die körperlichen Strapazen der Lageraufenthalte unfruchtbar geworden zu sein, wurde zu Leahs großer Freude ihr ältester Sohn geboren: »*Das war das größte Glück, dass ich jemand hatte von MEINEM Körper! Weil alle anderen nicht mehr da waren.*« Neben der Freude überwältigte sie zeitgleich auch die Trauer um ihre ermordete Familie, mit der sie diesen, wie jeden weiteren für sie bedeutsamen Moment in ihrem Leben nicht teilen konnte: »*Es kommt keine Mama, kein Bruder, keine Cousine. Ich bin alleine. (...) Das Kind [Leahs Sohn] ist ein Blatt ohne Wurzeln. Die Wurzeln sind nicht mehr da.*«

In der Gegenwart jedoch wuchs ihre Familie und so kam Leahs zweiter Sohn im Jahre 1954 auf die Welt, ihre Tochter Raphaella 1956. Ihre Kinder besuchten in Deutschland nichtjüdische Schulen, Leah achtete jedoch darauf, sie an einer Schule anzumelden, die nach einer jüdischen Persönlichkeit benannt war: »*Man hat überlegt – da werden wahrscheinlich keine Antisemiten ihre Kinder einschulen.*« Sie teilte den Lehrern mit, dass ihre Kinder Juden sind und bat, diese an den jüdischen Feiertagen vom Unterricht zu entschuldigen: »*Ich hab dem Direktor gesagt, dass wir jüdischen Glaubens sind. Er soll meine Kinder nicht besser behandeln wie alle anderen Kinder. Aber Gott behüte – auch nicht schlechter.*«

Das Judentum nimmt einen hohen Stellenwert in Leahs Leben ein und so war es ihr und ihrem Mann ein wichtiges Anliegen, dass ihre Kinder jüdische Partner wählen. Als der älteste Sohn eine nichtjüdische Deutsche heiratete und mit dieser ein Kind bekam, führte dies zum Bruch zwischen den Generationen: »*Wir haben lange nicht gesprochen, was mir sehr wehtut.*« Einige Zeit später konvertierte Leahs Schwiegertochter zum jüdischen Glauben und das Paar zog nach Israel, wo sie drei weitere Kinder zeugten. Letztendlich nahm die Familie den Kontakt untereinander wieder auf: »*Hab ich zu meinem Mann gesagt:*

›Siehst du? Wir haben geschafft, dass er vier jüdische Kinder hat. Haben wir was beigetragen, dass es [sich] wieder auffüllt.‹ Aber es war eine schwere Zeit. Sehr schwere Zeit.«

Auch der zweitgeborene Sohn wählte eine Nichtjüdin zur Frau, die allerdings schon vor der Hochzeit zum Judentum übergetreten war. Einzig Leahs Tochter Raphaella erfüllte den familiären Auftrag »vollkommen«, indem sie einen jüdischen Israeli heiratete und zu ihm nach Israel zog.

Für Raphaella, deren Verhältnis zu ihren Eltern durch eine große Nähe und Loyalität geprägt ist, wäre es nicht in Frage gekommen, einen Nichtjuden oder gar einen nichtjüdischen Deutschen zu heiraten: *»Damit sind wir groß geworden, das Schlimmste, was wir unseren Eltern antun können, ist Nichtjuden zu heiraten. Das wurde offen ausgesprochen. Das war das Allerschlimmste. Und beide meine Brüder haben es getan«*. Für sie, die einzige Tochter hingegen, waren die Wünsche ihrer Eltern maßgebend in ihrer Partnerwahl und sie äußerte Verständnis für deren Schwierigkeiten mit nichtjüdischen Partnern und deren Verwandtschaft: *»Ich VERSTEHE das – vielleicht haben die Eltern der Schwiegertochter etwas damit [mit der Judenverfolgung] zu tun gehabt. Stellen Sie sich das bitte vor! (...) Oder vielleicht waren ihre Großeltern Nazis! Das geht doch überhaupt nicht!«*

Leah befürwortete den Umzug ihrer Kinder nach Israel: *»Ich war froh darüber. Weil Israel ist ein jüdisches Land.«* Sie selbst bedauert noch immer, in Deutschland geblieben und nicht direkt nach dem Krieg nach Israel ausgewandert zu sein. Aus heutiger Sicht würde sie den Lebensstandard, den sie und ihr Mann sich in Deutschland erarbeitet hatten, lieber gegen ein *»intensiveres Leben«* in Israel eintauschen. Hatten Leah und ihr Mann in den 60er Jahren noch ernsthaft überlegt, nach Israel auszuwandern, so traten diese Pläne im Laufe der Jahre – einhergehend mit dem Existenzaufbau und zunehmendem beruflichen Erfolg in Deutschland – immer mehr in den Hintergrund. Laut Aussagen von Raphaella verschob ihr Vater die Auswanderung aus Deutschland immer wieder aufs Neue: *»Er hat immer gesagt: Wir kommen noch [nach Israel].«* Leah, die auch nach dem Tod ihres Mannes noch in Deutschland lebt, kritisiert sich für ihr Bleiben in Deutschland: *»Manchmal schäme ich mich. (...) Dass ich hier geblieben bin. War nicht richtig. Dass ich als Jude hier in dem Land geblieben bin. Ist wie ein Verrat vor mir selbst.«* Heute kann sie sich jedoch nicht mehr vorstellen, Deutschland zu verlassen und nach Israel, wo zwei ihrer Kinder und ihre Enkelkinder leben, auszuwandern. Zu sehr hat sie sich in Deutschland eingelebt, während sie sich in Israel fremd fühlt: »*Drüben bin ich zwischen Juden, aber ich spreche kein Hebräisch, also bin ich dann sehr isoliert. (...) Ich hab keine Gesellschaft da drüben.*«

Leahs Tochter Raphaella, die heute in Israel lebt, hat eine enge Verbindung zu ihrer Mutter und telefoniert täglich mit ihr. Raphaella äußert Verständnis dafür, dass ihre Mutter sich heute in ihrem Alter scheut, dauerhaft nach Israel zu ziehen, denn neben der sprachlichen Barriere würde auch die israelische »*Ellenbogen-Mentalität*« für Leah eine schwierige Umstellung bedeuten.

In Bezug auf die Vergangenheit allerdings wundert sich Raphaella, wie ihre Eltern direkt nach der Befreiung aus den nationalsozialistischen Lagern die Entscheidung treffen konnten, in Deutschland, dem Land ihrer Peiniger zu bleiben: »*Ich mach euch keinen Vorwurf, ich bin GERNE in Deutschland groß geworden, aber – wie konntet IHR in Deutschland bleiben? Nachdem – wie konntet ihr?*« Sie vermutet, dass die Lebensortwahl Deutschland unter anderem zum Wohle der Kinder getroffen wurde: »*Die wollten uns nichts Schlechtes tun, die wollten uns was Gutes tun. Und da [in Deutschland] ging es einem relativ gut. Finanziell ging es einem gut. Man musste irgendwas aufbauen, machte das eine und das andere und – wir gehen, wir gehen, wir gehen! Bis heute gehen sie nicht. Aber sie wollten uns nur was Gutes tun.*«

Und so spricht sie ihren Eltern Dankbarkeit aus, in Deutschland, einem für Juden (nach dem Zweiten Weltkrieg paradoxerweise) sichereren Land als Israel aufgewachsen zu sein. Sie vergleicht ihre eigene Kindheit in Deutschland mit der ihrer Kinder in Israel und stellt fest: »*Wie konnte ich frei aufwachsen und wie wachsen meine Kinder auf! Wenn es irgendwo einen Knall gibt, denkt man gleich an eine Bombe! So bin ich nicht groß geworden.*«

Mit Anfang 20 zog Raphaella auf Drängen ihrer Eltern nach Israel und begann dort zu studieren. Es folgten Jahre der Suche und des Ringens um eine Lebensortwahl, Raphaella verließ Israel nach ca. einem Jahr »unüberzeugt«, ging für eine Weile in die USA, um anschließend Israel »*eine weitere Chance*« zu geben. Dort lernte sie ihren späteren Mann, einen Israeli kennen. Die beiden verbrachten zu Beginn ihrer Beziehung ein Jahr in den USA, danach feierten sie ihre Hochzeit in Israel. Als Raphaella 28 Jahre alt war, wurde sie schwanger. Obwohl sie glücklich verheiratet war und sich immer drei Kinder, »*zwei Söhne und ein Mädchen, genau wie bei mir zuhause*«, gewünscht hatte, stürzte sie die Entdeckung ihrer Schwangerschaft zunächst in Verzweiflung. Raphaella, die sich noch heute als »*kleine Tochter*« ihrer Eltern fühlt, hatte bei ihrer Hochzeit und ihrer ersten Schwangerschaft mit großer Angst vor den neu zu übernehmenden Rollen und dem damit verbundenen Status des Erwachsenseins zu kämpfen: »*Da wurde ich eine Frau. (...) Ja, irgendwie von der kleinen Tochter zur Frau zu werden, das war... (...) Ich mein, es ist ja nicht nur kurz Frau werden oder den Namen zu ändern. (...) MUTTER werden, das ist ne richtige Verantwortung.*«

Nach der Geburt ihrer ältesten Tochter Sheiramoth pendelte Raphaella zwischen Deutschland und Israel. Erst nachdem zwei Jahre später ihre zweite Tochter geboren war, entschied sich Raphaella zum Wohl ihrer Kinder für *einen* Lebensort: Israel.

Die mehrjährige Phase der Lebensortsuche ist vermutlich auf die konkurrierenden und latent widerstreitenden Aufträge ihrer Eltern zurückzuführen. Einerseits handelte Raphaella der (ausgesprochenen) elterlichen Botschaft entsprechend, Deutschland zu verlassen und lebte zeitweilig in Israel und in den USA: »*Wir sollten nach Israel oder Amerika. Ins Ausland. Ja, auf jeden Fall.*« Andererseits fühlte sie sich ihren Eltern so verbunden, dass es ihr wichtig war, in ihrer unmittelbaren Nähe zu sein und so schwankte sie unentschieden einige Jahre zwischen Deutschland (und der Nähe zu ihren Eltern) und Israel (ihrem Mann und der offiziellen Erfüllung ihres Auftrages) hin und her.

Doch auch ihre letztendliche Entscheidung, in Israel sesshaft zu werden, ist von Ambivalenz und Unsicherheit durchzogen. Selbst heute, 20 Jahre nach ihrer Einwanderung nach Israel, hat sie sich »*noch nicht richtig eingelebt*«, und die Verbindung und der Bezug zu (ihrer alten Heimat) Deutschland ist nicht schwächer geworden: »*Ich leb ja mein deutsches Leben hier weiter. (...) Freunde von mir, die haben sich hier richtig eingelebt, und ich leb irgendwie noch – ich weiß nicht wo. Ich fahr auch noch relativ oft nach Hause, ich sag ja auch NACH HAUSE. Für mich ist ›nach Hause‹, wo meine Mutter ist. Und mein Zuhause hier [in Israel].*«

Ein weiteres Indiz für ihre Verbundenheit und die anhaltende Identifizierung mit ihrer (ehemaligen) deutschen Heimat findet sich in der Tatsache, dass sie ihre deutsche Staatsbürgerschaft nicht zugunsten der israelischen Staatsbürgerschaft aufgeben möchte. Auch ihre Kinder besitzen die deutsche Staatsbürgerschaft. Gleichfalls war es ihr wichtig, ihre Kinder in ihrer deutschen Muttersprache zu erziehen: »*Es war für mich das Natürlichste überhaupt, mit ihnen deutsch zu sprechen.*«

In Israel spürt Raphaella ihre deutsche Prägung deutlicher denn je. Sie nimmt eine Verschiebung der Prioritäten ihrer Identitätsfacetten wahr, die abhängig ist vom jeweiligen Lebensort: »*In Deutschland hab ich mich als erstes als Jude gefühlt und dann als Deutscher. Und hier [in Israel] fühle ich mich als erstes als Deutscher und dann als Jude. (...) Die Religion ist die gleiche, die haben wir alle hier. Aber die Mentalität ist anders.*«

Die israelische Nationalhymne bewegt sie, wie es die deutsche nie getan hat, bei einem deutsch-israelischen Fußballspiel wäre sie selbstverständlich auf der Seite der Israelis, aber alles in allem bleibt eine Distanz zu Israel, dem Land, in dem sie seit ca. 20 Jahren lebt: »*Ich fühle mich nicht als Israelin.*«

Das größte Hemmnis in Raphaellas Beziehung zu Israel scheint in der Bedrohung Israels und der daraus entstehenden Besorgnis um das Leben ihrer Kinder zu liegen. Nach Beginn der Zweiten Intifada[19] im Jahre 2000 hätte sie Israel gerne verlassen, zu groß war und ist die Angst um ihre Kinder. In gewisser Weise stand Raphaella damals vor dem gleichen Problem wie ihre Eltern nach dem Ende des Zweiten Weltkrieges. Die Frage, wohin die Familie gehen könnte und welche Perspektiven sich im Ausland bieten würden, stellte sich: »*WOHIN war ein Problem. Nach Deutschland sicher nicht. Ich würde nicht nach Deutschland zurückgehen. Wohin, das war die große Frage, wohin geht man.*« Im Laufe der Auseinandersetzung wurde Raphaella klar, dass eine Auswanderung nicht ohne weiteres möglich war und dass Israel trotz der ständigen Bedrohung die Heimat ihres Mannes und ihrer Kinder ist, in der diese stark verwurzelt sind und die sie unter keinen Umständen verlassen möchten: »*Plötzlich hab ich gesehen, mein Mann ist ein richtiger Israeli. Und das ist seine Heimat.*« Neben der emotionalen Verwurzelung ihrer Familie spielte auch die berufliche und finanzielle Existenz, die sich Raphaella und ihr Mann in Israel aufgebaut hatten, eine tragende Rolle in der Entscheidungsfindung: »*Ich hab gesehen, das geht gar nicht. Mein Mann ist ein Israeli und er kann hier Geschäfte machen,*

19 Die Zweite Intifada, von den Palästinensern auch »al-Aqsa-Intifada« genannt, bezeichnet den gewaltsamen Konflikt zwischen Palästinensern und israelischen Sicherheitskräften, der im September 2000 begann. Es folgten zahlreiche palästinensische Selbstmordattentate und Militäraktionen der israelischen Armee. Mit dem Abschluss eines Waffenstillstandes zwischen Mahmud Abbas und Ariel Sheiramoth im ägyptischen Scharm El-Scheich im Februar 2005 gilt die »al-Aqsa-Intifada« als offiziell beendet. In den über vier Jahren der Zweiten Intifada fanden über 20.000 palästinensische Anschläge in Israel statt, darunter über 100 Selbstmordanschläge, denen mehr als 1000 Israelis zum Opfer fielen und die viele tausende Verletzte forderten. Die Palästinenser hatten über 3.000 Tote zu beklagen, von denen Israel etwa 1.000 als Terroristen bezeichnet (vgl. Wikipedia, 7. Mai 2006).

hier kennt er sich aus, wie es funktioniert, die Mentalität.« Als auch ihre Kinder sich gegen eine Auswanderung aus Israel stellten, gab Raphaella auf: »*Mein Mann will nicht, meine Kinder wollen nicht, natürlich bleib ich hier.«* Die Hoffnung bleibt, »*dass Frieden ist. Dann ist Israel toll.«*

Solange in Israel kein Frieden herrscht, beeinträchtigt die Bedrohung der palästinensischen Selbstmord-Attentate Raphaellas Lebens- und Sicherheitsgefühl in Israel in hohem Maße. Nach einem Selbstmordattentat vor einer Diskothek in Tel Aviv im Juni 2001, das 20 Tote und viele Verletzte forderte, verbot sie ihren Kindern abends auszugehen, bis sich ihre Tochter Sheiramoth nach einigen Monaten gegen das Eingesperrtsein und die Angst ihrer Mutter wehrte: »*Mama – wir leben hier. Und du kannst mich nicht einschließen.«* Über die Jahre hinweg hat Raphaella gelernt, dass es nicht sinnvoll ist, sich der Angst und der Trauer bedingungslos und unbegrenzt hinzugeben: »*Glauben Sie mir, ich bin ein Gefühlsmensch, aber – so können Sie gar nicht weiterleben. Wenn Sie sich den ganzen Tag vor den Fernseher setzen [und das verfolgen] – das Leben geht nicht mehr weiter.«*

Stattdessen versucht sie, sich ein Beispiel an der israelischen Mentalität zu nehmen, die dem anti-israelischen Terror stark und lebenswillig begegnet: »*Das Leben muss weitergehen. Man muss stark sein und dem Feind zeigen: Ihr schafft das nicht.«* Sie resümiert: » *Wenn der Mensch nicht vergessen könnte, dann könnten die ganzen – alle Juden, die überlebt haben, oder nicht nur die Juden – alle Menschen, die je Qualen erlebt haben – und wenn sie damit nicht zurecht kommen, dann geht das Leben nicht weiter. Das Leben muss weitergehen.«*

Dennoch – die Gefahr ist allgegenwärtig und betrifft die gesamte israelische Gesellschaft und niemand kann sich ihr entziehen: »*Bei diesen ganzen Attentaten, irgendwann kommt es immer nah zu einem ran. Entweder trifft es schon die Familie oder den Freundeskreis. Irgendwann.«*

Sie versteht die in der Diaspora lebenden Juden, denen Israel als Lebensort zu gefährlich erscheint, bittet aber um deren finanzielle Unterstützung für Israel, das ihrer Meinung nach einen entscheidenden Sicherheitsfaktor für die Juden auf der ganzen Welt darstellt: »*Weil – hätte es damals Israel gegeben, dann wäre vielleicht alles nicht passiert. (...) Wenn die Juden in der ganzen Welt Israel nicht hätten, dann würde es ihnen heute noch schlechter gehen. Israel ist so wichtig für Juden. Das ist das Wichtigste überhaupt. Zu wissen, dass man irgendwohin kann.«*

Gemäß der (religiösen) Erziehung ihrer Eltern ist Raphaella ihre Zugehörigkeit zum Judentum, dessen Weiterführung und dementsprechend die Einhaltung der Traditionen, die sie auch ihre Töchter gelehrt hat, sehr wichtig: »*Ich bin gerne Jude.*« Raphaellas Eltern ist es gelungen, die Wertschätzung, die sie zeit ihres Lebens für ihre jüdische Identität empfanden, auch ihren Kindern zu vermitteln und in ihnen zu verankern und sie in Deutschland relativ unbeschwert aufwachsen zu lassen.

Um ihre Kinder nicht zu belasten und nicht in Konflikte mit ihrer deutsch-jüdischen Identität zu stürzen, sprachen Leah und ihr Mann mit ihren Kindern nicht über die Vergangenheit: »*Die sind in deutsche Schulen gegangen. (...) Ich wollte die nicht isolieren!*«

So spielte der Holocaust in Raphaellas Leben seit jeher eine untergeordnete Rolle, innerhalb der Familie wie auch in der Schule als auch unter Raphaellas deutschen Freunden wurde die nationalsozialistische Judenverfolgung kaum thematisiert: »*Ich hab mich nie damit beschäftigt.*« Erst durch eine kürzlich mit ihrer jüngeren Tochter unternommene Polenreise wurde Raphaella ihr ganz persönlicher Bezug zu der Verfolgungs-Vergangenheit ihrer Vorfahren bewusst: Zum ersten Mal in ihrem Leben setzte sie sich mit ihrer familiären Vergangenheit und mit dem bisher vernachlässigten Teil ihrer Identität als Tochter von Holocaust-Überlebenden auseinander: »*Wenn ich heute das Wort Holocaust höre, ist das eine andere Bedeutung als vor der Polenreise. Das ist so viel näher und so viel härter als vorher. (...) Ich hab mich ja nie richtig damit befasst! Also was ich in dieser Woche auch historisch gelernt habe – auch wenn es mich nicht persönlich betroffen hätte... Aber es betrifft mich ja!*«

Während es Raphaella vor ihrer Polenreise gelungen war, ihre eigene Betroffenheit vom Holocaust zu negieren: »*Es WAR! Es war, es ist schrecklich, aber es war und damit ist es – und es wird nie wiederkommen, hoffentlich.*«, ist ihre Distanz zum Holocaust und ihre regelrechte Abwehr, sie könne von der Vergangenheit auf irgendeine Art und Weise beeinflusst sein, brüchig geworden: »*Die Reise war wichtig für mich. Weil ich BIN ja doch von dieser next generation, ich bin es ja. Vielleicht wollte ich das nie wahrhaben, ich hab mich nie damit befasst, aber ich bin es ja. (...) Es war zwar da, aber es hat mich nicht so belastet, wie es mich jetzt belastet – mit 48, was ja extrem alt ist. (...) Vielleicht hab ich es auch verdrängt.*«

Im Rahmen der Polenreise wurde sie mit dem Holocaust auf eine Art und Weise konfrontiert, die so eindringlich war, dass sie keine emotionale Distanzierung erlaubte: »*Als ich in Majdanek war, da waren in einer Baracke viele Schuhe. (...) Also diese kleinen Kinderschuhe zu sehen oder auch die Frauen- und Herrenschuhe. Dachte ich, vielleicht sind die Frauenschuhe von meiner Mutters Mutter. Und zu jedem Schuh, zu zwei Schuhen gehört ein Mensch. Und Sie sehen diese Massen von Schuhen. Massen! Was aber nicht annähernd die Masse ist von sechs Millionen Menschen. Und dann kommt das, dass es so nah ist plötzlich. Weil das nicht mehr anonym ist.«*

Darüber hinaus erfuhr Raphaella auch Details aus dem Leben ihrer Mutter, die sie erschütterten und das Bild, das sie bisher von ihrer Mutter hatte, veränderten: »*Als ich hörte, dass meine Mutter diesen Todesmarsch mitgemacht hat – das kann doch nicht sein! Meine Mutter! So ein junges Mädchen, das so alt ist wie meine Töchter – 17, 18, 19. Die diese ganze Zeit hinter sich gebracht hat – anderthalb Jahre – jeden Tag nicht zu wissen, ob man den nächsten Tag überlebt. (...) In einem psychischen und physischen Zustand zu sein, den wir überhaupt nicht nachvollziehen können und das zu überleben, wo 20, 25% aller Menschen das nur überlebt haben und eine davon ist MEINE MUTTER! (...) Und das hab ich erst mit 48 [Jahren] gehört! Ich wusste das nicht!*«

Raphaella bewundert ihre Mutter für deren Stärke, nach ihren Qualen und dem Tod ihrer gesamten Familie ihr Leben weitergeführt und sogar eine Familie, »*eine tolle Familie*«, aufgebaut zu haben. Besonders hoch rechnet Raphaella ihrer Mutter an, dass sie ihr eigenes Leid nicht auf ihre Kinder übertragen und diese vor den Einwirkungen des Holocaust so gut wie möglich geschützt habe. Bewusst hatten ihre Eltern nie über ihre Vergangenheit gesprochen und sie hatte nie gefragt: »*Es wurde nie darüber gesprochen. (...) Ich glaub, ich hab nicht nachgefragt, weil wir [Kinder] haben es verstanden, dass – darüber wird nicht gesprochen.*« Sie bewertet das Schweigen ihrer Eltern positiv: »*Unsere Eltern wollten uns nicht damit belasten, weil es ja eine schreckliche Belastung ist, wenn du weißt, dass DEINE Mutter und DEIN Vater haben das und das durchgemacht.*«

Umso einschneidender und bewegender sind die Eindrücke und Informationen über die weitgehend unbekannte Verfolgungs-Vergangenheit ihrer Eltern, die während ihrer Polenreise auf sie einströmten: »*Dieses Erlebnis von Polen, das war – das ist unbeschreiblich. Unbeschreiblich, wie nah und wie weit der noch immer ist der Holocaust, ich mein, wie kann das einem nah kommen, wenn man das Gott sei Dank nie erlebt hat und nie belastet worden ist. Von unseren Eltern.*«

Auch ihre eigene Verbindung zu dem Land Polen, der Heimat ihrer Eltern, wurde ihr erst auf der Polenreise bewusst: »*Eigentlich bin ich Polin. Ich BIN ja Polin. Aber ich hab nie irgendwie dran gedacht, dass ich irgendwas mit Polen zu tun habe. Wo beide meine Eltern Polen sind.*

Gar nicht. Ich fühlte mich richtig fremd. (...) Aber die Sprache – als ich plötzlich überall polnisch hörte – das kommt mir ja sehr bekannt vor von Zuhause. Aber ich fühlte mich gar nicht verbunden, gar nicht.« Obwohl ihre Eltern häufig polnisch miteinander sprachen, wenn die Kinder sie nicht verstehen sollten, hatte Raphaella nie einen Zugang zu der Sprache, eine Tatsache, die sie selbst verwundert: »*Welches Kind pickt es nicht auf, wenn es gerade das ist, was man nicht soll – aber ich kann nicht ein Wort.*« Die Antwort mag hierin liegen: »*Meine Eltern wollten es nie [den Kindern polnisch beibringen].*«

Eine weitere Entdeckung, die sie während ihrer Polenreise machte, ist die unwiderrufliche Beziehungslosigkeit zu ihren ermordeten Vorfahren. Sowohl die Verwandten ihres Vaters als auch die ihrer Mutter wurden in der Shoah umgebracht: »*Die sind auch alle weg. Keiner ist übrig geblieben.*« Als Raphaella in einer Synagoge in Polen eine Kerze anzündete und der ihr unbekannten Mutter ihrer Mutter gedachte, korrigierte man sie: »*Also deine Oma.*« Zum ersten Mal konnte Raphaella eine eigene Verbindung zu »der Mutter ihrer Mutter«, ihrer Großmutter schaffen: »*Ich hab noch nie gehört, dass sie meine Oma ist. Ich hatte NIE – ich weiß nicht, wie meine Oma aussah, sozusagen meine Oma. Ich hab nie das Wort Oma benutzt. Weil ich hatte ja nie Oma und Opa. Weder von meinem Vater noch von meiner Mutter. Wir sind ohne Großeltern groß geworden. Das ist die Mutter meiner Mutter. Aber es ist eigentlich meine Oma.*«

Bereits bei der Beerdigung ihres Vaters vor wenigen Jahren wurde Raphaella die geringe Größe ihrer Familie bewusst: »*Und da standen wir drei Kinder – und meine Mutter hat insgesamt neun Enkelkinder*«, von denen nur fünf bei der Beerdigung anwesend sein konnten: »*Und das war es. Eine sehr kleine Familie.*« In Raphaellas bedauernder Registrierung ihrer »*sehr kleinen Familie*« spiegeln sich vermutlich auch Leahs Verlustgefühle und die noch immer vorhandene Sehnsucht nach den ermordeten Familienmitgliedern wider.

Durch die Reise ist Raphaellas Interesse an der Familienvergangenheit geweckt worden, viele Fragen wurden aufgeworfen, die nur ihre Mutter noch beantworten kann. Dem Bedürfnis, Antworten auf ihre Fragen zu erhalten, steht allerdings die Befürchtung entgegen, die gegenwärtigen Momente, die sie mit ihrer Mutter teilt, zu belasten: »*Ich hab noch so viele Fragen an meine Mutter. Aber wenn wir uns sehen, möchte ich nicht darüber immer sprechen. Aber das sind so wichtige Sachen.*«

Raphaella hält es für möglich, dass ihr Umgang mit dem Holocaust bis zu dem einschneidenden Ereignis der Polenreise für sie durch Verdrängung bestimmt worden sei. Es habe für sie auch nie die Notwendigkeit gegeben sich mit dem Holocaust auseinanderzusetzen, denn: *»Mir ging es eigentlich immer gut. Meinen Eltern geht es auch relativ gut. Obwohl sie das alles mitgemacht haben, sind sie normale Menschen geblieben. Für mich ganz normale Menschen.«* Es scheint, als ob sie mit ihrer Betonung der Normalität der Familienmitglieder die Schrecken der Vergangenheit bannen könnte. Diese Bewältigungsstrategie hatten auch ihre Eltern gewählt: Nach ihrer Befreiung richteten sie den Fokus auf den Aufbau ihrer beruflichen und familiären Existenz und bemühten sich, funktionierende, »normale« Mitglieder der Gesellschaft zu sein.

Raphaellas Vater hinterließ in ihr das Bild eines kraftvollen Menschen: *»Mein Vater war ein Gewinnertyp. Natürlich – jeder, der überlebt hat, war ein Gewinnermensch, glaube ich. Und der nachher noch was auf die Beine gestellt hat. Das zeigt ja eine Stärke. Eine Riesen-Stärke.«*

Leah beschrieb während des Interviews ihre nach außen zur Schau gestellte »Normalität« und erlaubte mir einen Blick hinter ihre Kulisse: *»Also, ich bin in etwa normal meine ich. (...) Ich lache, ich gehe auf Feste, ich gehe essen, ich gehe ins Theater, als ob ich ein ganz normaler Mensch wäre.«* In ihrem Innersten trägt sie jedoch schwer an ihren Erinnerungen, die sie besonders nachts oder wenn sie alleine ist, überfallen: *»Manchmal nachts ist es furchtbar.«* Anderen möchte sie ihre mitunter deprimierte Befindlichkeit nicht zeigen: *»Ich möchte nicht, wenn jemand zu mir kommt, mit einem sauren Gesicht dasitzen, jammern – dann kommt keiner mehr! Also – da musst du trallala sein. Lustig.«*

In dieser Familie galt die individuelle und transgenerationale Abwendung vom Eindruck des Holocaust als Ressource, weiterzuleben zu können und nicht in Schmerz und Trauer zu versinken. Die Hinwendung zu den »intakten« und »gesunden« Aspekten, ebenso wie die starke Bedeutung der Existenz- und Familiengründung halfen, die Gegenwart und die Zukunft zu gestalten und wirken auch für Raphaella und Sheiramoth stützend und sinnstiftend. Und so passt Raphaellas ältester, ebenfalls in Israel lebender Bruder, der den Holocaust bzw. seinen Status als Kind von Holocaust-Überlebenden als Ursache seiner Depressionen anführt, nur sperrig in die (bevorzugte) Art der familiären Verarbeitung. Die kausale Verknüpfung seiner psychischen Krankheit mit dem Holocaust wird von Raphaella skeptisch betrachtet, sie hält diese Erklärung für *»weit hergegriffen«*. Auch seine Teilnahme an »Second Generation Group Meetings« lehnt sie für sich selbst ab: *»Auf solche Meetings würde ich nie gehen, das ist ganz weit weg für mich.«*

Sie kann sich die Unterschiede der vermeintlichen Belastung durch den Holocaust in ihrer Geschwisterfolge nicht erklären, weist allerdings auf ihre besondere, vielleicht begünstigte Stellung in der Familie hin, da ihr als einziges Mädchen und als »Nesthäkchen« sehr viel positive Aufmerksamkeit zuteil wurde: *»Ich fühlte mich immer so geliebt zuhause. (...) Ich bin zufrieden. Meine Brüder haben bestimmt mehr Vorwürfe [an die Eltern], aber man lernt. Die ersten Fehler, die man machen kann, macht man beim ersten Kind. Wenn jemand verkorkst ist, dann sind es die ersten Kinder. Größtenteils.«*

Beruhte der Umgang mit dem Holocaust zwischen der ersten und zweiten Generation noch auf Schweigen, berichtet dagegen Sheiramoth, die 1985 geborene Tochter von Raphaella über den bewegenden Austausch über die Vergangenheit, der zwischen ihr und ihren Großeltern stattgefunden habe. Sheiramoth vermutet, dass die zeitliche Distanz es ihren Großeltern eher ermöglicht habe, mit der Enkelgeneration über ihre Erfahrungen zu sprechen, als mit ihren Kindern, die sich aus demselben Grund nicht getraut hätten zu fragen: *»Für Mama war es bestimmt viel schwerer zu fragen, es war wirklich alles – zu nah. Als sie geboren ist, war es erst ein paar Jahre später. Und sie hatte glaube ich, Angst, darüber zu fragen. Meine Großeltern wollten nicht darüber reden.«*

Sheiramoth, die zu ihrem Großvater ein besonders inniges Verhältnis hatte, erfuhr in Gesprächen mit ihm von seiner Vergangenheit. Die folgenden Worte verdeutlichen die in Überlebenden-Familien häufig vorhandene Furcht, den Anderen (oder sich selbst) zu verletzen und alte Wunden wieder aufzureißen, wenn über die Vergangenheit gesprochen wird: *»Wenn Opa mit uns darüber gesprochen hat, dann hat er immer geweint. Und das war sehr schwer für mich zu sehen, dann wollte ich auch nicht viel fragen. Ich wollte auch weinen, weil es ist schwer, das zu hören.«*

Wenngleich sie einerseits ihrer Mutter zustimmt, dass ihre Großeltern die Traumata der Vergangenheit nicht an ihre Nachkommen weitergegeben haben, so hat sie andererseits doch einen persönlichen Bezug zum Holocaust: *»Ja. Der Holocaust ist näher bei mir als bei anderen Leuten, die keine Familie verloren haben. Und besonders, weil ich weiß, wie schwer es für Oma und Opa war und da ist keiner geblieben. Ich hab viel darüber gehört, wir sind mit diesem Thema gewachsen. Wir sind doch damit aufgewachsen, weil meine Großeltern waren doch da.«* Allerdings nehme die Beschäftigung mit der Shoah in Sheiramoths Leben keinen übermäßigen Raum ein: *»Es ist nicht so, dass wir hier die* *ganze Zeit über dieses Thema reden. Es ist schon vorbei. So traurig es ist, es ist vorbei. Es ist nicht da jeden Tag.«* Sie weist in diesem Zusammenhang auf die Gedenktage in Israel hin: »*Am Holocausttag- es gibt eine Gedenkminute, im ganzen Land hört man so ein Tuten, um eine spezielle Uhrzeit und alle stehen in dieser Gedenkminute. Es sind immer Filme an diesem Tag, aber sonst – spricht man nicht darüber. Nicht, das man schweigt, aber es kommt nicht raus.«*

So ähnelt die israelische Gedenkkultur dem (auf bestimmte Momente begrenzten) familiären Umgang mit dem Holocaust und unterstützt diesen zusätzlich. Alljährlich werden in Israel spezielle Feiertage, an denen man der Toten gedenkt, eingehalten. Diese Gedenktage stehen im Zeichen der Verluste, die das jüdische Volk und Israel im Laufe der Zeit erlitten hat.[20]

Für die Lebensfähigkeit der Bewohner Israels, die tagtäglich mit der aktuellen Bedrohung der palästinensischen Selbstmord-Attentate, der feindlichen arabischen Umwelt wie auch dem Schmerz über die jüdische Verfolgungsvergangenheit existieren müssen, war und ist es von großer Bedeutung, dass festgesetzte Zeiträume (z.B. in Form von Gedenktagen) geschaffen wurden, in denen man sich auf die Vergangenheit und die Trauer über die Toten konzentriert, die übrigen Tage aber dem Leben widmet. Mit Rücksicht auf dieses Gleichgewicht zwischen Leben und Trauern finden auch die Polenreisen nach Auschwitz und an andere Stätten der nationalsozialistischen Vergangenheit statt, die für israelische Schulklassen organisiert werden. Sheiramoth erinnert sich an ihre Polenreise: »*Tagsüber war alles traurig, aber abends haben wir gelacht und auch Alkohol getrunken und gemacht, was wir wollten.«* Als ihre Mutter sie vor einigen Jahren bei ihrer Reise begleiten wollte, befürchtete sie: »*Ich glaube, wenn Mama da gewesen wäre, wäre es mir unangenehm gewesen, diese ganzen Sachen zu machen. Zu zeigen, dass man abends auch normal sein kann. Das wäre unangenehm, weil es so nah ist das ganze Thema.«* Interessanterweise empfinden Mutter und Tochter bezüglich der notwendigen Gefühls-Balance sehr ähnlich und erlebten die abendliche Feier-Stimmung als entlastendes Gegengewicht zu den Schrecken des Tages, die auf diese Weise auch einer Verarbeitung anheim fallen konnten. So beschreibt auch Raphaella: »*Man kann nicht den ganzen Tag traurig sein.«*

Die in Israel und im Judentum verankerten »Trauer-Traditionen«

20 So ist z.B. im Frühjahr »Jom Hashoah« den Opfern des Holocaust und der »Jom Hasikaron« den gefallenen israelischen Soldaten gewidmet.

bieten Raum, aber auch Grenzen für die Trauer um die Toten. So empfand Raphaella auch die im Judentum vorgeschriebene Trauerwoche (Schiwa[21]) nach dem Tod ihres Vaters als stützende Einrichtung, die es allen Familienmitgliedern erlaubte, sieben Tage gemeinsam im Gedenken an den verstorbenen Vater zu verbringen. Dieser ritualisierten Trauer wohnt auch ein gewisses Maß an Verdrängung inne. Abgesehen von dieser gesellschaftlich bedingten Bewältigungsstrategie ist diese Art der Kompensation von Konflikten und Sorgen Sheiramoth auch persönlich vertraut: *»Ich verdräng das. Ja, das ist etwas, wo ich gut drin bin. Wenn ich ein Problem habe – ich verdräng das. Ich probier nicht, damit auszukommen.«* Ihre Mutter Raphaella beschreibt ihren eigenen ähnlichen Umgang mit Problemen positiver: *»Ich bin sehr optimistisch. Und es klappt schon irgendwie.«* Sheiramoth versucht, sich das Lebensmotto ihrer Mutter zueigen zu machen: *»Egal, was passiert, alles ist zum Guten.«*

Wie ihre Mutter Raphaella ist Sheiramoth ihrer Familie und den familiär vermittelten jüdischen Traditionen sehr loyal gegenüber. Eine besonders innige Verbindung hatte Sheiramoth zu dem Vater ihrer Mutter, dessen Persönlichkeit und Wünsche sie sehr geprägt haben: *»Opa war sehr religiös. Und ich glaub, das ist der Grund, warum ich jetzt religiös bin, wegen Opa.«* Ihrem Großvater zuliebe kommt es auch für Sheiramoth nicht in Frage, einen nichtjüdischen Mann zu heiraten: *»Am meisten für Opa. Das ist das erste, woran ich denke – für Opa, dass er [ihr zukünftiger Mann] Jude ist.«* Sie hätte sich gewünscht, noch zu dessen Lebzeiten geheiratet und Kinder bekommen zu haben: *»Weil ich weiß, dass Opa der glücklichste Mensch überhaupt wäre, wenn er auf meiner Hochzeit tanzen könnte und meine Kinder sehen könnte. Auch Oma.«*

Sheiramoth, die 1985 in Deutschland geboren wurde, aber in Israel aufwuchs, legt Wert darauf, als Israelin bezeichnet zu werden – weder ihr deutscher Geburtsort noch ihre deutsche Muttersprache seien entscheidend für ihre Identität. Die Betonung ihrer Zugehörigkeit zum Judentum ist für ihr inneres Empfinden wie auch für die Aufnahme in der israelischen Außenwelt außerordentlich wichtig, weil Sheiramoth

21 Für die Schiwa besteht die Vorschrift für die Familienmitglieder des Verstorbenen, das Haus eine Woche nach dessen Beerdigung nicht zu verlassen. Der Trauernde soll sich um nichts sorgen müssen, deshalb ist es üblich, dass Freunde und Bekannte bei ihren Beileidsbesuchen gekochtes Essen mitbringen. Die Schiwa hat den Zweck, den Trauernden Trost und Hilfe anzubieten und sie für eine Woche von den Anforderungen des Alltags abzuschirmen, damit sie im familiären Kreis trauern können.

durch ihre deutsche Muttersprache bei vielen »unaufgeklärten« Israelis den Eindruck erweckt, Deutsche und somit Nachkomme des Tätervolks zu sein: »*Eine Deutsche zu sein ist ein Fluch hier. Das ist schwer damit umzugehen.*« So hatte in ihrer Kindheit die Tatsache, dass sie deutsch sprach, oft zu »Fehlinterpretationen« ihrer israelischen Umwelt geführt und es kam vor, dass Sheiramoth von ihren Mitschülern als »*Nazi oder als Deutscher*« beschimpft wurde: »*Die Kinder verstehen nicht, dass du eine Deutsche sein kannst und ein Jude.*« Sheiramoth litt sehr unter diesen verbalen Angriffen. Verletzt und empört weist sie auf die beispiellose Ungerechtigkeit dieser Anschuldigungen hin: »*Ich wusste immer, dass ich eine Jüdin bin und dass meine Oma und Opa den Holocaust mitgemacht hatten als Juden und nicht auf der anderen Seite. Und das war so schwer für mich. Weil ich immer gehört habe, wie traurig das für die war und dass die ganze Familie gestorben ist und wie kann mich dann jemand Nazi nennen?! Nach dem, was meine Großeltern mitgemacht hatten. Das war so schwer für mich zu hören. Wenn die nur wüssten, was meine Großeltern mitgemacht haben, hätte nie jemand was gesagt.*«

Während die Verknüpfung von deutschen und jüdischen Identitätsaspekten für Sheiramoths Mutter Raphaella in Deutschland keinen (bewussten bzw. mir gegenüber formulierten) Konflikt bedeutete, schien es für Sheiramoth in Israel weitaus schwieriger, mit ihrer deutschen Abstammung zu leben. Sie erlebte ihre deutsche Herkunft in Israel als äußerst unpassend und stand ihr lange Zeit ablehnend gegenüber. Sheiramoth scheint die gesellschaftliche Haltung Israels über Deutsche internalisiert zu haben, die einer individuellen, persönlichen Meinungsbildung auf der Basis eigener Erfahrungen mit Deutschen entgegen wirkt, da Sheiramoths Umgang auch in Deutschland sich ausschließlich auf Juden beschränkt.

Sheiramoth steht nichtjüdischen Deutschen generell misstrauisch bis ablehnend gegenüber, da sie sicher ist, dass »*99% der alten Leute damals gegen Juden waren, weil Deutsche, die für die Juden waren, haben auch nicht überlebt.*« Nicht nur bei der Generation ihrer Großeltern bestünde Anlass zur Sorge über antisemitische Einstellungen, im Grunde genommen könne man sich als Jude nie wirklich sicher sein: »*Es sind viele Leute, die Juden hassen in Deutschland. Auch in deinem Alter oder in meiner Mutters Alter. Es sind viele. Es sind genug Leute, die noch immer Juden hassen. Auch nicht nur in Deutschland, auch in Frankreich oder überall gibt es Antisemiten. Aber – man kann nie wirklich wissen, wer wirklich so ist.*«

Der tendenziellen Gefahr für Juden in Deutschland steht die tagtägliche (konkrete physische) Bedrohung in Israel entgegen: »*In Israel fühlst du dich immer bedroht.*« Dennoch ist Israel das Land ihrer Wahl, sie möchte immer dort leben. Ein Leben in Deutschland käme für sie nie in Frage. Zu nah wäre die Konfrontation mit vermeintlichen Mördern ihrer Familie: »*Nur darüber denken, wenn du z.B. im Bus bist und einen alten Mann siehst, es kann sein, dass er einen aus meiner Familie umgebracht hat.*« Sheiramoths wie auch Raphaellas Bild von Deutschland ist mittlerweile geprägt durch die Medien, die den Eindruck vermitteln, in Deutschland wimmele es von Nazis und Neo-Nazis, die Juden – sofern sie sie erkennen können – attackieren würden. Da Raphaella jegliche Gefahr ausschließen möchte, dass ihre Töchter in Deutschland Opfer eines antisemitischen Angriffes werden, verbietet sie ihnen, auf der Straße hebräisch zu sprechen und jüdischen Schmuck zu tragen. Sheiramoth, die die Angst ihrer Mutter vor deutschen Neonazis übernommen hat, »hasst« es, in Deutschland ihre jüdischen und israelischen Facetten, die für sie bestimmend sind, nicht offen zeigen zu dürfen. Sie ist sich sicher, dass ihr nur deshalb in Deutschland noch nie etwas zugestoßen ist, weil man sie nicht eindeutig als Jüdin identifizieren könne und sie in Deutschland ausschließlich mit Juden Kontakt hat. Ein weiteres Indiz für die Gefahr, denen Juden in Deutschland immer noch ausgesetzt sind, sieht sie in der Bewachung jüdischer Institutionen und Synagogen.

Sheiramoths negative Haltung zu Deutschland und den Deutschen ist also durch verschiedene Faktoren geformt worden: Zum einen spielt die deutsche Schuld für die Judenvernichtung während des Zweiten Weltkrieges eine Rolle, zum anderen die Einschätzung, dass Deutsche bis zum heutigen Tag antisemitisch sind. Darüber hinaus scheint Sheiramoths Sozialisation in Israel eine entscheidende Rolle in ihrer Einstellung Deutschen gegenüber gespielt zu haben. Wenn »Deutscher« in ihrer peer-group ein Schimpfwort ist, wie kann dann ein neutraler oder reflektierter Kontakt mit Deutschen und Sheiramoths eigenem deutsch-jüdischen Erbe stattfinden?

Die Deutschen werden von Sheiramoth bis heute als Feinde wahrgenommen, zumal im Verborgenen auch noch die reale Verfolgungsvergangenheit ihrer Großeltern wirkt, die so schmerzvoll zu erinnern ist, dass sie bis zum heutigen Tag kein allgemeines zugängliches Familienwissen darstellt.

6.4. Generationenportrait Familie D.

»Das Trauma und die Angst wurde weitervermittelt. Bis in unsere [die dritte] Generation. Es ist so ein heimatloser, trauriger Schmerz. So ein Einsamkeitsgefühl. So ein – Verlust. Und eine Existenzangst.«

Erste Generation
Rachel, geb. 1925 in Warschau, Polen
Überlebte den Holocaust im Warschauer Ghetto und nach dessen Auflösung im Versteck
Seit 1946 in Deutschland

Zweite Generation
Michaela, geb. 1953 in München, Deutschland
Wohnhaft in München

Dritte Generation
Rebecca, geb. 1975 in München, Deutschland
Wohnhaft in München

Rahmenbedingungen und Interviewverlauf

Der Kontakt zu dieser Familie wurde mir über eine Anfrage an die Kultusgemeinde in München vermittelt. Vom ersten telefonischen Kontakt bis zu den an drei aufeinanderfolgenden Tagen stattfindenden Gesprächen im Januar 2004 verging etwa ein Jahr.

Aufgrund von Terminschwierigkeiten fanden die Gespräche nicht wie üblicherweise in chronologischer Reihenfolge dem Alter nach, sondern in umgekehrter Reihenfolge statt: Zuerst sprach ich mit der Enkeltochter, anschließend mit ihrer Mutter und zum Schluss mit der Großmutter. Wenn auch vorab die Terminfindung schwierig und die Zeit, die mir Rebecca, Michaela und Rachel zunächst für die Gespräche einräumen wollten, knapp bemessen schien, nahm sich letztendlich doch jede Einzelne viel Zeit, sich auf das Interview, meine Fragen und die eigenen Reflektionen über ihr Leben einzulassen. Im Nachhinein interpretierte ich diesen schwierigen Verlauf vor den Interviews als Unsicherheit und Angst, was die Frauen in den Gesprächen erwarten würde. Es machte mir erneut deutlich, wie wichtig eine für jede Familie individuell zugeschnittene Betreuung VOR den Interviews war und half mir, bei künftigen Probandinnen noch gezielter und verständnisvoller auf eventuelle Ängste einzugehen.

Ich traf Rebecca in ihrer Wohnung in München am Tag vor einer für sie wichtigen Prüfung. Unser ca. dreistündiges Gespräch verlief dessen ungeachtet entspannt und ohne Zeitdruck. Rebecca, eine hübsche, zierliche junge Frau mit einem einnehmenden Wesen berichtete lebhaft und selbstbewusst über ihr Leben.

Michaela, eine attraktive Frau, überraschte mich bei unserem persönlichen Kennenlernen: Der Eindruck der Unnahbarkeit, den ich telefonisch vermittelt bekommen hatte, verflog beim Anhören ihrer äußerst reflektiert beschriebenen Lebensgeschichte. Es gab für mich nur wenig Anlass, nachzuhaken, tiefer zu dringen, zu hinterfragen, so analytisch und klarsichtig präsentierte sie ihre Gedanken. Sie stellte nach dem vierstündigen Interview fest, dass sie doch ein sehr bewegtes Leben habe und mehr erzählt habe, als sie sich zunächst hätte denken können.

Nach Abschluss des Interviews mit Michaela begleitete mich diese zu ihrer Mutter und stellte uns vor. Nach einer Weile verabschiedete sich Michaela, woraufhin Rachel und ich den ersten Teil des Gespräches zu führen begannen. Das an zwei aufeinanderfolgenden Tagen stattfindende Interview hatte eine Dauer von insgesamt sieben Stunden.

Rachel, eine gepflegte ältere Dame, war sehr höflich und wirkte mir gegenüber ein wenig schüchtern. An manchen Stellen unterbrach sie sich aus Rücksicht auf mich: »*Also, ich möchte Ihnen gar nicht so viel aufbürden.*« Mit leiser Stimme erzählte sie ihre Erlebnisse. Aus den langen Episoden, die sie ohne Zwischenfragen berichtete, entwickelten sich immer wieder neue Geschichten, die sie einflocht. Gemeinsam fügten wir die einzelnen Sequenzen ihrer Erinnerung wie Puzzlestücke zu einem chronologischen Ablauf zusammen.

Generationenportrait

Rachel kam 1925, »*nach dem Ersten Weltkrieg, wo eine sehr schlechte Zeit in Polen war*«, in Warschau zur Welt. Ihre Familie – der sechs Jahre ältere Bruder und die Eltern – lebte von dem eher kargen Einkommen des Vaters, der als Goldschmied »*sehr, sehr schwer arbeitete.*« Ihre Wohnung bestand aus den privaten Wohnräumen und dem Arbeits- und Geschäftsraum des Vaters und befand sich im Gebiet des später errichteten jüdischen Ghettos. Rachel beschreibt ihre Kindheit als schöne Zeit: »*Ich war sehr fröhlich und hatte viele Freundinnen.*«

Mit der deutschen Belagerung im September 1939 begann die Leidenszeit der Polen. Bei deutschen Luftangriffen und Artilleriefeuern wurden Tausende polnische Zivilisten verletzt und kamen ums Leben, viele Gebäude, darunter auch das Wohnhaus von Rachels Familie, wurden zerstört. Nach notdürftigen Renovierungsarbeiten zog die Familie, die für kurze Zeit bei Nachbarn untergekommen war, wieder in ihre alte Wohnung zurück.

Waren die Juden schon vor dem Zweiten Weltkrieg in Polen durch die antisemitische Politik der polnischen Regierung benachteiligt, sollte es sie unter der deutschen Besatzung noch härter treffen. Juden waren bevorzugte Opfer der Deutschen und wurden öffentlich gedemütigt. Bereits im November 1939 wurden antijüdische Verordnungen wie z. B. die Kennzeichnung der Juden und jüdischer Läden und Geschäfte erlassen. Jüdische Läden und Unternehmen wurden erfasst und nach und nach beschlagnahmt. Das Vermögen der jüdischen Bevölkerung wurde auf Sperrkonten deponiert und nur ein geringer Betrag durfte täglich abgehoben werden. Im Laufe der Monate verarmten viele Juden und waren vom Hungertod bedroht.[22] Im Herbst 1940 wurde ein Teil Warschaus mit hohen Mauern umgeben. Die polnischen Juden wurden gezwungen, ihre Wohnungen zu verlassen und in das sogenannte Warschauer Ghetto zu ziehen. Im November 1940 wurde das Ghetto abgeriegelt und die Juden wurden dadurch vom Rest der Welt vollständig abgeschnitten. Die Sterberate der eingeschlossenen Juden stieg seitdem stark an: Unterernährung, Kälte, Krankheiten und Epidemien rafften Tausende dahin.

Die Juden waren dem Terror der Deutschen ohnmächtig ausgeliefert. Überfälle und Plünderungen waren an der Tagesordnung: *»Jeder Deutsche konnte machen, was er will.«* Rachel erinnert sich, wie die Deutschen in die Wohnungen der Juden eindrangen und alles an sich nahmen, was ihnen gefiel oder nützlich erschien. Juden wurden wahllos verhaftet und zu Zwangsarbeiten herangezogen oder auf offener Straße erschossen. Um dem willkürlichen Menschenraub ein Ende zu setzen, schlug der Judenrat[23] den Deutschen schließlich die Bereitstellung einer festen Quote von Arbeitskräften vor, die daraufhin eingeführt wurde. Rachels verhasste Tätigkeit bestand darin, Säure in Batterien zu füllen, wodurch die Haut ihrer Hände verätzt wurde.

---

22 (Vgl. Enzyklopädie des Holocaust 1998, 1527).

23 Judenräte wurden auf deutschen Befehl in den jüdischen Gemeinden der besetzten Gebiete eingerichtet. Der in Warschau im Oktober 1939 unter dem Vorsitz von Czerniaków gegründete Judenrat war neben den Wohlfahrtsorganisationen die einzige von den Deutschen gebilligte Organisation und sollte die Durchführung der antijüdischen Maßnahmen garantieren.

Den zahlreichen restriktiven Maßnahmen der deutschen Behörden zum Trotz entwickelten sich innerhalb der jüdischen Bevölkerung Widerstandskräfte, die sich zunächst auf den Kampf gegen den Hunger konzentrierten. Der Schmuggel von Lebensmitteln in das Ghetto stellte die Hauptquelle der Nahrungsmittelversorgung dar. Für die Schmuggler war es eine lebensgefährliche Tätigkeit, da sie nicht nur die deutschen Kontrollen sondern auch die Denunziationen der zu großen Teilen antisemitischen polnischen Bevölkerung fürchten mussten.

Da Rachels Vater als Goldschmied über Goldreserven verfügte, gelang es ihm, die Familie durch Tauschgeschäfte auf dem Schwarzmarkt zu ernähren. Im Gegensatz zu den vielen verwaisten und obdachlosen Kindern im Ghetto konnte sich die jugendliche Rachel auf ihre Eltern und deren Fürsorge verlassen: »*Ich hatte Eltern und ich hab mir gedacht – mein Vater wird vielleicht einen Ausweg aus dieser Situation wissen.*«

1941 ist Rachel persönlich im Vergleich zu dem Leid der anderen Ghettobewohner und den folgenden Kriegsjahren als relativ »*ruhiges Jahr*« in Erinnerung geblieben: »*Das heißt, für mich war das Ruhe. Die anderen sind gestorben, tagtäglich. Wegen Krankheiten und Hunger. (...) Die Menschen sind gestorben. In der Nacht. Auf der Straße. Die wussten nicht, wo sie hingehen sollen. Die haben nichts zu essen gehabt.*« Seit 1942 ging es auch für Rachels Familie um Leben und Tod: Um den nächtlichen Razzien[24] und später den »Evakuierungs-Aktionen« zu entgehen, war Rachels Familie gezwungen, sich immer wieder neue Verstecke zu suchen, die sie sich mit anderen Ghettobewohnern teilte. So gelang es ihnen, den systematischen Deportationen aus dem Warschauer Ghetto zu entkommen. Rachel ist die Todesangst vor den nationalsozialistischen Schergen während der Aktionen noch lebendig im Bewusstsein: »*Wissen Sie, das ist eine furchtbare Angst. Das kann man nicht loswerden.*« Noch heute verfolgen sie Alpträume über die ver-

24 Die erste der nächtlichen Razzien, die als »blutige Nacht« in die Geschichte des Ghettos einging, fand am 18. April 1942 statt: In dieser Nacht wurden 52 Personen ermordet. Die Razzien wurden nach vorbereiteten Listen durchgeführt und die Personen, deren Namen auf der Liste standen, wurden aus ihren Wohnungen verschleppt und an nahegelegenen Orten erschossen (vgl. Enzyklopädie des Holocaust 1998, 1541). Als Czerniaków, der Vorsitzende des Judenrats, von den Deutschen beauftragt wurde, ab dem 22. Juli 1942 täglich 7000 Juden für die Deportation bereitzustellen, darunter auch Kinder, nahm er sich am 23. Juli 1942 das Leben. Die »Aktion«, eine Deportationsphase, die bis zum 12. September 1942 anhielt, forderte Zehntausende von Opfern, die in Konzentrations-Lager verschleppt wurden.

schiedenen unterirdischen Verstecke, in denen sie und ihre Familie die grausamen Aktionen überlebten: *»Ich träume schrecklich. Alles dreht sich um diese – furchtbar ist das. (…) Es belastet mich, ich habe Angst, da zu sein und ich muss mich VERSTECKEN! Ich muss in das Loch und mich herunterlassen.«*

Nur wenige Tage vor der Auflösung des Ghettos im April 1943, die durch den jüdischen Aufstand[25] weltweit Aufmerksamkeit hervorrief, gelang es Rachels Familie mit Hilfe von Widerstandskämpfern und Schmugglern, dem Ghetto durch eine Flucht über die Kanalisation zu entkommen: *»Ich wusste nur eines – ich will überall dorthin kommen, wo meine Eltern hinkommen. Mir lag nichts am Leben. Ich wollte bloß nicht allein bleiben.«* Rachels Freund, ein Widerstandskämpfer, kam wie die meisten im Ghetto verbliebenen Juden bei dem Aufstand ums Leben.

Außerhalb der Ghettomauern suchte die Familie in einem ehemaligen Wohnviertel erneut Zuflucht in einem unterirdischen Versteck: *»Das war ein regelrechtes Grab.«* Dort starb Rachels Vater im Juni 1943, gerade 50jährig: *»Das war für mich der größte Schock, den ich erlebt habe. Ein Mann mit 50 Jahren – wie ein alter 100jähriger Mann. (…) Wir mussten zusehen, wir durften keinen Arzt holen, nichts. Und wir mussten ihn begraben. Provisorisch im Keller.«*

1944 flohen Rachel, ihre Mutter und ihr Bruder nach Otwock, einer Stadt nahe Warschau, wo sie die letzten Monate bis zum Kriegsende verbrachten. Am 31. Juli 1944 traf die Rote Armee in Otwock ein und beendete das Leben im Versteck für Rachel und ihre Familie. Gemeinsam brachen sie nach Lublin auf und wurden mit den Überresten des Konzentrationslagers Majdanek[26] konfrontiert: *»Wir sind angekommen am 6. August in Lublin, da hat noch einiges gebrannt. Majdanek war gleich daneben. Man hat gerochen die Verwesung von Menschen.«*

---

25 Am 19. April 1943 begann die Auflösung des Ghettos, dem sich der jüdische Widerstand bewaffnet entgegenstellte. Nach tagelangen Straßenkämpfen brannten die Deutschen das Ghetto Haus für Haus nieder, so dass die Juden ihre teils unterirdischen Verstecke verlassen mussten. Sie wurden auf der Stelle erschossen oder in Arbeitslager und/oder Konzentrationslager deportiert. Am 16. Mai 1943 wurde die Aktion als erfolgreich beendet erklärt

26 Das Konzentrationslager Majdanek, in dem schätzungsweise 250000 Menschen seit 1941 durch Hunger, Erschöpfung, Krankheit und Folter oder Hinrichtung ums Leben kamen, wurde im Juli des Jahres 1944 geräumt, weil die Rote Armee auf dem Vormarsch war. Im Zuge der Räumung wurden die Gefangenen fortgeschafft, viele von ihnen nach Auschwitz. Alle Dokumente wurden vernichtet und die Gebäude samt dem großen Krematorium in Brand gesteckt. Die Gaskammern wie auch ein Großteil der Gefangenenbaracken blieben bestehen.

In Lublin lernte Rachel 1944 ihren Mann, einen polnischen Juden, kennen, der acht Jahre älter als sie und *»sehr gut aussehend«* war. Die beiden heirateten im Dezember 1945 in Lodz.

Nach Ende des Krieges belief sich die Zahl der überlebenden polnischen Juden auf 380.000, weniger als zwölf Prozent der vor Kriegsbeginn in Polen lebenden Juden. Auch nach dem Krieg waren die Juden in Polen Ziel antisemitischer Attacken, die ihren Höhepunkt in dem Kielce-Pogrom im Juli 1946 erreichte, bei dem 42 Juden, darunter schwangere Frauen und Kinder, ermordet wurden. Rachel und ihr Mann sowie Rachels Mutter hatten Polen bereits im Januar 1946 unter dem Eindruck des erneut aufkeimenden Antisemitismus verlassen und waren nach Deutschland geflüchtet. Viele polnische Juden taten es ihnen nach dem Kielce-Pogrom gleich, so dass Ende 1947 in Polen nur noch ca. 80.000 Juden lebten.[27]

Die Familie fand in einem DP-Lager in Berlin vorübergehend Aufnahme und lebte dort bis Dezember 1946. Rachels Wunsch war es, in die USA zu emigrieren und so stellten sie wie viele andere einen Ausreiseantrag. Zu Beginn des Jahres 1947 zog Rachel mit ihrer Mutter und ihrem Mann nach Stuttgart, wo Rachels Bruder und dessen Frau bereits wohnten. Dort mussten sie sich eine Wohnung mit nichtjüdischen Deutschen teilen, von denen Rachel *»angenehm überrascht«* war. Die meiste Zeit bewohnte Rachel das ihnen zugeteilte karge Zimmer allein mit ihrer Mutter. Ihr Mann war unterwegs, um sich nach Geschäftsmöglichkeiten umzusehen. Rachel wurde schwanger und obgleich sie über die Geburt ihrer ältesten Tochter im Dezember 1947 sehr glücklich war, machten ihr die damaligen Lebensbedingungen zu schaffen: *»Das waren keine guten Verhältnisse. Ich hatte keine [eigene] Wohnung. Wir hatten nicht viel Geld, mein Mann war nie da. Und bei einer fremdem Familie zu wohnen – ich musste mit dem Kind und mit meiner Mutter und mit meinem Mann in einem Zimmer wohnen.«*

1948 erkrankte Rachels Mutter schwer und so musste sich Rachel außer um ihr neugeborenes Kind auch um ihre pflegebedürftige Mutter kümmern. Die deutsche Familie, bei der sie wohnten, war hilfsbereit und unterstützte Rachel: *»Von allen meinen Bekannten und Freunden hab ich nicht so viel Zuneigung bekommen, wie von dieser Familie. (...) Also, ich kann nur das Beste sagen. (...) Sie haben mir sehr geholfen.«*

27 Im Sommer und Herbst 1946, nach den Pogromen in Polen, flüchteten mehr als 100.000 Juden aus Osteuropa in die westlichen Besatzungszonen Deutschlands (vgl. Königseder & Wetzel 2004).

Im Jahre 1949 eröffnete Rachels Mann im Süden Deutschlands eine Textilfabrik. Die gesamte Familie zog nach München um, wo Rachels Mutter bald darauf starb. Rachels Bruder war inzwischen nach Kanada emigriert und Rachel, die sich in Deutschland sehr allein fühlte, drängte, ebenfalls nach Nordamerika auszuwandern. Ihr Mann jedoch, der in Deutschland bereits eine Existenz aufgebaut hatte, zog es vor, dort zu bleiben. Rachel gab ihren Wunsch auszuwandern nicht auf und trug diesen vehement ihrem Mann vor: *»Ich hab mich gewehrt. Ich wollte nicht bleiben. Jahrelang hab ich mich dagegen gewehrt.«* Ihr Mann vertröstete sie: *»Mir hat er immer versprochen, noch ein Jahr, noch ein Jahr, noch ein Jahr – du wirst sehen, wir verlassen Deutschland.«*

So vergingen die Jahre und Rachel zog in München ihre drei Töchter, die 1947, 1953 und 1961 geboren wurden, groß. Ihr Mann war selten zuhause, da er sich seinem Beruf verschrieben hatte und oft auf Geschäftsreisen war. Erst als er Ende der 60er Jahre einen Herzinfarkt hatte, schränkte er seine Reisetätigkeit ein und zog dauerhaft nach München zu seiner Familie. Vor einigen Jahren starb Rachels Mann. Rachel wohnt seitdem allein in der Nähe ihrer Tochter Michaela.

Rachel beschreibt die Atmosphäre für Juden in Deutschland in der Nachkriegszeit: *»Damals war man in Deutschland sehr angenehm und nett zu den Flüchtlingen. (...) Wissen Sie, die Beziehung zu den Juden war viel besser damals. Weil die Leute damals ein sehr schlechtes Gewissen hatten. Man wusste, was mit Juden passiert ist. (...) Jeder hatte ein bisschen Dreck am Stecken.«* Im Laufe der Jahre hat Rachel eine Verschlechterung des deutsch-jüdischen Verhältnisses wahrgenommen: *»Der Antisemitismus – das hat sich wieder negativ entwickelt.«* Rachels Unbehagen, als Jüdin in Deutschland zu leben, wird noch heute spürbar, wenn sie im Gespräch versucht, mich als nichtjüdische Deutsche zu schonen und die deutschen Verbrechen während des Zweiten Weltkrieges nicht anzusprechen: *»Das ist mir peinlich. Ich lebe in Deutschland. Für mich ist das schon Geschichte geworden. Eine böse Geschichte. Aber es ist mir peinlich, über diese Zeiten zu sprechen.«* Erst auf meine Nachfrage, warum, bricht es aus ihr heraus: *»Weil wir wurden von den Deutschen vernichtet. Vergast. Getötet. Ich spreche nicht gerne darüber.«* Um das Leben für sich und ihre Kinder in Deutschland möglich zu machen, versuchte sie, die Vergangenheit und die Rolle, die die Deutschen darin gespielt hatten, zu verdrängen.

Michaela, Rachels Tochter, bestätigt das Schweigen ihrer Eltern. Während ihr Vater sich Zeit seines Lebens weigerte, über die Vergangenheit zu sprechen, begann ihre Mutter, Rachel, ein wenig über ihre Erlebnisse zu erzählen, als Michaela und ihre Schwestern bereits älter waren. Dennoch war die familiäre Atmosphäre geprägt von den nicht ausgesprochenen Erlebnissen der Eltern, besonders denen der Mutter: »*Ich hab mich immer schuldig gefühlt, dass meine Mutter so viel mitgemacht hat. Es hieß immer: Ich darf sie nicht ärgern. Oder es hatte so was Entschuldigendes – sie hat ja so viel mitgemacht. Und so viel verloren. So viel Verantwortung für die Eltern übernehmen müssen.*« Der restriktive Umgang ihrer Eltern mit der Vergangenheit wirkte laut Michaela wie ein trennender Keil zwischen den Generationen: »*Bei meinen Eltern war es nicht so, dass eine Verbindung zwischen den Toten der Vergangenheit und uns hergestellt wurde. Wenn sie [Rachel] über die gesprochen hat, war das immer so ihre Welt. Es war nicht meine Großmutter, also keine direkte Verbindung, sondern es war immer – sie [Rachel] und die Vergangenheit. Und dann WIR, die nichts verstehen. Das war ein Spruch, den ich SEHR oft in meiner Kindheit gehört habe: ›Was weißt DU schon! Was verstehst du denn schon.‹*« Statt sich in ihrer Traurigkeit ihren Kindern mitzuteilen, verschloss sich Rachel vor ihnen und wirkte auf ihre Tochter Michaela wie »*versteinert. Nicht erreichbar. Ich hab sie eher böse und so unzugänglich empfunden.*« Noch heute, wenn Michaelas Mutter über ihre Vergangenheit erzählt, entsteht eine Distanz: »*Dann ist sie in einer anderen Welt.*«

Erst mit fortschreitendem Alter nahmen die Erinnerungen bei Rachel größeren Raum ein und Rachel begann bewusst, sich mit dem Holocaust auseinanderzusetzen: »*Der Holocaust hat großen Einfluss auf mein Leben. Je älter ich werde, desto schlimmer. Da erinnere ich mich an die Verwandten. An die Schwestern meiner Mutter. Es ist schlimm. Eine Zeit lang hab ich verdrängt das Ganze. Weil man kann damit nicht leben – sein ganzes Leben kann man nicht leben mit den Gedanken. Aber jetzt – ich hab manchmal versucht, zu verstehen.*«

Bei der Beantwortung der Frage, was Heimat für Rachel bedeutet, wird ihr Ringen um ihre Identität und auch ihre Entwurzelung deutlich. Während sie zunächst antwortet: »*Heimat. Das ist dort, wo ich geboren bin. Wo ich gelebt habe, einen großen Teil meines Lebens. Wo Erinnerungen sind. Polen.*«, hinterfragt sie dies wenig später: »*Ist das die Heimat? Oder nicht... Ich frag mich selbst – warum sag ich Polen? Was soll ich sagen? Israel? Ich bin nicht israelische Staatsbürgerin. Deutsche? Hab ich in meinem Pass. Das gehörte dazu. Aber ich benutze das nicht. Das ist nur im Pass. Dann sage ich Polen. Jüdisch? Jüdisch ist dann ein Glaube. Aber nicht ein Staat. Ich kann nicht sagen, woher ich komme.*«

Die Zugehörigkeit zum Judentum ist die einzige Konstante, die Rachel in ihrem Leben geblieben ist: »*Ich GEHÖRE einfach zum Judentum. Ich muss doch zu etwas gehören. Wenn man mich fragt: »Was bist du?«, dann muss ich doch sagen, was ich bin.*« Für Rachel bedeutet das Judentum weniger eine Religion als das Volk, von dem sie abstammt. Da ihre Eltern kein religiöses Leben führten, nahm die Religion auch in Rachels Leben keine große Rolle ein und die Prägung ihrer jüdischen Identität fiel vorrangig den nationalsozialistischen Verbrechen an den Juden zu: »*Ich stamme von den Juden ab. (...) Und nach dieser Katastrophe, nach dem furchtbaren Tod des Judentums, der Juden, möchte ich dazu beitragen, dass man wenigstens diesen Stamm noch aufrechterhalten kann.*« In diesem Zusammenhang bedeutet Israel für Rachel eine existentielle Sicherheit: »*Das Gefühl, dass wir nicht verlassen sind. Dass wir nicht Fremdkörper sind in einem Staat. Dass wir – wir gehören zu jemandem. Ich hab das erlebt, dass wir zu NIEMANDEM gehören. Dass man uns nicht will! Dass man uns [kleine Pause] TÖTET und eine schlechte Meinung hat!*«

Sie schließt die Antwort auf die schwierige Frage nach Heimat, die für sie ihre Herkunft wie auch ihre Identität und die vielen Facetten ihres Lebens mit den Brüchen und ungeplanten und unerwünschten Weggabelungen beinhaltet, mit folgenden Worten: »*Es ist schwer, ein Jude zu sein. Was soll ich antworten, wenn man mich fragt, was ich bin? Ein Mensch!*«

Da Rachel und ihr Mann keinen religiösen Haushalt führten, ist auch die jüdische Identität ihrer 1953 geborenen Tochter Michaela vor allen Dingen durch den Holocaust geprägt: »*Was ich erst mal erfahren hab, war nur mit Trauer und mit Verlust und mit Schmerz verbunden. Und mit Ausgrenzungen, mit Angst. (...) Die Erfahrung mit dem Holocaust, das ist sicher die prägendste Erfahrung überhaupt. In meiner Kindheit habe ich gespürt, wie schwer es ist, fremd zu sein. Dass es vielleicht auch gefährlich ist zu sagen, dass man Jude ist.*« Im Gegensatz zu ihren eigenen Kindern, denen sie versucht hat, das Judentum positiv zu vermitteln, wuchs Michaela mit einem bedrohlichen Schatten auf, den ihre jüdische Identität warf: »*Also meine Identifikation mit dem Judentum ist vorwiegend eine negativ besetzte. Ausgrenzung, Leid, Verfolgung, Antisemitismus. Da war gar nicht viel Platz für Positives.*« Trotzdem ist es für Michaela existentiell, ihre jüdische Identität anzunehmen: »*Es ist meine Identität. So bin ich nun mal aufgewachsen. Und ich kann auch nicht raus aus der Geschichte meiner Vorfahren. Ich möchte es auch nicht.*«

Seit ihrer Kindheit fühlte Michaela sich von ihren Eltern alleingelassen und nicht ausreichend beachtet und wertgeschätzt. Weder ihre Mutter noch ihr Vater kümmerten sich in besonderem Maße um ihre Kinder, die von Kindermädchen versorgt wurden. »*Meine Mutter war nicht sehr präsent. Mein Vater war nie da*«. Wenn auch die Grundbedürfnisse der Kinder gedeckt waren: »*Es gab ein Kindermädchen und wir hatten zu essen und zu trinken und wurden gekleidet*«, fehlte jedoch die emotionale Beschäftigung mit den Töchtern: »*Eine wirkliche Auseinandersetzung oder jemanden anschauen und wahrnehmen in seinen Bedürfnissen – das gab es nicht.*«

Michaela beschreibt ihre Mutter folgendermaßen: »*Meine Mutter war immer sehr mit sich beschäftigt. Ich denk, sie war immer depressiv. Oder unglücklich.*« Laut Michaela gelang es ihrer Mutter nicht, Freude aus der Beschäftigung mit ihren Kindern zu ziehen, im Gegenteil: »*Alles war schwer – man musste uns erziehen.*«

Mit 17 Jahren lernte Michaela ihren zukünftigen Mann[28] kennen, den sie bald darauf heiratete. Weder ihre frühe Eheschließung noch ihre (ungeplante) Schwangerschaft, die sie mit 21 Jahren feststellte und ihren Eltern mitteilte, rief deren Billigung hervor, was für sie »*sehr schmerzhaft*« war. Bis heute kann sie die Vorbehalte, die ihr Vater gegen ihren Lebenslauf hegte, nicht verstehen: »*Gerade bei dieser Generation, die so viel verloren hat, anstatt froh zu sein, dass die Familie sich weiterentwickelt und so früh! weiterentwickelt.*« Stattdessen legte ihr Vater ihr nahe, sie möge studieren und akademische Titel erwerben, »*möglichst einen Doktor*«.

Michaela, für deren Wesen die Heirat wie auch die frühe Schwangerschaft »*a-typisch*« war, da sie »*emanzipiert*« war, studieren und »*in die Welt hinaus*« wollte, geht im Nachhinein davon aus, dass es kein Zufall war, dass sie, wie auch ihre ältere Schwester so früh feste Bindungen eingingen und durch die Geburten ihrer Kinder für den Fortbestand der Familie sorgten: »*Ich denke, dass wir unbewusst einen Auftrag hatten.*« Beide Schwestern bekamen mit Anfang 20 ihr erstes Kind und taten es somit ihrer Mutter Rachel gleich, die ebenfalls 22jährig ihre erste Tochter zur Welt gebracht hatte.

Auch den ausgesprochenen väterlichen Auftrag versuchte Michaela zu erfüllen, indem sie studierte. Erst als ihr zweites Kind geboren war, brach sie das Pädagogik-Studium kurz vor den Prüfungen ab. Nach der

28 Michaelas Mann war wie sie selbst Kind von polnisch-jüdischen Holocaust-Überlebenden, die nach ihrer Befreiung in Deutschland ansässig geworden waren.

Geburt ihrer Tochter Rebecca nahm Michaela die Mutterrolle, die sie erst gefürchtet hatte, gerne an, litt jedoch unter der Einsamkeit, da ihr Mann, ein engagierter Arzt, aus beruflichen Gründen nur selten anwesend war. Auch hier ist eine Parallele zu dem Leben ihrer Mutter zu sehen. Rachel wie auch Michaela wählten Männer, denen beruflicher Erfolg äußerst wichtig war, was mitunter zu einer zeitlichen Vernachlässigung des Familienlebens führen musste.

Im Unterschied zu ihrer Mutter nahm sich Michaela jedoch der Erziehung ihrer Kinder bewusst und selbst an: Geprägt durch den Zeitgeist der 70er Jahre erzog sie ihre Tochter antiautoritär und setzte wenig Grenzen: »*Ich hab sie alles machen lassen.*« Rebecca erinnerte sie an sich selbst als Kind: »*Sie war ja auch so ein wildes Kind, ein richtiger Wirbelwind!*« Auch wenn die Erziehung für Michaela durch die Freiheiten, die sie ihrer Tochter ließ, sehr anstrengend war, hielt sie fest an ihrem Wunsch und Ziel: »*Sie soll ein selbstbestimmter Mensch werden. Sie soll ihre Erfahrungen machen. Ich will sie nicht unterdrücken. Mein wichtigstes Ziel war: Sie soll ein freier Mensch werden.*«

Dieser Wunsch mag im Gegensatz zu ihren eigenen Erfahrungen mit ihren Eltern stehen, von denen sie sich kontrolliert, aber nicht unterstützt und gefördert fühlte. Die Liebe zu ihrem Mann und die eigene Mutterrolle stärkten sie in ihrer Individuation und Michaela gelang es, sich Schritt für Schritt von ihrer Herkunftsfamilie zu lösen. Zurückblickend vergleicht Michaela ihr eigenes Lebensgefühl mit dem ihrer Tochter, das auch durch ihre Erziehung maßgeblich beeinflusst wurde: »*Wir waren so eingeschüchtert. Die heutige Generation ist viel selbstbewusster und ist sich ihrer eigenen Kraft und ihrer eigenen Macht viel bewusster. Ich hab mich viel ohnmächtiger gefühlt.*« Michaela hat rückblickend das Gefühl, in ihrem Leben vielen Widerständen ausgesetzt gewesen zu sein. Obwohl sie die bewussten und unbewussten Delegationen ihrer Eltern übernahm und so gut wie möglich ausführte, erhielt sie insgesamt wenig Unterstützung und Zuspruch, auch nicht von Seiten ihres Mannes, der ihren beruflichen Aktivitäten skeptisch gegenüberstand. So wiederholte sich in ihrer Partnerschaft ein Muster, das Michaela aus ihrer Kindheit und der Beziehung zu ihrer Mutter bekannt war: Michaela wurde mit ihren Wünschen und Bedürfnissen nicht wahr- bzw. ernst genommen.

Während es bei Michaelas Mutter die nicht verarbeiteten Erlebnisse aus dem Holocaust waren, die diese abhielten, ausreichend auf ihre Tochter einzugehen, galt die Aufmerksamkeit ihres Mannes hauptsächlich dem Leid seiner Patienten, um deren Leben er tagtäglich auf der Intensivstation rang. Den beruflichen Aktivitäten seiner Frau stand er nach Michaelas Empfinden geringschätzig gegenüber: »*Alles, was mein Mann gemacht hat, war immer das Wichtige. Und alles, was ich gemacht habe, war eigentlich immer unnötig.*« Wie bei ihren Eltern konkurrierten Michaelas Lebens-Themen mit dem Tod: »*Unbewusst war ja der Holocaust da. Und eigentlich war immer alles im Vergleich zu dem, was meine Mutter erlebt hat, NICHTS! Also ihr Leid hat immer über allem gestanden. Und bei meinem Mann war das ähnlich.*«

Um das Familienleben und seine Partnerschaft zu entlasten, entschied Michaelas Mann, sich beruflich umzuorientieren und absolvierte eine zweite Facharztausbildung, mit der er sich anschließend niederlassen und eine Praxis eröffnen konnte. Michaela hatte zum damaligen Zeitpunkt ihr Studium abgebrochen, um sich ihren Kindern besser widmen zu können.

Als Michaela 30 Jahre alt wurde, entschied sie, dass die Zeit gekommen war, sich wieder mehr um sich selbst und auch um ihren beruflichen Weg zu kümmern. Sie hatte sich gerade entschlossen, ihr Studium wieder aufzunehmen, als sie feststellte, ungewollt schwanger zu sein: »*Ich war todunglücklich. Ich hatte gerade das Gefühl, alles beginnt. Wie Frühling für mich. Die Kinder sind aus dem Gröbsten raus, ich war voller Tatendrang.*« Über alle familiären Einwände sich hinwegsetzend, entschloss Michaela sich bewusst für einen Schwangerschaftsabbruch: »*Ich glaube, es war die ERSTE Entscheidung in meinem ganzen Leben, wo ich mich für MICH entschieden habe.*« Auch wenn die sie Abtreibung belastete, wusste sie, dass ihre Entscheidung in dem Moment richtig war: »*Ich hab einfach gespürt, ich hab keine Kraft.*« Das folgende Jahr nutzte sie, »*aufzutanken und Kraft zu schöpfen*«. Sie begann eine psychotherapeutische Behandlung, um den Schwangerschaftsabbruch zu verarbeiten und sich selbst zu klären. Ein Jahr später, sie hatte gerade ihr Studium wieder aufgenommen, erfuhr sie, dass sie erneut schwanger war. Diesmal freute sie sich auf ihr Kind und empfand es nicht als Belastung. Sie fühlte sich stark genug, sich ihren eigenen Bedürfnissen und denen ihres Kindes zu widmen. Nach der Geburt ihres Sohnes 1985 gab Michaela ihr Studium endgültig auf und stand ihrem Mann in seiner neu eröffneten Praxis zur Seite.

Mit 35 Jahren ertastete sie einen Knoten in ihrer Brust. Weder ihr Mann, noch sein sie behandelnder Kollege nahmen sie in ihrer Sorge ernst. Michaela selbst veranlasste schließlich eine Mammographie, durch die ein Karzinom diagnostiziert wurde. Ein Jahr später hatte sie, mit eiserner Disziplin, starkem Lebenswillen und der Unterstützung ihres Mannes und ihrer Kinder die Operation und die Chemotherapie hinter sich gebracht und den Krebs überstanden.

Michaela versteht die Krebserkrankung als Konsequenz ihres (unterdrückten) Lebens: »*Ich bin überzeugt davon, dass das die Folge war von diesem vielen Druck, dem ich in so jungen Jahren ausgesetzt war. Es gab wenig Unterstützung. Ich hab viel gelitten. (...) Ich glaube, dass sich über die Jahre – irgendetwas hatte sich halt verknotet! Es hatte sich alles verknotet.*«

Die Krebserkrankung bot ihr und ihrer Familie eine Chance der Neubewertung: Erst als Michaela vom Tode bedroht war, wurde sie von ihrer Familie ernst genommen und es gelang auch ihr selbst, sich eine stärkere Bedeutung als bisher beizumessen. In diesem Sinne versorgte die Krebserkrankung sie zum ersten Mal in ihrem Leben mit einem Schonraum, in dem sie die unangefochtene Hauptperson war: »*Als es bei mir zu dem Punkt gekommen ist, wo es bei mir um Leben und Tod ging – ich kann mich noch gut erinnern, dass ich im Krankenhaus gelegen habe und gedacht habe: So und jetzt kann keiner mehr – ich hab mich geschützt gefühlt. Es mussten ALLE auf mich Rücksicht nehmen und keiner kann mehr von mir was wollen. (...) Sie mussten mich alle ernst nehmen und niemand kann mehr kommen zu mir mit seinen Eitelkeiten und Bedürfnissen.*«

Während Michaela sich innerfamiliär vielen Widerständen ausgesetzt sah und erst in ihrer lebensgefährlichen Erkrankung einen Schutz vor familiärer Überforderung fand, bestand die vornehmliche Aufgabe ihrer Tochter Rebecca eher darin, den familiären Schonraum zu verlassen und die Ablösung aus dem Schoß der liebevollen und näheeinfordernden Familie zu vollziehen. Rebecca berichtet, in einer liebevollen, geborgenen familiären Atmosphäre aufgewachsen zu sein. Sie fühlte sich von ihren Eltern sehr unterstützt und hat das Gefühl, auf dem Weg ins Erwachsenenleben gut begleitet worden zu sein. Unsicherheiten und Fehler waren erlaubt und wurden von ihren Eltern akzeptiert und in Notsituationen abgefangen.

Im Unterschied zu ihrer Mutter, die erst im Erwachsenenleben durch die Familie ihres Mannes und im Umgang mit ihren eigenen Kindern viele positive Assoziationen zum Judentum entwickelte, wurde Rebecca und ihren Geschwistern das Judentum seit Beginn ihres Lebens als ein natürlicher, positiver Teil ihres Lebens vermittelt. Rebeccas Eindruck vom Judentum unterscheidet sich grundlegend von dem ihrer Mutter eine Generation zuvor: »*Das hatte nichts von ausgeschlossen sein, Gefahr, Angst.*« Rebeccas jüdische Identität ist im Vergleich zu der ihrer Mutter in ihrer Kindheit geprägt von ihren eigenen lebendigen Erfahrungen mit dem Judentum, »*den Gesängen, den Gebräuchen, den Tänzen, den Geschichten, den Spielen, die wir als Kinder gespielt haben.*« Rebecca kann sich mit vielen Aussagen der jüdischen Religion identifizieren: »*Viele Dinge find ich sehr warmherzig. Und sehr, sehr weit gedacht. Das ist was sehr Familiäres, hat einen ganz starken Familienzusammenhalt.*« Neben den »*schönen Erinnerungen*« und »*schönen Traditionen*« macht aber auch der Holocaust einen Teil ihrer Identität aus: »*Auch der Schmerz ist ein Teil der Identität. Das ist was, was dich irgendwie immer wieder fühlen lässt, ob du willst oder nicht, dass du jüdisch bist. Ja, ich glaub, der Schmerz hält irgendwie zusammen.*«

Im Alter von zwölf Jahren fing Rebecca an, »*sich wie eine Verrückte*« mit dem Holocaust zu befassen: »*Das Thema hat mich nicht mehr losgelassen, das war echt schon fanatisch. Dieses Thema hat mich aufgesaugt. Und auch den Schmerz in mich aufgesaugt. Weil du immer nur von den Großeltern so Ansätze mitgekriegt hast. Du wusstest, da war was! Du wusstest, da war was Schlimmes, du wusstest vielleicht, dass das Ganze den Übertitel Holocaust hat, aber du konntest dir nichts drunter vorstellen. Und dann kam wahrscheinlich dieser Drang, ich muss das jetzt wissen.*«

Ihre Großeltern väterlicherseits, die während des Holocaust in Arbeitslagern waren, sprachen sehr wenig über ihre Vergangenheit: »*Noch heute ist es schwer, mit ihnen über dieses Thema zu reden. Ich merke, dass es ihnen irrsinnig schwerfällt. Und dass sie wahnsinnig leiden müssen, als ob sie es noch mal erleben würden. Und dann bist du als Enkelkind in so einer zwiegespaltenen Situation, weil du auf der einen Seite es wissen willst, weil du dir denkst – Gott behüte, du weißt nicht, wie lange sie noch leben und du willst ihre Geschichte nicht vergessen. Auf der anderen Seite merkst du, dass du ihnen wehtust damit. Das ist sehr schwer.*«

Bei Rachel, ihrer Großmutter mütterlicherseits, hat Rebecca folgenden Prozess beobachtet: »*Je älter sie wird, umso mehr hab ich das Gefühl, kommt sie an diese Zeit wieder ran. Desto mehr beschäftigt sie das.*« Ihr Großvater mütterlicherseits habe wenig über den Krieg erzählt und wenn, dann Geschichten, »*wie er die anderen ausgetrickst hat, solche Geschichten hat er immer gerne erzählt. Aber wenig schmerzvolle Geschichten.*«

Ihre Großeltern väterlicherseits, die im Dritten Reich von ihren besten Freunden denunziert worden waren und in Arbeitslager deportiert wurden, warnten sie immer wieder, sie möge sich mehr in jüdischer Gesellschaft bewegen, denn: »*Du kannst dich nur auf Juden wirklich verlassen.«* Rebecca, die viele nichtjüdische Freunde hat, weigerte sich, diesen Rat anzunehmen: *»Ich hab mich sehr mit ihnen gestritten. Weil ich halt genau das Gegenteil war. Ich hatte halt fast nur nichtjüdische Freunde und hab mich wohlgefühlt. Ich hab immer dafür gekämpft und gesagt: Das ist anders geworden und die können nichts dafür und ich find das nicht richtig.«* Eine Polenreise, während derer sie den immer noch vorhandenen Antisemitismus spürte und die Vernichtungslager sah, brachte sie zum einen der schmerzvollen familiären und jüdischen Vergangenheit und zum anderen der Auseinandersetzung ihrer Großeltern damit näher: *»Nicht, dass ich so denke wie sie, aber ich kann sie jetzt verstehen, warum sie so sind.«* Die Reise hinterließ tiefe Spuren in der damals 16jährigen, die wie gelähmt von den Eindrücken war und keine Antworten auf ihre Fragen finden konnte: *»Warum? Du findest keine Antwort. Warum hat Gott es zugelassen, warum ist so was passiert? Wie können Menschen so was tun?«*

Obwohl Rebecca sich gegen die Vorbehalte ihrer Großeltern gegenüber ihrem nichtjüdischen Freundeskreis gewehrt hatte, konnte sie sich gegen die Weitergabe *»gewisser Urängste«* dennoch nicht schützen: *»Irgendwo ist das schon in dir drin, dass du denkst: Bin ich hier wirklich sicher? Kann ich jedem wirklich so GANZ vertrauen? Was wäre, wenn noch mal so was passieren würde? Wer würde dann wirklich zu mir stehen? Wer würde vielleicht nicht gegen mich, aber auch nicht wirklich für mich sein?«* In diesem Zusammenhang reflektiert sie ihr eigenes mutmaßliches Verhalten während der Judenverfolgung als nichtjüdische Deutsche: *»Ich weiß ja auch nicht, wie ich reagiert hätte auf der anderen Seite. Ob ich – wenn ich Familie gehabt hätte – ob ich unbedingt einer ganzen Familie Unterschlupf gegeben hätte mit der Gefahr, dass meine Familie das Leben verliert.«*

So ist auch Rebecca als Enkelin von Holocaust-Überlebenden noch heute belastet: *»Ich glaub das Allerschlimmste ist so ein seelischer Schmerz, den du empfindest, den du oft nicht wirklich definieren kannst, der auch nicht immer nur rauskommt, wenn das Thema gerade da ist. Aber es ist so ein heimatloser, trauriger Schmerz. So ein Einsamkeitsgefühl. So ein – Verlust. Auch so eine Existenzangst. Die schneller mal hochkommt als bei anderen. Die dir, wenn was passiert, relativ schnell auch mal den Boden wegziehen kann. Und du das Gefühl hast, da ist niemand, der jetzt irgendwie zu dir springt.«*

Sie kann sich als in Deutschland geborene und dort lebende Jüdin nicht mit Deutschland identifizieren, ihr Heimatgefühl ist auf München, die Stadt, in der sie lebt, begrenzt. Mit dem Land hat sie *»Berührungs-*

angst, da ist etwas, was mich einfach so leicht unwohl fühlen lässt. Der Gedanke, dass ich mich wirklich deutsch fühlen könnte. Das ist so ein bisschen ein Verrat-Gefühl.« Zu nah ist noch die Geschichte der deutschen Juden, die sich bis 1933 *»mehr deutsch als jüdisch gefühlt haben«* und die meist zu spät erkannten, dass die Deutschen sie, die eigenen Landsleute, gleichgültig, ob sie die jüdische Religion ausübten oder assimiliert waren, ausrotten wollten. *»Da ist schon ein Knacks drin. Der sicherlich auch nicht von einer Generation auf die andere weggeht.«*

In Deutschland jüdisch zu sein, erregt laut Rebecca immer noch Aufsehen: *»Du merkst, dass du eine Minorität bist. Du merkst, dass du anders bist. Du merkst, dass du irgendwie Aufsehen erregst. Gut oder schlecht. (...) Es ist mir selten passiert, dass jemand darauf kommt, dass ich jüdisch bin und das einfach so hingenommen wird, ohne eine große Gefühlsregung.«*

Als Jüdin in Deutschland zu leben, ruft ambivalente Gefühle in Rebecca hervor, obwohl sie sich grundsätzlich wohl fühlt und sich vorstellen kann, ihr ganzes Leben in Deutschland zu verbringen. *»Es ist nicht so, dass ich sagen würde, ich bin Jüdin, die nur in Deutschland interveniert ist, nur in der Durchreise. So ist es nicht.«* Dennoch ist das Leben in Deutschland ihrer Erfahrung nach für Juden konfliktbelastet, was dazu führt, dass viele Angehörige ihrer Generation auswandern: *»Mit Deutschland, denke ich, haben die meisten [Juden] ein Problem.«*

Durch Rebeccas Aussagen wird deutlich, dass die traumatische Vergangenheit der Holocaustüberlebenden deutlich Einfluss auf das Lebensgefühl ihrer Enkel nimmt. Sechzig Jahre nach dem Holocaust ist die Erschütterung über den Zivilisationsbruch noch immer spürbar und es ist Juden noch nicht gelungen, ein stabiles Sicherheitsgefühl und Vertrauen in die deutsche Gesellschaft zu reetablieren. Besonders bei den in Deutschland lebenden Juden findet eine Konfrontation mit der Vergangenheit und daraus resultierenden Ängsten tagtäglich statt, denen sich zu entziehen unmöglich scheint.

Rebeccas innere Stärke, der deutsch-jüdischen (innerfamiliären wie gesellschaftlichen) Auseinandersetzung standzuhalten, ist in diesem Zusammenhang beachtenswert. Sie sitzt nicht wie viele andere in Deutschland lebende Enkel von Holocaustüberlebenden »auf gepackten Koffern« (was in gewissem Sinne einer Reinszenierung der Entwurzelungserfahrung ihrer Großeltern gleichkommen würde), sondern hat in ihrer Heimatstadt München ein tragfähiges Zuhause gefunden, was sicher nicht zuletzt dem von ihren Eltern errichteten stabilen familiären Fundament zu verdanken ist.

6.5. Generationenportrait Familie E.

»Everybody has one's own Holocaust.«

Erste Generation
Hella, geb. 1921 in Ungarn
Überlebte den Holocaust im Budapester Ghetto und im Konzentrationslager Auschwitz
Seit 1946 in Israel

Zweite Generation
Batya, geb. 1954 in Israel
Wohnort Israel

Dritte Generation
Rina, geb. 1977 in Israel
Wohnort Israel

Rahmenbedingungen und Interviewverlauf

Ich suchte Hella, Batya und Rina in ihren jeweiligen Wohnorten in unterschiedlichen Städten in Israel auf. Bei dem Interview mit Hella wurde ich von ihr, ihrem Mann und ihrer Tochter Batya herzlich empfangen. Hella bestand darauf, während des Interviews deutsch mit mir zu sprechen, fast schien es, als freue sie sich über die seltene Gelegenheit, die Sprache ihrer Kindheit[29] zu verwenden. Sie sprach frei über ihr Leben, es bedurfte weniger Fragen. Auch ihr Mann Imre, der sich nach dem Interview zu uns gesellte und mir seine eigene Biographie, die er für seine Kinder geschrieben hat, anvertraute, sprach deutsch mit mir. Beiden war es ein Anliegen, mich nach der aktuellen politischen Situation Deutschlands zu befragen bzw. ob es heute noch Nazis gäbe.

Auf die besorgte Frage ihrer Tochter, ob Hella das Gespräch mit einer Deutschen führen würde, antwortete sie: *»Warum soll es mich stören, dass Sie deutsch sind? Sie haben nicht gelebt in diesen Jahren. Was mich gestört hat, waren die älteren Menschen, auch in Ungarn. Auch in Deutschland. Ich hab gemeint, alle waren dort – Direktoren oder Mörder oder – ich hab sie zusammengelegt mit meinen Erlebnissen.«*

29 Die Muttersprache ihrer Großmutter mütterlicherseits sowie die ihres Onkels, bei dem sie lange Zeit lebte, war deutsch.

Hellas Tochter Batya war bei dem Interview im Haus ihrer Eltern anwesend, um ihrer Mutter beizustehen, falls es dieser nach dem Gespräch schlecht gegangen wäre, wie sie mir später gestand. Batya, die als Psychotherapeutin arbeitet, begegnete mir sehr offen und reflektiert. Sie erzählte, dass sie dem Thema Holocaust in ihrem Leben so wenig Raum wie möglich einräumen möchte, obgleich ihr bewusst sei, dass sie »dem Dämon ins Auge schauen müsse«, um ihn hinter sich lassen zu können und so wirkte sie in der direkten Konfrontation mit der schmerzhaften Vergangenheit in unserem Gespräch oftmals sehr verletzlich und berührt. Ihre Art zu erzählen war deskriptiv statt wertend und enthielt bei aller Offenheit und Schonungslosigkeit keinerlei Vorwurf an die erste Generation, wie sie mehrfach betonte.

Rina, die ich am letzten der drei aufeinanderfolgenden Tage in ihrer Wohnung traf, die sie mit ihrem Mann und ihrem zweijährigen Sohn bewohnt, wirkte auf mich sehr zurückhaltend und vorsichtig in der Tiefe ihrer Äußerungen, wenn es um sie persönlich ging.

Generationenportrait

Hella wurde 1921 in einer ländlichen Gegend Ungarns geboren, wo sie mit ihren Eltern und ihren fünf Geschwistern aufwuchs. Als sie fünf Jahre alt war, starb ihre Mutter an »Bauchtyphus«. Hella, die zu diesem Zeitpunkt die Ferien bei einer alleinstehenden Tante nahe Budapest verbracht hatte, blieb die folgenden zwei Jahre dort wohnen. Aufgrund des deutlichen und sich verschärfenden Antisemitismus, dem Hella in der dörflichen Schule, die sie seit Mitte der 20er Jahre besucht hatte, ausgesetzt war, entschied die Familie, dass sie zu Verwandten nach Budapest umziehen sollte, wo die Situation für Juden noch entspannter war. In Budapest half ihr der Onkel, ein deutscher Jude, ihre deutschen Sprachkenntnisse zu vervollständigen. Als Hellas Onkel Anfang der 30er Jahre im Zuge der fortschreitenden Judendiskriminierung seinen hochdotierten Posten als Redakteur bei einer deutschen Zeitung in Budapest verlor und die Familie kein Einkommen mehr hatte, zog Hella mit ihren Verwandten zurück zu ihrer alleinstehenden Tante, die die finanziellen Mittel hatte, sie bei sich aufzunehmen. 1935 beendete die damals 14jährige Hella die Schule und begann als Schreibkraft zu arbeiten. Über den folgenden fast zehnjährigen Zeitraum bis zur deutschen Besatzung 1944 berichtete Hella lediglich, dass sie [illegal] in einer zionistischen Organisation aktiv war und davon träumte, nach Palästina auszuwandern.

Ihre Erzählung setzte erst mit der deutschen Besatzung Ungarns am 19. März 1944 wieder ein: die ungarischen Juden wurden enteignet und die »Verordnung zur Ghettoisierung« erlassen. Hellas Familie wurde wie die anderen jüdischen Bewohner Budapests gezwungen, ihre Wohnung aufzugeben und in ein Ghetto zu ziehen, wo Hellas Tante und ihr Onkel später aufgrund der menschenunwürdigen Bedingungen starben. Hella wurde von ihren Verwandten getrennt und zu Zwangsarbeiten herangezogen. Mitte Juni 1944 wurde sie mit vielen anderen Juden in Viehwaggons gepfercht und in einem mehrtägigen Transport nach Auschwitz[30] deportiert: *»Sie haben uns gesehen als Tiere! (…) Ich glaube, die, die im Wagen waren, wissen alles. (…) Weil das war die erste Station, in der wir das Gefühl verloren, ein Mensch zu sein.«*

Sechs Wochen blieb Hella in Auschwitz, anschließend wurde sie in ein anderes Lager deportiert, in dem die Bedingungen schlecht, aber »besser« als in Auschwitz waren. Am Tag der Befreiung durch die Russen hatte Hella fast ein Jahr in Lagern verbracht. Sie wog 28 Kilo: *»Ich hab nie geglaubt, dass ich je zurückkomme von Deutschland.«*

Es dauerte mehrere Wochen, bis Hella dem Frieden traute und so verbrachte sie die erste Zeit verängstigt in ihrer Baracke: *»Weil ich gesagt habe: Nie kommt etwas Besseres nach. Immer hab ich Angst gehabt, wir bekommen Ärger.«*

Ihre Werte, die sie die Qualen der Lageraufenthalte hatten überstehen lassen, retteten ihr den Verstand, ihre persönliche Integrität, und – vermutlich auch nach der Befreiung – das physische Leben durch ihre vernünftige und kontrollierte Nahrungsaufnahme[31] nach der langen Entbehrungszeit: *»Ich glaube, dass mir am meisten gegeben hat, dass ich versuchte, ein Mensch zu bleiben. Das gab mir Kraft.«* Hilfsbereitschaft und Achtsamkeit ihren Weggefährtinnen gegenüber waren ihr äußerst wichtig: *»Man musste denken an die anderen. (…) Für mich war immer Freundschaft sehr wichtig. Und Freundinnen. Gut auskommen mit Menschen.«* Anstatt sich gedanklich auf das Leid, das sie täglich erlebte, zu konzentrieren, versuchte sie sich mental abzulenken,

30 Über 400.000 ungarische Juden wurden aus überwiegend ländlichen Regionen zwischen dem 15. Mai und dem 9. Juli 1944 aus 55 größeren Ghettos und Zentren nach Auschwitz deportiert, in 157 hermetisch verschlossenen Güterzügen. Die meisten ungarischen Juden wurden bald nach ihrer Ankunft in Auschwitz-Birkenau vergast (vgl. Enzyklopädie des Holocaust 1998, 1467).

31 Nach der Befreiung starben viele Überlebende der Konzentrationslager infolge einer Überforderung ihres Stoffwechsels nachdem sie »unkontrolliert« Nahrung zu sich genommen hatten.

indem sie z. B. ihre Zukunft visualisierte und häufig Gedichte rezitierte: *»Ich hab an Gedichte gedacht. Viel an deutsche Gedichte. Weiß nicht, warum ist mir immer aufgekommen: ›Ich geh im Walde so für mich hin. Hier nur nichts zu suchen, das war mein Sinn.‹«*

Einige Wochen nach der Befreiung reiste Hella nach Ungarn, um ihre Familie und ihren Freund zu suchen. Bis auf zwei Brüder und einen Cousin war ihre gesamte Familie während des Holocaust ermordet worden. Nachdem sie ihren langjährigen Freund Imre, der die Zwangsarbeit überlebt hatte, gefunden hatte, drängte Hella darauf, mit ihm Ungarn zu verlassen und nach Palästina auszuwandern: *»Ich kann hier nicht leben. Ich sehe alle Menschen als Mörder.«*

Imre beschrieb das Wiedersehen mit Hella folgendermaßen: *»We were released in January 1945. March, April and May passed and Hella still didn't come back. I waited to hear from her all the time. (...) One fine day, Hella appeared. Hella came back! Hella was in bad shape, run down, mentally and physically. Till today I don't know what this gentle, sensitive girl went through. But we were together again, and the together strengthened us.«*[32]

Die beiden heirateten Ende 1945 und machten sich auf Hellas starkes Drängen hin nach einem Judenpogrom im Juli 1946 auf die fast 8 Monate dauernde beschwerliche Reise[33] über Zagreb nach Haifa, zurück nach Zypern und schließlich nach Palästina. Die menschenunwürdigen Reisebedingungen weckten in Hella Erinnerungen an ihre Zeit im Lager: *»Das war wie Auschwitz. (...) Man hat uns ausgeraubt – die Deutschen, die Ungarn, die Russen und die Engländer. (...) Wir kamen von Gefängnis zu Gefängnis zu Gefängnis. Von einem zum anderen. Als ich nach Tel Aviv gekommen bin, haben die Araber Steine auf die Autos geworfen, sie haben gekämpft gegen die Juden. Das war das Ankommen hier.«*

Hella bekam 1949 ihr erstes Kind, einen Sohn, 1954 wurde ihre Tochter Batya geboren. Imre und Hella bauten sich in Israel ein Geschäft auf, in dem Hella als Buchhalterin und Sekretärin arbeitete.

32 Auszug aus »Like a drop in the sea«, unveröffentlichte Biographie von Hellas Ehemann.

33 Wie viele andere Juden versuchten Hella und ihr Mann illegal nach Palästina einzureisen, da die britische Mandatsmacht lediglich einer monatlichen Quote von 1.500 Einwanderern zugestimmt hatte. Diejenigen DPs, die von britischen Patrouillen vor der Küste Palästinas aufgegriffen wurden, kamen in Internierungslager in Palästina oder auf Zypern, wo etwa 50.000 Juden auf ihre Einreise nach Palästina hofften (vgl. Anthony 2004, 28).

Sie erzog ihre Kinder im jüdischen Glauben und mit der hebräischen Sprache. Mit ihrem Mann spricht sie noch heute ungarisch, aber: »*Wir haben uns gezwungen, die hebräische Sprache zu benutzen*«, weil es für sie nicht in Frage kam, ihren Kindern ungarisch beizubringen: »*Ich wollte nicht! (...) Wir sind Israelis.*« Ihren ungarischen Landsleuten hat Hella den Verrat an den ungarischen Juden bis heute nicht verziehen: »*Ich bin mehr böse auf die Ungarn als auf die Deutschen. Weil ich hab gemeint, ich bin eine von ihnen.*« Von Kindheit an musste sie dort ihre Zugehörigkeit zum Judentum als Nachteil erfahren: »*Ich hatte nicht dieselben Rechte wie die anderen. Dass ich mich weniger fühlen musste, weil ich ein Jude bin!*«

Es war Hellas Herzenswunsch, nach Israel auszuwandern, ein anderes Land wäre für sie als Zionistin nicht in Frage gekommen: »*Weil – ich wollte kein Flüchtling sein.*« Israel bedeutet für sie ihre Heimat: »*Wo ich mich frei fühle. Wo ich nicht Angst habe und sagen kann, dass ich ein Jude bin. Das ist eine Heimat. Wo ich dieselben Rechte habe wie der andere. (...) Ich bin ein Teil vom Bauen dieses Landes. Es hängt mit mir zusammen. Das ist MEIN Land!*«

Mit ihren Kindern hat sie über ihre Erfahrungen im Krieg nie gesprochen: »*Ich wollte das nicht mitteilen den Kindern. Ich wollte nicht erzählen. Ich hab nicht gefunden, dass das ein Thema war zu erzählen.*« Sie beschränkte sich auf heitere Anekdoten, die ihr selbst während ihrer Leidenszeit Kraft gaben. Generell stellt sie sich die Frage nach der Art der Vermittlung und dem Sinn des Erzählens: »*Wie erklärt man das Ärgste? DAS ist nicht das. Durchleben ist etwas anderes und erzählen ist etwas anderes. (...) Wir sind Menschen ohne Namen, ohne gar nichts. Nur Nummern. Und [Pause] – es ist schwer zu erzählen, aber es ist auch schwer zu verstehen.*« Neben ihren Kindern schonte sie sich auch selbst durch das Schweigen über die Vergangenheit: »*Ja, ich habe Angst vor dem Erinnern. Ich will nicht.*« Sie versucht die Erinnerungen und die Auseinandersetzung mit dem Holocaust so gut wie möglich zu vermeiden: »*Ich kann nicht daran denken – ich hab nie gesehen einen Film über den Holocaust. Mein Mann hat sehr viele Bücher über den Holocaust. Ich habe sie nicht gelesen, nicht eins.*« Dennoch kann sie sich der Vergangenheit, den Erinnerungen und dem Schmerz nicht entziehen: »*Das kann man nicht vergessen. Nicht, was mit mir passiert ist und nicht, was mit den anderen passiert ist! Sind Sachen – bis jetzt, ich kann nicht daran denken.*«

Der Verlust ihrer Familie begleitet sie ihr gesamtes Leben und wird ihr besonders an Feiertagen bewusst: »*Ich hab noch nie gehabt einen richtigen Feiertag. Einen Feiertag, an dem ich mich nicht nach meiner Familie gesehnt hätte. Bis jetzt. Bis jetzt. Ich hab ein Bild. Die Frau meines Bruders mit ihrem sechsjährigen Kind. Sie war sehr schön. Auch der Bruder, auch das Kind. 20 Jahre konnte ich nicht das Bild angucken. Nach 20 Jahren, einmal in der Woche, wenn niemand zuhause war, hab ich es herausgenommen und habe angefangen zu weinen. Das heißt – das kann man nicht vergessen.«*

Ihr eigenes Überleben ist für sie ein Wunder und sie zählt viele Begebenheiten auf, »*Kleinigkeiten*«, die ihr ihrer Meinung nach das Leben gerettet haben: »*Kleine, kleine Wunder.*«

Hellas Tochter Batya, die neun Jahre nach Ende des Zweiten Weltkrieges in Israel geboren wurde, zeigte als Säugling wenig Lebensfreude und Lebendigkeit, wie ihr mitgeteilt wurde: »*When I was born, I wouldn't eat, I didn't cry, I didn't weep, I didn't do anything.*« Batya geht davon aus, dass sie, als die Leibesfrucht der Mutter, deren emotionale Apathie übernommen hatte: »*I think I was depressed. I think it was the depression of my mother. (...) My mother couldn't express feelings, was all the time in a doing way of living. Not being, only doing. Very active, very responsible for food, for clothes, for cleanness. But never to the feeling.*«

Diese emotionale Distanz zwischen Müttern, die den Holocaust überlebt haben und deren Kindern, sah Batya häufig: »*They have a distance from their children. I think they are afraid to get close in order not to be hurt if something might happen, perhaps.*« Diese Erfahrung machte Batya am eigenen Leib, als ihre älteste Tochter Rina mit einem lebensbedrohlichen Herzfehler geboren wurde: »*It was a trauma. It was a shock! And I did, what my mother did to me. Emotionally, I closed myself exactly as my mother did. So I functioned. Like my mother. But from a distance.*«

Während Batyas Eltern »funktionierten« und ihre Kinder materiell einwandfrei versorgten, übernahm Batya schon früh Verantwortung für das emotionale Wohlbefinden ihrer Eltern, eine Rollenumkehrung, die sogenannte Parentifizierung, die bis heute anhält und die sie bei vielen anderen Kindern von Holocaustüberlebenden auch erlebt: »*From very early, I was very sensitive to the mood and feeling of my parents. (...) I was the container of the feeling of the family.*« Ihre Kindheit beschreibt sie als nicht sonderlich glücklich, beschwert von den unausgesprochenen Qualen ihrer Eltern, ihrer eigenen Rolle innerhalb der Familie und einer der für sie grundlegenden Auswirkungen des Holocaust: »*I started to think too early. I was mature too early.*«

Als Batya sechs Jahre alt war, »adoptierte« sie eine zweite Mutter, die Mutter einer Freundin, deren ausschlaggebendes Merkmal war, vom Holocaust nicht gezeichnet gewesen zu sein und die ihr das gab, was ihre Mutter ihr zu diesem Zeitpunkt nicht geben konnte: »*I adopted a woman, a mother of my friend. She wasn't in the Holocaust. [Lacht kurz] She was born in Israel. (...) She was very significant in my life.*«

Batyas Kindheit und Jugend war nicht nur von der Tatsache geprägt, dass ihre Eltern den Holocaust überlebt hatten, sondern ebenfalls davon, Kind von Flüchtlingen zu sein. Im Gegensatz zu ihrer Mutter fühlte sich Batya in Israel als Kind als Außenseiterin, was besonders durch die fremde Sprache, die weder ihre Eltern noch sie selbst beherrschten, deutlich wurde. Die Entwurzelungserfahrung der Eltern – die sich und ihre Kinder in ihrer neuen, selbstgewählten Heimat so gut wie möglich integrieren und die Vergangenheit samt der Muttersprache hinter sich lassen wollten – wirkte sich Batyas Meinung nach besonders auf die Kinder der Verfolgten aus: »*Children like me never had a real mother language.*«

Als Batya in die Schule kam und feststellte, dass ihr Vokabular im Vergleich zu den anderen Kindern sehr begrenzt war, befürchtete sie, an einer Minderbegabung zu leiden, eine hartnäckige Überzeugung, die sie erst im Erwachsenenalter, nachdem sie sich selbst und anderen das Gegenteil bewiesen hatte, aufgeben konnte: »*I was sure, I was a retarded child. (...) I think I found out that I am not retarded only when I finished University with a very high level.*«

Batyas berufliche Laufbahn ist maßgeblich von ihren persönlichen Erfahrungen geprägt. So arbeitete sie zunächst jahrelang mit sozial benachteiligten Kindern und später als Familien- und Einzeltherapeutin, immer auf die Heilung der ihr selbst bekannten Wunden bei anderen bedacht.

Batya befindet sich in dem Zwiespalt, die Auswirkungen des Holocaust auf ihre Persönlichkeit zwar deutlich reflektieren zu können, andererseits aber dessen Einfluss auf ihr eigenes Leben sowie die Beschäftigung damit abzulehnen: »*I never really define myself as a person who was influenced much by the Holocaust. (...) I don't deal with it much.*« Diese Distanzierung bietet ihr Schutz vor der überwältigenden Nähe und dem Schmerz: »*I have fears. I can't read anything about the Holocaust. I can't see one film. And of course, in school, they taught us and if they said: ›Oh, it was so horrible!‹, everything sounded to me very familiar. Nobody can shock me and nobody can tell me something I don't know. Even though, I don't know. But inner, I feel the fee-*

ling – I know. And I don't want to read it. Too difficult for me. (…) I can feel it physically. As if I was there. I feel I don't have to learn about it because I know it. It will not make me more sensitive.« Im Alltag verschließt sie sich vor den offensichtlichen Zusammenhängen, aber im Laufe der Zeit und in einem besonderen Rahmen wie in unserem Gespräch oder innerhalb ihrer Therapie kann sie sich auf die Auseinandersetzung einlassen: »*In therapy, I can find the connection. But I don't talk about it. Perhaps it is like with my parents – it took 40 years to talk. Even to the second Generation, it will take – I don't know how many years. (…) It took me many years to realize that there is an effect and to accept it. (…) It takes time to see.*«

Als Kind von Holocaustüberlebenden habe sie gelernt, ihre Ratio immer über ihre Emotionen und die Gefühle anderer immer über ihre eigenen zu stellen: »*I was always very concerned of their [her parents] welfare. I sacrificed myself a lot of times. (…) To make sure that they are not going to collapse, I have to be rational in what I was doing everyday. For example, as a child, if I wanted something and I felt: ›Oh, it will make them unhappy‹, so I denied my desire because my logic told me: I need my parents healthy.*« Sie macht den Holocaust verantwortlich für ihre Stellung in der Familie und somit ursächlich für ihren kontrollierten Umgang mit ihren Gefühlen: »*The way of all the time being in control of the feeling. Putting the logic first. The logic directed my life. Never the feeling, never the intuition.*« Diese Haltung ermöglicht es ihr auf der anderen Seite, heute therapeutisch zu arbeiten und ihre Klienten in traumatischen Situationen zu begleiten: »*Even as a therapist, the Holocaust influenced me.*«

Die Schicksale ihrer Klienten, die für viele ihrer Kollegen schwer zu verarbeiten sind, trägt sie mit Gelassenheit und Zuversicht: »*It doesn't sound to me SO traumatic. Because compared to the Holocaust, it is nothing. (…) So – as a therapist, I can see very difficult situations and I have a lot of hope. More than most of my colleagues, I can see that one day they will be okay – like my parents.*« Wie in der Beziehung zu ihren Eltern kann sie die schwersten Belastungen ihres Gegenübers aushalten, indem sie ihre eigenen Gefühle (trotz Empathie für ihre Klienten) »vereist« und (wie ihre Mutter während des Holocaust und danach) funktionstüchtig und handlungsfähig bleibt: »*I can be in the biggest trauma and be like ice. When somebody needs me to act, no matter what trauma will be, I will be like ice and – give the information what to do and I will act the most logic way possible. But afterwards, I will collaps. Physically, I will be sick.*«

Es ist zu vermuten, dass die emotionale Verpanzerung, die Batyas Mutter Hella während ihrer Leidenszeit in den Lagern geschützt hat, auch viele Jahre nach der Befreiung für ihre Tochter, die diese Überlebenstaktik übernommen hat, noch spürbar war. Eine weitere Ähnlichkeit ist die Tendenz von Mutter und Tochter, psychosomatisch zu erkranken und das emotionale Leiden auf den Körper zu lenken und physisch auszudrücken: »*All my childhood, my mother was sick – once migraine, once this, once that. And I am also like this. Functioning, but I am struggling with my body. We are not good friends.*«

So belastbar Batya auf psychischer Ebene ist, so zerbrechlich ist ihre physische Konstitution: »*There is a split: if I have a minor pain, I am sure that I will die. Emotionally and spiritually, I am THIS present and physically, I am down.*« Ausschließlich in der Beschäftigung mit ihrem (kranken) Körper regieren ihre Gefühle, sie verliert die Kontrolle der Vernunft: »*I transfer my feeling and the pain into my body. And I can't control it. (…) If I am sick a little, I am in such fears, not logical fears, I can't think logical. No wonder, that I am married to a physician. It is no coincidence.*«

Interessanterweise ist es ihr gelungen, ihren Töchtern ein anderes physisches und weibliches Selbstverständnis und eine andere Beziehung zu ihrem Körper zu vermitteln. Rina, Batyas älteste Tochter, die als Sexualtherapeutin arbeiten möchte, beschreibt, dass ihre Mutter ihr und ihren Schwestern beigebracht habe, ihren Körper zu lieben und anzunehmen mit seinen Stärken und Schwächen: »*She passed me the feeling that the female body is a great thing, it is beautiful and that I should love my body no matter how it looks like.*« Rina schätzt ihren Körper und pflegt ihn: »*Our body is a gift from God and we should keep it right and love it. And use it properly and respect it.*« Rina fühlt sich physisch und psychisch stark und vergleicht ihre innere Stärke mit der ihrer Großmutter: »*I feel very strong inside me. Like her. (…) I have a very strong spirit. I am not becoming hysterical or very upset. I am not even becoming very, very sad over things.*«

Als Rina vor ein paar Monaten eine Fehlgeburt erlitt, bediente sie sich der Bewältigungsstrategie ihrer Mutter auf eine für sie sehr förderliche Weise: »*I was very rational. From the moment I understood that I was having a miscarriage, I decided that it won't be traumatic. I decided. That I was in charge and that it is going to be a healthy process from the beginning. That I don't have to have a healing period afterwards. The healing begins NOW, I decided.*« Sie entschied, die Fehlgeburt im Beisein zweier Frauen, ihrer Hebamme und einer in Israel traditionellen

Geburtsbegleiterin, jedoch ohne Ärzte und ohne Schmerzmittel durchzustehen. Im Gegensatz zu ihrer Mutter erlebte sie sich nicht als Opfer ihres Körpers und es bedurfte keiner Verzögerung und keiner psychosomatischen Verschiebung des Schmerzes. Im Gegenteil half Rina das Empfinden ihrer Ganzheitlichkeit: »*The pain of the body is the pain of the soul. And that is the way I am sad about losing my baby.*« Sie nutzte das Erleben des ungebremsten körperlichen Schmerzes als (bewusste) Katharsis: »*I really took the pain out. I think that is why I got over it so quickly. Physically and mentally. And I didn't have the feeling of humiliation during the process or being not in charge of my body.*«

Ähnlich wie für ihre Mutter sind Kontrolle und freier Wille für Rina neben der Religion und dem Glauben an Gott wichtige Grundpfeiler ihrer Existenz und ihres Wohlbefindens. Auch die für die Großmutter Hella wichtigste Stütze während ihrer Leidenszeit, »*ein Mensch zu bleiben*«, ist eng mit diesen Begrifflichkeiten ihrer weiblichen Nachkommen verknüpft. Die Haltung, nicht gänzlich Opfer der Umstände zu sein, sondern sich selbst in der Krise zu erhalten, hat sich über die Generationen tradiert und wird in der zweiten und dritten Generation bewusst als Wunsch für Folgegenerationen formuliert: »*That they will always have a free choice*« wünscht Batya ihren Kindern und Kindeskindern, neben dem Wunsch, glücklich zu sein und ihr Leben zu genießen. Ihre Tochter Rina wünscht ihren Kindern, dass sie als religiöse Juden und autonome Menschen ihre Bestimmung im Leben finden: »*I expect them to become individuals and to think for their own and not to follow all the fashions. And to be in control of their own.*«

Rina sieht sich vom Holocaust – entgegen der Einschätzung ihrer Großmutter Hella – sehr wohl beeinflusst. Ihre Großmutter, die die Geschichte in sich und diese über Erzählungen an Rina weiterträgt, bringt ihr die Verfolgungsvergangenheit ihrer Familie nahe: »*Every time I speak with my grandmother and see her, I remember the Holocaust. It is part of our past.*« Seit Rinas Kindheit gibt es eine kontinuierliche Kommunikation über das Leben ihrer Großmutter, anders als noch zwischen der ersten und zweiten Generation. Batya, Hellas Tochter erlebt in diesem Zusammenhang einen Heilungsprozess ihrer Mutter: »*With us [children], she didn't talk. Nobody talked. Not my father, not my mother. I think it started with the third Generation. The third Generation opened it.*« Während ihre Mutter früher oft krank war, sind die psychosomatischen Symptome, die vermutlich Ausdruck des »Überlebenden-Syndroms« waren, seit ca. 20 Jahren, also seit Beginn der Kommunikation über die Vergangenheit mit den Enkelkindern, zurückgegangen: »*My mother was sick many times. A lot of stomach aches, a lot of headaches, migraines, she had to stay in the dark, nobody could talk. Sometimes she was furious and I didn't know why. I couldn't understand why. (...) Now, the last 20 years, she is okay. She is almost not sick. The migraine went away, the stomach aches are less, and she doesn't get furious out of the blue. And I see it is because she started to deal with the Holocaust. To talk a little because before she didn't talk. I think she is expressing and so the pain and the anger goes out.*«

Als Erklärung für das Schweigen der Eltern bezieht Batya auch ihre eigene Reaktion mit ein: »*She [Hella] said that we were not willing to listen. It is possible. But I don't remember it. It is possible.*«

Die Gespräche über die Erlebnisse der Großmutter bedeuteten auch für die Enkelin Rina zu Beginn eine Gratwanderung zwischen dem Bedürfnis zu hören und der Angst, sie selbst oder ihre Großmutter werde das Gehörte bzw. das Erzählte nicht ertragen können: »*In the beginning, when I was very young, I was afraid that she would cry or that she would be upset if she tells me, but I wanted to hear. I was also frightened that maybe she would tell me scary, much more scary things. That I wouldn't be able to sleep. But it didn't happen. [lacht]*« Hella legte Wert darauf, ihrer Enkelin Anekdoten zu erzählen, in denen sie sich nicht als ohnmächtiges Opfer präsentierte, sondern den Fokus auf die Wahrung ihrer Würde und Menschlichkeit lenkte: »*The stories were more about situations where she dealt with her very courage or with humour.*« Rina versucht die Geschichten ihrer Großmutter sinnbringend in ihr Leben zu integrieren: »*And I take her stories as an opportunity to learn about life and the human spirit.*«

Rina hat eine Verhaltensweise an sich festgestellt, die sie viele Jahre verwundert hingenommen hatte und die sie erst seit einiger Zeit in deutlichem Zusammenhang mit dem Holocaust bzw. den Erfahrungen ihrer Großmutter sieht: »*I have something with food. [lacht] I can't stand in line for food, in the cafeteria or in a restaurant or something. If there is a line, I don't go. I don't want to eat there, I go to another place, where there is no line. Even in the supermarket. It UPSETS me a lot! I think food is something that is supposed to be reachable.*« Nach einem Gespräch mit ihrer Großmutter war sie in der Lage, eine Verbindung zwischen dieser Eigenart und den Erfahrungen ihrer Großmutter herzustellen: »*One time when my grandmother told me about her experiences in the Holocaust, I thought about it – maybe it is because of her, she had some stories about waiting in line for food and water and how difficult it was. It was so bad to wait and FIGHT over food. (...) I made the connection only in the recent years. Because waiting in line in a post office or in a museum doesn't upset me. Just for food.«*

Auch die tiefe Verwurzelung in Israel ist für Rina wie auch für ihre Mutter und Großmutter durch die Jahrtausende währende Verfolgungsgeschichte der Juden bzw. ihre Familienvergangenheit geprägt: »*Israel is my place. According to the bible, that's why we are here and not at any other place. And I am very happy and proud that my grandmother's generation succeeded building this place and I hope that we will survive.*« Es ist für sie undenkbar, jemals in einem anderen Land zu leben: »*I believe that outside Israel, there is a damage to the spirit of the person – for the Jews.*« Obwohl Israel ein bedrohtes Land ist, fühlt sie sich hier als Jüdin sicherer als irgendwo anders auf der Welt: »*It is a place where I can live safely. Mostly everyone is Jewish. And – I am afraid, when I am abroad. I go in the street and it doesn't matter if I am in Europe or the US, I feel that this people are not my people and if something happened to me they don't care because I am not from their own nation. And we don't share the same interest. It is frightening to me.*«

Rinas Mutter Batya beschreibt ähnliche Ängste: »*For me to live outside of Israel, I have no nation. This is also a side effect of the Holocaust. I would be AFRAID to live anywhere else. (...) I don't believe that for a long time it will be good for Jews to be out of their own country. Because if the Holocaust could have happened in such a cultural country, it can happen anywhere. Everywhere.*« In Israel fühlt sie sich trotz des Terrors sicherer als anderenorts, weil die Gefahr und der Feind bekannt und in diesem Sinne einschätzbar ist: »*Israel is my home. It is a very dangerous home. But at least you know the danger. You know your enemy. In the Holocaust, you didn't know your enemy. This is much more frightening.*«

Das Trauma der Verfolgung hat bei dieser Familie, ausgehend von der zionistischen Großmutter Hella, zu einer tiefen Verwurzelung in ihrer Wahlheimat Israel geführt. Das Sicherheits- und Heimatgefühl, das die weiblichen Vertreterinnen dreier Generationen dieser Familie aus Israel schöpfen, scheint einen großen Anteil am individuellen und intergenerationalen Heilungsprozess zu haben. So ist die jüdische Identität in dieser Familie mehrgenerational nicht nur durch die Schrecken des Holocaust, sondern auch sehr stark durch die (jüdisch orthodoxe) Glaubenszugehörigkeit sowie durch ihre Identität als Israelis geprägt worden. Die Hinwendung zur Religion hat sich über die Generationen hinweg verstärkt und steht vermutlich im Zusammenhang mit dem Lebensort Israel, wo religiöse Juden einen sicheren und angestammten

Platz haben und ihre Traditionen selbstverständlich in den Alltag integrieren können.

Am Beispiel dieser Familie ist zu sehen, dass es neben den beschriebenen Auswirkungen des Holocaust und der Weitergabe der Traumata auch eine (bewusste) Unterbrechung der Tradierungen geben kann. Gab es z.B. zwischen Hella und Batya noch eine Übertragung in Bezug auf ihre (von Batya als defizitär empfundene) emotionale Bindungs- und Ausdrucksfähigkeit ihren Kindern in deren ersten Lebensjahren gegenüber, so gelingt es Rina, der Vertreterin der dritten Generation, voll und ganz in ihrer Mutterliebe und der Erziehung ihres Kindes aufzugehen. Batya beschreibt: »*Like my mother, I perhaps couldn't enjoy little babies either. (...) I think, in order to enjoy them, you have to be more connected with your body and with your senses, not with your logic. (...) But my daughter, she healed herself. There is hope! She went to the extreme! I watch her and I can see how she can enjoy her child. So you can see that – she tried to repair me and my mother.*«

Auch die schon beschriebene Wahrnehmung des Körpers und der Umgang mit diesem hat sich im Laufe der Generationen zum Positiven geändert: Hella erlebte ihren Körper während des Holocaust als schwach und zerbrechlich und litt auch nach der Befreiung jahrzehntelang unter psychosomatischen Symptomen[34] . Es ist zu vermuten, dass auch der frühe, plötzliche Tod von Hellas Mutter, der Verlust fast aller nahestehenden Verwandten sowie das Miterleben des Sterbens im Ghetto und in den Lagern zu der Entwicklung der destruktiven körperlichen Assoziationen beitrug.

Batya, der Tochter zweier Holocaust-Überlebender, wurde ein labiles, beschädigtes Körperbild auf unterschiedliche Weise vermittelt. Sie sah ihre Mutter körperlich geschwächt: »*I always saw a model of a sick mother*« und wurde darüber hinaus von ihren Eltern (aus Angst, ihr könne etwas zustoßen) übermäßig beschützt: »*They raised me all the time like I am weak. (...) They were very afraid that something happened to me physically.*« So hielt die Neigung zu psychosomatischen Reaktionen auch in der zweiten Generation Einzug.

Rina jedoch, die Vertreterin der dritten Generation, zeigt sich völlig frei von destruktiven Assoziationen ihren Körper und Körperlichkeit an sich betreffend. Sie, die von ihrer Mutter gelernt habe, ihren Körper zu lieben, will es sich zur beruflichen Aufgabe machen, anderen Men-

34 Ein Großteil der Überlebenden der Lager litt unter psychosomatischen Beschwerden, die dem Überlebenden-Syndrom zugerechnet wurden, siehe Kap. 2.

schen bei der Entdeckung ihres Körpers und der damit verbundenen Sinnlichkeit als Sexualtherapeutin zu helfen.

Die befragten Frauen dieser Familie versuchen – jede zu ihrer Zeit und mit den ihr zur Verfügung stehenden Möglichkeiten – sich aktiv und konstruktiv mit den Beschädigungen, die der Holocaust zunächst in der ersten Generation und später auch in den Folgegenerationen hinterlassen hat, auseinanderzusetzen. Die Auseinandersetzung findet individuell, innerfamiliär wie auch gesellschaftlich statt. Sie geht einher mit dem Versuch – sozusagen als ausgleichende Gerechtigkeit für die bei ihnen bereits erfolgte Heilung – anderen von den Auswirkungen des Holocaust Betroffenen Hilfestellung zu leisten.

6.6. Generationenportrait Familie F.

»Basically, all people are good at heart.«

Erste Generation
Gittel, geb. 1928 in Holland, Amsterdam
Überlebte den Krieg im Versteck bei einer holländischen Familie
Seit 1948 in Kalifornien, USA

Zweite Generation
Linda, geb. 1953 in Kalifornien, USA
Wohnort Kalifornien, USA

Dritte Generation
Marni, geb. 1976 in Kalifornien, USA
Delia, geb. 1980 in Kalifornien, USA
Naomi, geb. 1984 in Kalifornien, USA

Wohnort der drei Enkelinnen: Kalifornien, USA

Vorbemerkungen

Der Sohn einer holländischen Holocaustüberlebenden las meinen Teilnahme-Aufruf auf der Homepage einer amerikanisch-jüdischen Organisation und leitete ihn an seine Mutter weiter, die sich bereit erklärte, ein Interview mit mir zu führen. Etwa ein halbes Jahr später, im September 2004 besuchte ich sie und ihre Familie in Kalifornien. Die Interviews fanden chronologisch (nach Alter) und an aufeinanderfolgenden Tagen statt.

Rahmenbedingungen und Interviewverlauf

Ich besuchte Gittel in ihrer Wohnung in einer Kleinstadt in Kalifornien, etwa 30km von dem Wohnort ihrer Tochter Linda entfernt. Sie wohnt allein in einer kleinen Siedlung, in der sich viele Rentner zur Ruhe gesetzt haben. Wie schon im E-mail Kontakt begegnete mir Gittel sehr freundlich und strahlte ungemeine Lebensfreude aus.

Einen Tag später traf ich Gittels Tochter Linda, eine natürlich wirkende Frau mit langen dunklen Haaren, in ihrem Zuhause in einer kleinen kalifornischen Küstenstadt. Linda sprach laut und schnell mit tiefer Stimmlage. Beim Erzählen entblätterte sie Schicht für Schicht ihre Lebensgeschichte und wurde sich dadurch selbst bestimmter Aspekte bewusst. Ihre Erzählung verästelte sich in viele unterschiedliche Handlungsstränge, Linda kam jedoch immer wieder auf ihre Hauptlebenslinie [Chronologie] zurück. Das ca. vierstündige Gespräch fand in der zum Wohnzimmer hin offenen Küche statt. Gegen Ende des Interviews waren Lindas Sohn und ihr Mann im Zimmer anwesend. Ich war über die mangelnde Privatsphäre während des Interviews ein wenig verunsichert und irritiert, hatte aber den Eindruck, dass es für Linda keine Einschränkung bedeutete, vor ihrer Familie offen zu sprechen. Es schien mir, als ob es in der Familie generell wenig Grenzen und zumindest für die Eltern wenig Raum für Alleinsein gibt.

Die 29jährige Marni, die älteste Tochter von Linda, besuchte mich am Tag darauf in meinem Hotel in San Francisco, und wir nutzten die Stunden zwischen ihren Vorlesungen in der nahe gelegenen Universität, um das ca. dreistündige Interview zu führen. Obwohl sie viel lachte, wirkte sie im Wesentlichen ernsthaft und nachdenklich auf mich.

Am vierten Tag fand das Gespräch mit Marnis fünf Jahre jüngeren Schwester Delia in deren lichtdurchflutetem, kleinen Apartment nahe San Francisco statt, das sie auch als Atelier nutzte. Delia, eine schmale junge Frau mit langen blonden Haaren, begegnete mir offen und freundlich. Ihre Ausführungen waren mitunter sehr abstrakt und idealistisch, sie wirkte auf mich eigenwillig und ein wenig weltfremd. Ein paar Tage nach unserem Gespräch reiste Delia nach Nicaragua, wo sie die folgenden sechs Monate arbeiten wollte.

Am Tag darauf traf ich Naomi, die jüngste der Schwestern in Berkeley, einer Universitätsstadt nahe San Francisco im Haus ihrer Großmutter väterlicherseits, bei der sie zu der Zeit wohnte. Naomi wirkte für ihr Alter sehr jung und unsicher und lächelte fast die ganze Zeit.

Generationenportrait

Gittel, die älteste von drei Töchtern eines jüdisch-orthodoxen Ehepaares wurde 1928 in Amsterdam, Holland geboren. Zwei Jahre später kam ihre Schwester Marie und weitere drei Jahre später Antje zur Welt. Gittels Vater war Arzt und ihre Mutter arbeitete in seiner Praxis als Buchhalterin und Sekretärin. »*They were Jewish orthodox, but not fanatic. Just religious. They were very, very progressive in their thinking.*« Bis zum Ausbruch des Krieges beschreibt Gittel ihre Kindheit als sehr glücklich.

Der deutsche Überfall auf die Niederlande im Mai 1940 und die anschließende Besatzung führte zu vielen Einschränkungen für die niederländischen Juden. Jüdische Zeitungen wurden verboten, jüdische Beamte aus dem Regierungsdienst und den Universitäten entlassen, jüdische Betriebe wurden registriert, jüdische Arbeitslose zu Zwangsarbeit nach Deutschland gebracht. Ab 1941 wurden jüdische Schüler nur noch an jüdischen Schulen unterrichtet, jüdische Studenten wurden von den Universitäten ausgeschlossen.[35] Da Gittel bis zu diesem Zeitpunkt ausschließlich jüdische Schulen besucht hatte, blieb sie zunächst von einem Schulwechsel verschont. Ein Jahr später wurde auch sie von der Schulverordnung erfasst, da das Gymnasium, das sie ab der 7. Klasse hatte besuchen wollen, für sie als Jüdin nicht mehr in Frage kam. In dem jüdischen Gymnasium, das sie stattdessen besuchte, lernte sie mit 13 Jahren ihren zukünftigen Ehemann kennen.

Gittel, deren Eltern versuchten, ihre Kinder vor der grausamen Realität zu schützen, erinnert sich an die damalige Zeit: »*Life sort of went on. We were just kids! If there was bad news, the kids were sent upstairs, because they weren't supposed to hear all the bad news.*« Doch auch die Kinder blieben nicht von den Veränderungen verschont: »*The first traumatic experience was the War Time. (…) And of course, at night, you never went out. The doors and the windows had to be locked – in case of rates, you had to darken your windows at night.*«

1943 hatte sich die Situation für holländische Juden noch weiter zugespitzt. Gittels Familie war sich der Gefahr sehr wohl bewusst, da viele Juden bereits aufgegriffen worden waren. Gittels Vater genoß als Arzt für eine Weile noch eine Sonderstellung, wodurch er und seine

35 Vgl. Enzyklopädie des Holocaust , S. 1002ff.

Familie eine Zeitlang von den Deportationen verschont blieben. Während Gittels Mutter Optimismus zur Schau stellte – »*Don't worry! In a few years, this is all gone.*« – war Gittels Vater eher pessimistisch: »*Because he saw all these people being carded off. And eventually – most of his family!*« Als Gittels Vater Zeuge der letzten Razzia in Amsterdam am 29. September 1943[36] wurde und miterleben musste, wie all seine Verwandten, die sich nicht versteckt hatten, abtransportiert wurden, wollte er sich in sein Schicksal fügen und auch sich und seine Familie zur Deportation melden: »*There is nothing we can do. WE might as well go, too.*« Gittels Mutter, »*a fighter*«, hatte jedoch in der Zwischenzeit unterschiedliche Verstecke bei nicht jüdischen Freunden für die gesamte Familie organisiert. Da es einfacher und sicherer war, teilte sich die Familie auf, und nur die Eltern gingen gemeinsam in ein Versteck. Lediglich Gittels Schwester Marie befand sich zu diesem Zeitpunkt aufgrund einer Krankheit seit längerer Zeit in einem Sanatorium in der Schweiz, wo sie bis Ende des Krieges blieb. Gittel, Antje und die Großmutter, die mit in der Familie lebte, wurden jeweils bei unterschiedlichen Familien versteckt. Niemand außer den Eltern wusste, wo die anderen Familienmitglieder untergebracht waren, damit im Falle der Entdeckung einer Person das Versteck der anderen geschützt bleiben konnte.

Nach einem kurzen Aufenthalt bei einer Familie in Amsterdam wurde die damals 15jährige Gittel zu einer jungen holländischen Familie nach Utrecht gebracht, wo sie von Anfang November 1943 bis Mai 1945 blieb. Gittel wurde mit falschen Papieren und einem falschen Namen ausgestattet und war bei dieser Familie offiziell als Hausmädchen angestellt. Sie war in der vergleichsweise glücklichen Lage, das Haus verlassen zu können: »*It was scary, because you never knew if somebody would discover who I was. But since I didn't look supposedly Jewish, I could just go out.*« Mit dem großen Hund der Familie, den sie spazieren führte, fühlte sie sich vor den Deutschen sicher: »*It was a big black dog with a big bark. So anytime I walked that dog, and the dog barked, they [die Deutschen] would go in big circles around me.*« Obwohl sie ihre Familie und ihren Freund vermisste, konzentrierte sie sich auf die positiven Aspekte der Zeit im Versteck: »*The people were very sweet to me. And I learned a lot. They treated me like an adult. It*

36 Am Vorabend des jüdischen Neujahrsfests, am 23. September 1943, fand die letzte Razzia statt; 2000 Juden, einschließlich der Führer des Joodse Raad, wurden deportiert.

was a good experience. (…) I was never unhappy there.« Die optimistische Haltung, mit der sie erzogen worden war, tat ein Übriges, um sie zu stützen: »*I just kept saying: Well, this can't last forever. It will be over one of these days.«*

Gittels Familie hatte Glück: Als der Krieg im Mai 1945 für beendet erklärt wurde, fand sich die gesamte Familie wieder in Amsterdam ein, wo sie sich ein Haus und eine Praxis für den Vater einrichteten. Viele Freunde und Nachbarn und die gesamte Familie des Vaters waren den Nationalsozialisten zum Opfer gefallen: »*Holland was strikken very hard. Many people were killed in Holland.«* Die mittlerweile 16jährige Gittel versuchte, an ihr altes Leben vor der Zeit im Versteck wieder anzuknüpfen und besuchte wieder die Schule. Dort fühlte sie sich fehl am Platz: »*The others were one or two years younger than me. And they were all babies, I thought. They hadn't gone through anything that I had gone through, so – what did they know? I had no connection with them.«* Gegen den Willen ihrer Eltern verließ sie die Schule und begann erst in einem Kindergarten und später als Schreibkraft zu arbeiten. Gittel und ihr Freund Joseph (dessen Vater und viele andere Verwandte im Holocaust ermordet wurden) wollten heiraten und anschließend nach Amerika auswandern, wo ein Bruder Josephs sich bereits niedergelassen hatte. Gittels Eltern verweigerten jedoch ihre Zustimmung und unterzogen das Paar einer Probe: Sie wiesen Joseph an, sich in Amerika eine Existenz aufzubauen. Erst anschließend dürfe Gittel ihn heiraten und nach Amerika begleiten. »*They thought: ›He will never come back.‹«* Aber: »*Ten months later, he was back, with a job and a place to stay.«* 1947 heirateten die beiden 19jährigen und zogen im Januar 1948 nach Kalifornien auf eine Farm, wo Joseph die folgenden 20 Jahre arbeitete und schließlich Mitinhaber wurde. Gittel erinnert sich: »*It was an adventure for me. From day one! I never felt homesick, I had a wonderful time.«* Sie wäre ihrem Mann überallhin gefolgt: »*He wanted to get out of Europe. It had been too oppressive. And too many bad memories. It was great to get out of there. Come to these wide, open spaces.«* Für Gittel bot der Umzug nach Amerika die Möglichkeit, ein autonomes Leben, frei auch von ihrer Vergangenheit und der jüdischen Religion sowie frei von dem Einfluss ihrer Eltern zu führen: »*I wanted to do my own thing and to be on my own. (…) I wanted to get away from my family. I wanted to get away from all this Jewish stuff.«*

Ihrem Vater zuliebe veranlasste sie (Jahre später) für ihren ältesten Sohn dessen Bar-Mizwa: »*Big ceremony, big party. It was great. Anything for a party, I'll do. [Lächelt] But religion is not anymore in my bag.«* In diesem Sinne – »*I feel Jewish, culturally Jewish. But not religious.«* – erzog sie auch ihre Kinder: »*They all feel Jewish. And we always celebrate those holidays together. But none of them married Jews. They are all married to non-Jewish people.«*

1949 kam Gittels erstes Kind, ein Sohn zur Welt, drei Töchter folgen 1951, 1953, 1956 und nach einer 12jährigen Pause wurde 1969 ihre jüngste Tochter Rachel geboren. Weil diese nicht als »Einzelkind« aufwachsen sollte, adoptieren Gittel und ihr Mann noch einen Sohn.

Ende der 70er Jahre zerbrach Gittels Ehe zu ihrem großen Kummer. Die zwei jüngsten Kinder, die noch im Elternhaus lebten, blieben bei ihrem Mann, während Gittel in ein kleines Haus in der Nähe zog, so dass sie ihre Kinder so oft wie möglich sehen konnte. Gittel, die in Holland eine Schulbildung nur bis zur 8. Klasse genossen hatte, begann in den USA mit knapp 50 Jahren das College zu besuchen und machte eine Ausbildung als Sozialarbeiterin. 1983, nach Abschluß des Studiums, begann sie in ihrem Beruf zu arbeiten und verdiente sich nebenbei Geld mit unterschiedlichen Gelegenheitsjobs. Schließlich bekam sie eine gute Stellung in einer Adoptionsvermittlungsstelle, wo sie bis zu ihrer Pensionierung blieb.

Sie ist den USA, dem Land, in dem sie seit mehr als 50 Jahren lebt, loyal gegenüber und politisch engagiert: »*It is very important to me what happens here politically. (...) At the moment I am trying to get this stupid president out of the White House.«*

Gittel ist wachsam und sensibel für politische Entwicklungen: »*What scares me is things like fascism. The wrong government taking over. (...) Another Hitler coming around. And that's why this Bush has to get out of the White House. Because he is going in this direction.«*

Dennoch: Ihrer Meinung nach gibt es keine grundsätzlich schlechten Menschen: »*Like Anne Frank said: Basically all people are good at heart. Sometimes situations make them be nasty. But – most people are wonderful. And if you open up to them, they open up to you.«* Diese vertrauensvolle Einstellung haben auch Gittels Nachkommen übernommen, denen die Verfolgungsvergangenheit der ersten Generation beiläufig vermittelt wurde. Für Gittels 1953 geborene Tochter Linda und für deren Kinder bestand seit jeher ein allgemeines Hintergrundwissen: »*It was always part of my life. I can't remember not knowing it.«*

Gittel versah Geschichten über die Vergangenheit stets mit Humor und Leichtigkeit und hob besonders die positiven Aspekte hervor. Die Betonung lag stets auf dem Stolz, überlebt zu haben, erinnert sich Linda: »*The stories how both my grandmothers got the families through these hard things were told with a lot of pride: We survived. We were strong.«* Marni, die älteste Enkelin Gittels, die sich mehr als ihre Schwestern mit der Geschichte des Holocaust und der individuellen Geschichte ihrer Großeltern auseinandergesetzt hat, interpretiert diese Art zu erzählen, folgendermaßen: »*The classic story of an underdog outwitting the person in power. It makes YOU feel more powerful – to tell the story and to listen to it.«* Marni vermutet: »*Like me, she [Gittel] probably represses things she doesn't want to remember. So I think she probably remembers the day to day life during that time more than the times when she was really, really scared.«*

Gefühle wurden von Gittel in den Erzählungen kaum angesprochen: »*My grandmother always talked about it very matter-of-factly. (...) I don't think that she would consciously leaving out emotions as she would tell it with sadness. So she told sad stories, or stories of people surviving or funny stories, but never scared stories. Or painful stories.«*

Gittels Enkeltöchter respektieren Gittels Entscheidung, die schmerzhaften Erinnerungen ruhen zu lassen. Sie alle empfinden große Bewunderung für ihre Großmutter, die den Schwierigkeiten ihres Lebens mit Zuversicht und Charakterstärke getrotzt hat. Lindas jüngste Tochter Naomi würdigt Gittels Güte: »*My grandma has so much strength and forgiveness. I really value that. I try to be that way. She never stays mad at someone, she doesn't hold grudges. None of the stories she tells me have anger in them.«*

Auch Delia sieht ihre Großmutter Gittel als Vorbild: »*When I am dealing with my own emotional stuff, a lot of times, I think of my grandma and I think of everything she went through and how she always got up and kept moving! I have had such a privileged life and I owe it to the world to make use of it! And not just to fall into depression or into self-pity, I have to get up and make use of myself. Because that's what she was always able to do.«* Delia geht so weit, sich selbst das Recht auf Ängste und Unsicherheiten abzusprechen, da keine Widrigkeit ihres eigenen Lebens sich mit dem, was ihre Großeltern im Holocaust erlebt haben, messen kann: »*I have no right to be scared. I am very secure and safe and privileged.«*

Marni schaut als einzige hinter die Kulissen der Erzählkultur ihrer Großmutter und spricht eventuelle Verdrängungsleistungen ihrer Großmutter an, die sie jedoch als Ressource wertet: »*I think my grandmother has survived the whole thing remarkably well. And I think it is partly through a bit of denial and partly through – she is VERY positive and very optimistic. And very caring and forgiving.«*

Aus diesem Grund fühlt Marni sich frei von dem Gefühl, Verantwortung für ihre Großmutter übernehmen zu müssen: »*I don't feel like I have to do anything – to help her out with it. Because it feels like she has worked out a way to deal with it very nicely.*«

Auch Gittels Tochter Linda nahm bereits in ihrer Kindheit hinter der euphemistischen Erzählfassade ihrer Mutter die nicht angesprochenen Seiten und Gefühle wahr: »*No matter how lightly the story was told – as a child, I brought the scene to my mind and I thought: This isn't funny. (...) Underneath it all, as children, we picked up: Wow, that's scary!*« Beim Zuhören entstand bei Linda damals eine Mischung aus Wut und Ungläubigkeit. Sie fragte sich: »*How could people be this way? How could that have happened?*« So war Linda seit ihrer Kindheit gleichzeitig mit der Unmenschlichkeit des Nationalsozialismus wie auch mit der Menschlichkeit der Retter ihrer Eltern konfrontiert: »*Both things can be true! That people did these very, very brutal inhuman things, but also that generally people will help and people will be kind. And they both [ihre Eltern] survived BECAUSE of the kindness of other people. It was always this mixture of a celebration of the goodness in people and the horror at – yes, but we can be so bad.*«

Das Personalpronomen »*we*« macht an dieser Stelle deutlich, dass die tradierte Identifikation dieser Familie nicht auf einer Opferposition basiert trotz der Verfolgungsvergangenheit der ersten Generation. Der Fokus der Erzähltradition lag und liegt stattdessen auf der *Rettung* der Familienmitglieder, die ihre Zuschreibung als »Gerettete« fortan umkehren in die Rolle der »Retter«, die transgenerational übernommen wird. Diese Identifikation mit der omnipotenten Retterrolle dient der Abspaltung von Ohnmachtsgefühlen und stellt darüber hinaus Nähe zu den Menschen her, die Juden im Zweiten Weltkrieg gerettet und die das Überleben der ersten Generation dieser Familie ermöglicht hatten. Die Dankbarkeit für die Überlebenshilfe wird als Vermächtnis, ein »guter Mensch« zu sein und sich für die Schwachen der Gesellschaft einzusetzen, tradiert.

Aus diesem Grund ist es dieser Familie über die Generationen hinweg gelungen, den Glauben an das Gute im Menschen und das Bewusstsein für die eigene Verantwortung zu transportieren. Linda, wie auch Gittels drei [der hier befragten] Enkeltöchter sind sich einig, durch ihre Erziehung sehr geprägt worden zu sein im Sinne von Achtsamkeit und Wertschätzung ihren Mitmenschen gegenüber. Sie sehen es als ihre wichtigste Aufgabe an, schon den Anfängen von Ungerechtigkeit, Ausgrenzung und Rassismus zu wehren. Diese Haltung erklären sie als

Konsequenz der Betroffenheit ihrer Familie vom Holocaust, so erklärt Marni im Einvernehmen mit ihren Schwestern: »*The lessons that my grandmother and my mother took from it is that you have to be very open to everybody and that racism and prejudice is extremely dangerous. And that it is possible to survive things like that through luck but also humour.*«

Das Gute im Menschen wird in dieser Familie über die Generationen hinweg betont und die »Ausnahmen«, in denen Menschen schlecht handeln, werden der Umwelt und den jeweiligen situativen Einflüssen zugeschrieben. Gittels Tochter und Enkeltöchter haben Gittels Erklärung für die Geschehnisse des Holocaust »blind« übernommen und so besteht intergenerationale Einigkeit über die Zuschreibung der Schuld (auch aktueller Missstände) an das jeweilige System, nicht an den Einzelnen.

Diese »das Böse« vom Menschen abspaltende Interpretation und die zuversichtliche Annahme ihres eigenen Schicksals ermöglichte Gittels freie Persönlichkeitsentfaltung auch in Zeiten der Verfolgung. Gittels positive Bewertung ihrer Selbst und ihrer Umwelt, eine kognitive Leistung, die entgegengesetzt zu der Entstehung und Aufrechterhaltung von Depressionen steht, die sich in Handlungsunfähigkeit und Versagensgefühlen niederschlagen, ist als eine ihrer charakteristischen und kraftvollen Bewältigungsstrategien zu werten. Gefühle der Ohnmacht und der Verzweiflung wurden von ihr unterdrückt und so gut wie möglich ausgeblendet oder gar ins Gegenteil verkehrt. Statt in Anbetracht ihrer leidvollen Lage eine passive Opferrolle einzunehmen, entschied sie sich, sich auf die positiven Aspekte ihrer Existenz und ihrer Umgebung zu konzentrieren. Diese optimistische Art, das Leben zu betrachten wurde auch von Gittels Tochter Linda und deren Töchtern übernommen. Die Wahrnehmung der »Schattenseiten« des Lebens, die Auseinandersetzung damit und die dazugehörigen Gefühle werden in dieser Familie vermieden, um emotional stabil zu bleiben.

So ist es z.B. für Gittels Tochter Linda unerträglich, Filme über den Holocaust zu schauen: »*I cannot watch certain movies. It's too close. Because then I am afraid that the anger will manifest itself. Or the hurt. Or the rage. I can't allow to poison who I want to be. (...) I have a hard time LOOKING at a picture of Hitler. I can't and I think it is partly to distance myself from something I think had such an evil effect.*« Gemäß der Überzeugung und Erziehung ihrer Mutter, die ihr beigebracht hat, dass nicht die Menschen, sondern die Umstände »schlecht« sind, depersonalisiert sie »das Böse« (»*something*«) und spaltet es ab von einer menschlichen Persönlichkeit wie z. B. Hitler. Die emotionale Wahrnehmung des Gesamt-Bildes und der daraus folgenden Anerkennung, dass das »böse« System auch von »bösen« Menschen geführt und unterstützt wurde, wirkt auf Lindas Weltverständnis erschütternd und wird deshalb vermieden.

Marni vermutet, dass durch die Filme in den Zuschauern auch die Emotionen angeregt werden, die ihre Großmutter in ihren Erzählungen ausließ (*»pain and fear«*), und die deshalb auf die Mitglieder ihrer Familie umso bedrohlicher und überwältigender wirkten. Eine weitere Auffälligkeit in diesem Zusammenhang stellt die extreme Angst vor der Dunkelheit dar, die mir von allen befragten Frauen dieser Familie berichtet wurde. Meiner Interpretation nach stellt die Dunkelheit im weitesten Sinne eine Projektionsfläche für die nicht erzählten Anteile der Verfolgungserfahrungen der Großeltern bzw. generell unterdrückter Ängste dar. So könnte sich die für diese Familie charakteristische Ausblendungstendenz familiär unerwünschter Gefühle und Wahrnehmungen in der Angst vor der archaischen Dunkelheit ausdrücken.

Wie bereits beschrieben, sind die Auswirkungen der Art, wie die Verfolgungserfahrungen der Großelterngeneration in dieser Familie verarbeitet wurden, sehr homogen. Die weiblichen Nachkommen Gittels sind sehr auf das Positive in der Menschheit ausgerichtet und bewerten ihre eigene Handlungsfähigkeit zur Verbesserung von gesellschaftlichen Missständen sehr hoch. Auf der anderen Seite scheint der unbeirrbare Glaube an das Gute im Menschen besonders bei den Enkelinnen zu mitunter gefährlichen Wahrnehmungsverzerrungen zu führen: Zwei der Enkelinnen, Delia und Naomi, wurden als Heranwachsende Opfer einer Vergewaltigung, beide waren mit ihrem Täter vorher bekannt oder gar befreundet. Vielleicht nur ein tragischer Zufall, vielleicht aber auch ein signifikantes Zeichen dafür, dass es in dieser Familie »blinde Flecken« gibt in Bezug auf die weniger positiven bzw. gefährlichen Seiten ihrer Mitmenschen. Die Verdrängungsleistung, die bei Gittel dazu führte, dass sie den Holocaust psychisch relativ unbeschadet überlebt hat, könnte in den Folgegenerationen dazu führen, dass das unbeschadete Leben in Gefahr gebracht wird.

Auch Marni, Gittels älteste Enkelin berichtet von den Risiken, die sie in ihrem Leben eingeht, ausgehend von der Lehre, die sie aus den Erzählungen ihrer Großmutter gezogen hat: *»If I have one specific personal message that has come out of the Holocaust – be good to people and to take risks to help people. And to TRUST people!«* Aus diesem Grund nimmt Marni Anhalter in ihrem Wagen mit – was in den USA besonders für Frauen sehr unüblich ist – und sie bietet Fremden Unterkunft in ihrer Wohnung an: »*I think that the Holocaust has been one of the factors that makes me do that kind of things even if I AM a little bit afraid. You have to offer people things and be good to them and trust that they are going to be good to you. (…) And I am glad there were so many people during the War that were willing to take that kind of risk, because otherwise my family would be dead!*«

Nach der Vergewaltigung erstatteten weder Delia noch Naomi Anzeige. Beide versuchen bis heute die Tat zu bagatellisieren und die Täter »zu verstehen«. Naomi schreibt sich selbst einen Teil der Schuld zu, da sie keine ausreichenden Möglichkeiten hatte, Grenzen zu ziehen und sich zu schützen, ein Verhaltensmuster, das sich auch in vielen anderen Lebensbereichen äußert: »*I DO feel like somehow it was my fault. For not being clear with people.*«

Für jede einzelne der beiden jungen Frauen bedeutete die Vergewaltigung einen erheblichen Einschnitt in ihre Lebenskurven; beide reagierten mit sozialem Rückzug und einer Abwendung von ihrer Weiblichkeit, sei es in Bezug auf äußerliche Attribute oder ihr Verhalten. In gewisser Weise ist hier eine Ähnlichkeit mit einer der Bewältigungsstrategien ihrer Großmutter zu erkennen: Die Frauen dieser Familie versuchen nach traumatischen Erfahrungen die jeweilige in Mitleidenschaft gezogene Angriffsfläche zu verringern. Gittel verließ ihre Heimat und kehrte sich tendenziell von der Religion und der Gemeinschaft des Judentums ab, Delia und Naomi nahmen Abstand von ihrer Weiblichkeit.[37]

Gittel ließ nach dem Zweiten Weltkrieg neben der Religion und ihrer Heimat auch ihre Muttersprache hinter sich. Sie erzog ihre Kinder mit der englischen Sprache und gab ihnen typisch amerikanische Namen. Ihre Kinder wuchsen zwar mit dem Bewusstsein auf, von holländischen Juden abzustammen, wichtiger war jedoch die Definition »*world citizens*« zu sein, die auch von den Enkeltöchtern übernommen und verinnerlicht wurde.

Das jüdische Leben fand ausschließlich innerhalb der Familie statt und manifestierte sich vor allen Dingen in dem Gewicht, das auf Bildung und Familienzusammenhalt gelegt wurde. Gittels Tochter Linda

37 Delia schnitt sich nach der Vergewaltigung ihre langen blonden Haare ab, trug eine Brille statt Kontaktlinsen und präsentierte sich ihrer Umwelt eine Zeit lang ungeschminkt und mit kahlrasiertem Kopf, bis sie die nötige Stabilität wiedererlangt hatte, die ihr den Mut gab, wieder als Frau wahrgenommen zu werden. Naomi änderte ihr Verhalten grundlegend, indem sie seit ihrer Vergewaltigung auf spielerischen Umgang mit männlichen Freunden verzichtet, aus Angst, erneut falsch verstanden zu werden.

war es sehr bewusst, die einzige Jüdin auf ihrer Schule zu sein und sie hatte das Gefühl, sich mit diesem Status gegenüber ihren nichtjüdischen Mitschülern behaupten zu müssen. Der als jüdisch definierte Wert der Bildung wirkte prägend auf Lindas berufliche Identität: Sie wurde mit Leib und Seele Lehrerin. Ihre Gedanken und Überzeugungen bezüglich ihres Berufes nahmen einen Großteil des Interviews ein.

Die Themen Identität und Integration spielen auch für die Angehörigen der dritten Generation noch eine große Rolle. Gittels Enkelinnen, die sich als Jüdinnen bezeichnen, reagierten alle überrascht auf die Frage, was jüdische Identität für sie in ihrem Leben bedeute und sie suchten lange nach Antworten. Durch die vor Generationen erfolgte Abwendung von der jüdischen Religion und den jüdischen Traditionen gibt es im Leben der Enkelinnen nichts, was das Judentum heute auf irgendeine Art und Weise lebendig ausfüllen würde. Die Verbindung zum Judentum besteht aus der Erinnerung an die Familiengeschichte und dem undifferenzierten Gefühl, jüdisch zu sein.

Auch in der dritten Generation fehlt (noch) ein tiefes Gefühl der Zugehörigkeit in der jeweiligen Gesellschaft: Marni fühlte sich als intellektuelle Außenseiterin in ihrer Schule und konnte sich nicht mit ihren Mitschülern identifizieren. So schloss sie sich der Minorität der mexikanischen Einwandererkinder an, denen sie sich in ihrer Andersartigkeit näher fühlte als den »alteingesessenen« amerikanischen Farmerkindern und heiratete später einen Sohn mexikanischer Einwanderer. Im Gegensatz zu Marni fügte sich Delia als Teenager in die Normen der Außenwelt und verkörperte eine Weile das »all-american-girl«. Dadurch wurde sie allerdings zur Außenseiterin in ihrer Familie, die Delias Lebensstil und Anschauungen kritisierte und nicht unterstützte. Naomi, die sich wohl fühlte, als sie während der Highschool weniger als Individuum und mehr als ein Mitglied ihrer großen Familie wahrgenommen wurde, hat es heute auf dem College schwer, wo sie sich zum ersten Mal nicht zugehörig fühlt, weil sie von niemandem als Teil einer Familie oder eines bekannten Systems betrachtet wird.

In der Betrachtung dieser Familie wird erneut deutlich, dass auch die besten Intentionen, sich selbst und die Nachkommen vor schmerzhaften Gefühlen und Erfahrungen zu beschützen, scheitern können: Die abgespaltenen, unterdrückten Gefühle und Konflikte wirken bis in die Enkelgeneration und werden von dieser unbewusst »ans Licht gezerrt« und »am eigenen Leib« erfahren. Als zwei der Enkelinnen Opfer einer Gewalttat werden, müssen sie sich mit ihren eigenen und den transgenerational verdrängten Emotionen ihrer Vorfahren auseinandersetzen und wählen in diesem Zusammenhang ähnliche Verarbeitungsstrategien wie ihre die familiäre Erziehung dominierende Großmutter.

Weder Delia noch Naomi berichteten ihren Eltern oder Großeltern von der Vergewaltigung, vermutlich, um diese zu schonen, eine weitere Ähnlichkeit des transgenerationalen Umganges miteinander. Auf horizontaler Ebene, d.h. unter den Schwestern allerdings fand Austausch und Unterstützung statt.

Auch die Erfahrung des »Nicht-Dazugehörens«, die Gittel und ihre Familie als Juden während des Holocaust und vermutlich auch in der neuen amerikanischen Heimat machen mussten, wird in gewisser Weise von ihren Nachkommen nachempfunden. Durch die starke familiäre Orientierung und den guten Zusammenhalt werden diese tendenziellen Außenseitergefühle kompensiert und geben Geborgenheit, Halt und ein individuelles Sicherheitsgefühl, was sich in dem hohen Grad der empfundenen Selbstwirksamkeit der hier befragten Frauen dieser Familie ausdrückt.

6.7. Generationenportrait Familie G.

»In a way, for my family, the United States was the promised land.«

Erste Generation
Sarah, geb. 1923 in Berlin, Deutschland
1939 Kindertransport nach England
1940 Emigration in die USA
seither in New York lebend

Zweite Generation
Sally, geb. 1947 in New York, USA
Wohnort New York

Dritte Generation
Dana, geb. 1975 in New York, USA
Wohnort New York

Rahmenbedingungen und Interviewverlauf

Ich besuchte die Frauen dieser Familie an aufeinander folgenden Tagen in New York. Das Interview mit Sarah fand in ihrem Haus statt und dauerte ca. drei Stunden. Sarah sprach in langen Passagen offen über ihr Leben, es waren kaum Zwischenfragen notwendig. Obwohl deutsch unser beider Muttersprache ist, sprachen wir englisch. Nach dem Interview erklärte mir Sarah in einem kurzen Briefwechsel, dass es ihr angenehmer sei, englisch zu sprechen, deutsch empfinde sie mittlerweile als Fremdsprache. Ihre Selbstbeschreibung stimmte sehr genau mit meiner Wahrnehmung von ihr überein: »*I am not terribly outgoing. And I relate to people best on a one to one basis. (...) I am honest. And I am sincere. And I try to be helpful. I try to be a good wife and a good mother to the children.*«

Sarahs erstgeborene Tochter Sally traf ich für ca. drei Stunden in ihrem Büro des Krankenhauses, in dem sie im Vorstand tätig ist. Die dunkelhaarige, zierliche Frau trug ein strenges dunkles Kostüm und wirkte auf mich überraschend schüchtern in Anbetracht ihrer beruflichen Stellung, die mir durch den Interviewort besonders bewusst wurde.

Das Interview mit Dana fand in ihrer Wohnung statt, die sie gemeinsam mit ihrem Verlobten, einem deutschen Juden, der seit einiger Zeit in den USA lebt, bewohnt. Ich traf sie wenige Tage vor ihrer Hochzeit, die in New York gefeiert werden sollte. Dana, eine schmale, energische junge Frau sprach offen und kritisch über sich selbst und ihre Familie. Dana hat Politik (mit Fokus auf den Nah-Ost-Konflikt) und englische Literatur studiert und arbeitet im Bereich Fundraising. Das Gespräch dauerte ca. zweieinhalb Stunden.

Generationenportrait

1923 wurde Sarah als älteste Tochter deutscher Juden in Berlin geboren. Seit der nationalsozialistischen Machtübernahme 1933 hatten sich die Lebensbedingungen deutscher Juden stetig verschlechtert. Der Textilhandel, den Sarahs Vater mit einem »arischen« Kompagnon betrieb, sicherte der Familie über lange Zeit ein gutes Einkommen und Sarahs Eltern wiegten sich in der Hoffnung, dass die Nationalsozialisten nur kurze Zeit an der Macht bleiben würden, in Sicherheit. Erst nach dem Novemberpogrom, der sogenannten Reichskristallnacht im November 1938 bemühten sich Sarahs Eltern dringlich um Einwanderungsgenehmigungen für die gesamte Familie in die USA. Neben den allgemeinen gesellschaftlichen Anfeindungen gegenüber Juden wurde die Familie auch aus dem Inneren heraus schwer getroffen, da Sarahs Vater lebensbedrohlich erkrankt war. Die Einwanderung nach Nordamerika war unter diesen Umständen unmöglich geworden. Um wenigstens die

Kinder in Sicherheit zu bringen, veranlasste Sarahs Mutter deren Übersiedelung nach England im Rahmen der ab 1938 stattfindenden Kindertransporte. Sarah und ihr sieben Jahre jüngerer Bruder wurden getrennt bei entfernten Verwandten der Familie untergebracht. Ein Jahr später gelang auch den Eltern die Ausreise aus Deutschland. Ihre Ersparnisse mussten sie in Deutschland lassen und sich in England in die Obhut ihrer Verwandtschaft begeben, was vor allen Dingen Sarahs Vater schwerfiel: »*It was very difficult for him to see us reduced to poverty.*«

In der neuen, fremden Umgebung isoliert und unglücklich, beging die damals 15jährige Sarah einen Selbstmordversuch, »*to have some attention*«, wie sie heute sagt. Ihre Familie hielt sie an, sich »zusammenzureißen«, es gäbe keine Möglichkeiten, sich ihrer Bedürfnisse anzunehmen: »*You don't have any money, so you can't see a psychiatrist or psychologist. So please don't do those things. We have no time for you for that sort of thing.*«

Gegen Sarahs Willen wurde veranlasst, dass sie in England eine Berufsschule besuchte, wo sie Schreibmaschine schreiben und Stenographie lernte.

1940 organisierte Sarahs Mutter die Ausreise ihrer Kinder in die USA, sie selbst folgte ihnen erst nach dem Tod ihres Mannes im Jahre 1943. Sarah, das einst wohlbehütete und in Wohlstand aufgewachsene junge Mädchen, war seit ihrem 15. Lebensjahr mehr oder weniger auf sich selbst gestellt. Sie musste ihren Lebensunterhalt mit »niederen« Arbeiten selbst verdienen und sich in England wie auch in den USA in ungewohnt ärmlichen Verhältnissen zurechtfinden: »*I was something all the way on the bottom.*«

Mitte der 40er Jahre lernte sie ihren ersten Mann, ebenfalls einen deutsch-jüdischen Holocaust-Überlebenden kennen und heiratete ihn kurz darauf. 1947 wurde ihre erste Tochter Sally geboren, zwei weitere Töchter folgten 1950 und 1951.

Es war Sarah und ihrem Mann ein großes Anliegen, sich selbst und ihre Töchter in Amerika zu integrieren. Dies drückte sich unter anderem in der Wahl der Muttersprache aus: »*We did not teach them german. (...) I thought if they go to the park and they sit in the sandbox and they speak german, they will be like outcasts and I wanted them to fit in with the other children.*« Auch sie und ihr Mann sprachen größtenteils englisch miteinander, einerseits weil: »*We had very great hate for Germany.*«, andererseits weil: »*We thought that speaking english would make us more american.*« Das Ehepaar griff nur dann auf die deutsche Muttersprache zurück, wenn die Kinder sie nicht verstehen sollten, ihre

Tochter Sally beschreibt dies folgendermaßen: »*We had a very small apartment, so speaking german was their extra-room.*«

Der Hass, den Sallys Eltern Deutschland lange Zeit gegenüber empfanden, sei nicht auf die Kinder übertragen worden: »*They did not bring me up to hate Germany.*« Sally kann sich nicht erinnern, dass ihre Eltern den Kindern gegenüber je etwas Schlechtes über Deutschland oder die Deutschen gesagt hätten, sie hatte folgende neutrale Version verinnerlicht: »*They were born in Germany. But I knew that they liked the United States better.*«

Die Verfolgungserfahrungen der Familie wurden den Kindern von Sarah Schritt für Schritt, je nach ihrem Entwicklungsstand, vermittelt. Sallys Vater dagegen sprach weder über seine Erlebnisse in Deutschland, noch darüber, was seinen Eltern, die während des Holocaust vermutlich im KZ oder auf dem Weg dorthin ermordet wurden, widerfahren war.

In den ersten Jahren nach Sallys Geburt lebte die Familie in einem Viertel, dessen Population sich vorwiegend aus Flüchtlingen und Holocaust-Überlebenden zusammensetzte. Als Sally sechs Jahre alt war, zog die Familie (auf Sarahs Drängen hin) von einer kleinen Wohnung in ein Haus in einer wohlhabenderen Nachbarschaft mit vielen alteingesessenen Familien, wo Sarah auch heute noch wohnt.

Nachdem ihre Töchter das schulpflichtige Alter erreicht hatten, fand Sarah zum ersten Mal einen Job, der ihr Freude bereitete und in dem sie jahrelang tätig war. Nach dem Tod ihres ersten Mannes 1968 heiratete Sarah einige Jahre später erneut. Ihr zweiter Ehemann ermutigte und unterstützte sie, ihre in den 30er Jahren unterbrochene Schulbildung wieder aufzunehmen und so begann die mittlerweile über 50 Jahre alte Sarah auf dem College Sprachen zu studieren und bestand ihren Studienabschluß mit Auszeichnung.

Ende der 90er Jahre, nach 27jähriger Partnerschaft, starb ihr zweiter Mann aufgrund einer schweren Krankheit. In dieser Zeit erlag auch Sarahs zweite Tochter ihrem Krebsleiden, was Sarah bis heute nur schwer verkraften kann. Auch um ihre jüngste Tochter sorgt sie sich, da diese psychisch krank ist.

Seit ein paar Jahren hat Sarah einen neuen Lebensgefährten, mit dem sie zuvor eine jahrzehntelange Freundschaft verbunden hatte. Mit ihm, einem deutschen Juden, der ebenfalls während des Zweiten Weltkrieges nach Amerika auswanderte, versucht sie, ihren Lebensabend so schön und aktiv wie möglich zu gestalten und zu genießen.

In Anbetracht ihres Lebens ist Sarah zu folgendem Schluß gekommen: »*I feel whatever happens, happens. When I found out about the*

Holocaust, all that had happened, for a long time I felt that I had been preserved and that I have a special duty. To be good or to make things right. And – I tried to live my life accordingly. But I don't know if I was kept alive for any special reason or whether it was just accidental. I don't know.«

Sarahs älteste Tochter Sally ist durch die Familienvergangenheit in vielerlei Hinsicht geprägt. Beruflicher Erfolg ist für sie äußerst wichtig. Es ist anzunehmen, dass die Wertigkeit und die Energie für ihre sehr erfolgreiche Karriere neben dem finanziellen und sozialen Status auch durch die – aufgrund der Verfolgung – verringerten beruflichen Chancen ihrer Eltern erhöht wurde.

In Bezug auf den Holocaust hat sich in Sallys Bewusstsein folgende Grundannahme verankert: »*I was always aware – from my earliest childhood – that things could change quickly. And I think, I have always had certain kinds of fears that I don't think most people have.*« Auch wenn sie sich grundsätzlich sicher fühle, begleite sie überall und stets das Gefühl: »*Something could happen. Anything that would break up the family and you wouldn't know where your family was.*« Dieses Gefühl der Unsicherheit scheint in ihrer jüdischen Identität begründet, was sich unter anderem in Schutzmaßnahmen ihrer im jüdischen Glauben erzogenen (und gemäß der Tradition jüdischen) Kinder niederschlägt: Als Sallys Kinder von der Kirche ihres nichtjüdischen Ehemannes eine Teilnahmebescheinigung für Kindergottesdienste erhielten, hob sie diese auf und offenbarte einer Freundin halb scherzend, halb ernst: »*Now they can prove that they are not Jewish if they ever have to.*« Die Tradierung der familiären Verfolgungsvergangenheit wird an dieser Stelle ebenso deutlich wie Sallys Schwierigkeit, ihre Ängste zu verstehen und einzuordnen: »*And in a way it is even a little bit harder to deal with them [the fears], because if you really always lived in a secure setting, the idea that you have these fears doesn't completely make sense in the way that it would for our mothers who genuinly lived through it.*«

Sie bewältigt ihre Ängste mithilfe eines Rates ihrer Mutter: »*You don't live your life around the worst things that might happen. You have got to live it on the assumption that things are going to be normal and good. Otherwise, what's the point?*«

Sallys Tochter Dana bestätigt die genannten Ängste und Sorgen ihrer Mutter: »*My mother [Sally] has irrational concerns about mobility and moving around. (...) It is important for her to have the ability to leave. And the ability to prove that her husband is non-Jewish and that this would help if there was a problem.*« Diese vorsorgende Haltung hat auch Dana übernommen und es beruhigt sie, dass ihr zukünftiger Ehemann ihr durch seine doppelte Staatsbürgerschaft (Kanada und Deutschland) die Möglichkeit bietet, zwischen verschiedenen Kontinenten und Staaten ihren Lebensort zu wählen: »*There is something comforting about the fact that we could go to the E.U., Canada or stay in the US. The idea for me to have three passports is very appealing.*«

Als Dana und ihr Mann nach dem Anschlag auf das World Trade Center am 11. September 2001 kurzzeitig überlegten, aus Sicherheitsgründen Amerika zu verlassen und nach Deutschland zu ziehen, unterstützte Danas Mutter Sally sie in ihrem Vorhaben, besonders vor dem Hintergrund, dass dieses elterliche Loslassen zwei Generationen vorher ihre Eltern vor dem sicheren Tod in Deutschland bewahrt hatte.

Dana erkannte damals, dass ihre beruflichen und sprachlichen Möglichkeiten nicht ausreichend waren, um Amerika dauerhaft verlassen zu können und sie begann deshalb, sich gezielt weiterzubilden, um im Ernstfall auch im Ausland beruflich Fuß fassen zu können: »*It occured to me that we were not totally mobile. We were stuck here unless I could figure out how to gain some additional skills.*« (Im Frühjahr 2004 erhielt sie den »Masters degree in International Economics«.)

Dana, wie auch ihre Mutter Sally und ihre Großmutter Sarah benutzten über sich selbst mir gegenüber nie das Wort »Holocaust-Überlebende«. Sie alle definierten sich als Flüchtlinge oder Nachkommen einer Flüchtlingsfamilie. Dana unterscheidet den Status Flüchtling von dem Holocaust-Überlebender und fühlt sich besonders durch die Flüchtlings-Familien inhärente Charakteristik geprägt: »*The people in my family were not in concentration camps, they were refugees, so they had to – they had a better situation but they had to – you know, they were running from country to country. And I think that is a very powerful image for me.*«

In ihrer Kindheit und Jugend litt Dana unter Holocaust-bezogenen »irrealen Ängsten«, die sie niemandem mitteilte, wie z.B. die Angst zu duschen, die sie bis ins Jugendalter begleitete: »*A lot of times I would go into the shower and the shower scared me a lot. (...) I was just afraid of the shower.*« Vermutlich um die ihr selbst unverständliche Angst fassbarer zu machen, stellte sie sich eine reale Bedrohung vor, z.B. dass Würmer aus dem Duschkopf krochen. Auch im Schlaf wurde Dana von Ängsten heimgesucht: »*I had a lot of chasing dreams, people were chasing me.*« Die Parallele der Themen ihrer Alpträume und Ängste zu den (realen) traumatischen Erfahrungen ihrer Vorfahren ist offensichtlich und kann dem Übertragungsprozess der direkten spezifischen Transmission zugeordnet werden.

Für Dana ist es schmerzhaft, sich Holocaust-Filme anzusehen und so vermeidet sie es meist. Auf Wunsch ihres Verlobten sah sie »Der Pianist«, einen Spielfilm über das Warschauer Ghetto. Ihr wurde bewusst, dass eine der qualvollsten Vorstellungen für sie das Alleinsein ist: »*He had nobody around him, it was pretty scary. (…) More so than seeing people who starve or seeing people who are beaten or something like that. The hardest thing for me is to see people who are left alone and have no other people around them and no outlet. (…) Being isolated or left alone – that would be an enormous fear for me.*« An dieser Stelle soll in Erinnerung gerufen werden, dass Sarah, Danas Großmutter, mit 15 Jahren in England einen Selbstmordversuch beging, weil: »*I felt isolated. I had no friends. I had really nobody, I could talk to.*«

Während Dana sich im Jugendalter sehr mit dem Holocaust beschäftigte und Bücher zu diesem Thema verschlang: »*I was really fascinated by it and heavily emersed in it*«, hat sie sich im Laufe der Zeit von der Hingabe zur Vergangenheit abgewandt. Sie findet es heute wichtiger, den Blick in die Zukunft zu richten und die jüdische Gemeinde in der Gegenwart und für die Zukunft zu stärken, statt die Energien mit Hass auf Deutschland zu verschwenden: »*It's my personal opinion that we look back too much – as a community we are too overly sensitive and overly focused on the Holocaust as a turning point. (…) We are not focused enough on moving forward and putting our energies into developing new programs for kids, for example.*« Sie wünscht sich eine positive und lebendige Stärkung des bestehenden Judentums: »*I'd like to see us develop really positive – Jewish experiences for kids and to encourage people to marry within the faith and stay active in the communities. I think that is more important than looking back.*« Dana kritisiert die amerikanischen Juden, die Deutschland, die Deutschen und deutsche Produkte heute ablehnen, während zur Zeit des Zweiten Weltkrieges zu wenig getan wurde, um die europäischen Juden zu schützen: »*It doesn't do much good NOW to hate Germany. It would have helped if the American Jews in the 30s would have helped the Jews in Germany. But they didn't!*« [Die Familie ihres Großvaters kam in Deutschland ums Leben, weil sie keine Einreisegenehmigung in die USA erhielt.] »*So a lot of the bitterness I feel – and this is terrible, but the bitterness I feel is directed at the Jewish community a lot of times. More than it is directed to the German community (…) I just find no meaning in hating Germans now.*«

Sie, die Enkeltochter deutscher Juden, hat sich eine gute Beziehung zu Deutschland und durch die Wahl eines deutsch-jüdischen Ehemannes wieder eine Brücke zwischen den Generationen und dem deutschen Judentum geschaffen: »*I love Germany. I have a great time there. It's beautiful, there is a lot of heritage and history there. For me personally and for the two of us, for my husband and me together.*« Dennoch steht sie deutschen nichtjüdisch-jüdischen Beziehungen ambivalent gegenüber und vermeidet es in Deutschland, auf ihre Religion hinzuweisen, weniger aus Angst vor rechtsradikalen Übergriffen, sondern vielmehr aus Rücksicht auf die Gefühle der Deutschen: »*All I have to say is: ›I am Jewish‹ – and it can stop a conversation in a room. (...) I think that Germans become very uncomfortable.*« Danas Mutter Sally hat auch in den USA festgestellt, dass es in nichtjüdischen Kreisen die Leute verlegen macht, wenn sie sich als Jüdin zu erkennen gibt: »*I don't necessarily advertise it, because sometimes it could make people embarrassed.*«

Auch Sarah stimmt dem Eindruck ihrer Nachkommen zu und gibt ihre jüdische Identität besonders auf Deutschlandreisen nicht preis, weil sie sich nicht mit den Rechtfertigungen ihres deutschen Gegenübers auseinandersetzen möchte: »*I didn't find it advantagous to tell them. Because I didn't want them to tell me that they were not Nazis. Because I wouldn't have believed it. At the time in the 30s, everybody was a Nazi. Otherwise they wouldn't have been able to keep their jobs.*«

Sarahs Hass auf Deutschland sei im Laufe der Jahre zurückgegangen, unter anderem, weil sie sich selbst habe eingestehen müssen, dass auch sie – als nichtjüdische Deutsche – sich dem Regime aus Angst um das eigene Leben untergeordnet hätte: »*What made me change my feelings towards Germany? I was thinking: What would I have done if I had not been Jewish? And I think I would have been very happy to be a BDM Mädchen*«.

Sarah sieht Deutschland, ein Land, in dem sie ihr Judentum verheimlichen müsste, schon lange nicht mehr als ihre Heimat an. Ihre Tochter Sally schlägt auf die Frage nach ihren Gefühlen bezüglich Israel den Bogen zu der Familienheimat: »*In a way for my family, the United States was the promised land. The United States was where they came and that gave them new life and shelter and new opportunities.*«

6.8. Generationenportrait H.

Erste Generation
Rosa, geb. 1917 in Österreich
Kindheit in Istrien, seit ihrer Jugend in Italien lebend

Überlebte den Holocaust auf der Flucht mit falschen Papieren und im Versteck in Italien

Zweite Generation
Ilaria, geb. 1946 in Italien
Seit 1968 in Deutschland

Dritte Generation
Isabella, geb. 1980 in Deutschland
Wohnort Deutschland

6.8.1. Rosa

> *»Wenn die Welt nur von Frauen wäre, vielleicht wäre kein Krieg. (…) Frauen sind anders. Sie denken anders. Vielleicht jemand, der das Leben schenkt, hat viel mehr Respekt vorm Leben.«*

> *»Ich hab nie die Hoffnung verloren. (…) So lange man kämpfen kann, muss man kämpfen.«*

Rahmenbedingungen

Rosas älteste Tochter Ilaria hatte sich auf eine meiner Anzeigen gemeldet. Einige Monate später wurde ich von meinen drei Gesprächspartnerinnen Rosa, ihrer Tochter Ilaria und ihrer Enkeltochter Isabella gemeinsam im verwunschenen, liebevoll angelegten Garten des italienischen Familienanwesens in der Nähe von Turin herzlich empfangen. Die rosafarbene »Villa Isabel«, die einst der Vater von Rosas verstorbenem Ehemann erstanden hatte, um seiner psychisch kranken Frau einen Ort der Ruhe zu schaffen, wird heute von Rosa sowie ihrer jüngsten Tochter und deren Familie bewohnt. Das Gespräch mit Rosa fand im Wohnzimmer statt und dauerte ca. drei Stunden.

Gesprächsverlauf

Rosa, eine tüchtige ältere Dame mit praktischer Kurzhaarfrisur und wachen Augen hinter einer schlichten Brille, sprach ruhig und überlegt. Mit dunkler, rauer Stimme trug sie ihre Lebensgeschichte vor.

Biographischer und geschichtlicher Hintergrund

Rosa wurde 1917 in Brünn[38] geboren. Ihre Familie war während des Ersten Weltkrieges aus Österreich nach Istrien[39] geflohen, wo Rosa und ihre drei Schwestern aufwuchsen.

Da Rosas Vater Bergingenieur bzw. »*der Ingenieur-Direktor der Grube*« war, lebte die Familie stets in der Nähe der Kohle-Gruben. Als Rosa fünf Jahre alt war, erkrankte sie schwer an Malaria, woraufhin die Familie aus dem Sumpfgebiet nahe Pula in ein angenehmeres Klima umzog. Dort, in dem »*sehr armen Dorf*«, ging Rosa die ersten drei Jahre in die Schule. Ihre Mitschüler, meist Slowenen, waren der italienischen Sprache, in der der Unterricht stattfand, nicht mächtig, was Lehren wie auch Lernen zu einer schwierigen Aufgabe werden ließ. Rosa, die zusätzlich zu ihrer deutschen Muttersprache italienisch wie auch slowenisch sprach, setzte sich für ihre MitschülerInnen ein und versuchte zwischen ihnen und den italienischen Lehrerinnen zu vermitteln: »*Sie sagen, mein Freund ist ein Dummian. Es ist nicht wahr! Er versteht Sie nicht.*« Für sie, die schon vor der Einschulung mit Hilfe ihrer Mutter Lesen gelernt hatte, bot die Schule kaum Lernerfahrungen: »*Es war langweilig! Ich erlernte gar nichts!*« Die folgenden zwei Schuljahre besuchten Rosa und eine ihrer Schwestern eine andere Schule, deren Unterrichtsniveau Rosas Fähigkeiten mehr entsprach. Rosa ging anschließend in Istrien auf ein Gymnasium, bis die Familie 1933 ins italienische Triest übersiedelte. Dort schloss Rosa 1936 die Schule ab und schrieb sich in der Universität für Griechisch und Latein ein. Zwei Jahre studierte Rosa sehr erfolgreich, »*ich will nicht prahlen, aber ich war sehr gut*«, bis 1938 die antijüdischen Gesetze erlassen wurden. Das Leben der Familie änderte sich daraufhin grundlegend. Rosa durfte die Universität nicht mehr besuchen – ihre ganze Welt war aus den Angeln gehoben worden: »*Und plötzlich ist alles zusammengebrochen. Ich konnte nicht mehr an die Uni! Alles, was ich studiert hatte, war zunichte. Damals war ich verzweifelt.*« Ihr damaliger italienischer Verlobter zog seinen Heiratsantrag zurück: »*Er hat mir gesagt, ich hab dich sehr lieb, aber es wäre sehr schwierig für mich – als Beamter von der Regierung kann ich keine Jüdin heiraten.*« Rosas Vater, der zu dieser Zeit als Geologe arbeitete, wurde gekündigt. Er verließ Italien, um sich und seiner Familie im Ausland – erst in Schweden und später in den

38 Brünn oder Brno: damals Österreich, heute Tschechoslowakei

39 Istrien: Halbinsel an der Küste des Adriatischen Meeres, Slowenien und Kroatien

Vereinigten Staaten – eine neue Existenz aufzubauen. Da er nur für sich selbst eine Einreiseerlaubnis in die USA erwirken konnte, blieben seine Frau und die vier Töchter in Italien. Rosa wurde krank. Ihrer Meinung nach rebellierte ihr Körper aus Verzweiflung über die Beschneidung ihrer Rechte: »*Ich finde, dass ich erkrankt bin wegen dieser Gesetze. (...) Es war ein so großer Schmerz für mich, dass alles so gekommen ist.*« Zwei Monate verbrachte sie mit einer Rippenfellentzündung und schweren Fieberanfällen im Bett. Ihr zukünftiger Mann, damals ein guter Bekannter, »*ein sehr liebenswürdiger Mann*«, kümmerte sich rührend um sie. »*Wie er es erfahren hat, dass ich so krank war, ist er sofort zu mir gekommen und hat gesagt: ›Jetzt verloben wir uns und wenn du wieder gesund bist, werden wir heiraten.‹*«

Er hielt sein Versprechen und 1941 wurden die beiden in einer katholischen Kirche getraut. Der Pfarrer bestand darauf, dass Rosa zuvor dem Judentum entsagte und zum Katholizismus konvertierte: »*Er wollte eine Seele retten.*« Noch heute erzürnt sie diese Eigenmächtigkeit des Pfarrers, zumal sie später erfuhr, dass dieser Schritt nicht notwendig gewesen wäre: »*Die haben mich getauft, aber es war nicht wahr! Man konnte auch eine Mischehe führen. (...) Er [der Pfarrer] hat das ausgenutzt, weil die Situation so war.*«

Rosas Vater hatte sich inzwischen auf eine beschwerliche Reise »*mit der Transsibirischen Eisenbahn über ganz Russland bis Japan (...) und dann mit dem Schiff nach San Francisco*« in die Vereinigten Staaten aufgemacht. Da er viele Sprachen sprach, stellte ihn die amerikanische Regierung als Dolmetscher ein. Während seiner Abwesenheit übernahm Rosas Mann die Verantwortung für die Familie. Er unterstützte sie finanziell, als ihre Vorräte erschöpft waren, er besorgte falsche Papiere und half ihnen, Verstecke zu finden, um den nationalsozialistischen Häschern zu entgehen. »*Er hat sich immer um meine ganze Familie gekümmert. Er war wirklich ein guter Mensch.*« Rosa wiederum nahm sich der familieninternen Führung an und lenkte patent und mit umsichtiger Tatkraft die Geschicke ihrer verbliebenen Herkunftsfamilie.

1943, als das deutsche Militär Triest besetzte und die Lage für jüdische Bürger immer gefährlicher wurde, verließen Rosa, ihre Mutter und ihre Schwestern fluchtartig die Stadt. »*Ich bin in die Bank gegangen und hab das Geld, das wir dort gehabt haben, hab ich alles kassiert und wir sind weg von Triest.*« Sie fuhren mit einem von Flüchtlingen überfüllten Zug bis in die Nähe von Rimini, wo eine Tante des Bräutigams ihrer jüngsten Schwester lebte. Sie quartierten sich in einem Hotel ein, dessen Direktor ihnen wertvolle Ratschläge gab, als sich ihr Vermögen dem Ende zuneigte. Er riet Rosa, sich an die zuständige italienische Gemeinde vor Ort zu wenden und sich und ihre Angehörigen als italienische Flüchtlinge aus dem zerbombten Mailand auszugeben. »*Sagen Sie nicht Ihren rechten Namen, aber er wird Sie auch nicht fragen. Und dann haben Sie ein Recht darauf, hier zu wohnen und hier zu essen.*« Rosa folgte dem Vorschlag und wurde in der Gemeinde »*sehr, sehr höflich*« empfangen. Bereitwillig wurde Hilfe geleistet[40]: »*Sie brauchen keine Angst zu haben. Sie sagen mir Ihren Namen, welchen Namen Sie wollen, wählen Sie einen Namen aus, ich schau nicht mal, was da geschrieben wird. Und sie haben ein Recht dort [im Hotel] zu essen und zu wohnen.*« Rosas Mann, der als Soldat in Albanien und Kroatien war, war [vermutlich nach Italiens Kriegserklärung an Deutschland im Oktober 1943] mittlerweile zurück in seine Heimatstadt nahe Turin geflüchtet. Er besorgte gefälschte Papiere für Rosa, ihre Schwestern und ihre Mutter und trug ihr auf, in seinen Heimatort zu kommen. Dort hatte er bei einer freundlichen Bäuerin ein Zimmer für Rosa gemietet, wo sie ein paar Monate wohnen sollte. Rosa war überrascht über den Mut der Bäuerin, die sich durch die Aufnahme einer Jüdin in Gefahr brachte. Sie fragte sie: »›*Wissen Sie, dass ich Jüdin bin? Und es ist gefährlich für Sie.*‹ *Sie hat mir gesagt:* ›*Ja. Ihr Mann hat mir das gesagt, aber für mich sind Sie keine Jüdin, für mich sind Sie ein Mensch. Und Sie brauchen Hilfe und ich werde Ihnen helfen.*‹« Auch Rosas Mutter und ihre Schwestern befanden sich in Verstecken in Norditalien. Die Villa Isabel, in der Rosas Mann und sein Vater wohnten, war von deutschen Soldaten beschlagnahmt, die sich dort niedergelassen hatten. Erst 1945 nach Kriegsende konnte Rosa dorthin zu ihrem Mann ziehen. Tagelang musste das Haus gereinigt werden, »*es war entsetzlich!*«

Einige von Rosas Verwandten konnten sich retten, indem sie monate- und jahrelang in Verstecken ausharrten oder ins Ausland flüchteten. Viele ihrer Verwandten und Freunde wurden in Konzentrationslagern ermordet, wie sie später feststellte. »*Ich weiß, dass sie gestorben sind. Sie sind nicht mehr da [mit leiser Stimme]. Von der Familie meines Vaters, da ist niemand mehr am Leben. [Lange Pause]*«

40 Die große Mehrheit der Italiener leistete den Juden im Zweiten Weltkrieg entschiedener Hilfe als die meisten anderen Völker. Die italienischen Behörden, ein beträchtlicher Teil der Geistlichkeit, wie auch viele Privatpersonen unterschiedlichster Schichten schützten und retteten Juden vor der Verfolgung und Ermordung (vgl. Enzyklopädie des Holocaust 1993, 653 ff).

1946 wurde Ilaria, Rosas älteste Tochter geboren. Als diese acht Monate alt war, fuhr Rosas Mutter per Schiff in die Vereinigten Staaten zu ihrem Mann. Dort lebten die beiden für einige Jahre in Washington, bis sie gemeinsam 1952 nach Europa zurückkehrten und sich zunächst in der Schweiz und nach seiner Pensionierung wieder in Triest niederließen. Rosa bekam im Abstand von einigen Jahren noch zwei weitere Töchter.

1952 erreichte Rosas Lebenskurve einen weiteren Tiefpunkt, als ihre damals sechs Jahre alte Tochter Ilaria schwer erkrankte. Es stellte sich heraus, dass Ilaria einen Hirntumor hatte und sich einer Operation unterziehen musste. Rosa machte sich furchtbare Sorgen, ihre Tochter zu verlieren: »*Vor der Operation haben sie mir gesagt, es sieht sehr schlecht aus, vielleicht zehn Fälle aus 100! Die gut ausgehen. (...) Es war eine schlechte – wenn ich mich daran erinnere, das war entsetzlich. Das hat 40 Tage gedauert. Es war wirklich eine sehr schwere Zeit.*« Rosa fühlte sich dem Schicksal ausgeliefert – hilflos musste sie das Leben ihrer Tochter in die Obhut der Ärzte geben: »*Das einzige Mal, wo ich wirklich fertig war, war damals, weil man hat meine Tochter operiert. Das war das einzige Mal, da habe ich einen Kollaps gehabt.*« Wie schon im Jahre 1938 reagierte Rosas Körper auf die äußerliche Bedrohung. Nachdem die Operation erfolgreich verlaufen war, »*da hab ich wieder gekämpft mit meiner Tochter*«, die sehr geschwächt war und aufgepäppelt werden musste.

Die Universität, an der sie sich 1952 erneut eingeschrieben hatte, konnte sie aufgrund der Verpflichtungen als Mutter und Hausfrau nicht mehr besuchen. Sie und die Töchter begleiteten ihren Mann nach Sizilien, der dort nach Ende des Krieges als Architekt bei einer Versicherung arbeitete. Nachdem er dort beruflich mit den übermächtigen Strukturen der Mafia Bekanntschaft gemacht hatte, entschied sich das Paar, trotz des reizvollen Jobangebotes wieder in den Norden Italiens zurückzukehren. Rosa erinnert sich an ihre Reaktion: »*Nein. In einem Ort, wo die Mafia kommt und Dir sagt, was du machen sollst, da will ich meine Kinder nicht erziehen.*«

Ihre Töchter wuchsen in der Nähe von Turin in der Villa Isabel auf, die der Vater ihres Mannes einst für seine Familie erworben hatte. 1991 starb ihr Mann. Rosa teilt sich seither ihren Wohnsitz mit ihrer jüngsten Tochter, deren Mann und Sohn, die einen Teil des Hauses ihren Bedürfnissen entsprechend umgebaut haben.

Inhaltsanalyse

Heimat und Wahl des Lebensortes

Rosas Heimat sei Istrien, wo sie ihre Kindheit verbracht hat: »*Istrien. Weil ich dort als Kind aufgezogen wurde. Und ich war sehr glücklich dort.*«
Mit Italien, dem Land, in dem sie seit ihrer Jugendzeit lebt, ist sie seit jeher innig verbunden. Nie sei es ihr in den Sinn gekommen, Italien zu verlassen: »*Ich hab Italien – immer sehr lieb gehabt. (…) Ich wollte nie weg hier. Daran hab ich noch nie gedacht. (…) Und die Sprache und das alles, ich wäre nie woanders hingegangen. Das hätte mir nicht gefallen.*«
Die Verfolgungserfahrungen verknüpft sie in keinerlei Hinsicht negativ mit dem Land Italien und dessen Bevölkerung. Im Gegenteil, sie erinnert sich vielmehr an die positiven und hilfreichen Kontakte: »*Ich hab sehr gute Freunde gehabt in Italien, die haben mich immer gut behandelt. Ich wäre nie woanders hingegangen. (…) Und dann war mein Mann so lieb, warum sollen wir woanders hin.*«

Umgang mit der Vergangenheit

In ihrer Herkunftsfamilie wurde aus Rücksicht auf Rosas Mutter wenig über die Vergangenheit gesprochen: »*Weil meine Mutter, wenn man davon gesprochen hat, sie war sehr – sensibel und die konnte das nicht mehr aushalten.*« Mit ihrem Vater fanden Gespräche statt, er wollte ihre Sicht der Dinge hören: »*Wie er zurückgekommen ist, da hat er mich gefragt: Wie hast du das erlebt?*« Er erkannte ihre tragende Rolle bei der Rettung der Familie an und dankte ihr für die mutige und entschiedene Übernahme der Verantwortung.

Ihren Töchtern erzählte Rosa von ihrer Vergangenheit erst, als diese ein gewisses Alter erreicht hatten: »*Anfangs, als sie klein waren, nicht. Wenn sie größer geworden sind, schon. Da hab ich ihnen erzählt. (…) Ich hab angefangen, wenn sie mich gefragt haben.*«

Sie zog ihre Töchter mit der italienischen Sprache auf. Ihr Mann bedauerte dies, er hätte sich gewünscht, sie hätte deutsch mit ihnen gesprochen, »*aber das konnte ich nach dem Krieg nicht.*«

Ein Onkel von Rosa, der in die Vereinigten Staaten emigrierte, schrieb ein Buch über die Opfer von Scala, dem Wohnort ihrer Großeltern. Dieses Buch bekam Rosa von ihrem Vater geschenkt, für den die Erinnerung an seine ermordeten Eltern sehr schmerzhaft war. Sie selbst hat das Buch mittlerweile an ihren Enkelsohn vererbt: »*Ich weiß, er wird es gut aufbewahren.*«

Verhältnis zu Deutschland

Bis zum Ausbruch des Krieges 1938 hatte Rosa zur deutschen Kultur ein positives Verhältnis. Deutsch war ihre Muttersprache, die erste Sprache, die ihr vertraut war und die sie sprechen, lesen und schreiben lernte – und die Familiensprache, in er ihre Familie auch nach dem Umzug nach Italien kommunizierte. Rosa wuchs mit deutschen Kulturgütern wie Grimms Märchen auf, die sie später auch ihren Töchtern vermittelte – allerdings auf Italienisch. Der Ausbruch des Zweiten Weltkrieges und die mit dem Nationalsozialismus einhergehende Judenverfolgung war für Rosa ein schockartiges Erlebnis, da es ihr bisheriges Verständnis von der Welt aus den Angeln hob. Die einstmals positiven Assoziationen mit Deutschland mussten schlagartig dem Bild einer Judenhassenden und bedrohlichen Nation weichen: »*Und da plötzlich – das war alles umgekehrt! Und das ganze Schlechte ist von Deutschland gekommen! Das war nicht so leicht für mich zu überwinden.*«

Wenngleich es ihr sehr schwer fiel, den Hass der Deutschen auf die Juden zu verstehen und sie an ihren eingeschränkten Lebensbedingungen zunächst fast verzweifelte, bemühte Rosa sich, nicht Gleiches mit Gleichem zu vergelten. Sie konnte sich ihr Differenzierungsvermögen bewahren: »*Ich hab keinen Hass gegen niemanden gehabt. Vielleicht nur gegen Hitler. Aber die Soldaten und die anderen, die haben mir Leid getan. Weil ich hab das gesehen, die waren müde und sie waren nicht alle schlecht.*«

Dass die Taten der Deutschen dennoch tiefe Spuren in ihr hinterlassen hatten, zeigte sich an ihrer Entscheidung, ihre Kinder nicht mit der deutschen Sprache aufwachsen zu lassen, »*weil – ich hab gesagt, (...) die Sprache von denen, die meine Großeltern verbrannt haben, die kann ich nicht mehr sprechen. Das konnte ich wirklich nicht. Das hat lange gedauert, bis ich das überwunden hab. Weil meine armen Großeltern. Das war wirklich – ... [lange Pause]*«

Jahrzehntelang hielt sie Distanz zu Deutschland. Als Ilaria, Rosas älteste Tochter, sich entschied, in Deutschland zu studieren, war Rosa zunächst nicht erfreut: »*Anfangs hat es mir nicht gefallen. Ich hab gesagt: Gerade in Deutschland musst du studieren?! (...) In ganz Europa sind auch andere Länder da!*«

Nach einer Weile folgte sie der Einladung ihrer Tochter, diese in Köln zu besuchen. Erst, als sie sich mit Ilarias dortigen Lebensumständen vertraut gemacht und Ilarias Freunde kennengelernt hatte, konnte sie ihr inneres Einverständnis zu der Lebensortwahl ihrer Tochter geben. Rosa war Deutschen in Ilarias Alter gegenüber unbefangen, die älteren Deutschen jedoch mied sie: »*Aber [laut] NUR – mit jungen Leuten. Mit Leuten in MEINEM Alter – da hab ich immer – Misstrauen. Hab ich immer gedacht: Vielleicht – waren die auch – die – mit Hitler. Die, die jüdischen Gesetze vielleicht – die waren gegen Juden auch. Es kann auch sein. Da bin ich ein bisschen misstrauisch. Bei jungen Leuten nicht, weil es ist nicht möglich. Die haben diese Zeit nicht erlebt.*« Rosa hofft, dass die jungen Deutschen »*ganz anders denken, als die Leute, die in meiner Zeit waren.*« Sie betont: »*Das ist eine HOFFNUNG.*«

Rosa befürchtet, dass es »*vielleicht auch noch Leute gibt, denen Hitler gefallen hat. Das kann auch so sein. Ich weiß nicht, ob es noch solche gibt. Ich hoffe, die sind nicht da.*«

Lebenskrisen

In Rosas Leben gab es zwei große Krisen, die sie ins Wanken brachten. Die erste Lebenskrise wurde 1938 durch das Inkrafttreten der antijüdischen Gesetze hervorgerufen, die ihr Leben bedeutend beschnitten. Da es ihr fortan verwehrt war, die Universität zu besuchen, reagierte sie mit einer psychosomatischen Erkrankung: »*Ja, da war ich so verzweifelt, dass ich – krank geworden bin. Weil die ganze Welt – ich hab das Gefühl gehabt, dass alles, was ich – ich war damals an der Uni von Padua.*« Sie galt als sehr begabt, ihre Professoren hatten ihr bereits eine Karriere als Professorin prophezeit. »*Und plötzlich ist alles zusammengebrochen. Ich konnte nicht mehr an die Uni! Alles, was ich studiert hatte, war zunichte.*« Der sie behandelnde Arzt, ein Freund der Familie, führte viele stützende Gespräche mit ihr und riet: »*Man muss aber immer reagieren.*« Sich diesen Ratschlag zu Herzen nehmend, fasste sie wieder Mut und bot dem Leben die Stirn. Ihrer Mutter verschwieg sie jeglichen Kummer, da sie diese, die ohnehin schon so sehr litt, schützen wollte.

Die zweite Krise stellte die lebensgefährliche Erkrankung ihrer ersten Tochter Ilaria dar: »*Das war eine entsetzliche Zeit. Und da hab ich wirklich sehr viel gelitten.*«

Werte, Ressourcen und Bewältigungsstrategien

Rosa erinnert sich, dass sie sich von jeher Schwierigkeiten bewusst gestellt habe und nach Möglichkeiten der Überwindung gesucht habe. »*Auch in der Schule, wenn da etwas Schwieriges war, ich hab immer versucht zu verstehen, warum ich das nicht kann.*« In ihrer Wissbegierde, ihrem Engagement und ihrer Zähigkeit ähnelte sie ihrem Vater: »*Mein Vater war auch so! Mit zwölf oder dreizehn Jahren ist er weg von Scala nach Czernowitz, und er hat sich in der Schule eingeschrieben, und um zu leben hat er Nachhilfestunden gegeben.*«

Rosas starker Lebenswille ließ sie die Zeit der Verfolgung überstehen. Sie übernahm die Führung und die Verantwortung für ihre verzweifelte Mutter und ihre drei Schwestern, nachdem ihr Vater Italien verlassen hatte und sie von ihrer Krankheit genesen war. Ihr Optimismus und ihre Tatkraft halfen ihr, sich den Notsituationen zu stellen und geeignete Lösungen zu finden. »*Ich hab nie die Hoffnung verloren. Ich hab immer gedacht: Man kann schon was machen.*« Mit dieser Haltung und der Unterstützung ihrer Freunde und ihres Mannes gelang es ihr, ihre Familie und sich selbst zu schützen. »*Ich war die Einzige, ich hab immer das Gefühl gehabt, dass man immer – man MUSS kämpfen.*« Sie vermutet, dass sie ihre Kämpfernatur und Kraft von ihrem Vater erhalten hat, der sich den widrigsten Bedingungen zu stellen wusste: »*Mein Vater hat NIE nachgegeben.*« Ihrer Meinung nach ist es eine »*PFLICHT! Bis man kämpfen kann, muss man kämpfen!*« Aufgeben kam für sie nicht in Frage: »*Ich habe gesagt, ich kämpfe für eine GUTE Sache. Nicht um eine Schlechte!*«, nämlich um ihr eigenes Leben und das ihrer Familie. Auch ihr Durchhaltevermögen und ihren starken Willen glaubt Rosa vom Vater geerbt zu haben: »*Vielleicht hab ich das von ihm geerbt, den Willen. (…) Den Willen, sich nicht gehen zu lassen!*« Ihre Eltern waren Rosa für deren Durchsetzungs- und Tatkraft im nachhinein sehr dankbar: »*Meine Mutter hat mir einmal gesagt: ›Gottseidank, dass du da warst! Sonst wär ich nicht von Triest geflohen.‹*« Ihr Vater dankte ihr nach seiner Rückkehr: »*Ich danke Dir, weil die Mama hat mir gesagt, dass du die Einzige warst, die nicht verzweifelt ist.*« Sie entgegnete ihm: »*Ich WAR verzweifelt. Aber ich hab – meine Schwestern, sie haben aufgegeben.*« Als ihre Familie verzweifelte und stagnierte, blieb sie handlungsfähig.

Mutterschaft

In Anbetracht ihrer damaligen Erfahrungen wollte Rosa keine Kinder in die Welt setzen. Für ihren Mann hingegen stand fest: Er wollte eine Familie mit Kindern haben. *»Ich hab ihm gesagt – in dieser Welt noch Kinder haben – mit so schlechten Leuten, wie es gibt. Ich weiß nicht, ob das richtig ist.«* Ihr Mann bestand auf seinem Wunsch und Rosa *»überwand«* sich und ihre Ängste ihm zuliebe: *»Da hab ich gesagt: Das ist nicht richtig, dass ich nein sage, wenn er das will, dann hab ich kein Recht darauf.«*

1946 wurde sie mit 29 Jahren das erste Mal Mutter. Vier Jahre später folgte die zweite Tochter und die dritte Tochter 1957, als Rosa bereits 40 Jahre alt war, *»wir haben das nicht programmiert. [Lacht]«*

Sie versuchte, ihren Töchtern das Pflichtgefühl zu übermitteln, das sie selbst von Zuhause mit auf den Weg bekommen hatte: *»Vielleicht hab ich viel von ihnen verlangt.«* Was durch die Erziehung ihrer Eltern bei ihr gefruchtet hatte, hatte keine besondere Wirkung auf ihre eigenen Töchter: *»ICH hab so ein schreckliches Pflichtgefühl. (...) Ich kann nicht sitzen, ohne etwas zu tun. (...) Und das hab ich auch von meinen Kindern verlangt, aber nicht viel Erfolg gehabt.«*

Frauenbild

Rosa ist froh, nur Töchter geboren zu haben: *»Mir sind – die Töchter lieber. Ich hab nicht gerne... [Lacht.] Mit Frauen geh ich besser um.«*

Eine ihrer Töchter benannte sie nach einer italienischen Schauspielerin, die ihr gefiel: *»Sie war eine gute Schauspielerin. Und dann war sie nicht eine von diesen, die alles macht, was die anderen wollen. Sie war eine Feministin.«* Rosa beschreibt Diskussionen mit ihrem Mann, in denen sie selbstbewusst ihre Meinung vertrat: *»Ja, ich hab ihm auch gesagt, was ich von den Männern denke. [Laut:] Dass sie die Frauen ausnützen!«* Sie wies ihn auf die Missstände des Frauendaseins als Hausfrau und Mutter hin und fragte ihn: *»Möchtest du so viel arbeiten ohne Lohn?!«* Sie fordert mehr Anerkennung für Frauen und prangert die Ungerechtigkeiten zwischen den Geschlechtern an: *»Warum wird eine Frau nicht bezahlt? Und in Italien haben die Hausfrauen keine Rechte! (...) Ich hab eine Rente, aber die ist von meinem Mann. Nicht meine! Ich hätte doch ein Recht darauf. Ich hab gearbeitet, das ganze Leben.«* Ihr Mann, der ihr in vielem Recht gab und sich in seinen Entscheidungen von ihrer Meinung beeinflussen ließ, nannte sie häufig tadelnd und liebevoll zugleich eine Feministin: *»Tu sei una feminista.«*

Heute vertritt Rosa die Auffassung: »*Wenn die Welt nur von Frauen wäre, vielleicht wäre kein Krieg.*« Sie sieht in Frauen keine besseren Menschen, aber: »*Sie sind anders. Sie denken anders. Vielleicht jemand, der das Leben schenkt, hat viel mehr Respekt vorm Leben.*«

Judentum, Religion und Identität

Rosa bezeichnet sich als nicht religiös, Glaube spielte in ihrem Leben keine Rolle: »*Ich habe kein Bedürfnis, einen Gott zu haben. [Pause]*« Um ihren Mann heiraten zu dürfen, konvertierte sie zum Katholizismus, eine Prozedur, die sie wie damals heute noch ablehnt: »*Das war eine – das hat mir nicht gefallen! Weil ich sollte da sagen eine ganze Masse Lügen. (…) Wenn die Verfolgung nicht gewesen wäre, dann hätt ich das nicht getan.*« Obgleich sie weder Bezug zur Kirche noch zu Gott hatte, begleitete sie ihren Mann einmal in der Woche in die Kirche: »*Aber das hab ich gemacht, weil er das wollte. Aber nicht, dass ich daran glaube.*«

Mit dem Judentum besteht für sie keine religiöse Verbindung, sondern die Zugehörigkeit zu »*einem Volk, das so viele Jahre gelitten hat und immer überlebt hat.*« Stolz fügt sie hinzu: »*Nicht alle [verfolgten Völker] waren fähig zu überleben.*« Ihr Volk jedoch, das jüdische Volk: »*Wir sind noch da. Trotz all derer, die uns gehasst haben!*« Sie empfindet ihre Abstammung vom jüdischen Volk als »*große Ehre*«: »*Vielleicht ist das nicht wahr, aber ich denke, es hängt auch von uns ab, dass wir noch da sind.*«

Generell vertritt sie die Auffassung: »*Es ist besser, ein Unterdrückter zu sein, als der, der unterdrückt. (…) Lieber Opfer, als der, der opfert.*« Diese Einstellung beinhaltet für sie, sich nicht zu Hass oder zu Vergeltung hinreißen zu lassen, sondern auch aus der Rolle des Schwächeren heraus größtmögliches Verständnis und Gerechtigkeit im Hinblick auf die einzelnen Täter zu bewahren.

Israel

Rosa hat zu Israel keine Beziehung, sie betrachtet die dortige politische Lage und die damit verbundenen Lebensbedingungen mitfühlend und zugleich kritisch aus der Ferne: »*Es tut mir sehr leid, aber ich weiß nicht, wie das enden wird. Es KANN kein Ende nehmen.*« Sie ist der Meinung: »*Man kann doch nicht nach 6.000 oder wie vielen Jahren plötzlich dorthinkommen, wo ANDERE Leute sind! Es KANN nicht gut gehen! Sie sehen es ja, es nimmt kein Ende!*« Sie vergleicht Juden mit

Angehörigen anderer Religionen, die in unterschiedlichen Teilen der Welt leben, ohne als Religionsgemeinschaft einen eigenen Staat gründen zu wollen: »*Es gibt doch auch Leute, die eine andere Religion haben, die Protestanten, die Katholiken, gibt es auch hier – es muss doch nicht ein eigener Staat sein.*« Sie plädiert für eine Welt, in der Menschen unterschiedlicher Religionen friedlich miteinander leben können: »*Wenn einer Jude ist und ein guter Mensch, warum kann er nicht überall leben! (...) Wir sind doch Menschen wie die anderen!*«

Leitthema: Toleranz

Ein für Rosa wichtiges Thema ist der Wunsch nach Toleranz gegenüber Unterschieden und Andersartigkeit. Diese Einstellung findet sich in ihrem Urteil über den israelischen Staat ebenso wie in vielen Erzählsequenzen ihrer Biographie. Sie tritt für einen toleranten, friedlichen Umgang der unterschiedlichen Religionen, Rassen und Klassen ein: »*Wir sind alle unterschiedlich, einer von dem anderen. Warum kann man nicht zusammenleben?*«

Diese liberale Sichtweise wurde ihr von ihren Eltern vorgelebt, die die Etikette bezüglich der Klassenunterschiede nicht beachteten und ihre Angestellten zum gemeinsamen Essen einluden. »*Und einmal hat eine Frau gesagt: ›Wie kommt es, dass Sie so einen Kutscher da – einladen?!‹ Und meine Mama hat gesagt: ›Warum nicht? [mit unschuldiger Stimme]‹ Da sagt sie: ›Das ist ja ein Bauer!‹ ›Ja‹, sagt meine Mutter, ›das ist ein Bauer. Ein Bauer ist ein Mensch wie ein anderer.‹ ›Ja‹, sagt sie, ›aber Ihr Mann ist ein Ingenieur!‹ ›Nein‹ sagt meine Mutter. ›Er hat studieren können und dieser Mann hier hat nicht studiert, aber mit Pferden kann er gut umgehen und mein Mann nicht.‹ Da hat sie gelacht.*«

Als Kind wurde sie von einem Kollegen ihres Vaters getadelt, da sie mit den Nachbarskindern slowenisch sprach. Sie fragte ihn: » ›*Warum nicht? Ist eine Sprache so wie meine.‹ ›Nein‹, sagt er, ›es ist anders.‹*« Sie entgegnete ihm: »*Ja, weil es anders ist, muss es nicht schlechter sein.*«.

Die achtsame Art und Weise, wie sie über andere Menschen spricht, gleich welcher Herkunft und welcher gesellschaftlichen Stellung, lässt erkennen, dass sie die liberale, gerechte und vorurteilsfreie Haltung, die sie von anderen fordert, selbst verinnerlicht hat.

Letztendlich zieht sie ein sorgenvolles Fazit der Missstände, die sie beobachtet hat: »*Die Menschen brauchen immer jemanden zum HASSEN! Ich versteh das nicht. Es muss immer jemand sein, der schuldig ist und der muss bezahlen.*«

WIEDERGUTMACHUNG

Für Rosa bedeutet Wiedergutmachung: »*Wieder ein Mensch zu sein, so wie alle anderen!*« Sie hätte sich gewünscht, dass eine offizielle Entschuldigung ausgesprochen worden wäre von Seiten der Regierung oder des Staates: »*Es wäre wichtig gewesen, wenn jemand gesagt hätte: Ich bitte um Entschuldigung. Z.B. in Italien, damals war der König. Er hat sich aber nicht entschuldigt.*« Rosa spricht von einer öffentlichen, »*ernst gemeinten*« Entschuldigung und erwähnt keine finanziellen Ansprüche.

6.8.2. Ilaria

»Was hab ich für ein Glück, dass ich auf der anderen Seite geboren bin.«

RAHMENBEDINGUNGEN

Das insgesamt fünfstündige Gespräch mit Ilaria fand im Arbeitszimmer der Villa Isabel in der Nähe von Turin statt. Umrahmt von vielen Büchern nahmen wir auf einem etwas verstaubten Sofa Platz. Nach etwa einer Stunde verlegten wir das Gespräch nach draußen in den Garten.

GESPRÄCHSVERLAUF

Ilaria, eine quirlige, kleine Frau erschien im Gespräch wie ein Lexikon, angefüllt mit Zeitgeschichte, die sie stundenlang, tagelang wiedergeben könnte, vielleicht ohne selbst jemals das Gefühl zu haben, erschöpfend geantwortet zu haben. Ihre Erzählungen führten meist von einer kurzen persönlichen Antwort zu eingehenden allgemeinen politischen, gesellschaftlichen und geschichtlichen Ausführungen.

Ihre Biographie erzählte sie in Reinform, es bedurfte nur weniger Verständnisfragen, auf die sie sehr schnell antwortete, meist unterbrach sie mich noch im Fragestellen. Ihr Schwerpunkt lag und liegt in ihrem politischen und akademischen Engagement, das für sie wegweisend ist und ihr Leben maßgeblich bestimmt hat.

Biographischer Hintergrund

Ilaria wurde 1946 in Italien als erste von drei Töchtern geboren und wuchs in der Nähe von Turin in der Villa »Isabel« auf. Als sie sechs Jahre alt war, erkrankte sie lebensbedrohlich an einem Tumor und nahm seither eine Sonderstellung in ihrer Familie ein. Aufgrund der hohen Aufmerksamkeit, die ihr zuteil wurde, verarbeitete sie diesen Schicksalsschlag positiv: *»Ich hab es kaum so negativ erlebt, also für mich war es wahrscheinlich sogar ein sehr positiver Start, denn die ganze Familie hat sich um mich gekümmert. (...) ICH hab wirklich davon profitiert.«*

Nach der Grundschule besuchte sie das Gymnasium, eine *»schwierige, sehr anspruchsvolle Schule«*, in der sie viele Kinder von ehemaligen Partisanen kennenlernte, mit ihnen Freundschaften schloss und sich mit ihnen gemeinsam politisch engagierte: *»Wir haben sehr viel organisiert, damit nie vergessen wird.«* Mit 14 Jahren trat Ilaria dem Jugendverein »Nuova Resistenza« bei, der sich dafür einsetzte, dass neu gegründete faschistische Parteien verboten würden, aber: *»Das ist nie passiert und das war wahrscheinlich auch eine sehr naive Vorstellung von uns.«*

Neben den vielen sozialen Kontakten und den von Ilaria präferierten geisteswissenschaftlichen Fächern barg die Schule auch den *»Alptraum«* der ihr *»verhassten«* naturwissenschaftlichen Fächer, in denen sie weder ihren eigenen Ansprüchen noch denen der Lehrer genügen konnte. Dass sie auf dem Gymnasium eine Klasse wiederholen musste, machte ihr schwer zu schaffen: *»Das war ein Schlag für mich.«*

Der Eintritt in die Universität war für Ilaria wie eine *»Befreiung«*, da sie sich endlich vollständig den Fächern widmen konnte, die ihr gefielen. 1966 begann sie in Turin Philosophie und Geschichte zu studieren, beeinflusst und beeindruckt von ihren *»SEHR guten«* Lehrern aus der Schulzeit, von denen viele *»ganz ausgesprochen«* antifaschistisch eingestellt waren und die ihren Schülern die jüngste Geschichte anhand von eigenen Erinnerungen vermittelt hatten. Politisch sehr engagiert war Ilaria bereits als 16jährige der Jugendorganisation der Sozialistischen Partei beigetreten. 1967 besetzte Ilaria mit gleichgesinnten studentischen Mitstreitern die Turiner Uni, um für eine Bildungsreform zu demonstrieren, die auch Arbeiterkindern eine gute Schulbildung und den Besuch der Universität ermöglichen sollte. Ilaria beschreibt die damalige Stimmung ihrer Kommilitonen: *»Wir waren sicher sehr naiv alle. Und alle sehr idealistisch eingestellt, und wir hatten auch gar keine Probleme. Wir hatten keine finanziellen Probleme im Großen und Ganzen, wir* *haben sicher keine Angst gehabt, keinen Job zu finden. Wir dachten, die Welt gehört uns. (...) Es war eine sehr glückliche Generation.«* Als die Studenten ihre sozialen Forderungen auf die Verbesserungen der Arbeitsbedingungen der Fabrikangestellten der FIAT-Werke ausweiten wollten, wurde die Gruppe zur Minderheit: »*Wir waren reformerisch veranlagt, aber wir waren keine Revolutionäre!*« Zudem entsprachen die von den Studenten formulierten Ziele nicht der Realität der Unterschicht, was sich später herausstellte: »*Und alle diese Leute, die haben uns [lacht] das Bild überhaupt nicht bestätigt.*«

Im direkten Kontakt mit den Fabrikarbeitern wurde Ilaria sich ihrer privilegierten Situation bewusst: »*Ich bin ein verwöhntes Kind! Aus einer bürgerlichen Familie, wo ich niemals gezwungen worden bin, für Geld zu arbeiten.*« Sie empfand es als unpassend und arrogant, den Fabrikarbeitern, »*die aus diesen Schichten kamen und die physisch total kaputt, mental und physisch total kaputt waren, Blätter zu geben, wo erklärt wurde, warum sie ausgenutzt werden. (...) Das wussten sie selber ganz genau.*«

Ihre Eltern unterstützten die Studentenproteste und Ilarias politisches Engagement, auf das der Vater ganz besonders stolz war, da auch er lange Zeit auf kommunaler Ebene bildungspolitisch gewirkt hatte: »*Mein Vater war sicher derjenige, der mich auf diese politische Schiene gebracht hat. Er war sehr stolz! Dass ich das mitmache.*«

Neben der Erfüllung des politischen Auftrags ihres Vaters verfolgte und vervollständigte sie – auch in akademischer Hinsicht – den Lebensweg ihrer Mutter, den diese nach Ilarias schwerer Krankheit aufgegeben hatte. »*Ich habe nicht nur den politischen Auftrag meines Vaters mitgenommen, ich habe – ich bin auf die Spuren meiner Mutter gegangen.*« Dazu gehörte in ihren Augen auch, »*das Geheimnis*« der deutschen Sprache zu lüften. Als Kind hatte sie sich ausgeschlossen gefühlt, wenn ihre Mutter mit ihren Eltern und Geschwistern deutsch sprach. Sie nahm sich vor: »*Also irgendwann mal muss ich ja diese, diese Geheimnisse lösen!*«

Als Thema ihrer geisteswissenschaftlichen Abschlussarbeit wählte sie eine soziologische Annäherung an Freuds Theorien. Da Freuds Arbeiten damals noch nicht vollständig ins Italienische übersetzt waren, beschloss sie: »*Ich muss Deutsch lernen.*« 1968 fuhr sie zum ersten Mal nach Deutschland, um dort einen Sprachkurs zu belegen. Ein Jahr später reiste sie zu einem zweiten Sprachkurs erneut nach Deutschland und entschied sich bald, ihren Aufenthalt zu verlängern. Ihren Lebensunterhalt verdiente sie sich als Italienischlehrerin, nebenbei perfektionierte sie ihre Deutschkenntnisse und begann die Universität zu besuchen. Als sie ein Stipendium erhielt, zog sie in eine deutsche Großstadt [im weiteren A genannt], um an der dortigen Universität ihre Arbeit über Freud zu schreiben. In dem Studentenwohnheim, in dem sie ein Zimmer bezog, lernte sie gleich am Tag ihrer Ankunft ihren zukünftigen Mann kennen. Als beide nach einer Weile das Studentenheim verlassen mussten, da sie keinen Studentenstatus mehr vorweisen konnten, nahmen sie sich eine gemeinsame Wohnung. 1972 heirateten sie, auch auf besonderen Wunsch von Ilarias Schwiegereltern, die ihnen nahelegten: *»Jetzt, wo ihr zusammen in einer Wohnung seid, müsst ihr auch heiraten.«* Mit der Eheschließung wurden zwei Familien aus unterschiedlichen Kulturen mit andersartiger Mentalität, Geschichte und Tradition verbunden: *»Zwei völlig fremde Welten!«* Besonders die Auseinandersetzung mit der sehr konservativen deutschen Schwiegermutter, der Ilaria innerlich die strenge Erziehung und Überbehütung ihres Mannes vorwirft, gestaltete sich als schwierig, zumal diese von ihrem Sohn *»tief enttäuscht war«*, dass er sich *»eine Ausländerin erwählt hat.«*

1980 ging Ilarias Kinderwunsch in Erfüllung, als ihre Tochter Isabella geboren wurde. Drei Jahre später kam ihr Sohn auf die Welt. Mit ihrem Mann hatte sie mittlerweile ein Haus gekauft und dieses ihren Wünschen entsprechend umgebaut.

Die folgenden Jahre arbeitete Ilaria als Lehrerin und unterrichtete Deutsch und Italienisch. Aus dieser Position heraus versuchte sie, im deutschen Bildungswesen etwas zu verbessern. Ihre Anregungen stießen jedoch meist auf taube Ohren, so dass sie sich Mitte der 80er Jahre entschied, ihre Stellung zu kündigen: *»Die beste Entscheidung meines Lebens.«*

Ilaria hatte nur kurzzeitig (während ihre Kinder klein waren) den Kontakt zur *»wissenschaftlichen Welt«*, zu gleichgesinnten Akademikerinnen, Historikerinnen und Schriftstellerinnen verloren. Eine ihrer *»intellektuellen Freundinnen«* regte sie an, ein Buch über die italienische Frauenbewegung zu schreiben. Ilaria setzte diesen Vorschlag in die Tat um, frischte ihre Kontakte zu italienischen Historikerinnen auf und schrieb während ihrer Schwangerschaft ein *»kleines Büchlein«*, dessen Publikation viele Einladungen zu Vorträgen nach sich zog. Darüber hinaus befasst sich Ilaria in Lehre und Forschung mit der deutschen und italienischen Geschichte im Besonderen mit Frauenforschung. Sie hält historische Vorträge und organisiert Ausstellungen und Seminare über den Faschismus in Italien, den Nationalsozialismus in Deutschland und internationale Widerstandsbewegungen.

Inhaltsanalyse

Heimat und Wahl des Lebensortes

Ilarias Einwanderung nach Deutschland fand allmählich statt: »*Es ging peu à peu. (...) Ich hab es nicht einmal gemerkt.*« Nach ihrer Ankunft in A, wo sie ihre Magisterarbeit schrieb, lernte sie sogleich ihren Mann kennen und baute sich mit diesem ein gemeinsames Leben auf. Die Wahl des Lebensortes schien dabei zunächst nebensächlich zu sein, zumal Ilarias Mann auch bereit gewesen wäre, mit ihr nach Italien zu gehen: »*Also, dass ich mich irgendwie jemals mit der Sache auseinandergesetzt hätte – jetzt, du wanderst aus! Das hab ich nicht gemacht.*«

Mittlerweile empfindet sie die Stadt A als ihre Heimat, an die sie viel bindet: »*Ja, also jetzt ist sozusagen meine richtige Heimat ist vielleicht A. Auch weil wir dort ein Haus gekauft haben und umgebaut haben und die Kinder sind dort geboren.*« Ausschlaggebend ist heute für sie: »*Ich finde schon, da, wo die Kinder geboren sind, da ist Heimat.*« Sie überlegt, welchen Stellenwert ihr italienisches »Zuhause« für sie heute noch hat: »*Wenn ich hier nach Hause zu meiner Mutter komme, das ist nicht mehr so, wie es einmal war. (...) Ich habe sehr gemischte Gefühle, wenn ich hierher komme.*« Da ihre Mutter seit dem Tod des Vaters mit Ilarias jüngster Schwester und deren Mann und Sohn die Villa Isabel teilt, wird Ilaria immer wieder mit dem Verlust ihres Vaters konfrontiert: »*Mein Vater war – dieses Haus war sein Leben. Das Haus, die Familie.*« Sie hadert mit dem Schicksal des Hauses, das äußerlich wie innerlich in ihren Augen zusehends verfällt und sie tröstet sich mit dem Gedanken: »*Aber meine Heimat ist jetzt ja A.*« Sie erkennt, was sie mit der Villa Isabel verbindet: »*Dieses Haus ist ein Gefühl. Und dieses Gefühl hab ich eigentlich nicht mehr so. Es ist – die Kindheit, die an diesem Haus hängt.*«

Ilaria macht deutlich, dass ihr Heimatgefühl an die Stadt A gebunden ist, sie sich allerdings nicht von Deutschland und der dazugehörigen Mentalität vereinnahmen lassen möchte, sondern ihre italienische Lebensart und die italienischen Traditionen bewahren möchte: »*Ich zögere, die deutsche Staatsangehörigkeit zu nehmen, jetzt, wo ich sie nehmen könnte, ohne auf die italienische zu verzichten, das ist seit letztem Jahr möglich. Aber ich zögere, weil ich fühle mich nicht als Deutsche. Ich fühle mich als »A-lerin«. Es geht mir dort sehr gut, es gefällt mir, ich lebe gerne dort. Ich will aber nicht assimiliert werden. Ich will – eine Italienerin sein, die in Deutschland lebt und die gerne dort lebt. Aber mit meinen Unterschieden, mit meinen Werten, mit meiner Art zu leben.«*

Verhältnis zu Deutschland und den Deutschen

Schon in ihrer Kindheit entwickelte Ilaria Interesse für die deutsche Sprache, einerseits, weil sie »*das Geheimnis*« der deutschen Sprache, die in der Familie ihrer Mutter gesprochen wurde, lüften wollte, andererseits, weil sie die Affinität ihrer Mutter zur deutschen Sprache und Kultur spürte. »*Meine Mutter war diejenige [ihrer Schwestern], die mit der deutschen Kultur am tiefsten verwickelt war. (...) Für sie war die deutsche Kultur ausschlaggebend. Sie war ihre Kultur. Und dann hat sie sich verraten gefühlt.«* Rosa hatte auf den Zivilisationsbruch des Holocaust mit abgrundtiefer Ablehnung Deutschland gegenüber reagiert: *»Die 50er Jahre hat meine Mutter – als einzige von ihren Schwestern – die hat nicht einmal eine Kaffeemaschine gekauft, die aus Deutschland kam.«*

Ilaria erinnert sich an ein deutsches Märchenbuch, das Grundlage war für die Geschichten, die ihre Mutter ihr, ins Italienische übersetzt, erzählte: »*Es war ein deutsches Buch – ich erinnere mich noch an die Bilder, die in diesem Buch waren, z.B. der Froschkönig und so. Und ich konnte aber dieses Buch nicht lesen! (...) Das hat mich enorm gewurmt.«*

Als 17jährige begann Ilaria Freud zu lesen und entschied sich ein paar Jahre später in der Universität, ihre Abschlussarbeit über Freuds Theorien zu schreiben. Heute bewertet sie ihre Themenwahl als Rechtfertigung und zwingenden Grund, sich endlich der deutschen Sprache zu bemächtigen: »*Also ich denke heute, ich habe mir diese Arbeit gesucht, damit ich deutsch lerne.«* Ihre Eltern, von denen sie sich stets unterstützt fühlte und die sie von jeher zur Selbstständigkeit erzogen hatten, legten ihr auf ihrer Reise nach Deutschland keine Steine in den Weg.

So war Ilaria damals nicht bewusst, was sie ihrer Mutter mit ihrer Lebensortwahl Deutschland zumutete. Bei Rosas Besuchen in Deutschland nahm Ilaria wahr, dass ihre Mutter, die stets »*sehr gute Beziehungen zu allen Leuten meiner Generation*« hatte, den Kontakt zu ihrer eigenen Generation mied. Auch sie selbst spürte ein Unbehagen den älteren Menschen gegenüber in Deutschland: »*Damals hab ich angefangen, mich zu fragen, mit Leuten der Generation meiner Mutter, wenn ich sie kennengelernt habe oder mit denen gesprochen habe, also wenn ich in Kontakt mit solchen Leuten kam, hab ich mich gefragt: Was haben die denn gemacht? Wie haben sie sich – wie haben sie sich benommen in der Zeit? Wussten sie, was wussten sie…«*

Ilaria beobachtete bei Deutschen eine »*Rechtfertigungshaltung*«, sobald sie erzählte, dass ihre Mutter Jüdin war. Die Konfrontation mit ihrer jüdischen Herkunft, »*das hieße ja, die Leute – nicht nur in Verlegenheit – besonders den Leuten Schuldgefühle einzujagen.*«. So sprach Ilaria nicht mehr darüber, außer »*wenn ich schon mit den Leuten gut befreundet war*«. Eine Begegnung zwischen ihrer Mutter und deren Generation ließ sich nicht mehr vermeiden, als Ilarias Schwiegereltern »*auf die Fläche kamen*«. Die Zusammenkünfte gestalteten sich mitunter »*peinlich*«, weil Ilarias Schwiegermutter »*mehrmals wirklich ins Fettnäpfchen getreten ist*«. Im Gegensatz zu Ilarias Schwiegervater, »*einem wunderbaren Mann, der war wirklich sehr klug und intellektuell und empfindsam*«, neigte Ilarias Schwiegermutter zu antisemitischen Ansichten, die sie weder vor Ilaria noch vor deren Mutter Rosa verhehlte. Ilaria nimmt ihre Schwiegermutter dergestalt in Schutz: »*Sie MERKT das nicht. Also ich würde sagen, sie ist zu beschränkt dazu.*«

Erst Jahre nachdem Ilaria ihren Lebensmittelpunkt nach Deutschland verlegt hatte, erkannte sie, wie schwer ihre Mutter an dieser Entscheidung zu tragen hatte: »*EINMAL, ist mir so wirklich blitzartig klar geworden, was ich meiner Mutter angetan hatte. Also wir saßen da unter den Bäumen [deutet auf Bäume im Garten] und meine Tochter war klein und hat Grimms Märchen in einer Kassette gehört. Und meine Mutter hat gesagt: ›Wenn ich '46 gewusst hätte, dass ich dann mal eine deutsche Enkelin haben werde, weiß ich nicht, was ich gemacht hätte.‹ Da ist mir schlagartig [lacht kurz auf] klar geworden, was ich gemacht habe.*«

Durch den Umzug nach Deutschland zwang Ilaria ihre Mutter dazu, sich Deutschland und der einst geliebten Kultur wieder anzunähern: »*Ja, sie hatte auch wieder angefangen deutsch zu lesen, nachdem ich in Deutschland war.*«

Familiärer Umgang mit der Vergangenheit und der Einfluss auf ihr eigenes Leben

Ilaria erinnert sich an die »*Familienversammlungen*« nach dem Krieg, die stets in der Villa Isabel stattfanden und an denen ihre Großeltern mütterlicherseits und Ilarias Tanten teilnahmen. Ilaria hörte den Erwachsenen gerne bei ihren Gesprächen über den Krieg zu: »*Meistens haben sie vom Krieg gesprochen und sie haben aber immer nur die lus-*

tigen Sachen erzählt.« Ilaria bekam schließlich den Eindruck, Krieg sei ein wünschenswertes Ereignis, das zudem »*turnusmäßig*« eintrete und so fragte sie ihre Mutter eines Tages erwartungsvoll, wann der nächste Krieg stattfände. An der Reaktion ihrer Mutter, die erblasste und ernst antwortete, sie hoffe, es käme nie wieder ein Krieg, »*da ist mir irgendwie ein Blitz, da hab ich verstanden, es war doch nicht alles so schön*«.

Wollten die Erwachsenen vor den Kindern unverstanden kommunizieren, so sprachen sie deutsch, was Ilaria und die anderen Kinder verunsicherte, da sie sich ausgeschlossen fühlten: »*Als meine Mutter mit ihrer Schwester und Mutter deutsch gesprochen hat, fanden wir uns abgeschnitten.*« Als Reaktion darauf unternahmen die Kinder »*ständig Störaktionen*« und Ilaria nahm sich schon damals vor: »*Irgendwann muss ich ja diese Geheimnisse lösen!*« Es war Ilarias Vater, der seine Tochter Schritt für Schritt in die Familiengeschichte einweihte: »*Mein VATER, mein VATER hat mir die Geschichte der Familie meiner Mutter irgendwann mal erzählt. Ich war – ich weiß nicht, elf, zwölf, so etwa. Und dann hat er mir erzählt, dass sie verfolgt wurden.*« Ilaria vermutet: »*Er war ja sicher sehr stolz darauf, dass er die Familie [ihrer Mutter Rosa] gerettet hat.*« Ihre Mutter Rosa hingegen schwieg lange Zeit: »*Meine Mutter hat MEHRMALS keine Antwort gegeben.*« Als Ilaria sich z.B. wunderte, warum sie katholisch erzogen wurde, ihre Mutter jedoch selbst keine Kommunion gefeiert hatte, wich ihre Mutter einer Antwort aus: »*Und dann hat sie mir auch gar nicht so direkt geantwortet. Ich weiß nicht mehr, was sie damals gesagt hat, aber auf jeden Fall beschwichtigt.*« Ilaria spürte als Kind: »*Es wird irgendwie etwas verheimlicht.*« So entstand in ihr eine große Sehnsucht, das Rätsel zu lösen: »*Es war wahrscheinlich immer die Idee da, wir müssen was wirklich entdecken.*«

Viel später erst, »*als ich dann imstande war, selber die Sachen mit meiner Mutter zu besprechen*«, fand ein Austausch zwischen der Mutter und ihren beiden ältesten Töchtern statt, »*aber das ging von mir aus.*« Von sich aus spricht ihre Mutter Rosa bis heute nicht über ihre Vergangenheit. Ilaria kann Rosas Zurückhaltung heute besser als früher verstehen: »*Teilweise natürlich auch, weil es schmerzliche Sachen waren. Sicher.*« Bis heute hat sie das Gefühl, das Geheimnis um die Vergangenheit ihrer Mutter nicht vollständig gelüftet zu haben: »*Ich entdecke IMMER was.*«

Das Interesse an der Geschichte ihrer Mutter und die drohende Gefahr, dass die Geschichte und die Erinnerungen verloren gehen könnten, war neben ihrer Hilfsbereitschaft für »*sinnvolle Projekte*«

ausschlaggebende Motivation, an dieser Untersuchung teilzunehmen. *»Seit JAHREN haben meine Schwester und ich meiner Mutter gesagt, sie sollte über ihr Leben schreiben. Ihre Erinnerungen schreiben. Sie wollte es nie machen. (...) Und wir haben gedacht, das ist eine Riesenverschwendung. (...) Und dass meine Mutter das nicht gemacht hat, das haben wir immer als Schaden gesehen. Und dann hab ich gedacht, vielleicht kann meine Mutter Ihnen was erzählen und das, das geht nicht verloren.«*

Ilaria und ihre Schwester sind sich über den Einfluss der Geschichte einig: *»Wir haben immer gedacht, das ist ein Leben, das so reich an Erfahrungen und Erlebnissen war, das ist ja sicher teilweise die Motivation gewesen, für mich und meine Schwester, sich mit der Geschichte auseinanderzusetzen. Weil die Geschichte in unsere Familie wirklich REINgebrochen ist.«*

Ilaria hat sich intensiv mit der Geschichte des italienischen Faschismus und des deutschen Nationalsozialismus auseinandergesetzt. Sie organisiert Ausstellungen und hält Vorträge – vornehmlich mit italienischem Bezug – über den Widerstand in Italien zur Zeit des Faschismus. Einen weiteren Schwerpunkt ihrer Arbeit stellt die Forschung und Darstellung der Rolle der Frauen in der deutsch-italienischen Geschichte dar, seien es weibliche Opfer, TäterInnen oder WiderstandskämpferInnen.

Ilaria sieht es als ihren Auftrag, die Geschichte darzustellen und der Öffentlichkeit zu präsentieren. Sie verfolgt eine wissenschaftlich deskriptive Herangehensweise und ist bemüht, ihre eigene Fairness und das ihr eigene tiefe Verständnis auch in ihren Schülern und Studenten zu wecken. Als Zeitzeuginnen des Faschismus und Nationalsozialismus sich innerhalb einer Lehrveranstaltung *»sehr milde«* gegenüber dem damaligen Regime äußerten, mahnte Ilaria ihre StudentInnen, nachdem diese Kritik an den Rednerinnen geübt hatten: *»Wir sind nicht hier zum Urteilen. Wir wollen ja hier einfach hören, zuhören, Verständigungsfragen stellen, aber wir sind ja nicht hier als Richter oder sonst was.«* Sie war über die wertende Reaktion ihrer StudentInnen *»verärgert, weil – ich war ja tief dankbar den Frauen, die sich bereit gegeben haben, zu antworten.«* Ilaria kann nachvollziehen, wie stark die Frauen durch ihre Erziehung und die damalige Ideologie geprägt wurden, da sie auch sich selbst zu großen Teilen als Produkt ihrer liberalen Erziehung empfindet: *»Ja, ich denke wirklich, was hätte ich für Ansichten, wenn ich anders erzogen worden wäre. Wenn ich das alles anders erlebt hätte. (...) Also ich denke, ich bin 80%, 90% oder vielleicht 99% bin ich ja die Erziehung.«* Ilaria betont mehrmals, dass sie dem Schicksal und ihrer Familie äußerst dankbar ist, dass sie: »*das Glück hatte, auf der anderen Seite geboren worden zu sein. Weil – das ist besser, an der Seite der Opfer geboren zu sein – moralisch finde ich es besser!*« Sie schränkt ein: »*Wenn man natürlich nicht mundtot gemacht wird, wenn man nicht umgebracht wird und wenn man trotzdem Bildungschancen hatte. Denn sonst glaube ich – das ist ja ganz schlimm.*« Sie weist allerdings auf den Unterschied zwischen ihrer Generation und den damals direkt Betroffenen hin: »*Ich meine, ich bin ja danach geboren, also ich hab die Diskriminierung nicht selber auf meiner Haut gespürt! Meine Mutter – ist sicher in ihrer Lebensfreude oder – in der Einstellung zu anderen Menschen – sie ist scheu geworden.*«

Ilarias Auseinandersetzung mit dem Holocaust ist vornehmlich wissenschaftlich-akademischer Natur, sie ist äußerst belesen und pflegt ihre zahlreichen Kontakte zu HistorikerInnen, SchriftstellerInnen und ZeitzeugInnen, von denen viele für sie prägend waren.

Juden und das Recht auf Menschlichkeit und Fehlbarkeit

Ilaria lehnt die ihrer Meinung nach irregeleitete Antisemitismus-Debatte in Deutschland ab und fordert mehr Neutralität im Umgang mit Juden: »*Also ich finde, dass das Leben der Juden in Deutschland und wie man sich zu Juden und zu dieser historischen Debatte benimmt, das ist ja furchtbar verkrampft und befangen. Ich finde es ja gar nicht richtig, dass einer, der eben Jude ist, gerade aus dem Grund, dass er Jude ist, eine bessere Person sein soll und dass [lacht kurz] man ihn nicht angreifen kann.*« Sie fordert eine Gleichbehandlung des Themas von beiden Seiten: »*Ein Jude ist nicht per se ein wunderbarer Mensch, nur weil er Eltern als Opfer gehabt hat oder so. (…) Also, es hat auch ein Jude das Recht, irgendwie eine schlechte Person zu sein oder schlechte Eigenschaften zu haben, ohne dass man sofort, wenn man das sagt, als Antisemit gilt. (…) Also meines Erachtens kann man auch von einem Juden sagen, er wäre ein Lump!*«

Sie plädiert dafür, die Geschichte in Bezug auf den Holocaust in ihrer Gesamtheit darzustellen und auch Juden die Möglichkeit zu lassen, in all ihrer Menschlichkeit mit ihren guten und ihren schlechten Seiten gesehen zu werden und nicht nur auf ein Kriterium zu begrenzen: »*Ich bin Historikerin und bin der Meinung – sicher natürlich, Geschichte ist Interpretation, aber – man soll sie einfach im Großen und Ganzen sehen und nicht nur die Opferrolle so betonen.*«

Judentum und Vorbilder

Die Abstammung vom jüdischen Volk hat für Ilaria »*ein bisschen eine elitäre Bedeutung*«: »*Ich denke, ich gehöre einer kulturellen Elite an*«, der Bildung und »*moralische Gesetze*« äußerst wichtig waren. Die Religion spielte in der Familie ihrer Mutter keine Rolle, Ilarias Großvater wandte sich erst spät im Leben dem Judentum zu: »*Ich denke, mein Großvater ist zuletzt religiös gewesen. (...) Aber sonst – sowohl meine Großmutter, wie alle, meine Mutter, meine Tanten und so – keiner war religiös.*« Während ihr Großvater gegen Ende seines Lebens »*aus Sehnsucht*« und vermutlich als Folge der Diskriminierung zu seinen »*jüdischen Religionswurzeln*« zurückkehrte, lehnte Ilarias Großmutter, »*eine Sozialistin, die mit einem Reformkleid herumging*«, jegliche Religion ab: »*Meine Großmutter, die pflegte zu sagen, dass die Religion eine Erfindung des Mannes ist, [lacht] um die Frauen schuften zu lassen.*«

Ilaria, die sich selbst »*nicht so sehr als Jüdin fühlt*«, hat sich lange damit beschäftigt, was das Judentum bzw. eine jüdische Identität ausmacht, wenn keine religiöse Bindung besteht, was bei vielen italienischen Juden vor dem Zweiten Weltkrieg der Fall war. »*Die haben sich erst als Jude gefühlt, erst, als sie diskriminiert wurden, als die Rassengesetze kamen und das war ja bei uns wirklich erst mit '38. Vorher nicht.*« In Italien habe die Zugehörigkeit zum Judentum keine ausschlaggebende Rolle gespielt: »*Man WUSSTE auch meistens nicht einmal, dass jemand Jude war.*« Das Tagebuch eines italienischen Juden vermittelte Ilaria annehmbare Erklärungen zum Judentum: »*Das fand ich auch für mich schlüssig erklärt: Was ist ein Jude, was heißt es, ein Jude zu sein, das heißt wirklich ein paar moralische Begriffe versuchen, dass die im Leben konsequent verwirklicht sind.*« Sie ist überzeugt: »*Wir haben einen Auftrag.*« Das Leben und der literarische Nachlass von WiderstandskämpferInnen beeindrucken sie, wie z.B. Natalia Ginzburg, die schrieb: »*Ich wollte eine Spur hinterlassen. Also nicht umsonst gelebt haben.*« Mit dieser Lebenseinstellung kann sie sich »*unbedingt*« identifizieren: »*Ich glaube nicht an die Ewigkeit, ich glaube nicht einmal an die Seele – ich denke wirklich, man lebt in den Sachen, die man macht.*« So lebt und handelt sie nach der »*philanthropischen Tradition*«, die ihr besonders mütterlicherseits, aber auch väterlicherseits vermittelt wurde: »*Man soll denen helfen, die nicht dieselben Chancen gehabt haben. Und zwar, man soll auf die Weise helfen, dass sie dann selbständig sind.*«

Ihre Kinder wurden von Ilaria und ihrem katholischen Mann nicht religiös erzogen, »*weil wir nicht dran glauben*«. Sie vertritt die Auffassung: »*Wenn die Kinder mal irgendwie religiös werden wollen, sollen sie das alleine machen. Wir wollen ja nicht und wir sind kein Beispiel.*«

Leitmotiv: Bildung

Das Thema Bildung zieht sich wie ein roter Faden durch das Interview, immer wieder kommt Ilaria darauf zurück, sie sieht es als ihre Lebensaufgabe, für die gerechte Verteilung dieses Gutes zu sorgen: »*Wenn ich das irgendwie zusammenfassen würde, also alle meine Interessen haben sich sozusagen auf eine Schiene: Ich denke, der Schlüssel von allem ist die Schulbildung. Die Chancen. Man sollte allen die Chancen geben, eine gute Schulbildung zu haben, um sich selber zu helfen.*« Das Wichtigste, was einem Menschen gegeben werden könne, seien nicht »*Geld oder Brötchen, sondern [lacht] gute Schulbildung*«.

Sie selbst zählt sich in Bezug auf ihr jüdisches Erbe, in dessen Tradition Bildung hoch bewertet wird, zu den Privilegierten. Ihre Vorfahren mütterlicherseits »*waren immer Leute, für die das Studium und das Lernen besonders wichtig waren*«. Die Schichtzugehörigkeit ihrer Eltern rettet sie ihrer Meinung nach vor dem Tod, der ihr aufgrund ihres Hirntumors im Kindesalter unter »normalen« Umständen gedroht hätte: »*Im ersten Schuljahr bin ich sehr krank gewesen- ich bin gesund geworden, wirklich nur, weil meine Eltern gebildete Leute waren, weil sie das Geld zusammengekratzt haben, um mich operieren zu lassen.*« Viele ihrer Schulkameradinnen litten an Hunger und Unterernährung, Kinder starben, da ihre Eltern ihnen aus Unwissenheit und Geldmangel keine medizinische Behandlung zukommen lassen konnten. Außer Ilaria gab es lediglich eine Klassenkameradin, deren Eltern Bücher besaßen, »*was auch gar nicht erstaunlich war, sie war die Tochter des Direktors*«. Diese Beobachtungen und der deutlich wahrgenommene Unterschied zwischen ihren Lebensbedingungen und denen der Anderen, »*das hat mich sicher sehr geprägt*«.

Ilarias Mutter hatte bis zu Ilarias Erkrankung alte Sprachen studiert und wurde von ihrem Mann »*sehr unterstützt*«, während dieser sich neben seiner Arbeit politisch engagierte und die Familie in seine Aktivitäten einband. Ilaria trat politisch und akademisch in die Fußstapfen ihrer Eltern: »*Mein Vater war sicher derjenige, der mich auf diese politische Schiene gebracht hat*« und »*Ich bin eine Ausnahme und meine Mutter vielleicht auch, dass wir mit Geisteswissenschaften was anfangen konnten.*«

Während ihrer Studentenzeit setzte sie sich für Chancengleichheit ein: »*Wir wollten den Schritt machen – Schule machen, dass alle dieselben Chancen haben.*« Ihre Sensibilität für Missstände sowie ihr Einsatz für das Recht auf Bildung für alle ist bis heute sehr lebendig: »*Ich will für die sprechen, die nicht selber sprechen können.*« So versucht sie, auf die Situation ihrer Landsleute in Deutschland aufmerksam zu machen und die Bedingungen zu verbessern. Ilaria hat folgenden familiären Auftrag verinnerlicht: »*Ich soll mich für meine Landsleute einsetzen, dass ich das machen MUSS! Dass ich das machen SOLL! Dass das ein Auftrag ist für eine bessere Welt.*« Sie erinnert sich: »*Also ich glaube, mir hat es den größten Eindruck gemacht, was meine Mutter mir sagte und was mein Großvater meiner Mutter immer gesagt hatte: Wir haben gute Chancen bekommen und viele andere nicht. Und deswegen müssen wir was draus machen. [Pause]*«

Kraftquellen und Ressourcen

Eine grundlegende Weichenstellung für ihr Leben sieht Ilaria in der Tumorerkrankung, die sie als Kind dank der Umsicht ihrer Eltern und des geglückten medizinischen Eingriffs bewältigte: »*Ich bin ja geheilt worden! Das war damals schon eine Ausnahme!*« Die Genesung war für sie »*wie eine neue Geburt*« und hat sie »*positiv eingestellt [lacht] für ALLES, was danach kam.*« Diese Erfahrung und das dadurch geschärfte Bewusstsein ihrer körperlichen und geistigen Gesundheit, »*ich bin ja sehr gesund!*«, verleiht ihr die Kraft, sich über die eigenen Bedürfnisse hinaus den Belangen schwächerer, benachteiligter Personen und Gruppen zu widmen.

Ilaria legt großen Wert auf ihre Freundschaften, besonders »*Frauenfreundschaften haben mir sehr viel gegeben. Sehr viel.*« Sie traf in ihrem Leben häufig auf Frauen, die sie konstruktiv forderten, beruflich unterstützten und eine Mentorenfunktion übernahmen. Auch mit ihrer Schwester verbindet sie eine tiefe Freundschaft und Dankbarkeit für die Möglichkeit, in Italien menschlich und beruflich wieder Fuß zu fassen, nachdem sie sich in Deutschland niedergelassen hatte: »*Sie war meine Brücke, damit ich hier wieder Freundschaften hatte, mit denen ich was machen kann. Also, das hat mir eine enorme Kraft gegeben. Dass ich die Kontakte wieder in Italien habe.*« Es ist für Ilaria äußerst wichtig, ihre italienischen Wurzeln nicht zu verlieren und so verbringt sie jeden Sommer einige Wochen in ihrem Elternhaus in der Nähe von Turin, pflegt ihre italienischen Kontakte und integriert in Deutschland die italienische Lebensart: »*Ich wollte meine Traditionen nicht verlieren.*«

6.8.3. Isabella

»Also, was Gefühlsbetontheit angeht, bin ich auf jeden Fall der Chef hier.«

Rahmenbedingungen

Das Gespräch mit Isabella fand im Wohnzimmer des Hauses ihrer Großmutter statt. Das ca. dreistündige Gespräch verlief ungestört und Isabella war überrascht, wie viel sie über sich und ihr Leben zu erzählen hatte.

Interviewverlauf

Isabella, ein hübsches, lebhaftes Mädchen, wirkte jünger als 23 Jahre. Im Gespräch zeigte sie sich offen, emotional und verletzlich. Ihre Gefühlsregungen waren äußerst facettenreich und wechselhaft. Mit ihrer scharfen Beobachtungsgabe den einzelnen Familienmitgliedern sowie dem gesamten Familiengefüge gegenüber präsentierte sie sich mir als »emotionales Kernstück« der Familie, sich den zurückgehaltenen und verschwiegenen Emotionen der Familienmitglieder nähernd und in ihren Lebensweg integrierend. Ich traf Isabella in einer Phase des Suchens und des Ringens um ihre eigene Identität in Verbindung mit den starken Frauen ihrer Familie, aber auch in Abgrenzung zu ihnen.

Biographischer Hintergrund

Isabella wurde 1980 in A.[41] geboren, drei Jahre später kam ihr Bruder zur Welt. Sie berichtet von einer *»sehr schönen, echt netten Kindheit«*, in der sie viel Freiheit genossen habe. *»Also, wir haben eigentlich nur gespielt, die [Eltern] sind mir nicht irgendwie auf die Nerven gegangen, es gab nicht irgendwelche Grenzen oder so was. (…) Ich hatte sehr, sehr tolerante Eltern.«* Mit ihrem Bruder verband sie eine enge Beziehung, was sie als wesentlichen Teil ihrer schönen Kindheit wertet. Das Gefühl der Geborgenheit und Unbeschwertheit verlor sich mit dem Eintritt in die Schule, *»weil ich sehr krass das Gefühl hatte, jetzt musst du was machen«*. Sie fühlte sich von der Erwartungshaltung ihrer Eltern, gute Leistungen zu erbringen, stark unter Druck gesetzt.

41 Anonymisierter Wohnort

Isabellas schulische Leistungen, die in der Grundschule sehr gut waren, sanken mit Eintritt in das Gymnasium. Aus der sehr guten Schülerin wurde eine mittelmäßige, »*also, es war nicht dramatisch, dass ich jetzt hier 4en und 5en gehabt hätte, aber für mich war ja schon 'ne 3 total tragisch*«. Aufgrund des schulischen Leistungseinbruchs entstanden Schwierigkeiten zwischen Isabella und ihrem »*sehr, sehr anspruchsvollen*« Vater. Ihre gezeichnete Lebenslinie hat in diesem Lebensabschnitt den tiefsten Punkt erreicht. Isabella, die sich als »*Papa-Kind*« empfunden hatte, begann gegen ihren Vater zu rebellieren. Seine Versuche, den Lernstoff mit ihr gemeinsam zu erarbeiten, scheiterten. »*Und er hat dann sehr viel so – pädagogische Lernbücher und so ein Zeugs gekauft und das hat mich TIERISCH genervt. (…) Und dann haben wir uns tierisch in die Haare gekriegt und irgendwann ging es nicht mehr und dann haben meine Eltern mich zu 'nem Psychologen geschickt.*« Isabella reagierte verunsichert, verstand nicht, warum sie zu einer Psychologin gehen sollte, da sie sich nicht für verrückt hielt: »*Ich dachte, da gehen Leute hin, die denken, sie sind Napoleon.*« Sie zog sich in sich selbst zurück, verbrachte die Therapie-Sitzungen teilweise schweigend: »*Ich hab mich dann da auch krass abgekapselt. (…) Ja, also wir saßen dann da und haben uns angeschwiegen. Ne Stunde. Und das hat mich eigentlich nur noch mehr verunsichert.*« Sie empfand die Therapie als unnötig und fühlte sich von ihren Eltern und besonders von der psychoanalytischen Kindertherapeutin gedemütigt, stigmatisiert und manipuliert: »*Also aus heutiger Sicht war das einfach nur eine Sache, dass ich überfordert war. Mit dem, was man von mir erwartet hat.*«

Nachdem ihr Vater sich aus den schulischen Angelegenheiten seiner Tochter zurückgezogen hatte, entspannte sich das Verhältnis zwischen den beiden und auch Isabellas Leistungen, die nun in ihrem alleinigen Verantwortungsbereich lagen, verbesserten sich wieder. Dennoch »*gab es da einen Bruch*« in dem Verhältnis zu ihrem Vater. Es folgten »*noch ein paar Kämpfe mit meinem Vater wegen Ausgehen und so Sachen*«, bevor dieser dann »*irgendwann komplett die Zügel aus der Hand*« ließ und seiner heranwachsenden Tochter mehr Verantwortung zugestand, »*das Beste, was er machen konnte*«. Isabella ging mit ihrer Freiheit verantwortungsvoll um, sie rauchte nicht, noch trank sie übermäßig oder nahm Drogen: »*Dadurch, dass ich keine Grenzen hatte, hab ich es auch nicht groß ausgenutzt.*«

Ein zweiter Bruch im Verhältnis zu ihrem Vater entstand, als Isabella im Teenageralter einer ernsten Beziehungskrise ihrer Eltern gewahr wurde. Da sie das Verhalten ihres Vaters verurteilte und sich darüber hinaus für ihre zum ersten Mal schwach erscheinende Mutter in dieser Situation verantwortlich fühlte, focht Isabella (anstelle ihrer Mutter) einen »*schrecklichen*« Streit mit ihrem Vater aus. Isabella empfand sich fortan als »*Mama-Tochter*«. »*Diese Papa-Tochter-Geschichte war ab dann auch komplett gegessen.*«

Isabella beschreibt sich als gesellig und unternimmt gerne viel mit ihrem großen Freundeskreis. Ihren ersten festen Freund hatte sie als 13jährige und befand sich bis heute fast durchweg in langjährigen Beziehungen.

Nach ihrem Abitur begann sie Amerikanistik im Hauptfach und Psychologie und Romanistik im Nebenfach zu studieren, ihr Wunschstudium Medienwissenschaften konnte sie aufgrund des zu hohen Numerus Clausus nicht aufnehmen.

Isabella lebt noch in ihrem Elternhaus und plant, im nächsten Jahr nach ihrem Studienabschluss für ein Jahr nach Mailand zu gehen, wo sie eine Modeschule besuchen will. Sie hofft, mit ihrer Ausbildung anschließend bei einer Modezeitschrift eine Anstellung zu finden, »*weil politischen Journalismus trau ich mir nicht zu. Von daher lieber so was, was auch ein bisschen kreativer ist. Kein typischer Bürojob und so*«.

Inhaltsanalyse

Heimat oder Wahl des Lebensortes

Als ihre Heimat empfindet Isabella weniger das Land Deutschland als die Stadt A in der sie aufgewachsen ist und noch heute lebt: »*Diese Stadt ist sehr stark meine Heimat. (...) Deutschland nicht, nicht an sich als Land. Aber diese Stadt speziell, ja.*« Dieses Heimatgefühl wird ihr durch die kulturelle Vielfalt, die A ihr bietet, vermittelt: »*Einfach, weil es so viel Mischmasch gibt. Also, in meinem Freundeskreis ist nicht EINE Person, die nur eine Nationalität hat. Nicht eine einzige.*« Darüber hinaus sei Heimat auch »*ein bisschen die Villa Isabel*« in der Nähe von Turin, wo ihre Großmutter lebt und ihre Mutter mit ihren Schwestern aufgewachsen ist. Auch zukünftig kann sich Isabella ihre Heimatstadt A als dauerhaften Wohnsitz vorstellen, in dem auch ihre Kinder aufwachsen sollen. Wichtig ist ihr, in einer »*weltoffenen*« Stadt zu leben, »*es könnte kein Dorf sein.*« Als Option käme auch eine Stadt in den USA in Frage, aber »*im Endeffekt werde ich wahrscheinlich in Deutschland bleiben.*«

Judentum und jüdische Identität

Den ersten Eindruck von Juden erhielt Isabella durch den Geschichtsunterricht in der Schule, und sie entwickelte zunächst »*ein sehr merkwürdiges Bild von Juden*«: »*Ich hab gedacht, Juden sind kleine Kinder in Lumpen angezogen, die immer weinen.*« Dass die Familie ihrer Mutter jüdische Wurzeln hat, war ihr lange Zeit nicht bekannt, aber sie habe schon als Kind gespürt: »*Das ist so ein unterbewusstes Ding, dass ich immer wusste, mit meiner Oma ist was Besonderes, (…) – da ist was Wichtiges passiert.*«

Nachdem Isabella sich auf dem Gymnasium mit einer Jüdin angefreundet hatte, erfuhr sie von ihrer Mutter Ilaria, dass ihre Großmutter Rosa Jüdin ist. Damals machte weniger die »*schlimme*« Vergangenheit ihrer Großmutter Eindruck auf sie, als das Zugehörigkeitsgefühl zu den »*elitären Juden in meiner Stadt*«, in deren Clique sie fortan aufgenommen war, denn: »*Die bleiben unter sich.*« Nach einiger Zeit, als ihr »*klar wurde, was das eigentlich tatsächlich mit sich zieht an Vergangenheit*«, veränderte sich ihre Sichtweise und sie begann sich aus der jüdischen Clique zu lösen. Es widerstrebte ihr, einem Freundeskreis anzugehören, der sich vorrangig aufgrund der jüdischen Herkunft »rekrutierte«: »*Also, es hätte gereicht, dass du gesagt hast, du bist jüdischer Herkunft. (…) Ich hätte mich nicht mehr beweisen müssen.*«, und der sich aufgrund der Vergangenheit der Vorfahren von den anderen abgrenzte: »*Wir sind cool, weil wir diese schlimme Vergangenheit haben und ihr müsst euch alle schämen oder so, ja? Das fand ich falsch!*«

Auch wollte sie aus den Leiden ihrer Vorfahren in der Gegenwart keinen Vorteil ziehen, wie z.B. die Aufnahme in einen Freundeskreis: »*Ich will daraus nichts Gutes. (…) Ich darf nicht etwas Gutes aus der schlimmen Vergangenheit meiner Familie schöpfen, was nichts mit mir direkt zu tun hat.*« Sie ist der Meinung: »*Wenn ich die Ehre von meinen Verwandten, also wenn ich ihren Namen in Ehren halten möchte, dann darf ich das nicht – dann hätte ich das in den Dreck gezogen, indem ich – dieses Jude-Aushängeschild auf einmal als Prestigesache raushängen lasse.*«

Isabella fühlt sich dem Judentum nicht zugehörig. In ihren Augen ist es eine Religion, die erst durch den Holocaust zu einer »*kulturellen Vergangenheit*« geworden ist. Der Holocaust stellt für sie das Verbindungsglied für die Juden dar: »*An sich haben die Juden, die zu Tode gekommen sind, nicht unbedingt viel miteinander gemeinsam gehabt. Es konnten ja orthodoxe Juden sein, es konnten Juden sein, die herzlich wenig jüdisch waren. Von daher ist da nicht wirklich viel – außer dem Holocaust – was da verbindet.«* Sie stört sich an den Antworten vieler nicht-gläubiger Juden in A, die auf die Frage: »*Woher kommst du, was bist du?*« antworten: »*Ich bin Jude.*« Ihrer Meinung nach sollte das Judentum keine Nationalität darstellen, sie selbst würde auf die o.g. Frage antworten: »*Ich bin Halb-Italienerin, Halb-Deutsche.*«.

Abgesehen davon ist es Isabella nicht geheuer, ihre »*jüdische Herkunft*« preiszugeben, »*weil ich nicht will, dass das jeder weiß. (...) Zum einen, weil ich das Gefühl hab, es wird anders mit mir umgegangen, zum anderen, weil ich auch tatsächlich das Gefühl hab, es ist eine Unsicherheit...*«. Sie befürchtet, dass »*es zu einer Gefahr werden kann, wenn es zu viele wissen*«. »*Im Spaß*« sicherte sie sich bei Freunden ab, ob diese sie im Notfall verstecken würden. Die Angst vor einer erneuten Verfolgung ist nicht akut, aber Isabella hat »*das Gefühl, dass es wichtig ist, so ein BISSCHEN zu wissen, was man im Notfall machen muss.*« Und es sei »*ne beruhigende Sache, dass ich das Gefühl hab, ich hab Freunde, bei denen ich mich wirklich verstecken könnte*«.

Das einzige Mal, dass sie Antisemitismus persönlich erlebte, war, als in der Schule »*Du Jude!*« als Schimpfwort fiel. »*Und das ist dann auch – das ist auch echt das einzige Mal, wo ich mich mit jemandem gekloppt hab, ja? [Lächelt] Wegen dieser Sache! Die ich ja noch nicht einmal groß verinnerlicht hab.*« Sie sieht sich in Bezug auf das Judentum in einer undankbaren Position: »*Ich hab das Gefühl, ich hab die PFLICHT, das zu verteidigen, aber nicht das Recht, daraus einen Nutzen zu ziehen.*«

Sie zieht folgendes Resümee: »*Angenommen, es würde eine gute Fee kommen und würde sagen: ›Hör mal zu, möchtest du das gerne wieder loswerden?‹ Nein. Das bin ja auch ich. Ich bin da ja irgendwo auch geprägt. Aber – Positives zieht es nicht viel mit sich. Nee, eigentlich gar nichts.*«

Umgang mit der Vergangenheit und deren Auswirkungen

Isabella empfindet die jüdische Herkunft und die damit verbundene Vergangenheit ihrer Großeltern mütterlicherseits insofern erleichternd, als sie so sichergehen könne, dass diese »*keinen Scheiß gebaut*« haben. »*Also, ich weiß, es ist unmöglich, dass meine Großeltern eine Nazi-Vergangenheit haben.*« So könne sie »*ein sauberes Gewissen [haben], was meine Familienvergangenheit angeht.*« Ein tiefes Gefühl der Verbundenheit und eine Identifikationsfläche biete ihr nur die italienische Familienlinie der Mutter, über die deutsche Verwandtschaft ihres Vaters sagt sie: »*Die – sind nicht so – MEINE Familie.*«

Um den Familiennamen ihrer Großmutter nicht aussterben zu lassen, hatte sie überlegt, den Mädchennamen ihrer Großmutter anzunehmen, »*weil die Familie sonst endet!*«, aber: »*Ich hab mich schon erkundigt, das geht nicht.*« Isabella möchte dazu beitragen, die Familienlinie ihrer Großmutter symbolisch und real zu erhalten und wieder ein Gefühl der Lebendigkeit über die Generationen hinweg zu erschaffen. Aus diesem Grund sieht sie es als wichtige Aufgabe an, Kinder in die Welt zu setzen, auch um ihrer Großmutter Freude und die Gewissheit zu schenken, das es »*mehrere Generationen gibt, in denen einfach alles gut lief*«. Sie wünscht sich, dass ihre Großmutter ihre Urenkel noch erleben kann: »*Es ist für mich einer der schlimmsten Alpträume, dass meine Oma stirbt, bevor ich Kinder haben könnte. Das wär für mich ganz schlimm.*« Gerade in Anbetracht der Verfolgungsvergangenheit, die mehrere Cousinen ihrer Großmutter im Konzentrationslager das Leben gekostet hat, hat Isabella »*das Gefühl, ich muss das irgendwie fortführen. Also, es ist sehr wichtig, dass ich Kinder kriege*«. Ihren Kindern möchte sie Namen »*von der Familie meiner Großmutter geben. (...) Dann wär es wieder okay. Es wär wieder eine Familie da. (...) Es wären auf einmal wieder alle Generationen da. Und es wär wieder die Möglichkeit, viele Cousins und Cousinen zu haben.*« Diese Zukunftspläne lassen sich laut Isabella aus ihrer Familiengeschichte als logische Konsequenz ableiten: »*Ich denke manchmal, dass es einfach – geschichtlich so sein muss, also, es hat einfach Logik so. Es muss einfach so gehen. Alles andere wäre nicht gut.*«

Isabella besitzt ein Buch, von einem Verwandten ihrer Großmutter geschrieben, das eine Liste der Opfer des Konzentrationslagers enthält, in dem Cousinen ihrer Mutter ermordet wurden. Den übrigen Inhalt des auf englisch und hebräisch verfassten Buches kennt Isabella nicht: »*Ich hab es nie gelesen. Also es ist nicht – es ist auch keine Geschichte in dem Sinne, sondern mehr ne Auflistung von Grausamkeiten, die dort passiert sind. Von daher hab ich nie – nee. (...) Also in dem Buch wird gesagt, wer wo an welchem Tag und wie und... Aber ich will es nicht wissen.*« Dieses Buch wird von ihrer Familie sehr gehütet und ist für Isabella »*die einzige Verbindung, die ich halt hab (...) zu den Leuten, die ich nicht kenne. Also auf gewisse Weise ist es halt das, was übrig geblieben ist von den Leuten. Und von daher ist es sehr [lange Pause] es ist halt Familiengeschichte. [Weint]*« Isabella ist sehr bewegt, als sie über ihre während des Holocaust ermordete Verwandtschaft spricht: »*Ich weiß gar nichts über diese Leute. Und irgendwie- hab ich trotzdem das Gefühl [schluchzt][Pause], wir wären – wir wären sehr eng miteinander gewesen. [Pause] Aber ich weiß es nicht. [Gefasster:] Ich weiß es nicht. Vielleicht – hätte ich sie auch überhaupt nicht gemocht.«* Isabella, die sehr häufig mit ihrer verstorbenen Urgroßmutter verglichen wurde, empfindet in Bezug auf die familiäre Vergangenheit: »*Ich trag das ja auch. Also, das, was die nicht mehr sind, das bin ich. Also, mir ist sehr stark bewusst, dass das, was meine Oma nicht mehr hat, dass das ICH bin. (...) Und – hm – [Pause] das [stöhnt leise] lastet alles sehr stark. [Weint]*«

Sie stellt klar, dass das Verantwortungsgefühl, das sie empfindet, weder von ihrer Großmutter noch ihrer Mutter so formuliert oder an sie herangetragen wurde und dass ihre Einstellung den beiden unbekannt ist: »*Das ist so eine von den Sachen, über die ich nicht spreche normalerweise. Also, ich glaub nicht, dass es meiner Mutter in irgendeiner Weise bewusst ist, dass ich das so sehe. Und auch meiner Oma nicht. Und das würden sie auch beide gar nicht wollen.*«

Zwischen Isabella und ihrer Großmutter Rosa fanden kaum Gespräche über deren Vergangenheit statt, »*ich hab – ganz selten mal ein bisschen was aus meiner Oma versucht rauszulocken – [Pause] aber ich glaub, das will sie nicht. (...) Ich hab einfach nicht das Gefühl, dass es gut ist.*« Einzig über Isabellas Urgroßmutter, der sie sehr ähnlich sein solle, wurde ihr berichtet, und dass diese »*so traurig*« gewesen sei, nachdem sie zu ihrem Mann nach Amerika gegangen war und ihre Töchter in Europa zurückgelassen hatte.

Mit Isabellas Mutter Ilaria, die Isabella als »*sehr, sehr engagiert*« beschreibt hinsichtlich ihres Interesses für die Judenverfolgung im Dritten Reich, beschränke sich die Auseinandersetzung mit der Vergangenheit auf eine rein »*wissenschaftliche, geschichtliche*« Ebene. Die »*exzessive*« Beschäftigung mit dem Holocaust, »*dieses krasse Pflichtbewusstsein, sich JEDE, JEDE und wenn sie noch so blödsinnig ist, historische Reportage*« im Fernsehen anzusehen, hält Isabella für übertrieben: »*Mir geht das tierisch auf die Nerven.*« Isabella kritisiert diese von ihr als unpersönlich und distanziert empfundene Herangehensweise: »*Sie spricht viel über Holocaust und so, aber nie im Zusammenhang mit der eigenen Familie.*«

Isabella teilt die Einstellung ihrer Mutter, dass »*es sehr, sehr wichtig ist, dass jeder Mensch die Verantwortung, die politische Verantwortung übernimmt und dass man aufgeklärt sein muss*«. Ihrer Meinung nach bedürfe es jedoch nicht eines lückenlosen Wissens über die Vergangenheit: »*Man muss dafür nicht jedes Detail wissen, was im Zweiten Weltkrieg passiert ist, man muss nicht jeden ermordeten Juden beim Namen auf-*

zählen können.«, um »*eine Art Grundrespekt gegenüber anderen Menschen und Kulturen*« entwickeln zu können.

Im Gegensatz zu ihrer Mutter nähert sich Isabella der Vergangenheit auf eine emotionalere Art und Weise: »*Sie ist mehr für die geschichtliche Verarbeitung und ich mehr für die Gefühlsverarbeitung zuständig.*« Das zeige sich schon an der Auswahl der Bücher und Filme: »*Sie guckt sich jetzt keine Filme an wie »Schindlers Liste« oder »Das Leben ist schön«, die einen auch persönlich berühren würden oder liest Romane zu diesem Thema, sondern rein geschichtliche [Literatur].*« Isabella hingegen zieht diese Art der Informationsgewinnung vor, »*weil es eben nachvollziehbarer*« und dadurch für sie »*näher an der Realität*« zu sein scheint. Ihre Mutter kann Isabellas Auseinandersetzung auch etwas abgewinnen: »*Sie tut es einerseits ab, andererseits, glaube ich, ist sie sehr froh. Dass ich so bin, wie ich bin. Also, dass ich das eben mehr, dass ich eben sehr gefühlsbetont bin.*« So nimmt sie Isabella z.B. in Schutz, wenn diese ihre Gefühle offen zeigt: »*Und mein Bruder wird mich auslachen und meine Mutter wird sagen: ›Lass sie, sie ist – nicht so kaltherzig.‹*«

Isabella hat den Eindruck, dass die unterschiedlichen Verarbeitungsmodi ihrer Ahninnen aufeinander aufbauen und sich in gewisser Weise ergänzen und vermutet: »*Sie [die Großmutter Rosa] kann sich da überhaupt keine Gedanken machen, weil sie total zusammenbrechen würde. Meine Mutter nur so wenig und ich dann halt komplett. Ich bin dann halt diejenige, die es dann wirklich so nah, so nah es eben geht, an sich ranlassen kann.*«

Kraftquellen und Frauenbild

Das Wissen um den Rückhalt in ihrer Familie vermittelt Isabella Sicherheit: »*Ich hab es nie in Anspruch genommen oder nie schlimm, also viel in Anspruch genommen, aber ich wüsste im Grunde genommen, wenn ich wirklich zusammenbreche – ist da jemand, der mich wieder aufstellt.*« Bei der Bewältigung von schwierigen Situationen hilft es ihr auch, ihren Schmerz in Relation zu anderen zu setzen: »*Ich weiß, meine Oma hat Schlimmeres durchlebt und meine Mutter hat Schlimmeres durchlebt und das kann ich auch. Und dann – ist es nicht mehr so – dann sag ich mir: Was heulst du rum, es gibt Schlimmeres.*« Diese relativierenden Vergleiche haben sich für sie als wirkungsvoll erwiesen und beinhalten zweierlei Aspekte: Zum einen die Wahrnehmung der »Nichtigkeit« des Problems und zum anderen das Gefühl der eigenen Stärke: »*Es lohnt sich nicht – ich könnte Schlimmeres durchstehen – ja, und es ist eine Nichtigkeit im Gegensatz zu anderen Dingen.«*

Ihre eigene Stärke fußt auf dem Rückblick und der Identifikation mit ihren weiblichen Vorfahren: »*Frauen sind einfach die stärkeren Wesen. Und ich bin eine Frau und ich werde irgendwann Mutter sein und in meiner Familie gibt es nur starke Frauen und deswegen kann ich – es ist alles zu meistern.*« Sie fühlt sich als Frau überlegen und nimmt eine Beschützerrolle ein: »*Ich weiß, ich habe die Stärke in mir und im Endeffekt mach ich mir mehr Sorgen um andere Personen, von denen ich das Gefühl habe, sie sind nicht so – abgehärtet.*« Isabella vergleicht sich mit ihrer Großmutter Rosa, »*weil ich als Frau die anderen beschütze. (...) Also ich denke, wenn es hart auf hart kommen würde, würde ich das durchziehen. Wie meine Oma.*«

Selbstbild, Einsamkeit und Männerbild

Isabella beschreibt sich nach außen hin als angepasst: »*Also, ich sag immer erst mal JA zu allem.*« Aufgrund ihres starken Verantwortungsgefühls stellt sie eigene Bedürfnisse oft hinter die der anderen zurück. Isabella befürchtet, dass ihr Leben einen ähnlichen Verlauf nehmen könnte wie das ihrer italienischen Tante, mit der sie viele Ähnlichkeiten feststellt. »*Sie ist sehr, sehr giving, so. Also, sie lässt auch immer erst mal den anderen Vorrang und – sie sucht viel Bestätigung, auch das. (...)*« Isabella fasst zusammen: »*Sie ist jemand, der sich immer mit weniger zufriedengibt als sie haben könnte. Und dadurch ist sie jetzt im Endeffekt – also, wenn man es ganz nüchtern betrachtet, ist sie eine (...) Frau, die jetzt von ihrem Mann verlassen wird, mit dem sie 25 Jahre zusammen war.*« Besonders schrecklich erscheint Isabella deren Einsamkeit: »*Sie ist alleine! (...) Dafür, dass sie einfach ein toller Mensch ist, ist es schrecklich! (...) Alleinsein ist das Schlimmste. Ja.*«

Einsamkeit ist ein alarmierender Zustand für Isabella, dem sie auch bei anderen vorzubeugen versucht, indem sie z. B. ihren Bruder in ihren Freundeskreis integriert, weil: »*Ich hab sehr viel Angst, dass mein Bruder allein ist irgendwann.*« Sie selbst begegnet dieser Angst, indem sie sich seit Jahren von [langjähriger] Beziehung zu [langjähriger] Beziehung »*schmeißt*«: »*Ich bin nie allein. [Lacht] Ich bin einfach nie allein. (...) Seit diesem ersten Freund mit 13 bin ich wirklich von einer Beziehung in die nächste, auch aus Angst, allein zu sein.*«

In ihrer bisherigen Partnerwahl war das Kriterium der intellektuellen Unterlegenheit ihrer Freunde bedeutsam: »*Ich such mir immer Männer aus, die so ein bisschen – die ich manipulieren kann.«* Das Gefühl von Überlegenheit und damit verbundener Kontrolle scheint aus zweierlei Gründen für sie wichtig zu sein: Einerseits, da sie sich den Mitgliedern ihrer Kernfamilie unterlegen fühlt: »*Das wollte ich eigentlich immer vermeiden. Mit meinen Eltern gemessen oder verglichen zu werden.*« So fühlte sich Isabella z.B. nicht in der Lage, in die akademischen Fußstapfen ihrer Mutter zu treten, obgleich sie deren Themengebiet sehr interessiert hatte: »*Es geht auch darum, dass ich natürlich nichts machen wollte, was meine Mutter macht. (…) Aber nicht, weil ich es nicht mag oder weil ich es nicht schätzen würde, sondern – aus Selbstschutz. Weil ich mich nicht messen kann.*« Ein weiterer Grund scheint in dem kritischen Männerbild zu liegen, das ihr vermittelt worden sei: »*Das Männerbild ist auf jeden Fall kein Gutes in diesem Haus.*« Männer seien »*gefährlich*«, »*auf Männer ist kein Verlass*« und ihnen sei »*nicht zu trauen.*« Die Gefahr, die von Männern ausgeht, scheint gebannt zu sein, wenn sie Partner wählt, die sie »*für ein bisschen doof*« hält.

Isabella stellt zwei existentielle und von ihr als widersprüchlich empfundene Seiten ihrer Persönlichkeit dar: Einerseits sei sie sehr gesellig und extrovertiert, auf der anderen Seite halte sie ihre Mitmenschen auf Distanz, indem sie nur wenig über sich selbst preisgibt. Hinter ihrem selbstsicheren Auftreten stecke ein »*stiller Mensch*« mit vielen Fragen und auch Selbstzweifeln, der sich mitunter in der Geselligkeit und im Miteinander mit anderen verliere. Aus diesem Grund hat sie beschlossen, sich der Angst vor dem Alleinsein zu stellen und es als Lernaufgabe zu betrachten und zu bewältigen. Sie hat sich von ihrem Freund getrennt und möchte von Zuhause ausziehen. »*Und jetzt bin ich ganz bewusst mal alleine.*« Sie möchte herausfinden, wer sie wirklich ist und was sie wirklich will: »*Ich will nicht irgendwann zurückblicken und sagen – du hast ne Menge Sachen gemacht und dein Leben ist wie ein Buch – aber wolltest du das wirklich alles?*« Diesem bewussten Schritt, sich dem Alleinsein zu stellen, fühlt sie sich gewachsen durch eine stabile Freundschaft, die ihr Halt gibt: »*Ich fühl mich einfach sicher genug im Moment. Also, ich brauch niemanden. Ich hab einfach jetzt diese Freundschaft, der ich vertraue. Ich weiß, die geht nicht weg.*«

Vergebung

Isabella weist zunächst auf die Diskrepanz zwischen dem Wunsch und der realen Möglichkeit zu verzeihen, hin, da es ihrer Meinung nach

»Sachen gibt, die kann man nicht vergeben.« Sie selbst ist in Hinblick auf die Judenverfolgung überzeugt: *»ICH könnte das im Leben nicht vergeben.«*

Isabella erinnert sich an eine Situation, in der ihre Mutter mit einem Sohn eines Soldaten gesprochen hatte, der ihre Großmutter während des Zweiten Weltkrieges bedroht hatte. Während ihre Mutter sich *»die Geschichte von der anderen Seite anhören [wollte] (...), wie sie halt ist – HISTORISCH, blabla«*, entstand in Isabella eine ungeheure Wut: *»Ich hatte das Gefühl, wenn ich diesen Typen tatsächlich zu Gesicht kriege, dann geh ich hin und HAU ihm in die Fresse [lacht], ja? Also, dann [laut] TRET ICH IHM IN DIE EIER! Ich war SO SAUER, ja? Ich hätt im Leben nicht an Vergebung gedacht!«*

Ihre Ratio bezwingt die Handlungsimpulse, die aus ihren Emotionen folgen könnten, so dass sie zu dem Schluss kommt, dass Rache keine Lösung ist: *»Sonst enden wir wie in Sizilien, wo die eine Familie die andere abschlachtet.«* Sie stellt fest: *»Man muss keine Rache üben, aber man muss auch nicht unbedingt vergeben müssen.«* und: *»Also, ich finde, man hat das Recht, sauer zu sein.«* Auf der anderen Seite hält sie es für wichtig für die Opfer, mit der Vergangenheit abzuschließen, um zur Ruhe zu kommen. Da sie nicht *»an diese biblische Geschichte, dass man durch Vergebung Ruhe findet«*, glaubt, könne ihrer Meinung nach nur Verdrängung helfen – *»sehr ungesunderweise«*. Sie zieht die Bilanz, dass man bestimmte Erlebnisse weder verarbeiten noch vergeben kann: *»Ich glaub, es gibt Sachen, die kann man nicht heilen. Also, es ist tragisch, aber ich glaub, man kann nicht alles heilen.«*

Wiedergutmachung

Isabella ist der Meinung, dass es keine Wiedergutmachung für die Verbrechen im Dritten Reich gibt, da sie die Judenverfolgung für unverzeihlich hält und in ihrem Erleben Wiedergutmachung an Vergebung gebunden ist, die man von den Opfern nicht verlangen kann.

Eine Wiedergutmachung im eigentlichen Sinne würde laut Isabella eine Umkehr der an den Opfern verübten Taten bedeuten und da das Auferstehen der Toten nicht möglich ist, *»auf Rache hinauslaufen«*, was sie nicht unterstützen möchte: *»Das hört dann ja nie auf. Außerdem wär man dann auch nicht besser als die anderen.«* Falls überhaupt, kann und muss sich ein Akt der Wiedergutmachung einzig und allein auf die von den Opfern geäußerten Wünsche beziehen. Die volle Entscheidungsmacht solle bei den Opfern liegen, nicht bei dem jeweiligen Gutdünken der Täter: »*Ich finde, man muss bereit sein, dass zu tun, was das Opfer möchte. Und – es ist keine Wiedergutmachung von Geld oder von irgendwelchen Denkmälern sondern – ich finde, man muss die Klappe halten. Man muss einfach ruhig sein und gucken, was die Opfer möchten.*« Finanzielle Entschädigung kann ihrer Meinung nach eben nur die materiellen Einbußen kompensieren, in keiner Weise jedoch als »*Wiedergutmachung für Leid oder für Menschen*« dienen. Als Mittel der versuchten emotionalen Wiedergutmachung empfindet sie Geld als »*Beleidigung. So kann man Leute nicht wiederauferstehen lassen.*« Sie erwartet, dass man die Erinnerung an die Geschichte an Folge-Generationen weitervermittelt, um zu bewirken, »*dass die nicht noch mal so einen Mist machen*«.

Israel

Isabella hat keine Beziehung zu Israel, es bedeutet ihr »*nichts. Das ist ein Land, wo Stress ist.*« Sie kann sich vorstellen, einmal dorthin zu reisen, um sich intensiver über das Judentum zu informieren, aber »*bevor ich mir Israel angucken würde, gäbe es andere Länder, die ich mir lieber angucken würde*«.

6.8.4. Mehrgenerationale Familienanalyse

Umgang mit der Vergangenheit und Verhältnis zu Deutschland

Die Auseinandersetzung mit dem Holocaust vollzieht sich in dieser Familie generationsabhängig auf unterschiedlichen Ebenen: Dem vorwiegenden Schweigen der ersten Generation folgt eine intensive rationale, wissenschaftlich-historische Annäherung durch die zweite Generation und erst in der dritten Generation wird eine deutliche emotionale Beteiligung und Reflektion zugelassen.

Rosa, die Vertreterin der ersten Generation, kann heute mit dem Abstand von 60 Jahren über ihre Verfolgungserfahrungen mit mir, einer fremden Deutschen sprechen. Ihre Darstellungen beziehen sich hauptsächlich auf die positiven Aspekte ihrer jahrelangen Flucht: Auf ihre Handlungsfähigkeit und Selbstwirksamkeit, die im Zusammenspiel mit der selbstlosen Hilfe vieler nichtjüdischer Italiener zu ihrem Überleben beigetragen hatten. An einigen Erzählpassagen schimmert der Schmerz und die Enttäuschung durch, die Rosa während des Zweiten Weltkrieges empfunden hatte, als sie aufgrund ihrer Zugehörigkeit zum Judentum ihre gesellschaftliche und individuelle Existenzberechtigung verlor. Ihre Tochter Ilaria berichtet, dass Rosa nur sehr selten und ungern über die Jahre des Holocaust und ihre eigene Geschichte gesprochen habe. Ilaria, die sich infolgedessen von Rosas Vergangenheit ausgeschlossen fühlte, entwickelte eine starke und anhaltende Neugierde, »das Geheimnis« zu lüften. Um einen Zugang zur Vergangenheit der Mutter zu finden, fokussierte sich Ilarias Forscherdrang auf Deutschland und die deutsche Sprache, mit der die Mutter ihre Geheimnisse zu vermitteln schien. Es ist zu vermuten, dass Ilaria neben dem eigenen Bedürfnis, der Mutter näherzukommen und sie besser zu verstehen, auch deren unterdrückte Sehnsucht nach Deutschland wahrgenommen und unbewusst übernommen hatte. Mit Ilarias Interesse an der deutschen Sprache und Kultur und besonders durch ihre Wahl eines deutschen Lebensortes war Rosa schließlich gezwungen, sich erneut mit Deutschland auseinanderzusetzen und sich wieder anzunähern. Die Abspaltung der einstmals geliebten Kultur und Sprache wurde aufgehoben, ein weiteres Kapitel über Deutschland musste von Rosa aufgeschlagen werden.

Ilarias Umzug nach Deutschland könnte auch als Akt der Ablösung von der starken und unfehlbar anmutenden Mutter und dem sie in ihrer Selbständigkeit fördernden Vater interpretiert werden, da Reibung und Abgrenzung kaum möglich und scheinbar nicht nötig waren: *»Meine Eltern waren wirklich sehr liberal und deswegen hatte ich mit denen keine Konflikte.«* So konnte Ilaria durch den Schritt nach Deutschland und die dort folgende Verwurzelung einerseits die größte Kluft zwischen sich und ihrer Mutter schaffen und ihr gleichzeitig Hilfestellung anbieten bei deren Überwindung und somit erstmals in eine überlegene Position gelangen.

Weiterhin kann die Immigration nach Deutschland und die gelungene Integration italienischer Lebensart (sowie familiärer und gesellschaftlicher Traditionen) im Land der einstigen Täter als Triumph über die Angst und die Verfolgung und die Abwendung vom Opferstatus gedeutet werden, so als träte Ilaria den Beweis an, als italienische Jüdin in Deutschland überleben zu können. Dieses Vorhaben scheiterte in gewissem Sinne, da Ilaria in Deutschland zwar ihre italienische Herkunft wahren konnte, die persönliche Annäherung an ihre jüdischen Wurzeln jedoch erschwert wurde. Die Offenbarung ihrer jüdischen Abstammung führte zu Distanzierungsprozessen zwischen ihr und ihren deutschen Mitmenschen. Da Ilaria die schuldbewussten und abwehrenden Reaktionen auf die Realität der Verfolgungserfahrung ihrer jüdischen Mutter unangenehm waren, unterließ sie es, diesen »unerwünschten« Anteil ihrer Herkunft mitzuteilen, der infolgedessen mehr und mehr in den Hintergrund trat.

Vermutlich als unbewussten Ausgleich für diese Entwicklung setzte sie sich exzessiv auf einer rationalen, historisch-akademischen Ebene mit dem Holocaust auseinander. Auf diese Weise konnte sich Ilaria ihrem eigenen Familienschicksal individuell und gesellschaftlich auf eine für sie unbedrohliche Weise nähern. Ihrem politischen Sendungsbewusstsein entsprechend, verlagerte sie die persönliche Auseinandersetzung mit dem Holocaust in die Öffentlichkeit und trug durch die von ihr organisierten historischen Vorträge, Ausstellungen und Seminare zur Wissensweitergabe und zur deutsch-jüdischen Vergangenheitsbewältigung bei.

Obgleich Ilaria sich wie beschrieben auf einer rational-wissenschaftlichen Ebene intensiv mit dem Thema Holocaust beschäftigt, führt sie innerfamiliär das Muster des mütterlichen Schweigens fort, da sie in keinen emotionalen Austausch tritt – weder mit sich selbst noch mit ihrer Familie. Der Holocaust wird »beruflich« bearbeitet, die subjektive Betroffenheit wird durch Abspaltung und Rationalisierung reduziert, jedoch gleichzeitig durch die ständige Konfrontation mit der Geschichte wieder hervorgerufen.

Eine deutlich unterschiedliche Herangehensweise kann bei Isabella, Ilarias Tochter, beobachtet werden, die als transgenerationales Medium der unbewussten, unterdrückten und abgespaltenen Emotionen bezüglich der zwei Generationen zurückliegenden familiären Verfolgungsgeschichte wirkt. Offensiv nähert sie sich der Vergangenheit und auch dem Umgang der Familie mit dieser, erkennt und benennt blinde Flecken der individuellen Bewältigungsversuche. Isabella hat eine chronologische Entwicklung wahrgenommen bezüglich der Fähigkeit, sich emotional auf die Familiengeschichte einzulassen: *»Sie [die Großmutter Rosa] kann sich da überhaupt keine Gedanken machen, weil sie total zusammenbrechen würde. Meine Mutter nur so wenig und ich dann halt komplett. Ich bin dann halt diejenige, die es dann wirklich so nah, so nah es eben geht, an sich heranlassen kann.«* Zeitlich und dementsprechend auch biographisch am weitesten vom Holocaust und dem Verfolgungsschicksal der Familie entfernt, interpretiert sie eben diese Distanz als Kraftquelle, die es ihr möglich macht, sich dem Verlust und dem Schmerz der Vergangenheit zu stellen. Die verdrängte Trauer und die Wut der vorherigen Generationen hat durch Isabella ein Ventil gefunden, um an die Oberfläche und die Außenwelt zu treten. Stellvertretend für ihre Verwandten kann sie heute, 60 Jahre später, Trauerarbeit leisten, auch Gefühle zulassen und sie aushalten, ohne Gefahr zu laufen, daran zu zerbrechen.

Judentum und Identität

In dieser Familie wurden seit zwei Generationen weder die jüdische Religion noch die Traditionen übermittelt und so muss jedes Familienmitglied selbst einen Weg finden, die jüdische Abstammung[42] in das eigene Leben und die eigene Identität zu integrieren. Rosas Verbindung zum Judentum besteht für sie in der Zugehörigkeit zu dem jüdischen Volk, *»einem Volk, das so viele Jahre gelitten und immer überlebt hat«*. Sie hielt nicht an dem jüdischen Glauben fest, der ihr durch ihre Eltern vermittelt wurde und konvertierte gezwungenermaßen während des Zweiten Weltkrieges zum Katholizismus, den sie ihrem Mann zuliebe (solange er lebte), ohne Begeisterung ausübte. Ihre Töchter zog sie ohne jüdisch-religiösen Bezug in Italien auf. Ilaria, die sich dementsprechend *»nicht so sehr als Jüdin fühlt«*, orientierte sich in ihrer Unsicherheit bezüglich ihrer jüdischen Identität an jüdischen Vorbildern und an *»moralischen Begriffen«*, die sie dem Judentum zuordnet, und verwirklichte diese Leitbilder sinnstiftend in ihrem Leben.

Die Distanzierung der vorherigen zwei Generationen von der jüdischen Religion führt auch bei der dritten Generation zu einer Verunsicherung bezüglich der jüdischen Identität. Isabella ist ohne jegliche religiöse Prägung in Deutschland aufgewachsen: *»Für mich ist es das richtige, KEINE Religion zu haben und ich seh auch wirklich nicht, was Religionen Gutes getan haben bisher.«* Erst im Jugendalter wurde Isabella mit ihren jüdischen Wurzeln konfrontiert und ist seitdem stets darauf bedacht, ihren Status als Jüdin nicht zu ihrem Vorteil zu nutzen. Da das Judentum in Isabellas Augen ausschließlich als Religion und nicht als Nationalität oder ethnische Zugehörigkeit zu werten ist, spielt es in ihrem gegenwärtigen Leben keine aktive Rolle. Sie kann dem Judentum nichts Positives oder Zeitgemäßes abgewinnen, da weder die jüdische Religion noch die Traditionen übermittelt wurden. So stellt das Judentum für sie ein Relikt aus der Familienvergangenheit dar, dem zuzuwenden sie sich erst durch die Tatsache des Holocaust und die dadurch entstan-

42 Nach rabbinischer Tradition ist Jude, wer von einer jüdischen Mutter abstammt oder nach orthodoxer Norm zur jüdischen Religion übergetreten ist.

denen negativen Einflüsse auf ihre Familie gezwungen sieht. Die Identitätsbildung der Frauen dieser Familie ist weniger durch das Judentum als vielmehr durch die Verfolgungserfahrung, der die erste Generation aufgrund ihrer jüdischen Zugehörigkeit ausgeliefert war, beeinflusst worden.

Heimat und Wahl des Lebensortes

Rosa wie auch Ilaria sind während ihres Lebens in ein anderes Land immigriert. Weder für Rosa noch für Ilaria bedeutete die Migrationserfahrung einen Bruch in der Lebenslinie, was bei Rosa dem Umstand zu verdanken sein mag, dass sie mit ihrer gesamten Familie von Istrien nach Italien übersiedelte und bei Ilaria der Tatsache zuzuschreiben ist, dass sie sich aus freien Stücken dazu entschied, von Italien nach Deutschland zu gehen. Ilarias Heimatgefühl ist begrenzt auf die Stadt in Deutschland, in der sie lebt und konstituiert sich zusätzlich durch den »Import« ihrer italienischen und durch ihre Herkunftsfamilie geprägten Lebensart. Isabella hat diese Differenzierung des Heimatbegriffes übernommen. Sie akzeptiert zwar ihren deutschen Wohnort als Heimatstadt, nicht jedoch Deutschland als Heimatland. Darüber hinaus hat sie eine intensive Beziehung zu dem Familiensitz in Italien, den sie um jeden Preis erhalten möchte. Hier zeigt sich die Schwierigkeit der zweiten und dritten Generation, sich in Deutschland heimisch zu fühlen und sich mit Aspekten des Deutschtums zu identifizieren, die über die Grenzen ihres gewählten Mikrokosmos hinweggehen. Fraglich bleibt bei dieser Familie, ob es aufgrund ihrer jüdischen oder ihrer italienischen Herkunft erschwert ist, sich mit Deutschland als Land und als Nation zu identifizieren.

Frauenbild und Verantwortung

Die befragten Frauen der drei Generationen eint ein starkes Verantwortungsgefühl für ihre Familie und die Schwachen der Gesellschaft. Rosa, Vertreterin der ersten Generation, übernahm nach dem Weggang ihres Vaters während ihrer Flucht durch Italien die Verantwortung für ihre Mutter und die zwei Schwestern, da ihre Mutter an den Verhältnissen zu zerbrechen schien. Darüber hinaus führt Rosa bis heute einen leisen, aber stetigen Feldzug für Toleranz und die Anerkennung und Wertschätzung von Andersartigkeit.

Ilarias Verantwortungsbewusstsein gilt vornehmlich benachteiligten

Gesellschaftsschichten und Minderheiten und äußert sich in ihrem unablässigen politischen Engagement, auf Missstände aufmerksam zu machen und diese zu beseitigen. Ihr enormer Einsatz im Bildungswesen insbesondere für *ihr Volk*, die italienische Minderheit in Deutschland, kann gedeutet werden als unbewusster transgenerationaler Wiedergutmachungsversuch im Hinblick auf die ihrer Mutter widerfahrene Ungerechtigkeit, die Ende der 30er Jahre ihre universitäre Ausbildung aufgrund der antijüdischen Gesetze nicht fortsetzen durfte und ein zweites Mal an der Aufnahme ihrer Studien durch Ilarias Krankheit im Kindesalter gehindert wurde[43] .

Isabella hat durch das Erbe ihrer tatkräftigen weiblichen Vorfahren und durch die Identifikation mit ihnen Gefühle der Stärke und Selbstwirksamkeit verinnerlicht, die deutlich geschlechtsspezifisch zugeordnet werden: »*Frauen sind einfach die stärkeren Wesen. Und ich bin eine Frau und ich werde irgendwann Mutter sein und in meiner Familie gibt es nur starke Frauen und deswegen kann ich – es ist alles zu meistern.*« Die Tradition der Frauenfiguren in dieser Familie birgt neben der weiblichen Überlegenheit auch eine Verpflichtung, den jeweiligen familiären oder gesellschaftlichen Auftrag zu erfüllen. Isabella, die mit ihrer Großmutter Rosa liebevoll verbunden und sehr mit ihr identifiziert ist, sorgt wie diese für ihre Familienmitglieder und den Familienzusammenhalt. Auch auf einer generations-übergreifenden Ebene fühlt Isabella eine Verantwortung, die Familie zu erhalten und mit der Geburt eigener Kinder den Schmerz über die verlorenen, unbekannten, ermordeten Familienmitglieder zu lindern.

Die Aufträge von Rosa und ihrer Enkeltochter Isabella beziehen sich auf die Familie und ähneln sich in dem Bestreben, die Familie zu beschützen und die Generationsfolge zu sichern, also für das Überleben der Familie zu kämpfen. Ilaria, die Vertreterin der zweiten Generation, fühlt darüber hinaus eine starke Verpflichtung ihrer benachteiligten Umwelt gegenüber und so kämpft sie für eine gesellschaftliche Gleichberechtigung, besonders im Bereich der Bildung.

Opfer-Täter und Vergebung

Lieber Opfer als Täter, diese Überzeugung teilen Großmutter, Tochter und Enkeltochter dieser Familie. Rosa formuliert es folgendermaßen: »*Es ist besser, ein Unterdrückter zu sein, als der, der unterdrückt. (…)*

43 Vgl. auch Boszormenyi-Nagy 1993; Schützenberger 2003, 99.

Lieber Opfer, als der, der opfert.« Diese Einstellung hat auch ihre Tochter Ilaria übernommen: *»Das ist besser, an der Seite der Opfer geboren zu sein – moralisch finde ich es besser!«* Die Annahme des Opfer-Status scheint Mutter und Tochter aus »moralischer« Sicht akzeptabler und erhabener, als das Pendant der Täterrolle einzunehmen und Schuld zu tragen. So kann auch Isabella, die in Deutschland sozialisiert wurde, von dem Wissen um den Opferstatus ihrer jüdischen Großmutter und deren Familie profitieren, denn so hat sie: *»ein sauberes Gewissen, was meine Familienvergangenheit angeht.«* Von der Vergangenheit ihrer deutschen Großeltern (väterlicherseits) distanziert Isabella sich: *»Die sind nicht meine Familie.«* Der Opfer-Status konnte vermutlich in dieser Familie so gut angenommen werden, weil sich Rosa während bzw. trotz ihrer Verfolgungserfahrungen ihre Selbstwirksamkeit erhalten konnte. Darüber hinaus wurde ihre Existenz durch die Hilfestellung vieler italienischer Mitmenschen geschützt, was ebenfalls zu einer Stabilisierung und der Bewahrung ihres Sicherheitsgefühles beitrug. Statt durch eine anhaltende Hilflosigkeit etwa in Depressionen[44] abzugleiten, aktivierte Rosa individuelle, familiäre, materielle und gesellschaftliche Ressourcen und vermittelte durch ihre Tatkraft den nachfolgenden Generationen ihrer Familie ein starkes und handlungsfähiges Frauenbild.

Die optimistische Grundhaltung drückt sich inhaltlich und atmosphärisch auch in den Geschichten aus, die sich innerfamiliär über den Krieg erzählt wurden. Laut Ilaria wurden die »Kriegsepisoden« stets humorvoll und mit einer solchen Leichtigkeit geschildert, dass Ilaria schließlich den Eindruck erhielt, der Krieg sei eine schöne und wieder erstrebenswerte Erfahrung gewesen. Diese verharmlosende Art der Darstellung kann auch als Schutz sich selbst und den Angehörigen gegenüber vor den Schrecken der Vergangenheit verstanden werden.

Es ist zu vermuten, dass aufgrund des starken und unbeschädigten Opfer-Imagos kein vernichtendes Täter-Feindbild hervorgerufen wurde und auch transgenerational keine Schwarz-Weiß-Wahrnehmung der Welt übermittelt wurde. Sowohl Rosa als auch ihre Tochter Ilaria bemühen sich, sich in die Täter von damals hineinzuversetzen und deren Handlungen im Kontext der Weltgeschichte verstehend einzuordnen, was sich auch in Ilarias beruflichem Engagement widerspiegelt. Auch in Bezug auf die jüdischen Opfer bzw. Juden im allgemeinen ist es Ilaria wichtig, der Gesellschaft ein Gesamtbild zu vermitteln und

44 Das Konzept der Gelernten Hilflosigkeit (vgl. Seligman 1979) wird auch zur Erklärung der Entstehung depressiver Störungen herangezogen.

Raum für individuelle Wahrnehmungen und Bewertungen zu lassen, sie fordert auch hier eine Abkehr vom plakativen Schwarz-Weiß-Denken: *»Auch ein Jude hat das Recht, schlechte Eigenschaften zu haben. (...) Man soll sie [die Juden] im Großen und Ganzen sehen und nicht nur die Opferrolle so betonen.«*

MÄNNERBILD

Isabella berichtet als einzige der drei Frauen von einem *»schlechten Männerbild«*, das über die Generationen tradiert worden sei. Weder ihre Mutter Ilaria noch ihre Großmutter Rosa äußern sich im Rahmen der Interviews jedoch negativ über männliche Figuren, ganz im Gegenteil, beide beschreiben unterschiedliche Männer als positiv prägend und verlässlich. Es ist zu vermuten, dass Isabella auch bei diesem Thema an ein Tabu rührt und Männer nicht wie die vorherigen Generationen von Frauen idealisiert, sondern ihnen auch negative Eigenschaften zuzuschreiben wagt. Isabella verweist konkret auf ihren Urgroßvater, der seine Familie im judenfeindlichen Europa zurückließ und allein nach Amerika auswanderte. Nach Ende des Krieges habe er seine Frau gezwungen, ihn in die USA zu begleiten, wo diese sehr unglücklich gewesen sei: *»Die wollte da nicht bleiben. Die war sehr unglücklich und – mir wird immer beschrieben, wie ihre Augen dann auf einmal nicht mehr gestrahlt haben.«* Als Todesursache definiert Isabella: *»Man könnte sagen, ein Mann hat ihr die Freude am Leben genommen«* und ihre Urgroßmutter sei *»vor Trauer«* gestorben. In der wiederholten Identifikation mit den Frauen ihrer Familie weist Isabella ihrem Urgroßvater deutlich die Schuld am Tod ihrer Urgroßmutter zu und übt als einzige der drei Frauen offene Kritik an männlichen Familienmitgliedern.

Die Attribute, die Isabella Männern zuschreibt: *»gefährlich«*, *»unberechenbar«* und *»ohne Verlass«* könnten darüber hinaus eine unbewusste Assoziation zu einem Täterbild sein, das Isabella generalisierend auf ihr eigenes Leben übertragen hat und es ihr wichtig erscheinen lässt, sich nur mit Männern zu umgebe

6.9. Generationenportrait I.

Erste Generation
Theresia, geb. 1915 in Ungarn
überlebte den Holocaust im Budapester Ghetto und im Versteck
Wohnhaft in Ungarn, Budapest

Zweite Generation
Ruth, geb. 1948 in Ungarn, Budapest
Seit 1967 wohnhaft in Deutschland, Berlin

Dritte Generation
Rabea, geb. 1970 in Deutschland, Berlin
Wohnhaft in einer Kleinstadt in Deutschland

6.9.1. Theresia

»Ich WILL vergessen, was man mir Schlimmes angetan hat.«

»Ich will keinen Hass in ihre Seelen setzen.«

Rahmenbedingungen

Ich suchte Theresia im Haus ihrer ältesten Tochter Helena in München auf, wo sie für die Sommermonate zu Gast war, bevor sie wieder in ihre Heimat Ungarn fuhr. Sie empfing mich mit den Worten: *»Sie sind pünktlich. Nun ja, die Deutschen haben auch gute Eigenschaften.«* Sie führte mich in ihr Gästezimmer, in dem wir den ersten Teil des Interviews verbrachten. Nach einer Weile nahmen wir im Wohnzimmer Platz, wo auch Theresias älteste Tochter Helena sich zu uns gesellte. Das Interview dauerte ca. vier Stunden.

Interviewverlauf

Theresia, eine 89jährige Dame von kleiner Statur, erschien mir geistig außerordentlich rüstig und beweglich. Präzise formulierte sie ihre Gedanken, fast lag eine gewisse Schärfe in ihren Formulierungen.

Wir setzten uns zunächst in ihr Zimmer, sie nahm auf einem Sofa, ich auf einem Stuhl vor einem Tisch Platz, was die von mir als unangenehm empfundene Folge hatte, dass ich im Vergleich zu ihr erhöht saß und von dieser Position aus meine Fragen stellte. Nach einiger Zeit bat ich sie, auf meinem Stuhl Platz zu nehmen, damit sie am Tisch ihre »Lebenskurve« zeichnen konnte. Als ich ihr auf dem vor ihr liegenden Papier etwas zeigte, kamen wir uns körperlich sehr nah, sie beobachtete mich interessiert und machte mir ein Kompliment, wirkte in diesem Moment sehr weich und zugänglich. Es entstand eine Nähe zwischen uns, die sie für kurze Zeit zuließ und nur wenig später auflöste, indem sie ihre älteste Tochter[45] zum Gespräch hinzu bat, sie solle hören, was sie zu erzählen habe, weil sie doch so selten über die Vergangenheit spreche. Theresias Tochter Helena nahm in unserem Gespräch viel Raum ein, sie hatte ein großes Rede- und Auseinandersetzungsbedürfnis. Helena sprach sehr lebhaft und schnell und nahm ihrer Mutter gegenüber eine dominante Position ein. Sie unterbrach Theresia häufig, korrigierte deren Aussagen und lenkte mitunter den Gesprächsfluss. Sie ordnete die Chronologien und hellte Themen auf, über die die Mutter wohl nicht gesprochen hätte, z.B. übte Helena Kritik an ihrem Vater, Theresias Mann.

Wie sehr Theresia das Gespräch aufwühlte, zeigte sich, als sie mehrmals an für mich überraschenden Stellen sagte: »*Ich hab Ihnen gesagt, es ist NICHT schön, was ich Ihnen erzähle.*« Es schien, als würden ihre kargen Worte von furchtbaren inneren Bildern begleitet, die sie nicht in Worte fasste oder fassen konnte. »*Ja wissen Sie, wer das nicht erlebt hat – und wie kultiviert man auch ist, man kann sich davon kein Bild machen. Auch wenn ich Ihnen jetzt den ganzen Tag von diesen schrecklichen Geschichten erzählt habe, Sie können keine Ahnung davon haben, was man erlebt hat. Wirklich. Diese [laut:] ANGSTZUSTÄNDE!*« Sie beendete unser Gespräch mit den Worten: »*Und es waren – es waren wirklich – wie soll ich sagen – das alles ist wieder aufgewühlt worden.*« Am nächsten Tag empfing sie mich aufgebracht und klagte, dass sie sehr schlecht geschlafen und geträumt habe. Höflich aber unwirsch beobachtete sie meine folgenden Gespräche mit ihrer Tochter und Enkeltochter aus räumlicher Distanz.

45 Theresias älteste Tochter Helena hat keine Töchter und kam deshalb als Probandin leider nicht in Frage.

Biographischer und geschichtlicher Hintergrund[46]

Theresia wurde 1915 als zweites Kind weitgehend assimilierter Juden in Ungarn geboren. Ihre Mutter hatte ihre Tätigkeit als Lehrerin nach der Hochzeit aufgegeben und kümmerte sich um den Haushalt und die Erziehung ihrer zwei Kinder. Als Haushaltshilfe war zusätzlich ein »*Mädchen aus der Provinz*« beschäftigt. Theresias Vater wurde nach seiner Rückkehr aus den USA, wo er eine zeitlang erfolglos versucht hatte, beruflich Fuß zu fassen, in Ungarn als Sprachlehrer an einer Gesamtschule angestellt. Nach seiner Familiengründung erhielt er einen Posten als »*Privatangestellter*« in einem »*Privatbüro*«. Die Familie hatte ein gutes Auskommen: »*Wir waren nicht reich, aber auch nicht arm. Wir gehörten zum Mittelstand*«. Es wurde in der Familie großer Wert auf Bildung und das Erlernen von Sprachen[47] gelegt. »*Es war selbstverständlich, dass wir studieren.*« Nach der Grundschule kam Theresia auf ein jüdisches Gymnasium, das hauptsächlich von Kindern aus assimilierten jüdischen Familien, aber auch von einigen wenigen christlichen Schülern besucht wurde: »*Es war eine BERÜHMT gute Schule, so dass auch christliche Kinder dort waren.*« Die Kinder aus orthodoxen jüdischen Familien wurden von den anderen geächtet: »*Im jüdischen Gymnasium. Das wundert mich noch heute! Wenn ich zurückdenke und ich denke an diese armen Mädels, es waren zwei oder drei.*« In ihrer eigenen Familie wurden jüdische Bräuche nicht gepflegt, die Kinder begleiteten ihre Mutter lediglich an den großen Feiertagen in die Synagoge. Ihr Vater, »*ein Freidenker*«, nahm dieses Ritual hin, ohne selbst daran teilzunehmen.

Als Theresia 17 Jahre alt war, starb ihre Mutter. Theresia wurde zu einer Tante nach Wien geschickt, wo sie die Handelsschule absolvierte. Ihr Vater war mittlerweile aufgrund seiner ausgezeichneten Fremdsprachenkenntnisse am argentinischen Konsulat in Ungarn angestellt. Theresia kam 1933 nach einem einjährigen Wien-Aufenthalt nach Budapest zurück und begegnete dort ihrem zukünftigen Mann, einem jüdischen Ungarn, der soeben die Berliner Technische Hochschule mit einem Abschluss als Ingenieur verlassen hatte. 1937 heirateten die beiden, Theresia war 22 Jahre alt.

---

46 Für weitere Informationen über die nationalsozialistische Verfolgung der ungarischen Juden wird verwiesen auf die Enzyklopädie des Holocaust (1998) sowie auf Gerlach & Götz 2004.

47 Theresia lernte in ihrer Kindheit u. a. deutsch.

Im Mai 1938 wurde das erste Judengesetz in Ungarn erlassen, das den Anteil der Juden in den freien Berufen und der Wirtschaft des Landes auf 20% beschränkte. Ein Jahr später reduzierte das zweite Judengesetz in Ungarn den jüdischen Anteil in der Wirtschaft auf 6%. Die Diskriminierung der Juden nahm stetig zu und gipfelte 1941 in der Einführung der »Rassengesetze«, die den Nürnberger Gesetzen ähnelten.

Im März 1939 trat das Gesetz zur Gründung des ungarischen Zwangsarbeitersystems in Kraft. Diesem Arbeitsdienst mussten jüdische Männer im Militäralter unter dem Kommando der Honvédség, der ungarischen Armee, die als eine der radikalsten und aggressivsten antisemitischen Kräfte Ungarns galt, dienen. Die Juden im Arbeitsdienst wurden vorwiegend in kriegswichtigen Projekten eingesetzt. Vier Jahre, von 1940 bis 1944 war Theresias Mann im Arbeitdienst, *»in den Bergen, in den Karpaten. Keine Hygiene! Kein Abort! Kein Nichts!«*

Bei einem der wenigen Besuche wurde ihre erste Tochter, Helena, gezeugt, die 1943 zur Welt kam. 1944 kam Theresias Mann vom Arbeitsdienst schwer gezeichnet nach Budapest zu seiner Familie zurück: *»Er war 38 Jahre alt, hatte vier Jahre Arbeitsdienst, ist total abgemagert mit Typhus nach Hause gekommen, er war erledigt!«*

Über 40.000 ungarische Juden kamen in diesen mobilen Arbeitsdiensteinheiten um.[48] Theresias Mann überlebte als einziger von den ca. 200 Männern seiner Kompanie, da er einen sogenannten schwedischen Schutzpass[49] vorweisen konnte. Diesen Schutzpass hatte Theresia für ihren Mann besorgt und damit sein Leben gerettet.

Als besonders einschneidend erlebte Theresia die deutsche Besatzung Ungarns ab dem 19. März 1944, die für ihre Familie und ihr Leben bedeutende Veränderungen zur Folge hatte. Die antijüdischen Gesetze der vorherigen Jahre hatten zumindest wirtschaftlich zu keinen gravie-

48 Enzyklopädie des Holocaust 1998, 1465.

49 Schwedischer Schutzpass: Dokument der schwedischen Regierung zum Schutze der ungarischen Juden vor Verfolgung und Deportation. Die schwedische Hilfsoperation begann kurz nach der deutschen Besetzung Ungarns (19. März 1944). Als der schwedische Diplomat Wallenberg in Budapest eintraf, waren auf Weisung des schwedischen Außenministers Ivar Danielsson bereits mehrere hundert dieser Schutzpässe ausgegeben worden, zunächst an ungarische Juden, die durch familiäre oder geschäftliche Beziehungen mit schwedischen Bürgern verbunden waren. Wallenberg selbst gab nach seiner Ankunft Tausende von Schutzpässen an die jüdische Bevölkerung Ungarns aus. Als Eichmann die Todesmärsche zur österreichischen Grenze organisierte, begleitete Wallenberg den Konvoi und erwirkte die Freilassung hunderter Juden, die im Besitz schwedischer Pässe waren (vgl. Enzyklopädie des Holocaust 1998).

renden Einbußen ihres Lebensstandards geführt. »*Schön langsam, wissen Sie, kamen die Judengesetze in Ungarn. Das war noch nicht das allerschlimmste, denn: Solche Leute wie wir, die etwas hatten – ein bisschen Reserven.*« Die deutsche Besatzung jedoch, »*das hat Schreckliches für uns alle bedeutet*«. Der Bruch der bisherigen Lebensumstände erfolgte nun mit aller Härte: »*Die Deutschen sind einmarschiert, SOFORT, sofort, sofort mussten die jüdischen Geschäfte geschlossen werden.*« Die antijüdischen Verordnungen beinhalteten neben der Konfiskation von jüdischen Geschäften, Industriefirmen und Finanzunternehmen auch die Schließung von Kanzleien und Praxen. Theresias Schwiegervater, »*der beste Goldschmied war er*«, hatte schon in den vergangenen Jahren aufgrund der antijüdischen Verordnungen die Angestellten seines florierenden Unternehmens entlassen müssen. Nach der deutschen Besatzung wurde das Firmenvermögen in Form der wertvollen Rohstoffe konfisziert, der Betrieb wurde geschlossen.

In prägnanter Erinnerung ist Theresia die Verordnung zur Abgabe des persönlichen Besitzes, die Abgabe von Juwelen, Wertgegenständen und Bankkonten geblieben: »*Wir mussten ALLES, was wir hatten, abgeben.*« Sie erinnert sich: »*Das war ein allgemeines Missverständnis zu dieser Zeit: Ein Jude, der muss unter der Haut auch noch Gold haben! Das wurde so ausgedrückt.*«

Antijüdische Verordnungen führten zu Isolierung, Plünderung, Ghettoisierung, Konzentration und Deportation der Juden. Theresia und ihr Mann wurden wie viele andere aus ihrer Wohnung vertrieben und in Häusern angesiedelt, in denen ausschließlich Juden wohnten. Sie zogen in die Wohnung ihres Schwiegervaters, die aus einem gesamten Stockwerk bestand, da sie mit seiner brachliegenden Werkstatt verbunden war. Theresia weist auf ihre vergleichsweise privilegierten Lebensumstände hin, da sie zwar mit zwei Familien und deren kleinen Kindern auf einem Stockwerk in beengten Verhältnissen lebten, es aber auch andere Umstände gab, wo »*40! Leute zusammengewohnt haben. Also, wenn sie auch LÄMMCHEN sind der Natur nach – das führt zu Kontroversen!*« Der Konzentration der Juden in mit dem Davidstern gekennzeichneten »Judenhäusern« folgte der Umzug ins Ghetto. Während Theresias Vater schon ins Ghetto deportiert worden und Theresias Mann im Arbeitsdienst war, wohnte sie noch mit ihrer einjährigen Tochter Helena in der Werkstatt ihres Schwiegervaters. »*Weil die nächste Stufe war, dass nicht einmal in dieser, in diesen konzentrierten Wohnungen durften wir leben, sondern schön langsam mussten wir ins Ghetto ziehen.*«

Eines Tages wurde Theresia von Pfeilkreuzlern[50] verschleppt und musste an einem fünftägigen Gewaltmarsch teilnehmen: »*Ich wurde abgeholt von unseren Nazis, die hießen Pfeilkreuzler und meine Tochter, die blieb zu Hause mit dem Opa [väterlicherseits]. (...) Und ich bin in die Ziegelfabrik gekommen. Die Ziegelfabrik, das war die – [Pause] dort hat man... ja. Dort hat man die Juden versammelt, die man dann nach Deutschland weiterschicken wollte. Und nachdem das schon im November war und es gab keine Züge, weil alles – die Züge waren voll mit Soldaten und so sind wir zu Fuß bis zur Grenze gegangen.*« Einen Tag und eine Nacht verbringt sie in der Ziegelfabrik. »*Das war schrecklich! Das war schrecklich! 18jährige Nazi-Jungen haben uns bewacht. Und wir haben nichts zum Essen bekommen, nichts zum Trinken bekommen!*« Ein wenig Menschlichkeit und zugleich den Vorgeschmack auf schlechtere Zeiten erfuhr sie durch das Verhalten einer ihrer »Bewacher«: »*Die fünfte Nacht, bevor wir zur Grenze angekommen wären, haben wir bei einer Bäuerin geschlafen. Alle, die wir waren. Und der Mann, der uns bewachen sollte, das war ein Siebenbürger. (...) Also, wir haben geschlafen bei dieser Bäuerin und dieser Mann, der uns bewachen sollte, hat gesagt: ›Kochen Sie ihnen ein gutes Abendessen!‹ ›Hier haben Sie‹ – er hat so ein Pack von Geld in die Hand genommen und hat gesagt: ›Kochen Sie das Beste, die essen zu allerletzt etwas warmes. Und geben sie ihnen gute Schlafplätze, denn sie schlafen zuletzt auf einem Bett‹.*« Sie hörte, wie draußen die Nachrichten getrommelt wurden: »*Das war – damals hat man noch in Ungarn getrommelt, wissen Sie, das waren die Nachrichten. Dann ist ein Mann im Dorf herumgegangen und hat getrommelt, alle Neuigkeiten, alle neuen Gesetze und so weiter. Und er hat getrommelt und hat gesagt: ›Wer den Juden hilft! Der wird mit ihnen gehen müssen! Der wird ihr Los teilen müssen!‹ Na, da hatte ich alles gewusst und gehört.*«

Theresia rettete sich, indem sie desertierende ungarische Soldaten, die sie in der Ziegelfabrik kennengelernt hatte, mit Geld bestach und sich gemeinsam mit einer Freundin und Leidensgenossin in deren Obhut begab. Unter großer Gefahr gelang der Gruppe der Weg zurück nach Budapest. »*Mit dieser Gruppe von Soldaten und wir zwei Frauen. (...) Und stellen Sie sich vor – oben sind wir gegangen und unten ist die deportierte Menge: Frauen mit so großen Bäuchen [Schwangere] und*

50 Pfeilkreuzler: Ungarische antisemitische-faschistische Partei, begründet 1935 durch F. Szálasi; übte als Regierungspartei während der deutschen Besetzung Ungarns 1944/45 blutigen Terror aus.

alte Männer und alles Mögliche. Und wir sind dort oben spaziert. Mit diesen Leuten.«

Wieder zurück in Budapest, erfuhr sie, dass ihre Familie in der Zwischenzeit auseinandergerissen worden war: »*Vater war im Ghetto, Großvater und Großmutter waren auch im Ghetto und meine Schwägerin, war im schwedischen Haus. Das war das internationale Ghetto*[51]. *Und sie hat drei Söhne gehabt und sie hat auch Helena mitgenommen. Meine andere Schwägerin, die war deportiert, interniert, sofort. An dem Tag, als die Deutschen gekommen sind.«*

Theresia begab sich ins »internationale Ghetto« zu ihrer Schwägerin und ihrer Tochter. In ihrer Erinnerung handelt es sich seit ihrer Entführung durch die Pfeilkreuzler und ihrer Rückkehr nur um einige Tage, die folgende Erzählung lässt darauf schließen, dass es ein längerer Zeitraum war: »*Dann bin ich zu ihnen. Meine Füße waren so geschwollen. Also, fünf, sechs Tage bin ich nur zu Fuß auf der Landstraße gegangen und bin ich angekommen und die Helena ist meiner Schwägerin nachgegangen und hat gesagt, wo sie mich erblickt hat, hat sie gesagt: ›Nene‹, das bedeutet Tante. Sie hat mich so lange nicht mehr – Tante! Und meine Schwägerin hat gesagt: ›Das ist die Mutti!‹ Und dann hat sie [Helena] gesagt: ›Mutti-Tante.‹ [lange Pause]«*.

Theresia blieb mit ihrer Tochter eine Zeitlang im internationalen Ghetto unter sehr beengten Bedingungen: »*Sehr viele Leute… Es war kein Luftschutzkeller und nur sehr eng. Wir haben mit Helena z.B. eine Matratze gehabt. Die hat sehr viel zu tun gehabt mit ihren Ohren. Den ganzen Winter lang hat sie Fieber gehabt.«* Theresia erinnert sich an Weihnachten im internationalen Ghetto: »*Und wir haben – ich hab Weihnachten den ganzen Tag und die ganze Nacht geweint, das war so was Schreckliches! Weihnachten, wir haben Weihnachten GEFEIERT, sonst! Wo wir noch freie Menschen waren.«* Im Januar 1945 verließ Theresia mit ihrer Tochter das Ghetto, um bei einer befreundeten ungarischen Familie Zuflucht zu suchen. Dort warteten sie im Keller des Hauses mit einer anderen jüdischen Familie auf die Befreiung durch die Russen: »*Da war schon zwischen den Russen und den Deutschen ein Gefecht! Und ein Teil der Stadt war deutsch, der andere war schon russisch.«* Am

51 Der schwedische Diplomat Wallenberg hatte in Budapest Herbergen eingerichtet, die den Juden Schutz vor der Verfolgung und der Morddrohung der Pfeilkreuzler bieten sollten. In den 31 geschützten Häusern, die zusammen das »internationale Ghetto« bildeten, konnten ca. 15.000 Menschen untergebracht werden (vgl. Enzyklopädie des Holocaust 1998, 1514).

17. Januar 1945 fiel der Stadtteil Pest an die Rote Armee, nur einen Monat später auch Buda. Die Befreiung erfolgte am 4. April 1945, als die deutschen Truppen aus Ungarn zurückgedrängt wurden.

Theresia und ihr Mann zogen nach der Befreiung wieder in ihre alte Wohnung, die durch Bombardements so beschädigt war, dass es hereinregnete. Die Lebensmittelknappheit machte ihnen zu schaffen, wurde jedoch gelindert durch die Hilfsbereitschaft der alten Nachbarn und Freunde: »*Ein Nachbar, ein sehr netter Mann, er hat gesagt: ›Machen Sie sich keine Sorgen wegen Helena, solange meine Tochter zu essen hat, wird Ihre Tochter auch zu essen haben…‹*«

Zwei Jahre später, 1947 kam Theresias zweite Tochter Ruth in Budapest zur Welt. Theresia, die gern mit ihrer Familie nach Amerika ausgewandert wäre: »*ICH! Nach Amerika! NUR!*«, beugte sich dem Willen ihres Mannes, der Ungarn nicht verlassen wollte. In den 60er Jahren emigrierten beide Töchter im Abstand von ein paar Jahren nach Deutschland, so dass Theresia allein mit ihrem Mann in Budapest blieb, bis dieser 1969 starb. Noch immer leidet sie unter dem Verlust ihres Ehemannes sowie auch unter der Distanz zu ihrer gesamten Familie: »*So sind wir alle auseinander! Alle! Alle.*« Die Einsamkeit ist für sie schwer zu ertragen: »*Ich bin seit 30 Jahren allein. Trotzdem habe ich mich nicht gewöhnt daran.*« Sie versucht der Einsamkeit zu begegnen, indem sie ihre Familie in Deutschland häufig und für lange Zeiträume besucht, und dennoch: »*Also: Ohne die Kinder wäre ich unglücklich. Total. Aber, schauen Sie, meine Tochter geht um sieben in der Früh weg und kommt nach Hause um halb sechs. Also – den ganzen Tag bin ich doch alleine.*«

In Budapest nimmt sie kulturelle Angebote wahr, geht ins Museum, besucht die Volkshochschule und bildet sich weiter: »*Ich gehe in die Uni, in die freie Uni. (…) Und ich interessiere mich sehr für Kunst und jede – leider nur einmal in der Woche ist ein Vortrag und der Professor kennt mich schon sehr gut. (…) Ich lerne englisch. Jeden Tag ein paar Wörter, versuche ich noch heute zu behalten. Ich lese! (…) Manchmal geh ich auch allein ins Kino.*« Ihr Alter verheimlicht sie meist, aus Angst sonst gemieden zu werden: »*Niemandem sage ich es. Weil wissen Sie, die Leute! Na ja, die haben Angst, die wollen nicht mit älteren Leuten zu tun haben. Manche! Manche. Weil sie glauben, dass das Leben, also was man jetzt lebt, wird von uns nicht verstanden. Dass wir leben in der Vergangenheit. Aber ich möchte – ich möchte doch wissen, wie es heute zugeht. (…) Ich will nicht verrosten! Geistig. Absolument.*«

Inhaltsanalyse

Heimat und Wahl des Lebensortes

Ursprünglich wuchs Theresia in dem Bewusstsein auf, Ungarin zu sein: »*Wir haben uns als Ungarn betrachtet. (...) Budapest war unser Zuhause.*« Empört schildert sie die damaligen Ereignisse, die sie an ihrer Zugehörigkeit zweifeln ließen: »*Aber sehr rasch kam die Enttäuschung, dass wir Juden sind. Nach Nationalität.*« Als »*Vaterland*« galt Ungarn, das Land, von dem die ungarisch jüdische Bevölkerung im Zuge des sich verbreitenden Antisemitismus im Stich gelassen wurde: »*Wissen Sie, im jüdischen Gymnasium und überall, hat der Unterricht so begonnen, dass wir glauben an Gott, wir glauben an das Vaterland. Und das Vaterland, also... Wir wussten noch nicht – wir wussten, wir sind Juden, wir sind eine Minderheit und zumeist verkehrten wir in jüdischen Kreisen. Aber wir wussten nicht, was kommt! Wissen Sie, dass wir das Letzte von allem sind. Das Allerletzte! Das ist ein Wunder, dass...*«

Auf die Frage, warum sie nach Ende des Krieges in Budapest geblieben sei, antwortet sie: »*Ja. Der größte Blödsinn, nicht?! [Wir lachen.] War das nicht ein BLÖDSINN, sagen Sie!*« Auf Wunsch ihres Mannes blieb die Familie in Ungarn und Theresia, die gern nach Amerika ausgewandert wäre, sah von ihren Emigrationswünschen ab: »*Nein, ich würde gerne. Aber mein Mann war vier Jahre auf Arbeitsdienst. Er war so müde. Er war nicht mehr so sehr jung!*« Helena, die älteste Tochter, erklärt sich die Weigerung des Vaters Ungarn zu verlassen folgendermaßen: »*Er hat keinen Mut gehabt. Und außerdem wollte er zu Hause bleiben, weil die Großeltern die Werkstatt dort hatten und er dort gleich Arbeit gehabt hat.*« Theresia fügt hinzu: »*Es war SEINE Entscheidung! Ich, ich war – wie soll ich Ihnen sagen – viel -*« »*unternehmungslustiger*«, vervollständigt Helena den Satz. Theresia hatte viel Vertrauen in die eigene Handlungsfähigkeit und die Kompetenz ihres Mannes: »*Ich wusste, dass man mich dort [im Ausland] nicht erwartet. Aber wenn man fleißig arbeitet, kommt man zu irgendetwas. (...) Ich war sicher, dass – wohin wir immer kommen, er kann als Arbeiter, wenn nicht als Ingenieur. Dann als Arbeiter. Und ich hab gesagt: ›Ich bin doch da! Ich werde verdolmetschen.‹ Also gut, ich konnte englisch nicht so gut wie deutsch, aber – ich konnte den Alltag.*«

Einer der wichtigsten Beweggründe für Theresias Wunsch, aus Ungarn auszuwandern, scheint der im Gespräch häufig geäußerte

Gedanke: *»Ich WOLLTE, dass meine Kinder NICHT in dem Hass aufwachsen!«* gewesen zu sein.

Mit *»passivem Widerstand«* setzte sich Theresias Mann laut Helena 1956 erneut gegen die Auswanderungswünsche seiner gesamten Familie zur Wehr, während ca. 200.000 Ungarn, darunter auch Freunde und Bekannte der Familie im Rahmen des Volksaufstandes ins westliche Ausland flüchteten: *»1956, wo die Revolution war, da sind Leute, gute Freunde, die auf dem Weg nach Amerika waren, haben sie uns abholen wollen. Und wir waren Feuer und Flamme, meine Mutter und ich! (...) Dann hat er [der Vater] sich ins Bett gelegt, hat er gesagt, er ist krank.«* Theresia unterbricht ihre Tochter: *»Und WOLLTE nicht hören, dass wir weggehen.«* Helena stellt fest: *»Er hat NIE gestritten. (...) Er hat nie ein Wort gesagt. Er hat sich DOCH durchgesetzt, dadurch, dass man konnte mit ihm nicht diskutieren! Er hat sich zurückgenommen in die Krankheit oder in das Schweigen.«* Helena hätte sich gewünscht, dass ihre Mutter durch entschiedenes Handeln den Vater gezwungen hätte, Ungarn zu verlassen: *»Und das hat die Mutter nie zustande gebracht. Also sind wir dann immer geblieben. Bis wir dann so alt geworden sind, dass wir [Helena und Ruth] allein gegangen sind.«*

Um ihren Mann zu überzeugen, Ungarn zu verlassen, knüpfte Theresia Anfang der 60er Jahre für ihn berufliche Kontakte nach Israel. Da seine berufliche Qualifikation für ein *»wissenschaftliches Institut«* von Interesse war, wurde ihm ein Job in Israel angeboten, an dem er jedoch kein Interesse hatte: *»Er wollte nicht. Ich musste die Flugkarte zurückschicken.«* Nach dem Tod ihres Mannes blieb Theresia weiterhin in Budapest, wo sie noch einige Freundinnen hat und das kulturelle Angebot der Stadt ausgiebig nutzt. Sie hat sich mit dem Leben in Ungarn über die Jahre hinweg arrangiert: *»Ich persönlich kann mich wirklich nicht beklagen. Trotzdem in Ungarn sehr viele arme Leute leben. Ich bin nicht reich, aber ich komme aus. Ich hab keine besonderen Sorgen.«* Was ihr sehr zu schaffen macht, ist die Einsamkeit, der sie weder in Ungarn, noch in Deutschland im Schoße ihrer Familie entfliehen kann.

Einsamkeit

Ein während des Interviews immer wieder auftretendes Thema ist die Einsamkeit, die Theresia seit dem Tod ihres Mannes sehr quälend empfindet: *»Und wo ich auch bin, fühl ich mich überall alleine.«* Sie leidet darunter, dass ihr nur noch wenige Freunde ihres Alters geblieben sind: *»[Traurig und leise:] Es gibt sehr wenige! Ich bin fast so allein auch zu*

Hause.« Theresia fühlt sich auch bei Familienbesuchen in Deutschland einsam, da die anderen ihrer Arbeit nachgehen und sie sich tagsüber unnütz und allein fühlt, keine Menschenseele kennt: »*Aber was kann ich hier anfangen, sagen Sie! Ich bin hier nicht in die Schule gegangen! Ich hab hier nie gearbeitet! Ich hab keine Kollegen! Ich hab keine Mitschüler! (…) Wen soll ich kennen?«*

Ihrer Tochter Helena macht dieses Thema sehr zu schaffen, sie ist gekränkt, da sie sich große Mühe gibt, die Mutter in ihren Alltag zu integrieren: »*Ich sag's Ihnen – hier fühlt sie sich auch einsam. Das ist der Witz der Geschichte. Sie ist nicht einsam! (…) Natürlich geh ich in die Arbeit. Und natürlich bin ich den ganzen Tag nicht da. Wenn ich nach Hause komme, das erste ist, dass wir, dass ich frage: ›Wie ging der Tag, was war?‹«* Helena empfindet die Klagen ihrer Mutter über deren Einsamkeit als Vorwurf: »*Und dieses »Alleinsein«, das macht mich verrückt. Ich sag dir, dieses Wort schon, wenn ich höre: Aber ich bin allein! Und – es ist wie ein Vorwurf! (…) Also, da stehen meine Haare zu Berge und ich denke, was – ja, was sollst du denn jetzt noch machen?«* Helena würde das Leid ihrer Mutter gern lindern, und es betrübt sie, dass es ihr nicht möglich ist: »*Wir können das nicht aufbrechen. Sie ist tatsächlich allein, weil alle ihre Lebensgenossen, die ihr Leben mit begleitet haben, sind alle tatsächlich tot. (…) Und wir kämpfen permanent mit diesem Wort – ich glaub, es ist das qualvollste Wort, was ich in meinem Leben kenne: ›Ich bin allein – ich bin so allein.‹ Und es ist – quasi unlösbar, weil die Leute, die gleichaltrig oder passend wären, die sitzen im Rollstuhl oder liegen im Bett. Und das möchte sie nicht! Sie möchte genauso lebendige oder noch lebendigere Leute, mit denen sie was unternehmen könnte! (…) »Aber – ich würd alles hergeben, oder ich möchte alles tun, ihr das zu ersparen.«*

Helena ist bewusst, dass ihre eigenen Ängste eine Rolle spielen im Umgang mit der Einsamkeit ihrer Mutter: »*Sicherlich ist das ein Selbstschutz, weil ich denke, das wird mir nicht anders ergehen! Und ich möchte das nicht so, aber wahrscheinlich ist das unvermeidlich, wenn man so alt wird.«*

Theresia weiß die Mühe ihrer Tochter und der gesamten Familie sehr zu schätzen, behält sich aber das Recht auf ihre Gefühle vor: »*Schauen Sie, die sind natürlich beleidigt, dass ich mich allein fühle viel. Und ich muss ehrlich sein, es geht mir sehr gut, sie sind sehr nett, alle! (…) Also: Ohne die Kinder wäre ich unglücklich. Total. Aber – schauen Sie – sie (…) arbeitet den ganzen Tag. Sie hört den ganzen Tag die Klagen von den Leuten, den Patienten. Dann kommt sie nach Hause, möchte sie ein*

FRÖHLICHES Gesicht sehen. Ich TÖTE mich, ich möchte so gerne fröhlich sein! Ich möchte! Ich kann nicht.«

Wenn Theresia eine Weile bei ihrer Familie verbracht hat, sehnt sie sich nach ihrem Leben in Budapest: »*Leben! Leben, was kein Leben mehr ist, aber doch!*« Theresia verwehrt sich dagegen, dass Helena sich angegriffen fühlt und stellt ihr Problem in einen größeren Zusammenhang: »*Das bin nicht nur ich, alle alten Frauen. Alle Alten! Das ist nicht persönlich, das ist nicht individuell, das ist so!*«

Umgang mit der Vergangenheit

Theresia möchte die Vergangenheit so gut es geht vergessen. »*Wissen Sie, meine Kinder und die Kinder meines Bruders, der nicht mehr lebt, die möchten immer so gerne, ich soll mich hinsetzen und soll meine Biographie aufschreiben. Aber wozu? Ist es nicht besser, zu vergessen! Warum, WOZU! Sie sind Psychologin, WOZU?! Ich WILL vergessen, was man mir Schlimmes angetan hat.*«

Sie spreche nur sehr selten über die Vergangenheit, einerseits, weil die Erinnerung sie aufwühlt, andererseits, weil sie die anderen schonen und keinen »*Hass in die Seelen*« setzen möchte: »*Ich will nicht Hass in Ihre Seele setzen! Ich möchte, dass Sie sich, wenn Sie schon hier sind, sollen Sie sich wohl fühlen. Ich spreche SEHR wenig von der Vergangenheit. WOZU?!*«

Besonders in Deutschland sieht Theresia die Notwendigkeit, zu verdrängen und zu vergessen: »*Besser es vergessen. Stellen Sie sich vor, wenn ich mir nicht suggeriere, das alles zu vergessen, wie komme ich dann nach Deutschland!*« So schwer es ihr auch fällt, nach Deutschland zu kommen, sie überwindet sich, um ihrer Familie nah zu sein: »*Es war am Anfang SEHR schwer, nach Deutschland zu kommen. Aber ich MUSS! Solange ich lebe, muss ich, weil die Kinder sind da.*«

Lange Zeit wussten Theresias Töchter nichts von ihren jüdischen Wurzeln und den Verfolgungserfahrungen ihrer Eltern, wie Helena berichtet: »*Schauen Sie, es war ganz interessant, sie hat uns nichts erzählt. Wir sind groß geworden, wir wussten nicht, das wir Juden sind.*« Erst, als Helena als Jugendliche eine Schulreise nach Ostdeutschland unternahm, klärte ihr Vater sie auf: ›*Das musst du jetzt wissen, nicht, dass du anfängst, über Juden schlecht zu reden, wir sind Juden. (…) Du bist ein Jude und benimm dich wie ein Jude und schimpf nicht über die Juden, auch wenn die Deutschen über die Juden schimpfen, halt schön deinen Mund.*«

Als die Töchter erwachsen waren, fanden vorsichtige Gespräche über Theresias Vergangenheit statt, Helenas Wissen um die Vergangenheit beruht allerdings immer noch zum großen Teil auf Büchern: »*Nicht von meinen Eltern.*«

In der Retrospektive weiß Helena das Schweigen ihrer Eltern jedoch zu schätzen: »*Das war schon eine gute Politik, Kinder damit nicht vergiften zu wollen. Also, die sich entwickeln lassen, bis sie Erwachsene sind und sie erst dann damit zu konfrontieren. Ich glaube, das war für uns sehr gut. (...) Es hat mir viele Emotionen erspart, sicher.*« Helena vermutet, dass sie – hätten die Eltern von ihren Erlebnissen berichtet – ein anderes Leben geführt hätte und heute an einem anderen Ort leben würde: »*Ich denke, wenn ich als Kind das alles gewusst hätte, wär ich sicher nicht in Deutschland gelandet. Sicher wär ich in Richtung England oder Amerika gegangen. Ich wär sicher nicht in Ungarn geblieben, aber – eine andere Richtung. Oder – wo auch immer, aber nicht nach Deutschland.*«

Verhältnis zu Deutschland

Theresia war mit der deutschen Sprache von Kindheit an vertraut, denn »*es war absolut natürlich in einer jüdischen Familie, dass wir deutsch gesprochen haben*«. Einen Tag in der Woche kam eine Sprachlehrerin, die mit Theresia und ihrem Bruder ausschließlich deutsch sprach. Auch im Umgang mit ihren Kindern und Enkelkindern verwendete Theresia mitunter die deutsche Sprache und erzählte ihnen z. B. deutsche Märchen.

Als ihre Töchter nach Deutschland emigrierten, fiel es ihr zunächst schwer, diese dort zu besuchen. Sie sorgte sich, ob ihre Familie dort in Sicherheit leben könnte. Immer wieder fragt Theresia auch mich während des Interviews, wie Deutsche heutzutage über Juden denken und welche Meinung Deutsche zu den Verbrechen der NS-Zeit haben. Sie möchte wissen, »*ob sie immer noch Hass im Herzen haben*« und wie die Kinder von Nazis denken mögen: »*Und – wollen sie weitermachen?*«

Sie kritisiert, dass in Deutschland die Geschichte des Nationalsozialismus, des Krieges und der Judenverfolgung nicht ausreichend thematisiert wird: »*Ich war damals in Berlin und ich kann Ihnen sagen, dass nach dem Krieg sofort wurde von der Geschichte KEIN Wort erzählt!*« So habe auch ihre Enkelin Rabea erst spät in der Schule im Geschichtsunterricht vom Holocaust erfahren. Theresia hat den Eindruck, dass Deutsche sich ungern mit ihrer nationalsozialistischen Vergangenheit auseinandersetzen und auch die Verantwortlichen die Schuld von sich weisen: »*Aber wissen Sie, HEUTE darüber mit Deutschen zu sprechen – Gott behüte! Sie sind beleidigt, wenn man es überhaupt erwähnt, die Hitler-Zeit. (...) Bitte, ich trau mich nie, wenn ich Deutsche kennenlerne, ich würde mich nicht trauen, über die Hitler-Zeit eine Bemerkung zu machen. Nein. Weil, die sind SO beleidigt! Das ist nicht ihre Sache, die sind schon alle gestorben, die gemordet haben. Sagen sie. Und meine Kinder sind nicht verantwortlich dafür. Und zumeist wird das verheimlicht vor den Kindern. Denn jemand hat das auch mit der Hand gemacht. GETÖTET und gemordet. Und – wahrscheinlich zu Hause Beethoven gespielt.*« Theresia nimmt kein Schuldbewusstsein und kein Bedauern über die begangenen Taten wahr: »*Glauben Sie, wie viel Prozent der Leute überhaupt zu diesem Kulturpunkt angelangt sind, dass: Es tut ihnen leid?*« Sie ist der Meinung, dass es für Ausländer nicht leicht ist, in Deutschland zu leben: »*Das ist ein Nachteil!*«, und dass heute die Türken eine ähnliche Stellung in Deutschland einnehmen, wie damals die Juden: »*Die Türken haben sie bekommen anstatt uns.*« Dennoch betont sie, keinen Hass gegenüber den Deutschen zu empfinden: »*Nein. Nein. Das – NUR gegen die Nazis und das ist unpersönlich, weil ich hab keinen einzigen Nazi gekannt.*«

Theresias Mann vermittelte seinen Töchtern hingegen ein positives Bild von Deutschland: »*Und wissen Sie, das ist so komisch, dass mein Mann – er hat in Berlin studiert. Und er hat NUR die guten Eigenschaften immer erzählt. Was alles die Deutschen können. Wie präzise, wie genau, wie fleißig, wie arbeitsam.*«

Bezug zum Judentum bzw. Religion und Identität

Theresia konvertierte nach dem Zweiten Weltkrieg zum Kalvinismus und auch ihre Töchter wurden in diesem Glauben erzogen, um sie vor einer eventuell erneuten Verfolgung zu schützen: »*Wir wollten, dass sie WEGkommen von dieser Sache. (...) Ich hab versucht, sie zu retten. (...) Vor Verfolgung.*« Sie nimmt mit Unbehagen Kenntnis von der Haltung ihrer jüngsten Enkelin, die sich dem jüdischen Glauben zugewandt hat und ihre Bat Mizwa[52] feierte: »*Mir hat das gar nicht gefallen. Ich WOLLTE nicht, dass – sie weiß, sie weiß alles.*«

Das Nicht-Wissen und die Abwendung von den jüdischen Wurzeln scheint für sie einen Schutz zu bedeuten: »*Sie [ihre älteste Enkeltochter*

52 Bat Mizwa: »Tochter des Gebots« wird im Reformjudentum in Anlehnung an die protestantische Konfirmation bei zwölfjährigen Mädchen durchgeführt.

Rabea] hat einen Deutschen geheiratet und das ist kein Problem für sie. Vorbei! Und die Urenkel, also, die wissen überhaupt nicht. Sie sind in den katholischen Kindergarten gegangen.« Auf der anderen Seite sieht sie die Gefahr der Nicht-Zugehörigkeit, die sie schmerzlich nach Ausbruch des zweiten Weltkrieges als ungarische Jüdin, deren Existenzberechtigung angegriffen wurde, empfand: »*Dadurch, dass wir so assimiliert waren, sind die Kinder auch leider so aufgewachsen. Ich sage heute: Leider! Weil man weiß nicht, wohin man gehört eigentlich.«*

Für Theresia ist die religiöse Zugehörigkeit bei anderen unwichtig: »*Mir ist es so egal, ob jemand jüdisch ist oder nicht! Ist mir EGAL. Meine beste Freundin (...) war auch eine Reformierte. Also. Das ist mir egal. Ob es ein Mensch ist, oder kein Mensch. (...) Also, mir ist es tout egal, ob das Juden sind oder nicht. Und ich – dass ich Jüdin bin, fällt mir sehr selten ein. (...) Wissen Sie, im 21. Jahrhundert spielt doch die Religion nicht eine so besondere Rolle.«*

Das einzige, was in ihren Augen die jüdische Identität ausmacht, ist: »*Familienzusammenhalt! Und ZUGEHÖRIGKEIT!*«. Die Wichtigkeit des Familienzusammenhaltes vermittelte sie auch ihren Töchtern, was Helena nach ihrer Emigration nach Deutschland positiv erlebte: »*Uns wurde immer gesagt, die Familie ist unheimlich wichtig und man kann eigentlich nur mit der Familie rechnen. Und das war auch tatsächlich so, wo ich ganz allein hier [in Deutschland] stand, plötzlich sind überall Hände entgegen von der Familie – komm zu uns zu Weihnachten und komm zu uns im Sommer...«*

In Ungarn gab es eine Tante, bei der sich die gesamte Großfamilie an Sonntagen einfand. Theresia bemerkt stolz: »*Und jetzt hat sie [Helena] diese Rolle übernommen. Denn wer immer von Ungarn kommt, ist bei ihr gern gesehen.«*

Werte, Kraftquellen und Überlebenshilfen

Für Theresia ist es »*ein Wunder*«, dass sie die Zeit der Verfolgung überlebte. Geholfen habe ihr, dass sie »*jung war. Dass ich jung war und dass ich den WILLEN, LEBENSWILLEN gehabt hab. Ich WOLLTE was – ich hab doch ein KIND schon gehabt!«* Theresia nutzte die Gelegenheiten, die sich ihr boten und setzte ihre Vorzüge »*Stellen Sie sich vor, ich war ein hübsches Mädchen damals!«* und das Geld, das sie versteckt bei sich trug, geschickt ein. Dem Soldaten, der aufgrund ihres Aussehens auf sie aufmerksam geworden war, verspricht sie: »*Wenn es uns gelingt, nach Hause zu kommen, und wenn Sie uns helfen, dann bekommen Sie Geld.*

Und jetzt sofort und das hab ich mir gemerkt – wenn ich jemanden bestechen will: Am Anfang! Nicht nachträglich! SOFORT hab ich ihm Geld gegeben.«

Entschlossen und geistesgegenwärtig begegnete sie den Gefahren der Flucht. Als keine Züge mehr zurück nach Budapest fuhren, setzte sie sich durch und bewog die Soldaten zur sofortigen Flucht: *»ICH warte nicht bis zum nächsten Tag! Ich will los! Gehen wir auf die Landstraße.«* Begleitet von der ständigen Angst und der Gefahr, enttarnt zu werden, erreichte die Gruppe mit viel Glück schließlich Budapest.

Es ist wichtig für Theresia, ihre Dankbarkeit zu zeigen: *»Wenn jemand gut zu mir ist, möchte ich auch gut zu ihm sein.«* Nach dem Krieg suchte sie *»den Siebenbürgen«*, der sich ihr gegenüber während ihrer Verschleppung von den Pfeilkreuzlern menschlich verhalten hatte, um sich *»dankbar zu zeigen«*. Sie spendete darüber hinaus für einen ihr unbekannten Mann, der behauptete, Wallenberg bei der Rettung der ungarischen Juden behilflich gewesen zu sein: *»Ohne Forschung sofort geholfen! Geld gegeben.«*

Mutter sein

Theresia wollte während der Judenverfolgung kein Kind in die Welt setzen: *»Wissen Sie, ich hab schon '38 geheiratet und sie [die erste Tochter] wurde erst in '43 geboren, weil ich hab mich immer gefürchtet, was kommen kann!«* Es ist ihr wichtig, die Familie *»zusammenzuhalten«*: *»Das will jede Mutter. Und überhaupt, bei Juden war das so, nachdem sie immer verfolgt waren, ist die Familie eng zusammen.«* Die Existenz ihrer Tochter gab ihr die Kraft und bestärkte sie in ihrem Willen, sich ihrem Schicksal nicht zu ergeben, sondern für ihr Leben und das ihrer Tochter zu kämpfen: *»Ich wollte was – ich habe doch ein KIND schon gehabt!«*

Ihr zweites Kind wird nach Ende des Krieges geboren: *»Meine zweite Tochter ist in '47 [geboren] – bis dahin konnte ich mich nicht entschließen.«*

Bezug zu Israel

Theresia, die dreimal nach Israel reiste, ist beeindruckt von der Schaffenskraft der Israelis: *»Die Juden haben dort ein Land aufgebaut. (...) Also jedes Mal war ich so überrascht«* über die Fortschritte, *»ist das nicht zu bewundern!«*

Sie machte ihrem Mann, der sich einer Einwanderung in die USA widersetzte, da er befürchtete, dort nicht in seinem Beruf arbeiten zu können, den Vorschlag, stattdessen nach Israel zu gehen. Dort hätte er in seinem Beruf, der ihm sehr am Herzen lag, arbeiten können. Er war dennoch nicht einverstanden, Ungarn zu verlassen und sie habe sich auch nicht wirklich »*danach gesehnt*«. Theresia befürchtete, sich in Israel einsam zu fühlen, da sie niemanden dort kannte.

Sie fühlt mit den überlebenden Juden, die nach Israel emigrierten, um Schutz und Ruhe zu finden vor der Verfolgung, mit: »*Schrecklich! Daran zu denken, dass Leute, die vom Konzentrationslager dorthingekommen sind, jetzt wieder...*« Sie würde sich wünschen, dass das Verhältnis der Palästinenser und der Israelis sich entspannt, und dass die Besitzansprüche der Vergangenheit ruhten, so wie sie es in Südtirol zwischen den Italienern und Österreichern beobachtet hat: »*Niemand, niemand sucht nach, was früher war. (...) Die haben sich sehr gut befreundet.*« Eine österreichische Bekannte habe emotionslos gesagt: »*Das ist so und das muss man hinnehmen.*«, was Theresia sehr vernünftig findet.

6.9.2. Ruth

»Um Gottes Willen, die Seele kann man nicht versichern.«

Rahmenbedingungen

Das ca. zweistündige Gespräch fand im Garten der älteren Schwester Helena in München statt. Ruth war erst kurz vor unserem Gespräch bei ihrer Familie in München angekommen. Ihre Töchter, Enkeltöchter, ihre Schwester und ihre Mutter waren bei unserer Begrüßung anwesend, es herrschte eine vertraute familiäre, etwas unruhige Atmosphäre. Wir wurden während des Gespräches ein paar Mal von ihrer Schwester Helena und ihrer Mutter Theresia unterbrochen, die nach etwa einer Stunde immer energischer darauf drängte, das Gespräch zu beenden.

Interviewverlauf

Ruth, eine kleine, aparte, dunkelhaarige Frau wirkte auf mich freundlich, aber distanziert. Es schien, als wolle sie das Gespräch schnell hinter sich bringen. Da sie diejenige war, die sich auf meine Anzeige gemeldet hatte, war ich über ihr Verhalten ein wenig verwundert, zumal ich am Tag zuvor ihre sehr engagierte ältere Schwester kennengelernt hatte, die ungleich mehr Interesse und Hinwendung zu der »Generationentradierung« gezeigt hatte.[53] Ruth sprach sehr melodisch mit einem osteuropäischem Akzent und lächelte viel.

Biographischer Hintergrund

Ruth wurde 1947 als zweite Tochter ihrer Eltern in Budapest geboren. Ihre Kindheit in Ungarn *»plätscherte so hin und war eigentlich sehr gut«*. Auch die Schuljahre auf dem Gymnasium waren *»eigentlich eine eher wunderbare Zeit«*. Dort wurde zweisprachig unterrichtet, ungarisch und deutsch. *»Wie man früher auch Klavierunterricht hatte, hatte ich Sprachunterricht, das war sozusagen im Paket drin. [Lacht]«* Innerhalb der Familie wurde ausschließlich ungarisch gesprochen, es fiel kein deutsches Wort: *»Nein! Nie, nie, nie. Das war also wirklich eine rein ungarischsprachige Familie und wenn wir zu dritt sind [Mutter und die beiden Töchter], dann fallen wir immer sofort zurück.«* Ruth erinnert sich an die Geborgenheit, die sie zu Hause empfand. Obwohl ihre Mutter oft abwesend war, da sie viel außer Haus arbeitete, war deren *»körperliche Nicht-Anwesenheit immer abgepolstert«*, es gab ein Hausmädchen, das die *»Oma-Rolle«* einnahm, alles war *»geordnet«* und *»liebevoll«*.

Um ihre deutschen Sprachkenntnisse zu verbessern, besuchte Ruth während ihrer Schulzeit des Öfteren über die Sommermonate eine befreundete Familie in Ostdeutschland oder reiste zu ihrer Tante nach Wien, wo sie am Unterricht des dortigen Gymnasiums teilnahm. Nach dem Abitur begann sie, wie schon ihre ältere Schwester Helena, in Budapest aus *»pragmatischen Gründen«* Medizin zu studieren. Ein anderer Studiengang war ihnen aufgrund der Einschränkungen des sozialistischen Regimes, das eine »Bildungselite« verhindern wollte, verwehrt worden: *»War Abitur, dann war die Aufnahmeprüfung und dann hat man auch noch immer die politische Abstammung geguckt. Also, mit intellektuellen Eltern und mein Großvater war Kleinkapitalist,*

53 Wenn Ruth auch während des Interviews auf mich distanziert wirkte, so erkundigte sie sich in den folgenden vier Jahren, bis die Arbeit veröffentlicht wurde, immer wieder nach deren Fortgang sowie meinem persönlichen Befinden und ließ mich wissen, dass sie sehr an den Ergebnissen interessiert sei.

war so einsortiert, dann war es hoffnungslos.« Nur die *»guten Beziehungen«* des Vaters ermöglichten den beiden Schwestern schließlich die Aufnahme in die medizinische Fakultät der Universität.

1967 lernte Ruth ihren zukünftigen Mann, einen Bekannten ihrer Schwester, kennen. Die beiden verliebten sich und zwei Jahre später, nach Bestehen des Physikums, verließ Ruth Ungarn, heiratete und zog mit ihrem Mann nach Westberlin, wo sie ihr Medizinstudium fortsetzte. Als Ruth 22 Jahre alt war, kam ihre erste Tochter, Rabea, zur Welt. Zwei Jahre später machte sie ihr Staatsexamen und begleitete anschließend ihren Mann mit Rabea in die Türkei, wo dieser ein Jahr beruflich tätig war. 1973 wurde ihr Sohn geboren, die Familie kehrte nach Deutschland zurück und Ruth trat noch im selben Jahr ihre erste Stelle als Assistenz-Ärztin im Strafvollzug an. *»Vielleicht war das rückblickend viel, aber wenn man da drin steckt, dann... [Lacht] so lange man das alles auf die Reihe kriegt, ist das keine schlechte Zeit!«*

Die jüngste Tochter Sara kam 1985 auf die Welt, *»sehr gewollt, sehr gewollt [Lacht]«*. Die beiden älteren Kinder besuchten den jüdischen Kindergarten und anschließend die jüdische Grundschule. Sara wurde in einen *»normalen Kinderladen«* geschickt, da der jüdische Kindergarten sich in der Zwischenzeit in einen *»mehr russisch«* geprägten verändert hatte, was Ruth nicht gefiel: *»Also jüdische Religion hin oder her.«*

Die Kinder verließen der Reihe nach das elterliche Haus, so dass Ruth nun mit ihrem Mann allein in Berlin wohnt. Sie arbeitet als Ärztin in der Jugendgesundheitshilfe und betreut Kindergärten und Schulen in einem *»sehr problematischen, also sozial ganz schlechten«* Einzugsgebiet. Ihr Beruf mache ihr sehr viel Freude, engagiert und berührt berichtet sie während des Interviews von einigen Fällen, die sie gerade bearbeitet. *»Gut, also, das Leben tobt bei mir. Ein bisschen, ein bisschen kann man helfen. Nicht sehr, aber ein bisschen.«*

Ruths Mann, der mittlerweile seine Arztpraxis aufgegeben hat, wünscht sich, gemeinsam mit ihr nach Italien auszuwandern, wo die Familie schon seit Jahren eine Wohnung besitzt. Sie steht diesen Plänen eher skeptisch gegenüber: *» Das stell ich mir sehr schwierig vor. (...) Auf MICH wartet man da nicht als Ärztin! (...) Dann ist natürlich die Integration WAHNSINNIG schwer! Und ich möchte nicht irgendwo leben und Beine hoch und die Rente ausgeben.«*

Inhaltsanalyse

Bezug zum Judentum bzw. Religion und Identität

Ruth wurde »*brav kalvinistisch erzogen*« und erfuhr erst im Jugendalter von ihren jüdischen Wurzeln: »*Meine Mutter hat immer erzählt, dass sie uns...alles ersparen wollte. Und dass man gute Papiere haben muss.*«

Sie tut sich zunächst schwer mit einer Antwort auf die Frage, was ihrer Meinung nach das Judentum ausmache: »*Das ist eine schwere Frage! [Lacht] (...) Kuckuck weiß. [Lacht]*« Einerseits drücke sich die jüdische Identität durch die Religion des Judentums aus, andererseits durch »*eine Zugehörigkeit zu irgendeinem – wahrscheinlich – mitteleuropäischem Bürgertum, jüdischem Bürgertum. (...) Es ist eine bestimmte Kultur, was man liest, wie man miteinander umgeht, was man anguckt, ja.*« Sie selbst würde sich eher dem »*osteuropäischen Bürgertum*« zuordnen. Auch mit der »*familienzentrierten oder kinderzentrierten*« Lebensweise des jüdischen und osteuropäischen Kulturkreises kann sie sich gut identifizieren.

Ihr Selbstbild ist vor allem durch ihren Beruf geprägt, »*das soziale Engagement*« und den Wunsch, »*irgendwo helfen zu können*«: »*Ich würde mich nie als jüdische Frau definieren. Sondern: Ärztin*«, denn »*eine jüdische Frau müsste irgendwie mehr gläubig sein und auch mehr Kontakt zur Synagoge haben.*« Eine Identifikation mit dem Judentum ist für sie persönlich nicht stimmig, da sie weder gläubig ist noch sich in der jüdischen Gemeinde in Berlin engagiert. Ihr widerstrebt die Einstellung der Mitglieder der dortigen Gemeinde, sie kritisiert deren Selbstgerechtigkeit und Egozentrik: »*Gerade in Berlin, das ist ja ein Trauerspiel, was da abgeht. Zehntausend Menschen schaffen, sich nur mit sich selbst zu beschäftigen. (...) Und dann gucken sie nur den eigenen Nabel, da sind sie mit sich so beschäftigt, dass sie gar nicht mehr die Kraft haben, den Kopf zu heben und auch mal zu gucken, wie sie, was für ein Bild sie nach außen machen.*«

Ihren Kindern allerdings versuchte sie die jüdischen Wurzeln nahezubringen: Sie schickte sie in den jüdischen Kindergarten und in die jüdische Grundschule, »*damit sie ein bisschen Ahnung haben, oder was auch immer... Woher sie kommen, welche kulturellen Wurzeln hinter ihnen stehen.*« Ihre älteste Tochter Rabea ließ sie aus »*Sicherheitsgründen*« noch taufen, »*für alle Eventualitäten*«, da ihre Mutter sie gewarnt hatte: »*Wenn man Rabea R. heißt, dann braucht man einen Taufschein.*« Die beiden folgenden Kinder ließ sie nicht mehr taufen, weil sie mittlerweile zu dem Schluss gelangt war: »*Um Gottes Willen, die Seele kann man nicht versichern.*«

Überhaupt möchte sie Religion und Zugehörigkeit (auch in ihrer und der Familie ihres Mannes) nicht zum Thema machen: »*Es wird nie über das Thema geredet. Nie. Und die eine Schwägerin ist katholisch, die andere ist evangelisch. Nun, ich bin jüdisch und dann fertig.*«

Umgang mit der Vergangenheit

Der Holocaust und die Judenverfolgung ist für sie »*Geschichte. Sehr Geschichte.*« Die einzige Auswirkung, die sie für ihre Familie wahrnimmt, liegt in der großen räumlichen Distanz der einzelnen Mitglieder, »*dass eine aus den Erzählungen riesengroße, intakte Familie jetzt auf fünf Kontinenten zerstreut ist.*«

Ruth und ihre Schwester haben ihre Mutter oft gefragt, warum ihre Eltern nicht wie so viele ihrer Verwandten aus Ungarn geflohen sind, als es noch möglich gewesen wäre: »*Man wusste, '33 war ja einschneidend. Und wie konnte man abwarten?!*« Sie vermutet, dass es am »*wirklich sehr bodenständigen Vater*« lag, da ihre Mutter gern Ungarn verlassen hätte: »*Sie wollte immer weg.*« Zusätzlich sei vielleicht der trügerische Eindruck der Integration ein Beweggrund gewesen, zu bleiben, denn: »*Die waren wahrscheinlich wirklich unheimlich integriert, das war – wie ein Fisch im Wasser. Und dass es doch nicht so ist, das haben sie dann später gemerkt.*«

Es ist ihr ein Rätsel, wie es ihren Eltern gelungen ist, »*keinen Hass weiterzupflanzen. Haben sie keinen Hass? Weiß ich nicht... [kleine Pause] Also, weder auf die Nachbarn, die teilweise sie dann denunziert haben oder was auch immer.*« Es wurde in der Familie weder über die Vergangenheit noch über die, die damaligen Ereignisse begleitenden Gefühle gesprochen: »*Das ist nicht weitergegeben worden. Das war kein Thema.*« Sie beurteilt das Schweigen ihrer Eltern positiv, da somit in ihrer Entwicklung eine »*Unbefangenheit, eine große Portion Unbefangenheit*« gewährleistet war: »*Dass man nicht mit kindlichen Emotionen irgendwas verurteilt.*«

Im Erwachsenenalter verlor sich ihre Unbefangenheit: »*Na ja, man ist, egal, wo man an den Holocaust rankommt, ist man nicht unbefangen. [Sie atmet schwer aus. Eine längere Pause schließt sich an.] Die Wut, dass es passieren konnte. Wut. Erstaunen. Dass Menschen zu so was fähig sind.*« Sie exploriert ihre Gefühle den Tätern gegenüber, indem sie sich konkrete Situationen ins Gedächtnis ruft, in denen sie beruflich im

Rahmen medizinischer Betreuung mit ihnen in Kontakt treten musste. Sie erinnert sich an einen »*Schreibtischtäter*«, einen »*irrsinnig biederen Menschen*«, der »*bestimmt sehr wirksam war – hat – weiß ich nicht, auch wenn nur für mehrere Hundert Leute den Fluchtweg…*«. Sie empfand in diesem Zusammenhang vor allem die Gefahr und »*die Angst, dass man indoktrinieren kann. Dass man einfach Leute so beeinflussen kann, dass ganz normale Leute Bestien werden.*«

Als Famulantin arbeitete Ruth auf einer internistischen Männerstation und wurde mit den sentimentalen Reaktionen ihrer Patienten konfrontiert, wenn diese ihren osteuropäischen Akzent hörten: »*Und dann haben alle die Männer die verklärten Blicke gekriegt: ›Ich war auch als Soldat in Ungarn! Im Krieg!‹ Nein, also da kommt einem schon ein bisschen die Übelkeit. Ja, ja, meine Familie ist von Ihnen ganz, im Krieg fast vollständig ausgerottet worden. Es waren schon komische Momente.*« Sie spürte in solchen Momenten: »*Wut. Wut. Wut.*« Hass habe sie nicht empfunden, aber Angst, »*was passieren kann. Dass es noch mal passieren kann.*« Nicht in nächster Zeit, »*nicht in unserem Leben, dazu ist das zu nahe*«, und auch nicht »*mit Juden*«, sondern »*übermorgen mit Türken oder Kurden oder Blauäugigen, Schwarzäugigen. Kann man dann beliebig*«. Als Schutz vor erneuter Verfolgung könne in ihren Augen die Weitergabe der Geschichte dienen: »*Vielleicht, dass man so viel weitergibt, dass die nächste Generation auch das weiß, das darf nicht noch mal passieren.*«

Heimat oder Wahl des Lebensortes

Als Heimat betrachtet sie Ungarn bzw. Budapest. Als sie nach Deutschland zog, war es ihr äußerst wichtig, in einer Stadt zu leben, von wo aus man Budapest gut erreichen konnte. »*Berlin. (…) Großstadt sollte sein, Kleinstadt nicht! Und Flughafen, Direktverbindung.*« Nicht das Land macht für sie ihre Heimat aus: »*Na gut, also landschaftlich, wunderbar! Guckt man an, guckt man zweimal an. Nein, die Menschen.*« Ruth erzählt nichts von den Schwierigkeiten ihrer Integration, die ihre Mutter erwähnt hatte: »*Die Ruth, die in Berlin lebt, auch Ärztin, hat eine wirklich gute Position und die hat sich weniger gewöhnt. (…) Die fühlt sich noch heute ein bisschen Heimweh, es ist eine Melancholie oder so etwas.*«

Über Berlin sagt Ruth lediglich: »*Großstadt. Spannende Großstadt… Ich hab sehr viele, sehr nette Leute… und sehr viele furchtbare Leute. Wahrscheinlich wie überall.*« Nach all den Jahren möchte sie

Deutschland aber auch nicht mehr verlassen, sie liebt ihren Beruf, versteht sich mit ihren Kollegen, hat sich hier *»etwas aufgebaut«*. Sie befürchtet im Ausland sprachliche Schwierigkeiten, die ihr die Integration und den Alltag erschweren würden, eine Erfahrung, die sie zu Beginn auch in Deutschland gemacht hat. Sie hat sich vorgenommen, sich erst mit Eintreten ihres beruflichen Ruhestandes mit dem Gedanken an eine Auswanderung nach Italien zu befassen.

Werte, Kraftquellen und Ressourcen

»Menschliche Beziehungen« sind für Ruth äußerst wichtig, ihre Familie sowie Freunde und Arbeitskollegen. Sie findet es grundlegend, die Bereitschaft zur Auseinandersetzung auch in schwierigen Zeiten nicht zu verlieren. Besonders das Eingehen von Kompromissen sieht sie als wertvolle Fähigkeit im zwischenmenschlichen Bereich an. Ihr Lebensmotto gleicht dem des Baron von Münchhausen, der sich am eigenen Schopf aus der Misere zieht, *»aber ob man das hinbekommt, weiß ich nicht.«* Ihren Nachkommen wünscht sie *»Ausgeglichenheit mit sich selbst. Friede mit sich selbst. So ein Gleichgewicht«*, etwas, das sie selber oft, aber nicht durchgehend empfunden hat: *»Das hat keiner! Dann genießt man auch gar nicht!«* Auch finanzielle Sicherheit ist letztendlich entscheidend, aber erst an zweiter Stelle, nach den menschlichen Beziehungen: *»Natürlich, die Beziehungen leiden sehr unter finanzieller Not, aber das ist immer zweiter Stelle.«* Ihre Arbeit als Ärztin scheint sie auszufüllen, generell gefällt es ihr, *»etwas aufzubauen«*, *»etwas zu schaffen«*. Sie schätzt ihr Leben im Ganzen positiv ein: *»Wirklich, unter die Linie kommt ganz wenig. Normal. Ich war auch nicht schwer krank, nichts! Operiert bin ich nicht. [Lacht] Die Geburten sind gut gelaufen. (...) Ich bin nicht getrennt, ich bin nicht geschieden [Lächelt].«*

Mutter sein

Ruth war 22 Jahre alt und *»mitten im Studium«*, als ihre älteste Tochter Rabea geboren wurde. Sie vermutet: *»Wär ich in Ungarn gewesen, wär sie sicher nie gekommen. (...) Nachher sicher, aber nicht während des Studiums, nicht mittendrin.«* Ihr Mann, einige Jahre älter als sie, wollte unbedingt mit Ruth eine Familie gründen und so entschied sie: *»Ich dachte mir: na ja, einmal hab ich schon ja gesagt [zur Ehe], dann soll ich – zweites Mal sag ich auch ja. (...) Wenn es ihm so wichtig ist, dann werden wir das schon schaffen.«*

Während ihrer Schwangerschaft (*»eine GEWALTIGE Erfahrung«*) machte sie sich Sorgen um ihr ungeborenes Kind: »*Na ja, als Medizinstudent hat man immer die Ängste – [Lacht] irgendeine Missbildung oder irgendwas funktioniert nicht wie man will. Oder wie man hofft.*« Sie wünschte sich nur eines: »*Gesund, gesund, gesund.*« Rabea war ein »*sehr einfaches Baby. Supergut handhabbar. (...) Wie im Bilderbuch. Ausgeglichen! Und freundlich und nett! Und strahlend! Wirklich sehr, sehr angenehm.*« Ruths Familienplanung war mit ihrer ersten Tochter keineswegs abgeschlossen: »*Das war – natürlich, wenn das eine kommt, soll es auf keinen Fall allein bleiben und das war auch klar: Eine Familie mit* einem *Kind ist keine Familie.*« Sie glaubt, dass sie diese Einstellung über Familie durch ihre Herkunftsfamilie vermittelt bekam: »*Da war vielleicht das Bild von zu Hause sehr stark, weiß ich nicht. Also zumindest zwei Kinder.*« Nach Rabea und Benjamin wünschte sich das Paar einige Jahre später noch ein drittes Kind, mit dessen Geburt die Familie vervollständigt war. Ruth und ihr Mann nahmen sich vor, die Erziehung und Begleitung ihrer Kinder »*viel intensiver (...) und viel besser als unsere Eltern zu machen.*« Im Nachhinein erkennt sie: »*Das tut man nicht! [Lacht] Aber: Eingebildet hab ich mir das! [Lacht]*« Es sei ihnen einfacher als ihren Eltern gefallen, für die Kinder da zu sein: »*Es waren auch die Bedingungen relativ geordnet und... dass wir VIEL mehr eingehen und sie VIEL mehr einbeziehen konnten.*«

Ein großes Problem stellt für sie die Ablösung ihrer Kinder dar: »*Ja, Sorgen und Schmerzen, das ist immer die Ablösung der Kinder, das ist schon eine – sehr, sehr schwierige Geschichte. [Lächelt]*« Sie hofft, dass sie mit ihren Kindern auch mit der räumlichen Distanz »*ein inniges Verhältnis*« schaffen kann. Sie hat die Erfahrung gemacht, dass die Güte des Verhältnisses zu ihren Kindern Schwankungen unterworfen ist: »*Ist keine stationäre Sache. Mit der Zeit sind Riesen-Wellen, man hat mal gute Phasen, man hat mal schlechte Phasen. Ist so.*«

Umgang mit Konflikten und Bewältigungsmöglichkeiten

Ruth, die in »*absoluter Harmonie*« aufwuchs und keinen einzigen Streit der Eltern miterlebt habe, sei »*fast gestorben*«, als in ihrer Ehe das erste Mal ein Konflikt entstand: »*Um Gottes Willen, was ist das für eine Ehe, wo es nicht so harmonisch ist wie zu Hause das war.*« Im Rückblick fühlt sie sich von ihrer Mutter nicht ausreichend vorbereitet auf die Ehe und die zwangsläufig auftretenden Auseinandersetzungen: »*Haben wir unserer Mutter öfters als Vorwurf gemacht, dass die Schlafzimmertür ging zu und wir haben nicht gewusst, was hinten passiert.«* Sie hat erkannt, dass es auch »*in harmonischen Familien*« zu Konflikten kommen kann und sich entschieden, ihren Kindern nicht alle Probleme zu verschweigen: »*Ich habe versucht, wenn wir Probleme hatten zu Hause, eher offen damit umzugehen. Das Kind soll ruhig mitkriegen, dass es nicht nur Freude ist, sondern, dass – es gibt Spannungen. (...) Also, wir haben schon versucht, das vorzuleben oder nicht zu verstecken, wenn wir Meinungsverschiedenheiten hatten.*«

Als erfolgreiches Mittel, Probleme zu lösen, nennt sie: »*Sprechen, sprechen, sprechen.*« So verfährt sie in allen Lebenslagen: »*Sprechen. Mit wem auch immer*« und »*so viel es geht*«.

Streitigkeiten über den Haushalt vermeidet sie, indem sie eine Haushaltshilfe beschäftigt: »*Dass man nicht um die Geschirrspülmaschine – dass man nicht immer die Diskussion anfängt. Und dann: Komm, wir delegieren! Nicht unser Bier, fertig.*«

Allgemein betrachtet waren ihre Konflikte und die ihr in ihrem Leben zugefügten Verletzungen ihrer Meinung nach nie so stark, dass sich für sie die Frage nach Vergebung gestellt hätte: »*Natürlich hat man mich gepiesackt! [Lacht] Aber nie so tödliche Wunden gekriegt, dass das ein akutes Thema war.*«

Bezug zu Israel

Der Staat Israel hat für Ruth keine besondere Bedeutung: »*Nein, nein. Nicht mehr als Frankreich oder weiß ich wo.*« Ein Leben in Israel kam für sie nie in Frage, zumal sie ihren Beruf im Hinblick auf einen Existenzaufbau in Israel falsch gewählt hätte, wie ein Verwandter ihr mitteilte: »*Ärzte haben wir soviel wie Sand am Meer! Wärst du Agronom, da könnte man dich hier verwenden! [Lacht] Na ja, also, wenn ich dann Lust habe, Agronom [Lacht] zu werden!*«

Während eines dreiwöchigen Besuchs bei ihren Verwandten in Israel, war sie beeindruckt, »*was man da aufgebaut hat*«. Nicht die Architektur oder das materiell Sichtbare bewegte sie, sondern: »*Was mich wirklich rührte, war wirklich das Neue, dass die da – also eine Generation quasi ein Land aufgebaut haben. Das hat mich sehr gerührt.*«

6.9.3. Rabea

> *»Ich kann denken, ich bin jüdisch und ich kann denken, ich bin deutsch.«*

RAHMENBEDINGUNGEN

Auch das Gespräch mit Rabea fand im Garten ihrer Tante in München statt. Während unseres Gespräches spielten Rabeas Mann und ihre Kinder im Garten. Wir wurden ein paar Mal von ihren Töchtern und ihrer Mutter Ruth unterbrochen, die uns etwas zu essen anbot und mir Fragen über meine Arbeit stellte.

INTERVIEWVERLAUF

Rabea wirkte auf den ersten Blick sehr ernst und ein wenig unnahbar auf mich. Durch ihre reife, gemessene Ausstrahlung und die Tatsache, dass sie bereits Mutter zweier Kinder war, war ihr genaues Alter schwer zu schätzen. Ihr eher unscheinbares und natürliches Äußeres wich mit der Zeit einer Ausstrahlung der unterschwelligen Stärke und Eigenwilligkeit, die im Gespräch mehr und mehr zum Vorschein kam.

Im Gespräch begegnete sie mir wie ihre Mutter freundlich, aber distanziert. Bei dem Thema »Kinder« blühte sie förmlich auf, antwortete sehr ausführlich, und es wurde deutlich, wie sehr ihr (ihre) Kinder und deren Förderung am Herzen liegen. An anderer Stelle, besonders bei der Beschreibung ihrer Großmutter spürte ich deutlich Zurückhaltung und Befangenheit. Bevor wir mit dem Interview begannen, stellte sie mir einige Fragen zu dem Sinn und Zweck des Gespräches.

BIOGRAPHISCHER HINTERGRUND

Über ihre Kindheit verlor Rabea, die 1970 als erstes Kind ihrer Eltern in Berlin geboren wurde, nur wenige Worte. Ihre »*an sich sehr behütete Kindheit*« wurde getrübt, als sie durch die Geburt ihres Bruders ihren Einzelkindstatus verlor, dies sei ein »*großes Trauma [Lacht]*« gewesen. Die damals vierjährige Rabea litt an »*schwerer Eifersucht*« und wurde Erzählungen ihrer Eltern zufolge »*sehr viel ruhiger*« als zuvor.

Rabea berichtete nichts über ihre Jugendzeit, sie schloss an die Erzählung über ihre Kindheit nahtlos mit der Beschreibung ihres Erwachsenenlebens an. Ihre gezeichnete Lebenskurve erhielt einen

Schwung nach oben, als sie ihr Studium begann: »*Sehr gut ging es mir, als ich angefangen hab zu studieren und irgendwie die Selbständigkeit hatte und irgendwie die Freiheit.*« Sie, »*die Künstlerin in der Familie*«, entschied sich, Restauratorin zu werden und begann aus diesem Grund Kunstgeschichte und Chemie zu studieren. Über die genauen Voraussetzungen ihres Wunschberufes informierte sie sich erst später und »*es stellte sich heraus, dass der Zug ziemlich abgefahren war*«, da sie zusätzlich zu ihrem Studium noch ein Praktikum bei einem Restaurator hätte machen müssen. Ihre erste Tochter war zu diesem Zeitpunkt schon ein Jahr alt und so entschied sich Rabea zugunsten ihres Kindes gegen die zeit- und arbeitsaufwendige weitere Ausbildung: »*Und dann eben acht Stunden voll da sein – das wollte ich dann damals mit dem kleinen Kind nicht.*« Sie absolvierte stattdessen eine Diplom-Bibliothekars-Ausbildung, »*weil das eben relativ schnell fertigzumachen war*«.

Mit Anfang 20 hatte sie ihren zukünftigen Mann, einen nichtjüdischen Deutschen, kennengelernt, war mit ihm zusammengezogen und hatte ihn noch vor der Geburt ihrer ersten Tochter geheiratet. Die Anfangszeit der Familiengründung, an die Rabea und ihr Mann »*sehr naiv dran gegangen*« waren, erinnert sie als »*schwierige Zeit*«: »*Weil – sie [die Kinder] sind halt sehr früh gekommen, ich hab studiert, mein Mann hat auch ewig lange noch mitstudiert, wir hatten sehr wenig Geld und da war einfach – man ist sowieso durch die Kinder sehr gebunden. War glaub ich nicht so – die schönste Zeit.*«

Nach dem Studium fand Rabea zunächst keine Arbeitsstelle, was einen weiteren Knick in ihrer Lebenslinie bedeutete. Mittlerweile hat sie eine Anstellung in einer Bücherei gefunden, »*und jetzt geht es mir eigentlich – sehr gut. (...) Das hat mir noch mal so richtig einen Kick gegeben, dass man sich so ein bisschen selbst verwirklichen kann*«. Als berufstätige Mutter ist sie sehr gefordert: »*Ich arbeite in einer kleinen Bücherei und muss drei Nachmittage abdecken und das mit den Kindern zu organisieren ist relativ schwierig.*« Im Privatleben wie auch in ihrem Beruf macht ihr die Beschäftigung und Förderung von Kindern großen Spaß: »*Das mach ich sehr gerne irgendwie – ich bin gerne mit meinen Kindern zusammen und gerne mit anderen Kindern zusammen. (...) Ich mach das auch in meiner Arbeit, dass ich mich sehr engagiere mit den anderen Kindern im ähnlichen Alter.*« Sie bietet dort für Kinder Projekte an, die ihnen die Freude am Lesen vermitteln sollen. In diesem Bereich möchte sie sich gerne weiterbilden, strebt in der Zukunft eventuell noch einen Aufbaustudiengang für Kulturmanagement an. Sehr gerne würde Rabea im Museum arbeiten und Kinderausstellungen machen.

Inhaltsanalyse

Heimat oder Wahl des Lebensortes

Rabea, die in Berlin als Tochter eines nichtjüdischen Deutschen und einer jüdischen Ungarin geboren wurde, fühlt sich als Deutsche verpflichtet, in ihrer Heimat Verantwortung für eventuelle Missstände zu übernehmen und diesen entgegenzuwirken. In ihrer Familie herrschte, besonders angeregt durch ihren Vater, ein »*sehr kritisches Deutschlandbild*« vor: »*Mein Vater war immer relativ anti-deutsch eingestellt.*« Er kritisierte, dass in Deutschland »*vieles nicht möglich ist und dass die Leute teilweise zu verschlossen sind.*« Rabea hat sich entschieden, »*das irgendwie anders zu machen. (...) Ich finde schon, dass man, wenn man in einem Land lebt, dann versuchen sollte, es besser zu machen. Wenn man irgendwie Fehler sieht, sollte man daran arbeiten und nicht eben woanders hingehen.*« Sie ist der Meinung, dass es »*Fehler oder Probleme überall*« geben wird. Ihrer Einstellung entspricht es eher, bei Problemen nach Lösungen zu suchen und sich nicht in sein Schicksal zu ergeben oder vor ihm zu fliehen: »*Ich sehe auch Sachen relativ kritisch, aber ich würde schon immer versuchen, also, wenn man kritisiert, dann zugleich mit Vorschlag, wie man es besser machen kann.*«

Für Rabea ist es selbstverständlich, jüdische und deutsche Identität miteinander zu verknüpfen und zu leben: »*Ich kann eben, wie gesagt, denken, ich bin jüdisch und ich kann denken, ich bin deutsch.*« Sie gehöre nicht mehr zu der Generation, die Deutschland mit ablehnenden Gefühlen gegenübersteht, »*die dann auch gar nichts mehr mit den Deutschen zu tun haben wollte, die bin ich nicht. Da ist einfach doch zu viel Gras darüber gewachsen oder einfach zu viel Zeit ins Land gegangen.*« Rabea wohnt gerne in Deutschland, könnte sich aber alternativ auch vorstellen, mit ihrer Familie ins Ausland zu gehen, nach »*Amerika oder Italien. Da sind jeweils kunsthistorische Institute*«, gesetzt den Fall, ihr Mann würde dort eine Stelle bekommen.

Bezug zum Judentum bzw. Religion und Identität

Rabea fühlt sich mit dem Judentum nicht durch die Religion, sondern durch ihren »*kulturellen Background*« verbunden: »*Ich bin nicht religiös, überhaupt nicht.*« Als Kind besuchte sie einen jüdischen Kindergarten, auch heute noch wird sie »*sentimental*«, wenn sie jüdische Lieder hört.

Die Erfahrungen, die sie im jüdischen Kindergarten machte, empfindet sie als wichtig, »*das bedeutet mir einfach sehr viel*«.

Ein Israel-Aufenthalt wirkte prägend auf sie und verstärkte ihr Zugehörigkeitsgefühl zum Judentum. Wenn auch die orthodoxen Juden sie »*sehr beeindruckten*«, so definiert sie ihre Affinität zum Judentum eher durch die »*Lebensweisheiten, die teilweise von den Rabbinern ausgehen, (...) aber auch teilweise aus den Geschichten von Isaac B. Singer. (...) Das würde ich so als kulturellen Background sehen. Das ist schon eine bestimmte Art, aber so richtig religiös ist es auch in seinen Geschichten nicht.*« Auch die Weisheiten des Talmud faszinieren sie, sie möchte sich gerne noch intensiver damit auseinandersetzen: »*Ich erwarte viele Lebensratschläge.*« Am ehesten sieht sie einen Zusammenhang zwischen ihrer jüdischen Identität und ihren »*jüdischen Familienbanden (...) Großfamilie, multikulturell... Weil sie ja eben nach dem Dritten Reich schon in alle Ecken verstreut worden sind*«.

Ihren Kindern wollten Rabea und ihr Mann die Wahlmöglichkeit lassen, zu welcher Religionsgemeinschaft sie sich bekennen möchten, falls überhaupt: »*Mein Mann ist (...) nichtjüdisch, da hatten wir uns entschieden, dass wir die Kinder nicht taufen, sondern dass wir sozusagen – ja, beides anbieten – dass sie sich selber entscheiden können.*« Die freie Wahlmöglichkeit spiegelt sich in den unterschiedlichen Entscheidungen beider Töchter wider: Die jüngere Tochter »*ist evangelisch. Das sagt sie von sich aus*«, wohingegen die ältere Tochter »*sich sehr zum Jüdischen hingezogen fühlt*«. Als diese herausfand, dass ihre Familie mütterlicherseits jüdische Wurzeln hat, da »*hat sie das gleich angenommen und für sie war es klar, sie ist jetzt auch jüdisch und sie war so ein bisschen stolz darauf, ein bisschen was anderes zu sein.*« Rabeas Tochter wünscht sich jüdischen Religionsunterricht und trat selbständig aus dem katholischen Religionsunterricht aus, »*das war ihr wichtig.*« Rabea nimmt die Entscheidungen ihrer Töchter hin und unterstützt sie in ihren jeweiligen Lebenswegen.

Israel

In Rabeas Verständnis von jüdischer Identität spielt der Staat Israel, für den sie »*eine gewisse Verbundenheit*« empfindet, eine wichtige Rolle. Es ist für sie das Land, in dem die Überlebenden des Holocaust sich eine neue Existenz aufbauen konnten, so wie auch ein Teil ihrer Familie. Sie selbst arbeitete eine Zeit lang in einem Kibbuz in Israel, verbrachte Zeit mit ihren dortigen Verwandten und besuchte mit ihnen religiöse

Orte. Sie ist beeindruckt von der lebendigen Kultur und der Sprachenvielfalt, die in Israel herrscht: »*Wohin man kommt, immer sind mindestens drei Sprachen irgendwie zugange!*«

Rabea fühlt mit dem israelischen Volk mit, das keinen Frieden findet: »*Ich würde mir einfach wünschen, dass irgendwann dieser Konflikt beendet ist.*« Ihr besonderes Mitleid gilt den Holocaust-Überlebenden, die dort ein neues Leben anfangen wollten. Rabea ist der Meinung, dass »*beide Seiten [Israelis und Palästinenser] natürlich Fehler machen. Sie haben sich da reingesteigert*«. Sie bedauert die Weitergabe der Fehler und des Hasses über die Generationen hinweg: »*Es geht ja schon in die zweite und dritte Generation und die geben ja – jede Seite gibt es weiter und das find ich eben das Traurige daran.*« Sie kann sich nicht vorstellen, jemals in Israel zu leben: »*Also, zur Besichtigung und zum Besuch schon, aber dort zu leben nicht.*«

Mutter sein

Rabea und ihr Mann, die nicht verhüteten, hatten die Schwangerschaften »*nicht geplant, aber sozusagen mit der Möglichkeit gelebt*«. Ihre erste Schwangerschaft wurde von ihr durch die äußeren Umstände als »*schwierige Zeit*« erlebt. Es musste eine größere Wohnung gefunden werden, der Umzug und die Hochzeit organisiert werden, es war »*ne Stresszeit*«. Da Rabeas Mutter auch jung Kinder bekommen hatte, nahm Rabea sich an ihr ein Beispiel: »*Wenn sie das geschafft hat, das schaff ich auch.*« Mutter sein bedeutet für sie: »*Verantwortung tragen. Zukunft formen.*« Sie liebt Kinder und verbringt gerne Zeit mit ihnen: »*Ich bin gerne mit meinen Kindern und gerne mit anderen Kindern zusammen, weil – die Kinder irgendwie noch sehr ehrlich sind und man sehr schnell abschätzen kann, was sie denken und sie das sehr offen sagen und man eben dann sehr schnell ihr Vertrauen gewinnen kann.*« Unter Erwachsenen hingegen habe sie oft »*das Gefühl des gegenseitigen Abschätzens, also, dass sie teilweise nicht mit offenen Karten spielen.*«

Die Erziehung ihrer Kinder sei ihrer Meinung nach geprägt durch ihre eigene Kindheit: »*Das ist ein ganzes Stück, dass man bestimmte Verhaltensmuster einfach aufgreift, nachmacht.*« Ebenso wie ihre Mutter früher, verbringt Rabea heute viel Zeit mit ihren Kindern. Im Gegensatz zu ihrer Mutter bemühe sie sich, »*nicht alles durchgehen zu lassen und (…) schon härtere Grenzen zu ziehen*«. Sie legt Wert darauf, ihren Kindern von Anfang an kindgerechte Verantwortung zu übertragen: »*Es ist sehr wichtig, dass man von vorneherein auch bestimmte Auf-*

gaben und Verantwortung mit übernimmt und dass das aber trotzdem nicht Lebensqualität dann irgendwie einbüßt.« Auf diese Art und Weise möchte sie ihre Kinder auf das spätere Leben vorbereiten und sie so in die Lage versetzen, in noch bevorstehenden Lebensphasen selbstverständlicher mit den Anforderungen des Alltages umzugehen.

Umgang mit der Vergangenheit

Rabea hatte schon immer großes Interesse an der Geschichte des Dritten Reiches und der Judenverfolgung und las sehr viele Bücher über dieses Thema. Mit ihrer Großmutter könne sie nicht ausführlich darüber sprechen: »*Ich hab mich schon immer dafür interessiert, aber immer gemerkt, wenn ich da sehr nachgebohrt habe, sie hat da nicht sehr viel erzählt, also, es fiel ihr schwer.*« In »*einigen wenigen*« Gesprächen berichtete ihre Großmutter über ihre Flucht, »*aber so richtig – immer konnte ich nicht mit ihr reden.*« Rabea verstand, dass die Erinnerungen für ihre Großmutter schwer zu ertragen waren: »*Es wühlt sie doch zu sehr auf.*« Ihre Mutter hinderte Rabea, die Großmutter auf die Vergangenheit anzusprechen und auch in der gesamten Familie (ihrer Mutter) wurde der Holocaust nicht behandelt: »*Auch die anderen Verwandten – also das war schon ein Thema, wo man nicht so auf die Leute mit zugegangen ist. (…) Auch die Cousinen von meiner Oma, da war die eine in Auschwitz und da hab ich auch nie groß nachgefragt. Also, da weiß ich überhaupt nichts, wie das abgelaufen ist, das weiß ich alles nicht.*«

Rabea differenziert zwei Arten von Vergessen: einerseits den Wunsch nach dem »*persönlichen Vergessen*«, den ihre Großmutter hegt, und andererseits ein gesellschaftliches Vergessen und die Notwendigkeit, diesem Vergessen entgegenzuwirken. Das Wissen über die Judenverfolgung im Dritten Reich sollte ihrer Meinung nach »*Bestandteil vom Allgemeingut*« sein. Es ist ihr wichtig, dass eine Auseinandersetzung mit der Vergangenheit stattfindet, ohne allerdings den späteren Generationen Schuld zuzuweisen: »*Man muss sich irgendwie damit auseinandersetzen, wobei ich dann auch schon verstehen kann, dass jetzt die dritte Generation auch irgendwann von ihren Schulden freigesprochen werden will. (…) Dass man das weitertradiert ohne Schuldzuweisung. Das man einfach sagt: Das darf nicht wieder passieren.*« Dieser Aspekt der Auseinandersetzung ist ihr sehr wichtig, dass Schuldzuweisungen nicht impulsiv und ohne eigenes Hinterfragen stattfinden, denn: »*Keiner weiß, wie er gehandelt hätte.*«

Rabea beschäftigte sich intensiv mit der Frage, welche Stellung sie selbst in der damaligen Zeit eingenommen hätte: »*Es hat mich einfach auch sehr beschäftigt, wie ich da gestanden hätte. Also auf jeder Seite, wie gesagt. Das war – schon ne blöde Zeit.*«

Rabeas Verwurzelung in der deutschen Identität wird deutlich, als sie sich Gedanken darüber macht, wie sie sich während des Dritten Reiches verhalten hätte: »*Ich habe mich gefragt, wie ich mich eigentlich verhalten würde, wenn ich wirklich auf der deutschen Seite stehen würde. (...) Wenn meine Vorfahren jetzt nicht jüdisch gewesen wären, wenn ich eben auch früher gelebt hätte, aber auf der deutschen Seite gewesen wäre, was ich gemacht hätte.*« Sie fragt sich, ob sie »*so viel Kraft und Mut gehabt hätte, sozusagen menschlich richtig zu handeln*«. Sie zeigt für »*die Mitläufer*« Verständnis: »*Ich glaub, das ist einfach, dass sehr, sehr viele einfach sehr schwach sind, dass es einfach sehr viel Energie kostet, da moralisch richtig zu handeln, das glaub ich schon.*« Sie unterscheidet zwischen »*den Mitläufern*« und »*denen, die jetzt wirklich in den Gaskammern gearbeitet haben*«. Letztere könne sie weder verstehen, noch wisse sie, ob sie »*diesen Menschen vergeben könnte*«.

Im Hinblick auf die jüdische Seite fragt sie sich, »*warum es so wenig Widerstand gegeben hat. Warum die auch so bereitwillig immer in ihre Opferrolle gegangen sind, warum es nicht viel mehr Warschauer Ghettos gegeben hat*«. Sie vermutet, dass Juden, die »*ja im Laufe ihrer Geschichte oft verfolgt worden sind, (...) immer mehr in diese Opferrolle auch reingekommen sind*«. Sie kann sich eher mit dem jüdischen Widerstand identifizieren: »*Ich hab mir auch verschiedene Rollen überlegt, es gab ja auch im Warschauer Ghetto diejenigen, die kollaboriert haben, die sozusagen in die jüdische Polizei gegangen sind und dann da sehr viel gestaltet haben, oder im Warschauer Ghetto wirklich in den Widerstand gegangen sind.*« Sie lehnt den Opferstatus für sich selbst ab: »*Ich glaub, ich kann damit auch nicht gut umgehen.*« Sie spekuliert, dass sie sich zurückziehen und die Schuld bei sich suchen würde, wenn sie Angriffen ausgesetzt wäre: »*Ich würde mich, glaub ich, schon auch einigeln. Also, wenn ich von allen Seiten her nur Schlechtes über mich höre, würde ich schon überlegen, ob da nicht was Wahres dran ist und dann immer – also, so sehr aufbegehren, weiß ich nicht, ob ich das könnte... [lange Pause] Ich würde mir das sehr zu Herzen nehmen, glaube ich.*« Ihre Reaktion würde davon abhängen, »*in welcher Phase es mich erwischt. Wenn man viel Lebenskraft hat, dann kann man damit anders umgehen, als wenn es einem vielleicht nicht so gut geht.*« Sie folgert: »*Und das kann auch natürlich im Holocaust so gewesen sein...*

Dass vielleicht das jüdische Volk gerade nicht so viel Lebenskraft hatte und dass man dann eben auch schlechter aufbegehren kann.«

Wiedergutmachung

Wiedergutmachung ist in Rabeas Augen eine Anerkennung für die Leiden der Opfer des Nationalsozialismus, wenn auch eine tatsächliche Wiedergutmachung nicht möglich sei. Dennoch ist es ihrer Meinung nach ein wichtiges Zeichen eines Staates, seine Schuld einzugestehen und sich offiziell zu entschuldigen, »*dass man offiziell sagt: Du hast sehr gelitten und wir waren, wir waren vielleicht schuld.*« Anspruch auf Wiedergutmachung habe nur »*die Generation, die wirklich gelitten hat*«, nicht die Nachkommen der Opfer: »*Also, da hab ich keinen Anspruch drauf.*«

6.9.4. Mehrgenerationale Familienanalyse

Umgang mit der Vergangenheit

Das Spannungsfeld Vergessen – Erinnern wird bei jeder Einzelnen wie auch im gesamten mehrgenerationalen Familiengefüge deutlich.

Während Theresia einerseits nachdrücklich ein gesellschaftliches Erinnern der Verbrechen des Nationalsozialismus fordert, sehnt sie sich andererseits nach einer persönlichen Amnesie, ihre furchtbaren Erlebnisse betreffend. Das Schweigen über die Vergangenheit scheint zweierlei Funktionen zu erfüllen: Es bietet einen Schutz für die anderen Familienmitglieder und einen Schutz für und vor sich selbst. So kann z.B. das Hinzuziehen von Theresias Tochter Helena zu unserem Gespräch als eine Vorsichtsmaßnahme interpretiert werden, nicht zu viel zu erzählen. Dieser Schutz mag zum einen auf das Wohlergehen ihrer Tochter bezogen sein, der sie ein detailliertes Wissen um die furchtbare Vergangenheit nicht zumuten möchte. Darüber hinaus scheint sie sich auch selbst durch ihr Schweigen, das sie vor ihrer Tochter nie brechen würde, schützen zu müssen, um nicht von den Erinnerungen und den damit gekoppelten Gefühlen überflutet zu werden. Theresia betont mehrmals, dass sie keinen Hass in die Seelen ihrer Kinder setzen wollte. Diesen Hass und darüber hinaus vermutlich Gefühle der Angst, Ohnmacht und Verzweiflung, deren Ursprung in ihren traumatischen Erfahrungen der Bedrohung und Verfolgung zu suchen ist, scheint sie verkapselt in sich zu tragen und nur abwehren zu können, indem sie versucht, die Vergangenheit ein für allemal hinter sich zu lassen. Im Gespräch spüre ich bei einigen Erzählsequenzen Wut, die sie kontrolliert und gleichzeitig durch eine Wortwahl und Sprachmodulation ausdrückt, die deutlich erkennen lässt, wie aufgebracht und erzürnt sie noch heute ist. Die plastische Sprache, mit der sie ihrer Ablehnung und ihrer Verbitterung gegenüber den deutschen Tätern Ausdruck verleiht, verwendet sie nur solange Helena bei dem Interview nicht zugegen ist.

Helena, Theresias älteste Tochter, versucht ihre Mutter heute inständig davon zu überzeugen, sich mit ihrer Vergangenheit auseinanderzusetzen, während sie auf der anderen Seite die Vorzüge des Schweigens für sich persönlich zu schätzen weiß, da ihr auf diese Art und Weise viele Emotionen und viel Kummer im Kindes- und Jugendalter erspart geblieben seien. Ruth konnotiert das Schweigen über die Vergangenheit ebenfalls positiv, da es ihr in ihrer Entwicklung eine große Unbeschwertheit ermöglicht habe. Das Bedürfnis der ersten Generation, über die Vergangenheit schweigen zu wollen, wird in dieser Familie akzeptiert und von der zweiten Generation als Ressource gewertet.

Die Ambivalenz bezüglich der Auseinandersetzung mit der Vergangenheit wird weiterhin sichtbar in der Wahl des Lebensortes der Töchter: Beide Töchter gehen nach Deutschland, »das Land der Täter«, heiraten deutsche Männer und ziehen ihre Kinder dort auf. Während Theresia noch schwieg und konvertierte, ihre jüdischen Wurzeln nach Ende des Krieges zu verstecken suchte und diese Notwendigkeit auch ihren Töchtern vermittelte, ließ Ruth sich nur bei ihrer ersten Tochter auf die »Sicherheitsmaßnahme« ein, diese taufen zu lassen. Nach diesem letzten Zugeständnis an die Ängste ihrer Mutter, zog sie ihre Kinder zwar nicht im jüdischen Glauben, wohl aber mit der Vermittlung der jüdischen Kultur auf.

Bei Rabea, Vertreterin der dritten Generation, findet eine sehr reflektierte Auseinandersetzung mit der Vergangenheit statt. Rabea, in deren Selbstbild sowohl das jüdische als auch das nichtjüdische deutsche Erbe enthalten ist, versucht sich gleichermaßen in die unterschiedlichen Positionen der Täter und der Opfer einzufühlen und warnt davor, die Menschen von damals zu verurteilen. Niemand könne heute wissen, wie er sich in der damaligen Zeit verhalten hätte, ob er genug Rückgrat für Widerstand (auf beiden Seiten) gehabt hätte. Die Bereitschaft zu einer differenzierten Auseinandersetzung von Täter- und Opferverhalten spiegelt Rabeas Verwurzelung in der deutschen Identität wider, aber auch das Vermächtnis der Großmutter, die keinen Hass fortpflanzen wollte.

Von Generation zu Generation ist es dieser Familie leichter gefallen, sich nach dem Zivilisationsbruch ihren jüdischen Wurzeln wieder zuzuwenden und – vermutlich durch die Wahl des Lebensortes in Deutschland – sich auf eine umfassende Betrachtung der Geschehnisse während des Dritten Reiches, aber auch die seitdem geschehenen gesellschaftlichen Änderungen, einzulassen. Die Vertreterinnen der drei Generationen sind sich einig, dass es wichtig ist, Toleranz für Menschen jeglicher Herkunft, Kultur und Religion zu lehren und die Vergangenheit als gesellschaftliches Mahnmal ohne Schuldzuweisungen an spätere Generationen zu tradieren.

Heimat, Wahl des Lebensortes und Verhältnis zu Deutschland

Im Verlauf der Generationen verschiebt sich das Verhältnis zu Deutsch land im Sinne einer konkreten Annäherung, die sowohl im gegenwärtigen Heimatgefühl der dritten Generation wie auch prozesshaft in der jeweiligen rational-geschichtlichen sowie emotionalen Auseinandersetzung mit dem Nationalsozialismus zu sehen ist.

Theresia setzte sich lange Zeit nach Ende des zweiten Weltkrieges für eine Ausreise aus Ungarn ein. Sie fühlte sich von ihrem Vaterland und dessen Bewohnern verraten, nachdem sie und ihre Familie offenem Antisemitismus und der Verfolgung während des Dritten Reiches ausgeliefert gewesen war. Ihren Töchtern schließlich gelang die Ausreise, jedoch nicht in das unvorbelastete Amerika, nach dem sich Theresia gesehnt hatte, sondern ins Land der Täter, nach Deutschland.[54] Lange Zeit war es für Theresia sehr schwierig, sich mit dieser Wahl abzufinden und die Töchter zu besuchen. Sie scheut sich, Kontakte mit Deutschen ihres Alters aufzunehmen, da sie in ihnen die antisemitischen Täter vermutet, die ihre Familie auseinandergerissen, gequält und gemordet haben. Die Töchter, die kein direktes Wissen um die Erlebnisse ihrer Eltern haben, gehen differenzierter mit der Vergangenheit um. Ruth, die NS-Tätern in ihrem beruflichen Kontext als Ärztin begegnet, spürt in diesem Zusammenhang Angst und Wut. Außerdem sieht sie generell

54 Vor Ausbruch des Krieges hatte Theresias Mann in Berlin studiert und seinen Töchtern immer wieder begeistert von seiner Studienzeit dort erzählt, so dass es für diese auch positive Assoziationen zu Deutschland gab. Theresia berichtete: »*Mein Mann hat in Berlin studiert. Und er hat NUR die guten Eigenschaften immer erzählt. Was alles die Deutschen können. Wie präzise, wie genau, wie, wie fleißig, wie arbeitsam.*«

die Gefahr der Indoktrination durch menschenfeindliche Ideologien, ist sich aber stets bewusst, dass nicht jeder Deutsche im Dritten Reich zwangsläufig auch Täter war.

Ruths Lebensortwahl und die folgende Verwurzelung in Berlin scheint überwiegend mit »äußeren« Umständen zusammenzuhängen: Mit ihrer Partnerwahl eines deutschen Mannes und der anschließenden stabilen beruflichen und kollegialen Integration als Ärztin in Deutschland.

Ihren Kindern vermittelte sie von Anfang an ihre jüdischen Wurzeln, schickte sie in jüdische Kindergärten und Schulen. Sie hat keine Angst vor den Deutschen und einer erneuten Judenverfolgung, jedenfalls nicht in naher Zukunft. Ruth und ihre Mutter befürchten vielmehr, dass zukünftige Verfolgungstendenzen und -handlungen, die von Deutschen ausgehen könnten, weniger Juden und eher Türken betreffen könnten.

Theresias Enkelin Rabea, die in Deutschland geboren wurde, sieht keinen Grund, sich mit dem Thema Integration oder Zugehörigkeit zu beschäftigen, sie *ist* Deutsche und hegt dementsprechend und auch bedingt durch ihre generationsabhängigen Erfahrungen, den Deutschen gegenüber keine Ressentiments mehr. Sie möchte sich den Problemen in ihrer Heimat stellen, statt davor zu fliehen oder ihnen auszuweichen. Die Identifikation mit Deutschland ist so stark, dass Rabea sich im Zusammenhang mit der Schuldthematik im Dritten Reich die Frage stellt, wie sie sich selbst als nichtjüdische Deutsche verhalten hätte. Jüdisch- und Deutschsein steht für sie in keinerlei Widerspruch. Sie tritt für eine Vermittlung der deutsch-jüdischen Geschichte ein, die ohne transgenerationale Schuldzuweisungen geschehen soll. Die Deutschen, die nach dem Krieg geboren wurden, tragen ihrer Meinung nach keine Schuld, ebenso wie die Nachkommen von Juden, die Opfer des Nationalsozialismus waren, in ihren Augen keine Opfer sind und dementsprechend auch keinen Anspruch auf Wiedergutmachungszahlungen haben.

Leitmotive

Die Leitmotive bzw. die in den Interviews hervorstechenden Konfliktthemen scheinen abhängig von der jeweiligen Lebensphase der drei Frauen. Theresias derzeitiges zentrales Lebensthema ist das Gefühl der unausweichlichen Einsamkeit. Dieses durch äußere Umstände, durch den Tod ihres Partners und vieler gleichaltriger Freunde bedingte

Alleinsein wird von ihr als äußerst quälend erlebt und impliziert die vorsichtige Auseinandersetzung mit ihrem eigenen, unweigerlich nahenden, aber noch nicht absehbaren Lebensende. Das Thema Einsamkeit wird von ihrer ältesten Tochter Helena verletzt, aber sehr bereitwillig aufgegriffen, da es ihr eine Vorahnung ihrer eigener Verlust- und Einsamkeitsgefühle, die sie im Alter befürchtet, bietet und zugleich an zurückliegende persönliche Erfahrungen erinnert.

Ruths derzeitiges dominantes Lebensthema sieht sie in der Ablösung ihrer Kinder, ausgelöst bzw. reaktiviert durch den Auszug ihrer jüngsten Tochter. Die Beziehung zu ihren Kindern ist für Ruth von immenser Bedeutung. »Störfaktoren«, wie z.B. Partner der Kinder, die sich nicht bereitwillig in die Familienstrukturen zu integrieren vermögen und eine Distanz zwischen ihr und ihren Kindern herstellen, werden von ihr abgelehnt.

Rabeas momentane Lebensaufgabe besteht in dem Aufbau einer beruflichen und finanziellen Existenz. Sie wünscht sich, dass auch ihr Mann eine Arbeit findet und zum Lebensunterhalt beitragen kann. Ein weiteres dominantes Thema in Rabeas Leben sind ihre Kinder und deren bestmögliche Förderung und Erziehung, die sie zu selbstverantwortlichen Menschen formen soll.

Werte, Kraftquellen und Ressourcen – Frau und Mutter sein

Allen drei Frauen ist ihre Familie und der familiäre Zusammenhalt sehr wichtig. Der Wunsch, Kinder zu bekommen, war bei allen Frauen vorhanden. Ruth und Rabea waren bei der Geburt ihrer Erstgeborenen noch recht jung. Rabea konnte aus der Tatsache, dass ihre Mutter in einem ähnlichen Alter war, als ihr erstes Kind zur Welt kam, Mut und Kraft schöpfen und die Hoffnung, dass es auch ihr gelingen würde, diese Aufgabe zu meistern.

Theresias erstes Kind Helena trug dazu bei, Theresia den eisernen Überlebenswillen zu schenken, dem sie unter anderem ihr Leben verdankt. Die drei Frauen sehen ihre Familien als großes Gut an. Das Bild von einer harmonischen Großfamilie wurde über die Generationen hinweg tradiert und wirkte auch prägend auf das Frauenbild der drei Generationen.

Theresia und Ruth ist es wichtig, berufliches und gesellschaftliches Ansehen zu erhalten. Während Theresia materielle Werte recht wichtig zu sein scheinen, liegt der Fokus bei Ruth eher auf ihrer helfenden, die

Gesellschaft unterstützenden Tätigkeit, wobei auch ihr finanzielle Sicherung wichtig erscheint. Rabeas ursprüngliche Berufswahl ist durch ihre Herkunftsfamilie beeinflusst, sie gibt diesen Weg aber zugunsten ihres Kindes auf und wählt einen familienfreundlicheren Beruf, mit dem sie sich mittlerweile gut angefreundet hat. Ihr bereitet es Freude, mit Kindern zu arbeiten und diese in ihrer Entwicklung zu fördern, so dass ihr derzeitiger Beruf ihren eigenen Wünschen gut zu entsprechen scheint.

Alle drei Frauen beschreiben sich als gesellig. Dies ist einerseits auf die Familie, aber auch auf freundschaftliche Kontakte und Gesellschaft bezogen, wo sie sich Energie und Ausgeglichenheit holen, um dem Alltag zu begegnen.

Frauenbild

Das Frauenbild dieser Familie scheint transgenerational durch zweierlei Komponenten entscheidend beeinflusst zu sein: zum einen sticht der Aspekt der Frau als Mutter ins Auge, die sorgend und verbindend im familiären Gefüge agiert und den Zusammenhalt der Generationen garantiert; zum anderen wird von den befragten Frauen dieser Familie ein hoher Leistungsanspruch an sich selbst erhoben.

Theresia erweckt den Eindruck einer umsichtigen und tatkräftigen Frau, die sich den unterschiedlichsten Anforderungen ihres Lebens geschickt zu stellen vermag. Sie scheut sich nicht, Verantwortung für sich und andere zu übernehmen und ist bereit, für das Wohl ihres Mannes und ihrer Kinder ihre eigenen Gefühle und Wünsche zurückzustellen. Ihr starker Überlebenswille, der sich auch aus ihrer Mutterrolle speist und ihre enorme Anpassungsfähigkeit halfen ihr, sich selbst und ihrer Familie das Leben zu sichern. Als einen wichtigen Teil ihrer selbst sieht sie ihre Lust am Lernen, ihre Wissbegierde und den Wunsch, aktiv und sich weiterbildend am Leben teilzunehmen. Theresia nahm neben ihrer Mutterrolle stets auch berufliche Tätigkeiten wahr und sorgte während ihrer Abwesenheit durch Ersatz-Bezugspersonen für die Pflege und Erziehung ihrer Kinder. In ihrem Selbstbild ist das Vertrauen in eigene Fähigkeiten und die Gewissheit, für ihre eigene sowie die Existenz ihrer Familie erfolgreich einstehen zu können, fest verankert.

Ihre Tochter Ruth ist bei ihrer ersten Schwangerschaft noch hin- und hergerissen zwischen der Aussicht und den Wünschen, sich beruflich zu etablieren und/oder Mutter zu werden. Als Mutter hat sie den Anspruch, ihren Kindern mehr Aufmerksamkeit und Förderung zuteil werden zu lassen, als es ihre Eltern bei ihr vermochten. Sie versucht so gut wie möglich ihrem Ideal einer sorgenden, aufmerksamen, guten Mutter zu entsprechen. Ihr »Familienbild« ist von ihrer Herkunftsfamilie geprägt, deren Vorstellungen sie übernommen hat und die sie mit drei Kindern und einer stabilen Ehe verwirklicht sieht. Die größte Identifikationsfläche, wie sie selbst sagt, bietet ihr der Beruf als Ärztin, in dem sie versucht, ihr Bestes zu geben, um unterstützend und hilfreich für ihre Patienten zu wirken.

Rabea beschreibt ihre Mutter als selbstlos, ein Zug, den sie für sich nicht in dem Maße übernehmen konnte und wollte. Sie hat im Gegensatz zu ihrer Mutter ein größeres Bedürfnis, ihre eigenen Vorstellungen zu realisieren. Dies habe ihr mitunter innerhalb ihrer Familie den Ruf einer »Zicke« eingetragen. Auch in ihrer Partnerschaft legt sie mehr Wert auf Gleichberechtigung, als sie dies bei ihren Eltern wahrgenommen hat. Ähnlichkeiten zwischen ihr und ihrer Mutter und Großmutter sieht sie in der Liebe zur Familie, alle drei seien ausgesprochene »Familienmenschen«. Im Gegensatz zu ihren Ahninnen ist Rabea ihr Beruf, gesellschaftliches Ansehen und materielle Absicherung nicht so wichtig. Sie verwirklicht sich eher durch die durchdachte Erziehung ihrer Kinder, die sie zu mündigen, selbstverantwortlichen Menschen erziehen möchte.

7. Diskussion der Ergebnisse

Im Folgenden werden die zentralen Ergebnisse dieser Untersuchung, die bisher im Rahmen der Falldarstellungen und der mehrgenerationalen Familienanalysen oder Familienportraits vorgestellt wurden, unter für diese Arbeit relevante Themengebiete subsumiert dargestellt und unter Einbezug des aktuellen Forschungsstandes diskutiert.

Meist findet eine gesonderte Ordnung der Generationen statt, in einigen Kapiteln erübrigte sich diese Aufteilung und die Ergebnisse wurden in ihren individuellen, generationsabhängigen und transgenerationalen Auswirkungen verknüpft beschrieben.

7.1. Migrationsprozesse und deren transgenerationale Auswirkungen

In den folgenden drei Kapiteln wird der Gegenstand der *Lebensortwahl* unter Berücksichtigung der beobachteten Auswirkungen auf die individuelle und transgenerationale Stabilisierung oder Verunsicherung betrachtet.

7.1.1. Lebensortwahl

VON WIEVIEL HEIMEN

Von wieviel Heimen hat man uns schon ausgerissen,
und unsere vier Wände
blieben verlassen!
Durch alle Zeiten

Begleitet mich die Klage
Unserer verlassenen vier Wände.

Rajzel Zychlinski

Erste Generation

Sieben von den neun befragten Frauen der ersten Generation wollten nach dem Ende des Zweiten Weltkrieges nicht mehr in ihre alte Heimat zurückkehren bzw. dort bleiben.

Lediglich die beiden ältesten Probandinnen (Rosa und Theresia), die bei Kriegsende 27 und 30 Jahre alt waren und bereits (mit Landsleuten) verheiratet waren, blieben in ihren Heimatländern Ungarn und Italien. Während Rosa in Italien zufrieden war und sich dort heimisch fühlte (die nichtjüdische italienische Bevölkerung hatte ihr zu allen Zeiten beigestanden und sie beschützt), haderte die ungarische Jüdin Theresia mit ihrem Lebensort Ungarn und wäre gerne nach Amerika ausgewandert, beugte sich aber letztendlich dem Willen ihres Mannes, der Ungarn nicht verlassen wollte.

Die anderen sieben (bei Kriegsende 17 bis 24 Jahre alten) Holocaust-Überlebenden emigrierten in die USA, nach Israel oder blieben nach der Befreiung in Deutschland bzw. flohen aus Polen nach Deutschland in die dort errichteten DP-Lager.

War die Auswanderung der Holocaust-Überlebenden in die USA[1] und nach Palästina/Israel[2] von Juden erwünscht und auch gesamtgesellschaftlich gebilligt und von Verständnis begleitet, wirft die »Lebensortwahl Deutschland« noch heute, Generationen nach dem Holocaust, Fragen auf: »*Wie konntet ihr in Deutschland bleiben? Nach all dem, was die Deutschen euch bzw. uns Juden angetan haben?*« lautete die typische Fragestellung, die der ersten Generation, die in Deutschland nach Ende des Krieges sesshaft geworden war, von ihren Kindern wie auch von der jüdischen Gesellschaft[3] gestellt wurde.

---

1 Schätzungsweise 80.000 jüdische DPs wurden zwischen 1945 und 1952 in den Vereinigten Staaten aufgenommen (vgl. Enzyklopädie des Holocaust 1998, 354).

2 Schätzungsweise 136.000 jüdische DPs gingen nach Israel (vgl. Enzyklopädie des Holocaust 1998, 354).

3 In Israel ging man nach der Staatsgründung 1948 davon aus, dass nun alle Juden Deutschland verlassen würden. Die Vorstellung, dass Juden nach der Shoah in Deutschland leben wollten, bedeutete aus israelischer Sicht einen »Schandfleck« für

Betrachten wir zunächst einmal die Gründe der Überlebenden für ihr Bleiben im Nachkriegsdeutschland: Am Tag der Kapitulation, dem 8. Mai 1945, hatten ca. 200.000 Juden[4] Zwangsarbeits-, Konzentrations-, Vernichtungslager und Todesmärsche überlebt. Physisch und psychisch am Ende ihrer Kräfte, starben Tausende von ihnen noch nach der Befreiung.

Einige Überlebende kehrten im Rahmen des Repatriierungsprogrammes[5] der Alliierten in ihre Herkunftsländer[6] zurück, ein anderer Teil versuchte, über Häfen in Südeuropa nach Palästina zu gelangen.

Etwa 50.000 jüdische Überlebende, die sich – aus Angst vor dem immer noch anhaltenden Antisemitismus – weigerten, in ihre ursprüngliche (meist osteuropäische) Heimat zurückzukehren, sammelten sich fortan in den DP-Lagern[7] der alliierten Besatzungszonen Deutschlands und Österreichs. Bei den Juden, die 1945 in den DP-Camps waren, handelte es sich ausschließlich um Lager-Überlebende, meist Alleinstehende, ohne Kinder oder ältere Familienangehörige, unter ihnen waren auch Martha und Hella.

Grinberg, der erste Präsident des Zentralkomitees der befreiten Juden in der amerikanischen Zone stellte die Situation für die in DP-Lagern lebenden Juden 1945 folgendermaßen dar:

---

das gesamte jüdische Volk. So hieß es 1950 in den Plenardebatten der Knesseth, *»die 50000 Juden in Deutschland schwächen und entwerten das Ehrgefühl unseres Volkes«* (zitiert nach Anthony 2004, 94). Die Medien und einige Politiker in Israel forderten sogar, den in Deutschland gebliebenen Juden die Vertrauensfrage zu stellen und ihnen das elementare Recht der Juden, nach Israel einzuwandern, abzuerkennen. Nicht nur die Juden in Israel, auch die internationale jüdische Öffentlichkeit stand einem jüdischen Leben in Deutschland kritisch bis ablehnend gegenüber (vgl. Anthony 2004).

4 Vgl. Enzyklopädie des Holocaust 1998, 345. Es liegen noch keine genauen Forschungsergebnisse über die Zahl aller aus den Konzentrationslagern befreiten Juden vor (vgl. Königseder & Wetzel 2004, 14).

5 Von den etwa sieben bis neun Millionen Displaced Persons (DPs), die die alliierten Armeen 1945 befreiten, wurden fast sechs Millionen repatriiert. Die verbleibenden ein bis zwei Million DPs setzten sich aus drei Gruppen zusammen: Nichtjüdische polnische und sowjetische Zwangsarbeiter bildeten eine Gruppe, die zweite Gruppe bestand aus Polen, Russen, Ukrainern und Balten, die während des Krieges freiwillig für die Deutschen gearbeitet und mit dem NS-Regime sympathisiert oder gar in der SS gedient hatten und die in ihrer Heimat die Verfolgung als Verräter oder Kriegsverbrecher fürchteten. Die dritte, vergleichsweise kleine Gruppe, stellten die jüdischen Überlebenden dar.

6 Vor allem Überlebende aus Westeuropa kehrten in ihre Herkunftsländer zurück.

7 Die Zustände innerhalb der DP-Lager sind in Kapitel 2.1.1. bereits beschrieben worden, siehe hierzu auch Königseder & Wetzel 2004.

»Hier sammelt sich der Rest des Judentums und hier ist der Wartesaal. Es ist ein schlechter Wartesaal, aber wir hoffen, dass der Tag kommen wird, an welchem man die Juden an ihren Platz führen wird« (Grinberg 1945, zitiert nach Königseder & Wetzel 2004).

Im Sommer und Herbst 1946, nach Pogromen in Polen[8] , flüchteten mehr als 100.000 Juden aus Osteuropa in die westlichen Besatzungszonen Deutschlands und suchten Unterschlupf in den dortigen DP-Lagern.[9] Unter ihnen waren auch Rachel und Hannah, die nach der Befreiung zunächst in ihren polnischen Heimatorten nach überlebenden Familienangehörigen und Freunden gesucht hatten und 1946 infolge des wieder aufflammenden Antisemitismus in Polen nach Deutschland geflüchtet waren, wo sie auf die Einreisegenehmigung in die USA oder nach Palästina/Israel warten wollten.

So befanden sich also 1946 unter den ca. 250.000 DPs auch die vier polnischen Jüdinnen Hella, Hannah, Martha und Rachel. Drei von ihnen hatten Arbeits- und/oder Konzentrationslager, Rachel das Warschauer Ghetto überlebt und die Zeit bis zur Befreiung im Versteck verbracht. Hella und Hannah waren zum Zeitpunkt der Befreiung 18 Jahre, Martha und Rachel bereits über 20 Jahre alt. Alle hatten Tote in ihrer Familie zu beklagen.

Wie viele andere Holocaust-Überlebende lernten die vier Frauen innerhalb der DP-Lager ihre zukünftigen Männer – ebenfalls polnisch-jüdische Holocaust-Überlebende – kennen und heirateten sie innerhalb von wenigen Wochen oder Monaten. Die raschen Eheschließungen sind als Resultat der starken Sehnsucht nach einer Bezugsperson und einer familiären Zugehörigkeit zu werten. Diese Vermutung wird bestärkt durch die Tatsache, dass die gewählten Partner der Probandinnen polnische Landsleute waren, die meist aus der gleichen Gegend stammten wie die Frauen und ähnliche Martyrien wie diese hinter sich hatten. Der gemeinsame Bezug zu vertrauten Orten, Menschen und Vorkriegs-Erlebnissen wie auch ähnliche traumatische Verfolgungserfahrungen schufen Verständnis unter den Überlebenden und so

8 In Polen wurden allein im ersten Nachkriegsjahr etwa tausend dorthin zurückgekehrte Juden ermordet (vgl. Rapaport 1987, 140).

9 Ende 1946 befanden sich laut Schätzungen ca. 250.000 jüdische DPs in den DP-Lagern. Durch den Zustrom von osteuropäischen Flüchtlingen und Flüchtlingsfamilien hatte sich die jüdische DP-Bewohner-Struktur verändert (vgl. Enzyklopädie des Holocaust 1998, 346).

konnten sie sich innerhalb ihrer Beziehungen Halt und ein emotionales Zuhause geben.

Rachel, Hella, Martha und Hannah blieben ein bis zwei Jahre in den DP-Lagern.[10] Ursprünglich sollten die DP-Lager eine Zwischenstation bis zur Auswanderung aus Deutschland sein; alle vier Frauen gaben an, dass sie Deutschland nach dem Krieg verlassen wollten. Ihre geschwächte körperliche und psychische Verfassung, ihre Mittellosigkeit und vor allen Dingen die restriktiven Einwanderungsgesetze ihrer »Wunschländer« Palästina und USA hinderten sie an der sofortigen Umsetzung ihrer Wünsche und Pläne.

Als jedoch nach der Staatsgründung Israels 1948 und der Liberalisierung der amerikanischen Einwanderungsgesetze im gleichen Jahr die meisten Juden Deutschland verließen, waren Martha, Hannah, Hella und Rachel nicht unter ihnen, sondern unter den 10.000 bis 15.000 Juden[11] , die nach dem Krieg dauerhaft in Deutschland blieben.[12]

Was genau hielt Martha, Hannah, Hella und Rachel davon ab, Deutschland zu diesem oder einem späteren Zeitpunkt zu verlassen?

Mehrere Punkte sind anzuführen: Ihre Ehemänner hatten bereits eine berufliche Existenz im Nachkriegsdeutschland aufgebaut und aus dem Nichts heraus durch Fleiß und Geschäftstüchtigkeit eine finanzielle Basis geschaffen, mit der sie ihre Familien ernähren konnten. Drei der Frauen hatten 1948 bereits ihre ersten Kinder in Deutschland geboren, deren materielle Versorgung und Absicherung ihnen vor dem Hintergrund der Erfahrung ihrer eigenen Lebensbedrohung während des Nationalsozialismus äußerst wichtig war und kompensatorisch für jegliche existentielle Verunsicherung erschien.

10 Im Laufe der Jahre verließen viele Juden die DP-Lager, in denen katastrophale Bedingungen herrschten und ließen sich außerhalb der Lager in Deutschland nieder. 1945 hatten ca. 12.000 bis 15.000 Überlebende die DP-Lager verlassen, in den folgenden Jahren stieg die Zahl auf rund 40.000 Personen (vgl. Anthony 2004).

11 Die Zahlenangaben variieren stark, Bodemann (2001) und Richarz (1988) sprechen von 10.000 bis 15.000 Juden, die nach 1948 in Deutschland blieben, Anthony (2004) geht von 45.000 Juden aus, die 1949 in Deutschland lebten, bis sich die Zahl 1952 auf 17.500 verringerte (vgl. Anthony 2004; Bodemann 2001; Richarz 1988).

12 Anthony (2004), die die (auf die jüdischen DPs bezogene) restriktive Einwanderungspolitik verschiedener Länder kritisch diskutiert, weist auf die unzureichenden Ausreisemöglichkeiten der sich nach dem Zweiten Weltkrieg in Deutschland befindenden jüdischen Überlebenden hin (vgl. Anthony 2004, 28ff.). Außer nach Israel und in die USA wanderte ein Teil der jüdischen DPs auch nach Kanada, Südamerika, Australien und Südafrika aus oder siedelte sich in Europa (Frankreich, Belgien, den Niederlanden und Schweden) an (vgl. Anthony 2004; Kittel 2005).

Die Holocaust-Überlebenden hatten soeben die ersten Schritte ins Leben zurück getan und sich durch die Fähigkeit, sich beruflich und familiär zu etablieren, ihre Lebensfähigkeit und Selbstwirksamkeit bewiesen. Der möglicherweise mit einer Emigration verbundene Verlust des in Deutschland erarbeiteten Lebensstandards löste nach den Strapazen der Kriegs- und Nachkriegsjahre erneute Existenzängste aus.

Darüber hinaus stellte sich die Frage, wohin die Überlebenden hätten auswandern sollen: Welche Anreize boten Israel oder die USA denjenigen Überlebenden, die dort weder Familie noch Freunde hatten? Außerhalb Deutschlands stand den Juden zunächst einmal der wiederholte Aufbau einer beruflichen und sozialen Existenz bevor, sprachlich und gesellschaftlich isolierter, als sie es in Deutschland zum damaligen Zeitpunkt waren.

Das folgende Zitat ist exemplarisch für die eingeschränkten oder nicht vorhandenen Wahlmöglichkeiten der Holocaust-Überlebenden, deren Leben auch nach der Befreiung durch den Überlebenskampf gekennzeichnet war:

»Wohin soll ich gehen? Nach dem Krieg? Wo?! Das war die Frage. (...) Wir haben überlegt –wo sollen wir hingehen? (...) Nach Polen zurück wollte ich nicht. Sie waren Feinde. (...) Manche sind nach Amerika gegangen, wo sie Familie hatten. Ich hatte niemanden in Amerika. Wo sollte ich gehen? Man steht da. Man überlegt: Wo! Haben wir gesagt: Wir haben keinen anderen Ausweg. Wir müssen da bleiben, bis die Kinder die Schule fertig machen. Ich wollte sie nicht einmal in DER Schule haben- einmal in DER – das ist für ein Kind furchtbar, dieses Hin und Her.« (Martha)

Der Zeitpunkt, Deutschland zu verlassen, schien verpasst oder noch in weiter Ferne zu liegen. Hella erklärt:

»Damals – es stand zur Debatte, als es anfing, als sie schon etwas Einkommen hatten, da haben sie weitergekämpft, um das Einkommen zu erhalten oder es zu vergrößern, damit sie den Kindern was Besseres bieten können. Am Anfang war zur Debatte: Wir gehen nach Israel. Aber das war das Falsche, das wir angefangen haben, etwas Geld zu verdienen, verstehen Sie? Das war das Falsche, dass wir anfingen etwas – am Anfang wohnte ich möbliert bei jemandem. Nachher war ich stolz, dass ich in zwei Zimmern gewohnt habe. Dann bekam ich das erste Kind! Oder drei Zimmer. Und die Miete konnte ich bezahlen! (...) Man

hat ein kleines Geschäftchen aufgemacht, hat sich vergrößert. (...) Hatten wir ein Geschäft, mussten wir arbeiten, Geld verdienen. Leben.« (Hella)

Folgt man der Auffassung der Psychoanalytiker Grinberg und Grinberg (1990), dass jede Form von Migration als eine *»potentiell traumatische Erfahrung (...), die durch eine Reihe von partiellen traumatischen Ereignissen gekennzeichnet ist und die zugleich eine Krisensituation bildet«*, anzusehen ist, wird nachvollziehbar, dass es für diese und viele andere Holocaust-Überlebende in den 40er Jahren und auch später nicht mehr möglich erschien, die Belastungen einer – erneuten – Migration zu überstehen (Grinberg & Grinberg 1990, 14):

»Wenn das Ich des Emigranten aufgrund seiner Prädisposition oder aufgrund der Bedingungen seiner Migration zu sehr durch die traumatische Erfahrung beziehungsweise durch die Krise, die er durchgemacht hat oder nochmals durchmacht, angeschlagen ist, wird es ihn viel Mühe kosten, sich vom Zustand der Desorganisation zu erholen, in den er geraten ist, und er wird verschiedene Formen der psychischen oder physischen Störungen erleiden« (Grinberg & Grinberg 1990, 15).

Waren die Frauen dieser Untersuchung zunächst die treibende Kraft gewesen, die Heimat und später Nachkriegsdeutschland zu verlassen, bestimmten letztendlich in fast allen Fällen ihre Ehemänner als finanzielle Existenzgründer und Erhalter die Wahl des Lebensortes.[13]

So fügten sich die Frauen in ihr Schicksal und vermieden es auch später, ihre deutsche Lebensortwahl zu hinterfragen. Diesbezügliche Fragen von ihren Kindern oder von Juden, die in Israel oder den USA leben, werden bis heute als Vorwurf empfunden und konfrontieren die Probandinnen der ersten Generation mit ihrem in Bezug auf die Lebensortwahl unbefriedigend verlaufenen Leben.

Wie wenig sich die vier Frauen, die in Deutschland blieben, mit ihrer unfreiwilligen Lebensortwahl abgefunden haben, wird sich in der transgenerationalen Betrachtung anhand der an die Folgegenerationen gerichteten Delegation, Deutschland zu verlassen, herausstellen.

Lediglich ein Paar der Holocaust-Überlebenden dieser Unter-

13 Die männliche Dominanz hinsichtlich der Lebensortwahl stellte auch Kliner-Fruck (1995; 2001) in ihrer Studie über jüdische Frauen, die meist auf Wunsch ihrer Ehemänner von Israel nach Deutschland remigrierten, fest (vgl. Kliner-Fruck 1995, 2001).

suchung machte seine Pläne, aus Deutschland auszuwandern, wahr: Nachdem Martha und ihr Mann in den Ruhestand gegangen waren, folgten sie ihren Jahre zuvor in die Schweiz ausgewanderten Kindern. Für diese Entscheidung mögen folgende Aspekte ausschlaggebend und für die retrospektiv positiv erlebte Migration hilfreich gewesen sein: Die Schweiz bot viele Ähnlichkeiten zu Deutschland, wo Martha und ihr Mann die vorherigen Jahrzehnte verbracht hatten. Neben der deutschen Sprache wird auch die kulturelle Nähe zwischen der Schweiz und Deutschland mögliche Fremdheits- und Unzugehörigkeitsgefühle der aus Deutschland stammenden Einwanderer verringert haben, ebenso wie die Tatsache, dass das Paar gemeinsam die Auswanderung vollzog und in das Land zog, in dem ihre Kinder und Enkelkinder lebten. Zudem hatte Martha selbst die Schweiz als neue Heimat ihrer Kinder gewählt: *»Ich wollte schon immer ins Ausland. (...) Die Schweiz liegt mir nah und es ist DOCH Ausland.«*

Die Gründe, die eine Migration üblicherweise für alle, aber in besonderem Maße für ältere Menschen schwierig machen – das Verlassen der vertrauten Umgebung und die Herausforderung, sich in einer neuen Kultur, Mentalität und Sprache, zurechtzufinden – waren hier also nur in geringem Maße gegeben.

Die eben erwähnten Schwierigkeiten treffen jedoch auf die seit Ende des Krieges in Deutschland lebende Jüdin Hella zu, die von ihren Kindern gebeten wird, ihnen nach Israel zu folgen. Hella hat in Israel, in der Nähe ihrer Kinder zwar eine Wohnung, die sie mehrere Wochen bis Monate im Jahr bewohnt, sie kann sich aber nicht entscheiden, ihren Wohnsitz in Deutschland dauerhaft aufzugeben und nach Israel auszuwandern, weil ihr die israelische Kultur, die Mentalität und die hebräische Sprache fremd sind. Zudem würde Hella, die bereits verwitwet ist, ohne Unterstützung eines Partners auswandern, hätte in der Fremde also keinen gleichgesinnten Verbündeten, der die Probleme der Migration mit ihr teilt.

In einer ähnlichen Position befindet sich auch die ungarische Jüdin Theresia, die von ihren Töchtern gebeten wird, ihnen nach Deutschland zu folgen. Theresia, die unbedingt nach Ende des Krieges Ungarn verlassen wollte und ihrem Mann zuliebe darauf verzichtete, kann sich eine Migration heute, ebenfalls verwitwet, nicht mehr vorstellen.

In Hellas wie auch in Theresias Fall greift Grinbergs Erklärung für die Schwierigkeiten einer Migration im fortgeschrittenen Alter:

»Im allgemeinen wollen alte Menschen nicht emigrieren. Es kostet sie zu viel, ihre vertrauten Dinge zu verlassen, die ihnen ja Sicherheit geben. Sie besitzen viel mehr gelebte als noch zu lebende Geschichte. Das, was sie verlieren, ist immer viel mehr, als das, was sie gewinnen können« (Grinberg & Grinberg 1990, 146).

Auch die Nähe zu den Kindern kann sich für den älteren Migranten mitunter sogar kontraproduktiv auswirken, da sich in der Fremde der Rollentausch, der zwischen Kindern und ihren greisen Eltern zwangsläufig irgendwann stattfindet, beschleunigen würde und die Emigranten sich regressiv abhängig fühlen könnten wie ein Kind,

»... ohne jedoch die Aussichten und Möglichkeiten des Kindes zu haben, zu wachsen und Neues zu erreichen. Wenn Fortgehen immer ein bisschen Sterben bedeutet, ist dies in diesem Fall zu viel und verstärkt sich noch zusätzlich, wenn es sich um eine erzwungene Migration handelt« (Grinberg & Grinberg 1990, 146).

Wie erging es aber den zwei Emigrantinnen, die nach dem Ende des Zweiten Weltkrieges im Alter von etwa 20 Jahren nach Israel und in die USA auswanderten?

Beide Frauen hatten Partnerschaften, die sie schon vor Ausbruch des Zweiten Weltkrieges begonnen hatten, die also über die Krisenzeit hinweg stabil blieben und später zur Eheschließung führten.

Gittel, die in ihrer holländischen Heimat nicht mehr Fuß fassen konnte und wollte, folgte ihrem Mann in die USA, wo die beiden sich gemeinsam ihre Existenz aufbauten und wo sie bis heute mit ihrer Lebensortwahl zufrieden ist. Gittel gab an, keine Probleme in der Eingewöhnung in ihrem neuen Heimatland, den Vereinigten Staaten, gehabt zu haben. Für sie war die Auswanderung von Anfang an ein positives Erlebnis. Gittels Migrationsprozess ging einher mit der ihr eigenen Bewältigungsfähigkeit, die im Rahmen ihres Familienportraits eingehend besprochen wurde und stimmt überein mit dem von Grinberg und Grinberg (1990) beschriebenen positiven Verlauf einer Migrationserfahrung:

»Verfügt er [der Emigrant] über ausreichende Verarbeitungsmöglichkeiten, dann wird er nicht nur die Krise überwinden, sondern sie wird zusätzlich eine Art »Wiedergeburt« darstellen, die mit der Weiterentwicklung seines kreativen Potentials einhergeht« (Grinberg & Grinberg 1990, 15).

Im Gegensatz hierzu gestaltete sich der Prozess der Migration für die ungarische Jüdin Hella, eine überzeugte Zionistin, die mit ihrem Mann nach Israel auswanderte, mühevoll und retraumatisierend: Die Zeit nach der Befreiung bis zur tatsächlichen Abreise aus Europa nach Palästina/Israel war geprägt durch erneute antisemitische Übergriffe in ihrem Heimatland Ungarn. Die anschließende fast achtmonatige Odyssee, bis sie mit ihrem Mann schließlich palästinensischen Boden betreten sollte, war qualvoll und versetzte sie zurück in die Zeit ihrer Gefangenschaft in den Konzentrationslagern, wo sie unter unmenschlichen Bedingungen überlebt hatte. Ein Aspekt, der ihr half, diese erneute traumatische Phase zu überstehen, ist sicherlich in der Bedeutung ihrer Wahlheimat Israels zu sehen, dessen Aufbau sie mitgestaltete und wo sie sich heimisch und zugehörig fühlt. Ein weiterer hilfreicher Faktor war vermutlich die Partnerschaft mit ihrem Mann, mit dem sie gemeinsam in Israel eine berufliche und familiäre Existenz schuf. Laut Grinberg stellen eine stabile Partnerschaft ebenso wie berufliche Tüchtigkeit und Zufriedenheit günstige Faktoren für die Verwirklichung einer adäquaten Migration dar. Diese Faktoren stützten Gittels wie auch Hellas Adaptation und Integration in der Fremde (vgl. Grinberg & Grinberg 1990, 108).

Welche Aspekte trugen darüber hinaus dazu bei, eine Migration erfolgreich verlaufen zu lassen und was wirkte sich eher hinderlich oder gar destruktiv für deren Gelingen aus?

Einer der ausschlaggebenden Faktoren für eine letztendlich geglückte Migration ist vermutlich in der freien Wahl des Einwanderungslandes der Migrantinnen zu sehen. Selbstverständlich muss in diesem Zusammenhang noch der Unterschied zwischen einer freiwilligen Migration und – wie es im Fall der Holocaust-Überlebenden war – einer Flucht aufgrund einer Verfolgungssituation (während oder nach dem Holocaust) mit in Betracht gezogen werden. Bei den Juden war der Wunsch oder der Akt des Fortgehens weniger ein »Hinzubewegen auf« das Unbekannte hin, das als gut und besser erträumt wurde, sondern eher das Ergebnis ihrer Verfolgung. Es handelte sich also um ein »Flüchten vor« dem Bekannten, das als feindlich und existenzbedrohend erlebt wurde (vgl. Grinberg & Grinberg 1990, 66).

Der Status »Flüchtling« bringt für die aufnehmende Gesellschaft wie auch für den Flüchtling selbst andere Konnotationen mit sich als der Status eines Einwanderers, der aus freien Stücken seine Heimat verlässt, um – meist wohl vorbereitet – in der Fremde sein Glück zu suchen.[14]

14 So heißt es 1951 im »Preliminary Report of a Survey of the Refugee Problem« der

Im Vergleich der Probandinnen wird deutlich, dass denjenigen, die sich bewusst für einen Lebensort entschieden und die Migration anschließend durchführten, in ihrem eigenen Leben wie auch für die folgenden Generationen eine bessere Integration und Akkulturation in der Fremde gelungen ist als den Frauen, die sich aus Mangel an Wahlmöglichkeiten in einem fremden Land niederließen. Dies zeigt sich wie bei den nach dem Krieg in Deutschland gebliebenen Jüdinnen der ersten Generation auch im Fall der deutschen Jüdin Sarah, die als Jugendliche im Rahmen der Kindertransporte nach Großbritannien gebracht wurde, wo sie in der dortigen gesellschaftlichen Isolation einen Suizidversuch unternahm. Auch die spätere Auswanderung in die USA, die von ihren Eltern entschieden wurde, trug zunächst nicht zu einer emotionalen Stabilisierung bei, da sie in der US-amerikanischen Gesellschaft den Status eines Flüchtlings innehatte:

»I was something all the way on the bottom.« (Sarah)

Erst nachdem sie Ende der 40er Jahre ihren Mann, einen ebenfalls deutsch-jüdischen Emigranten, in New York kennengelernt hatte, änderte sich ihr Leben zum Guten. Mit dem Aufbau ihrer eigenen Familie und dem Rückhalt ihres Mannes, mit dem sie ihre deutsche Herkunft, die Erfahrungen der Flucht und des Flüchtlingsstatus in den USA teilte, gelang ihr Schritt für Schritt die Integration in der Fremde. An diesem Beispiel wird erneut die Bedeutsamkeit eines Partners – sei es ein Lebensgefährte oder ein Familienmitglied – für den Eingewöhnungsprozess in der Fremde deutlich.

Neben der freien Lebensortwahl der Migrantinnen und einer Bezugsperson mit adäquatem kulturellem Hintergrund ist auch die Reaktion der aufnehmenden Gesellschaft auf die Ankunft des Immigranten als bedeutender Faktor für das Gelingen eines Migrationsprozesses zu bewerten. Auch Grinberg und Grinberg (1990) betonen:

United Nations: »*…a ›refugee‹ is essentially someone without a home, someone who has been cast adrift; he is a helpless casualty, the spiritually diminished, pathetic and innocent victim of events for which he cannot be held responsible*« (zitiert nach Grinberg & Grinberg 1990, IX).

»Die Qualität dieser Reaktionen beeinflusst die Entwicklung seiner Niederlassung und seiner Eingliederung auf unterschiedliche Weise« (Grinberg & Grinberg 1990, 91).[15]

Es liegt auf der Hand, dass eine wohlwollende, unterstützende Haltung der aufnehmenden Gesellschaft das Gelingen des Migrationsprozesses erleichterte, während eine gleichgültige oder gar feindselige Haltung es den Einwanderinnen erschwerte, in der Fremde Fuß zu fassen.

In Israel, dem Staat der Juden, wie auch in den USA, einem typischen Einwandererland, wurde es den Überlebenden leichter als in Deutschland gemacht, ein Zugehörigkeitsgefühl zu entwickeln. Dieses Zugehörigkeitsgefühl ist laut Grinberg (1971) notwendig für die erfolgreiche Integration in ein neues Land, aber auch für die Aufrechterhaltung eines Identitätsgefühls. Diese These wird durch die transgenerationale Betrachtung meiner Probandinnen gestützt: Während die nach Israel oder in die USA immigrierte erste Generation ihren Nachkommen ein stabiles und tragfähiges nationales Identitäts-Fundament bieten konnte, gelang dies den in Deutschland gebliebenen Überlebenden nicht.

Der Beweis hierfür liegt in der Lebensortwahl und dem Heimatgefühl der Nachkommen von Holocaust-Überlebenden: die Nachkommen von Überlebenden, die nach Amerika oder Israel auswanderten, wollen dort bleiben und fühlen sich verwurzelt. Die Nachkommen der Überlebenden, die in Deutschland blieben, haben den dauerhaften Drang, auszubrechen und erleben ihre deutsch-jüdische Identität äußerst konfliktbesetzt und wie von einer tiefen und unheilbaren Spaltung durchzogen.

Die Überlebenden, die sich in Deutschland niederließen, empfanden ihr Bleiben wie eine abgebrochene, aus der existentiellen Not heraus nicht zu Ende geführte Migration. Die nicht ausgeführte Phase der Migration, nämlich die Verwirklichung des Umzugs in eines der Wunschländer, wird in Form von Delegationen, Deutschland zu verlassen und den Migrationsprozess transgenerational zu vervollständigen, deutlich an die Nachkommen übertragen.

Die Migration in die USA oder nach Israel scheint dagegen ein gelungener, weil zu Ende geführter Migrationsprozess zu sein. So folgte

15 Als hilfreich haben sich hier Immigrationszentren gezeigt, z.B. in Israel, wo die Neuankömmlinge von Alteingesessenen betreut werden, bis sie sprachlich und kulturell in der Lage sind, sich gut in der neuen Heimat zurechtzufinden (Grinberg & Grinberg 1990, 97).

nach der Lebensbedrohung und Entwurzelung während und nach der Judenverfolgung in Europa ein Neuanfang in der Fremde, in der die Überlebenden nicht tagtäglich mit der Gesellschaft ihrer ehemaligen Peiniger konfrontiert waren und buchstäblich »ein neues Leben« beginnen konnten.

Zweite Generation

Die Angehörigen der zweiten Generation, die in Israel oder den USA geboren wurden, fühlen sich dort verwurzelt und möchten dort bleiben.

Der Vergleich der Töchter der Probandinnen der ersten Generation, die in ihrer italienischen und ungarischen Heimat blieben, mit den Töchtern von in Deutschland ansässig gewordenen (polnischen) Holocaustüberlebenden ergab eine interessante Beobachtung: Die Töchter der Holocaustüberlebenden, die in Deutschland geboren wurden, haben bis auf zwei Ausnahmen (Michaela und Esther) den Drang, Deutschland zu verlassen, während die in der ungarischen und der italienischen Heimat der ersten Generation geborenen Töchter nach Deutschland einwanderten. (Diese Beobachtung gilt zum großen Teil auch für die anderen, nicht interviewten Angehörigen der zweiten Generation dieser Familien).

Für diese gegenläufige Hin- und Abwendung Deutschland gegenüber gibt es verschiedene Erklärungen: Wie bereits geschildert, war das Bleiben in Deutschland für die Holocaust-Überlebenden keine Wunsch-Entscheidung, sondern rein pragmatischer Natur und so wurde der Wunsch und das Ziel, Deutschland zu verlassen und nach Israel oder Nordamerika auszuwandern häufig auf ihre Kinder übertragen. Dies geschah in Form von offen ausgesprochenen und bewussten wie auch unbewussten Delegationen, die von den Nachkommen ausgeführt wurden:

»Das Ziel meiner Eltern war ja IMMER – Deutschland ist nur temporär, bis die Kinder ihre Ausbildung beendet haben. (...) Und für mich war das klar, wenn ich mal fertig bin, dass dann meine Eltern auch ihr Leben ändern. Weil es immer hieß: Bis jetzt geht es nicht. Und dann war da der Großvater und dann war das Geschäft und dann waren die Kinder und dann war die Ausbildung – irgendwie war mir klar, dass wir nur auf einem Koffer leben. Also es war nicht nur ich alleine, es war das ganze Umfeld – mit dem gepackten Koffer. Das war nicht nur ich. Aber

ich hab es dann verwirklicht. Also für mich – ich hätte sicher eine Universität in Deutschland gefunden. Aber es kam nicht in Frage. Ich hab nicht mal im Geringsten daran gedacht. (...) Aber dass ich Deutschland verlasse nach der Matura, 18, 19jährig, das war immer klar. Das war für mich ein Fakt. Weil WIR waren ja die Ursache dafür, dass wir in Deutschland geblieben sind. Die Kinder. Die Erziehung. Es hieß immer: Ihr müsst eure Ausbildung fertigmachen. (...) Wir können nicht vorher weggehen. (...) Dann sind die Eltern frei.« (Mirjam)

»Wir sollten nach Israel oder Amerika. Ins Ausland. Ja, auf jeden Fall. Zwei [Kinder, Raphaella und ihr Bruder] sind ja hier [in Israel]. Und mein anderer Bruder hat lange in N.Y. gelebt, zwölf Jahre.« (Raphaella)

Demgegenüber verließen die Töchter der ungarischen Jüdin Theresia und der italienischen Jüdin Rosa im Erwachsenenalter ihre Heimat und die ihrer Vorfahren, um sich in Deutschland, dem Land der ehemaligen Täter, niederzulassen.

Bei dieser Entscheidung mögen folgende Gründe eine Rolle gespielt haben: Die ursprüngliche Affinität zur deutschen Sprache und deutschen Kultur, die bis zum Ausbruch des Krieges in den jüdischen Familien transgenerational vermittelt worden waren, kam durch den von Deutschland ausgehenden Antisemitismus und den nationalsozialistischen Genozid zu einem abrupten Ende. Durch die Hinwendung der Probandinnen der zweiten Generation zu Deutschland wurde die verschüttete Beziehung zu Deutschland wieder aufgenommen. Gleichzeitig kann die Einwanderung nach Deutschland als unbewusste Versicherung gegolten haben, als Jude (nach 1945) dort nicht mehr in Gefahr zu sein.

Diese Annahme muss in Anbetracht der Überlebensweise der ersten Generation gesehen werden: Die Beeinträchtigung des Sicherheitsgefühls bzw. der Grad der Traumatisierung war bei Rosa wie auch bei Theresia vermutlich geringer als bei den Frauen, die über einen längeren Zeitraum der Verfolgung und ihren Verfolgern hilflos und ohnmächtig ausgeliefert waren. Somit waren auch tendenziell geringere Auswirkungen auf das tradierte Selbst- und Weltbild sowie auf das Sicherheitsgefühl der nachkommenden Generationen zu erwarten.

In der US-amerikanischen oder der israelischen Emigration begegneten die aus Deutschland ausgewanderten Jüdinnen der zweiten Generation Eingewöhnungsschwierigkeiten, mit denen die meisten Emigranten zu kämpfen haben. Hier, in der Fremde, wurde ihnen ihr

»Deutschsein« mit allen Konsequenzen bewusst. So wurde Judith in den USA klar:

»Ich denke wie eine Deutsche, ich fühle wie eine Deutsche, ich spreche deutsch!«

Auch die nach Israel ausgewanderte Raphaella spürt dort ihre deutsche Prägung deutlicher denn je:

»Und hier [in Israel] fühle ich mich als erstes als Deutscher und dann als Jude. (...) Die Religion ist die gleiche, die haben wir alle hier. Aber die Mentalität ist anders.«

Im Gegensatz zu der elterlichen »abgebrochenen« Migrationserfahrung, die durch das »Verweilen« in einem ungeliebten Land gekennzeichnet war, befand sich die zweite Generation in der privilegierten Lage, einen Lebensort wählen zu können und sich nach und nach – unter Einbezug ihrer jeweiligen kulturellen Prägung (die als mehr oder weniger erwünscht oder erhaltenswert empfunden wurde) – in das neue Lebensumfeld einzugewöhnen.[16]

Wie ist die Ausnahme von den in Deutschland geborenen Jüdinnen der zweiten Generation Michaela und Esther zu erklären, die beide in Deutschland wohnen und keine Veranlassung sehen, ihre Heimatstädte zu verlassen?

Wie in der familiären Betrachtung von Esther deutlich wird, war sie als die viele Jahre nach dem Holocaust Geborene weniger als ihre 1946 geborene Schwester Judith von den Aufträgen ihrer Eltern belastet. Judith hatte ihr Leben nach den Vorstellungen ihrer Eltern gestaltet und somit vermutlich einen Teil der Auftragslast von Esthers Schultern genommen. So war es Esther möglich, – zumindest frei von den Aus-

16 Grinberg (1990) weist darauf hin, dass die Integration in der Emigration auch durch einen Trauerprozess über den Verlust der Heimat begleitet wird: *»Nach und nach in dem Maße, wie das Individuum die in der Migration implizierte Trauer hat verarbeiten können, wird es sich als Teil der neuen Umwelt fühlen: Seine persönlichen Merkmale, wie Sprache, Gewohnheiten und Kultur, wird es als seine eigenen erleben können, und wird eine positive und stabile Beziehung zu seinem früheren Land, seiner Kultur und seiner Sprache aufrechterhalten können; es wird sie nicht zurückweisen müssen, um das Neue zu akzeptieren und vom Neuen akzeptiert werden zu können. Die Integration, stets langsam und mühevoll, wird das Ergebnis aufeinanderfolgender und sich ergänzender Schritte sein« (Grinberg 1990, 110f.).*

wanderungsaufträgen ihrer Eltern – ein Leben in Deutschland zu führen. Doch in der transgenerationalen Betrachtung dieser Familie fällt auf, dass sowohl Judiths wie auch Esthers Kinder Deutschland verlassen haben und nicht mehr zurückkehren möchten.

Im Falle von Michaela ist die Erklärung vermutlich in den positiven Erfahrungen, die ihre Mutter Rachel direkt nach Ende des Krieges in Deutschland mit Deutschen machte, zu finden: Rachel wurde in den ersten Nachkriegsjahren von einer nichtjüdischen deutschen Familie wie ein Familienmitglied aufgenommen und unterstützt. Dieser freundschaftliche Kontakt zu Vertretern der deutschen Bevölkerung mag zu einem differenzierteren Eindruck von Deutschen beigetragen haben, der wohlgesinnte Individuen von einer nationalsozialistischen, judenfeindlichen Masse[17] abgrenzte.

Neben den vergleichsweise positiven Aufnahmeerfahrungen der ersten Generation in der deutschen Emigration spielte vermutlich auch Michaelas früh geschlossene Ehe mit einem Sohn polnischer Holocaust-Überlebender, die sich ebenfalls nach dem Krieg in Deutschland niedergelassen hatten, eine tragende Rolle in Michaelas Verwurzelungsprozess in Deutschland. Michaela wie auch ihr Mann hatten in Deutschland einen ähnlichen Lebensweg und ähnliche Identitätsformungsprozesse hinter sich und entschieden sich gemeinsam in Deutschland ein Leben aufzubauen.

---

17 Meinungsumfragen in der Nachkriegszeit belegen den starken und weit verbreiteten Antisemitismus der deutschen Gesellschaft (vgl. Bergmann 2001; Benz 1997). Darüber hinaus ist bis heute eine reflektierte und schonungslose Auseinandersetzung mit der deutschen Schuld, der Verantwortung für den nationalsozialistischen Genozid wie auch die damit einhergehende »kulturelle und zivilisatorische Selbstamputation« nur bedingt stattgefunden: *»Die Entfremdung der eigenen Geschichte, deren lange abgewehrte oder blockierte Aufarbeitung auf individueller Ebene ist zwar in Deutschland allenthalben zu spüren, wie die großen öffentlichen Debatten der letzten Jahre zeigen, kaum jedoch das Bewusstsein einer zwischen 1933 und 1945 verursachten tiefgreifenden kulturellen und zivilisatorischen Selbstamputation. Dazu hätte es eines Unrechtsbewusstseins der Deutschen nach Kriegsende bedurft. Dass ein solches überwiegend nicht vorhanden war, belegen neben Meinungsumfragen aus der Nachkriegszeit die zahlreichen 1944 bis 45 mit Deutschen geführten Interviews des amerikanischen Oberstleutnants Saul K. Padower. Stattdessen zeigen diese befragten »Muss-Nazis«, so Padower, ein ungeheures Maß an Larmoyanz, ein ausgeprägtes rassistisches Feindbild und ein mangelndes Bewusstsein darüber, was Deutsche anderen angetan haben« (Korn 2000).*

Dritte Generation

In der Betrachtung der Lebensortwahl der dritten Generation sind die transgenerationalen familiären Tradierungen deutlich erkennbar: entweder wird der Lebensweg, der von der ersten oder zweiten Generation eingeschlagen wurde, von den Angehörigen der dritten Generation in deren Sinne verfolgt, oder es werden die familiär bisher unerfüllten Aufträge übernommen und ausgeführt.

So setzen z.B. die Enkeltöchter von Holocaust-Überlebenden, die nach der Befreiung in Deutschland geblieben waren, die transgenerational delegierte »Wegbewegung« von Deutschland fort:

»Es war immer irgendwie eine Bewusstseinsschwelle, dass ich weggehen werde.« (Tamara)

Dementsprechend wanderten alle Enkelkinder von Hannah aus Deutschland aus; Tamara und ihr Bruder leben heute in den USA, Carlotta und ihr Bruder in Großbritannien.

Im Gegensatz dazu hat keine der Angehörigen der dritten Generation, deren Großeltern oder Eltern es gelang, in das Land ihrer Wahl zu immigrieren, das Bedürfnis, ihre Heimat zu verlassen.

So bleiben Jasmin und Gabriella (die Töchter von Mirjam und Enkeltöchter von Martha) in der Schweiz, Dana (die Tochter von Sally und Enkeltochter von Sarah) ebenso wie die drei Töchter von Linda bzw. Enkeltöchter von Gittel in den USA. Sheiramoth, die Tochter von Raphaella will in Israel bleiben, wie auch Rina (die Tochter von Batya und Enkeltochter von Hella), die in Israel verwurzelt ist.

Die abgeschlossene Migration der Großeltern- oder der Elterngeneration, die unter Umständen die letzte Phase der Auswanderung stellvertretend für ihre Eltern vervollständigt hatte, hat entlastende Auswirkungen auf die Enkelinnen, die frei von der Last der migratorischen Auftragsverpflichtung sind. Wie Boszormenyi-Nagy und Spark (2001) beschreiben, ist es entweder den Großeltern gelungen, ihre eigenen Wünsche zu verwirklichen oder aber deren Kinder beglichen die »Schulden«, so dass die Enkel schließlich frei und nicht gefangen sind in dem Netz unerfüllter Lebensträume oder unbeglichener Rechnungen ihrer Eltern.

Auch bei den Frauen der dritten Generation, deren Mütter nach Deutschland emigriert waren, ist diese Kontinuität beobachtbar. So bleiben Rabea und Isabella, deren Verwurzelung in Deutschland auch durch ihre nichtjüdischen deutschen Väter begünstigt wurde, in Deutschland.

Rebecca (die Enkeltochter von Rachel und Tochter von Michaela) fühlt sich wie ihre Mutter in ihrer deutschen Heimatstadt verwurzelt. Obgleich sie als Jüdin in Deutschland eine Art Sonderstatus innehat und durchaus ambivalente Gefühle für ihren deutschen Lebensort hegt, kann sie sich vorstellen, für immer in Deutschland zu bleiben:

»Es ist nicht so, dass ich sagen würde, ich bin Jüdin, die nur in Deutschland interniert ist, nur in der Durchreise. So ist es nicht.«

Sie weist jedoch auf die Konflikte, die Juden generell in Deutschland haben, hin, was dazu führe, dass viele Angehörige ihrer Generation auswandern:

»Mit Deutschland, denke ich, haben die meisten [Juden] ein Problem.«

7.1.2. Heimat

> *»...und es senkte sich, für uns neu, auf unsere Seele das uralte Leid des Volkes ohne Heimat, das hoffnungslose Leid des alle Jahrhunderte erneuerten Auszugs« (Levi 2002, 15).*

Erste Generation

Der Heimatbegriff war nach der Zeit der nationalsozialistischen Verfolgung für die Juden problematisch: Außer Rosa, die sich als italienische Jüdin von ihren Landsleuten beschützt gefühlt hatte, kann keine der hier befragten Frauen der ersten Generation für sich selbst eine in sich konsistente Antwort geben.

Die anderen acht Befragten – die ungarischen Jüdinnen Theresia und Hella, die polnischen Jüdinnen Rachel, Martha, Leah und Hannah, die holländische Jüdin Gittel und die deutsche Jüdin Sarah – wurden während der nationalsozialistischen Verfolgung ihrer Heimat beraubt. Nichtjüdische Nachbarn und Freunde wurden zu Feinden. Die ehemals in den jeweiligen Ländern und Kulturen verwurzelten Frauen mussten feststellen, dass sie als Juden von ihren Landsleuten gemieden, geschmäht und denunziert wurden.

Aus diesem Grund wollten die Holocaust-Überlebenden meist nicht zurück in ihre ehemaligen Heimatländer, in denen sie nicht beschützt, sondern im Gegenteil dem nationalsozialistischen Terror ausgeliefert worden waren und in denen auch nach Ende des Krieges noch Pogrome gegen Juden stattfanden:

»Ich kann hier [in Ungarn] nicht mehr leben. Ich sehe alle Menschen als Mörder.« (Leah)

Für die vier polnischen Jüdinnen der ersten Generation, die nach der Befreiung in Deutschland blieben, wog die Enttäuschung über ihre polnischen Landsleute schwerer, als ihre Ablehnung den deutschen Tätern gegenüber, mit denen sie in keiner persönlichen Beziehung gestanden hatten. Der Verrat und der Mord am Judentum von Seiten ihres *eigenen* Volkes standen besonders erschütternd und unverzeihlich zwischen den Überlebenden und ihrer ehemaligen Heimat Polen.[18]

Und so blieben Leah, Hannah, Rachel und Martha zunächst in Deutschland, wo sie in den DP-Lagern mit Unterkunft und Nahrung versorgt wurden. Sie alle wollten Deutschland verlassen und sich in Israel oder den USA eine neue Heimat schaffen. Die Auswanderungspläne scheiterten jedoch an den restriktiven Einwanderungsgesetzen der beiden Wunschländer und an den eingeschränkten finanziellen Möglichkeiten der mittellosen Überlebenden. Nach einigen Monaten oder sogar Jahren zogen die Frauen mit ihren Ehemännern,[19] die sich beruflich in der Zwischenzeit in Deutschland eine Existenz aufgebaut hatten, innerhalb Deutschlands in eigene Wohnungen um.

18 Diese Beobachtung deckt sich auch mit der Literatur (vgl. Anthony 2004; Becker 2002). Dan Diner (1988) vermutet, dass die polnischen Holocaust-Überlebenden eher im Nachkriegsdeutschland als in ihrer alten Heimat leben konnten, da der »Alltagsantisemitismus« in Polen stärkere Angst hervorrief als die von den Deutschen durchgeführte Massenvernichtung: »*Der polnische Antisemitismus war ein Phänomen des Alltags, Teil der politischen Kultur des Landes und als Erfahrung über Jahrhunderte psychisch integriert und damit auch bebildbar. Die industrielle Massenvernichtung, Auschwitz, war abstrakt; und einer Abstraktion gegenüber sind kaum alltäglich lebbare Gefühle mobilisierbar. Dies mag als jene paradox erscheinende Erklärung dafür herhalten, dass nicht-deutsche Juden in Deutschland anscheinend selbstverständlicher zu leben vermögen als in Ländern, in denen sie selbst traditionellen und damit vorstellbaren Antisemitismus erfuhren*« (Diner 1988, 254).

19 Die Partner waren ebenfalls jüdische Konzentrationslager-Überlebende, die die Probandinnen nach der Befreiung in den DP-Lagern kennengelernt und geheiratet hatten.

Bis heute müssen sich Leah, Hannah, Rachel und Martha rechtfertigen, dass sie nach dem Holocaust in Deutschland[20] blieben. Hinter dem Gefühl, von israelischen Juden und häufig auch von den eigenen Kindern angegriffen zu werden, verbirgt sich oft die Scham über diese Entscheidung, die sie lieber ruhen lassen würden, da sie nicht mehr rückgängig zu machen ist:

»Wieso bin ich hier?! Hab ich keine Antwort. Das war – anfangen, nach dem allen zu leben. Zu kaufen Brot. Weil praktisch jeder hat Recht, wenn man sagt: Wieso, wenn die Deutschen das alles getan haben, wieso lebst du hier? Hat jeder Recht. Und manchmal schäme ich mich. Dass ich hiergeblieben bin. War nicht richtig. (...) Dass ich als Jude hier in dem Land geblieben bin. (...) Ist wie ein Verrat vor mir selbst.« (Leah)

Alle Frauen der ersten Generation wiesen darauf hin, dass die Entscheidung, in Deutschland zu bleiben, aus der existentiellen Not heraus geboren wurde und bis heute schmerzhaft ist, wenn sie hinterfragt wird:

»Das war nicht gewollt, wir mussten bleiben. Anders ging es nicht. (...) Wir sind da geblieben. Ob das richtig oder falsch ist, das muss man sein lassen.« (Hannah)

Und so fühlen sich die nach dem Holocaust (gezwungenermaßen) in Deutschland gebliebenen Jüdinnen fundamental entwurzelt:

»Heimat – ich bin nirgends zu Hause.« (Hannah)

Das Gefühl der Heimatlosigkeit war weit verbreitet unter den osteuropäischen und auch unter den deutschen Juden, die nach dem Zweiten Weltkrieg in Deutschland blieben und schlug sich auch sprachlich deutlich nieder, wie Anthony (2004) in ihrer Zusammenschau über das jüdische Leben im Nachkriegsdeutschland treffend herausarbeitet:

20 Alle Probandinnen dieser Arbeit siedelten sich mit ihren Familien in Westdeutschland an, aus diesem Grund wird die Situation der Juden in der ehemaligen DDR hier nicht behandelt.

»So wie ›Heimat‹ und ›Deutschland‹ sich für Juden ausschlossen, war in den ersten Nachkriegsjahren der Begriff ›deutscher Jude‹ in der Regel tabu, stattdessen benutzte man ›Juden in Deutschland‹ – folgerichtig daher auch die Bezeichnung ›Zentralrat der Juden in Deutschland‹ und ›Allgemeine Wochenzeitung der Juden in Deutschland.‹« (Anthony 2004, 66).

Bodemann (2001) beschreibt die Juden, die im Nachkriegsdeutschland blieben, als »Verweiler«, die abseits von den nichtjüdischen deutschen Bürgern ein Dasein auf gepackten Koffern fristeten:

»Diese Menschen sahen Deutschland nie als heimatlichen Ort, sie bewohnten einen vom Deutschen sich radikal unterscheidenden Raum und lebten in einer anderen Zeit, einer anderen Vergangenheit, Gegenwart und Zukunft; sie saßen auf den sprichwörtlichen ›gepackten Koffern‹ und blieben weitgehend von ihrer Umgebung getrennt, mit Israel oder Amerika als imaginärer Heimat« (Bodemann 2001, 24).

Für die in die USA und in die Schweiz ausgewanderten Jüdinnen ist Heimat ein transitorischer Begriff, abhängig von der jeweiligen Lebensortwahl:

»Heimat ist da, wo ich lebe.« (Martha)

»Well, I was born there and I live here. And they are both close to me. But I live here and all my kids are here. So – that was my Heimat. And this is now the land where I live and to which I am loyal.« (Gittel)

Das Land Israel hat im Hinblick auf die Heimatfrage eine große Bedeutung für fast alle Befragten. Mit der Emigration nach Israel erfüllte sich die Zionistin Leah ihren Lebenstraum. Sie empfindet Israel uneingeschränkt als ihre Heimat, in der sie als Jüdin willkommen und integriert ist:

»Ich bin ein Teil vom Bauen dieses Landes. Es hängt mit mir zusammen. Das ist MEIN Land!« (Hella)

Aber auch für die anderen Jüdinnen der ersten Generation, besonders für die in Deutschland gebliebenen Holocaust-Überlebenden sowie für die deutsche Jüdin Sarah, die in die USA emigrierte, stellt Israel das

Symbol für ihr jüdisches Heimatland dar, in das sie in Gefahrenzeiten fliehen und aus dem sie nicht vertrieben werden könnten:

»Durch Israel hab ich meinen Platz. Ich hab mein Land. Und das gibt mir ein sicheres Gefühl.« (Hannah)

Zweite Generation

Der Heimatbegriff wird von den Jüdinnen der zweiten Generation unterschiedlich konnotiert, je nachdem, ob ihre Eltern nach dem Holocaust (ungewollt) in Deutschland blieben oder ob es ihnen gelang, in die USA oder nach Israel zu emigrieren.

Während die in Israel oder den Vereinigten Staaten geborenen Jüdinnen ein sicheres und stabiles Heimatgefühl in den von den Eltern gewählten Lebensorten haben, wirkt bei den Töchtern von Holocaust-Überlebenden, die in Deutschland ansässig wurden, die Entwurzelungserfahrung und die ungeliebte Wahl des neuen Zuhauses ihrer Eltern prägend.

Die Jüdinnen der zweiten Generation, die in Deutschland geboren wurden und aufwuchsen, haben eine ambivalente Beziehung zu Deutschland.

Keine der hier befragten Frauen kann sich mit Deutschland als Nation identifizieren und Deutschland ihre Heimat nennen. Es wird differenziert zwischen einer nationalen Heimat und einem persönlichen Heimatbegriff, der auf die jeweilige Stadt, mitunter sogar nur auf das jeweilige Stadtviertel, in dem die Jüdinnen leben, bezogen ist:

»Heimat? Zuerst das Haus, das Viertel und die Stadt. Das ist meine Heimat. Deutschland ist kein Heimatbegriff. Weil da zu viele Brüche sind. Ich hab einfach die Wurzeln nicht. (...) Das hat für mich zu viele Brüche und da weiß ich auch gar nicht, wie ich wirklich angenommen bin als Jüdin. Ich muss es spüren können. Und da kann ich es nicht spüren. Deutschland bedeutet eher so eine anonyme Masse. (...) Für mich ist das noch zu nah, als dass ich das Vertrauen hätte, ich könnte nicht sagen, ich bin Deutsche. Ich bin deutsche Staatsbürgerin und hab einen deutschen Pass! Aber ich hab nicht das nationale Gefühl.« (Michaela)

Für fast alle hier befragten Jüdinnen der zweiten Generation bedeutet die Verquickung von jüdischer und deutscher Identität eine Quelle endloser Konflikte und steht der Entwicklung einer Verwurzelung in Deutschland und einem dementsprechenden Heimatgefühl entgegen.

»Ich betrachte mich als deutsche Jüdin. Womit ich ein großes Problem hab. (...) Das ist ein fürchterlicher Konflikt. Weil wir [ich und meine Kinder] miteinander deutsch sprechen. Weil unsere Kultur deutsch ist. Ich denke deutsch. Ich empfinde deutsch. Und wenn ich im Ausland bin, dann bin ich typisch deutsch. (...)

Heimat bedeutet das Land, in dem ich geboren wurde, in dem ich großgeworden bin, dessen Sprache ich spreche. Obwohl, ich bin sehr zwiegespalten, weil eigentlich bedeutet Heimat dort, wo die Menschen sind, die ich liebe und die sind nicht hier [in Deutschland]. Die sind in Amerika.« (Judith)

Die von der ersten Generation (unterdrückte) Ambivalenz oder der Widerwille gegen Deutschland wird von der zweiten Generation als Auftrag, Deutschland zu verlassen, übernommen und meist ausgeführt.[21]

Die Vorwürfe, die viele Angehörige der zweiten Generation ihren Eltern machten, weil sie Deutschland nach dem Zweiten Weltkrieg nicht verlassen hatten, werden von einigen auf sich selbst übertragen. So wird auch ihr *eigenes* Bleiben (oder Zurückkommen nach Deutschland) als Verrat empfunden:

»Ich bin mir sehr böse, dass ich nach Deutschland zurückgekommen bin. Nachdem ich weg war [in Nordamerika]. Und ich hab auch meine Kinder dazu erzogen, nicht hier zubleiben, sondern wegzugehen.« (Judith)

Auch die bereits beschriebene familiäre Auftragserfüllung, Deutschland zu verlassen und sich einen anderen Lebensort zu suchen, erzeugt bei den Frauen der zweiten Generation kein Heimatgefühl in der Emigration. Die von Deutschland nach Israel ausgewanderte Raphaella bekennt:

»Heimat – das ist ein Riesenproblem. (...) Wenn ich die israelische Hymne höre, finde ich schon, dass das meine Nationalhymne ist, obwohl ich nicht fühle, dass ich eine Israelin bin. (...) Ich hab meine Kinder versucht, europäisch oder deutsch zu erziehen.« (Raphaella)

---

21 Siehe Kap. 7.1.1.

Auch Mirjam, die in Deutschland geboren wurde und nach ihrem Schulabschluss in die Schweiz zog, äußert das Gefühl der Heimatlosigkeit:

»Heimat – Deutschland gar nicht. Und die Schweiz – da bin ich schon viele Jahre, aber es ist nicht meine Heimat. Hier bin ich auch nicht zu Hause. Und Israel wird auch meine Heimat nie werden.« (Mirjam)

Selbst die zwei Frauen dieser Untersuchung, die bewusst aus ihren Heimatländern Ungarn und Italien (der ursprünglichen Heimat ihrer Eltern) nach Deutschland emigrierten und dort nichtjüdische Deutsche heirateten, können sich ebenso wie die hier geborene zweite Generation nicht mit der deutschen Nation, sondern lediglich mit ihrem Wohnort identifizieren. So empfindet die Italienerin Ilaria zwar die Stadt, in der sie lebt und in der ihre Kinder geboren sind, heute als ihre Heimat, kann sich aber nach mittlerweile vierzig Jahren nicht entschließen, die deutsche Staatsbürgerschaft anzunehmen:

»Ich zögere, weil ich fühle mich nicht als Deutsche. Ich fühle mich als »Alerin«.[22] Es geht mir dort sehr gut, es gefällt mir, ich lebe gerne dort. Aber ich will nicht assimiliert werden. Ich bin eine Italienerin, die in Deutschland lebt und gerne dort lebt. Aber mit meinen Unterschieden, mit meinen Werten, mit meiner Art zu leben.« (Ilaria)

Die Ungarin Ruth machte die Wahl ihres Lebensortes in Deutschland davon abhängig, dass sie von dort aus eine gute Verbindung in ihre Heimatstadt Budapest hat. Sie fühlt sich in ihren beruflichen und privaten Bezügen gut integriert, kann sich aber vorstellen, nach ihrer Pensionierung nach Italien auszuwandern.

Dritte Generation

Es gibt starke Parallelen bezüglich des Heimatbegriffes und Heimatempfindens zwischen der zweiten und dritten Generation. Die Frauen, deren Großeltern nach dem Holocaust in die USA oder nach Israel emigrierten, fühlen sich dort verwurzelt und haben nicht den Wunsch, ihre Heimat zu verlassen. Der biographische Bruch der Emigration

22 Anonymisierter Wohnort

liegt bei ihnen nun zwei Generationen zurück und scheint konstruktiv verarbeitet worden zu sein, da schon ihre Mütter in der Wahlheimat der ersten Generation geboren wurden und von der jeweiligen Mentalität und Kultur geprägt wurden. Bei diesen Familien scheint sich ein Kontinuitätsgefühl sowie der sprichwörtliche »Boden unter den Füßen« wieder gebildet zu haben, sei es in den Vereinigten Staaten oder in Israel:

»I have a very strong sense of home.« (Naomi, USA)

»I am very, very rooted here. Very, very comfortable. The most comfortable thing for me would be just to live here forever.« (Dana, USA)

Die orthodoxe Jüdin Rina, deren Großeltern aus Polen in ihre Wahlheimat Israel emigrierten, ist kulturell, religiös und spirituell in Israel verwurzelt. Sie fühlt sich in Israel zugehörig, existentiell sicher und geborgen und sieht Israel als die einzig »gesunde« Heimat aller Juden an:

»Israel is my place. According to the bible, that's why we are here and not at any other place.And I am very happy and proud that my grandmother's generation succeeded building this place and I hope that we will survive. (...) I believe that outside Israel – the land of Israel there is a damage to the spirit of a person – for the Jews. (...) Your spirit is damaged somehow. You are not sane.« (Rina)

Diesem transgenerationalen Verwurzelungsprozess steht die tiefgreifende Heimatlosigkeit der Frauen gegenüber, deren Großeltern nach dem Holocaust in Deutschland blieben.

So sehnt sich die seit dem zweiten Lebensjahr in Deutschland aufgewachsene Tamara nach einem beständigen Zuhause, einer Heimat, wo sie »Wurzeln schlagen« kann:

»Ich möchte so gerne eine Heimat haben. Das ist, glaube ich, das Allerwichtigste in meinem Leben. (...) Ich sehne mich nach nichts mehr als Wurzeln.« (Tamara)

Wie ihre Cousine Carlotta verließ Tamara Deutschland nach der Schule und erfüllte damit den familiären Auftrag, sich außerhalb Deutschlands eine Heimat zu suchen, was weder ihren Großeltern noch ihren Eltern dauerhaft gelungen war.

Auch Carlotta, die mittlerweile in Großbritannien lebt, beschreibt ihre Zerrissenheit als jüdische Deutsche, der es nicht gelang, sich in Deutschland, wo sie aufwuchs, richtig heimisch zu fühlen:

»*Man ist immer so ein bisschen hin- und hergerissen. (...) Das ist schwer zu beschreiben: Ich fühle mich zu Hause in Deutschland. Aber es ist nicht wirklich meine Heimat. Jetzt, wo ich ausgezogen bin aus Deutschland, jetzt würde ich auch nicht mehr zurückgehen. Nicht, weil ich Jüdin bin und denke, in Deutschland will ich nicht leben, sondern weil ich einfach nie – dadurch, dass wir in unserem eigenen Kreis aufgewachsen sind und immer das Gefühl hatten, dass wir [Juden] anders sind als die Deutschen, ist halt immer auch diese Distanz zu Deutschland. Unterbewusst.*« *(Carlotta)*

Carlotta differenziert zwischen ihrem deutschen Zuhause, das ihr vertraut ist durch ihre Familie und ihre Freunde und ihrer jüdischen Heimat Israel, mit der sie emotional verbunden ist und die ihr Sicherheit über die privaten Strukturen hinaus bietet:

»*Zu Hause ist für mich da, wo meine Eltern sind, wo ich immer hingehen kann. Wo alle meine Freunde sind, wo ich einfach mich zu Hause fühle. Und Heimat ist eher so Israel. Wo ich -[Pause] das ist das Land, was mir am meisten bedeutet. (...) Heimat ist für mich ein Platz, wo ich das Gefühl hab, wo ich immer hingehen kann. Wo ich immer aufgenommen werde. Wo man mich versteht, wo man – es ist schwer zu beschreiben, aber wo ich auch hingehen würde, wenn nicht Freunde da wären.*« *(Carlotta)*

Die ebenfalls in Deutschland geborenen Enkelinnen Rebecca und Isabella empfinden wie ihre Mütter ein auf die jeweilige Stadt begrenztes Heimatgefühl: Nicht mit dem Land, in dem sie aufgewachsen sind und leben, können sie sich identifizieren, sehr wohl aber mit ihrer Stadt:

»*Für mich ist Heimat München. Nicht Deutschland, nicht Israel, sondern München. Ganz speziell. Weil das ist das einzige, womit ich mich wirklich identifizieren kann.*« *(Rebecca)*

»A.[23] *ist sehr stark meine Heimat. Deutschland nicht, nicht an sich als Land.*« *(Isabella)*

23 Anonymisierter Wohnort

Das Fehlen eines nationalen Heimatgefühls macht Rebecca bei bestimmten Anlässen ihr mangelndes Zugehörigkeitsgefühl zu Deutschland bewusst:

»*Aber ich hab nicht so eine wirkliche Heimat. Früher war das ein Problem. Früher hatte ich dadurch echt eine Identitätskrise. Zum Beispiel beim Fußball: WIR Deutschen! Wir deutschen Radler, wir deutschen... Das hab ich halt nicht. Mir ist das egal, ich bin nicht patriotisch, sondern für die, die mir sympathischer sind.*« *(Rebecca)*

So stützt sie die Ausrichtung ihres Heimatgefühls auf ihren eigenen privaten Mikrokosmos, also auf ihr Elternhaus bzw. heute auch ihr eigenes Zuhause:

»*Meine oberste Heimat ist das Elternhaus. Also bei meinen Eltern zu Hause oder hier in meiner Wohnung, das ist für mich Heimat. Wo das jetzt aber liegen würde, wäre völlig unerheblich.*« *(Rebecca)*

Lediglich Rabea, der Tochter einer ungarischen Jüdin, die nach Deutschland ausgewandert war und dort einen nichtjüdischen Deutschen, den Vater von Rabea, geheiratet hatte, ist es gelungen, ein übergreifendes Heimatgefühl in Deutschland zu entwickeln. Diese nationale Zugehörigkeit ermöglicht ihr, dort eine kritisch-konstruktive Handlungsfähigkeit zu entwickeln:

»*Ich finde schon, dass man, wenn man in einem Land lebt, dann versuchen sollte, es besser zu machen. Wenn man irgendwie Fehler sieht, sollte man daran arbeiten und nicht eben woanders hingehen.*« *(Rabea)*

Die beiden in der Schweiz lebenden Schwestern Jasmin und Gabriella, deren Großeltern nach dem Holocaust in Deutschland blieben und deren Mutter Mirjam im jungen Erwachsenenalter in die Schweiz emigrierte, fühlen sich in der Schweiz wohl. Während Gabriella ohne zu zögern die Schweiz als ihre Heimat nennt, weist Jasmin zwar darauf hin, dass sie von der Schweizer Mentalität geprägt worden sei, schränkt jedoch ein:

»*Wie ein typischer Schweizer fühle ich mich nicht – eben dadurch, dass ich immer so ein bisschen anders war. Ich fühl mich nicht so extrem verbunden mit der Schweiz.*« *(Jasmin)*

Gabriella hat außer zur Schweiz eine starke Verbindung zu Israel, dem Land, in dem sie zwar nicht leben möchte, sich aber wie zu Hause fühlt, weil sie dort seit ihrer frühen Kindheit viele Ferien verbracht hat:

»Israel ist nicht wirklich meine Heimat. Aber schon – wie mein zweites Zuhause.«

7.1.3. Integration in der Emigration und der Verlust der Muttersprache

Mutterland

Mein Vaterland ist tot
sie haben es begraben
im Feuer

Ich lebe
in meinem Mutterland
Wort

Rose Ausländer

Anders als die zwei Holocaust-Überlebenden, die ihre alte Heimat nach Ende des Zweiten Weltkrieges nicht verließen und ihre Kinder in ihrer Mutter- bzw. der jeweiligen Landessprache aufzogen (die Italienerin Rosa und die Ungarin Theresia), hatten sich die übrigen sieben Frauen der ersten Generation in fremden Ländern niedergelassen. Dort erzogen alle ihre Kinder mit der jeweiligen Landessprache und gaben ihnen Namen, die in der neuen Umgebung adäquat und vertraut waren. Das Ziel bestand darin, die Kinder in den »neuen Heimatländern« so schnell und so gut wie möglich zu integrieren. So schilderte z. B. die deutsche Jüdin Sarah, die nach Amerika ausgewandert war und dort einen deutschen Juden geheiratet hatte:

»We did not teach them German. (...) I thought if they go to the park and they sit in the sandbox and they speak German, they will be like outcasts and I wanted them to fit in with the other children.«

Die Holocaust-Überlebenden, die alle mit jüdischen Landsmännern verheiratet waren, entschieden, ihre Kinder ihre eigene Muttersprache nicht zu lehren. Die gemeinsame Muttersprache wurde von den Paaren untereinander nur dann verwendet, wenn die Eltern von ihren Kindern nicht verstanden werden wollten. So diente die »alte« Sprache der elterlichen bzw. erwachsenen Privatsphäre, wie die Tochter von Sarah bildlich beschreibt:

»We had a very small apartment, so speaking German was their extra-room.« (Sally, zweite Generation)

Fast immer gelang die sprachliche Abschottung zwischen Eltern und Kindern. Lediglich in einem Fall berichtete eine Tochter von Holocaust-Überlebenden, die für ihre Ohren nicht bestimmte Sprache der Eltern verstanden zu haben:

»Ich hab alles von meinen Eltern mitgekriegt. (…) Ich hab ein gutes Sprachgehör– meine Eltern haben polnisch gesprochen mit Freunden und Bekannten. Und irgendwie hab ich das mitgekriegt und da hab ich so die Sprache gelernt. Die wollten eigentlich gar nicht, dass ich das verstehe. (…) Nur vom Hören auf Jiddisch. Das ist bis heute gegangen, ich wusste nicht, dass ich jiddisch spreche. Das hab ich nie gewusst. Und jetzt kann ich es. Ich weiß aber nicht, es muss aus dieser Phase [der Kindheit] sein. Und ich rede nicht polnisch, aber ich hab – ich hab es irgendwie trainiert, dass ich die Sprache verstehe, weil ich neugierig war. (…). Sie haben auf keinen Fall Deutsch gesprochen meine Eltern.« (Mirjam)

Welche Auswirkungen hatte die Aufgabe der Muttersprache der Holocaust-Überlebenden für diese selbst und auch für ihre Kinder und Kindeskinder?

Das Aufgeben der Sprache verkörperte ein weiteres Symptom der Entwurzelung und der daraus folgenden Heimatlosigkeit, was sich besonders im Leben der ersten Generation, aber auch generationenübergreifend bemerkbar machte. Maimann (1981) beschreibt die Erfahrung des Sprachverlustes, die fast alle vor dem Nationalsozialismus geflohenen MigrantInnen teilten, gleich, welcher sprachlichen und kulturellen Umgebung sie entstammten:

»Der Verlust der Muttersprache bedeutete nicht nur einen Kulturschock; mit dem Zwang, sich eine neue Sprache anzueignen, schien das Schicksal, sich von der früheren Existenz im Sprechen und Denken, schließlich auch im Fühlen weitgehend trennen zu müssen, endgültig

besiegelt. (...) Die Trennung von der Sprache bedeutete die Aufgabe jenes Gutes, das die Flüchtlinge auch nach dem Verlust ihrer materiellen Existenz und sozialen Stabilität noch voll ihr eigen nannten und beherrschten; mit dem sie sich mit sich selbst und ihrer Umwelt verständigen, sich verständlich machen konnten« (Maimann 1981, 32).

Nach dem Zweiten Weltkrieg befanden sich die Überlebenden in einem Zwischenstadium, in dem sie mit dem Verlust ihrer sozialen und privaten Bezüge konfrontiert waren und sich bereits in fremden Ländern – teils provisorisch[24] , teils mit langfristigen, mitunter sogar freudigen Erwartungen – niedergelassen hatten. Der Existenzaufbau in der Fremde hatte soeben erst begonnen und obwohl die neue Sprache noch nicht perfekt beherrscht wurde, wurde die alte Sprache schon aufgegeben, besonders zum Wohle der Kinder, die nicht als »Ausländer« oder Außenseiter in der von den Eltern gewählten Gesellschaft aufwachsen sollten.

Es ist zu vermuten, dass der Verlust der Muttersprache zu der existentiellen Entwurzelungserfahrung der ersten Generation beitrug, besonders bei denjenigen, die gegen ihren Willen in Deutschland ansässig geworden waren und nun sogar die Sprache der Täter sprechen mussten. Nicht nur die Verbundenheit mit den nicht beschädigten Elementen ihrer Herkunft, auch die eigene Identität wurde beschnitten und auf die Bedingungen und Anforderungen der neuen Heimat zurechtgestutzt. Grözinger (1998) veranschaulicht in diesem Zusammenhang die tiefe und vielschichtige Bedeutung von Sprache für das Individuum:

»Die Sprache einer Gemeinschaft, eines Volkes, also das, was man gleichsam in die Wiege gelegt bekam, ist es, was das Wesen und Sein eines Menschen in unabänderlicher Weise bestimmt, die Sprache ist es, von der er schlechterdings abhängig ist, der er ausgeliefert ist und in der er sein Zuhause hat. Nicht nur Stempel und Prägung ist die Sprache, der Mensch ist nicht nur von ihr geformt, mit ihr baut und konstruiert sich der Mensch seine Welt, durch sie nimmt er die Welt wahr« (Grözinger 1998, 7).

Gerade in der Anfangszeit der Emigration und mitunter noch bis zum heutigen Zeitpunkt waren bzw. sind die Einwanderinnen in ihren sprachlichen Ausdrucksmöglichkeiten beschränkt. Der An-

24 Dies gilt für die Jüdinnen, die in Deutschland blieben.

spruch, ihren Kindern ausschließlich die für sie selbst neue und weitgehend unbekannte Sprache beizubringen und ihre eigene Muttersprache zu »verschweigen« führte dazu, dass die Kinder der zweiten Generation sprachlich benachteiligt aufwuchsen. Sie alle teilen das Schicksal:

»Children like me never had a real mother-language.« (Batya)

Es bleibt zu untersuchen, in wie weit sich hierdurch eine zusätzliche Beeinträchtigung der ohnehin schon belasteten Interaktion zwischen traumatisierter Mutter und ihrem Kind ergab, wenn die »emotionale« Sprache, die der Muttersprache innewohnt und über diese vermittelt wird, nicht verwendet wurde.

Allerdings finden sich in der Literatur auch Hinweise auf positive Effekte eines Sprachwechsels nach belastenden oder traumatischen Lebenserfahrungen: Folgt man Mehlers (1994) Auffassung, kann die Flucht in eine andere Sprache auch Entlastung von traumatischen Erinnerungen und deren ursprünglichen muttersprachlichen Symbolisierungen bedeuten:

»Sie (die untersuchten Patienten) haben die Sprache ihrer Kindheit mit einer neuen Sprache ersetzt, und damit neue Wege für ihre Gedanken und Gefühle errichtet, indem sie einen neuen kulturellen und emotionalen Kontext annahmen, der nicht durch alte Konflikte besetzt war. Dies geschah nicht nur im Dienste eines Widerstandes und einer Abwehr, sondern sie haben sich gleichzeitig neue Wege strukturierender *und akzeptabler Introjektionen zur Reorganisation ihrer Identität erschaffen.« (Aus: Mehler 1994; zitiert nach Ludin 1998, 25).*

Ludin (1998) folgert hieraus:

»… was in der einen Sprache, vor allem in der Muttersprache nicht geht, nicht aushaltbar ist, unauswegbar erscheint, kann in einer fremden Sprache unter fremden kulturellen Bedingungen möglich sein. Die Fremdsprache schafft Distanz, die inneren und äußeren Objekte sind in ihr nicht so affektiv besetzt, die Reorganisation in der neuen Sprache verschafft ein entwickelteres und weniger verletztes Selbstverständnis« (Ludin 1998, 25f.).

Wie aber empfanden die Frauen, die statt einer »unbesetzten«, unbelasteten Sprache wie z. B. Englisch oder Hebräisch, Deutsch, »die Sprache der Täter« als neue Sprache annehmen mussten?

Kann die sprachliche Integration der Emigrantinnen in Israel[25] und den USA durchaus als Stärkung und »Neuanfang« gewertet werden, drängt sich bei den nach Deutschland emigrierten osteuropäischen Jüdinnen die Frage auf, ob nicht in diesem besonderen Fall eine zusätzliche Schwächung und Verletzung ihrer Identität stattgefunden haben kann.

Wie schon in den Kapiteln Lebensortwahl und Heimat beschrieben, vermeiden die in Deutschland gebliebenen Jüdinnen der ersten Generation bis heute die bittere Auseinandersetzung mit ihrer Lebensortwahl und der dort folgenden – ungewollten, aber notwendigen – Integration. Die Annahme der deutschen Sprache ist in diesem Zusammenhang als ein Aspekt einer unliebsamen Entscheidung zu verstehen und wurde von den Probandinnen selbst nicht direkt kommentiert.

Für alle sieben Emigrantinnen gilt jedoch: Durch die Aufgabe ihrer Muttersprache kappten sie auch die Verbindung ihrer Nachkommen zu ihrer ursprünglichen und der familiären Heimat und Kultur. So ist zu erklären, dass bereits die zweite Generation der hier interviewten Probandinnen kein Zugehörigkeitsgefühl mehr zu der ursprünglichen Nationalität der Eltern empfindet. Einer Tochter von polnischen Juden, die in Deutschland aufgewachsen war, wurde erst auf einer Polenreise, die sie als fast 50jährige unternahm, bewusst:

»Ich BIN ja Polin eigentlich.« (Raphaella)

Auch für die dritte Generation spielt dementsprechend die Herkunft ihrer Großeltern keine Rolle in ihrem Identitätsbildungsprozess, ausschlaggebend wirken eher die Zugehörigkeit zum Judentum und die familiäre Verfolgungserfahrung. Für sie, die Enkelinnen, gab es erstmalig wieder eine »natürliche« und echte Muttersprache und gleichfalls eine Heimat in den entweder von den Großeltern oder den Eltern gewählten Ländern.

Die sprachliche wie auch die nationale Heimat der Großelterngene-

25 Die stärkende Bedeutung von Sprache ist besonders in Israel erkennbar: Die Neugründung des jüdischen Nationalstaats war verbunden mit einer Wiederbelebung der ehemaligen Nationalsprache Hebräisch, die fast zwei Jahrtausende nur Schrift- und Gelehrtensprache gewesen war (vgl. Berger 1998, 199). Durch die Entstehung des Zionismus und die Wiederentdeckung des Hebräischen als der nationalen Sprache des jüdischen Volkes erfuhr die jüdische Identität eine beträchtliche (historische) Stärkung (vgl. Berger 1998; Grözinger 1998).

ration scheint also für die Nachfolgegenerationen der emigrierten Holocaust-Überlebenden unwiederbringlich verloren.

Doch in der Fortführung der jüdischen Traditionen wird ein Teil des Familienerbes geborgen und identitätsstiftend tradiert.

Abschließend bleibt festzuhalten, dass neben der Migrationserfahrung auch der Sprachverlust der ersten Generation eine Rolle in der langwierigen Etablierung eines neuen Heimatgefühls spielte, das erst zwei Generationen später – in der Enkelgeneration – zu einer wirklichen Verwurzelung im jeweiligen Land geführt hat.

7.2. Individueller und familiärer Umgang mit der Verfolgungsvergangenheit

In den folgenden beiden Kapiteln werden der familiäre und transgenerationale sowie der individuelle Umgang mit der Verfolgungsvergangenheit geschildert.

7.2.1. Familiärer Umgang mit der Vergangenheit: Die Vor- und Nachteile des Schweigens

»Trauma, das ist die Unmöglichkeit der Narration« (Assmann 1998, 151).

»Like most survivors neither imagined how, over the years, I had stored their remarks, their glances, their silences inside me, how I had deposited them in my iron box like pennies in a piggy bank. They were unconscious of how much a child gleans from the absence of explanations as much as from words, of how much I learned from the old photographs hanging on our apartment walls or secreted away in the old yellow envelope below my father's desk« (Epstein, H. 1979, 297).

Das bei allen Familien dieser Untersuchung beobachtete Hauptmerkmal des Umgangs mit der Verfolgungsvergangenheit ist der Wunsch, die Betroffenen selbst und auch ihre Nachkommen zu schonen. So äußerten z.B. fast alle Frauen der ersten Generation ihren Wunsch, die Erinnerungen an die Zeit im Nationalsozialismus zu verdrängen oder ruhen zu lassen:

»Ich will vergessen, was man mir Schlimmes angetan hat.« (Theresia)

Dieser Schutz vor den Erinnerungen und der Beschäftigung mit der traumatischen Verfolgungsvergangenheit war dadurch gewährleistet, dass die erste Generation ihren Kindern gegenüber über ihre traumatischen Erlebnisse schwieg[26]:

»Ich hab sehr wenig darüber gesprochen. Ich wollte die Kinder nicht belasten.« (Martha)

---

26 Das erwähnte Schweigen bezog sich auf ihre Kinder, nicht aber auf die erste Generation untereinander: Sieben der Holocaust-Überlebenden sprachen zumindest in den ersten Jahren nach dem Holocaust mit ihren Partnern häufig über ihre Vergangenheit und bezeichneten diese Austauschmöglichkeit als hilfreich für ihre Bewältigung. Bis auf eine Ausnahme (Rosa) waren alle Frauen der ersten Generation mit jüdischen Männern verheiratet, die eine ähnliche Verfolgungsvergangenheit wie sie selbst hinter sich hatten. Die Entscheidung, Nichtbetroffenen gegenüber zu schweigen, mag auch mit deren ablehnenden Reaktionen auf Versuche, die traumatischen Erfahrungen mitzuteilen, zusammenhängen (vgl. Danieli 1980). Wie auch in dieser Arbeit ersichtlich wurde, entwickelten viele Überlebende das Gefühl, sich niemandem mitteilen zu können, der den Holocaust nicht selbst erlebt hat (vgl. Quindeau 1995; Zander 1992; Danieli 1998). Viele meiner Interviewpartnerinnen der ersten Generation entschuldigten sich immer wieder für die »Zumutung«, dass sie mir ihre furchtbaren Erlebnisse mitteilten. Häufig fielen Sätze wie: *»Das können Sie sich gar nicht vorstellen«* oder *»Ein normaler Mensch kann das nicht verstehen«*, die trotz größtmöglicher Empathie des Gegenübers die Tatsache widerspiegeln, dass »das zu begreifende Unbegreifliche« (Claussen 1996) nicht wirklich zu fassen ist und somit immer eine Distanz zwischen Holocaust-Überlebenden und allen anderen bestehen bleibt.

Darüber hinaus spielt sicherlich auch die Schwierigkeit der Überlebenden, sich *selbst* den traumatischen Erlebnissen zu nähern und sie sprachlich auszudrücken, eine Rolle. Quindeau (1995) erklärt: *»Das Schweigen der Überlebenden über die extremtraumatischen Erfahrungen ist jedoch nicht nur als Reaktion auf die wenig verständnisvolle Umgebung zu betrachten; vielmehr überschreiten diese Erfahrungen auch die Grenzen der Sprache. (…) Das Schweigen kann auch als Ausdruck der Unmöglichkeit der Integration der extremtraumatischen Erfahrung in die Lebensgeschichte aufgefasst werden« (Quindeau 1995, 59, vgl. Mazor et al. 1990).* Auch Assmann (1998) erläutert: *»Wenn der Affekt ein zuträgliches Maß übersteigt und in einen Exzeß umschlägt, dann stabilisiert er Erinnerungen nicht mehr, sondern zerschlägt sie. Das ist beim Trauma der Fall, das den Körper unmittelbar zur Prägefläche macht und die Erfahrung damit der sprachlichen und deutenden Bearbeitung entzieht. Trauma, das ist die Unmöglichkeit der Narration. Trauma und Symbol stehen sich in gegenseitiger Ausschließlichkeit gegenüber: physische Wucht und konstruktiver Sinn scheinen die Extremwerte zu sein, zwischen denen sich unsere Erinnerungen bewegen.« (Assmann 1998, 151)*

Übereinstimmend mit dem bisherigen Forschungsstand[27] zeigt auch diese Untersuchung, dass das Schweigen der ersten Generation nachhaltig auf ihre Nachkommen wirkte. Eine Tochter von Holocaust-Überlebenden beschreibt anschaulich die Kluft, die durch das Schweigen zwischen den Generationen entstand:

»Ich hab das nicht so empfunden bei meinen Eltern, dass so eine Verbindung zwischen den Toten der Vergangenheit und zwischen uns hergestellt wurde. Wenn sie über die gesprochen hat, war das immer so ihre Welt. Das war nicht deine Großmutter, also eine Verbindung, sondern es war immer: Sie [Michaelas Mutter] und die Vergangenheit. Und dann – WIR, die nichts verstehen. Das war ein Spruch, den ich SEHR oft in meiner Kindheit gehört habe: Was weißt DU schon! Was verstehst du denn schon. (…) So ein Ausgeschlossensein. Es ist ja was anderes, wenn man z.B. eine Trauer teilen kann. Stell ich mir vor, wenn ich meinen Kindern was mitteilen würde, dass ich ihnen zeigen würde, dass ich traurig bin und dass ich sie irgendwie da auch mit einschließe. Aber – meine Mutter war ja eher immer so versteinert.« (Michaela)

Die Töchter und Enkeltöchter wagten meist nicht, ihre Eltern oder Großeltern nach deren Vergangenheit zu fragen. Das Schutzbedürfnis der ersten Generation wurde somit transgenerational gewahrt und respektiert. Die Enkelinnen dieser Untersuchung artikulierten ausnahmslos ihre Hemmungen, mit ihren Großeltern über deren Erlebnisse im Holocaust zu sprechen:

»Ich hab immer Angst gehabt, das zu fragen. Wenn meine Omas was erzählen, höre ich ihnen zu. Aber ich würde nie von alleine davon anfangen zu reden. Weil ich die Angst hab, dass sie nicht drüber reden wollen.« (Carlotta)

»Noch heute ist es schwer, mit ihnen über dieses Thema zu reden. Ich merke, dass es ihnen irrsinnig schwerfällt. Und dass sie wahnsinnig leiden müssen, als ob sie es noch mal erleben würden. Und dann bist du als Enkelkind in so einer zwiegespaltenen Situation, weil du auf der einen Seite es wissen willst, (…) und du willst ihre Geschichte nicht vergessen. Auf der anderen Seite merkst du, dass du ihnen wehtust. Das ist sehr schwer.« (Rebecca)

27 Siehe Kap. 2.2.1.

»Es gibt nur so abgebrochene Geschichten. (...) Es wird darüber geschwiegen. (...) Ich spreche meine Oma nicht an auf den Holocaust – aus Rücksicht. Weil ich nicht will, dass ich sie diese Dinge frage und dann *ist sie allein damit. (...) Ich kann ja nicht danach auf sie aufpassen.« (Tamara)*

Neben der Rücksichtnahme auf die Großeltern mag auch die Furcht vor der *eigenen* Überforderung angesichts des von den Großeltern erlebten Grauens eine Rolle gespielt haben:

»In the beginning, when I was very young, I was afraid that she would cry or that she would be upset if she tells me. (...) I was also frightened that maybe she would tell me scary, much more scary things. That I wouldn't be able to sleep.« (Rina)

»Wenn Opa mit uns darüber gesprochen hat, dann hat er immer geweint. Und das war sehr schwer für mich zu sehen, dann wollte ich auch nicht viel fragen. Ich wollte auch weinen, weil es ist schwer, das zu hören.« (Sheiramoth)

Einige Frauen der dritten Generation berichteten über den Schutzmechanismus des Vergessens, der einsetzte, wenn die großelterliche Vergangenheit zu belastend für sie war:[28]

»Komischerweise ging das immer extrem schnell und ich konnte mir das gar nicht alles merken. Ich hab eigentlich gar nicht so genau gespeichert, was sie mir erzählt hatte. (...) Ob das jetzt ein Verdrängungsmechanismus war oder so, aber ich hab dann immer wieder gedacht: Heh, die hat mir das doch gerade erzählt, warum weißt du das jetzt schon nicht mehr so ganz genau?« (Jasmin)

Einen Zugang zu der Vergangenheit mit ausreichender Schutzfunktion für alle Generationen boten in vielen Familien lediglich humoristische Anekdoten über die Vergangenheit, die als »Helden-Geschichten« oder »Überlebens-Geschichten« in die Familienchronik eingingen. In diesen Erzählungen wurden die traumatischen Erlebnisse ausgespart und die Opfer-Position abgewehrt und verleugnet:

---

28 Dieser Abwehrmechanismus wurde auch von Rosenthal (1997) bei den Kindern von Holocaust-Überlebenden beobachtet (siehe Kap. 2.2.1.).

»Sie haben aber immer nur die lustigen Sachen erzählt.« (Ilaria, zweite Generation)

»The stories (how both my grandmothers got the families through these hard things) were told with a lot of pride: We survived. We were strong.« (Linda, zweite Generation)

»The stories that were told, were the classic stories of an underdog outwitting the person in power. It makes YOU feel more powerful – to tell the story and to listen to it.« (Marni, dritte Generation)

Der Fokus war auf den Stolz der Überlebenden, deren Menschlichkeit und Stärke gerichtet. Diese Art der Vergangenheitstradierung und Bewältigung beobachteten auch Klein (2003) und Inowlocki (1993). Klein (2003) fand die Geschichten der Holocaust-Überlebenden geprägt durch:

»...eine besondere Mischung aus Untertreibung, Witz, Selbstironie und anekdotischem Stil. Oft gibt es eine Verschiebung des Fokus von der tragischen, unaussprechlichen Realität des Lagers zur Selbstironie und kleinen Details, die die Essenz ihres Überlebens verständlich machen« (Klein 2003, 27).

Wenn auch die nicht erzählten Anteile der Geschichten von den Nachkommen der Überlebenden sehr wohl wahrgenommen wurden, konnten sie sich mit ihren Eltern und Großeltern auf deren Bewältigungsstrategien einlassen und respektierten deren »einseitig gefärbten« Umgang mit der Vergangenheit ebenso wie deren Schweigen.

Im Verlauf der Jahre hat sich jedoch die erste Generation stärker geöffnet und so begannen viele Großeltern Jahrzehnte nach dem Holocaust mit ihren Enkelinnen über die Verfolgung während des Dritten Reiches zu sprechen. Die stärkere Mitteilsamkeit den Enkeln gegenüber beruht vermutlich auf den folgenden Gründen: Erstens, weil mittlerweile die traumatischen Erfahrungen weiter in der Vergangenheit lagen und somit eine zeitliche (und u.U. emotionale) Distanz entstanden war; zweitens, weil die Beziehung zu ihren Enkeln nicht bzw. weniger als die zu ihren Kindern belastet war durch Verstrickungen und die direkten Auswirkungen des

Holocaust, die sich in der Psychodynamik zwischen erster und zweiter Generation niederschlugen.[29]

Viele Vertreterinnen der zweiten Generation beobachteten diese Öffnung der ersten Generation der dritten Generation gegenüber:

»With us [children], she didn't talk. Nobody talked. Not my father, not my mother. I think it started with the third Generation. The third Generation opened it.« (Batya, zweite Generation)

Und so stellen die Enkelinnen heute häufig interessierte Zuhörerinnen dar, die sich der schmerzhaften Vergangenheit der Großeltern eher als noch die Generation davor nähern können, da sie als Angehörige der dritten Generation mehr Distanz haben, so dass sie nicht an dem Leid der Großeltern zerbrechen.

Eine Enkelin beschreibt die transgenerationale Weiterentwicklung des Umgangs mit der familiären Verfolgungsvergangenheit[30]:

»Sie [die Großmutter] kann sich da überhaupt keine Gedanken machen, weil sie total zusammenbrechen würde. Meine Mutter nur so wenig und ich dann halt komplett. Ich bin dann halt diejenige, die es dann wirklich so nah, so nah es eben geht, an sich heranlassen kann.« (Isabella)

Einige der Frauen der zweiten Generation bekannten, dass ihre Eltern auch mit ihnen mittlerweile über die Vergangenheit reden möchten, sie allerdings aus Selbstschutz das Zuhören verweigern würden. Sie vermeiden eine erneute Beschäftigung mit dem Leid der Eltern, von dem sie sich abwenden möchten und müssen, um sich loslösen und ein eigenes, autonomes Leben führen zu können, das nicht mehr durch die Verpflichtungs- und Schuldgefühle ihren Müttern bzw. Eltern gegenüber geprägt ist.

»Die Generation meiner Eltern hat ja das Leiden, was die NIE bearbeitet haben oder verarbeitet haben, total auf die Zweite Generation drauf-

29 Ein weiterer Grund für die seit einigen Jahren erhöhte Redebereitschaft der ersten Generation mag auch auf dem allgemeinen gesellschaftlichen Wandel beruhen: Der öffentlichen Anerkennung der Leiden der Holocaust-Überlebenden sowie der Erkenntnis, dass es wichtig ist, Trauma-Opfern die Möglichkeit zu geben, über ihre Erfahrungen zu sprechen.

30 Siehe Kapitel 7.2.2. und 7.3.

gelegt. Und ich WILL dieses Leid überhaupt nicht. Ich WILL nicht leiden. Ich möchte auch gerne in die Welt mit offenen Augen gucken.« (Esther)

Es scheint, als ob es bei der Vermittlung des Holocaust kein »Mittel der Wahl« gibt, denn sowohl in »Schweigerfamilien« als auch in solchen Familien, in denen über den Holocaust mehr oder weniger offen gesprochen wurde, gab es signifikante transgenerationale Auswirkungen des Holocaust zu verzeichnen (vgl. Rosenthal 1997; Okner & Flaherty 1988). Hier bestätigt sich Grünbergs (2002) These, dass es einen »goldenen Mittelweg« zwischen Schweigen und Sprechen über den Holocaust nicht gibt:

»Alle Nachkommen Überlebender leiden an der Geschichte ihrer Eltern. (…) Es ist also keineswegs gesichert, dass Kinder, deren Eltern »sprachen«, es wirklich leichter hatten« (Grünberg 2002, 313).

So schildern einige Frauen der zweiten Generation das elterliche Schweigen gar als schutzgebendes Privileg, das es ihnen ermöglichte, freier und unbeschwerter ohne das konkrete und detaillierte Wissen um die Grausamkeiten des Holocaust aufzuwachsen und eine optimistischere, positivere Weltsicht zu entwickeln.

»Das ist nicht weitergegeben worden. Das war kein Thema. (…) Durch das Schweigen hatte ich eine Unbefangenheit, eine große Portion Unbefangenheit.« (Ruth)

»Unsere Eltern wollten uns nicht damit belasten, weil es ja eine schreckliche Belastung ist, wenn du weißt, dass DEINE Mutter und DEIN Vater haben das und das durchgemacht.« (Raphaella)

Diese Beobachtungen entsprechen auch den Ergebnissen von Benz et al. (2003), die feststellten, dass viele ehemalige Flüchtlingskinder der Kindertransporte nach Großbritannien sich voll Anerkennung über die Fähigkeit ihrer Eltern äußern, belastende Themen so lange wie möglich von ihnen fern gehalten zu haben, so dass sie eine weitgehend unbeschwerte Kindheit erleben konnten (vgl. Benz et al. 2003, 24).

Es erscheint mir wichtig, an dieser Stelle darauf hinzuweisen, dass es von höchster Wichtigkeit ist, die jeweiligen Bewältigungsstrategien der Traumatisierten anzuerkennen. Im therapeutischen Kontext bedeutet dies, dass der Prozess der Auseinandersetzung mit dem traumatischen Ereignis oder der traumatischen Phase der Kontrolle der Betroffenen unterliegen sollte, damit diese wieder das Gefühl der Selbstwirksamkeit entwickeln kann.[31] Zu erwarten, dass Holocaust-Überlebende ihre Traumata vollständig »verarbeiten« und »bewältigen« können, ist m. E. illusorisch. Für Therapeuten wie auch für Überlebende kann es eine schmerzliche Erkenntnis sein, dass eben nicht alles »heilbar« ist und dass Menschen, die unmenschliche Behandlung wie z. B. in den Lagern erfahren haben, irreversibel beschädigt sind. Und so geht es letztlich darum, die akute Qual für die Betroffenen zu verringern und einen Weg zu finden, mit ihren furchtbaren Erfahrungen und Erinnerungen zu leben.

»The rescue worker and the therapist must aid the victim in the development of sufficient self-acceptance to support the living of a relatively complex life, one in which he or she has both good and bad aspects. The effects of trauma cannot be undone, but they can be used by the former victim to support a sound psychological adjustment« (Holloway & Fullerton 1994, 41, vgl. Ursano, Boydstun & Wheatley 1981).

Wie bereits in Kap. 2.1.3. ausgeführt wurde, kann die soziale Unterstützung einen großen Beitrag zur posttraumatischen Bewältigung leisten, wenn sie den Traumatisierten und ihren Familien mit möglichst »niedrigschwelligen« Hilfsangeboten zur Seite steht. Wichtig ist bei dieser Hilfe, dass sie die Betroffenen nicht dauerhaft »viktimisiert« und stigmatisiert, worauf bereits Holloway und Fullerton (1994) hinwiesen:

»The recovery environment should provide support, protection, containment, and structure and must avoid the further stigmatization of converting the victims of trauma into »patients« or »permanent« victims« (Holloway & Fullerton 1994, 41).

---

31 Novick (2001) wies auf die absurde Situation hin, dass die Gesellschaft in Israel und den USA den Überlebenden (je nach Gusto) diktierte, welche Art des Umgangs mit dem Holocaust sie wählen sollten: *»Zwischen dem, was man den Überlebenden in den vierziger und fünfziger Jahren sagte, und dem, was sie in den achtziger und neunziger Jahren zu hören bekamen, besteht eine unheimliche Symmetrie. Früher sagte man ihnen, sie sollten nicht über den Holocaust sprechen, auch wenn sie es wollten – es sei schlecht für sie. Später sagte man ihnen, sie sollten über den Holocaust sprechen, auch wenn sie es nicht wollten – es sei gut für sie. In beiden Fällen wussten die anderen am besten, was gut für die Überlebenden war«* (Novick 2001, 114f.).

Wie sich in dieser Arbeit gezeigt hat, findet eine »Bearbeitung« der Traumatisierungen der ersten Generation durch die Folgegenerationen statt, die sich dem Holocaust mit anderen Vorraussetzungen nähern können und auf vielerlei Art zu der Bewältigung der Traumata beitragen.[32]

7.2.2. Individuelle Auseinandersetzung mit dem Holocaust

> *»Nie werde ich diese Nacht vergessen, die erste Nacht im Lager, die aus meinem Leben eine siebenmal verriegelte lange Nacht gemacht hat.*
> *Nie werde ich diesen Rauch vergessen.*
> *Nie werde ich die kleinen Gesichter der Kinder vergessen, deren Körper vor meinen Augen als Spiralen zum blauen Himmel aufstiegen.*
> *Nie werde ich die Flammen vergessen, die meinen Glauben für immer verzehrten.*
> *Nie werde ich das nächtliche Schweigen vergessen, das mich in alle Ewigkeit um die Lust am Leben gebracht hat. Nie werde ich die Augenblicke vergessen, die meinen Gott und meine Seele mordeten, und meine Träume, die das Antlitz der Wüste annahmen.*
> *Nie werde ich das vergessen, und wenn ich dazu verurteilt wäre, so lange wie Gott zu leben. Nie« (Wiesel 1996, 56).*

Die Frauen der ersten Generation berichten alle bis auf Rosa von den intensiven Erinnerungen an ihre Verfolgungserlebnisse, die sie vergessen möchten.

»Erinnerungen sind oft, sehr oft. (…) Manchmal nachts ist es furchtbar.« (Leah)

Bis heute leiden die Holocaust-Überlebenden unter den Erinnerungen an ihre Leidenszeit im Holocaust. Besonders nachts in Träumen oder bei Anlässen, bei denen sie ihre im Holocaust getöteten Familienmitglieder vermissen (z. B. bei Familienfeiern), überfällt sie die Erinnerung und der Schmerz über den Verlust besonders stark:

»Ich hab noch nie gehabt einen richtigen Feiertag. Einen Feiertag, an dem ich mich nicht nach meiner Familie gesehnt hätte. Bis jetzt. Bis jetzt.« (Leah)

---

32 Siehe Kap. 7.2.2. und 7.3.4.

Einige von ihnen vermeiden aus diesem Grund das Sprechen über die Vergangenheit wie auch die Beschäftigung mit ihr, andere wiederum lesen Bücher und sehen sich Filme an, die sich mit der Holocaust-Thematik beschäftigen, weil sie finden, dass sie dies ihrer ermordeten Familie »schuldig« sind.

»Immer wieder muss ich daran denken. Wenn ich es seh im Fernsehen, muss ich alles gucken. Ich glaube, so bin ich es schuldig meinen Geschwistern.« (Martha)

Vergebung für den Holocaust ist unmöglich, aus eigener Betroffenheit, aber auch, weil der nationalsozialistische Genozid nicht nachvollziehbar ist:

»Was ich erlebt habe, was ich gesehen habe... Diese armen Kinder – die nichts getan haben. Nichts! (...) Nein. Das kann ich nicht vergeben. (...) Ich glaube, dass in hunderten von Jahren kann man das nicht vergeben. So was gab es noch nie.« (Rachel)

»So was kann man nicht verzeihen. Aach! Das ist unglaublich zu verzeihen. Da muss schon wirklich ein Mensch aus Stein sein, dass er so was verzeiht. So was kann man nicht verzeihen.« (Hannah)

Auch die Nachkommen von Holocaust-Überlebenden sind sich einig, dass der Holocaust nicht zu verzeihen ist und dass die Vergebung der geplanten Vernichtung des europäischen Judentums sogar ein gefährliches Signal aussenden könnte:

»It is not the right thing to do because – if you forgive, it means that it was not so bad. And I think it was so bad. You can't forgive. Once you forgive, you open the door to do it again and to do other bad things.« (Rina, dritte Generation)

»Man muss keine Rache üben, aber man muss auch nicht unbedingt vergeben müssen. (...) Also, ich finde, man hat das Recht, sauer zu sein. (...) Ich glaube nicht an diese biblische Geschichte, dass man durch Vergebung Ruhe findet. (...) Manchmal hilft auch Verdrängung, sehr ungesunderweise. (...) Ich glaub, es gibt Sachen, die kann man nicht heilen. Also, es ist tragisch, aber ich glaub, man kann nicht alles heilen.« (Isabella, dritte Generation)

Wenn auch alle Probandinnen dieser Untersuchung – die Holocaust-Überlebenden ebenso wie ihre Kinder und Kindeskinder – sich einig sind, dass man den Holocaust nicht vergeben kann, weisen sie doch darauf hin, dass man sehr wohl differenzieren müsse und nicht die Kinder und Kindeskinder der Täter verantwortlich machen könne für die Taten ihrer Vorfahren:

»I felt hate for the people who were soldiers, who did that. Not for the next generation. Because they didn't chose. To be born or where to be born.« (Rina, dritte Generation)

»Vergeben heißt für mich, einfach die nächsten Generationen offener angucken und mit denen in Kommunikation treten.« (Esther, zweite Generation)

Um das Unverständliche nachvollziehen zu können, versuchen viele Frauen der zweiten und dritten Generation, sich selbst in die Lage der nichtjüdischen Deutschen während des Dritten Reiches hineinzuversetzen:

»Ja, ich denke wirklich, was hätte ich für Ansichten, wenn ich anders erzogen worden wäre. Wenn ich das alles anders erlebt hätte. (…) Also ich denke, ich bin 80%, 90% oder vielleicht 99% bin ich ja die Erziehung.« (Ilaria, zweite Generation)

»War ich da in einer führenden Position, oder ging es für mich eigentlich auch nur ums Überleben? Hab ich mitgemacht, um meine eigene Familie zu retten? Das würden, glaube ich, viele machen.« (Esther, zweite Generation)

»Keiner weiß, wie er gehandelt hätte. (…)»Es hat mich einfach auch sehr beschäftigt, wie ich da gestanden hätte. Also auf jeder Seite, wie gesagt.« (Rabea, dritte Generation)

»Ich versuche, wenn etwas schiefläuft, die Motivation von diesem Menschen zu verstehen. (…) Ich habe Interesse zu verstehen, wie so etwas überhaupt möglich ist. Ich möchte das begreifen und nach Erklärungen suchen. Mein Verständnis kommt auch daher, dass man doch noch an etwas Gutes im Menschen glauben kann. (…) Andernfalls wäre das so extrem traurig und trostlos. Das wäre dann kaum auszuhalten. (…)

Wenn ich selbst in einer solchen Situation [wie die Täter im Holocaust] gewesen wäre oder kommen würde, dass ich da mehr Stärke beweisen könnte in dem Sinne, dass ich sagen würde: Da mach ich nicht mit! Aber ich denke, das braucht wirklich Stärke.« (Jasmin, dritte Generation)

Die ehemals deutsche Jüdin Sarah geht sogar so weit, sich ihr eigenes mutmaßliches Verhalten als nichtjüdische Deutsche im Dritten Reich sich vorzustellen:

»What made me change my feelings towards Germany? I was thinking: What would I have done if I had not been Jewish. And I think I would have been very happy to be a BDM-Mädchen«. (Sarah, Überlebende)

Ähnlich wie bei den Betroffenen entstehen auch bei den Nachkommen der Überlebenden während der Beschäftigung mit dem Holocaust Gefühle der Verzweiflung, Ohnmacht und Wut sowie die Angst, dass es noch einmal passieren könnte:

»Die Wut, dass es passieren konnte. Wut. Erstaunen. Dass Menschen zu so was fähig sind. (...) Auch Angst, dass es noch mal passieren kann. (...) Angst, dass man indoktrinieren kann. Dass man einfach Leute so beeinflussen kann, dass ganz normale Leute Bestien werden.« (Ruth, zweite Generation)

»Ich hab mich viel mit dem Thema befasst. Ich kenn alle Theorien. Und trotzdem bleibt ein Stück Fragezeichen. Wie kann der Mensch den Menschen das antun? Ich kann es einfach nicht begreifen. (...) Es ist für mich eine Erschütterung, die ich nicht ertragen kann. Ich kann das gar nicht beschreiben, es ruft in mir eine große Verzweiflung hervor.« (Michaela, zweite Generation)

Aus diesem Grund wird generell von den hier befragten Frauen der zweiten Generation eine emotionale und bewusste Beschäftigung mit dem Holocaust eher abgewehrt, da sie die Gefühle, die entstehen, wenn sie z.B. Bücher lesen oder Filme sehen, nicht ertragen können:

»I don't deal with it much. (...) I have fears. I can't read anything about the Holocaust. I can't see one film. And of course, in school, they taught us and if they said: ›Oh, it was so horrible!‹, everything sounded to me very familiar. Nobody can shock me and nobody can tell me something

I don't know. Even though, I don't know. But inner, I feel the feeling – I know. And I don't want to read it. Too difficult for me. (...) I can feel it physically. As if I was there. I feel I don't have to learn about it because I know it. It will not make me more sensitive.« (Batya)

»I cannot watch certain movies. It's too close. Because then I am afraid that the anger will manifest itself. Or the hurt. Or the rage. I can't allow to poison who I want to be. (...) I have a hard time LOOKING at a picture of Hitler. I can't and I think it is partly to distance myself from something I think had such an evil effect.« (Linda)

»Ich hab es nicht geschafft ›Der Pianist‹, der Film spielt im Warschauer Ghetto, wo meine Mutter ja war, anzuschauen. Ich ertrag es kaum. Ich halte es einfach nicht aus. Also, ich finde es nicht richtig! Ich ärger mich fast über mich selber, dass ich es nicht schaffe. Und ich ertrag es nicht! Ich ertrag das nicht. (...) Als ich vor Jahren diese Holocaust-Serie sah, war ich wochenlang krank. Richtig krank. Ich konnte nicht schlafen, ich konnte nicht essen – ich ertrag es einfach nicht. Und deswegen hab ich das auch aufgehört. Ich muss es ja nicht gucken, das müssen die gucken, die nicht glauben wollen.« (Michaela)

Auch wenn die Beschäftigung mit dem Holocaust bewusst von den meisten Frauen der zweiten Generation vermieden wird, so stellt der Holocaust doch ein zentrales Thema in ihrem Leben dar.

Die große Bedeutung, die der Holocaust auch für die Kinder von Überlebenden hat, wurde im Kapitel Forschungsstand ausführlich dargestellt. Bergmann und Jucovy (1982) erläutern diesbezüglich:

»The need to discover, re-enact, or to live the parents' past was a major issue in the lives of survivors' children. (...) The wish to live in the parents' past and to undo the Holocaust may lead to pathology, but it may also lead to a desire to study history and to learn from this study how to prevent another Holocaust« (Bergman & Jucovy 1982, 100).

Drei der zehn Probandinnen der zweiten Generation (Ilaria, Batya, Esther) widmen sich dem Holocaust im weitesten Sinne beruflich, versuchen aber in ihrem Privatleben die emotionale Beschäftigung mit der eigenen familiären Verfolgungsvergangenheit zu begrenzen.

Diese Sublimierung kann als Form der Bewältigung verstanden

werden. Auch Bergman und Jucovy (1982) bewerten diese Art des Umgangs mit dem Holocaust positiv:

»Resolving problems creatively – to relive the Holocaust and undo its effect – in works of art, in political action, through education, and in one's own parenthood – enriches the lives of survivors' children and helps them to see themselves as part of the past, the present and the future. By bridging the gap in their parents' history, the children can help them to regain their self-esteem« (Bergman & Jucovy 1982, 100f.).

Die Frauen der dritten Generation gaben einstimmig an, sich zu irgendeiner Zeit, meist während ihrer Pubertät, intensiv mit dem Holocaust beschäftigt zu haben.

»Ich hab mit zwölf angefangen mich wie eine Verrückte mit dem Holocaust zu befassen. (…) Das Thema hat mich nicht mehr losgelassen, das war echt schon fanatisch. Dieses Thema hat mich aufgesaugt. Und auch den Schmerz in mich aufgesaugt. Weil du immer nur von den Großeltern so Ansätze mitgekriegt hast. Du wusstest, da war was! Du wusstest, da war was Schlimmes, du wusstest vielleicht, dass das Ganze den Übertitel Holocaust hat, aber du konntest dir nichts drunter vorstellen. Und dann kam wahrscheinlich dieser Drang, ich muss das jetzt wissen.« (Rebecca)

»Da hab ich das erste Mal viel drüber nachgedacht. (…) Und es war so eine Phase in meinem Leben, wo ich wirklich schlecht drauf war. (…) Und obwohl ich schon so ALT war, und es immer wusste, war es immer so ein Thema, was ich wahrscheinlich verdrängt hab. (…) Ich hab viel darüber nachgedacht. Ich war immer sehr traurig. Ich hab angefangen plötzlich darüber zu reden.« (Carlotta)

Wie schon in Kap. 7.2.1. beschrieben, ermöglicht die zeitliche und die emotionale Distanz es den Enkeltöchtern vermutlich eher als den Generationen zuvor, sich mit der familiären Verfolgungsvergangenheit auseinanderzusetzen. Während die erste und die zweite Generation die emotionale Beschäftigung noch vermeidet, gelingt es der dritten Generation eher, sich den verdrängten, abgewehrten und abgespaltenen Gefühlen zuzuwenden. So können schließlich durch die Enkelinnen der Überlebenden Emotionen der Trauer und der Wut Ausdruck finden. Gleichzeitig verfügen die Frauen der dritten Generation aber auch über stützende Reflektionsmöglichkeiten, mit deren Hilfe sie die Geschichte und ihre individuelle Betroffenheit integrieren können. So leisten sie einen wichtigen Beitrag in der familiären Bewältigung der Verfolgungserfahrung.

Die amerikanische Jüdin Dana wünscht sich jedoch statt der Beschäftigung mit der Vergangenheit eher eine Stärkung des Judentums in der Gegenwart:

»It's my personal opinion that we look back too much – as a community we are too overly sensitive and overly focused on the Holocaust as a turning point. (...) We are not focused enough on moving forward and putting our energies into developing new programs for kids, for example. (...) I'd like to see us develop really positive – Jewish experiences for kids and to encourage people to marry within the faith and stay active in the communities. I think that is more important than looking back.« (Dana)

Alle Enkelinnen äußerten Achtung vor dem Leiden und der Stärke ihrer Großmütter bzw. Großeltern. Viele Frauen der dritten Generation nehmen sich im Hinblick auf die erlittenen Qualen der ersten Generation ein Vorbild an ihren Großmüttern und relativieren dadurch ihr eigenes Unglück oder eigene Krisen. Was in der Interaktion zwischen erster und zweiter Generation zu Schwierigkeiten führte, da die Bedürfnisse der Angehörigen der zweiten Generation stets hinter denen ihrer Mütter zurücktreten mussten, wandelte sich in der Enkelinnengeneration zu einer Ressource um, die ihnen hilft, ihr eigenes Leben und dessen Schicksalsschläge zu bewältigen.[33]

7.3. Die Folgen des Holocaust

Die folgenden Kapitel befassen sich mit der familiären und transgenerationalen Psychodynamik in Holocaust-Überlebenden-Familien und den Auswirkungen des Holocaust auf die Überlebenden und ihre Kinder und Kindeskinder. Im Kapitel 7.3.2. werden die in anderen Kapiteln bereits diskutierten Auswirkungen (wie z. B. die Entwurzelung, die Beeinträchtigung des Sicherheitsgefühls, die gestörte Psychodynamik) zwar mitunter aufgegriffen, aber nur kurz erwähnt mit Verweisen

33 Siehe Kap. 7.3.4.

auf die entsprechenden Kapitel.

7.3.1. Transgenerationale Psychodynamik

> *»Wir sind, meine liebe Tochter, nicht dafür geboren, was wir mit kurzsichtigen Augen für unser eigenes, kleines, persönliches Glück halten, denn wir sind nicht lose, unabhängige und für sich bestehende Einzelwesen, sondern wie Glieder in einer Kette, und wir wären, so wie wir sind, nicht denkbar ohne die Reihe derjenigen, die uns vorangingen und uns die Wege wiesen, indem sie ihrerseits mit Strenge und ohne nach rechts und links zu blicken einer erprobten und ehrwürdigen Überlieferung folgten« (Thomas Mann, Buddenbrooks 1991, 146).*

Die vieldiskutierten Ablösungsschwierigkeiten[34] der zweiten Generation von ihren Eltern, die mit Parentifizierungsprozessen, Aggressionshemmungen und übermäßigen Verantwortungs- und Schuldgefühlen einhergehen, wurden an den Teilnehmerinnen dieser Studie überprüft und die Fragestellung auch auf die dritte Generation ausgeweitet.

Die Mehrzahl der hier befragten Frauen der zweiten Generation weist auf diesbezügliche Schwierigkeiten hin, die häufig bis ins Erwachsenenleben anhielten. Auch bei einigen Angehörigen der dritten Generation konnten schwierige Ablösungsprozesse beobachtet werden.

Insgesamt auffällig waren die große Loyalität und Rücksichtnahme, durch die die familiären Beziehungen der Probandinnen geprägt sind. Ursprünglich von der ersten Generation ausgehend, versuchen sich die Familienmitglieder gegenseitig zu schonen, ein Anspruch, der wiederum von den Nachkommen der Holocaust-Überlebenden, besonders in Bezug auf die erste Generation, fortgeführt wird.

Während die zweite Generation zu großen Teilen ihr eigenes Leben nach den Wünschen der Eltern ausrichtete, um diese zufriedenzustellen, ist bei der dritten Generation in einigen Bereichen eine graduelle Loslösung von den großelterlichen Direktiven zu erkennen. Jedoch neigen die Enkelinnen infolge des familiären Gebots, die erste Generation zu schonen, dazu, von ihren Großeltern all das fernzuhalten, was diese beunruhigen oder erneutes Leid erzeugen könnte.

So werden nichtjüdische Partner, Schwangerschaften und Abtreibungen, Drogen- und Alkoholmissbrauch, Vergewaltigungen bzw. Gewalterfahrungen, aber auch Reisen, Freizeitaktivitäten oder im weitesten

34 Siehe Kapitel 2.2.1.

Sinne Handlungen, die den Holocaust-Überlebenden aufgrund ihrer (vermeintlichen oder realen) geringen Erregungsschwelle Sorge bereiten könnten, verschwiegen. Diese »Schonhaltung« drückte sich auch in den Interviews aus: So wies die Mehrheit der Töchter von Holocaust-Überlebenden zwar durchaus vorsichtig auf Missstände in ihrer Kindheit hin, war aber gleichzeitig sehr bedacht darauf, nicht undankbar oder ungerecht ihren Müttern gegenüber zu sein.

Offene Kritik wurde nur von wenigen Frauen geübt, jedoch auch bei ihnen verbunden mit dem Ausdruck von Verständnis für die unauslöschlichen Spuren, die der Holocaust in der Persönlichkeitsentwicklung ihrer Mütter hinterlassen hat.

»Ich glaube, dass das – ja, keine Jugend haben – einfach diese Phase nicht gelebt zu haben, weil meine Mutter hat sie nicht gelebt, die hat sehr vegetiert. Die war ja zwischen 13 und 17 – ich nenn das nicht Leben. Ich nenn das – für einen Menschen in diesem Alter – für jeden Menschen, aber ich glaub, sie hat keine Pubertät gehabt. Und ich glaube, dass das einen Menschen einfach formen muss. Wie soll die ein weicher, liebevoller Mensch sein? Wie soll sie jemals sich überlegt haben, wenn ich Kinder in die Welt setze, was ich alles investieren muss? Wie man darüber nachdenken muss, was man mit diesen Kindern macht, woher soll sie es wissen? Ich glaube, dass diese ganzen Menschen – nicht alle, weil ich kenn auch andere Eltern, aber fast alle haben überhaupt keine Ahnung gehabt, was sie da tun. Keine Ahnung. (…) Ich glaub, dass man diesem Mensch gar nichts vorwerfen kann! (…) Dass sie gar nicht wussten, was sie tun. Sondern sie wollten sich fortpflanzen, sie wollten Kinder haben, sie wollten diesen Kindern alles geben, was sie nicht gehabt haben.« (Judith)

»Ich hab sie [die Mutter] eher erlebt als böse und unzugänglich. Weg. Nicht erreichbar. Und schade, diese Generation hat auch keine Hilfe bekommen. Gut, ich möchte darüber auch nicht urteilen, wer so viel Grausames erlebt hat…« (Michaela)

Während vier der Frauen der zweiten Generation ihre Mutter als optimale Bezugsperson schildern und nahezu idealisieren, berichten die sechs anderen Töchter von Überlebenden von Beeinträchtigungen der care-taking Fähigkeiten ihrer Mütter.

Die Traumatisierungen und die Ängste, unter denen besonders die Überlebenden der Konzentrations- und Arbeitslager gelitten hatten und die daraus resultierende emotionale Abstumpfung, die in den meisten Fällen nicht vollständig reversibel war, musste es den Holocaust-Überlebenden zwangsläufig erschweren, in optimaler Weise auf ihre Kinder einzugehen. Das heißt nicht, dass ihnen ihre Kinder nicht am Herzen lagen oder ihnen deren Versorgung nicht wichtig erschien. Jedoch waren die emotionale Ausdrucksfähigkeit und die empathischen mütterlichen Kapazitäten durch die in den Jahren zuvor erfahrenen schweren Traumatisierungen eingeschränkt.[35] Mangelnde emotionale Nähe bei gleichzeitig maximaler materieller, vermutlich unbewusst kompensatorischer Versorgung oder Verwöhnung wurde von den meisten der Frauen der zweiten Generation berichtet:

»My mother couldn't express feelings, was all the time in a doing way of living. Not being, only doing. Very active, very responsible for food, for clothes, for cleanness. But never to the feeling.« (Batya)

»Da wurde unheimlich viel mit Geld gemacht. Was ich eigentlich gar nicht wollte. Also es wurde probiert, mich zum Funktionieren zu bringen durch Geld. (...) So: ›Wenn du lieb bist, kannst du dir heute wieder mal ne Jeans kaufen oder ein Kleid oder so.‹« (Esther)

»Ich musste nie in der Küche helfen. Man hat mich von allem verschont. Ich musste nicht mein Zimmer putzen. Ich war verwöhnt, verhätschelt. Mami, ich hab schöne Schuhe gesehen, ja, geh, kauf sie dir. Ich hab bekommen, was ich wollte.« (Mirjam)

Diese Darstellung deckt sich mit der allgemeinen Nachkriegs-Realität der Holocaust-Überlebenden, die zunächst vorrangig aus dem Aufbau und der Sicherung ihrer Existenz bestand, was sie auch für ihre Kinder als außerordentlich wichtig ansahen:

»Lebensmotto war zu kämpfen. Ich hatte nix. Nicht mal ein Bettlaken. Ich hatte nix. Dann Gottseidank – langsam – zwei Bettlaken, drei Tassen, sattessen. Arbeit, dann kamen die Kinder, Mutter, Kinder. Das Beste zu geben, was man kann. Das war das Motto Nr. Eins. Sauberkeit. Das war es.« (Leah)

---

35 Die Beobachtungen dieser Studie decken sich mit den in Kapitel 3.2. dargestellten Theorien zur mehrgenerationalen Trauma-Übertragung und die in diesem Zusammenhang ausschlaggebende Rolle der Mutter-Kind-Beziehung.

Viele Töchter, die in ihrer Kindheit unter der psychischen Abwesenheit ihrer vom Holocaust gezeichneten Mütter litten, vermuteten oder erkannten erst Jahrzehnte später, dass ihre Mütter Depressionen hatten:

»Meine Mutter war nicht sehr präsent. (...) Meine Mutter war immer sehr mit sich beschäftigt. Ich denke, sie war immer depressiv. Oder unglücklich.« (Michaela)

Häufig äußerten sich die Depressionen der Holocaust-Überlebenden als psychosomatische Erkrankungen oder traten in Verbindung mit körperlichen Krankheiten auf:

»Ich erinner mich an meine Kindheit, dass meine Mutter immer krank war. Immer krank. Und das war für mich immer bezogen auf ihre Vergangenheit im Konzentrationslager.« (Judith)

»All my childhood, my mother was sick – once migraine, once this, once that. (...) My mother was sick many times. A lot of stomach aches, a lot of headaches, migraines, she had to stay in the dark, nobody could talk. Sometimes she was furious and I didn't know why. I couldn't understand why. (...) She was sort of depressed for many years, I think.« (Batya)

Eine typische Erfahrung für die Frauen der zweiten Generation war, dass der Umgang mit ihren vom Holocaust versehrten Müttern geprägt war durch Rücksichtnahme und in diesem Zusammenhang auch durch die Unterdrückung eigener kindlicher Bedürfnisse:

»Mir wurde klargemacht, dass man immer sehr aufpassen muss, dass die Mama nicht krank ist und dass der Mama nichts passiert und dass man da immer sehr viel Rücksicht drauf nehmen muss.« (Judith)

»Eine wirkliche Auseinandersetzung oder jemanden anschauen und wahrnehmen in seinen Bedürfnissen – das gab es nicht. (...) Ich hab mich immer schuldig gefühlt, dass meine Mutter so viel mitgemacht hat. Es hieß immer: Ich darf sie nicht ärgern.« (Michaela)

In vielen Fällen entwickelte sich aus diesem Gebot eine Umkehr der Rollen, in denen die Töchter für ihre Mütter sorgten und selbst die Rolle der beschützenden Mutter übernahmen. Diese Parentifizierung wurde häufig auch von den Ehemännern der Frauen der ersten Generation unterstützt, die gleichermaßen in partnerschaftliche Parentifizierungsprozesse verwickelt waren und in den hier befragten Familien meist den stärkeren, stabileren Part der Partner- wie auch der Elternschaft übernahmen und ihre Töchter zur Rücksichtnahme mahnten:[36]

»When I was a teenager and I wanted to rebel like every normal teenager – I couldn't. And if I forgot for a minute, my father told me: »Don't talk like this to your mother. You know, she suffered so much, we will never know what will happen to her. (...) I feel that I have the responsibility to comfort them. THEIR welfare is before my welfare. From childhood on.« (Batya)

»Mein Vater hat immer gesagt: Ihr müsst auf eure Mutter aufpassen. (...) Wir hatten immer das Gefühl, wir dürfen eigentlich gar nicht so viel machen, sonst wird sie wieder krank!« (Esther)

Noch heute fällt es vielen Töchtern von Holocaust-Überlebenden schwer, ihren Müttern »etwas zuzumuten« und so weiten sie die Forderung nach Rücksichtnahme ihren Müttern gegenüber auch auf ihre Kinder aus. In Anbetracht der starken Loyalität und der Schuldgefühle, die bei Nicht-Erfüllen der elterlichen Wünsche oder Ansprüche entstanden, löst die Beobachtung der erschwerten und verspäteten Ablösung der hier befragen Frauen keine Verwunderung aus. Einige der Frauen der zweiten Generation wagen erst heute, mit ca. 60 Jahren, »auszubrechen« und sich aus dem elterlichen Korsett zu befreien:

»Jetzt versuche ich langsam in meinem Alter auch an mich zu denken. Jetzt versuche ich Sachen zu machen, die vielleicht meiner Mutter nicht mehr passen würden.« (Mirjam)

»Jetzt [mit fast 60 Jahren] beginne ich mich emotional zu distanzieren! (...) JETZT steig ich aus. Indem ich darüber spreche.« (Judith)

---

36 Die in dieser Arbeit sichtbar gewordene signifikant stärkere Beeinträchtigung von weiblichen Überlebenden im Vergleich zu ihren Ehemännern, die ebenfalls den Holocaust überlebt hatten, deckt sich mit Beobachtungen klinischer Settings (z.B. Davidson 1980), in denen Frauen meist in höherem Ausmaß die Symptome des sogenannten Überlebenden-Syndroms aufweisen, während ihre Ehemänner eher durch erhöhte außerfamiliale Aktivitäten auffallen (vgl. Rosenthal 1999, 30f.).

In Übereinstimmung mit vielen Untersuchungen über die Psychodynamik zwischen Überlebenden und ihren Kindern weisen die Ergebnisse dieser Arbeit auf unterdrückte Aggressionen und Schuldgefühle der zweiten Generation hin. Die Schuldgefühle wurden meist als Folge der Unmöglichkeit, die Leiden der Eltern ungeschehen zu machen, erklärt.[37] Die Frauen der zweiten Generation dieser Untersuchung differenzierten die Ursache ihrer Schuldgefühle darüber hinaus auch als direkte Folge der nicht erfüllten elterlichen Aufträge und Gebote:

»I please my parents all the time. It is like covering the guilt feeling. (...) It is guilt if I will not do the duty to comfort them or to please them. Then I will feel guilt. But if I try to do my best for them, there is no guilt feeling.« (Batya)

Eine Tochter von Holocaust-Überlebenden schildert anschaulich die Auswirkungen der elterlichen Verpflichtungen auf ihr eigenes Leben:

»Indem ich ein mit Schuldgefühlen vollgestopfter Mensch wurde. Indem ich NIE mein Leben gelebt habe, sondern immer versucht habe, das so zu leben, dass es auch meinen Eltern recht ist. Indem ich – [atmet laut aus] mir einen jüdischen Mann gesucht habe, damit sie zufrieden sind. Den ich eigentlich nicht besonders geliebt habe. Indem ich ja, mein Leben sehr angepasst habe an die Bedürfnisse meiner Eltern.« (Judith)

Ein anderes Bild wird von den Töchtern der Holocaust-Überlebenden gezeichnet, die keine KZ-Erfahrungen machen mussten oder wie Rachel mehrere Jahre im Ghetto und anschließend in unterschiedlichen Verstecken in Polen der ständigen Gefahr einer Entdeckung ausgesetzt waren, sondern den Krieg im Versteck, auf der Flucht oder in der Emigration überlebten und deren engste Familienmitglieder nicht ermordet wurden:

Die Töchter dieser Frauen beschreiben ihre Mütter als ausreichend fähig, sie zu versorgen, es wurden keine Depressionen oder Krankheiten der Mütter berichtet. Auch das Thema Rücksichtnahme spielte in der Beziehung zwischen Töchtern und Müttern keine ausdrückliche Rolle.

---

37 siehe Kap. 2.2.1.

Darüber hinaus ist kein Hinweis auf eine länger andauernde oder pathologische Parentifizierung zu erkennen.

Diese Beobachtungen über die unterschiedlichen care-taking abilities der Probandinnen der ersten Generation legen eine enge Korrelation zu ihren traumatischen Erfahrungen nahe. Die Frauen, die im Konzentrationslager, im Warschauer Ghetto und später in unterschiedlichen Verstecken überlebt hatten, waren vergleichsweise stärker in ihrer Bindungsfähigkeit und ihrer emotionalen Ausdrucksfähigkeit beeinträchtigt als diejenigen, die Arbeits- oder Konzentrationslagern entgehen konnten.

Die Probandinnen, die außerhalb der Konzentrationslager überlebten, hatten weitere Vorteile bzw. Ressourcen, die ihnen zur Verfügung standen und ihre physische wie auch psychische Integrität stützten: Gittel und Sarah, bei Einbruch des Krieges elf und 16 Jahre alt, hatten Eltern, die für sie sorgten und sie »in Sicherheit« brachten. Auch wenn sie von ihnen getrennt waren, gab es sporadischen Kontakt und die beruhigende Gewissheit, dass die Familie ebenfalls in Sicherheit war.

Theresia und Rosa waren bei Einbruch des Krieges bereits erwachsen und verheiratet. Beiden gelang es durch eigenes Geschick, durch die Hilfe der (italienischen und ungarischen) Bevölkerung und Glück, mit ihren Familien den Holocaust zu überleben.

Es ist zu vermuten, dass der Grad der Traumatisierung wie auch dessen langfristige Auswirkungen in Relation zu dem Grad von empfundener und realer Selbstwirksamkeit steht, wie in Kap. 7.3.2. noch eingehender erläutert wird.

Viele Frauen der zweiten Generation gaben an, dass sie ihren Kindern »eine bessere Mutter« sein wollten und gaben sich viel Mühe, die emotionalen Bedürfnisse ihrer Kinder wahrzunehmen und so gut wie möglich zu befriedigen:

»Sie [die Tochter] soll ein selbstbestimmter Mensch werden. Sie soll ihre Erfahrungen machen. Ich will sie nicht unterdrücken. Mein wichtigstes Ziel war: Sie soll ein freier Mensch werden.« (Michaela)

»Wir wollten alles viel intensiver (...) und viel besser als unsere Eltern machen. (...) Es waren auch die Bedingungen relativ geordnet und... dass wir VIEL mehr eingehen und sie VIEL mehr einbeziehen konnten.« (Ruth)

Und so ist in vielen Fällen eine Verbesserung der Mutter-Kind-Beziehung festzustellen, in anderen Fällen hat eine – wenn auch abgeschwächte – Übertragung der Beziehungsmuster stattgefunden. In zwei Familien, in denen die Interaktion und Psychodynamik zwischen erster und zweiter Generation besonders belastet war, ist eine Wiederholung von Parentifizierungsprozessen auch zwischen der zweiten und dritten Generation zu beobachten:

»Wie sich alles wiederholt! Wie sich alles wiederholt und nicht aufhört.« (Tamara, dritte Generation)

»Ich war extrem da für meine Mutter, ich hab Stunden mit ihr gesprochen. Ihre Launen ausgehalten. (...) Ich konnte da gar nicht jugendlich sein. Ich war so – tack [klatscht in die Hände) plötzlich erwachsen. Und überhaupt – über meine Probleme zu sprechen [beginnt zu weinen].« (Jasmin, dritte Generation)

Auch von der starken Bindung zwischen den Familienmitgliedern und dementsprechend auch schwierigen Abgrenzungs- bzw. Ablösungsprozessen wurde von einigen Frauen der dritten Generation berichtet:

»Meine Eltern waren sehr invasiv: Du bist ein Teil der Familie und bei uns im Haus – also es gibt schon Türen, aber zwischenmenschlich sollte es keine Türen geben. (...) Und irgendwann kommst du in ein Alter, wo es dir mal um dein Leben geht und wo du auch Abstand brauchst und das haben die nicht gut hingekriegt eine Zeit lang. (...) Durch meine Therapie hab ich gelernt, dass das okay ist. Weil davor hab ich immer das Gefühl gehabt, ich bin ne GANZ schlechte Tochter, wenn ich das mache. Weil, die lieben mich doch so und – wie kann ich nur?!« (Rebecca)

Ähnlich wie in der zweiten Generation löst das Nichterfüllen der transgenerationalen Aufträge auch bei den Enkelinnen der Holocaust-Überlebenden Schuldgefühle hervor. So basiert die Treue zum Judentum mitunter vorrangig auf dem Gefühl der Verpflichtung gegenüber den Großeltern bzw. den Opfern des Holocaust.

»Also vieles von meinem Judentum hat mit dem Holocaust zu tun. Das heißt mit dem Schuldgefühl- das Judentum zu verlassen. (...) Ich denke immer an die Strafe. Ich werde bestimmt bald bestraft. (...) Für einen richtig religiösen jüdischen Menschen hab ich das Judentum ja schon lange verlassen.« (Tamara)

»Es ist eine innerliche Verantwortung, das Judentum weiterzugeben, damit es nicht ausstirbt. (...) Weil ich weiß, dass meine Großmutter und ihre Familie so leiden mussten oder sterben mussten, WEIL sie jüdisch waren.« (Jasmin)

Überhaupt hat das Leid der Großeltern eine große Bedeutung für ihre Enkelinnen und so nehmen diese eine Vermittlerrolle zwischen der ersten und zweiten Generation ein. Den Enkelinnen fällt es leichter, bedingungsloses Mitgefühl für ihre Großeltern zu entwickeln und das Familiengefüge »neutraler« einzuschätzen, da sie in einer vom Holocaust weniger belasteten Atmosphäre als noch ihre Mütter aufwuchsen. Viele nehmen ihre Großmütter vor ihren Müttern und deren Kritik in Schutz. Eine Enkelin schildert ihren Eindruck der angespannten und für alle Beteiligten schmerzlichen Situation:

»Meine Mutter hat dieses gestörte Verhältnis zu ihrer Mutter. (...) Ich bin manchmal richtig sauer, wenn ich höre, wie sie darüber redet. (...) Da denke ich mir – wie kann man ihr [der Großmutter] das antun, nachdem, was sie durchgemacht hat. Dann sagt meine Mutter mir: »Wir haben auch viel durchgemacht. Und es hat Gründe, dass wir sie nicht mögen«, weil meine Tante mag sie auch nicht besonders gern. Es hat Gründe, weil sie hat uns nicht richtig erzogen und sie hat Sachen auf uns übertragen. Dann sag ich immer: ›Aber was erwartet ihr denn? Wie hätte sie denn gut sein sollen?‹« (Carlotta)

Das Einfühlungsvermögen der Enkelinnen beruht einerseits auf ihrer familiären Position und ist andererseits als besonderer Verdienst ihrer Mütter anzusehen, deren Wunsch, ihren Kindern emotional nährendere Mütter zu sein und sie mit der Vergangenheit weniger zu belasten, damit in Erfüllung gegangen ist.

Die in Kap. 7.2.1. dargestellte Öffnung der ersten Generation ihren Enkelkindern gegenüber ist auch in einigen Fällen in Bezug auf die emotionale Ausdrucksfähigkeit zu beobachten:

»Oma ist die, die auch mehr Liebe zeigen kann [als die Mutter]. Vielleicht konnte sie das uns gegenüber eher zeigen als zu meiner Mutter. Weil die Beziehung, die die beiden haben, finde ich auch extrem problematisch. Und wahrscheinlich konnte sie bei uns etwas zulassen, wozu sie bei meiner Mutter gar nicht fähig war. Liebe zu zeigen vielleicht.« (Jasmin)

Bei den meisten Familien scheint die destruktive Psychodynamik zwischen erster und zweiter Generation im Rahmen der Erziehung der dritten Generation zugunsten gesünderer Generationsgrenzen aufgegeben worden zu sein. Wenngleich – wie schon erwähnt – durchgehend bei den hier befragten jüdischen Familienmitgliedern eine große Loyalität zu ihrer Herkunftsfamilie besteht, gelingt es den Frauen der dritten Generation, ihre eigenen Lebenswege selbstbestimmter zu gestalten und sich eher aus den rigiden Familienregeln und traumatischen Übertragungen als ihre Mütter zu lösen. Diese »Entstrickung« ist sicherlich zum Teil den Frauen der zweiten Generation zu verdanken, die großen Wert darauf legten, ihre Töchter aus den familiären Gesetzen zu befreien, unter denen sie selbst gelitten hatten.

Die transgenerationale Beobachtung der graduellen Auflösung der symbiotischen und destruktiven Beziehungen erlaubt Hoffnung auf die Befreiung der Nachkommen der Traumatisierungsopfer von deren Leid.

Eine Tochter von Holocaust-Überlebenden beschreibt die transgenerationale Tradierung im Hinblick auf den erschwerten Umgang mit Neugeborenen, die erst in der dritten Generation aufgelöst werden konnte:

»Like my mother, I perhaps couldn't enjoy little babys either. (...) I think, in order to enjoy them, you have to be more connected with your body and with your senses, not with your logic. (...) But my daughter, she healed herself. There is hope! She went to the extreme! I watch her and I can see how she can enjoy her child. So you can see that – she tried to repair me and my mother.« (Batya)

Rina, eine Enkelin von Holocaust-Überlebenden, erfasst die unterschiedlichen Bedingungen der familiären Beziehungen:

»The dynasty was cut. And I have more opportunities than they [the second generation] had. In their generation, they didn't have a warm relationship with their parents. (...) I think that was prevented from them because their parents were wounded. As people, it defected the family relationship.« (Rina)

7.3.2. Die Auswirkungen der Holocaust-Traumatisierungen: Langzeitfolgen für die Überlebenden und deren Nachkommen

»I suffered from severe depressions from the age of about sixteen until the present day. I always felt that whatever I did, I had never suffered the way my parents and grandparents had. It was also inferred that I was lazy. Yet, very simply, I was depressed.
I believe that as children of survivors, we all carried enormous guilt that we had not done brave and heroic deeds and endured what our predecessors had.
(…)
My daughter is now 25. She also suffered from my depressions. She did also hear much of what was related by my mother and father, and felt it deeply.
I married and adopted four children in Israel. This too must have been an attempt to make my life heroic as well. I subjected all four children to this depression and guilt. Somehow, somewhere it is all tied together. There are no clean borders.
(…)
The stories of my parents, and their terrible childhoods in Hitler's Germany, were not childhoods at all. They were forced into adulthood and responsibility too young. They experienced enormous losses at too early an age. They looked at us, their children, as lucky, spoiled and oftentimes lazy, indolent creatures who never had to suffer.
The truth was, we did suffer. And still do.«
(Ausschnitt aus einem Brief von Tanja, einer in Israel lebenden Tochter von deutschen Holocaust-Überlebenden)

Erste Generation

Sieben der neun befragten Holocaust-Überlebenden, die ihre Verfolgungszeit als traumatisch empfunden hatten, berichteten auch nach ihrer Befreiung von belastenden Symptomen, die auf das Vorhandensein des sogenannten Überlebenden-Syndroms bzw. der heute diagnostizierbaren Posttraumatischen Belastungsstörung hinweisen. Zu den am häufigsten genannten Symptomen zählen immer wiederkehrende Alpträume,[38]

38 siehe Kapitel 7.2.2.

eine psychische Belastung bei der Konfrontation mit internalen oder externalen Hinweisreizen, die einen Aspekt des traumatischen Ereignisses symbolisieren oder an Aspekte desselben erinnern sowie der Versuch, diese Reize zu vermeiden. Einige der Frauen klagten über Schlafstörungen, deren Auftreten sie in Zusammenhang mit ihren traumatischen Ereignissen stellen. Eine weitere (psychopathologische) Auffälligkeit liegt in den häufig beschriebenen psychosomatischen Krankheiten, die mitunter noch Jahrzehnte nach dem Holocaust als Ausdruck oder Begleiterscheinung von depressiven Verstimmungen[39] auftraten und auftreten.

Die Mehrzahl der hier befragten Holocaust-Überlebenden wurde von ihren Töchtern in ihrer Kindheit als emotional wenig zugänglich beschrieben,[40] in einem Fall wurden Reizbarkeit und Wutausbrüche mitgeteilt.

Eine Überlebende berichtete von immerwährenden Unruhezuständen (erhöhte Vigilanz). Eine andere Überlebende leidet bis heute unter Depressionen, die sie mit Psychopharmaka bekämpft.[41]

Der Grad der posttraumatischen Beeinträchtigung scheint in Abhängigkeit zu dem Gefühl bzw. dem Ausmaß der erlebten Selbstwirksamkeit zu stehen: Je mehr Kontrolle die Betroffenen über ihr Leben während der Verfolgung hatten, desto besser wurde diese auch später verarbeitet bzw. scheint in einigen Fällen die Bedrohung nicht traumatisierend gewirkt zu haben (Rosa, Gittel):

»Ich hab nie die Hoffnung verloren. Ich hab immer gedacht: Man kann schon was machen.« (Rosa)

Auch die Hilfe von anderen wirkte stabilisierend und dem Entstehen psychopathologischer Symptome entgegen.

39 In der Literatur wird auf das häufige Auftreten von Depressionen und Ängsten bei Holocaust-Überlebenden hingewiesen: *»Klein (1971), like many others, gave some consideration to the frequency of depression and anxiety appearing in one degree or another during pregnancy among survivors in general, and particularly among those women who were still girls in the latency period or in adolescence at the time of the Holocaust. These girls' self-image, and particularly their body image, was severely damaged during the Holocaust, and this damage often resulted in a sense of emotional dissociation from their own body. The source of this sense is the feeling that there is something impure and forbidden about their body. This feeling of stigma was so strong that they were unable to avoid feeling that their foetus, who was part of their body, was absorbing it from them« (Wardi 1992, 57).*

40 Siehe Kap. 7.3.1.

41 Die Betroffene bat mich, über ihre psychische Erkrankung in ihrem Portrait nicht zu schreiben, (aus welchem Grund sie erst an dieser Stelle anonymisiert angeführt wird).

Je mehr sich die Frauen ihren Verfolgern und der Verfolgungssituation allerdings ohnmächtig ausgeliefert sahen, wie dies z.B. im Besonderen in den Arbeits- und Konzentrationslagern der Fall war, desto schwieriger gestaltete sich auch im Nachhinein die Verarbeitung der Traumata.[42] Auch die Ermordung der eigenen Eltern bzw. von Familienangehörigen bedeutete eine prägende traumatische Erfahrung:

»Aber das Schlimmste – ich hab Schlimmes mitgemacht, lange Zeit mitgemacht, aber was jetzt nach all den Jahren bei mir im Kopf ist, das Allerschlimmste: Dass meine Eltern und mein Bruder, der war damals 21, als man ihn wegnahm, 1941, dass die 20 Minuten einen furchtbaren Kampf hatten, um zu sterben. Das ist das Allerschlimmste für mich. Bis heute. Und so lange ich leben werde.« (Leah)

Wie bereits ausgeführt wurde, spielte auch die Situation *nach* der Traumatisierung, also die Nachkriegszeit, eine wichtige Rolle für die posttraumatische Bewältigung.[43] Denjenigen Probandinnen, die ihren Lebensort nach dem Ende des Zweiten Weltkrieges wählen konnten, gelang es leichter in der meist fremden Umgebung ein »neues« Leben zu beginnen. Die Wahlfreiheit wirkte m.E. im Sinne der Wiedererlangung oder Stärkung der während des Holocaust vielfach verlorenen bzw. geraubten Selbstwirksamkeit und konnte somit zur psychischen Stabilisierung beitragen.

Der Schmerz und die Unmöglichkeit, die Erfahrungen in Worte zu fassen, ließ viele Holocaust-Überlebende insgesamt und besonders ihren Kindern gegenüber verstummen.[44]

Noch heute leiden einige Frauen der ersten Generation unter dem Gefühl der tiefgreifenden Entwurzelung und latenten bis manifesten Unsicherheitsgefühlen, die irreversibel scheinen und auch auf ihre Nachkommen übertragen wurden.[45]

---

42 Siehe Kapitel 7.3.1. und die Auswirkungen der Traumatisierung auf die mütterlichen care-taking Fähigkeiten.

43 Siehe Kapitel 2.1.3. und 7.1.

44 Siehe Kapitel 7.2.

45 Siehe Kapitel 7.3.3.

Zweite Generation

Die hier befragten Nachkommen der Holocaust-Überlebenden sind sich einig, dass der Holocaust bzw. die familiäre Verfolgungsvergangenheit auch auf ihr Leben Einfluss hatte. Abgesehen von der schon beschriebenen Psychodynamik in Holocaust-Überlebenden-Familien[46] wirkten die elterlichen Traumata auch auf die zweite Generation. Dies führte in vielen Fällen auch bei der zweiten Generation zu Ängsten und einem gestörten Sicherheitsgefühl, da die Sinnkonzepte oder Welt-Schemata[47], die die Nachkommen der Holocaust-Überlebenden entwickelten, von Anfang an durch die Möglichkeit der Vernichtung geprägt waren. Anders als bei den Holocaust-Überlebenden selbst wurde ihre Konstruktion von der Welt nicht *erschüttert,* sondern beinhaltete sogleich die Vorstellung der Welt als einen feindlichen Ort, in dem es keinen absolut sicheren Schutzraum gibt, nicht einmal in der frühkindlichen Bindung mit der traumatisierten Mutter, deren Care-Taking-abilities häufig gestört waren.

Diese Besonderheit stellt auch Hadar (1991) heraus. Obgleich die »*chronologische Zeit*« der zweiten Generation erst nach der Shoah beginne, liege ihr Geburtszeitpunkt im Konzentrationslager. Die zweite Generation sei:

»in den Holocaust hineingeboren worden (…), im Gegensatz zu ihren Eltern, die in der normalen Welt, die vor dem Holocaust bestand, geboren wurden« (Hadar 1991, 163).

Die Abgrenzung zu dem Leid der Eltern fällt vielen Töchtern der Holocaust-Überlebenden schwer, die mitunter das Gefühl entwickelten, selbst vom Holocaust betroffen gewesen zu sein:

»Was mich wahnsinnig belastet, immer belastet, ist dass – ich hab das Gefühl, ich hab das alles erlebt. (…) Ich empfinde das sehr nah.« (Judith)

»Nobody can shock me and nobody can tell me something I don't know. Even though, I don't know. But inner, I feel the feeling – I know. (…) I can feel it physically. As if I was there.« (Batya)

---

46 Siehe Kap. 7.3.1.
47 Siehe Kapitel 2.1.3.

Die hier beschriebenen Trauma-Tradierungen, die zu einer sekundären Traumatisierung der Töchter der Überlebenden führten, wurden mit ihren Prozessen wie auch ihren Auswirkungen in Kap. 3. ausführlich beschrieben.

Interessanterweise gab es bei den Kindern von einigen Holocaust-Überlebenden dieser Untersuchung unter den Geschwistern jeweils ein Kind, das sich vom Holocaust bzw. von den Erfahrungen der Eltern besonders schwerwiegend beeinträchtigt sah und eine psychische Störung entwickelte.[48] In einer Familie war das mittlere Geschwisterkind diesbezüglich besonders betroffen, in drei anderen Familien die Erstgeborenen der Holocaust-Überlebenden.

Diese Beobachtung machte auch Wardi (1992), die feststellte, dass die Kinder von Holocaust-Überlebenden, die bald nach der Befreiung geboren wurden, von den Traumatisierungen ihrer Eltern besonders belastet aufwuchsen. Durch die Übernahme der Rolle der »Gedenkkerze« und in diesem Zusammenhang auch der Bürde, das Leben ihrer Eltern mit Sinn zu füllen, entbanden sie ihre später geborenen Geschwister von ähnlich starken Lasten:[49]

»Since one of the children in the family has accepted the role of ›memorial candle‹ upon himself, his siblings are liberated, at least on a conscious level, from the emotional burden weighing down the family from the period of traumatization during the Holocaust. (...)«

»This division of labour appears over and over again in families of many survivors – one of the children, the »memorial candle«, remains emotionally tied to the parents; he is the emotional healer, who liberates his siblings, the physical healers, to establish their own families and thus rebuild the whole family.« (Wardi 1992, 32, 38).

Früher oder später fühlten sich jedoch auch die Geschwister der sogenannten »Gedenkkerzen« vom Holocaust bzw. vom familiären Verfolgungsschicksal beeinflusst bis beeinträchtigt.

»Dass der Holocaust mich beeinflusst hat, ist ganz hundertprozentig.

48 In zwei Familienportraits dieser Arbeit kann man diese Verteilung nachvollziehen, in den beiden anderen Fällen baten die Teilnehmerinnen darum, die Schicksale ihrer Geschwister nicht im Rahmen der Familienportraits aufzuzeichnen. Die psychischen Störungen reichten von Depressionen bis Paranoia.

49 Diese Dynamik ist besonders gut in Familie A. nachzuverfolgen.

Sonst würde ich mich nicht dauernd mit diesem Thema beschäftigen. (…) Der hat mich sehr, sehr lange Zeit beeinflusst.« (Esther, zweitgeborene Tochter von Holocaust-Überlebenden)

Die Ergebnisse dieser Arbeit zeigen, dass zwar nicht alle Kinder der Holocaust-Überlebenden psychische Störungen entwickeln, wohl aber gewisse Ängste und eine existentielle Beeinträchtigung des Sicherheitsgefühls, was in Kapitel 7.3.3. beschrieben wird. Viele Nachkommen der Holocaust-Überlebenden entwickelten die Angst vor einer erneuten Verfolgung.

Eine Tochter von Holocaust-Überlebenden beschreibt ihre Existenzängste, die auch mit realen »Sicherheitsvorkehrungen« nicht geringer werden:

»I have economic fears. It doesn't matter how much money I have in the bank – I always feel like one day, I can be the poorest person in the world. And I will not have to eat. It doesn't make me wanting to save more money, it's like nothing can help anyways. (…) The economic fears *can be because of my childhood, my parents were in a very difficult economic situation. So – I experienced it very much. Not because, there was a shortage in the home, that let me suffer from this, but I felt the atmosphere of fear.« (Batya)*

Eine andere Frau der zweiten Generation offenbart ihre Ängste, die durch gewisse Reize in Deutschland ausgelöst werden:

»Mir macht das große Angst. Deutsche Uniformen. Mir machen auch 40, 50 deutsche Polizisten auf Pferden Angst. Mir machen Stahlhelme furchtbare Angst.« (Judith)

Dritte Generation

Auch die Enkelinnen der Holocaust-Überlebenden haben gewisse Ängste entwickelt, die ihrer Meinung nach im Zusammenhang mit der Verfolgungserfahrung ihrer Großeltern stehen.

Neben den in Kapitel 7.3.3. besprochenen Unsicherheitsgefühlen bzw. Ängsten vor einer erneuten Verfolgung wurden verschiedene Ängste geäußert, die deutlich Holocaust-bezogen sind. So gestand eine Enkelin von Holocaust-Überlebenden, bis in ihre Jugendzeit Angst vor Duschen gehabt zu haben:

»A lot of times I would go into the shower and the shower scared me a lot. (...) I was just afraid of the shower.« (Dana)

Eine andere äußerte die Angst vor »organisierten Systemen«:

»I am afraid of too much organized systems. And the best example is the army. It is a very organized system. You get in there and they tell you everything. When to sleep and when to eat, whom to sit with and what and when to do. I cant stand that. It is not that I cannot stand it only, it frightens me. People really do what they are told. A mass of people do what they are told, that is scary. I was in a demonstration once and I became frightened, because lots of people were thinking the same thing and walking in the same direction. And I was suddenly very scared. Because of the mass of people. And maybe that is influenced by the Holocaust. Because it was very organized. Masses of people.« (Rina)

Eine von den Frauen der dritten Generation häufig geäußerte Angst bezieht sich auf das Alleinsein, eine Erfahrung, die ihre Großeltern während des Holocaust und mitunter auch danach gemacht hatten:

»The hardest thing for me is to see people who are left alone and have no other people around them and no outlet. (...) Being isolated or left alone – that would be an enormous fear for me.« (Dana)

»Alleine zu bleiben, davor hab ich Angst. Auch bei der Familie, bei allem. (...) Ich bin ein Mensch, der immer Leute um sich herum braucht, vorm Alleinsein hab ich schon Angst.« (Sheiramoth)

»Alleinsein ist das Schlimmste. (...) Ich bin nie allein. [Lacht] Ich bin einfach nie allein. (...) Seit diesem ersten Freund mit 13 bin ich wirklich von einer Beziehung in die nächste, auch aus Angst, allein zu sein.« (Isabella)

Es ist zu vermuten, dass die existentielle Entwurzelung der Großeltern und das damit einhergehende Gefühl der Einsamkeit von den Enkelinnen wahrgenommen und zum Teil übernommen worden ist. Diese Empfindung wirkt förderlich für die Loyalität der Familie wie auch dem Judentum gegenüber (siehe Kap. 7.4.) und führt zu dem starken Wunsch, dass ihre Großeltern noch miterleben mögen, wie sie zur Generationsfolge beitragen:

»Es ist für mich einer der schlimmsten Alpträume, dass meine Oma stirbt, bevor ich Kinder haben könnte. Das wär für mich ganz schlimm. (…) Ich hab das Gefühl, ich muss das irgendwie fortführen. Also, es ist sehr wichtig, dass ich Kinder kriege. (…) Dann wär es wieder okay. Es wär wieder eine Familie da. (…) Es wären auf einmal wieder alle Generationen da.« (Isabella)

»… ich weiß, dass Opa der glücklichste Mensch überhaupt wäre, wenn er auf meiner Hochzeit tanzen könnte und meine Kinder sehen könnte. Auch Oma.« (Sheiramoth)

Wenngleich die dritte Generation unter anderen Bedingungen aufwuchs als ihre Eltern, die von den traumatischen Erfahrungen der ersten Generation direkt geprägt worden waren und individuell wie auch familiär unterschiedliche Bewältigungsversuche unternommen wurden, so gilt doch für alle Nachkommen der hier befragten Holocaust-Überlebenden, dass die Erfahrungen der ersten Generation auf das Leben der Nachkommen gewirkt haben. Es scheint, als ob das Maß der Beeinträchtigung der Enkelinnen im Zusammenhang mit dem Maß der psychischen Befindlichkeit ihrer Eltern stünde, den Angehörigen der zweiten Generation. Diese Annahme impliziert erneut die außerordentliche Bedeutsamkeit der mütterlichen bzw. elterlichen care-taking Fähigkeit bzw. der Psychodynamik zwischen Eltern und Kindern.

Eine Tochter von Holocaust-Überlebenden gibt ihrer Beobachtung der Trauma-Weitergabe und zugleich ihrer Hoffnung Ausdruck, dass die damit verbundenen Gefühle über die Zeit und über die Generationen hinweg schwächer werden:

»It is going to take more generations for that rage and sorrow to dissipate. It will dissipate with time, I think, it has to. But I feel like my kids had that all passed on to them« (Linda, zweite Generation)

7.3.3. Transgenerationale Beeinträchtigung des Sicherheitsgefühls

»Alles war mit Zuckerguß versehen und nichts schien so zu sein, wie es in Wirklichkeit war« (Litman 1992, 71).

»Jenseits des bildhaften, erzählbaren Alptraumes gibt es die nackte Panik, die den Überlebenden am Ort der tiefsten Regression, im Tiefschlaf überwältigt. Hierüber gibt es kaum Schilderungen, nur den Schrei. Dieser Schrei hat eine transgenerationelle Dimension, da er in den Schlaf der Nachgeborenen einbricht und deren innere Welt wie mit einer Nabelschnur mit dem Vernichtungskosmos verbindet« (Kaminer 2000).

Eine weitere Auswirkung der Traumatisierungen durch den Holocaust ist in dem gestörten Sicherheitsgefühl vieler Überlebender zu sehen. Das beeinträchtigte Sicherheitsgefühl bezieht sich einerseits auf eine befürchtete antisemitische Bedrohung, besteht aber andererseits auch darüber hinaus:

»Nirgends kann man sich sicher fühlen. Ob Amerika oder Kanada oder Israel oder Deutschland. Auch Belgien, was auch immer. Man kann nicht sagen: Ich fühl mich sicher. Ich nicht. Also nicht, weil ich eine alte, jüdische Frau bin. Nur als Mensch. Ich finde, es gibt so viele schlechte Menschen auf der Welt, dass man sich nirgendwo sicher fühlen kann.« (Leah)

»Sicher ist man nirgends. Wo ist man sicher? Die Zustände z.B. in Israel – es ist furchtbar, wenn Sie die Nachrichten hören. Von Irak hören Sie jeden Tag – viele Menschen. Wo ist man sicher? Hier [die Schweiz] ist ein ruhiges Land. Sie haben keinen Krieg gehabt. (…) Sie haben großes Glück gehabt. Sonst würden einige Schweizer auch fort – die Schweizer haben [die Juden] auch nicht reinlassen wollen. Waren viele an der Grenze, man hat sie zurückgeschickt und man hat sie vergast. Ja. Das waren die Gesetze.« (Martha)

Eine Möglichkeit, der Gefahr (aufgrund der jüdischen Identität) aus dem Weg zu gehen, liegt darin, sich vom Judentum abzuwenden und dementsprechend auch die Kinder vor Antisemitismus und einer eventuellen erneuten Verfolgung zu schützen (siehe Rosa und Theresia). Eine andere Möglichkeit sich zu schützen liegt darin, seine jüdische

Identität in der Öffentlichkeit nicht preiszugeben. Zwei Töchter von Überlebenden beschreiben die Ängste ihrer Mütter, die zum Teil übertragen wurden, von denen sie sie sich mit der Zeit aber abgrenzen können:

»Meine Mutter hat immer erzählt, dass sie uns – alles ersparen wollte. Und dass man gute Papiere haben muss. Rabea [die älteste Tochter] ist noch getauft. Von demselben Priester, der mich getauft hatte. Die zwei anderen Kinder dann nicht mehr. Weil ich das dann nicht mehr mitgemacht habe. (...). Meine Mutter sagte: Wenn man Rabea R. heißt, dann braucht man einen Taufschein. Dann MUSS man Taufschein haben. Und dann bei meinem Sohn hab ich gedacht: Um Gottes Willen, die Seele kann man nicht versichern.« (Ruth, zweite Generation)

»Und – diese Ängstlichkeit, die meine Eltern mit mir gehabt haben, die hab ich auch bei meinen Kindern zum Teil mit übernommen. (...) Zwei meiner Kinder – die jüngsten gingen in eine jüdische Schule. Und die Buben haben eine Kipa angehabt in der Schule. (...) Meine Mutter hat das nie verstanden, dass er dann damit auf die Straße geht und nach Hause kommt. Die hat Angst gehabt, es könnte ihm was passieren. Und da hab ich mich dagegen gewehrt. Ich hab gesagt: Das gehört doch dazu, er geht in die jüdische Schule. Das ist ja nicht strafbar und – ich hab keine Angst.« (Mirjam, zweite Generation)

Auch bei der Mehrzahl der Frauen der zweiten und dritten Generation ist eine Beeinträchtigung des Sicherheitsgefühls zu beobachten, ungeachtet ihres Lebensortes. Eine erneute Judenverfolgung scheint einerseits in ihren Augen unrealistisch und ist andererseits doch Teil der familiären Erfahrung, die dem Aufbau eines echten und tiefen Sicherheitsgefühls im Wege steht. So ist z.B. das Lebensgefühl einer in Deutschland aufgewachsenen Jüdin der zweiten Generation durch existentielle Ängste gekennzeichnet:

»Ich hab damit mein GANZES Leben verbracht: Wird das noch mal passieren?« (Judith)

Die im Nachkriegs-Deutschland aufgewachsene Tochter von Holocaust-Überlebenden erinnert sich an die Atmosphäre in ihrer Kindheit:

»Ohne genau zu wissen hab ich gespürt, dass es immer vielleicht auch

gefährlich ist zu sagen, dass man Jude ist. Also es ist keine positive Erfahrung gewesen.« (*Michaela*)

Die Beeinträchtigung des Sicherheitsgefühls der in Deutschland aufgewachsenen Jüdinnen der zweiten und dritten Generation zeigt sich auch in ihren Zweifeln, ob sie sich in Notsituationen auf ihre nichtjüdischen deutschen Freunde verlassen können, wie die folgenden Zitate exemplarisch zeigen:

»Es wurden schon gewisse Urängste weitergegeben. (...) Irgendwo ist das schon in dir drin, dass du denkst: Bin ich hier wirklich sicher? Kann ich jedem wirklich so GANZ vertrauen? Was wäre, wenn noch mal so was passieren würde? Wer würde dann wirklich zu mir stehen? Wer würde vielleicht nicht gegen mich, aber auch nicht wirklich für mich sein?« (*Rebecca, dritte Generation*)

»Meine Oma hat mir erzählt: ›Naja, ich hatte auch engste Freundinnen und die waren nichtjüdisch und die haben mich verraten.‹ Also es gab immer so eine Phantasie, ob das bei mir auch so wäre. Wenn jetzt was passieren würde – würden diese ganzen Freundinnen, die meine besten Freundinnen sind – schon seit ich zehn bin oder so – würden die mich anzeigen? Was ich ja nicht glaube. Aber immer dieses: Du kannst niemandem trauen. Nicht mal einer besten Freundin. Das trage ich immer mit mir rum.« (*Tamara, dritte Generation*)

Doch auch die außerhalb Deutschlands sozialisierten Nachkommen von Holocaust-Überlebenden tragen Ängste in sich. So leidet z.B. die amerikanische Jüdin Sally seit ihrer Kindheit unter der Angst, dass ihrer Familie etwas zustoßen könnte:

»I was always aware – from my earliest childhood that things could change quickly. And I think, I have always had certain kinds of fears that I don't think most people have. (...) Something could happen. Anything that would break up the family and you wouldn't know where your family was. And you would lose people« (*Sally, zweite Generation*)

Mit einem nichtjüdischen Mann verheiratet zu sein trägt zur Erhöhung ihres Sicherheitsgefühls bei. Darüber hinaus sammelt sie zum Schutz ihrer Kinder Dokumente, die im Notfall belegen könnten, dass ihre Kinder nichtjüdisch sind:

»Now they can prove that they are not Jewish if they ever have to.« (Sally)

Sallys Tochter Dana findet es sehr beruhigend, drei Pässe zu haben, die ihr die Möglichkeit geben, in Notzeiten zu fliehen, was einst ihrer Großmutter (die von Deutschland nach Großbritannien und anschließend in die USA emigrierte) das Leben gerettet hatte.

Diese Beobachtungen über das gestörte Sicherheitsgefühl von Holocaust-Überlebenden und ihren Nachkommen entsprechen bisherigen Forschungsergebnissen:[50]

»Jedes Gefühl von äußerer Sicherheit erscheint den früher Verfolgten wie eine neuerliche Verführung durch den Feind, einen Feind, der täuscht und Wehrlose in die Falle lockt. Das Zurückweisen der Verführung, ein coping-Mechanismus, der im Lager immense Bedeutung hatte, wurde von den Kindern wahrscheinlich übernommen. In der Welt der »Normalität« wird dies vielleicht als paranoide Reaktion verstanden, sie hat aber eine ganz reale Grundlage, die ihre Bedeutung auch in friedlichen Zeiten beibehält. Eine friedliche Umgebung kann sich jederzeit und unvorhergesehen in eine feindselige verwandeln« (Brainin, et al. 2001, 169f.).

In einer besonderen Situation befinden sich die jüdischen Frauen, die in Israel leben, das seit seiner Staatsgründung 1948 immer wieder von Kriegen und Terrorattacken erschüttert wurde. Somit kann bei den israelischen Jüdinnen nicht nur von einer Übertragung eines beschädigten Sicherheitsgefühls gesprochen werden, da die Probandinnen selbst unmittelbaren von Bedrohungen betroffen waren oder sind.

Die in Deutschland aufgewachsene und nach Israel immigrierte Raphaella sieht sich heute in *beiden* Ländern mit Gefahren konfrontiert, in Deutschland mit Antisemitismus und Ausländerfeindlichkeit und in Israel mit dem Terror:

»Das sind heute Kriege, wo man sich nicht mehr kurz verstecken kann.« (Raphaella, zweite Generation)

Esthers Tochter Sheiramoth pflichtet ihrer Mutter bei:

---

50 (vgl. Kap. 2)

»In Israel fühlst du dich immer bedroht.« (Sheiramoth, dritte Generation)

Im Gegensatz zu Raphaella und Sheiramoth fühlen sich die in Israel aufgewachsene Jüdin Batya und deren Tochter Rina in ihrer Heimat Israel – trotz des Terrors – sicherer als überall sonst auf der Welt:

»For me to live outside of Israel, I have no nation. This is also a side effect of the Holocaust. I would be AFRAID to live anywhere else. (...) I don't believe that for a long time it will be good for Jews to be out of their own country. Because if the Holocaust could have happened in such a cultural country, it can happen anywhere. Everywhere. (...) Israel is my home. It is a very dangerous home. But at least you know the danger. You know your enemy. In the Holocaust, you didn't know your enemy. This is much more frightening.« (Batya, zweite Generation)

Ihre Tochter Rina stimmt dieser Einschätzung zu:

»It is a place where I can live safely. Mostly everyone is Jewish. And – I am afraid, when I am abroad. I go in the street and it doesn't matter if I am in Europe or the US, I feel that this people are not my people and if something happened to me they don't care because I am not from their own nation. And we don't share the same interest. It is frightening to me.« (Rina, dritte Generation)

Bei den israelischen Jüdinnen ist eine Übertragung des beschädigten Sicherheitsgefühls in Form der Angst, jemand könnte in ihr Haus einbrechen, zu beobachten. Die eigenen vier Wände, die allgemein als sicherer Rückzugsort gelten, werden von einigen Frauen als bedroht angesehen:

»I have nightmares about – someone is breaking into my house, when I am in it.« (Rina, dritte Generation)

»Vor Dieben hatte ich Todesangst, als ich klein war. Ich hab immer mit geschlossenem Fenster, mit geschlossenen Jalousien geschlafen. Mit Rollos, da war alles immer zu. Nur, dass ich den Dieb nicht sehe. Ich hatte immer Todesangst, so eine Angst davor. (...) Dass sie mir irgendwas tun, dass sie probieren, mich umzubringen.« (Sheiramoth, dritte Generation)

Es gibt allerdings auch Ausnahmen, Nachkommen von Holocaust-Überlebenden, deren Sicherheitsgefühl nicht beeinträchtigt ist, wie z.B. aus den Äußerungen von Esther, einer Tochter von Holocaust-Überlebenden zu erkennen ist:

»Ich habe so ein Urvertrauen. Ich hab so einen ziemlich festen Glauben, dass es schon alles wird. (…) Ich hab noch nie gedacht, es gibt kein Licht am Ende vom Dunkel. (…) Ich bin jemand, der nicht misstrauisch Menschen gegenüber ist. (…) Mir ist auch nie was passiert. NIE.« (Esther, zweite Generation)

Was half diesen Frauen trotz der familiären und psychodynamisch präsenten Verfolgungserfahrung ein stabiles Sicherheitsgefühl aufzubauen?

Für diese Frauen gab es mindestens eine Bezugsperson, die Stärke vermittelte und die vom Holocaust weniger gezeichnet war als der (zumeist) mütterliche Elternteil.[51]

Auch die jeweilige gesellschaftliche Umgebung konnte in dieser Hinsicht hilfreich sein, wie eine Enkelin von Holocaust-Überlebenden, die in der Schweiz aufwuchs, berichtete:

»Ich fühl mich hier [in der Schweiz] sicherer wie überall auf der Welt.« (…) Die Schweiz ist SEHR sicherheitsbewusst. Ich hab mich als Jüdin noch nie bedroht gefühlt. (..) Hier probiert man halt schon sehr neutral und korrekt zu sein.« (Gabriella, dritte Generation)

Auch eine weitgehende Isolation von der umgebenden nichtjüdischen Gesellschaft kann zu einem – wenn auch künstlichen und bedingten – Sicherheitsgefühl führen, wie an dem Beispiel einer in Deutschland aufgewachsenen und von der vermeintlich bedrohlichen außerfamilialen

51 Vom Holocaust unbeeinträchtigte Bezugspersonen wirkten generell stabilisierend auf die Nachkommen von Holocaust-Überlebenden, da sie über positivere Annahmen über die Welt verfügten und diese auch den Kindern vermitteln konnten. So »adoptierte« z.B. eine Tochter von Holocaust-Überlebenden in ihrer Kindheit eine »Ersatz-Mutter«, die vom Holocaust unbeeinträchtigt geblieben war und die die Probandin für ihre psychische Entwicklung als äußerst bedeutsam ansah (siehe Familie E.). Außer auf das erhöhte Sicherheitsgefühl weisen Bergmann und Jucovy (1982) in diesem Zusammenhang auf den Einfluss hin, den die Identifikation mit dem gesünderen Elternpart auf das kindliche Selbstwertgefühl hat: *»It is also important to inquire how far a survivor parent has succeeded in the process of rehabilitation, so that an appraisal can be made of how much self-esteem the child can gain by identification with that parent« (Bergman & Jucovy, 1982, 45).*

(deutschen) Umwelt isolierten Angehörigen der zweiten Generation nachvollzogen werden kann:

»Ich war eine Prinzessin und die ist umgeben von Sicherheitsbeamten. Also ich hab mich sicher gefühlt. Die Sicherheitsbeamten waren vermutlich mein Zuhause. Das war der Schutz gegen die Umwelt. Also Bedrohung war keine da, aber ein glückliches Zuhause war es auch nicht.« (Mirjam)

Die Existenz des Staates Israel verhilft den meisten Probandinnen dieser Untersuchung zu einem wesentlichen Sicherheitsgefühl, auch wenn sie nicht dort leben:

»Ich hab eine große Beziehung zu Israel. Ich hab meinen Platz. Ich hab mein Land. Und das gibt mir ein sicheres Gefühl.« (Hannah, erste Generation)

»Israel bedeutet für mich eine jüdische Sicherheit. (...) Ich bin damit groß geworden – solange wir ein Land haben, wird uns niemand mehr was tun. Solange es Israel gibt, wird uns nichts passieren.« (Judith, zweite Generation)

»Wenn irgendwas mal wäre, könnte man dahin.« (Tamara, dritte Generation)

»Israel ist für uns eine Sicherheit. Für die Juden. (...) Solange Israel existiert, glaube ich, kann ein Holocaust – so was könnte nicht mehr zustande kommen. Das ist ein Schutz. Und wenn Sie in der Computersprache sprechen, das ist eine firewall.« (Mirjam, zweite Generation)

7.3.4. Individuelle und transgenerationale Werte, Ressourcen und Bewältigungsstrategien

> *»Dem Menschen ist es nun einmal eigen, nur unter dem Gesichtswinkel einer Zukunft, also irgendwie sub specie aeternitatis, eigentlich existieren zu können« (Frankl 2003, 119).*

Die Holocaust-Überlebenden sind sich einig, dass sie ihr Überleben vor allen Dingen Glück zu verdanken haben:

»Der, der überlebt hat, hatte nur Glück. (...) Die, die überlebt haben, JEDER hatte irgendwo Glück. Dass er ne bessere Arbeit hatte oder was auch immer. (...) Ich sage Ihnen: Der, der lebt, hat NUR Glück. NUR!« (Leah)

»Das war Schicksal. (...) Glück gehabt, fertig.« (Hannah)

Das Glück bezog sich auch darauf, dass man Hilfe von anderen hatte:

»Ich hab in dem ganzen Krieg und wie ich überlebt habe, nur, weil ich Glück bei den Menschen hatte. (...) Sie haben mir geholfen. Wie – unwichtig. Aber – es hat sehr viel zu damaliger Zeit ausgemacht.« (Martha)

Diese Erklärung findet sich auch in der Literatur, so wiesen z. B. Frankl (2003), Bettelheim (1960), Levi (2002) wie auch viele andere Überlebende (vgl. u. a. Valent 1998; Fogelman 1988) ebenfalls auf die entscheidende Komponente des Schicksals bzw. Glücks hin:

»Das Überleben in den Vernichtungslagern war letztendlich nur Glückssache« (Bettelheim 1960, zitiert nach Litman 1992, 66).

»Sonderbarerweise hat man immer irgendwie das Gefühl, Glück zu haben, das Gefühl, dass einen irgendein Umstand, und sei er auch noch so unendlich klein, am Rande der Verzweiflung festhält und leben lässt« (Levi 2002, 157).

Neben Glück führten einige Frauen der ersten Generation auch ihren Lebenswillen an, der sie dazu bewegte, nicht aufzugeben, sich Hilfe zu suchen und sich – in den gegebenen Möglichkeiten – so nützlich wie möglich zu verhalten, z. B. zu arbeiten.

»Dass ich jung war und dass ich den WILLEN, LEBENSWILLEN gehabt hab. Ich WOLLTE was – ich hab doch ein KIND schon gehabt!« (Theresia)

»Der Wille. (...) Ich hab mich immer gemeldet zur Arbeit, ich soll nicht

sitzen, weil da war der Tod gleich, verstehen Sie. Ich hab alles versucht zu machen, um das Stückchen Brot zu kriegen. (...) Da mussten Sie kämpfen. Sonst hätten Sie nicht überlebt. [Pause].« (Leah)

Den hier befragten Frauen half es – trotz des nationalsozialistischen Versuchs, die Juden zu »entmenschlichen«: *»Man hat nicht gefragt: Wie heißt du? Sondern: Was für Nummer hast du? Wir waren alle – Nummermenschen.« (Martha)* – soziale Wesen zu bleiben, also Freundschaften zu pflegen und an Werten (wie Hilfsbereitschaft) festzuhalten:[52]

»...ein Mensch zu bleiben.« (Hella)

»Hat einer dem zweiten ein bisschen Trost gegeben. Haben wir noch so Witze gemacht – ach, wir kommen schon raus. Wir werden noch überleben, wir bleiben am Leben. Einer hat dem zweiten ein bisschen – mit was er konnte, geholfen. Wenn der eine gesund war und der andere lag im Krankenlager, da haben sie versucht reinzuschmuggeln ein bisschen Brot oder was. (...) Das hat bisschen uns Halt gegeben. (...) Hat ein bisschen Trost gegeben.« (Hannah)

Einige Überlebende berichteten davon, wie sie in all dem Elend und Leid Halt und Trost fanden in Gedanken an die Vergangenheit und die Zukunft und sich z. B. durch geistige Anstrengungen wie dem Rezitieren von Gedichten stabilisierten.

Zwei Frauen, die ihr Überleben im Versteck und auf der Flucht nicht als traumatisch empfanden, gaben an, ihre Hoffnung nicht verloren zu haben:

»Ich hab nie die Hoffnung verloren. Ich hab immer gedacht: Man kann schon was machen.« (Rosa)

»I just kept saying: Well, this can't last forever. It will be over one of these days.« (Gittel)

Dieser förderliche Umgang mit bedrohlichen Situationen beruhe laut Krystal (2000), der Faktoren der Widerstandsfähigkeit und Resilienz bei Holocaust-Überlebenden untersuchte, auf folgendem:

---

52 Auf die Bedeutung von sozialen Beziehungen als »Überlebensstrategie« wies auch Quindeau (1994) hin (vgl. Quindeau 1994, 48).

»Die wichtigste Stütze, Extremtraumatisierung zu überleben, sieht Krystal in einer frühkindlichen Allmacht, die das Individuum mit einer innerpsychischen Widerständigkeit und Liebesfähigkeit ausstattet, die es in sich verwahrt, an andere weiterzugeben vermag und so die traumatische Situation überlebt« (Krystal 2000, 840).

Wie bei Rosa und Gittel deutlich wird, spielt die Bewertung der bedrohlichen Situation und der eigenen Verletzlichkeit eine Rolle für die Bewältigung. Die ausschlaggebende Bedeutung von Bewertungsprozessen, durch die die Betroffenen entweder in einer Opferrolle verharren oder diese ganz von sich weisen, wurde bereits in vielen Untersuchungen angeführt:

»Redefining the event as not being serious or as a result of carelessness allows »victims« to return to their previctimization functioning. If individuals are not able to deny that a victimization has occurred, they are forced to see themselves as victims, with all the negative connotations associated with this concept« (Janoff-Bulman & Frieze 1987, 163; vgl. u.a. Folkman 1984; Lazarus & Launier 1978).

Nach der Befreiung war für die Probandinnen der ersten Generation besonders die Beziehung zu ihren Ehemännern, die ähnliche Martyrien wie sie überlebt hatten, von erheblicher Bedeutung. Mit ihnen konnten sie sich austauschen und fühlten sich verstanden.

Die schnelle Eheschließung zwischen Überlebenden des Holocaust war ein verbreitetes Phänomen. Litman (1992) beschreibt die Hintergründe für die schnellen Eheschließungen:

»Viele solche Ehen wurden nach nur oberflächlicher und flüchtiger Bekanntschaft geschlossen, aus der Sehnsucht nach Zugehörigkeit und aus dem Wunsch heraus, der Einsamkeit zu entfliehen und um das Gefühl des Trauerns, der Depression und ängstlicher Verlassenheit zu vergessen, dem sie ausgeliefert waren« (Litman 1992, 68).

Litman (1992) unterstellt, dass bei vielen der Überlebendenpaare nie eine *»echte emotionale Beziehung«* aufgebaut wurde:

»Manchmal war ein Kriterium für die Partnerwahl das Teilen gemeinsamer Holocausterlebnisse oder seine/ihre Ähnlichkeit, wie entfernt auch immer, mit einem getöteten Familienmitglied« (Litman 1992, 68).

Litman (1992) führt weiter aus, dass diese Ehen weniger auf gemeinsamen oder tiefen gegenseitigen Gefühlen, sondern eher auf dem Bedürfnis nach dem Wiederaufbau des eigenen Lebens und nach der Gründung einer eigenen Familie basierten.

Diesen Eindruck einer reinen »Zweckgemeinschaft« bestätigten die hier interviewten Frauen der ersten Generation nicht. Wenngleich die Holocaust-Überlebenden zwar die Gründe für die jeweilige Partnerwahl nicht differenziert erklären konnten, so berichteten sie in Übereinstimmung mit der Wahrnehmung ihrer Töchter, dass sie gute und stabile Ehen führten.[53] Die Partnerschaft und die Unterstützung der Holocaust-Überlebenden durch ihre meist entweder weniger beeinträchtigten oder sich wirkungsvollerer Bewältigungsstrategien bedienender Ehemänner, aber auch generell die Partnerschaft zu einem Menschen, der Ähnliches durchlitten hatte, stärkte die Probandinnen:

»Er war auch in den Lagern. Er hat das auch alles mitgemacht. Und der hat mir überhaupt sehr viel Halt gegeben. (...) Man hat gesucht nach Vertrauensperson, verstehen Sie. Der war allein, ich war alleine. Und er war so eine Vertrauensperson. Und man hat sich unterhalten. Da ist man doch immer auf das gleiche Thema gekommen, die Lager, die KZ. Immer das gleiche. Und wissen Sie, dafür war das Vertrauen gleich von Anfang an. Das hat sehr, SEHR, SEHR viel ausgemacht.« (...) Und ich hab gesehen, ich hab einen Menschen, verstehen Sie, ich kann mich auf ihn verlassen. Und er sorgt für mich und – das war die Beruhigung. Wenn man niemanden hat! An wen sich zu wenden. Und zu haben so eine Person, das macht sehr viel aus. Und das war mein Mann, verstehen Sie.« (Hannah)

Auch in der Literatur finden sich Hinweise auf die positiven Aspekte der Partnerschaften von Überlebenden (vgl. u.a. Bergman & Jucovy 1982; Klein 2003). Ludewig-Kedmi (2002), die Partnerschaften von Holocaust-Überlebenden untersuchte, weist auf die Möglichkeiten der Bewältigung innerhalb der Partnerschaften von Überlebenden hin:

»... sie hatten einen Partner, mit dem sie die gleiche Vergangenheit teilten. Dieser konnte nachfühlen, wenn sie über den Hunger, ihre Angst vor

53 Ludewig-Kedmi (2002) beobachtete, dass Ehen von Holocaust-Überlebenden besonders stabil sind und auch im Falle schwerwiegender Konflikte nur selten geschieden werden (vgl. Ludewig-Kedmi 2002).

der Gaskammer oder die ermordeten Verwandten sprachen. Die individuell erlebten Traumata wurden so zu einem gemeinsamen Trauma. Man teilte die Last der Vergangenheit und versuchte, sie zusammen zu bewältigen.«

»...jede gelungene Verarbeitung der Traumata innerhalb der Partnerschaften [soll] nicht als selbstverständlich angesehen werden, sondern als ein gelungenes, bewundernswertes Streben nach Normalität mit Hilfe der individuellen und partnerschaftlichen Ressourcen« (Ludewig-Kedmi 2002, 60, 72).

Die von den Überlebenden angestrebte Verarbeitung ihrer Traumata geschah im Rahmen individueller, partnerschaftlicher, familiärer und gesellschaftlicher Prozesse, die miteinander interagierten.

Wie in Kap. 7.1. beschrieben, fand der Aufbau eines »neuen« Lebens nach der Befreiung meist in fremden Ländern statt und gelang besser, wenn die Frauen sich ihren neuen Lebensort hatten aussuchen können. Dementsprechend war die individuelle wie auch die transgenerationale Verwurzelung in der neuen Heimat wie auch die Möglichkeit des Aufbaus eines nationalen Identitätsgefühls ebenfalls von der freien Lebensortwahl abhängig.[54]

Die ersten Schritte zurück ins Leben und in die »Normalität« waren für die Überlebenden schwierig, erfüllten sie aber mit Befriedigung, als der Existenzaufbau voranschritt. Besonders die Geburt eigener Kinder galt vielen Frauen dieser Untersuchung als Wunder und kann als der vielfach zitierte Triumph über die nationalsozialistische Massenvernichtung der Juden gewertet werden, (vgl. u.a. Brainin et al. 1994; Gäßler 1993):

»Kinder wurden geboren, die zumindest für kurze Zeit das narzisstische Gefüge wiederherstellten. Sie bedeuteten einen Triumph über die Vernichtung« (Brainin et al. 1994, 33).

»...der starke Wunsch nach Kindern – hing mit der Notwendigkeit der Wiederherstellung des Ichs des Überlebenden zusammen. So war es

54 Unabhängig von der tatsächlichen Lebensortwahl der Probandinnen hat der Staat Israel für die große Mehrheit aller hier befragten Frauen eine außerordentliche Bedeutung: Israel dient bis heute als Stützpfeiler des jüdischen Sicherheitsgefühls und hat als reale oder symbolische Heimat eine tröstliche und stärkende Wirkung über alle drei Generationen hinweg (siehe Kap. 7.2. und 7.3.3.).

vielen Frauen durch die Schwangerschaft möglich, ihr körperliches und seelisches Gleichgewicht wieder zu gewinnen, sie konnten in der Mutter-Kind-Beziehung ihr ehemaliges Verhältnis zu ihrem Körper wiedererlangen« (Gäßler 1993, 117).

Für die Holocaust-Überlebenden selbst wie auch für ihre Nachkommen stellt *Familie* einen hohen – vielleicht den höchsten – Wert dar. Und so ist der Wunsch nach Kindern für die zweite und auch die dritte Generation von jüdischen Frauen dieser Untersuchung eine Selbstverständlichkeit, Kinder gehören klar und ausdrücklich zu ihrem Lebenskonzept. Der Wunsch nach Familie und eigenen Kindern speist sich bei den Nachkommen von Überlebenden aus ihrer eigenen positiven Erfahrung, selbst in einem schützenden familiären Gefüge aufgewachsen zu sein. Darüber hinaus spielt die tradierte Sehnsucht nach der Wiederherstellung der natürlichen Generationenfolge eine große, weitgehend bewusste Rolle, worauf besonders die Frauen der dritten Generation hinweisen. Unter den Enkelinnen von Holocaust-Überlebenden besteht Einigkeit darüber, dass sie zur Wiederherstellung des jüdischen Volkes wie auch zur familiären Heilung beitragen möchten.[55]

Und tatsächlich hat die wiederhergestellte Generationenfolge eine heilende Wirkung auf alle Generationen: Den Überlebenden wurde durch ihre Kinder und Enkelkinder wieder die Gewissheit einer familiären Zukunft und Vollständigkeit ermöglicht; die Angehörigen der zweiten und dritten Generation haben durch ihre eigenen Familiengründungen darüber hinaus auch den wichtigsten Auftrag ihrer Vorfahren erfüllt, der zu ihrem eigenen wertvollen Vermächtnis wurde.

Den meisten Frauen dieser Untersuchung ist es wichtig, ihre eigenen familiären, kulturellen und traditionellen Erfahrungen auch an ihre Kinder weiterzugeben, d.h. in der Mehrzahl der Fälle die Kinder auch mit den jüdischen Traditionen zu erziehen. Die Möglichkeit, etwas aus der eigenen Kindheit bzw. dem eigenen Leben weiterzugeben, wird von den Nachkommen der Überlebenden hochgeschätzt. In Familien, die durch den Holocaust viele Verluste erlitten und neben Familienmitgliedern auch materielle und ideelle Werte verloren, wird das eigene Erbe zu einem bewusst wertgeschätzten Gut. Das folgende Zitat einer Tochter von Holocaust-Überlebenden zeugt von ihrer Freude, ihrer Tochter Gegenstände aus ihrer eigenen Kindheit vermachen zu können:

55 Siehe Kapitel 7.3.1.

»That was an especially pleasurable thought, when I think of her childhood- for me, it was passing on some of those books to her. And having her enjoy that as much as I had.« (Sally)

Es wird deutlich, dass für die hier befragten Frauen neben der Geburt eigener Kinder die Tradierung ihres Erbes auch auf geistiger, religiöser, familiärer, ideeller und materieller Ebene die Sicherung des Fortbestands ihrer von allen Generationen wertgeschätzten Familie bedeutet.

Vielen Familien ist es gelungen, sich von ihrem Opferstatus zu befreien, auch durch die Weitergabe von Werten wie Menschlichkeit, Toleranz und Sensibilität für gesellschaftliche Missstände.[56] Die von der ersten Generation verinnerlichten Werte werden auch von ihren Nachkommen gelebt:

»The lessons that my grandmother and my mother took from it is that you have to be very open to everybody and that racism and prejudice is extremely dangerous. And that it is possible to survive things like that through luck but also humour.« (Marni, dritte Generation)

Der Versuch, sich vom Opferstatus und den ehemaligen Traumatisierungen zu befreien, ist auch im Umgang mit der Verfolgungsvergangenheit zu erkennen. Das vorherrschende Schweigen über die traumatische Vergangenheit, das in der Literatur meist negativ bewertet wird, wird von den Frauen dieser Familien häufig auch als hilfreich beschrieben. Schweigen oder dosierte Erzählungen können also durchaus auch als Form der Bewältigung eingesetzt und verstanden werden.[57]

Wird Schweigen allerdings zum grundsätzlichen Bewältigungsversuch für alle Arten von Konflikten und Problemen, entfaltet es eine schädigende Wirkung auf das familiäre Gefüge und deren Einzelne. Eine Enkelin von Holocaust-Überlebenden erkennt es deshalb als ihre Aufgabe, das zähe innerfamiliäre Schweigen zukünftig zu brechen und ihren eigenen

---

56 Diese empathische Haltung anderen, besonders Schwachen gegenüber, wurde bei child-survivors bereits von Moskovitz (1983, 1985) und Kestenberg/Kestenberg (1988) beschrieben. Valent (1998) weist auf die Ressourcen von child survivors hin: *»Sie führen auch vor, dass für Erwachsene, die als Kind traumatisiert wurden, nicht nur die anschließenden Symptome und Krankheiten wichtig sind, sondern es ihnen darüber hinaus um Identitätsfindung geht, um einen Ort in einer moralischen Welt mit sinnvollen Interpretationen für das eigene Leben und das ihrer Kinder«* (Valent 1998, 768).

57 Siehe Kap. 7.2.1.

Kindern in Bezug auf den Holocaust, aber auch bei gegenwärtigen Konflikten eine offenere Art der Auseinandersetzung anzubieten.[58]

Eine andere Art der transgenerationalen Bewältigung ist die Strategie, das eigene Leid zu bagatellisieren oder sich auf die positiven Aspekte des Überlebens zu konzentrieren. Diese Art des »Reframings« wird z.B. in den die eigene Stärke betonenden Anekdoten deutlich, die Holocaust-Überlebende ihren Nachkommen erzählen.

Auch die Enkeltöchter von Holocaust-Überlebenden bedienen sich einer Art von Bagatellisierung ihrer eigenen Krisen, indem sie diese in Relation zu den furchtbaren Lebenserfahrungen ihrer Großeltern setzen. Auf diese Weise wird die familiäre Verfolgungsvergangenheit zu einer Generationen später wirkenden Ressource, die zu einer Stärkung der Enkelinnen beiträgt. Angesichts der von den Großeltern überstandenen und überlebten Katastrophen wird es den Enkelinnen möglich, für sich selbst Kraft zu schöpfen und sich momentan und nachhaltig zu stabilisieren:

»When I am dealing with my own emotional stuff, a lot of times, I think of my grandma and I think of everything she went through and how she always got up and kept moving! I have had such a privileged life and I owe it to the world to make use of it! And not just to fall into depression or into self-pity, I have to get up and make use of myself. Because that's what she was always able to do.« (Delia)

»My grandma has so much strength and forgiveness. I really value that. I try to be that way. She never stays mad at someone, she doesn't hold grudges. None of the stories she tells me have anger in them.« (Naomi)

»Einfach, dass ich weiß – ich heul hier wegen Blödsinn. Ich weiß, dass z.B. meine Oma hat Schlimmeres durchlebt und meine Mutter hat Schlimmeres durchlebt und das kann ich auch. (…) Ich weiß, diese Stärke hab ich auch. Also einerseits denke ich, dass hab ich in mir und das macht auch gleichzeitig die Sache, um die es geht, viel nichtiger als

58 Für die therapeutische Arbeit mit Traumatisierten ist es m.E. von äußerster Wichtigkeit, ihnen die Möglichkeit zum Sprechen zu geben, aber auch ihre mit Schweigen verbundenen Bewältigungsversuche anzuerkennen. Nur eine individuell ausgerichtete Betreuung und Begleitung kann den Betroffenen gerecht werden, abseits jeglicher therapeutischer Dogmatismen, die häufig das Sprechen über die erlebten Traumata beinhalten.

sie vorher erschien. (...) Und ganz allgemein einfach, dass ich das Gefühl hab, Frauen sind einfach die stärkeren Wesen. Und ich bin ne Frau und ich werde irgendwann Mutter sein und in meiner Familie gibt es nur starke Frauen und deswegen kann – es ist alles zu meistern. (...) Also ich denke, wenn es hart auf hart kommen würde, würde ich das durchziehen. Wie meine Oma.« (Isabella)

Die in Kap. 7.2.2. beschriebenen Versuche der Nachkommen von Überlebenden, den Holocaust zu verstehen, sind als weiterer transgenerationaler Bewältigungsversuch zu werten und ähneln der im Forschungsstand dargestellten kognitiven Restrukturierung. So versuchen die Nachkommen von Überlebenden, sich in die nationalsozialistischen Täter hineinzuversetzen, nach Gründen für deren Verbrechen zu suchen und trotz allem an das Gute im Menschen zu glauben:

»Weil wenn ich nicht so wäre, dann wäre das extrem traurig und trostlos. Das wäre kaum auszuhalten. (...) Es ist nicht einfach SO. Es hat alles irgendwie einen Grund.« (Jasmin, dritte Generation)

Eine Tochter von Holocaust-Überlebenden hat – basierend auf dem Lebensmotto ihrer Mutter – folgende lebensbejahende Haltung verinnerlicht:

»You don't live your life around the worst things that might happen. You have got to live it on the assumption that things are going to be normal and good. Otherwise, what's the point?« (Sally)

7.4. Die Bedeutung des Judentums bzw. der jüdischen Identität

»Jede Identität, nicht nur die jüdische, gleicht einem Konzept, das sich nicht in einfache Kategorien zwingen lässt. Stets verweist sie auf eine Gesellschaft, in die ein Individuum hineinwächst. Dieser gesellschaftliche Rahmen und implizit dessen Normen- und Wertevorstellungen liefern die Bilder und Muster des Wahrnehmens hinsichtlich des Handelns in einem lebenslangen Lernprozess« (Breidenbach 1999, 17).

In den folgenden beiden Kapiteln wird die Bedeutung des Judentums bzw. der jüdischen Identität für die hier befragten jüdischen Frauen dreier Generationen betrachtet. Zunächst werden die Motive für die Aufrechterhaltung oder die Aufgabe des Judentums erörtert und die Folgen dieser Entscheidung für die späteren Generationen untersucht. Anschließend werden die bestimmenden Faktoren der inhaltlichen Übertragung der jüdischen Identität dargestellt. In diesem Kontext werden auch die unterschiedlichen Lebensorte und der Beitrag der jeweiligen Gesellschaft in Betracht gezogen.

7.4.1. Judentum und Loyalität

Die für viele Gruppen für ihren Fortbestand maßgebliche Forderung nach generationenübergreifender Loyalität erlangt für Juden sogar in mehrfacher Hinsicht Bedeutung. Durch die Übernahme der Religion und der jüdischen Traditionen, durch die Wahl eines jüdischen Partners und die Zeugung jüdischer Kinder, die wiederum im jüdischen Glauben erzogen werden, wird die (familiäre und die jüdische) Generationenfolge gesichert. Wenden sich Juden von ihrer Gruppe (Religion und/oder Familie) ab, muss dies nach Boszormenyi-Nagys & Sparks Loyalitätskonzept zu einer starken Aufladung von Schuld führen.

Wie in Kap. 3.3.1. ausführlich dargestellt, führen Dankbarkeit und Anerkennung für die ältere Generation und deren Leistungen häufig zu einer – bewussten oder unbewussten – Übernahme ihres Wertesystems und damit einhergehend auch zu der Verinnerlichung von Verpflichtungen. Angesichts der unvorstellbaren Qualen, die die erste Generation im Holocaust erlebt hat, ist bei den Nachkommen eine besondere Verpflichtung und – bei Nichtübernahme oder Nichterfüllen der Erwartungen – auch eine besondere Schwere der Schuldgefühle zu erwarten.

In der vorliegenden Arbeit ist die Entstehung von Schuldgefühlen bei Frauen, die den familiären Regeln zuwiderhandeln bzw. die familiären Delegationen nicht oder nur unvollständig erfüllen, deutlich zu beobachten. So führt z.B. die Wahl eines nichtjüdischen Partners in Familien, die ausschließlich jüdische Partner akzeptieren, neben starken transgenerationalen Konflikten auch zu immensen Schuldgefühlen bei der Person, die das familiäre Gebot gebrochen hat (siehe Fam. B.).

Die transgenerationale Macht der familiären Aufträge läßt sich auch anhand der Lebenswege und Entscheidungen der hier befragten Frauen nachvollziehen (s. Lebensortwahl, Partnerwahl, etc.).

Die besondere Verantwortung dem Judentum gegenüber, die gleichermaßen durch die familiäre wie auch durch die jüdische Zugehörigkeit gespeist wird, wird von den meisten Überlebenden und ihren Nachkommen betont:

»Nach dieser Katastrophe, nach dem furchtbaren Tod des Judentums, der Juden, möchte ich dazu beitragen, dass man wenigstens diesen Stamm noch aufrechterhalten kann. Weil es sind sehr viele umgekommen. Und geblieben sind nur wenige.« (Rachel, erste Generation)

»Es ist eine innerliche Verantwortung, das Judentum weiterzugeben, damit es nicht ausstirbt. (…) Weil ich weiß, dass meine Großmutter und ihre Familie so leiden mussten oder sterben mussten, WEIL sie jüdisch waren.« (Jasmin, dritte Generation)

»Der Holocaust hat die Beziehung zum Judentum sehr beeinflusst. Einfach diese Verpflichtung. Ich denke, ich hab eine Verpflichtung dem Judentum gegenüber und auch meinen Großeltern gegenüber. Und halt auch dieses schlechte Gewissen.« (Carlotta, dritte Generation)

So wird die Sicherung des Fortbestandes des Judentums, aber auch die der Familie durch die Geburt eigener Kinder von den Nachkommen der Holocaust-Überlebenden als Verpflichtung verstanden und als Wunsch empfunden:

»Ich glaub, dass die Familie so eine große Bedeutung hat durch den Holocaust, auch WEIL meine Großeltern viele ihrer Familienmitglieder verloren haben. (…) Ich WILL auch, dass meine Kinder jüdisch sind. Das ist mir wichtig. (…) Ich möchte, dass meine Kinder eine jüdische Identität haben. Ich denke, es steht auch im Zusammenhang mit dem Holocaust, weil so viele Juden durch die Jahre vernichtet wurden und so wenig sind, dass ich einfach nicht noch mal ein Punkt sein möchte, dass es wegen mir weniger Juden gibt.« (Carlotta, dritte Generation)

»Es war mir immer wichtig, als Opa noch am Leben war, schnell zu heiraten und schnell Kinder zu kriegen, damit sie sie noch kennen lernen. (…) Weil ich weiß, dass Opa der glücklichste Mensch überhaupt wäre, wenn er auf meiner Hochzeit tanzen könnte und meine Kinder sehen könnte. Auch Oma.« (Sheiramoth, dritte Generation)

Wie Boszormenyi-Nagy & Spark (1973; 2001) bereits feststellten, wirkt Loyalität in Gruppen, die der Verfolgung ausgesetzt oder von Vernichtung bedroht waren, besonders stark, um die Gruppe wiederherzustellen und darüber hinaus ihren Fortbestand zu sichern:

»Die Geschichte trägt zur Festigung der Loyalität innerhalb jeder dieser Gruppen dadurch bei, dass sie Buch führt über erlittene Verfolgungen und andere Ungerechtigkeiten« (Boszormenyi-Nagy & Spark 2001, 47).

Wie jedoch ist in diesem Zusammenhang die Abwendung vom Judentum von Angehörigen der ersten Generation zu erklären? Müsste die Korrelation von Verpflichtung und Schuld nicht auch bei ihnen wirken nach ihrer Abkehr von der jüdischen Gemeinschaft?

Drei der hier befragten Frauen der ersten Generation wandten sich nach dem Holocaust von der jüdischen Religion ab. Die italienische Jüdin Rosa heiratete während des Zweiten Weltkrieges in Italien einen Katholiken und der sie trauende Priester zwang sie zum Übertritt zum katholischen Glauben, dem sie später ihrem Mann zuliebe treu blieb. Die ungarische Jüdin Theresia wandte sich nach dem Holocaust vom Judentum ab und erzog ihre Kinder im kalvinistischen Glauben.

Gittel, die holländische Holocaust-Überlebende, die nach dem Krieg in die USA auswanderte, ließ mit ihrer Heimat auch ihren Glauben zurück.

Theoretisch müssten diese Frauen unter großen Schuldgefühlen leiden, da sie der jüdischen Gemeinschaft, deren Teil sie einst waren, die Loyalität versagten. Die Ergebnisse dieser Arbeit legen jedoch die Vermutung nahe, dass eine Übertragung der Loyalität auf eine andere Gruppe stattfinden und dies für den Einzelnen sogar entlastend wirken kann. Um dem Gefühl, als Jüdin gefährdet zu sein, zu entgehen, bekannten sich diese Frauen zu (selbst gewählten) anderen Gruppen, die ihnen mehr Sicherheit und eine weniger belastete Zukunft boten. Rettung versprach bei Rosa ihr nichtjüdischer Mann, bei Theresia ein anderer Glaube, bei Gittel ein außereuropäisches Land, in dem sie ein neues Leben beginnen konnte.[59]

59 In gewisser Weise fanden hier ähnliche Loyalitätsübertragungsprozesse statt wie beim Eingehen von Partnerschaften, wobei die Loyalität zur jeweiligen Herkunftsfamilie zugunsten der selbst gegründeten Familie aufgegeben wird.

Interessanterweise hat in diesen Familien in den späteren Generationen wieder eine Hinwendung zum Judentum stattgefunden. Diese transgenerationale Annäherung an das Judentum ist als Ausgleich der »Schulden« zu verstehen, die durch die Aufgabe des Judentums in der ersten Generation verursacht wurden. In zwei dieser Familien, in denen die Töchter von Holocaust-Überlebenden Deutschland als Lebensort wählten, ist darüber hinaus noch eine Annäherung und angestrebte Versöhnung mit dem ehemaligen Tätervolk zu beobachten. Es scheint, als würden die abgespaltenen oder aufgegebenen Anteile der Familienidentität Generationen später wieder aufgenommen und in das familiäre Gewebe eingewoben.

7.4.2. Jüdische Identität

Alle Probandinnen dieser Arbeit sind durch ihre Abstammung von jüdischen Müttern bzw. jüdischen Eltern jüdisch und viele wiesen auf die »Zufälligkeit« ihres jüdischen Status hin:

»The reason I am Jewish is because I was born Jewish. I probably would have been just as happy if I had not been [Jewish].« (Sarah, erste Generation)

»Man hat mich nicht gefragt: Will ich katholisch oder evangelisch oder jüdisch oder muslimisch sein?« (Hella, erste Generation)

Die jüdische Identität setzt sich bei den hier befragten Frauen individuell unterschiedlich zusammen: Während einige Jüdinnen das Judentum und die jüdische Identität als Religion bzw. als die auf der Religion basierende traditionelle jüdische Lebensart bezeichnen, ist für andere ihre jüdische Herkunft bzw. die Zugehörigkeit zum jüdischen Volk ausschlaggebend. Wieder andere sprechen von einer jüdischen Kultur, die sie durch die hohe Bedeutung von Bildung und Literatur oder durch »jüdische Werte« wie Toleranz, Humor und familiären Zusammenhalt, vermittelt sehen.

Es wird deutlich, dass es keine allgemein gültige bzw. homogene Definition von jüdischer Identität[60] gibt, und dass (im Rahmen der all-

60 Die Definition der jüdischen Identität ist ein Leitmotiv jüdischer Kultur- und Ideengeschichte in der Moderne (vgl. Flusser 1995; Berlin 1984; Lamping 2005). Das Pro-

gemeinen, transgenerational stark empfundenen Verantwortung dem Judentum gegenüber) eine Vielfalt von Auslegungsmöglichkeiten und individueller Lebbarkeit gegeben ist. Eine für alle Probandinnen dieser Arbeit prägende Komponente ihrer jüdischen Identität wird im Holocaust bzw. der familiären Verfolgungserfahrung gesehen, wie eine in Deutschland aufgewachsene Tochter von polnischen Holocaust-Überlebenden beispielhaft beschreibt:

»Für mich bedeutet jüdische Identität, dass ich mein Erbe annehme. Ich bin so auf die Welt gekommen, das hab ich mir nicht ausgesucht. Und ich hab die Erfahrung mit dem Holocaust, das ist sicher die prägendste Erfahrung überhaupt. Das ist leider, leider erst mal eine negative Erfahrung gewesen. Was ich erst mal erfahren habe, war nur mit Trauer und mit Verlust und mit Schmerz verbunden. Und mit Ausgrenzungen, mit Angst.« (Michaela, zweite Generation)

Diese identitätsstiftende Wirkung des Holocaust wird häufig in der Literatur erwähnt. So schreibt auch Kühne (2005):

»Nach Ende dieses Vernichtungswerks, welches bis auf den heutigen Tag und noch für lange Zeit seine traumatisierende Wirkung zeigen wird, tritt als beherrschender und alles überdeckender identitätsbestimmender Faktor – jedenfalls bei den Teilen der jüdischen Gemeinschaft, die unter der Einwirkung des nationalsozialistischen Terrors standen – der Charakter einer Schicksalsgemeinschaft hervor« (Kühne 2005, 209, vgl. u.a. Lamping 2005; Breidenbach 1999).

blem der jüdischen Identität hatte sich für das jüdische Volk schon früh gestellt, vor allem, weil es vor der Gründung Israels keinen jüdischen Staat gegeben hat und die Juden deshalb nicht in die seit dem 19. Jahrhundert gängigste soziale Kategorie einzuordnen waren (vgl. Lamping 2003, 10; Kühne 2005). Laut Meyer (1992) fand die Beschäftigung mit jüdischer Identität in einem spezifischen »Kräftefeld« statt, zu dem vor allem drei Faktoren gehörten: »Aufklärung, Antisemitismus und Zionismus« (Meyer 1992, 134). Wie Lamping (2005) bemerkt, dürfte nach 1945 der Holocaust als vierter Faktor hinzugekommen sein. Die Ergebnisse dieser Arbeit stimmen überein mit Meyer (1992), der auf die Komplexität der jüdischen Identität hinweist und betonte, dass die Religion nicht das alleinige Kriterium dieser sei, weil *»das Judentum eine Mischung aus Ethnischem und Religiösem«* sei (Meyer 1992, 10). Flusser (1995) fügt dem religiösen noch einen existentiellen und einen kulturellen Aspekt bei; Zussman (1991) benennt vier Prinzipien jüdischer Identität: *»im Gefühl gemeinsamer Herkunft, in der Verbundenheit durch den Glauben, in der Orientierung auf ein gemeinsames Land, in der Identifizierung mit einer besonderen Geschichte«* (Zussman 1991, 108).

Neben der Übertragung der traumatischen Vergangenheit bietet das Judentum aber auch positive Identifikationsmöglichkeiten, wie z. B. ein generelles und starkes Zugehörigkeitsgefühl und einen ausgeprägter Familiensinn, der Halt und Geborgenheit vermittelt, wie die folgenden Zitate exemplarisch verdeutlichen:

»Dieses Gefühl, was du von Natur aus oder von Geburt aus hast. Diese Erinnerungen, als Kind in der Synagoge zu sein, (...) die Feiertage, die Gebräuche, die Spiele, die wir als Kinder gespielt haben, die Tänze, die Geschichten. Das ist sicherlich so ein Ur-Teil. Und dann kommt dazu, was du über die Jahre dazu gelernt hast, auch traditionell-geschichtlich. (...) Viele Dinge find ich sehr warmherzig. Und sehr, sehr weit gedacht. Das ist was sehr Familiäres, hat einen ganz starken Familienzusammenhalt.« (Rebecca, dritte Generation)

»Eine Identität. Vielleicht bei gewissen Dingen das gleiche Gefühl mit anderen zu haben. (...) Zugehörigkeit. (...) Eine gewisse Warmherzigkeit sicherlich auch. Ich glaub auch dieses, dass Kinder so wichtig sind.« (Esther, zweite Generation)

»Das ist so ein allgemeines- [kleine Pause] ja, Vermächtnis. Dass man dann halt zusammenhält, wenn man vertrieben wird. So dieses – man ist am anderen Ende der Welt und man kommt in diesen Gebetsraum rein und es werden die gleichen Lieder gesungen, die ich halt von meiner Tradition her kenne. Das ist schon schön. (...) Ich denke, es ist schwierig, das jemandem zu erklären, was man da spürt. Jemandem, der diese Verbundenheit nicht kennt.« (Jasmin, dritte Generation)

Die Prägung bzw. der Inhalt der jüdischen Identität scheint vor allen Dingen durch die familiäre jüdische Erziehung und den Einfluss der (jeweiligen) jüdischen Gemeinschaft bestimmt zu sein. Dies ist besonders bei den Probandinnen, die sich an den Traditionen ihres jüdischen Elternhauses orientieren konnten zu sehen, die ihre traditionelle jüdische Erziehung auch an ihre Kinder weitergaben oder weitergeben wollen:

»Ich hätte ihnen nichts anderes vorleben können. Ich hab auch nichts anderes erfahren.« (Esther, zweite Generation)

»Mir ist das extrem wichtig, dass ich meine Kinder jüdisch erziehen kann. Im Sinne, auch im traditionellen Sinne und – ja. Einerseits vom

Wissen her, dass sie das wissen, das Intellektuelle, andererseits aber auch das Gefühlsmäßige. Was ich auch miterlebt habe. Dieses Dazugehörigkeitsgefühl auch.« (Jasmin, dritte Generation)

Aber auch für die Nachkommen der drei Holocaust-Überlebenden, die sich von der Religion des Judentums abwandten, hatte deren ablehnende Haltung einen transgenerationalen Einfluss auf die Lebbarkeit und den Inhalt der jüdischen Identität. Wenn auch bei diesen Familien das Judentum in den späteren Generationen zwar wieder einen höheren Stellenwert erhielt, so war doch die Annäherung an die »lebendigen« Aspekte des Judentums erschwert, da weder die Religion noch die jüdischen Traditionen innerfamiliär vermittelt wurden. Dennoch versuchen die Töchter und Enkeltöchter und sogar die Urenkel dieser drei Frauen, ihre jüdische Herkunft in ihre Identität zu integrieren.[61] Dies äußert sich unter anderem in der beruflichen oder privaten Auseinandersetzung mit dem Holocaust, in der Identifikation mit jüdischer Kultur oder der Hinwendung zur jüdischen Religion und den jüdischen Traditionen. Das Judentum ist auch in diesen Familien als mehr oder weniger prägende Konstante zu sehen, da das Bewusstsein und das dazugehörige »Gefühl«, jüdisch zu sein, auch ohne die Religion vermittelt wurde. Eine Enkelin von Gittel differenziert beispielhaft ihre jüdische Identität:

»I call myself Jewish and I think of myself as Jewish, but I don't know much at all about Judaism. (...) I am not religious, I have never even been to a Synagogue. (...). But CULTURALLY, I do feel Jewish and I feel like that is what I identify with. (...) It is a brotherhood. A shared background more than anything else for me. And a shared identity. And finding comfort in that. (...) Culturally, I think it is a very intellectual sort of thoughtful and self-conscious sort of a culture. And I didn't really think about it at all as something that was outside of my family until I got to College, where I met all kinds of Jewish people. (...) And even though I have NO religious background at all, – I seem to be attracted – I make friends with Jewish people whom you can relate to.« (Delia, dritte Generation)

Neben der familiären Übermittlung des Judentums beeinflusst auch die Haltung des jeweiligen gesellschaftlichen Umfelds die jüdische Identitätsentwicklung. Ist die umgebende Gesellschaft wie in Israel »pro-

61 Siehe Kapitel 7.4.1.

jüdisch«, wirkt dies – Hand in Hand mit der familiären Übermittlung der jüdischen Identität – positiv und stärkend auf die Entwicklung der eigenen jüdischen Identität und der Beziehung zum Judentum.[62]

So konnten die in Israel, die in einer Schweizer Großstadt, wie auch die in den USA aufgewachsenen Jüdinnen, die in der Stadt New York leben, eine unbeschwerte jüdische Identität entwickeln.

In Gesellschaften, in denen Juden die Minorität darstellen, ist es für diese schwieriger, sich mit ihrer jüdischen Identität zu behaupten. Dies kann – sofern innerhalb der Familie keine klare jüdische Identität (z.B. durch die Religion) vermittelt wurde – auch aufgrund der von der Außenwelt übernommenen Vorurteile zu Zweifeln am Wert der eigenen jüdischen Identität führen. Dies Problem beschreibt auch eine Enkeltochter von Gittel, die in einer vornehmlich katholisch geprägten Umgebung in den USA aufwuchs:

»On the emotional side – there is definitely an undertone of anti-Semitic stuff- we are the only Jewish family out there in [Ort in den USA]. When I was little (...), I was embarrassed to be Jewish. And everyone knew I was Jewish. So my teachers would say: Well, maybe Delia can tell us about this, she knows about lalala. I would just get so embarrassed, because it was – all my friends were catholic. Being a Jew was like being gay. It was just something for you in a derogatory way.« (Delia, dritte Generation)

Bei den in Deutschland lebenden Jüdinnen ist häufig – vermutlich durch das Gefühl der mangelnden gesellschaftlichen wie auch innerpsychischen Integration als Jude in Deutschland – ein Rückzug von der nichtjüdischen Majorität und eine besondere Hinwendung zum traditionellen Judentum zu erkennen.

Die Töchter und Enkeltöchter von Holocaust-Überlebenden, die in Deutschland aufwuchsen, hatten tendenziell Schwierigkeiten mit der Vereinbarkeit ihrer jüdischen und deutschen Identitätsanteile. Um dem Konflikt der scheinbar unvereinbaren Identitätsanteile zu entgehen,

62 Besonders in Israel, dem jüdischen Staat, sind Juden selbstverständlich eingebunden in hebräische Traditionen und es besteht für sie nicht wie in der Diaspora der Zwang, *»für sich selbst eine jüdische Identität stricken zu müssen«* (Kalderon 1997, 72). Auch säkuläre israelische Juden brauchen sich nicht um eine jüdische Identität zu bemühen, da sie ununterbrochen von einem »jüdischen Summen« umgeben sind (Kalderon 1997, 72f.).

folgten viele Jüdinnen der familiären Delegation, Deutschland zu verlassen. Außerhalb Deutschlands scheint es für die meisten Jüdinnen einfacher zu sein, mit ihrer jüdischen Identität zu leben.

Lediglich für diejenigen deutsch-jüdischen Frauen der dritten Generation, die eine jüdische Mutter und einen nichtjüdischen deutschen Vater haben, scheint eine Integration ihrer jüdischen und deutschen Identität eher möglich zu sein, da beide Anteile auch familiär übertragen wurden. Die in Deutschland geborene Tochter der ungarischen Jüdin Ruth, die nach Deutschland eingewandert war, erklärt:

»Ich kann denken, ich bin jüdisch und ich kann denken, ich bin deutsch.« (Rabea)

Wie bereits erwähnt, ist das Judentum und die jüdische Identität – trotz der unterschiedlich engen Beziehungen zum Judentum und dessen vielfältigen Auslegungsmöglichkeiten – heute noch ausnahmslos stark mit der Erfahrung des Holocaust verknüpft, gleichgültig, in welchem Land die Jüdinnen leben und wie ihnen das Judentum familiär vermittelt wurde. Eine Jüdin zu sein, bedeutet für alle hier befragten Frauen, auch den Schmerz in sich zu tragen, den sie selbst oder ihre Vorfahren während der nationalsozialistischen Verfolgung erleiden mussten, wie eine Jüdin der dritten Generation eindringlich beschreibt:

»Das Trauma und die Angst wurde weitervermittelt. Bis in unsere [die dritte] Generation. Es ist so ein heimatloser, trauriger Schmerz. So ein Einsamkeitsgefühl. So ein – Verlust. Und eine Existenzangst.« (Rebecca)

8. Literaturverzeichnis

Ahlheim, R. (1985): Bis ins dritte und vierte Glied. Das Verfolgungstrauma in der Enkelgeneration. In: Psyche – Z psychoanal 4, 330–354.

Ainsworth, M. (1973): The development of infant-mother attachment. In B. M. Caldwell & H.N. Ricciuti (eds.), Review of child development research (vol. 3), Chicago: University of Chicago Press.

American Psychiatric Association (1980): Diagnostic and statistical manual of mental disorders (3rd. ed.): Washington, DC.

American Psychiatric Association (1996): Diagnostisches und Statistisches Manual Psychischer Störungen, DSM-IV. Göttingen: Hogrefe.

Amery, J. (1977/1980): Jenseits von Schuld und Sühne. Bewältigungsversuche eines Überwältigten. Stuttgart: Klett-Cotta.

Anthony, T. (2004): Ins Land der Väter oder der Täter? Israel und die Juden nach der Shoah. Berlin: Metropol Verlag.

Anthony, E.J. & Koupernick, C. (1973): The child in his family: The impact of disease and death. (Vol. 2). New York: Wiley.

Antonovsky, A. (1997): Salutogenese. Zur Entmystifizierung der Gesundheit (Bd. 36). Tübingen: dgvt-Verlag.

Applefeld, A. (1971): »Haor Vehakutonet«. Tel Aviv: Am Oved.

Assmann, A. (1998): Stabilisatoren der Erinnerung – Affekt, Symbol, Trauma. In: Die dunkle Spur der Vergangenheit. Psychoanalytische Zugänge zum Geschichtsbewusstsein. Rüsen, J. und Straub, J. (Hg.): Frankfurt am Main: Suhrkamp Verlag.

Baeyer, v. W.R.; Häfner, H. & Kisker, K.P. (1964): Psychiatrie der Verfolgten. Berlin/Göttingen/Heidelberg: Springer.

Bard, M. & Sangreiy, D. (1979): The crime victim's book. New York: Basic Books.

Barocas, H.A. & Barocas, C.B. (1979): Wounds of the fathers: The next generation of Holocaust victims. In: International Review of Psychoanalysis, 6 (3), 331–340.

Bar-On, D. (1986): The Pantomime's Stick. Tel Aviv.

Bar-On, D. (1992): Auswirkungen des Holocaust auf drei Generationen. In: Psychosozial.15 (3): 7–21.

Bar-On, D. (1995a): Fear and Hope. Three Generations of the Holocaust. Cambridge: Harvard University Press.

Bar-On, D. (1995b): Four encounters between descendants of survivors and descendants of perpetrators of the Holocaust: Building social bonds out of silence. Psychiatry, 58, 225–230.

Bar-On, D. (1997): Furcht und Hoffnung. Von den Überlebenden zu den Enkeln – Drei Generationen des Holocaust. Hamburg: Europäische Verlagsanstalt/Rotbuch Verlag.

Becker, J. (2002): Mein Vater, die Deutschen und ich. In: Ich bin geblieben – warum? Juden in Deutschland – heute. Behrens, K. (Hg.), Gerlingen: Bleicher.

Benz, W. (1997): Antisemitismus nach Hitler. Beobachtungen der amerikanischen Militärregierung aus dem Jahre 1947. In: Jahrbuch für Antisemitismusforschung 6, 349–362.

Benz, W.; Curio, C. & Hammel, A. (2003): Die Kindertransporte 1938/39. Frankfurt am Main: Fischer Taschenbuch Verlag.

Berger, L. (1988): The long term psychological consequences of the Holocaust on the survivors and their offspring. In: Braham RL, (Ed.), The psychological perspectives of the Holocaust and of its aftermath. New York: Columbia University Press, 145–168.

Berger, R. (1998): Die Neuentwicklung einer Nationalsprache: Israel und die Türkei. In: Sprache und Identität im Judentum. Grözinger, K.E. (Hg.), Wiesbaden: Harrassowitz.

Bergmann, M.S. & Jucovy, M.E. (1982): Generations of the Holocaust. New York: Basic Books.

Bergmann, M.S.; Jucovy, M..E. & Kestenberg, J.S. (Hg.) (1995): Kinder der Opfer. Kinder der Täter. Frankfurt am Main: Fischer.

Bergmann, W. (2001): »Der Antisemitismus in Deutschland braucht gar nicht übertrieben zu werden…«. Die Jahre 1945 bis 1953. In: Leben im Land der Täter. Juden im Nachkriegsdeutschland (1945–1952). Schoeps, J. H. (Hg.) Jüdische Verlagsanstalt Berlin.

Berlin, I. (1984): Wider das Geläufige. Aufsätze zur Ideengeschichte. Henry Hardy (Hg.), Frankfurt am Main.

Bettelheim, B. (1960): The Informal Heart: Autonomy in Mass Age. New York: Free Press of Glencoe.

Bluhm, O.H. (1948): How did they survive? In: American Journal of Psychotherapy, 2, 3–32.

Bodemann, Y. M. (2001): Mentalität des Verweilens. Der Neubeginn jüdischen Lebens in Deutschland. In: Leben im Land der Täter. Juden im Nachkriegsdeutschland (1945–1952). Schoeps, J.H. (Hg.) Jüdische Verlagsanstalt Berlin.

Bohleber, W.& Drews, S. (Hg.) (2001): Die Gegenwart der Psychoanalyse – die Psychoanalyse der Gegenwart. Stuttgart: Klett-Cotta.

Bohnsack, R.& Marotzki, W. (1998): Biographieforschung und Kulturanalyse. Opladen: Leske und Budrich.

Bondy, R. (1997): Whole Fractures. Tel Aviv (Gvanim).

Boszormenyi-Nagy & Spark, G.M. (1973): Invisible loyalties: Reciprocity in intergenerational family therapy. Hagerstown, MD: Harper & Row.

Boszormenyi-Nagy & Spark, G.M. (2001): Unsichtbare Bindungen. Stuttgart: Klett-Cotta.

Bowlby, J. (1969): Attachement and Loss, Vol. I. Attachement. London: Hogarth.

Bowlby, J. (1973): Attachement and Loss, Vol. II. Separation: Anxiety and Anger. New York: Basic Books.

Bowlby, J. (1995): Elternbindung und Persönlichkeitsentwicklung. Heidelberg: Dexter Verlag.

Bradshaw, J. (1997): Familiengeheimnisse. München: Goldmann Verlag.

Brainin, E.; Ligetti, V. & Teicher, S. (1994): Die Zeit heilt keine Wunden. In: Wiesse/Olbrich (Hrsg.): Ein Ast bei Nacht kein Ast. Vandenhoeck & Ruprecht 21–52.

Brainin, E.; Ligetti, V.& Teicher, S. (2001): Pathologie mehrerer Generationen oder Pathologie der Wirklichkeit? In: Grünberg, K. u. Straub, J. (Hrsg.): Unverlierbare Zeit: psychosoziale Spätfolgen des Nationalsozialismus bei Nachkommen von Opfern und Tätern. Ed. Discord, 151–179.

Branik, E. (1992): Identitätsprobleme jüdischer Jugendlicher in Deutschland. In: Hardtmann, G. (Hrsg.): Spuren der Vergangenheit: seelische Auswirkungen des Holocaust auf die Opfer und ihre Kinder. Gerlingen: Bleicher.

Brauckmann, W. & Filipp, S.H. (1984): Strategien und Techniken der Lebensbewältigung. In: U. Baumann, H. Berbalk; G. Seidenstücker (Hrsg.): Klinische Psychologie. Trends in Forschung und Praxis. Bd. 6, Bern: Huber, 52–87.

Breidenbach, B. (1999): Lernen jüdischer Identität. Weinheim: Deutscher Studienverlag.

Brett, L. (2001): Auschwitz Poems. Wien/Frankfurt am Main: Deuticke.

Brisch, K.H. (2003): Bindungsstörungen und Trauma. In: K. H. Brisch und T. Hellbrügge (Hrsg.): Bindung und Trauma (S.105–135). Stuttgart: Klett-Cotta Verlag.

Bürgin, D. (1993): Psychic traumatisation in Children and Adolescents. A clinical and theoretical Survey. Children in War and Persecution. Kongress Hamburg 26.–29.1. 1993.

Burgauer, E. (1992): Jüdisches Leben in Deutschland (BRD und DDR) 1945–1990. Dissertation. Zürich: ADAG Druckerei.

Chaitin, J. (2001): Parenthood and the Holocaust. Search and Research. Yad Vashem.

Chodoff, P. (1963): Late effects of the concentration camp syndrome. Archives of General Psychiatry, 8, 323–333.

Chodorow, N. (1978): The reproduction of mothering: Psychoanalysis and the sociology of gender. Berkeley, CA: University of California Press.

Claussen, D. (1996): Veränderte Vergangenheit. Über das Verschwinden von Auschwitz. In: Berg, N. (Hg): Shoah, Formen der Erinnerung: Geschichte, Philosophie, Literatur, Kunst. München: Fink.

Danieli, Y. (1980): Countertransference in the treatment and study of Nazi Holocaust survivors and their children. In: Victimology, 5 (2–4), 355–367.

Danieli, Y. (1981): Differing adaptional styles in families of survivors of the Nazi Holocaust: Some implications for treatment. Children Today, 10, 6–10, 34–35.

Danieli, Y. (1982): Families of survivors of the Nazi Holocaust: Some short- and long-term effects. In: C.D. Spielberger, I.G. Sarason & N. A. Milgram (Eds.), Stress and anxiety (pp. 405–421). Washington, D.C.: Hemisphere Publishing.

Danieli, Y. (1998): Diagnostic and Therapeutic Use of the Multigenerational Family Tree in Working with Survivors and Children of Survivors of the Nazi Holocaust. In: Wilson, J.P.; Raphael, B.: International Handbook of Multigenerational Legacies of Trauma. New York; London: Plenum Press.

Danziger, I. (1994): Die zweite Generation der deutschsprachigen Juden in Argentinien. In: Wiesse/Olbrich (Hg.): Ein Ast bei Nacht kein Ast., Vandenhoeck und Ruprecht, 83–95.

Davidson, Sh. (1966): Symposium of the Israel Psychoanalytic Society. The Israel Annals of Psychiatry & Related Disciplines 5: 91–100.

Davidson, Sh. (1980): The clinical effects of massive psychic trauma in families of Holocaust survivors. In: Journal of Marital & Family Therapie, 6 (1), 11–21.

Davidson, Sh. (1987): Trauma in Life Cycle of the Individual and the Collective Consciousness in Relation to War and Persecution. In: Society and Trauma of War. Sinai Papers.

Davidson, Sh. (1992a): Holding on to humanity – The message of Holocaust survivors: The Shamai Davidson papers. Charny.I.W. (Hg.): submitted for publication. New York: University Press.

Davidson, Sh. (1992b): Recovery and integration in the life cycle of the individual and the collective. In I.W. Charny (Ed.) Holding on to Humanity – The message of Holocaust survivors: The Shamai Davidson Papers. New York: New York University Press, pp. 189–206.

Davison, G.C. & Neale, J.M. (1998): Klinische Psychologie. Weinheim: Psychologie Verlags Union.

De Graaf, Th.K. (1975): Pathological patterns of identification in families of survivors of the Holocaust. The Israel Annals of Psychiatry & Related Disciplines 13:335–363.

De Graaf, Th.K. (1998): A Family Therapeutic Approach to Transgenerational Traumatization. In: Family Process, Vol 37, No.2.

De Loos, W. (1990): Psychosomatic Manifestations of Chronic PTSD. In: M.E. Wolf und A. D. Mosnaim (Hg.), Posttraumatic Stress Disorder. Etiology, Phenomenology, and Treatment, 94–105, Washington D.C.

Delsing, M. (2004): Family Justice and Trust. Analysis of intergenerational, cross-sectional, and longitudinal family data by means of the social relations model. Drukkerij Trioprint, Nijmegen.

Dilling, H.; Mombour, W.; Schmidt, M.H. (Hg.) (1993): Internationale Klassifikation psychischer Störungen ICD–10. Bern/Göttingen/Toronto: Huber.

Diner, D. (1988): Negative Symbiose – Deutsche und Juden nach Auschwitz. In: Brumlik, M. u. a. (Hg.), Jüdisches Leben in Deutschland seit 1945. Frankfurt am Main, Athenäum Verlag.

DSM-III-R. (1989): Diagnostische Kriterien und Differentialdiagnosen des Diagnostischen und statistischen Manuals psychischer Störungen DSM-III-R. Weinheim/Basel: Beltz.

DSM-IV (1999): Diagnostische Kriterien und Differentialdiagnosen des Diagnostischen und statistischen Manuals psychischer Störungen DSM-IV. Göttingen: Hogrefe.

Durst, N. (1996): Ein Kind überlebt und was dann? Schicksale von Überlebenden des Holocaust im Kindesalter und psychosoziale bzw. therapeutische Unterstützungsmöglichkeiten heute. Vortrag am 15.01.1996 in Berlin.

Eckstaedt, A. (1989): Nationalsozialismus in der »zweiten Generation«. Psychoanalyse von Hörigkeitsverhältnissen. Frankfurt am Main: Suhrkamp.

Elder, G. & Clipp, E. (1988): Combat experience, comradeship, and psychological health. In J.P. Wilson, Z.Harel & B. Kahana (Eds.), Human adaption to extreme stress: From the Holocaust to Vietnam. New York: Plenum Press.

Eggers, C. (1990): Psychische Folgeschäden nach Lagerhaft bis in die dritte Generation. Deutsches Ärzteblatt 87, Heft 9.

Enzyklopädie des Holocaust (1998): Die Verfolgung und Ermordung der europäischen Juden. Jäckel, E.; Longerich, P.; Schoeps, J.H. (Hg.), München: Piper Verlag GmbH.

Epstein, H. (1979): Children of the Holocaust: Conversations with Sons and Daughters of Survivors. New York: Putman.

Epstein, H. (1982): Mental phenomena across generations: The Holocaust. Journal of the American Academy of Psychoanalysis, 10, 565–570.

Epstein, H. (1990): Die Kinder des Holocaust. Gespräche mit Söhnen und Töchtern von Überlebenden. München; dtv.

Epstein, S. (1973): The self-concept revisited, or a theory of a theory. American Psychologist, 28, 404–416.

Epstein, S. (1979): The ecological study of emotions in humans. In P.Pliner, K.R. Blanstein & I. M. Spigel (Eds.), Advances in the study of communication and affect: Vol. 5: Perception of emotions in self and others. New York: Plenum.

Epstein, S. (1980): The self-concept: A review and the proposal of an integrated theory of personality. In E. Staub (Ed.), Personality: Basic issues and current research. Englewood Cliffs, NJ: Prentice-Hall.

Faimberg, H. (1987): Das Ineinanderrücken der Generationen. Zur Genealogie gewisser Identifizierungen. Jahrbuch der Psychoanalyse 20, 114–143.

Faimberg, H. (1988): The telescoping of generations. Contemporary Psychoanalysis, 24, 99–118.

Faye, E. (2001): Missing the »real« trace of trauma. How the second generation remember the Holocaust. American Imago 58, 525–544.

Felsen, I. (1998): Transgenerational Transmission of effects of the Holocaust: The north American research perspective. In: Danieli, ed., International Handbook of Multigenerational Legacies of Trauma. (pp. 43–68). Plenum.

Ferreira, A. (1963): Family myth and homeostasis. Arch. Gen. Psychiat., 9, S.457–463.

Feuerstein, C.W. (1980): Working with the Holocaust vicims psychologically: Some vital cautions. Journal of Contemporary Psychotherapy, 11 (1), 70–77.

Fiedler, P. (1997): Dissoziative Identitätsstörung, multiple Persönlichkeit und sexueller Missbrauch in der Kindheit. In: G. Amann; R. Wipplinger (Hg.): Sexueller Missbrauch. Überblick zu Forschung, Beratung und Therapie. Tübingen: dgvt-Verlag, 217–234.

Fischer, G. & Riedesser, P. (1999): Lehrbuch der Psychotraumatologie. München/Basel: Reinhardt.

Flannery, R.B. (1990): Social Support and Psychological Trauma: A Methodological Review. Journal of Traumatic Stress, 3(4), 593–611.

Flick, U. (1987): Methodenangemessene Gütekriterien in der qualitativ-interpretativen Forschung. In J.B. Bergold & U. Flick (Hrsg.), Ein-Sichten (247–262). Tübingen: DGVT.

Flick, U. (2000): Qualitative Forschung. Theorie, Methoden, Anwendung in Psychologie und Sozialwissenschaften. Hamburg: Rowohlts Enzyklopädie.

Flick, U.; Kardoff, E.v. & Steinke, I. (2004): Qualitative Forschung. Ein Handbuch. Hamburg: Rowohlts Enzyklopädie.

Flusser, V. (1995): Jude sein. Essays, Briefe, Fiktionen. Flusser, E. und Bollmann, S. (Hg.) Mannheim: Bollheim.

Fogelman, E. (1988): Intergenerational group therapy, child survivors of the Holocaust and offspring of survivors. Psa. Review, 75, 619–640.

Folkman, S. (1984): Personal control and stress and coping processes: A theoretical analysis. Journal of Personality and Social Psychology, 46, 839–852.

Frankel, J. (2000): Jews and Gender. New York: Oxford University Press.

Frankl, V. E. (2003): ...trotzdem Ja zum Leben sagen. Ein Psychologe erlebt das Konzentrationslager. München: Deutscher Taschenbuch Verlag.

Freyberg, J.T. (1980): Difficulties in Separation-Individuation as Experienced by Offspring of Nazi Holocaust Survivors. In: American Journal of Orthopsychiatry 50 (1), 87–95.

Frydenberg, E. (1997): Adolescent Coping. Theoretical and research perspectives. London, New York: Routledge.

Furman, E. (1973): The impact of the Nazi concentration camps on the children of survivors. In: E.J. Anthony und C. Koupernik (eds.), The child in the family, Vol. 2. New York: Wiley, 389–394.

Gäßler, K. (1993): Extremtraumatisierungen in der Pubertät. Grundlagen spezifischer Erziehungs- und Bildungskonzeptionen für die nachfolgenden Generationen von jüdisch Verfolgten während des deutschen Nationalsozialismus. Europäische Hochschulschriften: Reihe 6, Psychologie, Bd. 421. Frankfurt am Main/Berlin/ Bern/New York/ Paris/Wien: Lang.

Gampel, Y. (1982): A daughter of silence. In: M.S. Bergmann und M.E. Jucovy (Hg.), Generations of the Holocaust. New York: Basic, 120–136.

Gampel, Y . (1994): Identifizierung, Identität und generationsübergreifende Transmission. In: Zeitschrift für psychoanalytische Theorie und Praxis, 9 (3): 301–319.

George, C. & Solomon, J. (1989): Internal working models of caregiving and security of attachment at age six. Infant Mental Health Journal, 10, 222–237.

Gerlach, C. & Götz, A. (2004): Das letzte Kapitel: Der Mord an den ungarischen Juden 1944–1945. Frankfurt am Main: Fischer Taschenbuch-Verlag.

Gilbert, M. (1995): Endlösung. Die Vertreibung und Vernichtung der Juden. Reinbek bei Hamburg: Rowohlt Taschenbuch Verlag.

Goschler, C. (2001): Die Bedeutung der Entschädigungs- und Rückerstattungsfrage für das Verhältnis von Juden und deutscher Nachkriegsgesellschaft. In: Schoeps, J.H. (Hg.): Leben im Land der Täter. Juden im Nachkriegsdeutschland (1945–1952). Berlin: Jüdische Verlagsanstalt.

Grinberg, L. & Grinberg, R.(1990): Psychoanalyse der Migration und des Exils. München/Wien: Verlag Internationale Psychoanalyse.

Grözinger, K. E. (1998): Sprache und Identität im Judentum. In: Grözinger, K.E. (Hg.),Wiesbaden: Harrassowitz, 1998.

Grözinger, K. E. (1998): »Judenmauschel«. Der antisemitische Sprachgebrauch und die jüdische Identität. In: Grözinger, K.E. (Hg.), Wiesbaden: Harrassowitz.

Grossmann, D. (1991): Stichwort: Liebe. München: Carl Hanser.

Grubrich-Simitris, I. (1979): Extremtraumatisierung als kumulatives Trauma. Psyche – Z psychoanal 33, 991–1023.

Grubrich-Simitis, I. (1984): From concretism to metaphor: Thoughts on some theoretical and technical aspects of the psychoanalytic work with children of Holocaust survivors. Psychoanalytic Study of the Child, 39, 301–319.

Grünberg, K. (1998): Zur Weitergabe des Traumas der NS-Verfolgung an die Zweite Generation. Eine Falldarstellung. Analytische Kinder- und Jugendlichen-Psychotherapie 29, Heft 100, 493–530.

Grünberg, K. (2000): Liebe nach Auschwitz. Die Zweite Generation. (Psychoanalytische Beiträge aus dem Sigmund-Freud-Institut, 5). Tübingen: Edition Diskord.

Grünberg, Z. (1945): YIVO LWSP fol. 135. Protokoll Nr. 13 der Sitzung des Rates beim Zentral-Komitee der befreiten Juden in Bayern, Deutsches Museum München, 14. Oktober 1945.

Hadar, Y. (1991): Existentielle Erfahrung oder Krankheitssyndrom? In: Hans Stoffels

(Hg.): Schicksale der Verfolgten. Psychische und somatische Auswirkungen von Terrorherrschaft. Berlin/Heidelberg: Springer.

Halberstadt-Freud, H.C. (1995): Fünfzig Jahre nach Anne Frank: Reaktivierung einer transgenerationellen Traumatisierung in der Übertragung. In: Psyche – Z psychoanal 49 (1): 1–17.

Hansen, D. (1999): Traumatisierung von Frauen durch Gewalt: Folgen singulärer Viktimisierung im Vergleich zu denen sequentieller Viktimisierung. Hamburg: Kovac.

Harel, Z.; Kahana, B. & Kahana, E. (1993): Social Ressources and the Mental Health of Aging Nazi Holocaust Survivors and Immigrants. In: International Handbook of Traumatic Stress Syndromes. Wilson, J.P., Raphael B. (Hg.) New York: Plenum Press.

Hardtmann, G. (2001): Lebensgeschichte und Identität. In: Grünberg, K. und Straub, J. (Hg.): Unverlierbare Zeit: Psychosoziale Spätfolgen des Nationalsozialismus bei Nachkommen von Opfern und Tätern. Edition Discord, 39–55.

Hass, A. (1990): In the shadow of the Holocaust: the second generation. Ithaca: Cornell University Press.

Hass, A. (1995): The Aftermath. Living with the Holocaust. Cambridge: Cambridge Univ. Press.

Heimannsberg, B. (1992): Das kollektive Schweigen. Köln: Edition Humanistische Psychologie.

Hermann, J.L. (1994): Narben der Gewalt: Traumatische Erfahrungen verstehen und überwinden. München: Kindler Verlag GmbH.

Herzka, H.A.; Schumacher v. A. & Tyrangiel, S. (1989): Die Kinder der Verfolgten. Die Nachkommen der Naziopfer und Flüchtlingskinder heute. Göttingen: Verlag für Medizinische Psychologie.

Herzog, J. (1982): World beyond metaphor: thoughts on the transmission of trauma. In: M.S. Bergmann und M.E. Jucovy (Hg.), 103–119.

Hesse, E. & Main, M. (1999): Second-generation effects of unresolved trauma in nonmaltreating parents: Dissociated, frightened, and threatening parental behaviour. Psychoanalytic Inquiry, 19, 481–540.

Holloway, H.C. & Fullerton, C.S. (1994): The psychology of terror and its aftermath. In: Ursano, R.J.; McCaughey, B.G., Fullerton, C.S. (Hg.) Individual and community responses to trauma and disaster: The structure of human chaos. Cambridge University Press.

Hoppe, K.D. (1968): Resomatization of Affects in Survivors of Persecution. In: International Journal of Psycho-Analysis, 49, 324–326.

Horowitz, M.J. (1986): Stress response Syndromes. London: Jason Aronson.

Imber-Black, E. (1995): Geheimnisse und Tabus in Familie und Familientherapie. Freiburg im Breisgau.

Inowlocki, L. (1993): Grandmothers, Mothers and Daughters. Intergenerational Transmission in Displaced Families in Three Jewish Communities. In: Between Generations. Family Models, Myths and Memoirs, in: International Yearbook of Oral History and Life Stories. Bd. 2: Between Generations. Family Models, Myths and Memoirs. Berteaux, D.; Tompson, P. (Hg.), Oxford, 139–153.

Jaffe, R. (1966): Symposium of the Israel Psychoanalytic Society. The Israel Annals of Psychiatry & Related Disciplines 5: 91–100.

Janoff-Bulman, R. (1992): Shattered assumptions. Towards a new psychology of trauma. New York: The Free Press.

Janoff-Bulman, R. & Frieze, I.H. (1987): The role of gender in reactions to criminal victimization. In: R.C. Barnett; L. Biener; G.K. Baruch (eds.): Gender and stress. New York: The Free Press, 159–184.

Janus, L. (1997): Wie die Seele entsteht. Unser psychisches Leben vor und nach der Geburt. Heidelberg: Mattes Verlag.

Jordan, J.V.; Kaplan, A.G.; Miller, J.B.; Stiver, I.P., & Surrey, J.L. (1991): Women's growth in connection: Writings from the Stone Center. New York: The Guilford Press.

Joseph, S.; Williams, R.& Yule, W. (1993): Changes in Outlook following Disaster: The Preliminary Development of a Measure to Assess Positive and Negative Responses. Journal of Traumatic Stress, (6), 271–279.

Jucovy, M.E. (1985): Telling the Holocaust story. Psychoanalytic Inquiry 5:32–49.

Kahana, B.; Harel, Z. & Kahana, E. (1988): Predictors of psychological well-being among survivors of the Holocaust. In J.P.Wilson, Z.Harel & B. Kahana (Eds.), Human adaption to extreme stress: From the Holocaust to Vietnam. New York: Plenum Press.

Kahana, E.; Kahana, B.; Harel, Z. & Rosner, Z. (1988): Coping with Extreme Trauma. In J.P. Wilson, Z. Harel & B. Kahana (Eds.) Human adaption to extreme stress: From the Holocaust to Vietnam. New York: Plenum Press.

Kalderon, R. (1997): Juden, die neuen Hebräer. Zum Thema – Religiöse Selbstidentifikation. In: Religionen in Israel. Vierteljahresschrift der Israel Interfaith Association Jerusalem. 3. Jahrg. Juli 1997.

Kaminer, I. (2000): Die Nacht im Leben der Überlebenden. Vortrag bei der Tagung »100 Jahre Traumdeutung«, München, 7.–9. September 2000.

Karpel, M. A. (1980): Family secrets. In: Family Process, 19, 295–306.

Keilson, H. (1979): Sequentielle Traumatisierung bei Kindern. Enke: Stuttgart.

Kellermann, N.P.F. (2001a): Psychopathology in children of Holocaust survivors: A review of the research literature. Israel Journal of Psychiatry 38(1): 36–46.

Kellermann, N.P.F. (2001b): Transmission of Holocaust Trauma – An Integrative View. In: Psychiatry, Bd. 64, 3, S.256–267.

Kertész, I. (2003): Die exilierte Sprache. Frankfurt am Main: Suhrkamp Verlag.

Kestenberg, J.S. (1972): Psychoanalytic Contributions to the Problem of Children of Survivors from Nazi Persecution. Israel Annals of Psychiatry and Related Disciplines 10 (4), 311–323.

Kestenberg, J.S. (1974): Kinder von Überlebenden der Naziverfolgungen. Psyche – Z psychoanal 28, 249–265.

Kestenberg, J.S. (1982a): Survivors' parents and their children. In M.S. Bergman & M.E. Jucovy (Eds.) Generations of the Holocaust (pp.83–102). New York: Basic Books.

Kestenberg, J.S. (1982b): Ways of children's involvement in their parents Holocaust past: The choice of crucial themes of survivors and their children (pp. 82–102) In M.S. Bergman & Jucovy (Eds.) Generations of the Holocaust. New York: Basic Books.

Kestenberg, J.S. & Kestenberg, M. (1988): The sense of belonging and altruism in children who survived the Holocaust. Psa. Review, 75, 533–560.

Kestenberg, J.S. (1989): Transposition revisited: clinical, therapeutic and developmental considerations. In: Marcus, P., Rosenberg, A., eds. Healing their wounds: psychotherapy with Holocaust survivors and their families. New York: Praeger, 67–82.

Kestenberg, J.S. (1991): Kinder von Überlebenden und überlebende Kinder. In: Stoffels, H., u.a. (Hg.): Schicksale der Verfolgten. Psychische und somatische Auswirkungen von Terrorherrschaft. Berlin: Springer, S.98–109.

Kestenberg, J.S. (1993): Spätfolgen bei verfolgten Kindern. In: Psyche – Z psychoanal 47 (8), S.730–742.

Kestenberg, J.S. (1995): Überlebende Eltern und ihre Kinder. In: Bergmann, M.S. und Jucovy, M.E. und Kestenberg, J.S. (Hg.), Kinder der Opfer, Kinder der Täter. Psychoanalyse und Holocaust. Frankfurt am Main: Fischer, 103–126.

Khan, M.M.R. (1963): Das kumulative Trauma. In: Ders., Selbsterfahrung in der Therapie. München: Kindler, 1977, 50–70.

Kirk, J.L. & Miller, M. (1986): Reliability and Validity in qualitative Research. Beverly Hills: Sage.

Kittel, S. (2005): Weiterleben in der Neuen Welt: Jüdische KZ-Überlebende in den USA. In: Bock, G. (Hrsg.): Genozid und Geschlecht. Jüdische Frauen im nationalsozialistischen Lagersystem. Frankfurt/New York: Campus Verlag.

Klein, H. (1971): Families of Holocaust survivors in the Kibbutz: Psychological studies. In: H. Krystal & W. Niederland (Eds.), Psychic traumatization: After-effects in individuals and communities. Boston: Little, Brown.

Klein, H. (1973): Children of the Holocaust: Mourning and Bereavement. In: Anthony, E.J. und Koupernick, C. (Hg.): The child in his family. Vol. 2. New York: Wiley, 393–409.

Klein, H. (1986): Der Holocaust, seine Folgen und Bewältigungsmechanismen. In: Faust, V. (Hg.): Angst-Furcht-Panik. Stuttgart: Hippokrates, S. 157–162.

Klein, H. (1987): Living in the Shadow of the Threat of Destruction: 40 Years After the Holocaust – Clinical Aspects. In: Sichot 2:1, 94–98.

Klein, H. (2003): Überleben und Versuche der Wiederbelebung. Psychoanalytische Studien mit Überlebenden der Shoah und mit ihren Familien in Israel und in der Diaspora. In: Jahrbuch der Psychoanalyse; Beiheft 20. Biermann, C. und Nedelmann, C. (Hg.); Stuttgart-Bad Cannstadt: Frommannn-Holzboog.

Klein, H. & Kogan, I. (1986): Identification processes and denial in the shadow of Nazism. In: International Journal of Psychoanalysis, 67 (Pt1), 45–52.

Klein, H.; Zellermayer, J. & Shanan, J. (1963): Former concentration camp inmates on a psychiatric ward. Archives of General Psychiatry, 8, 334.

Klein-Parker, F. (1988): Dominant Attitudes of Adult Children of Holocaust Survivors toward Their Parents. In: Wilson, J./ Harel, Z./ Kahana, B. (Ed.) Human Adaption to Extreme Stress. New York: Plenum, 193–218.

Kliner-Fruck, M. (1995): Es ging ja ums Überleben. Jüdische Frauen zwischen Nazi-Deutschland, Emigration nach Palästina und ihrer Rückkehr. Frankfurt/New York: Campus Verlag.

Kliner-Fruck, M. (2001): Jüdische Frauen zwischen NS-Deutschland, Emigration und Palästina. In: Leben im Land der Täter. Schoeps, J.H. (Hg.); Berlin: Jüdische Verlagsanstalt.

Klüger, R. (1994): Weiter leben. Eine Jugend. München: dtv.

Kogan, I. (1990): Vermitteltes und reales Trauma in der Psychoanalyse von Kindern von Holocaust-Überlebenden. Psyche – Z psychoanal 44, 531–544.

Kogan, I. (1995): The cry of mute children. London: Free Association Books.

Kogan, I. (2002): »Enactment« in the lifes and treatment of Holocaust survivors'offspring. Psychoanalytic Quarterly 71, 251–272.

Königseder, A. & Wetzel, J. (2004): Lebensmut im Wartesaal. Die jüdischen DPs (Displaced Persons) im Nachkriegsdeutschland. Frankfurt am Main: Fischer Taschenbuch Verlag.

Korn, S. (2000): Die viel beschworene deutsch-jüdische Symbiose ist bloß ein Mythos. Frankfurter Rundschau, 15.6.2000.

Krell, R. (1979): Holocaust families: the survivors and their children. Comprehensive Psychiatry 20: 560–568.

Krystal, H. (1968): Massive Psychic Trauma. New York: International Universities Press.

Krystal, H. & Farms, B. (2000): Psychische Widerständigkeit: Anpassung und Restitution bei Holocaust-Überlebenden. Psyche – Z psychoanal 54; 9/10, 840–859.

Krystal, H.; Niederland, W.G. (1968): Clinical Observations on the Survivor Syndrome. In: H. Krystal (Hg.), Massive Psychic Trauma, 327–348, New York.

Kutscher, K. (1995): Psychische Folgen extremer menschlicher Verunsicherung am Beispiel des Holocaust. In: Individualpsychologie, 20. Jg., 92–106, München/Basel: Reinhardt Verlag.

Kvale, S. (1995): Validierung: Von der Beobachtung zu Kommunikation und Handeln. In: Flick, U.; Kardorff, E.v.; Keupp, H.; Rosenstiel, L.v. & Wolff, S. (Hrsg.): Handbuch Qualitative Sozialforschung, S. 427–431. Weinheim/Basel: Psychologie Verlags Union.

Lamnek, S. (1988): Qualitative Sozialforschung. Band 1: Methodologie. München: Psychologie Verlags Union.

Lamnek, S. (1995): Qualitative Sozialforschung, Band 2. Weinheim: Psychologie Verlags Union.

Lamping, D. (2003): Identität und Gedächtnis in der jüdischen Literatur nach 1945. Berlin: Erich Schmidt Verlag GmbH & Co.

Lamping, D. (2005): Was sollen Komparatisten lesen? Berlin: Erich Schmidt Verlag GmbH & Co.

Last, U.; Klein, H. (1984): Impact of parental Holocaust traumatization on offsprings' report of parental child-rearing practices. Journal of Youth and Adolescence, 13 (4), 267–283.

Laub, D. (1992): Bearing witness or the viscissitudes of listening. Felman, S. & Laub, D. Testimony. Crises of witnessing in literature, psychoanalysis and history. New York: Tourledge.

Laub, D. & Auerhahn, N. (1984): Reverberations of genocide: Its expression in the conscious and unconscious of post-Holocaust generations. In S. Luel & P. Marcus (Eds.), Psychoanalytic Reflections on the Holocaust (pp. 32–56). New York: Ktav.

Laub, D.; Peshkin, H.; Auerhahn, N. (1995): Der zweite Holocaust: Das Leben ist bedrohlich. Psyche – Z psychoanal 1, 18–40.

Lazarus, R. & Unier, R. (1978): Stress-related transactions between person and environment. In L. Pervin & M. Lewis (Eds.), Internal and external determinants of behaviour. New York: Plenum.

Legewie, H. (1987): Interpretation und Validierung biographischer Interviews. In: Jüttemann und Thomae (Hg.), Biographie und Persönlichkeit. Berlin: Springer.

Lempp, R. (1979): Extrembelastung im Kindes- und Jugendalter: über psychosoziale Spätfolgen nach nationalsozialistischer Verfolgung im Kindes- und Jugendalter anhand von Aktengutachten. Stuttgart: Huber.

Lentin, R. (2002): Das Geschlecht des Schweigens. Israelischer Zionismus und die Shoah. In: Eschebach, I.; Jacobeit, S.; Wenk, S. (Hrsg.): Gedächtnis und Geschlecht. Frankfurt/New York: Campus Verlag.

Lentin, R. (2004): Re-presenting the Shoah for the 21st Century. Berghahn Books.

Leon, G.; Buthcher, J.; Kleinman, M.; Goldberg, A. & Almagot, M. (1981): Survivors of the Holocaust and their children: Current status and adjustment. Journal of Personality and Social Psychology, 41, 503–516.

Levi, P. (1990): Die Untergegangenen und die Geretteten, München: Hanser.

Levi, P. (2002): Ist das ein Mensch? Deutscher Taschenbuch Verlag, München.

Levine, H.B. (1982): Toward a psychoanalytic understanding of children of survivors of the Holocaust. Psychoanal. Quart. 51, 70–92.

Lichtman, H. (1984): Parental communication of Holocaust experiences and personality characteristics among second-generation survivors. Journal of Clinical Psychology, 40, 914–924.

Lifton, R.J. (1967): Death in Life: Survivors of Hiroshima. New York: Random House.

Lifton, R.J. (1979): The broken connection. New York: Simon & Schuster.

Lifton, R.J. (1980): The Concept of the Survivor. In: Dimsdale (Hg.): Survivors, Victims and Perpetrators, New York, 113–126.

Lifton, R.J. & Olson, E. (1976): Death imprint in Buffalo Creek syndrome: Symptoms and character change after a major disaster. In H.J. Parad, H.L. R. Resnik & L.G. Parad (Eds.), Emergency and disaster management. Bowie, MD: Charles Press.

Link, N.; Victor, B. & Binder, R. (1985): Psychosis in children of Holocaust survivors: Influence of the Holocaust in the choice of themes in their psychoses. The Journal of Nervous and Mental Disease, 173, 115–117.

Litman, S. (1992): Holocaust-Überlebende und »Zweite Generation«: 45 Jahre danach. In: Jokusch, U. und Scholz, L. S. (Hg.): Verwaltetes Morden im Nationalsozialismus. Regensburg: Roderer Verlag.

Lowin, R.G. (1983): Cross-generational transmission of pathology in Jewish families of Holocaust survivors. Dissertation Abstracts International 44:3533.

Ludewig-Kedmi, R. (1998): Geteilte Delegation in Holocaust-Familien: Umgang mit der Ambivalenz gegenüber Deutschland. In: System Familie 11, S.171–178.

Ludewig-Kedmi, R. (1999): Bewältigungsstrategien einer Holocaust-Familie. In: Systema 13 (1), S.25–40.

Ludewig-Kedmi, R.; Tyrangiel, S. (2000): Psychotherapie mit Holocaust-Überlebenden. In: Zeitschrift für Politische Psychologie, Jg. 8.

Ludewig-Kedmi, R. (2001): Opfer und Täter zugleich? Moraldilemma jüdischer Funktionshäftlinge in der Shoah. Gießen: Psychosozial-Verlag.

Ludewig-Kedmi, R. (2002): Trauma und Partnerschaft. Zur Partnerschaftsdynamik bei Holocaust-Überlebenden. In: Ludewig-Kedmi, R.; Spiegel, M. V.; Tyrangiel, S. (Hg.): Das Trauma des Holocaust zwischen Psychologie und Geschichte. Zürich: Chronos Verlag.

Ludin, J. (1998): Doppelzüngigkeit und Mehrzüngigkeit. Sprechen und Identifizieren in der psychoanalytischen Erfahrung. In: Sprache und Identität im Judentum. In: Grözinger, K.E. (Hg.), Wiesbaden: Harrassowitz.

Maimann, H. (1981): Sprachlosigkeit. Ein zentrales Phänomen der Exilerfahrung. In: Frühwald, W.; Schieder, W. (Hg.) : Leben im Exil. Probleme der Integration deutscher Flüchtlinge im Ausland 1933–1945. Hamburg: Hoffmann und Campe.

Mann, Th. (1991): Buddenbrooks. Verfall einer Familie. Frankfurt am Main : Fischer Taschenbuch Verlag GmbH.

Marris, P. (1975): Loss and change. Garden City, NY: Anchor/Doubleday.

Massing, A. & Beushausen, U. (1986): »Bis ins dritte und vierte Glied«. Auswirkungen des Nationalsozialismus in der Familie. Psychosozial 28: 27–42.

Massing, A.; Reich, G. & Sperling, E. (1992): Die Mehrgenerationen-Familientherapie. Göttingen: Vandenhoeck & Ruprecht.

Mayring, P. (1999): Einführung in die qualitative Sozialforschung. Weinheim: Psychologie Verlags Union.

Mazor, A. & Gampel, Y. (1990): Holocaust survivors: Coping with post-traumatic memories in childhood and 40 years later. In: Journal of Traumatic Stress 3 (1), S.1–14.

McCann, I. L.; Sackheim, D.K. & Abrahamson, D.J. (1988): Trauma and victimization: A model of psychological adaption. The Counseling Psychologist, 16 (4), 531–594.

McFarlane, A.C. (2000): Traumatic Stress. Paderborn: Junfermann Verlag.

McGoldrick, M. & Gerson, M.R. (1990): Genogramme in der Familienberatung. Bern: Huber.

Mehler, J. A. (1994): La Babel de l'inconscient. Paris.

Merloo, J.A.M. (1962): Shock, catalepsy and psychogenic death. In: Int. Record Med. 172, 384–393.

Metzger-Brown, E. (1998): The Transmission of Trauma through Caretaking Patterns of Behavior in Holocaust Families: Re-enactments in a Facilitated Long-Term Second-Generation Group. In: Smith College studies in social work, Bd. 68, 3, 267–286.

Meyer, M.M. (1992): Jüdische Identität in der Moderne. Frankfurt am Main: Jüdischer Verlag.

Miller, A. (1995): The drama of being a child. 2nd ed. London: Virago.

Minuchin, S. (1974): Families and Family Therapy. Cambridge, MA: Harvard.

Moses, R. (2001): Gedanken über Israelis und Deutsche. In: Grünberg, K. und Straub, J. (Hrsg.): Unverlierbare Zeit: psychosoziale Spätfolgen des Nationalsozialismus bei Nachkommen von Opfern und Tätern. Ed. Discord.

Moskovitz, S. (1983): Love Despite Hate. New York: Schocken Books.

Moskovitz, S. (1995): Longitudinal follow-up of child survivors of the Holocaust. J. Am. Academy Child Psychiatry, 24, 401–407.

Muth, K. (2004): Versteckte Kinder. Trauma und Überleben der »Hidden Children« im Nationalsozialismus. Gießen: Psychosozial Verlag.

Niederland, W.G. (1961): The Problem of the Survivor. Journal of the Hillside Hospital, 10:223–47, 1961.

Niederland, W.G. (1964): Psychiatric Disorder among Persecution Victims: A Contribution to the Understanding of Concentration Camp Pathology and its After-effects. Journal of Nervous and Mental Diseases, 139:458–74.

Niederland, W.G. (1980): Folgen der Verfolgung. Das Überlebenden Syndrom. Seelenmord. Frankfurt: Suhrkamp.

Niederland, W.G. & Krystal, H. (1968): Clinical Observations on the »Survivors Syndrome«. In: The International Journal of Psycho-Analysis 49, 313–315.

Novick, P. (2001): Nach dem Holocaust. Stuttgart/München: Deutsche Verlags-Anstalt.

Okner, D.F. & Flaherty, J. (1988): Parental communication and psychological distress in children of Holocaust survivors: a comparison between the US and Israel. International Journal of Social Psychiatry, 35: 265–273.

Op den Velde; W.; de Graaf, Th.K.; & Aarts, P.G.H. (1991): Intergenerational transmission of trauma in children of Dutch war victims. Paper presented at the ISTSS Annual Meeting, Washington D.C.

Parkes, C.M. (1971): Psycho-social transitions: A field of study. Social Science and Medicine, 5, 101–115.

Parkes, C.M. (1975): What becomes of redundant world models? A contribution to the study of adaptation to change. British Journal of Medical Psychology, 48, 131–137.

Perloff, L.S. (1983): Perceptions of vulnerability to victimization. Journal of Social Issues, 39, 41–62.

Prince, R. (1985): Second generation effects of historical trauma. Psychoanalytic Review, 72, 9–29.

Prince, R. (1988): The legacy of the Holocaust. Michigan: Research.

Prystav, G. (1981): Psychologische Copingforschung: Konzeptbildungen, Operationalisierungen und Meßinstrumente. Diagnostica, 3, 189–214.

Quindeau, I. (1995): Trauma und Geschichte: Interpretationen autobiographischer Erzählungen von Überlebenden des Holocaust. Frankfurt am Main: Brandes und Apsell.

Rapaport, L. (1987): The Cultural and Material Reconstruction of the Jewish Communities in the Federal Republic of Germany. In: Jewish Social Studies, 137–154.

Rehberger, R. (1992): Die Zweite Generation als Opfer der Verfolgung – Psychoanalytische Überlegungen zur Generationenpsychologie. In: Spuren der Verfolgung. Gertrud Hardtmann (Hrsg.) Gerlingen: Bleicher.

Reick, M. & Eitinger, L. (1983): Controlled psychodiagnostic studies of survivors of the Holocaust and their children. In: Israeli Journal of Psychiatry, 20, 312–324.

Richarz, M. (1988): Juden in der Bundesrepublik Deutschland und in der Deutschen Demokratischen Republik seit 1945. In: Brumlik, Micha u. a. (Hrsg.), Jüdisches Leben in Deutschland seit 1945. Frankfurt am Main: Athenäum Verlag.

Robinson, S. (1994): The Present State of People who survived the Holocaust as Children. Acta Psychiatrica Scandinavica 89, S. 242–245.

Rogers, C. R. (1973): Die klient-bezogene Gesprächstherapie. München: Kindler.

Rosensaft, H. (2005): Yesterday. My story. Yad Vashem and the Survivor's Memoirs Project.

Rosenthal, G. (1997): Der Holocaust im Leben von drei Generationen. Giessen: Psychosozial Verlag.

Rosenthal, G. (1999): Sexuelle Gewalt in Kriegs- und Verfolgungszeiten: Biographische und transgenerationelle Spätfolgen bei Überlebenden der Shoah, ihren Enkeln und EnkelInnen. In: Krieg, Geschlecht und Traumatisierung. Medica Mondiale e.V.

Fröse, M.W./Volpp-Teuscher, I. (Hg.): Frankfurt a, Main: IKO-Verlag für Interkulturelle Kommunikation.

Rowland-Klein, D. & Dunlop, R. (1997): The transmission of trauma across generations: identification with parental trauma in children of Holocaust survivors. In: Australian and New Zealand Journal of Psychiatry; 31: 358–369.

Rüger, U.; Blomert, A.F. & Förster, W. (1990): Coping. Theoretische Konzepte, Forschungsansätze, Meßinstrumente zur Krankheitsbewältigung. Göttingen: Verlag für Medizinische Psychologie im Verlag Vandenhoeck & Ruprecht.

Ruhe, H.G. (2003): Methoden der Biographiearbeit. Weinheim: Beltz Verlag.

Ruppert, F. (2005): Trauma, Bindung und Familienstellen. Seelische Verletzungen verstehen und heilen. Stuttgart: Pfeiffer Verlag bei Klett-Cotta.

Rustin, S. (1980): The legacy of loss. Journal of Contemporary Psychotherapy, 11 (1), 32–43.

Savran, B. & Fogelman, E. (1979): Psychological issues in the lives of children of Holocaust survivors: The children as adults. In L.Y. Steinitz & D.M. Szonyi (Eds.), Living after the Holocaust: Reflections by children of survivors in America (pp.147–157). New York: Bloch.

Satir, V. (2000): Selbstwert und Kommunikation. Stuttgart: J.G. Cotta.
Schechter, D. S. (2003): Gewaltbedingte Traumata in der Generationenfolge. In: K.H. Brisch und T. Hellbrügge (Hrsg.), Bindung und Trauma (S. 235–256)
Stuttgart: Klett-Cotta Verlag.
Schiff, H. (1995): Holocaust Poetry. New York: St. Martin's Press.
Schlippe, A.v. (1995): Familientherapie im Überblick. Paderborn: Junfermann-Verlag.
Schoeps, J.H. (2001): Leben im Land der Täter. Berlin: Jüdische Verlagsanstalt.
Schuengel, C.; Bakermans-Kranenburg, M.; van Uzendoorn, M. & Blom, M. (1999): Unresolved loss and infant disorganization: Links to frightening maternal behaviour. In J. Solomon und C. George (Hg.), Attachment Disorganization. New York: Guilford Press.
Schützenberger, A. A. (2003): Oh, meine Ahnen! Wie das Leben unserer Vorfahren in uns wiederkehrt. Heidelberg: Carl-Auer-Systeme Verlag.
Schwarz, S.; Dohrenwend, B.P. & Levav, I. (1994): Nongenetic familial transmission of psychiatric disorders? Evidence from children of Holocaust survivors. Journal of Health and Social Behaviour, 35, 385–402.
Segal, H. (1987): Silence is the real crime. International Journal of PsychoAnalysis 14, 3–12.
Segall, A. (1974): Spätreaktion auf Konzentrationslagererlebnisse. In: Psyche – Z psychoanal 28, S.221–230.
Segev, T. (1995): Die siebte Million. Reinbek: Rowohlt Verlag.
Seligman, M.E.P. (1979): Erlernte Hilflosigkeit. München, Wien, Baltimore: Urban und Schwarzenberg.
Shafat, R. (1994): Commitment to parents as unsolvable problem in children of Holocaust survivors. Sihot-Dialogue, 9, 23–27.
Shanan, J. & Shahar, O. (1983): »Cognitive and Personality Function of Jewish Holocaust Survivors During the Mid-life Transition (46–65) in Israel«. Archives
of Psychology 135:275–294.
Shiryon, S. (1988): The second generation leaves home: The function of the sibling subgroup in the separation-individuation process of the survivor family. Family Therapy, 15 (3), 239–284.
Shuval, Y. (1982): Migration and stress. In L. Goldberger & S. Breznitz (Eds.), Handbook of stress (pp.677–694). New York: The Free Press.
Sigal, J. & Weinfeld, M. (1989): Trauma and Rebirth: Intergenerational Effects of the Holocaust. N.Y.: Praeger.
Simon, F.B.; Clement, U. & Stierlin, H. (2004): Die Sprache der Familientherapie. Stuttgart: Klett Cotta.
Sperling, E.; Massing, A.; Reich, G.; Georgi, H. & Wöbbe-Mönks, E. (1982): Die Mehrgenerationen Familientherapie. Göttingen: Vandenhoeck & Ruprecht.
Solkoff, N. (1981): Children of survivors of the Nazi Holocaust: a critical review of the literature. American Journal of Orthopsychiatry, 51 (1), 29–41.
Sorcher, N. & Cohen, L.J. (1997): Trauma in Children of Holocaust Survivors: Transgenerational Effects. In: American Journal of Orthopsychiatry, 67 (3).
Steinberg, A. (1989): Holocaust survivors and their children: a review of the clinical literature. In: Marcus, P.; Rosenberg, A. eds. Healing their wounds: psychotherapy with Holocaust survivors and their families. New York: Praeger.
Steinberg, L. (2001): We know some things: Parent-adolescent relationships in retrospect and prospect. Journal of Research on Adolescence, 11, 1–19.

Steinitz, L.Y. (1982): Psycho-social effects of the Holocaust on aging survivors and their families. Journal of Gerontological Social Work, 4 (3–4), 145–152.

Steinke, I. (2004): Gütekriterien qualitativer Forschung. In: Flick, U.; v. Kardoff, E. & Steinke, I. (Hg.) Qualitative Forschung: Ein Handbuch. Reinbek: Rowohlt, 319–331.

Stierlin, H. (1975): Von der Psychoanalyse zur Familientherapie. Stuttgart: Klett.

Stierlin, H. (1978): Delegation und Familie. Frankfurt: Suhrkamp.

Stierlin, H. (1979): Der Status der Gegenseitigkeit: Die fünfte Perspektive des Heidelberger familiendynamischen Konzepts. Familiendynamik 4, S. 106–116.

Strauss, A.L. (1991): Grundlagen Qualitativer Sozialforschung. München: Fink.

Teegen, F. (1997): Behandlung dissoziativer Symptome – Ein kognitiv-behavioraler Ansatz. In: G. Amann; R. Wipplinger (Hrsg.): Sexueller Missbrauch. Überblick zu Forschung, Beratung und Therapie. Tübingen: dgvt-Verlag, 537–557.

Terhart, E. (1981): Intuition – Interpretation – Argumentation. Zum Problem der Geltungsbegründung von Interpretationen. Zeitschrift für Pädagogik, 27, 769–793.

Terhart, E. (1995): Kontrolle von Interpretationen. In: König, E. & Zedler, P. (Hrsg.): Bilanz qualitativer Forschung. Bd. 1: Grundlagen qualitativer Forschung, S. 373–397. Weinheim: Deutscher Studien Verlag.

Terr, L.C. (1989):Family anxiety after traumatic events. J. Clinical Psychiatry, 50, 15–19.

Terr, L. C. (1991): Childhood Traumas: An outline and overview. American Journal of Psychiatry, 148: 10–20.

Trachtenberg, M. & Davis, M. (1978): Breaking silence: Serving children of Holocaust survivors. Journal of Jewish Communal Service 54, 293–302.

Turner, B. (1994): Kindertransport. Berlin: Aufbau Taschenbuch Verlag.

Tyrangiel, S. & Spiegel, M.V. (2002): Überschattete Kindheit. Die Auswirkungen der Shoah auf die zweite Generation. In: Ludewig-Kedmi, R.; Spiegel, M.V.; Tyrangiel, S. (Hg.): Das Trauma des Holocaust zwischen Psychologie und Geschichte. Zürich: Chronos Verlag.

Ursano, R.J.; Boydstun, J.A. & Wheatley, R.D. (1981): Psychiatric illness in US Air Force Vietnam prisoners of war: a five year follow-up. American Journal of Psychiatry, 138, 310–314.

Valent, P. (1998): Auswirkungen des Holocaust auf überlebende jüdische Kinder: Traumen und Spätfolgen nach 50 Jahren. Psyche – Z psychoanal 52; 7, 1998.

Van der Kolk, B.A. (1996): The Body keeps the Score. Approaches to the Psychobiology of Posttraumatic Stress Disorder. In: van der Kolk, B. A., McFarlane, A.C. & Weisaeth, L. (Hg.) Traumatic Stress. New York: Guilford Press.

Van der Kolk, B.A.; McFarlane, A.C. & Weisaeth, L. (2000): Traumatic Stress. Paderborn: Junfermann Verlag, 2000.

Vardi, D. (1990): Neirot Zikaron (Memorial Candles – in Hebrew), Jerusalem: Keter.

Venzlaff, U. (1958): Die psychoreaktiven Störungen nach entschädigungspflichtigen Ereignissen (die sogenannten Unfallneurosen). Berlin/Heidelberg: Springer.

Verolm, H.E. (2005): Wir Kinder von Bergen-Belsen. Weinheim: Beltz.

Vogel, M.L. (1994): Gender as a Factor in the Transgenerational Transmission of Trauma. In: Women & Therapy, Vol. 15 (2).

Volkan, V. (1997): Bloodlines: From Ethnic Pride to Ethnic Terrorism:Westview.

Waites, E. (1993): Trauma and survival. Post-traumatic and dissociative disorders in women. New York: Norton & Company.

Wamboldt, F.S. & Reiss, D. (1989): Defining a family heritage and a new relationship identity: Two central tasks in making of a marriage. Family Process, 28, 317–335.

Wardi, D. (1992): Memorial candles: Children of the Holocaust. Tavistock, England: International Library of Group Psychotherapy.

Weinfeld, M.; Sigal, J.J. & Eaton, W.W. (1981): Long-term Effects of the Holocaust on Selected Social Attitudes and Behaviors of Survivors: A Cautionary Note.« Social Forces 60:1–19.

Weiss, M.A. & Weiss, M.S.W. (2000): Second Generation to Holocaust Survivors: Enhanced Differentiation of Trauma Transmission. In: American Journal of Psychotherapy, Vol. 54, No. 3, S. 372–385.

Wiesel, E. (1996): Die Nacht. Erinnerung und Zeugnis. Freiburg/Basel/Wien: Herder.

Willi, J. (1975): Die Zweierbeziehung. Reinbek bei Hamburg: Rowohlt.

Wilson, A. & Fromm, E. (1982): Aftermath of the concentration camp: The second generation. Journal of the American Academy of Psychoanalysis, 10, 289–313.

Wilson, J.; Harel, Z. & Kahana, B. (1988): Human adaption to extreme stress: From the Holocaust to Vietnam. New York: Plenum Press.

Winnik, H.Z. (1968): Contribution to symposium on psychic traumatization through social catastrophe. International Journal of Psycho-Analysis 49: 298–301.

Witzel, A. (1985): Das problemzentrierte Interview. In G. Jüttemann (Hrsg.), Qualitative Forschung in der Psychologie (S. 227–256). Weinheim: Beltz.

Zander, W. (1992): Kinder und Jugendliche als Opfer. Die traumatisierenden Enflüsse der NS-Zeit und des zweiten Weltkrieges. In: Benz, U.; Benz, W. (Hg.): Sozialisation und Traumatisierung. Kinder in der Zeit des Nationalsozialismus. Frankfurt am Main: Fischer Taschenbuch Verlag.

Zeidner, M. & Saklofske, D. (1996): Adaptive and maladaptive coping. In: M. Zeidner; N.S. Endler (eds.): Handbook of coping. Theory, research, applications. New York: John Wiley & Sons, 505–531.

Zuriel, R.S. (1994): Holocaust oder Schoa. In: Allgemeine Jüdische Wochenzeitung, 24.2.1994.

Zussmann, M. (1991): Jüdische Identität heute. Notizen aus Amerika. In: Nachama, A.; Schoeps, J.H. und van Voolen, E. (Hg.): Jüdische Lebenswelten. Essays. Frankfurt am Main: Jüdischer Verlag, Suhrkamp.

Zychlinski, R. (2003): di lider. Die Gedichte. Frankfurt am Main: Zweitausendeins.

2007 · 216 Seiten · Broschur
EUR (D) 19,90 · SFr 33,90
ISBN 978-3-89806-588-7

Nach einem Seminar mit David Becker im Michael-Balint-Institut Hamburg entstand 1996 eine ungewöhnliche Gruppenarbeit und, soweit bekannt, die einzige ihrer Art in der BRD: Ehemalige Mitglieder der RAF, Bewegung 2. Juni und aus der Unterstützerszene trafen sich 7 Jahre lang mit Psychoanalytikern und Psychotherapeuten, um über sich, ihre Beziehungen untereinander, ihre Haftbedingungen, ihre Politik und ihr Verhältnis zur Gesellschaft zu sprechen.

Daraus sind sehr persönliche, intellektuell differenzierte und politisch reflektierte, hoch spannende Beiträge entstanden, durch die dieses Buch einen guten Einblick in die Denk- und Fühlstrukturen der Einzelnen und des gemeinsamen Prozesses, in Gruppendynamik und Reflexionsprozesse bietet. Ein einzigartiges Dokument 30 Jahre nach dem »Deutschen Herbst«!

2001 · 240 Seiten · Broschur
EUR (D) 14,90 · SFr 26,80
ISBN 978-3-89806-089-9

Am Beispiel von Birgit Hogefeld, deren Lebensweg als exemplarisch nicht nur für die Terroristen der RAF, sondern für die gesamte Protest-Generation gelten kann, zeigen die Autoren, dass die Gewalt, der moralische Rigorismus, die übersteigerte Ideologisierung der 68er-Bewegung als eine unbewusste Antwort auf die Verleugnung der nationalsozialistischen Vergangenheit verstanden werden kann.

Mit Beiträgen von Carlchristian von Braunmühl, Birgit Hogefeld, Hubertus Janssen, Horst-Eberhard Richter, Gerd Rosenkranz, Annette Simon und Hans-Jürgen Wirth.

PV
Psychosozial-Verlag

Goethestr. 29 · 35390 Gießen · Tel. 0641/9716903 · Fax 77742
bestellung@psychosozial-verlag.de
www.psychosozial-verlag.de

www.ingramcontent.com/pod-product-compliance
Ingram Content Group UK Ltd.
Pitfield, Milton Keynes, MK11 3LW, UK
UKHW040023200726
13854UKWH00001B/319

9 783898 068017